YALE LANGUAGE SERIES

# Women Writers of Early Modern Spain SOPHIA'S DAUGHTERS

Bárbara Mujica

*Georgetown University*

*Yale University Press* ᴄᴡ *New Haven and London*

Publisher: Mary Jane Peluso
Production Controller: Maureen Noonan
Assistant to the Publisher: Gretchen Rings
Marketing Manager: Timothy Shea
Designer: Rebecca Gibb
Photo Researcher: Gretchen Rings
Set in Minion type by The Composing Room of Michigan, Inc.
Printed in the United States of America by Sheridan Books.

Library of Congress Cataloging-in Publication Data
Women writers of early modern Spain : Sophia's daughters / [compiled and edited by] Bárbara Mujica.
p.   cm. — (Yale language series)
Text in Spanish; introductory material in English.
Includes bibliographical references and index.
ISBN 0-300-09257-1 (pbk. : alk. paper)
1. Spanish literature—Women authors.   2. Spanish literature—Classical period, 1500–1700.
3. Spanish literature—Women authors—History and criticism.   4. Spanish literature—Classical period, 1500–1700—History and criticism.   I. Mujica, Bárbara Louise.   II. Series.
PQ6173.W66 2004
860.8'09287'09031—dc21
2003008671

A catalogue record for this book is available from the British Library.

The paper in this book meets the guidelines for permanence and durability of the Committee on Production Guidelines for Book Longevity of the Council on Library Resources.

10 9 8 7 6 5 4 3 2 1

# Contents ❧

# *Preface* ❧

IN AN ARTICLE published in the proceedings of the twenty-first Jornadas de Teatro Clásico, held in Almagro, Spain, in July 1998, James A. Parr points out that 99 percent of early
modern Spanish plays were written by men. Because, in his view, anthologies of early modern
women's writing do not provide a representative selection of canonical works, Parr questions
their validity. To use as a textbook an anthology of plays written by women would be, he says,
a "falsificación total de la época y de la comedia nueva como género" (132). Parr is a scholar for
whom I have the utmost esteem, and he has raised a serious issue that merits our consideration.

Why an anthology of early modern women's writing? I have expressed on many occasions
my wholehearted agreement with James Parr regarding the value of maintaining and propa-
gating what is conventionally called the Golden Age canon—those works that have withstood
the test of time and continue to be considered, centuries after their creation, the greatest literary treasures of an extraordinarily fertile period. I do not envision undergraduate survey
courses in which Leonor de Meneses replaces Cervantes or Ángela de Azevedo supplants
Calderón. Yet this book meets a definite need, especially in the present academic environment.

Although men wrote 99 percent of Golden Age texts, more than 50 percent of Spain's population during the sixteenth and seventeenth centuries consisted of women. The fact that so
few women wrote increases rather than diminishes the importance of those who did. The
women writers of early modern Spain speak for many. If it were not for them, we would have
no opportunity to hear female voices of the period. These women bring unfamiliar perspectives to familiar themes and allow us to form a more accurate notion of early modern Spanish
society. They provide us with alternate outlooks. Their writing proves that much of what my
generation of scholars learned about early modern women in graduate school (that they were

uniformly passive, submissive, and subservient) was simply wrong. As Mary D. Garrard writes in *The Washington Post* (30 March 2002), "Properly understood, feminism is not an ideology, but a corrective. It aims to uncover the 'masculinist' ideological bias that has pervaded history and to set things in more objective perspective." By making the writing of early modern Spanish women more accessible, I hope to contribute to a broader, more accurate view of early modern society and letters.

Parr concedes that compilations of women's writing do serve "para llamar la atención a la situación de las mujeres de la época, marginadas y oprimidas desde luego" (132). But we do not need anthologies such as this one to convince us that early modern society placed tremendous constraints on women. Theologians, moralists, novelists, and playwrights of the period provide ample material from which we can draw conclusions regarding the repressive nature of Spanish social codes, and not only for women. What much of the writing included here brings to light is that writing women used language to assert themselves, to establish their authority, and in some cases even to protest. Thus, writing itself became a means of resisting oppression.

The images early modern men created of women do not necessarily correspond to those early modern women created of themselves. Much of the writing in this collection depicts active, thinking women. If Garcilaso and Herrera envisage beautiful, pure, silent, and aloof ladies identified only by their poetic pseudonyms, Ramírez de Guzmán transforms the *dama* into a flesh-and-blood rebel with the wit and vocabulary to mock such idealization. If Fray Luis de León stresses the modesty, discretion, and obedience of Teresa de Jesús in his brief biography, Teresa's writing reveals her to have been an energetic, politically astute, no-nonsense woman with a sense of humor and real charisma. Her humility, rather than enfeebling her, deepened her awareness of God's working in her life, which gave her the self-confidence to negotiate the founding of seventeen convents and to assert her own authority (usually with prudence and tact) in the face of opposition. In writing about Saint Teresa, her spiritual daughters stress her leadership abilities and her feistiness, as well as her spiritual wisdom. María de San José, Ana de San Bartolomé, María de San Alberto, and Cecilia del Nacimiento, four of her Carmelite disciples, were, like Teresa, clever, dynamic, creative women whose accomplishments put the lie to the conventional image of the fragile, submissive female religious. Their writing, much of which has only recently become known, has highlighted the importance of convents as centers of female intellectual activity in early modern Spain and has elucidated many of the intricacies of the Catholic reform. As researchers explore the archives of more and more religious houses in both Spain and the Americas, we will undoubtedly discover even more literary treasures, contributing to our understanding of this aspect of Spanish intellectual history.

Male authors of early modern drama produced many feisty, forceful, and quick-witted female characters. However, stories and plays written by women sometimes offer alternate perspectives on issues central to the *comedia*. Although not all Golden Age plays revolve around honor, in those that involve love triangles or adultery (real, imagined, or potential), honor is usually the primary concern of both women and men. Even though scholars now doubt the historical accuracy of the behavior of Calderonian honor heroes, current research shows that the honor plays do in fact reflect the authentic social concerns of Spain's male-dominated society. Characters such as Mencía in Calderón's *El médico de su honra* have been cited to show that women shared the preoccupation with honor and accepted the honor code without demur. Plays by Ana Caro and Leonor de la Cueva throw such truisms into question either by mocking the archetypal honor hero or by ignoring the topic of honor altogether. Texts written by women allow us to see that some early modern women, at least, held alternative points of view.

Women writers turn object into subject and give that subject voice. Early modern novelists such as María de Zayas and Mariana de Carvajal articulate women's concerns in a way that male authors usually do not. These writers were not feminists in the modern, political sense. That is, they were not concerned with issues of political empowerment or of equal opportunity. However, they do expose masculinist biases and sometimes offer alternative models for female behavior. Some of Zayas's female protagonists are robust nonconformists who actively pursue their own objectives. Others are victims of the treachery not only of men, but also of other women. By depicting both, Zayas shows that women can be tough and independent, but also that societal values often contrive to incapacitate women. One of the functions of Zayas's frame stories is to express unconventional views regarding women—such as their need for education and protection. (Zayas suggests that women learn to wield the sword in order to take their defense into their own hands.) Carvajal, in contrast, is more concerned with the struggle of impoverished aristocratic women for survival in a society that offers them few means of supporting themselves.

National literary canons are not set in stone. Harold Bloom, one of academia's most avid defenders of the Western canon, notes that "no secular canon is ever closed" (37). All canons evolve as tastes and priorities change and as the literary corpus expands. It is not surprising, then, that the growing accessibility of texts by early modern Spanish women writers has led to an amplification of the Spanish literary canon. For example, twenty years ago Ana Caro was practically unknown and almost never included in courses on Golden Age theater. Today, her plays are taught along with those of Lope and Calderón.

The discovery of writings by early modern women writers has stimulated the creation of new courses. These will not replace standard surveys, but will enrich the curriculum by offering stimulating texts by a heretofore nearly unrepresented segment of the population. Such courses are necessary if we are to provide our students with the most complete view possible of early modern Spain. Yet, until now, no textbook has been available for such courses. Although a number of genre-specific anthologies are on the market (for example, Teresa Soufas's *Women's Acts* for theater, Judith Whitenack and Gwyn Campbell's *Zayas and Her Sisters* for fiction, Julián Olivares and Elizabeth Boyce's *Tras el espejo la musa escribe* for poetry), professors wishing to assign readings from a variety of genres in order to give their students a sense of the breadth of early modern Spanish women's writing have had to photocopy materials, ask their students to buy complete works of which they assign only a portion, or order several different collections that, usually published by small academic presses, are often expensive and difficult to find. *Early Modern Spanish Women Writers* is designed to solve this problem.

*Early Modern Spanish Women Writers* includes selections by fifteen authors that cover a broad range of early modern women's writing and represent all genres. In most cases, units are short enough to be covered in one or two weeks. Obscure words, complex structures, and problematical geographical or historical allusions are clarified in notes. Whenever practical, definitions are given in Spanish. Each selection is preceded by an in-depth introduction covering pertinent biographical information, comments on the author's approach and style, an overview of pertinent criticism, and an analysis of the selection. Each unit concludes with topics for discussion.

Until now, Spanish women writers have been largely excluded from discussions of early modern women's writing. Some of the best-known women's historians and theorists (Margaret King, Constance Jordan, Joan Ferrante, and Joan Kelly-Gadol, for example) hardly mention Spain. In her anthology *Women Writers of the Renaissance and Reformation* (1987), Katharina Wilson includes only one Spaniard, Saint Teresa, although every other significant national literature is represented by five to seven authors. In Wilson and Frank Warnke's *Women Writers of the Seventeenth Century* (1989), Spain fares better. Still, most new books on early modern women's writing continue to omit Spain. Equally disconcerting is the belief held by some Hispanists that Spain was the *only* European nation to produce a significant number of early modern women writers. Clearly, better articulation across national cultures is needed. For this reason, I begin this collection with a general introduction that places early modern Spanish women's writing within the broader context of early modern Europe. The introduction provides background material on the position of women in society, issues involving writing women and women-authored texts, an overview of women's writing, and some comments on feminist criticism. The book concludes with a selected bibliography designed to help researchers and students pursue independent study.

An anthology by definition requires a selection of texts. Many more women were writing in early modern Spain than could be included here. Of the convent writers, I selected four of Saint Teresa's Carmelite disciples because their works together paint a vivid picture of the conflicts and intrigues that plagued the reform after Teresa's death. Sisters from other orders are mentioned in the introduction. Of the secular writers, I included those who have attracted critical attention or who offer a particularly unconventional perspective, such as Ramírez de Guzmán. I had initially planned to include selections attributed to Oliva Sabuco de Nantes, one of the few early modern women credited with writing a medical treatise. Her father originally ascribed two books to her, the *Nueva filosofía* and *Vera medicina*. However, in his will he withdrew his affirmation of her authorship, claiming to have written the books himself. Today many scholars doubt that Doña Oliva actually wrote the books.

I owe the subtitle of this book, *Sophia's Daughters*, to two dear friends and colleagues, Sharon Voros and María Moux, both professors at the United States Naval Academy. While having dinner during the 2000 South Atlantic Modern Language Association Conference, the three of us were discussing possible titles. We began to play with the names of goddesses and feminine icons that might convey the notion of female intellect, talent, and spirituality—figures such as Minerva, Diana, and Talia. Sharon Voros came up with Sophia, emblem of divine Wisdom, the feminine aspect of God, and of human knowledge. To her and to María Moux I offer my heartfelt thanks.

I also wish to thank the scores of investigators whose pioneering work in early modern women's writing brought to light new texts or provided new interpretations of familiar ones. For decades scholars were dependent on Manuel Serrano y Sanz's *Biblioteca de autoras españolas*, originally published in 1905, for texts by and information about early modern women writers. Today, thanks to groundbreaking research in the field, new material is gradually becoming accessible. I especially wish to express my gratitude to Judith Whitenack and Gwyn Campbell, who made their 2001 edition of Leonor de Meneses's novel available to me before it was published and granted me permission to use segments of it. I am also indebted to Electa Arenal, Stacey Schlau, Georgina Sabat de Rivers, Julián Olivares, and Elizabeth S. Boyce for their exemplary editions. I thank Sharon Voros of the United States Naval Academy, Nieves Romero-Diaz of Mount Holyoke College, Yvonne Jehenson of the University of Hartford, Amy Williamson of the University of Arizona, and Joan Cammarata of Manhattan College for reviewing the manuscript. The following colleagues offered their suggestions, insight, and encouragement, for which I am grateful: Emily Francomano, Amy Williamsen, Susan Paun de García, Joan Cammarata, Yvonne Jehensen, and Rev. Ildefonso Moriones, O.D.C. Special thanks go to Rev. Jeffrey von Arx, S.J., Rev. William Watson, S.J., and Rev. Stephen Fields, S.J., friends whose guidance played a vital role in the conception of this book; to Mary Jane Peluso, publisher at Yale University Press, whose enthusiasm and support made this project possible; and to Emily Saglimbeni, assistant to the publisher, and her successor, Gretchen Rings, whose editorial expertise helped bring it to fruition. And, as always, to my beloved husband, Mauro, who traipsed through Spanish convents with me as I gathered material.

*Wisdom, Sophia,* by Josefa de Óbidos. In the late medieval and early modern periods, Sophia is often shown surrounded by symbols of learning.

# Prologue: Sophia, Emblem of Female Wisdom

THE WORD SOPHIA is Greek for "wisdom." It is the root of words such as *philosophy* (love of wisdom), *theosophy* (God's wisdom), and *sophist* (literally, wise man, although generally used to mean one who uses specious reasoning). The Christian notion of wisdom is androgynous, but because the Greek word is feminine, Sophia came to be associated with the female aspect of God and with Female Wisdom. In Western culture, Wisdom is nearly always allegorized in a female figure. Sometimes called the Mother of All or Lady Wisdom, Sophia fused with Eve or Mary in Judeo-Christian iconography. The Greek *Hagia Sophia,* meaning Divine or Holy Wisdom, was translated into Spanish and other Romance languages as Saint Sophia (Santa Sofía), thereby personifying the abstract figure.

A growing body of evidence shows that many cultures have allegorized the principle of wisdom in some sort of *magna mater,* or Great Mother. Ancient, pre-Christian religions produced Cybele, Rhea, Danu, and a host of other feminine figures associated with Wisdom. Isis, an Egyptian goddess whose cult was widespread in the Greco-Roman world, took on magical-mystical qualities that gave her power over darkness, the elements, and the transformation of beings. The religious syncretism of the second century A.D. gave her various identities in the Greek belief system.

Perhaps the Sophia figure comes to us most directly from the Old Testament Book of Wisdom. The author, a Hellenized Jew using Greek modes of expression, personifies Wisdom, describing her as a light, a guide, an "untarnished mirror" that shows us God's goodness: "She is a breath of the power of God, pure emanation of the glory of the Almighty" (7:25). Solomon, the wise king, sings: "Wisdom I loved and searched for from my youth; I resolved to have her as my bride, I fell in love with her beauty" (8:2). Some scholars have argued that the biblical character Wisdom is a real individual, not a mere allegory. Susan Cady Cole, Marian Ronan, and Hal Taussig assert in *Wisdom's Feast: Sophia in Study and Celebration* that "Sophia is a real Biblical person . . . a real part of the Jewish and Christian traditions" (10) about whom information abounds in the Bible: "There is more material on Sophia in the Hebrew scripture than there is about almost any other figure" (15). This notion may well be an "aberration," as some critics have charged,[1] but the allegorical representation of Wisdom as a woman has enjoyed a long history in Judeo-Christian tradition. It gave rise to a great and varied Sophianic tradition, which reinvents itself perennially and appears in countless forms throughout history.

Some scholars have linked Isis, Sophia, and Mary. Arthur Versluis notes that "in Judaism by the time of Christ, there was a developed Wisdom tradition" (3). Christianity brought a more radical notion of Sophia as Gnostic sects, appearing very early in the movement, promoted the belief that salvation depends upon inner knowledge or enlightenment from God, which liberates the individual from ignorance and evil. Although each Gnostic sect was autonomous, all shared a body of myths. Sophia, the Mother of Creation, was the Divine Feminine heroine who evolves into the Goddess and incarnation of Wisdom.[2] With the development of Christianity, devotion to Mary replaces goddess worship, although not immediately. What Caitlin Matthews calls the "Marian takeover" does not begin to occur until the fifth century when, in 431, at the Council of Ephesus, Mary is formally declared Mother of God or God-Bearer, echoes of titles previously assigned to the Goddess (Matthews 191).

Cole, Ronan, and Taussig argue that because of the patriarchal structure of Judaism and Christianity, the feminine dimension of Wisdom almost dissolved into oblivion. In their view, when the feminine Sophia image began to grow menacingly strong, male theologians began to repress it. They attribute the downgrading and eventual disappearance of Sophia in great part to Philo of Alexandria (20 B.C.–A.D. 42), a Hellenized Jew, whose notion of the Logos took over the traditional role of Sophia. In Philo's system, the Logos is the most encompassing entity except God and is called the Mediator between God and Man. The Logos contains the sum of all Ideas—powers and spiritual forms that create, foresee, give laws, and so on. These forms were sometimes considered distinct persons. Sophia, Wisdom, was the first of the potencies of the Logos and is sometimes called the mother of the Logos. Cole, Ronan, and Taussig argue that Philo substituted the Logos for Sophia until the Logos took over divine roles, including "the principle of order" and "the intermediary between God and humanity" (11). Eventually, according to these authors, Christ replaced Sophia as the incarnation of divine wisdom and merged with her. During the Christological disputes of the third and fourth centuries, "the early church fathers, in their efforts to clarify Christ as equal to God the Father, abandoned references to Jesus as Sophia incarnate. At that point, Sophia disappears from western theological consideration" (11).

1. In a contentious Internet article, Father William Most writes, "Among other aberrations, many feminists seem to be trying to present Sophia, Wisdom, as a goddess. . . . Surely the OT writers never thought of her as a separate person, still less as a goddess. . . . [Feminists] notice that Sophia is feminine—what ignorance! Yes, it is grammatically feminine in Latin, Greek, and in Hebrew—but that grammatical gender has nothing whatsoever to do with real sex: it is only a grammatical convention. . . . The use of a symbol must not be confused with reality or a real person."

2. For a detailed description of the development of Sophia in Gnosticism, see Matthews 145–73.

Yet modern scholars have shown that throughout the Middle Ages and well into the early modern period, Sophianic currents appear again and again. Orthodox churches describe Sophia as a feminine hypostasis, alongside God the Father, who gives cohesion to the Creation. Wolfgang Heller points out that an exact definition of Sophia is impossible because her presence in Christian thought precedes the formulation of doctrine (929). Still, the *Encyclopedia of Catholicism* offers this explanation of Wisdom, cross-referenced as Sophia: "a gift of the Holy Spirit that, according to Catholic theology, is a special grace of the Spirit to help one practice virtue more perfectly. Wisdom is a kind of knowledge in the sense that it allows one to understand God's purposes and the divine will" (1328). Thus, Sophia/Wisdom is not book learning, but inner enlightenment or mystical knowledge. Saint Paul distinguished between this sort of wisdom and the empty wisdom of Greek learning. Divine wisdom "is not a human virtue or a skill that can be acquired through self-effort," but a gift from God (*Encyclopedia of Catholicism* 1328).

In the West, figures such as Synagogia and Ecclesia—often at odds with one another— sometimes take over the function of Sophia. Between A.D. 600 and 800 Saint Anne, mother of Mary, begins to occupy the role of wisdom figure in Christian iconography. The patron of fertile childbearing, Saint Anne is often depicted teaching the Virgin to read from the book of Wisdom (Matthews 199). However, the feminine element in religious imagery is not limited to female figures. As far back as Saint Anselm (1033–1109), the image of Jesus as *mother* begins to appear in Christian writing. Joan Ferrante has demonstrated that in the twelfth century, allegorical literature increasingly personifies key concepts as women, and, as Caroline Walker Bynum has shown, by the late Middle Ages, the association of Christ with the feminine was not uncommon. The maternal image of Jesus did not originate among women writers, nor was it promoted by them, but seems to be related to the rise in affective piety in reformed monasteries and the general feminization of religious imagery (Bynum, *Jesus* 146). (See the introduction to "Teresa de Jesús.")

Bynum explains that the image of the motherhood of Christ "expressed three aspects of Christian belief about Christ's role in the economy of salvation. First, Christ's sacrificial death on the cross, which generated redemption, was described as a mother giving birth; second, Christ's love for the soul was seen as the unquestioning pity and tenderness of a mother for her child; third, Christ's feeding of the soul with himself (his body and blood) in the Eucharist was described as a mother nursing her baby" (Bynum, *Fragmentation* 158). In painting, Christ is sometimes depicted as offering his wound with a gesture that evokes a mother offering the breast.[3] In men's writing, the use of female imagery applied to men was used to convey self-denial and renunciation of worldly goods, while in women writers it became a symbol of an "almost genderless self" (Bynum, *Fragmentation* 175). The intensified emphasis on Eucharistic piety and the flowering of female mysticism in the thirteenth century reinforced the feminiza-

3. In *Fragmentation,* Bynum reproduces a painting by Quirzio of Murano (fl. 1460–78) showing "a sweet-faced Christ offering the wound in his side with the lifting gesture so often used by the Virgin in offering her breast" (110). In a triptych by Goswyn van der Weyden done in 1507, Christ offers his wound while, in a parallel gesture, Mary offers her breast (Bynum, *Fragmentation* 115).

*La Anunciación* [The Annunciation], by Juan Correa de Vivar. The
Virgin is depicted reading from the Book of Wisdom.

tion of Christ imagery, as religious experience centered increasingly on Christ's love and
sacrifice for the individual. Julian of Norwich (1342–ca. 1423) systematically equates the power
of God to fatherhood and the wisdom of God to motherhood: "God almighty is our loving Father, and God all wisdom is our loving Mother" (293). She describes God as a "wise mother"
who guides and purifies us through his/her grace (301). True wisdom, for writers such as Julian, flows from the experiential knowledge of God, from the kindling of the flame within that
produces what Saint John of the Cross will call, a century and a half later, "este saber no sabiendo." By associating God's Wisdom with motherhood, Julian is drawing on a centuries-old
Sophianic tradition. Teresa de Jesús will likewise avail herself of maternal images of God to
communicate the incommunicable outflow of love that is the essence of the mystical union.

Sapiential writing commonly—but not always—distinguishes between Wisdom and
book learning. In Proverbs 9, Wisdom sends out her seven virginal handmaidens to invite
everyone to her feast. "The Middle Ages transformed them into the daughters of Sophia, the

Sophianic examining board of the Seven Liberal Arts" (Matthews 235). The seven pillars of Wisdom's house became the seven pillars of Western academic education: Rhetoric, Dialectic, Grammar, Music, Arithmetic, Astronomy, and Geometry. At the Portail Royal at Chartres, Mary herself stands at the center of her handmaidens, the Liberal Arts (Matthews 236). Although modern culture has created fissures between religion and science and between science and the arts, the early modern mind did not see these areas as mutually exclusive. The quest for truth, whether through science, philosophy, theology, poetry or art, was a quest for the transcendent. Until the Cartesian revolution at the beginning of the seventeenth century, early modern cosmographers, even those who clashed with the Church, were profoundly spiritual men who sought to understand the miracle of God's creation rather than to disprove God's existence. The image of Sophia (or the Virgin) surrounded by the liberal arts conveys the notion that the search for knowledge was consistent with the desire for Wisdom.

Versluis notes that "even though the Gnostic tradition of Sophia per se does not seem to have continued, the divine feminine nonetheless appears time and again, often apparently conjoined to an actual woman" (5). The early modern resurgence of Neoplatonism, a highly complex philosophical-metaphysical system with a centuries-old history, advanced Sophianic thought by promoting the notion of the lady as a conduit to the divine. Courtly love, a concept that had dominated Provençal erotic poetry during the twelfth century, conceived of woman as a superior being to which the knight renders homage. The knight's lady was never his wife, but a woman inaccessible because she was of a superior class, married to someone else, or simply disdainful. The more unattainable the cruel and distant lady, the more the knight deemed her worthy of his love. Provençal poetry depicts knights performing daring and courageous deeds to honor their ladies and prove their worth. Eventually the adoration of the lady turned into a kind of religion demanding absolute devotion and extraordinary sacrifices on the part of the lover. As the deification of women met with increased opposition from moralists, poets and philosophers sought means of reconciling courtly love with Christianity.

Early modern Neoplatonism built on Plato's theory of forms, according to which everything that exists in the world is a reflection of a divine idea that exists independently of its earthly manifestation. Thus, the harmony of man-made music was seen as a reflection of divine Harmony; the quest for scientific truth became the quest for divine Truth; beauty found in nature, art, or woman was considered an earthly manifestation of divine Beauty. By contemplating the beauty of the loved one, man drew nearer to God. Versluis sees a continuation of the Sophianic tradition in Dante's Beatrice in the *Vita Nuova* and the *Divine Comedy*, for example (5).

Likewise, Petrarch's Lady (Laura) becomes a light through which the poet achieves true Knowledge, a heart "that by such intellect / and by such virtue enlightens the air" (CCXL).[4] The dead Laura is a divine being whose purity serves the poet as an example, a light so bright she astounds even the angels (CCCXLVI). Fernando de Herrera, Spain's consummate Neoplatonist, identifies his Lady as Luz or Sol, whose presence illuminates, elevating the poet-lover

---

4. *Voi, con quel cor, che di sí chiaro ingegno, / Di sí alta vertute el cielo alluma...*

and drawing him out of his confusion and nearer to God: "Serena Luz, en quien presente espera / divino amor, qu'enciende i junto enfrena / el noble pecho, qu'en mortal cadena / al alto Olimpo levantars' aspira..." (XXXVIII).

The pastoral novels offer perhaps the best examples of Sophianic figures of any in Spanish literature. In Montemayor's *Siete libros de la Diana,* the wise woman Felicia *(la sabia Felicia)* is the character who occupies the role of the Logos, establishing order and bringing fulfillment. In Montemayor's novel love is a religion requiring rites and sacrifices. If self-denial purifies a lover and brings him closer to God, then Felicia's palace is an erotic haven in which each believer finds his just reward. At the center of Felicia's palace sits Orpheus by a silver fountain. The Christianization of mythological beings was vigorously promoted in the early modern period; Apollo was frequently depicted as a God figure and Orpheus, the poetic child of Apollo, occupied the role of Christ. Bruno Damiani points out that in Montemayor's novel, Orpheus performs a Christ-like function "by serving as an inspirational force to the weary pilgrims, and as the messenger and 'angel' of Felicia that paves the way for the imminent and miraculous intervention" of the wise woman (93). Felicia, like Mary, mediates to bring the fallen to redemption and reward the faithful. Her *aguas encantadas* are analogous to holy water, which, through the rite of baptism, makes possible man's salvation (Damiani 103). It is the encounter with Felicia that completes the Neoplatonic allegory: union with God achieved through Love.

Polinesta, the wise woman of Lope de Vega's pastoral novel *La Arcadia,* provides a different kind of Sophianic example. Unlike Felicia, Polinesta does not use magic to unite estranged lovers, but instead, promotes the seven liberal arts as a means to distract them. She argues that time will cure the melancholy caused by unrequited love and recommends study as a better means to occupy the mind. She argues further that love is merely the pastime of the rich and indolent and categorically rejects the idea that suffering leads to purification. The fifth book of *La Arcadia* has been criticized for its long and pedantic descriptions of the arts and sciences.[5] However, Polinesta is an important addition to the Sophianic tradition because she demonstrates the enduring, but evolving, nature of the Wisdom allegory. Whereas Montemayor, and later Gaspar Gil Polo, personify Wisdom as a spiritual intermediary, the illuminating guide whose intercession results in soul-purifying love, Lope, writing a half-century later, depicts her as a teacher. Learning, not love, uplifts the individual in *La Arcadia.* This is not to say that Lope rejects love, but by the end of the century Neoplatonism is in decline and is no longer thought to offer a valid response to human striving.

Sophianic writing culminates in Spain in the allegorical plays of Calderón, in which Wisdom finds its purest theological expression. *Sabiduría* appears in many of Calderón's *loas* and *autos sacramentales,* dressed "as a lady," *de dama* (in contrast with *Ignorancia,* who is dressed as a rustic, *de villana*). Some of these are works that deal directly with the Mass. In the *loa* to *El nuevo palacio del Retiro,* for example, *Sabiduría* offers wheat to make the host. In works such as *Los misterios de la misa* and *¿Quién hallará mujer fuerte?* she identifies herself clearly as a gift of the Holy Spirit and as an attribute of God. In the former she explains: "Yo soy del Eterno Padre

5. See Mujica, *Iberian Pastoral Characters,* 243–45.

/ un atributo, a su esencia / tan junto, que como él, / sin fin, ni principio eterna / en su mente estoy." Furthermore, she is "la sabiduría inmensa de Dios," and "del Espíritu Santo / noble don..." She repeats almost the same definition in the latter play: "Yo soy del Eterno Padre / una sustancia, a su esencia / tan una, que soy con él, / sin fin ni principio, eterna. / En su mente estoy, y como / al Hijo en su mente engendra, / soy atributo del Hijo, / y para más excelencias, / soy del Espíritu Santo / alto don..." In the *loa* to *Llamados y escogidos* she is the Wisdom of the Church that opposes "ateísmo, idolatría / y hebraísmo." In Calderón's allegorical dramas, Wisdom is always represented, according to the ancient principles of Sophianic writing, as the feminine aspect of God, omniscient, eternal and loving.

Owing in large part to the importance that Catholicism assigns to feminine manifestations of the divine and to the Virgin Mother, and owing also to the important role allegory plays in early modern Catholic art and literature, Sophia fares better under Catholicism than Protestantism. Nevertheless, the Christian theosophical school, which begins early in the seventeenth century with the writings of Jacob Böhme (1575–1624), both serves as a "complement to Protestantism" and reveals "a strikingly different aspect of Protestantism" (Versluis 6). Theosophy, in its exaltation of the divine Sophia, is "the animating essence of non-sectarian spirituality" (Versluis 6). Versluis has brought to light many heretofore unknown works of European theosophy, which appear in his *Wisdom's Book: The Sophia Anthology*.

Sophia is a complex allegory. She is God's Wisdom. She is spiritual illumination or enlightenment achieved through God's blessing. She can also be human learning that leads to a greater appreciation of God and creation, as well as an understanding of self. Sophia is always depicted as a feminine presence. Sometimes she is represented as a rose, symbolizing the spiritual whole, and sometimes as a world disk, with the sciences and arts gathered around her. Because they incarnate the female wisdom of their time, the women included in this book are truly Sophia's daughters.

# Introduction ❧

UNTIL VERY RECENTLY we knew little about the daily life of women in medieval and early modern Europe. Although in the past thirty years dozens of studies have provided relevant new information, our grasp of women's history remains sketchy. One difficulty is that most of the documents from which specialists draw conclusions—moral treatises, legal documents, municipal and church records, literary pieces, and illustrations—were created by men, although more texts by women are emerging. Another is that researchers sometimes offer radically conflicting interpretations of the available data. For example, Robert Fossier argues that in spite of the misogyny of the clergy, women enjoyed exceptional power and freedom in the eleventh and twelfth centuries at all levels of society, whereas most other scholars conclude that women in fact lost ground owing to their increased numbers, which diminished their value, and to the hostility of the Church.[1] From the records on hand it appears that the feminization of Wisdom, the adoration of Mary, and even the identification of Jesus with motherhood did not translate into a positive attitude toward women, nor did the idealization of the lady in courtly and Neoplatonist literature.

Treatises from the late Middle Ages insist on women's physical, moral, and spiritual weakness. The following text from the *Liber Decem Capitulorum*, by Marbod of Rennes (c. 1035–1123), is typical:

> Countless are the traps which the scheming enemy has set throughout the world's paths and plains; but among them the greatest—and the one scarcely anybody can evade—is woman. Woman the unhappy source, evil root, and corrupt offshoot,

1. See Paulette L'Hermite-Leclercq's discussion of the controversy in "The Feudal Order."

who brings to birth every sort of outrage throughout the world. . . . Her sex is envious, capricious, irascible, avaricious, as well as intemperate with drink and voracious in the stomach. . . . Armed with these vices, woman subverts the world.[2]

In a similar vein, Walter Map (1140–1209), archdeacon of Oxford, wrote to a friend: "The very best woman (who is rarer than the phoenix) cannot be loved without the bitterness of fear, anxiety, and frequent misfortune. Wicked women, however—who swarm so abundantly that no place is free from their wickedness—sting sharply when they are loved." Andreas Capellanes, associated with the French court in the twelfth century, wrote in *De Amore*, "The female sex is . . . disposed to every evil. Every woman fearlessly commits every major sin in the world on a slender pretext." Jean Gerson (1363–1429), chancellor of the University of Paris, argued that women are "easily seduced, and determined seducers." However, Gerson did admire certain outstanding women, among them the writer Christine de Pizan and Joan of Arc.[3]

Some scholars caution that this antifeminist material was generally written by celibate clergy, men who had a particular interest in demonizing what they had renounced. Yet it is an oversimplification to attribute medieval misogyny to sour grapes. Theologians had inherited a glut of writing that depicted woman as the daughter of Eve, the prototypical sinner who disobeyed God and brought disaster upon the human race. If woman suffered excruciating pain during childbirth and sometimes died of hemorrhages, this was the price she paid for her evil, libidinous nature. Only Mary, conceived without sin, was exempt from punishment. Tertullian, Jerome, and Augustine supplied medieval writers with an arsenal of arguments to use against women. Classical sources provided misogynist views as well. Mythology provided the example of Pandora who, like Eve, unleashed evil on the human race. Aristotle taught that woman was an imperfect creature, the result of a flawed conception. Greek psychology held that the four elements (earth, fire, air, and water) were expressed in human beings as "humors" (black bile, yellow bile, blood, and phlegm). Men, who shared the principles of earth and fire, were dry and hot; women, who shared the principles of air and water, were damp and cold, which made them flighty and phlegmatic. Furthermore, woman was thought to be controlled by her uterus, *hysteria* in Greek, and, therefore, by nature hysterical. Such views would continue to resonate in the writings of Saint Thomas Aquinas and well into the early modern period.[4]

Late medieval fiction reflects this bias. The *Libro de los engaños e los sayamientos de las mujeres* (1253) contains racy tales of wicked, wily women, although some critics believe the work reveals the anonymous author's underlying admiration of them. Perhaps the most famous example is *Le Roman de la Rose,* by Jean de Meun (1240–1305), which was grafted onto Guil-

---

2. Blamires, *Woman Defamed and Woman Defended,* 100–101. The "scheming enemy" is the devil.

3. Map and Capellanus are quoted in Blamires, *Woman Defamed and Woman Defended,* 106 and 124, respectively. Some scholars believe that Capellanus is satirizing the extreme misogynists of his day, whereas others argue that this is what he really thinks. Blamires comments on the "strident misogyny" of the passage and concludes, "If a hoax, it has gone wrong" (116). Gerson is quoted in Walker Bynum, *Jesus as Mother,* 136.

4. See Soufas, *Melancholy and the Secular Mind in Spanish Golden Age Literature,* 5–6.

*Adam and Eve,* by Hans Burgkmair. Many moralists thought women to
be daughters of Eve, source of all evil.

laume de Lorris's earlier allegory about a lover's quest for the "rose," a symbol of female sexuality. Here, Genius describes woman as "a very irritable animal" and exhorts men to protect
themselves from women "if you love your bodies and souls."[5] Chaucer's "The Wife of Bath's
Tale" includes a compendium of misogynist commonplaces. The bawdy stories in Boccaccio's
*Decameron* perpetuate the image of the libidinous, deceitful female, and his *Il Corbaccio* is a
long diatribe against women.

The most famous example of misogyny in late medieval Spanish writing is *El Corbacho,*
by Alfonso Martínez de Toledo, El Arcipreste de Talavera (1398–1470). The Arcipreste starts
out by enumerating the evils that women cast on the world and how, for love of women, men
break all the commandments. Then he discusses women's countless flaws: They are deceitful,
self-serving, arrogant, greedy, and selfish. They are gossips, hypocrites, and cheats. Furthermore, they are jealous, inconstant, disobedient, and dishonest. How are we to take this terrible

5. Blamires, *Woman Defamed and Woman Defended,* 163–64.

condemnation? At the end, the author implies that it was all a joke, repudiates his book ("con-viene que al fuego e vivas llamas pongan el libro que compuse"), and concludes with a lament for those who are deprived of female company ("¡Ay del que duerme solo!"). But can this brief epilogue undo the pages of vitriol?[6]

Medieval writers also produced a limited number of responses to misogyny. Boccaccio wrote a catalogue of famous and admirable women, but his point is clearly that such women are the exception. A more convincing rebuttal is *Le Livre de la cité des dames* by Christine de Pizan (1365?–1430?), in which the author systematically demolishes conventional misogynist arguments. A number of treatises written in defense of women appeared in Spain during the fifteenth century, among them *El triunfo de las donas* (1443), by the Galician Juan Rodríguez de la Cámara, in which the author argues for the superiority of women; *El libro de las virtuosas y claras mujeres* (1446), by Álvaro de Luna, a conventional catalogue of heroines from antiquity; *Tratado en defensa de mujeres* (c. 1440), by Mosén Diego de Valera, in which the author attacks detractors of women; and *Jardín de las nobles doncellas* (1500), by Fray Martín Alonso de Cór-doba, an argument in favor of the right of the Infanta Isabella to the throne of Castile and of queens and princesses to education.

It is not clear to what extent the theorists' diatribe reflected real attitudes toward women. In medieval Spain, three cultures existed side by side—Christian, Moslem, and Jewish—but, especially in cities, the lives of women from the diverse groups seem not to have differed much from each other except in Andalusia, where the large concentrations of Moors ensured the im-position of Islamic laws and customs. The Moorish presence influenced family life and the roles of women in many parts of Spain, but particularly in the south, the Spanish upper classes kept their women secluded. Houses were built onto an interior patio so that women could not show themselves at the window. It was considered revolutionary when nobles began to build houses facing the street in sixteenth-century Seville. The use of the veil, or *mantilla,* was also a remnant of Arabic culture. But, J. H. Elliott remarks, "the strongest reminder of the Moorish past was to be found in the extreme inequality between the sexes, which was much greater than in contemporary northern Europe." For example, market regulations in twelfth-century Seville specified that "women should be forbidden to do their washing in the gardens, for these are dens for fornication," and that "women should not sit by the river bank in the summer if men appear there." Many other rules designed to keep women out of public places and, in par-ticular, to keep Moorish women away from Christians, indicate that women were afforded lit-tle leeway. In both Enrique de Villena's social pyramid, published in Catalan in 1434, and its Is-lamized version, women are at the very bottom, under hermits (Villena) and idlers (Islamic version).[7]

The legal systems of the northern as well as the Mediterranean countries limited the

6. Martínez de Toledo, *Corbacho,* 147, 148.

7. For a discussion of women in the three cultures of medieval Spain, see Pastor, "Temática de las investigaciones sobre la historia de las mujeres medievales hispanas," 11. Elliott discusses women in *Imperial Spain,* 305. Market regulations are quoted from Amt, *Women's Lives in Medieval Europe,* 303. The social pyramid is reproduced in Harvey, *Islamic Spain, 1250 to 1500,* 93.

rights of women within both the family and the public sphere. Women were usually treated as wards of male family members—fathers, husbands, brothers, even sons. In the late medieval period, women throughout Europe acquired greater freedom to administer their own property, especially if they were single. In Spain, where Roman law and local laws called *fueros* prevailed, the behavior of women was strictly codified. However, Castilian law and custom did protect women's inheritance rights. Although the codes limited the amount a bridegroom could give his bride to one-tenth of his own estate, sometimes she received as much as half the property in land and livestock. In Valencia a widow might expect to take half her husband's estate. Even in Aragon, where Roman law and *patria potestas* (the power of the father) held great authority, a landholder could divide his property among both his daughters and sons. In the rest of Europe laws of primogeniture, which stipulated that only the eldest son could inherit, began to take hold in the late Middle Ages. However, in Spain women held on to their inheritance rights for a much longer period.[8]

In general, James Casey observes, marriage was considered a partnership between a man and a woman. However, this was not the case with respect to sexual matters, where the law was particularly rigid with respect to women. The *Fuero juzgo*, legal codes established by the Visigoths and still in force in early modern Spain, stipulated strict controls on women's sexual conduct. A father who discovered his daughter having sexual relations in his house was entitled to kill both her and her lover. A widow, always suspect, was punished if she remarried within a year of her husband's death, having to forfeit half her property to her children. But in cases of interethnic relations, the law came down harder on the man than the woman. If a Christian virgin slept with a Moor, she might lose half her property. If a married woman had sex with a Moor, she was to be turned over to her husband, who could either burn her to death or set her free. In either case the Moor was to be stoned to death. In contrast, a young bachelor was not only allowed but even expected to keep a *barrangana*, or mistress, until he was ready for marriage. The *Fuero juzgo* did offer protection against rape, condemning the rapist to servitude to his victim. Abduction could be punished by flogging, enslavement, or death, but in the frontier towns growing up in the wake of the Reconquest, abduction often went unpunished.[9]

A good source of information on the welfare of women is demographic data. However, although medieval censuses from Aragon exist, the first comprehensive survey of Castile was not made until 1534, making it difficult to draw conclusions about earlier periods. Demographic data for the rest of medieval Europe is also scanty. The available statistics indicate that between 1250 and 1500 women appear to have about the same life expectancy as men of the same social class and geographic location, except that the mortality rate of women of child-

8. See Opitz, "Life in the Late Middle Ages," 270; Casey, *Early Modern Spain: A Social History*, 28; and Gies, *Marriage and the Family in the Middle Ages*, 153.

9. On the marriage partnership, see Casey, *Early Modern Spain*, 28. On issues concerning widows and rape, see McKendrick, *Woman and Society in the Spanish Drama of the Goldern Age*, 16. The information on interethnic relations is from the *Siete partidas*, cited by Amt, *Women's Lives in Medieval Europe*, 70. On the sexual conduct of bachelors, see Gies, *Marriage and the Family in the Middle Ages*, 154.

bearing age (twenty to forty) is much higher than for males. On the other hand, women who survived childbirth generally lived longer than their male contemporaries.[10]

Around the thirteenth century the Church began to impose the "Christian model" of marriage—a long-term monogamous relationship into which both parties entered freely. In reality, however, in all of Europe, including Spain, matrimony was primarily a means of acquiring or maintaining power and property. Young men and women alike were subject to the will of their elders, who married them off to the benefit of the family, sometimes while they were still children. Women who resisted marriage were often subject to corporal punishment by their male relatives, a practice that continued well into the early modern period, as the text of Ana de San Bartolomé shows. Those who married against their parents' wishes were punished as well. They could be disinherited, and their nuptials were considered invalid.

The Church and the law gave husbands almost unlimited power over their wives, but court records from thirteenth-century France show that women sometimes brought their husbands to court for excessive brutality, requesting separation or even divorce. This, concludes Claudia Opitz, "shows that women did not bow to the yoke of marriage as willingly as theologians and moralists could have wished." Although patriarchal power could be extremely oppressive, "the absolute power of husbands, stressed again and again by both ecclesiastical and secular authorities, was more the ideal of a male-dominated society than a reality." Still, men enjoyed considerably more freedom than women. Although the Church authorized sexual activity exclusively within marriage, men and women were not held to the same norms. The main purpose of marriage was to produce legitimate heirs. Therefore, female sexuality had to be controlled, and a woman's body had to be reserved for her husband. Married women were closely supervised. Virginity was of primary importance for unmarried girls, who were sometimes kept in convents to ensure their purity. Even widows of marriageable age were subject to familial oversight. In Spain, an adulterous husband was not punished, but the *Fuero juzgo* did not even allow a wife charged with infidelity to counter her husband's allegation by accusing him of the same crime. On the other hand, a wronged husband could put his wife and her lover to death, upon which he was awarded his wife's dowry and her lover's possessions. Lower-class women enjoyed more sexual liberty than their upper-class sisters had, however, and, especially in rural areas, premarital relations between engaged couples were accepted as normal, provided the pair eventually wed.[11]

If upper-class women had less sexual latitude than peasants, some gained considerable economic power through marriage or inheritance. They had control over their own money, jewelry, clothing, and the other goods that made up their dowry, as well as over products produced on their property. They could enter into business dealings and manage their own estates, sometimes assisted by stewards. It was not uncommon for aristocratic couples to keep separate households, and noblewomen ruled their own domains with substantial independence and control over servants and serfs. Often noblemen had to be away from their estates

10. Opitz, "Life in the Late Middle Ages," 271.
11. The quotes are from Opitz, "Life in the Late Middle Ages," 276. See also McKendrick, *Woman and Society in the Spanish Drama of the Golden Age,* 15–16.

in service to the king, and their wives oversaw their domains as well, ruling with considerable autonomy. This authority "brought to the life of a married woman in the highest circles of medieval society a unique and potentially tension-laden combination of independence and subjugation." Certainly, one of the best examples of female toughness among the aristocracy is Isabella of Castile, who audaciously allowed herself to be crowned on December 13, 1474, without her husband. "Ferdinand was stunned," writes Nancy Rubin. "He had not expected that Isabella would be crowned without him or that the unsheathed sword, that ancient symbol of the highest sovereign authority, would be raised aloft for a female monarch." Isabella went on to assume very specific powers and to rule alongside her husband—but not without causing considerable strain on the marriage.[12]

Because marriage was primarily a political and economic arrangement, love was not considered an essential factor, although sometimes an aristocratic couple did fall in love. A nobleman's erotic desire could be directed, according to the conventions of courtly love, to an inaccessible lady, and serving girls or peasants could gratify his sexual needs. Women of the aristocracy with absent or inattentive husbands sometimes found ways of carrying on discreet affairs. In fact, the twelfth century has been called "a golden age of adultery." The *lais*[13] of the twelfth-century poet Marie de France are full of ribald stories of noblewomen and their lovers. Women troubadours called *trobairitz* in Provençal wrote frankly of their amorous desires, as this fragment by Tibors clearly shows:

> Sweet handsome friend, I can tell you truly
> that I've never been without desire
> since it pleased you that I have you as my courtly lover.[14]

In Spain, Queen Juana, wife of Enrique IV and mother of "La Beltraneja," was suspected of having an affair with the dashing Beltrán de la Cueva, of whom her husband reputedly was also enamored. The daughter of Juana la Loca is rumored to have had relations with Saint Ignatius of Loyola before his conversion.

Middle-class urban women also enjoyed considerable economic power. A wife of the burgeoning bourgeoisie might be in charge of the household budget and of the family's servants and retainers as well. Many of these women participated actively in family businesses and worked for money. Women could be professional spinners, weavers, or embroiderers. They could also be bakers, butchers, poulterers, professional cooks, or merchants, selling foodstuffs, wine, beer, ale, and myriad other products. Christian and Jewish craftswomen of all types thrived throughout Europe. Madeleine Cosman points out that many English last names refer to craftswomen, such as Baxter (female baker), Webster (female weaver), and Brewster (female

---

12. The quote is from Opitz, "Life in the Late Middle Ages," 280. The quote on Queen Isabella is from Rubin, *Isabella of Castile: The First Renaissance Queen*, 128.

13. Short narrative poems designed to be sung or chanted. On the "golden age of adultery," see L'Hermite-Leclercq, "The Feudal Order," 203.

14. In Bogin, *The Women Troubadours*, 81.

brewer). Not only could artisan-class women be an important economic asset to their families, but their work also gave them a certain mobility forbidden to their aristocratic sisters. In cities married women labored in the trades and crafts alongside their husbands, although some married women practiced their crafts independently of the family, as did many single women. If the wife of a craftsman was widowed, it was not unusual for her to continue her husband's business. Craftswomen enjoyed certain legal protections in most parts of Europe. They controlled their own cash boxes and could train apprentices, both male and female. Some craft guilds had women members, and a few guilds were exclusively female.[15]

In the Middle Ages women excelled in the medical professions. They were pharmacists, healers, doctors, and surgeons. Some women physicians even operated on soldiers on the battlefield. Women doctors served both female and male patients. Some were licensed practitioners. "Depending on the century and the city, medical surgical licenses were granted to men and women by town authorities, by medical guilds, by university faculties, by the country's king, or by a powerful churchman such as a bishop."[16] Hildegard of Bingen, a twelfth-century German mystic, poet, and musician, wrote medical treatises and was such a successful healer that people considered her cures miraculous. Women dominated the fields of obstetrics and gynecology. Some were midwives who apprenticed with other women, but some had formal medical training.

The eleventh-century physician and teacher Trotula of Salerno, reputedly a woman, wrote a text on gynecology and obstetrics that was greatly admired by the celebrated Spanish erudite Pedro Hispano, who later became Pope Juan XXI. Trotula's reputation endured for hundreds of years. Disciples praised this doctor as a great woman physician and borrowed heavily from Trotula's writings. In 1544 John Scottus reprinted Trotula's *Gynecology*, introducing its author as a great and learned woman. However, by the early modern period, scholars began to doubt whether or not Trotula had ever existed, and if so, whether this personage was really a woman. In 2001 Monica Green argued that Trotula's treatise is actually a collection of three separate works, each by a different author.[17]

Of course, the main task of women of all classes was to produce children. Families were large and infertility was viewed as a curse. Maternity and childbirth were considered purely women's affairs in which men had little say. Opitz writes that "medieval matrons and midwives who concerned themselves with such matters knew far less about them, and the closely related questions of fertility and contraception, than is often assumed nowadays."[18] Consequently, many women died during their first pregnancy. Although society placed a premium on children, women tried to terminate pregnancies for a number of reasons, usually because they were unmarried or too poor to raise a child. But abortion was always risky, and often fa-

15. See Cosman, *Women at Work in Medieval Europe*, 75–102, and the introduction to Green's edition of *The Trotula*.

16. Cosman, *Women at Work in Medieval Europe*, 36.

17. See Cosman, *Women at Work in Medieval Europe*, 43–45, and the introduction to Green's edition of *The Trotula*.

18. Opitz, "Life in the Late Middle Ages," 289.

tal, which is why women sometimes resorted to infanticide. Although the penalties were severe, the practice is thought to have been fairly common. Infanticide was a hard crime to prove because the mother could always claim that a child's death was accidental.

Perhaps the area in which women exercised the greatest leadership was religious life. Convents started appearing on the European continent in the sixth century, but it was not until the late Middle Ages that they proliferated in great number. The spreading practice of primogeniture created increasing numbers of upper-class women who would not inherit or receive a marriage dowry. For them, the convent provided a refuge. In addition, the spiritual renewal movements of the late Middle Ages (discussed in the introduction to "Teresa de Jesús") created a desire in many women to devote themselves entirely to God. Ronald Surtz stresses that it would be an error to view the medieval convent as simply "a prison for unwanted females," for many nuns "evidence true vocations and what we would now call a positive self-image." Late medieval society generally held nuns and other religious women in high esteem, and certain anchoresses,[19] such as Julian of Norwich, were consulted by the local population on all kinds of matters. (But it is also true that many convents had a reputation for moral laxity, and bawdy sisters were a topic in satirical literature, as, for example, in Boccaccio's *Decameron*.)

The convent often offered women more freedom and opportunities than other forms of life. Abbesses and prioresses sometimes exercised extraordinary control over their religious communities, attending to administrative affairs, managing the finances, and disciplining their nuns. Surtz notes that the abbess of the Cistercian convent of Las Huelgas "enjoyed quasi-episcopal jurisdiction over the towns and churches subject to her monastery. She could confer benefices, establish new parishes, hear matrimonial and criminal cases, approve confessors, and issue licenses to priests to say Mass in her churches."[20] She even heard the confessions of her own nuns, although Innocent III put a stop to this practice with a papal bull in 1200.

Medieval women of the nobility were sometimes educated to a high degree. In fact, because in many areas education was considered effeminate, they often received better schooling than men. Most girls, like most boys, were educated in monastic schools, although many children of the aristocracy had private tutors. Although girls and boys sometimes studied together in the same schools, ordinances usually prohibited teachers from instructing students of the opposite sex. In most cases, the convent offered women the best opportunities for education. Joan Ferrante notes that "by the twelfth century, many regular women's convents had acquired reputations for learning and for the production of manuscripts, although that practice had begun much earlier."[21] The art of book copying and illuminating flourished for more than two centuries in the great houses of the female religious. However, by the thirteenth century,

---

19. Anchorites and anchoresses were men and women dedicated to a life of solitude, prayer, fasting, and penance. They often lived in cells attached to a church sanctuary, receiving the Eucharist through a window. Some devoted themselves to writing, making clothing for the poor, and offering spiritual advice through a veiled window. They were not allowed to leave their dwellings. The quote is from Surtz, *Writing Women in Late Medieval and Early Modern Spain*, 18.

20. Surtz, *Writing Women*, 2.

21. Ferrante, "The Education of Women," 15.

universities were replacing religious houses as centers of higher education. Because females were barred from these institutions, women's education declined at the end of the Middle Ages.

Not all nuns received the same education, even within a single convent. Some orders distinguished between "choir nuns," who read and sang the Divine Office, and "lay sisters," who performed menial tasks such as cooking or cleaning. This practice was still in force in the seventeenth century, when Ana de San Bartolomé lamented having to take the black veil of a choir nun. (See the introduction to "Ana de San Bartolomé.") Choir nuns were given a more thorough education than lay sisters. Surtz suggests that in fifteenth-century Spain many nuns were probably phonetically literate in Latin (able to sound out words syllable by syllable) and comprehensively literate in Spanish (able to read silently, word by word).[22] However, religious women were actually better educated than is apparent if we take into consideration literacy only. In the Middle Ages vast amounts of knowledge were transmitted orally; education was not limited to reading. Nuns gained familiarity with the Bible and other spiritual texts by hearing them read in the vernacular during meals and through quotation-laden sermons.

Religious life gave women a degree of authority they did not enjoy elsewhere. Although nuns did not have the benefit of intellectual authority conferred by advanced formal education, they did achieve spiritual authority through visionary experiences. In the Middle Ages, both male and female mystics claimed the authority of infused knowledge, that is, Wisdom instilled directly by God through visions and locutions. Women, especially, were thought to be susceptible to mystical experiences, and many female mystics were highly regarded. On the other hand, Church authorities were reluctant to give automatic credence to women's claims to visionary experience because women were held to be deceitful and also vulnerable to hysteria and deception by the devil.

Not all female religious lived in convents. Founded in the Low Countries during the twelfth century, the Béguines were lay sisters who devoted themselves to communal living, prayer, and Christian service, especially in times of plague or epidemics. They took no vows, but lived in group houses called *béguinages*. They earned a living by spinning, weaving, or other crafts, or sometimes by teaching in girls' or even boys' schools.

Outside of the convent, most medieval women received no formal education. Neither men nor women of the lower classes were literate. Some upper-class ladies did receive instruction in Latin, the vernacular, and the other liberal arts, but many did not. The Catholic Queen Isabella of Castile learned her letters and numbers as a child, but little else. She read conventional "woman's literature"—devotional books and lives of the saints—and also books of chivalry and the *Libro de Buen Amor*. Although her brothers were thoroughly schooled in the classics, Isabella learned to read and write only the Castilian vernacular. In addition, she learned prayers, the Bible, and needlecraft. "Despite Isabella's royal birth and obvious intelligence, such neglect was not unusual," writes Nancy Rubin.[23] Isabella did not learn Latin until

---

22. Surtz, *Writing Women*, 4.
23. Rubin, *Isabella of Castile*, 29.

she was relatively mature, perhaps under the tutelage of Beatriz Galindo, nicknamed "La Latina" because of her knowledge of that language. However, once in power Isabella actively supported women's education at Court. Under the tutelage of Alessandro Geraldino, author of *De eruditione nobelium puellarum*[24] (On the Education of Well-Born Girls), her daughters strove to become accomplished Latinists, and many of her ladies-in-waiting also studied the classics, poetry, mathematics, and literature. Some scholars think that, thanks to the encouragement of Isabella and her reform-minded confessor, Jiménez de Cisneros, literacy in Latin may also have increased in the convents. It was at Isabella's behest that Antonio de Nebrija translated his Latin grammar into Spanish so that, as he explains in the preface, women could learn Latin without having to rely on male teachers.

## Early Modern Women: Renaissance or Retreat?

Early modern Europe was gripped by the "woman question." Was woman fully human? Did she have a soul? Was she capable of virtue? Could she be saved? Theologians and moralists debated these questions fiercely, some taking a distinctly feminist stance and others not. Constance Jordan, author of the seminal *Renaissance Feminism,* emphasizes that the debate cannot be understood in modern ideological terms, for the question was never cast, for early modern feminists, in the vocabulary of social equality. That is, it was never an issue of woman's right to full political autonomy or to equal access to work. Women might be considered the spiritual equals of men, but they were their inferiors inside and outside the home.

Renaissance feminists of both sexes ignored "the most debilitating effect of woman's supposed inferiority to man, that is, her poverty before the law." Instead, they "sought to establish the truth that men and women were first and most importantly human beings."[25] Indeed, the humanness of women and that of the American aborigines were two of the great subjects of debate of the sixteenth century. Antifeminist writers, basing their arguments on natural law and Scripture, argued that women were not fully human but deficient versions of men. However, the scientific and biblical sources were ambiguous. Feminist writers, basing their opinions on many of the same sources as their opponents, concluded that there was no basis for assuming women incapable of virtue. Moralists such as Agrippa of Nettesheim, one of the most ardent feminists of the day, defended the intellectual and political achievements of women and argued that women differed from men only in body, not in spirit. In order to demonstrate women's psychological parity with men, feminists chose as their model the virile woman, "virility" being defined not as masculinity in the sexual sense but as moral strength, resoluteness, and steadfastness. When Saint Teresa exhorts her spiritual daughters to be *varoniles,* she is calling on them to show firmness in their devotion to Christ and to the Reform.

Early modern feminists based their arguments on the notion that human nature was androgynous. A person was male or female, but men and women exhibited qualities commonly associated with both the masculine and the feminine. For example, forcefulness and rational-

24. Unfortunately, this text has been lost.
25. Jordan, *Renaissance Feminism,* 8.

ity were associated with the masculine, while mercy, patience, and temperance were associated with the feminine, but a good governor would exhibit all these qualities. On the one hand, the androgyny argument served to bolster the patriarchal order because those women judged admirable were those who displayed "virility." On the other, it served to enhance the worth of women because pro-woman writers saw the qualities associated with femininity as beneficial to society as a whole. Concomitantly, they derided the kind of unbridled masculinity associated with bullies and tyrants as deleterious to the family and the state.[26]

The feminist theories of the sixteenth century had practical political application, for in 1553 Mary Tutor ascended to the throne of England and in 1588 Elizabeth I followed her. These events prompted thinkers to consider the legitimacy of gynecocracy, the rule of a woman over men. To John Knox, who puts forth his arguments in *First Blast of the Trumpet against the Monstruous Regiment of Women* (1558), the very notion of a woman-headed government was an abomination, a violation of natural and divine law. However, for John Aylmer, author of *Harborowe for Faithfull and Trewe Subjectes* (1559), the very fact that Elizabeth inherited the throne was proof that Providence supported her rule. If God did not provide a male heir, he argued, it was because for some mysterious purpose He intended a woman to rule England. Others remained unconvinced. Queen Isabella of Spain had ruled in conjunction with King Ferdinand, but Queen Elizabeth I had no husband and therefore was not subject to any man. How could a woman govern without a rational male to guide her? If the spirit was androgynous, argued the feminists, then certainly a woman could possess the necessary virility to rule effectively.

The "woman question" was resolved favorably for Elizabeth I, one of the most astute politicians of her day. But how did the feminist debates of the 1500s affect ordinary women? In 1977 the historian Joan Kelly-Gadol provoked a plethora of studies on early modern women by asking: Did women have a Renaissance?[27] Kelly-Gadol proposed that the Renaissance—that period we associate with the flowering of European culture, with the expansion of Europe's intellectual and artistic horizons—actually represented a diminution of power and opportunities for women through the increasing regulation of female sexuality, women's diminishing economic and political roles, and new constraints on women's cultural roles and access to education.

Courtly love had exalted the lady, creating a relationship of vassalage between lady and lover in which the woman occupied the role of feudal lord and the lover occupied the role of her *siervo*. It was a relationship entered into freely, with the knight accepting the demands of his lady as part of the agreement. She was in a position of power; he was in a position of servitude. If the ideal courtly liaison was chaste, in reality, such relationships often produced illegitimate children. However, legitimacy was less important than the stability of the arranged marriage, which guaranteed the social, political, and economic position of the family. In other words, the lord benefited from the courtly culture, which gave the lady a degree of sexual free-

26. See Jordan, *Renaissance Feminism*, 137.
27. Kelly-Gadol's article "Did Women Have a Renaissance?" appeared in *Becoming Visible: Women in European History*, edited by Renate Bridenthal and Claudia Koonz.

dom (as long as she was discreet about her peccadilloes), but also guaranteed his own supremacy. Thus, although courtly love was in large part a literary convention, it reflected societal values. If marriage was primarily an economic and political arrangement, courtly love responded to the sexual and affective needs of the participants without undermining the
interests of the aristocratic family.

Renaissance Neoplatonism introduced a new concept of love. If at first Neoplatonism re-
tained the lady on her pedestal, in a position of inaccessibility, gradually the aloof beloved was
replaced by the angelical wife. Marital harmony came to be seen as a reflection of divine Harmony and a goal to which secular men and women could legitimately aspire. Renaissance humanism made human beings the focus of intellectual inquiry. Theologians and other scholars
examined every human institution, including the institution of marriage. By the 1520s, Martin
Luther had intensified interest in the marriage issue by condemning clerical celibacy as unre-
alistic. The scrutiny to which marriage was subjected led to attempts to codify the conduct of
secular women (subdivided according to their marital status into virgins, wives, and widows),
strictly regulating their behavior (just as political treatises codified the behavior of princes
and courtiers). The female conduct manuals of the sixteenth century were particularly concerned with women's sexual behavior, the primary issue being the protection of chastity.

In 1521 Juan Luis Vives (1492–1540), a Spanish *converso* educated in Paris and Brussels and
living at Oxford, began work on *De institutione feminae Christianae* (On the Education of a
Christian Woman), commissioned by Catherine of Aragon, daughter of Ferdinand and Isabella and wife of Henry XVIII. Catherine had wanted to continue her mother's tradition of
educating women and so engaged one of Europe's most respected intellectuals to produce a
treatise for the instruction of her daughter Mary. In fact, *De institutione* reached a much wider
audience, becoming popular with both Catholics and Protestants in England and finding
broad favor in Spain as well. Written in Latin, it went through forty editions and was translated
into English, Dutch, French, German, and Italian, as well as Spanish.

A pedagogue and progressive, Vives begins by stressing the importance of educating girls
in the art of reading as well as in household management. However, his focus quickly shifts to
his main concern: female sexuality. For Vives, "A woman's only care is chastity; therefore when
this has been thoroughly elucidated, she may be considered to have received sufficient instruction."[28] All of a woman's education, in Vives's view, must be directed toward preserving
her purity.

In Part I, dedicated to the education of virgins, he cautions that little girls should be allowed to play only with other little girls so that they do not become "accustomed to find pleasure in the company of men." They should not play with dolls, which are "a kind of image of
idolatry," but with miniature pots and pans, which will prepare them for housewifery. Vives
believes that since women are flighty and their thoughts turn easily to vice, their minds must
be kept occupied. Girls should learn to spin so that they will always be busy. They should learn
to read, not to acquire a thorough education or to take pleasure in books, but rather to keep

28. Vives, *The Education of a Christian Woman*, 47.

their thoughts pure. Hence, they should read only devotional books, not romances that might unfetter their imaginations. In Vives's view, evil in women is usually the product of ignorance of virtue. Therefore, the purpose of reading is to expose women to "holy counsels" that will purify their thoughts, thereby guaranteeing their chastity. Maidens must be kept away from amusements—jousts, parties, dances, banquets, and "elegantly dressed boys with their hair curled" —that may awaken lust. [29] They should be taught simplicity, frugality, and modesty. Furthermore, they should avoid laughter, sensorial stimuli, and excesses of all sorts, so that their love may be directed exclusively to Christ. Maidens thus educated, says Vives, will bring great joy and tranquility to their future husbands.

In Part II, on married women, Vives (who was himself married) rejects the notion that the sole purpose of matrimony is procreation, stressing instead the importance of "community of life" and "companionship." However, he soon turns his attention once again to chastity, arguing that a wife's purity requires her husband's constant vigilance. Marital harmony can only be attained when women obey their husbands and attend to their households. Men must discipline their wives, either verbally or physically, and women must submit to their husbands' thrashings, keeping in mind that these are for their own good. The two great qualities for married women are "chastity and great love for one's husband." The latter dictates that women must be concerned with the family's honor and therefore must avoid not only impropriety but also even the appearance of impropriety. If a woman is falsely accused by her husband, she should accept a beating anyway, profiting from the experience by remembering Christ's suffering on the Cross. A woman should never ask her husband embarrassing questions, pry into his affairs, or insult him. A husband, in turn, owes his wife "paternal affection" and accepts the task of educating her regarding her duties.[30] Literate women are a treasure, notes Vives, because they can instruct their children by reading them edifying stories that reinforce Christian values.

Part III, on widows, reinforces societal prejudices against unattached women. Widows were viewed as dangerously independent, crafty, immoral, and treacherous. As older women experienced in the pleasures of the flesh, they could easily misguide young girls, and so should be kept away from them. Although a widow's years make her wise, Vives asserts that "in the weaker sex this unexpected wisdom is suspect." Vives is as concerned about the widow's chastity as he is about other women's: "When she no longer has a husband, she should turn to the holy spouse of all women, Jesus Christ." She should not seek a new mate, but should behave modestly, avoiding the company of men, especially priests and monks, who often lead women astray. If she does remarry, the ceremony should be "celebrated in silence, almost in secret, without fuss and dancing."[31] In short, the widow must withdraw as much as possible from the world, attracting no attention and living chastely.

Vives concludes by saying that he has no need to praise marriage, for its benefits are obvious. But in order for a marriage to be successful, it is essential that the wife be virtuous. While

29. Vives, *The Education of a Christian Woman*, 55, 57, 199.
30. Vives, *The Education of a Christian Woman*, 175, 180, 251.
31. Vives, *The Education of a Christian Woman*, 300, 311, 326.

Vives's defense of women's education and his view of marriage as a partnership place him solidly in the progressive camp, and his concern for the psychological development of women distinguishes him as a Renaissance humanist, his views reflect the misogyny of his time.

Charles Fantazzi suggests that Catherine of Aragon may have been displeased with Vives's book because she soon requested another from Erasmus. When Erasmus's *The Institution of Marriage* was published in Basel in 1526, Luther had wed just the year before, and men and women were abandoning their cloisters to marry in lands newly claimed by Protestantism. Erasmus himself argued that clerics unable to uphold their vow of celibacy be allowed "the remedy of marriage."[32]

Erasmus's treatise is a kind of manual on how to achieve a successful marriage. Like Vives, Erasmus envisions matrimony as a partnership. He argues that a good marriage, in which the spouses treat each other with kindness and consideration, can lead to a life of tranquility for both. Rather than the paternalistic authoritarianism that Vives advocates, Erasmus counsels moderation and mutual understanding: "It seems advisable that a husband should bear with his wife, or a wife with her husband, since perhaps the one can correct the other, should they disagree somewhat on those doctrinal questions that are today a subject of controversy throughout the world." Vives seems never to envision husbands and wives actually discussing matters of doctrine, whereas Erasmus views intellectual exchange as normal between spouses. In choosing a mate, Erasmus stresses the importance of virtue over social position. He praises the ability of the good wife to run a household effectively. He recognizes that men as well as women have flaws, and argues that both husband and wife must be willing to forgive. Like Vives, he stresses Reform values, disparaging pomp and finery, but he applies his admonitions to both sexes, counseling frugality and simple living for all. Still, even Erasmus is not free of misogyny. He notes that women must be kept busy with household chores because "unless a girl is given something to occupy her mind, her thoughts turn inevitably toward evil." And like other moralists of his day, he defends masculine supremacy: "A husband may defer to his wife in the sense that he will sometimes swallow his pride, but he will never surrender his authority."[33] However, Erasmus stresses the role of affection in marriage much more than his contemporaries, arguing that if husband and wife truly love each other, they can triumph over any adversity. Traditionalists found Erasmus's views too liberal or patently offensive. All of his works were banned in 1559 by the Index of Prohibited Books, and although the Council of Trent later cleared some of them, the *Institution of Marriage* remained on the list.

The growing threat of Protestantism in the sixteenth century made Catholic authorities aware of the need to confront some of the excesses that besmirched the image of the Church. The objective of the movement known as the Counter Reformation was in part to combat the abuses and inconsistencies that had given rise to the Lutheran rebellion in the first place by addressing head on awkward doctrinal, moral, and social issues. To this end Pope Paul III convened the Council of Trent (1545–63), a series of ecumenical assemblies in which dogma was

---

32. See Fantazzi's introduction to *The Education of a Christian Woman*, 15. The quote is from Rummel, *Erasmus on Women*, 80.

33. Vives, *The Education of a Christian Woman*, 82, 85, 119.

defined, scriptural interpretations were fixed, the duties of priests were more clearly codified, and doctrinal ambiguities were clarified. Among the issues the Church fathers addressed was marriage.

Of particular importance was the issue of clandestine marriages, a not uncommon occurrence that led to a host of social ills. Clandestine marriages, in which couples made their vows in private without parental consent, witnesses, or clergy, put women at a disadvantage. Men sometimes received sexual favors from women simply by avowing the couple was married, and then abandoned them. "Deflowered" women were repudiated by their families; they had little hope of finding mates and usually had to enter a convent.[34] Although the Council of Trent reluctantly recognized existing clandestine marriages as long as they were contracted with the consent of both parties, the *Canons and Decrees* of the Council stated that in the future marriage could only be contracted in the presence of a pastor and two or three witnesses; if these criteria were not met, the marriage was invalid. The Church stance contributed to an increased appreciation of the lawful institution of Christian marriage.

However, nearly all Catholic moralists of the time viewed wedlock as inferior to celibacy. In his introduction to *La perfecta casada* (1583), Fray Luis de León writes:

> Porque, a la verdad, aunque el estado del matrimonio, en grado y perfección, es menor que el de los continentes o vírgenes, pero por la necesidad que hay de él en el mundo para que se conserven los hombres y para que salgan de ellos los que nacen para ser hijos de Dios, y para honrar la tierra y alegrar el cielo con gloria, fue siempre muy honrado y privilegiado por el Espíritu Santo en las Letras Sagradas.[35]

That said, Fray Luis goes on to defend marriage: "El estado de los casados es estado noble y santo y muy preciado de Dios."[36] Like his predecessors, he asserts that in order for a marriage to be successful, the wife must submit to specific rules of conduct. She must excel at household management and be frugal. If a wife has servants, she must manage them prudently. The farmer's wife must be industrious, even if she is rich. The merchant's wife must know how to increase her husband's assets. Wives should rise early and attend to their family and household duties; they should avoid idleness, for indolence leads to sinfulness. They should be pious and charitable, but they should avoid spending too much time in church, for houses of worship can be meeting places for gossips and insalubrious characters. A good wife stays close to home and away from public places. She reads inspirational books, not romances that might kindle impure thoughts. She dresses modestly, avoiding frills that might attract attention. She is unassuming, quiet, clean, cheerful, and obedient, and she teaches her children to be the same.

Although Fray Luis is as prescriptive as Vives, his attitude toward women is more positive. He believes women to be capable of excellence, and he dwells far less than Vives on women's propensity for wickedness and the need to control them. He accepts as a given male superior-

---

34. Cervantes deals with this issue in *Don Quijote*, in the story of Fernando and Dorotea.
35. Introducción, *La perfecta casada, Obras completas castellanas I*, 244.
36. *La perfecta casada*, 246.

ity, but insists that the wise husband will treasure a good wife and will teach her, not through violence, but by his own example of good living: "El hombre, que es la cordura y el calor, y el seso y el maestro, y todo el buen empleo de la casa y familia, ha de haberse con su mujer como quiere que ella se haya con él, y enseñarla con ejemplo lo que ella haga."[37] The image of marital bliss that Fray Luis paints in *La perfecta casada* met with immediate success among general audiences, and the book was reprinted five times in five years. Among serious critics, however, it was censured as frivolous for treating a theme unworthy of the attention of a cleric. Even today, many dismiss *La perfecta casada* as a "woman's book," although Fray Luis's instructions are all based on Scripture.

By the end of the century, the notion of marriage as a partnership, albeit with one superior partner, had given way to a new era in which women were increasingly marginalized. Ruth El Saffar argues that the self-made man epitomized by Don Quijote could no longer have a relationship with a flesh-and-blood woman, but only with an imaginary, idealized Dulcinea.[38] This is perhaps an oversimplification of Cervantes's position. While exalting the kind of self-determination Don Quijote incarnates, Cervantes undermines his character's utopianism by constantly juxtaposing his idealistic vision with the realities of everyday existence. If the fantastical Dulcinea embodies Don Quijote's utopian worldview, she contrasts with more realistic, complex, "flesh-and-blood" female characters who integrate both positive and negative qualities. Some of these (Dorotea, Zoraída) are active, strong-willed, and appealing characters, which suggests that Cervantes had a generally favorable view of women. At any rate, Cervantes does not dehumanize women either by placing them on a pedestal or by demonizing them, but instead shows them to be complex, contradictory, and fully human.

Furthermore, Cervantes expresses fairly optimistic views on marriage in *Don Quijote*: "El de casarse los enamorados [es] el fin de más excelencia." Although Cervantes repeats many of the commonplaces advanced by humanists of earlier generations—the merit of virtue over wealth, the importance of female decorum and modesty, the need for husbands to instruct and guide their wives—he breaks with tradition by repudiating the notion that women require constant surveillance, arguing that marital happiness must be built on mutual trust. Men should not be suspicious, assuming automatically that their wives are up to mischief, but give them the benefit of the doubt: "Opinión fue de no sé qué sabio que no había en el mundo sino una sola mujer buena, y daba por consejo que cada uno pensase y creyese que aquella sola buena era la suya, y así viviría contento."[39] This, of course, is the moral of the *novela intercalada*, "El curioso impertinente." It is true, as El Saffar argues, that Don Quijote himself has no healthy, intimate relationships with women, but this is because Don Quijote rejects the imperfect, ever-shifting, quotidian reality that constitutes the circumstances in which human beings find themselves. After all, Don Quijote is a questionable hero.[40]

Still, women *do* become increasingly marginalized in the seventeenth century, and the

---

37. *La perfecta casada*, 271.
38. See "Literary Reflections on the 'New Man': Changes in Consciousness in Early Modern Europe."
39. Quotes are from *Don Quijote* II, 189.
40. See *Don Quijote, Hero or Fool?*

new sense of self-determination embodied by Don Quijote *does* have something to do with it. The rupture between culture and nature, and the new cerebralism that will culminate in the Cartesian revolution, create an environment in which man sees himself in control of his universe—a universe dominated by mental and physical prowess—in which woman is little more than a pawn. In his *Examen de ingenios,* completed in the late sixteenth century sometime before 1574, Juan Huarte de San Juan advances the notion of the undeniable inferiority of the female sex. He counsels parents to try to have male children, not because females are evil but because they are stupid. Basing his arguments on the theory of humors, he says that women, because of the coldness and moistness of their composition, "no pueden alcanzar ingenio profundo." Women may sometimes seem intelligent, says Huarte, but they are only parroting what they have heard: "Sólo vemos que hablan con alguna apariencia de habilidad en materias livianas y fáciles, con términos comunes y muy estudiados."[41] Thus, women are simply victims of their biological makeup, which makes them poorly suited for intellectual endeavors.

By the beginning of the seventeenth century, familial life was privileged over celibate life in Protestant countries. In Catholic countries, moralists were grappling with questions left unanswered by the Council of Trent. For example, the *Canons and Decrees* was vague on the issue of adultery, specifying only that women who live with adulterers "shall be punished severely in accordance with their guilt by the local ordinaries."[42] In Spain, the honor code dictated that any nobleman who even suspected his wife, sister, or daughter of adultery, whether or not she was actually guilty, had not only the right but also the duty to kill her. The proper punishment for adulterous women was the subject of endless dispute among theologians.

Honor became the motivating issue in countless Golden Age plays, provoking modern critics to debate whether or not honor actually functioned in society as it was depicted on the seventeenth-century stage. Writing in the 1960s and '70s, scholars such as Alexander Parker and Peter Dunn saw an intrinsic condemnation of the honor code, and therefore a social message, in the plays of Calderón. In contrast, C. O. Jones argued that honor was simply a dramatic device, and that the honor plays did not necessarily reflect reality.[43] Although the obsession with honor and the resulting uxoricide on the Spanish stage may not mirror how Spaniards actually lived, it is certainly safe to say that female chastity was a real concern during this period and that an avenging husband had the law on his side. In 1552 Antonio Torquemada wrote that if a woman committed adultery, "las leyes no mandan sino que se entregue y ponga en poder del marido para que haga della su voluntad." Daniel Heiple offers several examples to demonstrate that the law "specifically allowed the husband to kill with impunity the wife and her lover on his own authority." Likewise, Georgina Dopico Black provides evidence that "there is no question that sixteenth- and seventeenth-century civil law afforded husbands ample freedom in the disposal of adulterous wives." Although we cannot know for certain how

41. Huarte de San Juan, *Examen de ingenios,* 627.

42. *Canons and Decrees,* 189.

43. See Parker, "The Approach to the Spanish Drama of the Golden Age"; Dunn, "Honor and the Christian Background in Calderón"; Jones, "Spanish Honour as Historical Phenomenon, Convention and Artistic Motive"; and Stroud, *Fatal Union.*

often the adultery laws were applied, honor was a psychological reality for early modern Spanish men. No blemish on the virtue of a woman could be tolerated. Even in cases of rape, it was the woman and her family who were dishonored, not the perpetrator of the crime.[44] Wealthy rape victims might sometimes have recourse to the law, but most women could not afford to bring their violators to justice. Once "tarnished," the rape victim was usually no longer considered marriageable and so had no option but the convent, although there are records of certain men who married rape victims out of charity.

Innumerable plays and stories, including María de Zayas's "La inocencia castigada," reflect the Spaniard's obsessive preoccupation with sexual honor, which Black has related to that other Spanish fixation, *limpieza de sangre*. Because a wife's adultery threatened to "contaminate" the lineage, her husband's brutality was deemed justified. The honor code epitomizes male objectification of the female body. The husband controlled every aspect of that body's behavior. He could use it to provide sexual gratification and offspring, and he could destroy it if he deemed it tainted. The regulation of female behavior led men to involve themselves with issues that had previously been considered exclusively women's—for example, nursing. Ruth El Saffar remarks: "Female agency, even in such areas as childbirth and breastfeeding that should be considered the exclusive domain of the feminine, diminished alarmingly in Western culture with the rise of cities and technology." Theologians, moralists, and male physicians weighed in on the issue of breastfeeding, most of them defending the practice. Juan Luis Vives enthusiastically endorsed mother's milk in his *Education of a Christian Woman*. However, noblemen often objected to breastfeeding because they found the practice inelegant. If a husband decided to employ a wet nurse, he himself chose her, taking care that she be of old Christian stock so that the baby would not be contaminated with impure milk.[45] Upper-class women tended to have more children than their poorer sisters owing to the custom among the nobility of using wet nurses. Lower-class women nursed their own babies and thus were prevented from conceiving again immediately by the process of lactation.

In Spain as elsewhere, the transition from feudal to mercantile economies was marked by the growth of cities. Philip II had established Madrid as the seat of government, but it was not until 1606 that Philip III made the city officially the capital. Madrid grew vertiginously, its population quintupling in half a century. People came from all parts of Spain and from foreign countries to find work. *Ciudadanos* (guild masters, merchants, and small businessmen) were increasingly considered the backbone of society. Noble blood and titles still carried tremendous weight, but urbanization brought about a new social mobility as fortunes were made through commerce and trade.[46] The aristocracy participated increasingly in these activities (as illustrated, for example, in the stories of Carvajal), and sometimes married into wealthy merchant-class families.

44. Torquemada is quoted in Vigil, *La vida de las mujeres en los siglos XVI y XVII*, 153. The quotes are from Heiple, "The Theological Context of Wife Murder in Seventeenth-Century Spain," 109, and Black, *Perfect Wives, Other Women*, 114. See also Mujica, "The Rapist and His Victim."
45. El Saffar, *Rapture Encaged*, 3. See also King, *Women of the Renaissance*, 12–17, and Vigil, *Vida de las mujeres*, 135.
46. See Casey, *Early Modern Spain*, 120.

This changing environment offered women ways to rebel against male authority. Although most women probably lived in relative seclusion, urbanization afforded opportunities for women to go out—to the theater, to social gatherings, to *paseos* in the park. Foreign travelers often commented on the brazenness of Spanish women. "They enjoy great freedom," wrote an Italian priest in 1595. "They walk about the streets, by day and by night, as men do. One can easily talk to them and they are quick to answer back. But they have so much liberty that they often exceed the bounds of modesty and the limits of respectability." Although the vast majority of women probably left their homes rarely except to perform religious duties or to visit relatives, foreigners "were almost unanimous in their denunciation of the bold and often provocative behavior of Spanish women."[47]

Moralists denounced women's saucy behavior, but they also lamented the degeneration of Spanish society in general. By the end of the sixteenth century, Spain was in economic and political decline. The Jesuit priest Juan de Mariana (1536–1623), author of the widely read *Historia general de España,* laments that "en este tiempo mucho se han acrecentado así los vicios como las virtudes". Men have become effeminate, he says, "por la disimulación de los príncipes y por la licencia y libertad del vulgo, muchos viven desenfrenados sin poner fin ni tasa ni a la lujuria, ni a los gastos, ni a los arreos y galas" (Libro I, Cap. VI). Gender roles seemed to be blurring, with men wearing frilly ruffs like women. Susan Paun de García has argued that if María de Zayas urged women to be "manly," it was because men no longer were.[48]

The increasing regulation of women's behavior was exacerbated by economic developments that diminished women's financial power. By the early sixteenth century, concern for the conservation of the patrimony led to the spread and strengthening of primogeniture laws. Squabbling among nobles over matters of inheritance had sometimes led to serious conflicts. In order to ensure orderly succession and to preserve the economic assets of the great noble houses, Ferdinand the Catholic encouraged the observance of *mayorazgo* at the Cortes de Toro in 1505. The practice had been used irregularly before, but in the early sixteenth century it became the norm. Spanish women could still inherit, but often their inheritance came in the form of a dowry, that is, in liquid assets rather than land. Casey notes that "the dowry reflected an urbanising economy, where money was more abundant and where it was used to promote the social mobility of families."[49] The expansion of primogeniture laws affected women adversely by robbing them of their right to inherit land, thereby decreasing their power and prestige. The growing importance of dowries made it more and more difficult to marry off daughters. Some families could afford to marry off only the eldest daughter and perhaps the second. The remaining female progeny entered the convent, which required a much smaller dowry.

In all social classes women became a potential financial burden for their families. The six-

---

47. The Italian priest is quoted by Defourneaux, *Daily Life in Spain in the Golden Age,* 145; the second quote is found on p. 146.
48. The quote by Mariana is from *Historiae de rebus Hispaniae (Historia general de España).* See Paun de García, "Zayas's Ideal of the Masculine: Clothes Make the Man."
49. Casey, *Early Modern Spain,* 200.

teenth and seventeenth centuries were a period of great instability in Europe, and even wealthy families suffered from economic anxiety, for fortunes were sometimes lost overnight through wars, epidemics, or natural disasters. If the family had land, it went to the eldest male child; when he married, his wife's property would be added to his. A woman, on the other hand, required a dowry to marry, and if she had inherited land, it would typically pass to her husband. In Spain, it was particularly difficult to find a suitable husband for a young woman, since so many men went to the New World or to war in Flanders or elsewhere. Stiff competition for husbands resulted in inflated dowries. The financial concerns that permeate the stories of Mariana de Carvajal reflect this situation. The primogeniture system put second- and third-born sons at a disadvantage as well, although men had work options closed to women. In countries in which there was no primogeniture, the situation was also difficult for men, because paternal property sometimes had to be divided into very small tracts in order to accommodate all the sons.

Aside from nuns, single women had no place in Catholic society. In the Protestant North women did sometimes remain single and widows sometimes chose not to remarry, but in Spain and Italy marriage and the convent were the usual options. Thus, female offspring represented a double burden for their fathers, who not only had to keep them chaste, but also had to provide them with a dowry.

Not every woman wanted to marry, however, because marriage entailed peril. Producing and raising children were the main occupations of married women, and, in fact, Luther maintained that these were the sole reasons women even existed. Expectant mothers were celebrated, and in Spain, a cult developed around pregnancy, especially among the aristocracy. The household catered to the whims of the mother-to-be, indulging her cravings and moods. But in all social classes, childbirth was risky. Estimates of death in childbirth in England in the late Renaissance range from 2.5 to 10 percent, at least five or six times greater than the figures for the nineteenth century. Infant mortality was extremely high. Many children succumbed to influenza, pneumonia, tuberculosis, malnutrition, or the plague. Others died in accidents, and still others at the hands of their own mothers. Sometimes wet nurses abused children. In Europe, including Spain, only from 20 to 50 percent of children lived to adolescence. Casey notes that between 40 and 50 percent of the children born in the parishes of Valencia in the seventeenth century survived. From a fifth to a third of newborns were expected to die during their first year. Among foundlings, the figures were even more appalling.[50]

It was not uncommon for a mother to abandon her child. Many hospitals and convents cared for foundlings, most of which were girls, since female children were less desirable than males. In these institutions boys learned to read and write and girls to cook and sew. Sometimes the institution would provide a dowry so that a female foundling could eventually marry. Sometimes abandoned children—especially the illegitimate offspring of the mistresses of noblemen—would be taken in by wealthy families where they would work as servants. In the fifteenth century it was not unusual in some parts of Europe for the lover and the

50. See King, *Women,* 3–6; Vigil, *Vida de las mujeres,* 129; Casey, *Early Modern Spain,* 31.

children of the son of a nobleman to live in his home with his parents, but the Protestant Reformation and the Counter Reformation put a stop to this practice.

As in the Middle Ages, women worked. In rural areas, women assisted in farm chores. Often women worked their husband's or father's property, but sometimes they hired themselves out as farm workers. In this case, they earned about half as much as male workers.[51] Rural women also excelled in brewing wine, making cheese, and spinning cloth. Upper-class women engaged in farm work at the managerial level if their husbands were away, continuing the medieval tradition.

In urban areas, women worked in the home spinning, sorting linen, making clothing, and preparing and preserving food. In the artisan and merchant classes, city women also worked as butchers, chandlers, shoemakers, silk weavers, embroiderers, lace makers, and smiths. Some were highly skilled artisans. They worked independently or with their husbands in teams. Few girls were formally apprenticed, but many learned skills in family businesses, in domestic service, or in training schools. However, women were usually excluded from the guilds that gave craftsmen public recognition. "Guildsmen and city councils jealously restricted rights to the immediate female relatives of masters and workers. Daughters of leather belt makers could continue the trade taught to them by their fathers after they married, but were forbidden to teach the craft to apprentices or even to their husbands."[52] Sometimes, however, women found ways to circumvent these regulations. Knowing a craft and carrying out business independently gave women prestige, power, and wealth. On the other hand, women who worked as day laborers in a home or a shop remained in a state of dependency and received little respect.

Women had always been active in the production of textile and garments, but "the level at which they were permitted to participate shifted downwards as cloth production became increasingly organized and taken over by male supervisors and workers." As skilled work became the province of male-exclusive guilds of weavers and cloth-cutters, women were relegated to less prestigious tasks. Throughout Europe, economic modernization gradually diminished the number of family workshops, and new legal restrictions prevented women from owning property or benefiting from guild association. In Spain, there often was not enough work for artisans and, as a result, guild membership became more and more restrictive, often becoming limited to the sons of guildsmen.[53]

Women had been professional healers since the Middle Ages, but by the sixteenth century their medical competence became suspect. Most women learned their craft through apprenticeship and experience, but as medicine became increasingly professionalized, women were gradually excluded, at least in large cities. In rural areas midwives continued to deliver babies, much as they had since biblical times. In urban areas, obstetrics (or midwifery), which had always been a woman's field, came to be considered a medical specialization, and, as such, was

---

51. King, *Women,* 63.
52. King, *Women,* 67.
53. The quote is from King, *Women,* 67. See also Casey, *Early Modern Spain,* 123. For further discussion of female participation in guilds, see Vicente, "Images and Realities of Work."

reserved for university-educated male physicians. A course of study for midwives was developed in Paris in the mid-sixteenth century and, although similar programs were imitated in other European cities, female obstetricians were unable to resist the male takeover of their profession. Even when women were allowed to attend births, they were supposed to work under the supervision of a male physician.

But one profession from which women could not be excluded was the oldest of all: prostitution. Mary Elizabeth Perry shows that in Seville the municipal fathers actually encouraged prostitution, which they exploited commercially and politically in order to bolster their own authority. Prostitution had always existed in Seville, but in the early sixteenth century several factors contributed to its expansion. An influx of cash from the Americas made Seville a boomtown, but also contributed to a decline in local industries, for merchants found it more profitable to ship foreign-made than domestic goods to the New World. As a result, many small businesses foundered. At the same time, government monetary policies resulted in decreased buying power for the masses. Marriage and even convent dowries were too expensive for many families, and women found themselves on the street. The combination of abundant new money and widespread poverty made the city ripe for a growth in prostitution. Brothels not only provided work for indigent women but also supported a network of pimps, innkeepers, and underworld characters. Furthermore, prostitution enabled the city fathers to unite the people against the specter of immorality, which increased their own influence. Licensed brothels, where prostitutes were subjected to medical examinations, helped to control the spread of syphilis, and brothel administration became a moneymaking venture for the city. Prostitution was tolerated in all the great cities of Europe, and in Italy, the *cortigiana onesta,* or high-class prostitute who catered to only one nobleman at a time, was greatly respected.

As in the Middle Ages, education in the early modern period was generally reserved for the upper classes. In the lower classes, neither men nor women received formal education. Even among the aristocracy, women's education consisted mainly of spinning, needlework, and skills needed to uphold the domestic economy. Only a small percentage of women learned to read and write in fourteenth-, fifteenth-, and sixteenth-century Europe. Yet, upper-class women sometimes did receive thorough humanistic educations, usually from fathers or gifted tutors, and a fraction wrote, producing fiction, poetry, drama, autobiography, and moral or spiritual treatises.

For early modern women—and sometimes for men, as well—scholarship and marriage were considered incompatible.[54] Intellectually promising girls of noble families were encouraged to pursue their studies until marriage, at which time they put their books away. The mother of María de San Alberto and Cecilia del Nacimiento, Carmelite nuns whose work is included here, was a highly exceptional woman who did continue to pursue knowledge after marriage, but such cases were rare. Margaret King notes, "A young woman was free to be studious. There were no other demands made of her, and the period of adolescence for those with

---

54. For example, Galileo never married, although he maintained a long-term relationship with a woman and produced three illegitimate children, because university professors were expected to remain single. See Dava Sobel, *Galileo's Daughter,* 24.

literary interests was a period of freedom. But that freedom could not last into adulthood." Most secular women writers who achieved recognition did so for works produced in their youth. Writers such as Mariana de Carvajal, who pursued a literary career after she was widowed, constituted a tiny minority.

Women who wrote were plagued with doubts about their ability. It was customary for writers, male and female, to begin their works by asking pardon for their shortcomings—a rhetorical strategy known as *mediocritas* that was used to ingratiate artists to their patrons. However, the self-abasement practiced by women writers exceeds formal requirements; these women seem to feel guilty about their literary abilities. King notes that Isotta Nogarola, who produced what is arguably the most important work written by a woman of the Italian Renaissance, "apologizes not only for being a woman with pretenses of learning but for being a woman at all." Most writing women married and abandoned the intellectual life or else withdrew from secular studies and turned to the sacred, retreating to "the cloisters of their minds." They studied in solitude, in "self-constructed prisons, lined with books."[55] There, in book-lined cells, tucked away in isolation, they awoke the admiration of male humanists, who sometimes praised them lavishly. However, this praise, King notes, was treacherous. It only reinforced the seclusion of intellectual women, who were excluded from the company of both men and other women, who resented their achievements.

In spite of the restrictions he placed on women's reading, Juan Luis Vives did include in his list of recommended books for women some in Latin, which opened horizons for the serious education of women. In general, though, women learned to read only in the vernacular. In Italy, some girls went to schools where they learned reading (in the vernacular only) and arithmetic. King notes that about one-tenth of schoolchildren were girls.[56] From the fourteenth through the seventeenth centuries, women joined the ranks of men in the teaching profession in order to avoid girls' having to study with males.

In Protestant countries, Luther's insistence that all Christians read Scripture (in the vernacular, if necessary) brought about a temporary surge in female literacy. Elementary (but not secondary) schools were established for girls in several Protestant cities, but students learned only enough to enable them to fulfill their religious and domestic duties. Furthermore, Protestantism deprived women of the female role models provided by Church culture, including the Virgin and countless female saints known for their piety and learning. Frances E. Dolan notes that the Reformation was "a mixed bag for women." Although they benefited in the beginning from reformist ideas, they "lost the convent as an alternative to marriage, and lost as well female objects of worship and a visual culture rich in positive images of femininity."[57]

Spain was among the countries that excelled in female education, thanks in part to the legacy of Queen Isabella I of Castile. By the seventeenth century the peninsula was producing highly literate female aristocrats, some of whom read both Spanish and Latin. Spanish women were held to be the most learned in Europe. In 1620 F. A. della Chiesa wrote, "Today in Spain,

---

55. King, *Women*, 71, 74.
56. King, *Women*, 168.
57. Dolan, *Whores of Babylon*, 50.

more than in any other part of Christendom, women are devoted to letters."[58] But although women were encouraged to read, they were not encouraged to write, at least not for publication; writing for publication was considered a male occupation. The small number of extant texts by sixteenth- and seventeenth-century Spanish women is surely deceiving. It is probable that scores of early modern Spanish women wrote in the courts and great houses of Spain, and even more extensively in the convents. However, their works were not published or conserved.

## Convent Life

Catholic culture allowed women to aspire to greatness. Chastity was considered the purest state for both men and women, for self-denial was viewed as a virtue and concupiscence as a sin. Even moralists who defended marriage agreed that virginity was the most wholesome condition for a woman. Women "could not normally achieve great wealth or great power in their own right, or develop the most esteemed craft or artistic or intellectual skills; but chastity, achieved by negation alone, was a summit for which they could strive."[59] Catholicism offered countless role models for women, starting with the Virgin Mary. Many of the great mystics of the past had been women: Saint Clare, Saint Hildegard, Saint Catherine of Siena— all respected for their holiness and their intellect as well. New restrictions on convents forbade women from leaving to work among the poor or to teach, as their spiritual forebears had, but they could still aspire to mystical union or even sainthood.

Some women, such as the Béguines, aspired to holiness outside the monastic life. Some chose to live as hermits or in small, unstructured communities. In Spain, *beatas* exercised considerable influence, preaching, writing, prophesying, and taking disciples. Because they lived alone or in independent communities, they were not subject to strictures on convents. They served the poor, mingling freely with the people. Catalina de Jesús, arrested by the Inquisition in 1627, wore a Carmelite habit and took a vow of chastity, but did not belong to any religious order. The masses held her in great esteem, circulating stories of her miracles and collecting relics from her person. Feminist scholarship suggests that the Inquisition persecuted the *beatas* because they upset the traditional gender structure by assuming leadership roles. Anthropologists submit that the Inquisition pursued these holy women because, since people believed them to be in direct contact with spiritual sources, they threatened Church authority.[60] For most women seeking spiritual greatness, the convent offered a less risky path.

But not all the residents of Spain's overflowing convents entered for spiritual reasons. Because families normally provided dowries only for the oldest daughters, younger daughters were forced to enter the cloister, sometimes at the age of four or five years old. These girls usually took vows without ever having the option to marry. Their celibacy was essential to the economic system, for it prevented burdening the family's resources, since convent dowries were usually less than marriage dowries.

---

58. Quoted by Luna, Introduction, *Partinuplés*, 2.
59. King, *Women*, 94.
60. Perry, "Beatas," 148.

*Adoration of the Shepherds,* by El Greco. For early modern men and women the Virgin Mary was the quintessence of motherhood and femininity.

In addition to surplus daughters, orphans, widows, the illegitimate daughters of noblemen, deflowered young women (considered unmarriageable), and women who simply did not want to marry entered convents. In an age when many women died in childbirth or saw their children die of disease or starvation, the convent offered an alternative to conjugal life, so often fraught with danger and sadness. Some convents enjoyed great prestige among aristocratic families. It was not unusual for aunts, nieces, sisters, and groups of cousins to enter a single convent, sometimes forming cliques that imposed their will on other nuns. Wealthy women often entered convents with a retinue of servants and slaves who served them in their

*Holy Family,* by Luis de Morales. The Virgin Mary embodied virtues to which women were supposed to aspire: purity, obedience, devotion, and resignation.

private apartments on fine china. Of course, many women did enter the religious life out of a desire to serve God and to live apart from the world.

The convent afforded women a degree of autonomy unattainable in the secular world. Convents attracted the daughters of the elite families of Europe, women with contacts and social clout. In the late Middle Ages, abbesses had at times directed double monasteries of men and women, some with vast agrarian resources. By the early modern period, urban convents serving diverse populations had formed, offering women opportunities to govern and perform administrative duties. There, women kept the books, disciplined their peers, and taught novices. Some nuns traveled abroad to found new convents and undertook complex negotiations with Church officials. As soon as the colonization of the New World began, Spanish nuns left their cloisters, crossed oceans, and founded convents in the Americas, where they played an important part in the transmission of Spanish culture and produced a wealth of travel literature.[61]

61. See Elisa Sampson Vera Tudela, *Colonial Angels,* for an account of the activities of early modern Spanish nuns in the Americas.

*Piedad,* by Luis de Morales. This image of the Virgin embodies the
traditionally feminine virtues of submission and resignation.

In convents nuns performed myriad duties. The *provisora,* or cellaress, was in charge of
provisions. The *enfermera* was a healer, physician, and nurse. Sister Maria Celeste, Galileo's
daughter, was her convent's pharmacist. Before nuns were forbidden to leave the cloister, they
performed charity work, caring for the poor, the sick, and the insane. Often they took in abandoned children. For those women who wished to devote themselves to intellectual pursuits,
the convent was often the most felicitous option. Furthermore, in the religious community
women attained dignity. They earned the respect and esteem of their peers, and they felt close
to their sisters. When Protestant reformers "liberated" women from the convents early in the
sixteenth century, many nuns resisted. On the other hand, some nuns, such as the Florentine
Dominican Beatrice de la Sera (1515–1586) and the Venetian Arcangela Tarabotti (1604–1652)
resented the cloister and protested the forced enclosure of women.

According to Margaret King, "Nuns made up a great fraction of educated women, and
cloistered women were disproportionately literate."[62] The Carmelite reform begun by Teresa
de Jesús in 1562 helped promote the education of female religious, for Paragraph 40 of the Or-

62. King, *Women,* 88.

der's Constitutions stipulated that all Carmelite nuns should be taught to read. Furthermore, the example of the Founder, who produced four major works in her lifetime, served as an impetus for literary production in the convent. However, not all nuns received a comprehensive education, and those who did could not devote themselves to intellectual pursuits at their own discretion. They had to limit their readings to the sacred, and they were expected to answer to a male spiritual director.

Convents of many orders provided novices with at least an elementary education, and some taught Latin. However, as in the Middle Ages, *freilas*—white-veiled nuns who performed menial tasks—usually learned only to read, not to write. Black-veiled, or choir nuns, received a more thorough education, learning to read and write. A small percentage of women religious used their writing skills to produce literature—autobiographies, hagiographies, biographies of important members of the Order, histories, spiritual treatises, poetry, and plays. Some nuns translated saint's lives from Latin for the benefit of their sisters. Letter writing, a political and administrative necessity for many nuns, was also an important means of self-expression. By the seventeenth century letter writing, originally considered a masculine pursuit, had been cultivated so zealously in convents and later in French salons, that it came to be seen as a particularly feminine occupation.[63]

By the end of the sixteenth century, Spanish convents were experiencing an explosion of writing activity. Confessors, anxious to distinguish themselves as the mentor of the next Saint Teresa, commanded their spiritual daughters to produce autobiographies. Often called *Vidas*, these were not autobiographies in the modern sense, but spiritual memoirs that included prayers, exhortations, lamentations, and commentaries. Sometimes confessors required a nun to write her autobiography in response to a spiritual conflict, although usually they waited until after the situation had stabilized before demanding a written account. For this reason most autobiographies were the work of mature women in their fifties. Cecilia del Nacimiento, who wrote hers at thirty-five, and María de San José, who wrote hers at thirty-seven, were exceptions.[64] If a woman's spiritual practices were suspect—for example, if she claimed to have experienced revelations or ecstasies—her confessor might require her to write a memoir in order to evaluate her situation. Because women were thought to be vulnerable to spurious visions and locutions, which Church authorities saw as a manifestation of satanic influence or female hysteria, confessors were charged with weeding out imposters.

Confessors often influenced women's writing and even retouched their texts. Saint Teresa's spiritual directors "corrected" her works, as did Fray Luis de León, who published them. Confessors sometimes used writing to exert control over women, requiring them to work at their memoirs for long hours. The relationship between confessor and penitent could be, as Jodi Bilinkoff has shown, extraordinarily complex, with issues such as sex, class, gender, and

63. See Duchêne, "La lettre: genre masculin et pratique féminine."
64. See Poutrin, *Le Voile et la plume*, 126. The bulk of Cecilia del Nacimiento's autobiography has been lost. See the introduction to her *Autobiografía* by José M. Díaz Cerón, S.J., in the *Obras completas* of Cecilia del Nacimiento, in which the editor recounts his efforts to retrieve it. María de San José's autobiography is included in her *Libro de Recreaciones*.

age coming into play. However, the autobiography, even masked as obedience, was often an instrument of self-affirmation. Alison Weber and Rosa Rossi have argued that Saint Teresa, although writing in compliance with orders from her spiritual directors, used the opportunity to verbalize and legitimize her own experience.[65]

Although autobiography has often been characterized as a journey of self-knowledge, Shari Benstock argues that women's memoirs achieve this in a particular way. Benstock notes that autobiography is always a construct, a fiction. Taking Lacan's "mirror stage" as her point of departure, she affirms that the image in the mirror, through which we become aware of our bodies and our selves, leads not to immediate self-identification but to a sense of alienation, of "otherness," for the image is both us and not us. While male autobiography is most often concerned with the conciliation of the "self" and the "reflection," using language as a means of constructing a "self-image" by articulating boundaries that differentiate the subject from others, women, more aware and accepting of their own alterity, tend to allow language to wander into the shadowy realms of the unconscious and the circumstantial.[66] The spontaneity—or messiness—that so many critics have seen in Saint Teresa's writing stems from its experiential nature. Saint Teresa does not relate "what happened" but how she experienced it—thus, her frequent use of expressions such as *paréceme* and *se me representó*. Rather than set clear-cut boundaries, she acknowledges her inability to do so.

Benstock notes that autobiography *cannot* find self-truth because the self is formed, as much by what it does not remember as by what it does. Teresa recognizes the gaps in her story. Her ambiguity is due precisely to her inability to define with precision her experience, but this very imprecision is the instrument through which she constructs her image. For sixteenth-century women, autobiography becomes a means of self-affirmation not through assertion of worth in terms of titles and achievements, but as an expression of the inner life. Women do not "define themselves" in the way that Guzmán de Alfarache does in Mateo Alemán's fictional autobiography or even the way Saint Ignatius does in his dictated "Reminiscences." Instead, they represent their intimate reality, their emotional responses to the context in which they find themselves, and validate that experience through the telling.

Not all early modern women's *Vidas* were produced by women themselves. Sometimes they were actually written by confessors. The fifteenth-century predilection for verbal portraits—manifest in works such as Fernán Pérez de Guzmán's *Generaciones y semblanzas* and Hernando de Pulgar's *Claros varones de Castilla*—continued into the sixteenth and stimulated biographies of holy women. Jodi Bilinkoff explains: "In narrating the story of a woman's often rocky road to holiness, her confessor/biographer could highlight his own role in that journey. . . . Her story became his story as well, his relationship with the saintly woman his claim to fame. Writing a hagiographical account was also a way of validating his skills as a priest."[67] Thus, although the stated purpose of these biographies was usually to provide behavioral

65. Poutrin 127–28. See also Bilinkoff, "Confession, Gender, Life-Writing"; Rossi, *Teresa de Ávila*; and Weber, *Teresa of Avila and the Rhetoric of Femininity.*
66. See Benstock, "Authorizing the Autobiographical."
67. Bilinkoff, "Confession, Gender, Life-Writing," 180–81.

models for Christians, verbal portraits written by confessors often served the same ends as memoirs written under their direction.

The educational level of Spanish nuns began to decline during the seventeenth century. Female religious continued to write, but the Golden Age of convent literature was over—at least in Spain, although in the New World, it was just beginning. Throughout the 1600s the bulk of literature written by women was secular.

Convents were sites of artistic as well as of literary production. Since the Middle Ages convents had produced fine paintings, illuminations, and music. Saint Catherine (Caterina dei Vigri, 1413–1463), patron saint of painters, had been a skilled painter and musician, practicing her art in the Convent of Poor Clares, where she was Abbess. The Cistercian convents in Malaga made special provisions to attract singers and musicians in view of the important role music played in the celebration of the office. Saint Teresa was acutely aware of the power of image to spur spiritual experience and, as Christopher Wilson notes, took care to provide works of devotional art for her convents. At the first reformed Carmelite convent in Avila she had a painting of Saint Joseph placed over the altar and statues of Joseph and Mary at the entrance. She also oversaw the decoration of the hermitages (small structures where individual nuns could retire to pray). The importance she attached to the visual arts reflects the Catholic response to the Protestant reformation, which sought to eliminate images from the churches.[68]

Few convent artists are known by name because the artist "was an integral undifferentiated part" of the egalitarian community and her individual devotion, expressed through her art, was part of the collective devotion of the group.[69] Even so, some artists were celebrated for their talents. María de San Alberto, whose writing is represented in this anthology, was a gifted painter who restored a Veil of Veronica canvas that the best artists in Valladolid had not dared to tackle. However, only religious who made art freely, unencumbered by financial obligation to the convent, enjoyed prestige.

The situation described in Mariana de Carvajal's "La industria vence desdenes," in which a young man advances in the priesthood thanks to his artistic talents, was repeated in religious houses throughout Europe. Convents granted dowry waivers to nuns who possessed special artistic or musical talents from which the group might benefit. However, nuns who entered their communities with dowry waivers that obligated them to produce paintings for the community were considered mere artisans and were marginalized by their sisters. "Their productive service activity lowered their prestige in the community . . . by likening them to the lay sisters who performed manual chores in the convent."[70] In contrast, those who performed administrative duties and painted in their spare time were highly respected.

Convents also employed independent painters, some of them priests, some of them secular men or even women. Josefa de Óbidos (1630–1684), also known as Josefa de Ayala, was one of the most acclaimed painters of altarpieces of the seventeenth century. Born in Seville, she

68. See Gómez García, *Mujer y clausura*, 188–90. See also Wilson, "The Prominence of Images in the Teresian Carmel," 23–27.
69. Taggard, "Art and Alienation in Early Modern Spanish Convents," 24.
70. Taggard, "Art and Alienation," 27.

*Still Life: Jar of Flowers,* by Josefa de Óbidos. Josefa de Óbidos excelled at religious painting and still lifes. Her depiction of Saint Teresa at her writing table is shown on page 13.

was the daughter of the Portuguese artist Baltasar Gomes Figueira and was elected in her own right to the Lisbon Academy. Early in adult life she settled in Portugal, where she distinguished herself painting allegories, religious subjects, and portraits. Trained in the Augustinian convent of Santa Ana in Coimbra, she did not profess, but nevertheless continued to favor religious themes. Óbidos worked extensively for the Carmelites, producing an important series of scenes of the life of Saint Teresa for the convent at Cascais in 1672.

As Christopher Wilson has demonstrated, soon after Saint Teresa's death Teresian iconography began to occupy an important place in baroque art. Saint Teresa's famous vision in which an angel pierces her heart with an arrow was depicted repeatedly in churches and convents on both sides of the Atlantic. Peter Paul Rubens painted a *Transverberation* around 1614 for the church of the Discalced Carmelites in Brussels, and Gianlorenzo Bernini produced a magnificent baroque sculpture for the Cornaro Chapel of Santa Maria della Vittoria in Rome. Many lesser-known artists also depicted Teresa enraptured, writing, or seeking martyrdom with her brother at the hands of Moors. In the convents art played an important role in stimulating devotion and reinforcing the community's sense of cohesiveness.

## Sophia's Older Daughters: Medieval Women Writers

How many women wrote during the first ten centuries of Christianity? Few manuscripts survive, but those that do suggest that educated women have existed throughout Western history. The writing women of the early modern era were continuing a practice begun centuries, perhaps millennia, before. Postmodern approaches to writing have prompted a new, broader definition of literature that allows us to appreciate heretofore overlooked texts. Formerly limited to canonical "great works," literary study now embraces a wide variety of written forms, including journals, memoirs, and letters, thereby enabling us to reclaim many texts by women. Perhaps the oldest medieval document by a woman is the journal of Perpetua, martyred in A.D. 203 in the North African city of Carthage during the persecutions of Christians. Perpetua's journal, which survives in Latin manuscripts as well as in an abridged Greek version, describes her incarceration and ordeal in moving detail. Nearly two centuries later, Egeria of Spain (381–384) left a detailed account of her pilgrimage to the Holy Land. Radegund of Poitiers (520–587), who left her husband to found the monastery of Notre Dame de Poitiers, wrote prose and poetry and promoted scholarly achievement among women. Her nuns had to be literate, for they copied manuscripts and devoted many hours to reading. In Radegund's *The Fall of Thuringia,* a short epic comparing this central German region with Troy, she captures the horror of war through individual, personal examples of loss to which the reader can relate. Her vivid, highly descriptive prose reveals an excellent knowledge of classical letters.

Among the most moving texts by a woman of the early medieval period is the *Liber Manualis* (Handbook for William), by Dhuoda of Uzès (mid-ninth century). A Carolingian mother born in the Frankish realm, she married a man named Bernard who, for unknown reasons, banished her and her young son William to Uzès, in southern France. After casting his lot with the losing side in the war that made Charles the Bald king of Francia Occidentalis (843), Bernard gave William as a hostage to the new monarch, and Dhuoda never saw him again. In *Liber Manualis* she offers her son guidance for surviving in this world and attaining happiness in the next. She calls her book a mirror in which her son can contemplate the health of his own soul, which will enable him to please both the world and God. Drawing on examples from Scripture and classical texts, she paints a picture of a well-ordered society in which peace is maintained through proper allegiances. She instructs her son to love God and arm himself with virtues, stressing the importance of self-control, moral rectitude, and political acumen. Her writing reveals motherly concern as well as a sense of her own authority. The *Liber Manualis* elucidates the position of women during the time of Charlemagne and the Merovingian dynasty, for Dhuoda clearly saw herself as influential within the family structure.[71]

Religious centers were havens for intellectual women during most of the Middle Ages. Hrotswitha of Gandersheim (935?–1001), of noble family, was canoness of the Benedictine monastery of Gandersheim in Saxony. Talented and prolific, she wrote eight hagiographies,

---

71. New editions of the *Liber Manualis* by Marcelle Thiébaux (1998) and Carol Neel (1999) reflect a growing
   interest in this remarkable woman among modern scholars.

*Hours of Queen Isabella the Catholic.* Isabella of Castile did much to advance the education of court ladies during her reign.

two epics, and several dramas. She was the first nonliturgical playwright in Europe. Performed in the convent, her dramas exalt young Christian women boldly defending their virginity, and are sometimes quite humorous in spite of the seriousness of their themes. For example, in "The Passion of the Holy Virgins Agape, Chionia, and Irene; or, Dulcitius," Diocletian imprisons three damsels who refuse to renounce their faith. Dulcitius, the provincial governor, has them locked in the pantry, where the cooking pots are kept, in order to sneak in at night and rape them. However, when he attempts to carry out his plan, he suddenly goes mad and winds up embracing the pots. Although Hrotswitha uses many stock characters and plots from classical theater, she revamps them for her audience of religious women. In her two Latin epics, she glorifies the Ottonian dynasty and her monastery.

Scholarship and creative activity burgeoned in the twelfth century, particularly in France, which has led some scholars to speak of a twelfth-century Renaissance. Although the move of erudition from the monastery to the university cut women off from the new scholastic education available to men, Caroline Walker Bynum notes, they "found encouragement and opportunities to write when vernacular languages and genres emerged in that much-studied shift from oral to written culture."[72] Many women flourished in this new environment. One of the most prominent was the German abbess Hildegard of Bingen (1098–1179). An author, composer, political adviser, mystic, and prophet, she wrote collections of visions, plays, poems, and treatises on medicine, cosmology, natural science, and gemology, as well as voluminous letters. Her works contain remarkable drawings, which she had done by artists for whom she left detailed briefs. The daughter of a well-connected family of aristocrats, Hildegard enjoyed the self-confidence that lineage conferred. She took tough stances with Church officials when they opposed her projects, sometimes appealing directly to the Pope in order to get her own way. Although only men were supposed to proselytize, she traveled around Germany preaching until the age of seventy-two. Andrea Hopkins notes: "Her extraordinary assumption of autonomy and her refusal to submit to male ecclesiastical authority often landed her in trouble, but she was a skilful advocate, who managed to argue her way out of problems. . . . She can now be seen as a powerful feminist voice in what was very much a man's world."[73] In recent years Hildegard's music has become very popular and is readily available. Her *Scivias* (a collection of visions) have been published in several modern editions.

Hildegard's French contemporary Heloise (1100?–1164/65), abbess of the Paraclete, focused on the human, erotic aspect of love. The three Latin letters that she wrote to the theologian Pierre Abelard, her estranged husband, are full of passionate longing. They reveal a high degree of learning and independence of thought. In his *Historia calamitatum* (1132), Abelard describes how he seduced his accomplished pupil Heloise and left her pregnant. The couple married in secret, but the girl's uncle had Abelard captured and castrated after she entered a convent in Argenteuil. While Abelard resigns himself to his fate, Heloise celebrates sexual passion and her love for her husband. Although the letters have provoked diverse interpretations, Roberta Krueger notes that however one reads them, "it is Heloise's voice that transforms Abelard's straightforward exemplum of male lust repented into a vexed account of negotiated gender differences."[74] It is the letters, not the *Historia*, which gave rise to an enduring legend of Heloise and Abelard.

Unlike most other women religious, Julian of Norwich (1343?–1429?) did not form part of a community, but lived, as an anchoress, with a servant in a cell attached to the church of Saint Julian in Conisford at Norwich. At the age of thirty she fell ill, and, near death, had sixteen visions. She wrote these down soon afterward in what is known as the "Shorter Version" of her *Showings*. About twenty years later, she received an inner illumination that enabled her to understand these experiences more fully. She then produced the "Longer Version," in which she includes these insights. Julian provided spiritual direction for both men and women, among them Margery Kempe. Her writing is concise, direct, intensely graphic, and theologically sophisticated. Particularly interesting is her treatment of sin, which she sees as inevitable and even desirable, for it fosters repentance, self-knowledge, and the contemplative life. Her re-

72. Preface, Hildegard of Bingen, *Scivias*, 3.
73. Hopkins, *Most Wise and Valiant Ladies*, 82.
74. Krueger, "Female Voices in Convents, Courts and Households," 27.

frain, "All shall be well" displays sanguinity in the face of human imperfection. Julian's use of the metaphor of Jesus as mother has attracted considerable scholarly attention in recent years.

In the twelfth and thirteenth centuries the troubadour culture in France produced a wealth of love poetry that exalted women. Some scholars have suggested that the new lyric was a result of the Hispano-Arab influence on Guilhelm de Poitou, the first known troubadour, who may have been exposed to Arab love poetry when he was prisoner at the court of Tancred during the Crusades. Certainly, the early troubadours may have heard Arabic poetry at the Moorish courts of Spain, the nearest neighbor to Occitania,[75] during the Reconquest. Although some scholars question the Arabic influence, most agree that, in the misogynistic atmosphere of the late Middle Ages, the eroticized lyric of the troubadours produced an alternative environment—perhaps one completely unlike everyday life—in which women were celebrated rather than disparaged. Women not only served as the inspiration for this new kind of poetry, but they also produced it.

The female writers of courtly love lyric, called *trobairitz*, were aristocrats and probably the very women sung by the male troubadours. Some were related to male poets. Meg Bogin argues that whereas the poetry of male troubadours is often highly formulaic, that written by women is more candid and spontaneous: "The language is direct, unambiguous and personal. Even where the technique is of the highest order . . . the most striking aspect of the women's verse is its revelation of experience and emotion. Unlike the men, who created a complex poetic vision, the women wrote about their own intimate feelings." Not all researchers share this opinion. For one thing, it is not altogether clear that "women's songs" are actually autobiographical; the authors may have been simply manipulating inherited structures, inverting the image of the lady to present alternate perceptions of love. Carolyn Larrington notes that the "*trobairitz* were composing in a tradition which was not of their making, and often seem to subscribe uncritically to the conventions of gender which men employ in their poetry." They sometimes adopt misogynist attitudes, describing women as treacherous or fickle. For another, the authenticity of several poems attributed to *trobairitz* has been questioned. Larrington cautions against assuming that poems in which the narrative voice is feminine were actually written by women.[76] Women's songs represent a tiny fraction of the 2,500 extant troubadour lyrics. Editions of works by *trobairitz* contain anywhere from twenty-three poems to around sixty—a clear indication the corpus has not yet been fixed.

In spite of unresolved issues, critics believe that the few women's songs that have been authenticated constitute an important body of work. "The voices of the *trobairitz* reveal how some women responded in public performances to a tradition created chiefly by male poets who idealized female beauty."[77] The women's songs are often blunt in their condemnation of male hypocrisy or lofty in their praise of the beloved. They reveal the pain of abandonment or

75. The area where the Occitan language was spoken. (The language takes its name from *oc*, "yes," as distinct from the *si* and *oui* of neighboring Romance languages.) The area comprises much of present-day southern France, Monaco, and part of the Italian Piedmont.

76. Bogin, *The Women Troubadours*, 67–68; Larrington, *Women and Writing in Medieval Europe*, 44.

77. Krueger, "Female Voices," 24.

frank erotic desire. They may not tell us how women actually lived or how they regarded themselves, but they do offer at least a limited woman's perspective within the context of the troubadour tradition.

Marie de France, a well-educated noblewoman who lived and wrote in England, is author of a collection of *Lais* (erotic narratives), the *Isopet* (fables based on Aesop), and the *Espurgatoire Seint Patriz* (The Purgatory of Saint Patrick, a translation of a Latin work about a journey through the underworld and paradise). The *Lais* depict women behaving in unconventional ways, expressing their desire openly, and pursuing men. Thiébaux observes: "These heroines are impassioned and impenitent, heedless of nagging moralists. . . . They embrace the men they desire without coyness, without demanding the time-consuming chivalric services of courtly love."[78] Marie's characters tend to be monolithic and her symbolism conventional, but her female protagonists are dynamic, candid, and engaging.

While some scholars have assigned feminist aims to medieval women writers, others caution that imposing modern ideologies on historical figures can be risky. Even outspoken, influential medieval women such as Hildegard absorbed the misogyny of the period, often disparaging their own sex. However, Christine de Pizan (1365–1430), considered the first professional woman writer, was an exception, for her stance was uncompromisingly pro-woman. Born in Venice, as a child Pizan moved to Paris, where her father was court astrologer. She received an excellent education and at fifteen married a court notary who encouraged her intellectual pursuits. Widowed without an inheritance at twenty-five, she began to write in order to support herself and her three children. Pizan produced some twenty books, all on French politics or the situation of women. Some of her writing reached audiences beyond France, and, in fact, Isabel of Portugal commissioned a Portuguese translation of her *Livre des trois vertus* (Book of the Three Virtues), which was one of the first books to be printed in Portugal.

The stated objective of her best-known work, *Livre de la cité des dames* (The City of Ladies), is to defend women against scurrilous attacks found in misogynist works such as Jean de Meun's *Roman de la Rose*. She begins by explaining that while reading in her study, she began to wonder "how it happened that so many different men—and learned men among them—have been and are so inclined to express both in speaking and in their treatises and writings so many devilish and wicked thoughts about women and their behavior."[79] While she meditates, Ladies Reason, Rectitude, and Justice appear to her in a vision and build with words a walled city to serve as a fortress against misogynist calumnies. Drawing on examples from Scripture, philosophy, history, and legend, they prove the worth of "ladies," a term Pizan prefers over "women" because, she argues, it confers warranted nobility on all female persons, regardless of their social class. While male moralists tend to see women as unbalanced creatures in need of supervision, Christine sees them as naturally restrained and modest. She argues that women can be good managers and knowledgeable advisors, trusted friends and valiant leaders. She fills her pages with examples of heroic, intellectual, and politically astute

78. Thiébaux, *The Writings of Medieval Women*, 278.
79. Pizan, *City of Ladies*, 3–4.

women—saints and martyrs, queens and Amazons, writers and philosophers. She does not deny that evil women exist, but, she argues, these are exceptions.

Toward the end of the fourteenth century a refined love lyric inspired by courtly culture developed in Spain. Poems were gathered into *cancioneros,* which could include the work of one poet or many. The oldest of these collections is the *Cancionero de Baena,* probably compiled between 1425 and 1445. Although the vast majority of the *cancionero* poets were male, Miguel Ángel Pérez Priego has documented the existence of several female poets. A number of the ladies of Queen Isabella the Catholic wrote poetry, although their participation in the literary life of the court was sporadic. Only one, Florencia Pinar, distinguished herself as a poet. Pinar shows great skill at manipulating language, often creating humorous effects, as illustrated by the play on *ay* and *hay* in the following verses: "¡Ay! que [h]ay quien más no vive / porque no [h]ay quien de ¡ay! se duele, / y, si [h]ay, ¡ay! que recele. / [H]ay un ¡ay! con que se esquive / quien sin ¡ay! vivir no suele." Barbara Weissberger has noted that in recent years Pinar scholarship has tended to interpret the poet's work as autobiographical, assuming she was an enamored woman lamenting the ravages of passion or the loss of freedom that results from male dominance. Weissberger calls into question the strictly feminist interpretation, noting that there is no conclusive evidence that Pinar's work is actually a censure of male oppression.

Following the same line of reasoning as Krueger, Larrington, and Weissberger, François Rigolot notes that early modern writers, both male and female, inherit a love discourse that functions as a series of thematic and linguistic schemes. Use of conventional rhetorical systems implies nothing with regard to the writer's true emotional state, although some writers are able to create an illusion of spontaneity in their texts and to manipulate inherited systems in subversive ways. Weissberger notes that "the discovery of the polysemy that fifteenth-century poets were intent on achieving on the technical level makes it impossible to continue studying this poetry thematically as the sincere expression of a repressed subject, whether masculine or feminine."[80] The courtly love poet feigns love to fashion and manipulate images. We cannot assume that *cancionero* poets, including Pinar, express authentic personal sentiments in their poetry. Weissberger suggests that rather than attacking male-dominated society, it is possible that Pinar is skewing images, beating the men at their own game. If the submissive vassal of the courtly tradition masks a predator, suggests Weissberger, perhaps Pinar is playing with the idea that the chaste *amada* is actually a libidinous female. Pinar's dazzling control of image could have as its objective the creation of "a simultaneously repressed and liberated, active and passive, feminine and masculine courtly persona."[81]

In the fourteenth and fifteenth centuries, women constituted a small minority of humanists, yet, as Margaret King argues in "Book-Lined Cells," their contribution was significant. Italy produced about twenty important women of erudition, all of which came from the court cities of the North or from prominent families. "Often they were born in families that special-

---

80. Weissberger, "The Critics and Florencia Pinar," 37.
81. Weissberger, "The Critics and Florencia Pinar," 39.

ized in learning," notes King. "Some even came from families that specialized in learned *women*."[82] Although few continued to write into adulthood, some achieved attention in the public forum before retiring to their "book-lined cells." Cassandra Fedele pronounced an address on the liberal arts at the University of Padua in 1487, thereby demonstrating that a woman was capable of composing and delivering an oration before a forum of learned men. But Isotta Nogarola's dialogue on Adam and Eve and Laura Cereta's letters elucidate how difficult it was for women to pursue scholarship and to achieve recognition for their accomplishments. Significantly, when Nogarola's reputation as a humanist began to flourish, she was accused of incest. Intellectual women were considered unchaste, and public accusations of this nature were a means of silencing them.

England also produced learned women, but one of the significant woman-authored books of the period was not actually written down by the author herself. *The Boke of Margery Kempe*, a dictated memoir, is the first known autobiography in English. It was composed by Margery Kempe (1373–1440?), a mystic and pilgrim whose wanderings took her through northern Europe, Italy, and the Holy Land. Narrated in the third person (she refers to herself as "this creature"), her *Boke* tells of her early years as a wicked woman "who knew no virtue or goodness," her relationship with her husband, the birth of her child, her fancy clothing and life of vanity, her repudiation of sex, her conversion and visions, her visit to Julian of Norwich, and her subsequent travels. Her language is vivid and dramatic. She says she would rather "eat or drink the ooze, the muck in the gutter than consent to any fleshly communing" with her husband. Frequently outspoken and confrontational, when she hears squires and yeomen using profane language, "this creature boldly confronted them and said they should be damned if they didn't stop their swearing and the other sins they committed" (Thiébaux, *Writings* 495). Even when she is dealing with the clergy, Kempe never minces words. Marcelle Thiébaux sees Kempe's *Boke* as a precursor of the English autobiographical novel.[83]

Another Englishwoman, Margaret Mauteby Paston (1423–1484), wrote voluminous letters that provide valuable insight into the life of an upwardly mobile fifteenth-century family. Margaret's husband, John, was the grandson of a bondsman, but the family had acquired land and prestige. Margaret's letters reveal the concerns of everyday existence in late medieval England, including the management of the family estates, household expenses, and the rancor of neighbors against the parvenus. On Valentine's Day 1477 Margery composed a charming letter containing two poems for John, then her fiancé. Formal yet affectionate, it gives the reader a fascinating glimpse of the relationship between men and women among the landed gentry during this period.

Spain also produced a secular woman autobiographer during the early fifteenth century: Leonor López de Córdoba (1362?–1412), whose *Memorias* provide a chilling personal account of politcal treachery. López de Córdoba lived during one of the most turbulent periods in Spanish history. Her father was the cousin of Pedro I, king of Castile, and held an important

---

82. King, "Book-Lined Cells," 67.
83. The quotes are from Thiébaux, 494, 495.

military position in the realm. Her mother died when she was seven, and the child was married to the son of Pedro's chamberlain. Within the year, Pedro I was killed by Enrique de Trastamara, his half brother, Leonor's family was imprisoned in Seville, and her father was executed. Forty years later, after the death of Enrique, Leonor and her husband, the only surviving members of the family, were released. Leonor dictated her *Memorias* in 1412, ostensibly to thank the Virgin for sustaining her in prison and as an *exemplum* for other suffering individuals. However, Leonor also had another objective. Impoverished and humiliated after her imprisonment, she composed her memoirs to defend her family name and personal prestige. Although she had risen socially after 1400, she later became embroiled in a dispute between the queen regent and the queen's brother-in-law and was banished from court. By 1412, she apparently felt that she needed to defend herself. López clearly tries to win the reader's sympathy with the description of her father's heroic resistance to Enrique and the brutal details of her family's incarceration. Her writings may strike modern readers as egocentric, for she is concerned with her own social standing, privileges for herself and her family, and her honor, dismissing as inconsequential the needs of others. However, Leonor López provides us with a dramatic picture of fifteenth-century society and one woman's rebellion against circumstances.

Although late medieval Spain produced only two noteworthy secular women writers, Florencia Pinar and Leonor López de Córdoba, a significant amount of literary activity was going on in convents. Ronald Surtz discusses five literary nuns (Teresa de Cartagena, Constanza de Castilla, María de Ajofrín, María de Santo Domingo, and Juana de la Cruz) in *Writing Women in Late Medieval and Early Modern Spain,* but postulates that there were hundreds more.

The most widely studied of the five, Teresa de Cartagena, was the granddaughter of the chief rabbi of Burgos, Salomon Halevy, who converted in 1390 and became bishop of Burgos. Teresa was deaf, and her parents may have placed her in a convent to ensure that she would be cared for. Surtz suggests that because she felt isolated, "The act of writing became a means of both self-consolation and communication."[84] Like Julian of Norwich, Teresa de Cartagena found spiritual inspiration in her illness. Her first extant work, the *Arboleda de los enfermos,* purports to show the spiritual benefits of poor health. Criticized for writing about spirituality, a topic considered appropriate only for men, Teresa composed the *Admiración operum Dey,* in which she defends her right to free expression. Surtz and others have found feminist and metaliterary elements in Teresa's writing.

Juana de la Cruz (1481–1534), to whom Surtz devotes the book-length study *The Guitar of God,* was an ascetic and visionary who, at age fifteen, disguised herself in men's clothing in order to escape to a convent against her parents' wishes. From 1505 until about 1518 she had mystical raptures during which the Holy Spirit reputedly spoke through her mouth. Her only extant work, *El libro del conorte* (The Book of Consolation), contains the content of the locutions she transmitted during the liturgical year 1508–9, which were written down by a companion. The book contains some highly imaginative versions of sacred history that might

---

84. At the time it was not unusual to place an infirm child among the religious. Victoria Lincoln conjectures (without providing evidence) that both Saint John of the Cross and Saint Teresa had retarded brothers who were entrusted to monasteries. The quote is from Surtz, *Writing Women,* 22.

strike the modern reader as outrageous. Sister Juana uses a great deal of sexual imagery, frequently depicting the Virgin Mary as nude or undressing. However, Surtz points out that many of the individual elements in these locutions are traditional; they reflect the role of Mary's body in her intercession for humankind and traditional iconographic representations of purity.

This overview of medieval women writers is by no means exhaustive. Many other women—Queen Matilda of England, Clare of Assisi, Elisabeth of Schönau, Mechthild of Magdeburg, Joan of Arc, Catherine of Sienna, to name just a few—left fascinating texts, some written in their own hands, some dictated. The intellectual women of the sixteenth- and seventeenth-centuries did not emerge from a void, but built on well-established traditions. Although women were excluded from the universities, convents continued to foster women's writing. By the beginning of the sixteenth century, certain aristocratic families had been educating their daughters in the vernacular, in Latin, and in the classics for decades. Even among the landed gentry and burghers, some women knew how to write and engaged in extensive correspondence. These daughters of Sophia laid the groundwork for the next generation.

### Sophia's Early Modern Daughters

In spite of the political and economic regress described by Joan Kelly-Gadol, early modern women advanced intellectually. Gutenberg perfected his movable-type printing press in 1440. By the onset of the 1500s, print had begun to permit a wider distribution of texts than ever before. Now, not only aristocratic and monastic houses had access to books, but also bourgeois libraries. Through books, humanism entered into intellectual circles in all the great urban centers. The important works of the Italian Renaissance found their way into Spain and France, both engaged politically in Italy. Upper-class women were exposed to new ideas, but in some cases so too were those of the merchant and artisan classes, for women had been active in the printing trade since its inception. By the sixteenth century, each of the major European countries was producing women writers who wrote not a sporadic letter, memoir, or poem, but a significant body of work—enough to enable us to compile national anthologies. Of course, women still constituted a tiny minority of writers, but perhaps not as tiny as the limited number of available texts would lead us to believe. Katharina Wilson notes that those writing women who promoted female intellectualism within the ideological confines established by society and religious institutions often won praise, but "the subversive and polemical texts of others earned them persecution, ridicule, and even martyrdom."[85] Much of the work of these marginalized women went unrecognized. Much of it has been lost or destroyed.

Few of the women who wrote were what we would call today "professional writers." Marina Brownlee observes: "In the sixteenth and seventeenth centuries, it was both socially and ethically controversial to be a professional woman writer of nonreligious literature. . . . Writing women were socially tainted . . . not simply as divided, unintegral human beings, but also as whores, potentially monstrous." Catherine Gallagher writes: "The seventeenth-century ear

85. *Women Writers of the Renaissance and Reformation*, ix.

heard the word 'public' in 'publication' very distinctly, and hence a woman's publication automatically implied a public woman. The woman who shared the contents of her mind instead of reserving them for one man was literally, not metaphorically, trading in her *sexual* property."[86] Except perhaps in France, literary women faced strong opposition from the state, society, and religion.

Still, socially high-ranking women sometimes mingled with male intellectuals and participated in literary life. Some were patrons of the arts who attracted an entourage of dependent writers and painters. Italy produced a number of such women. Veronica Gàmbara (1485–1550), for example, was from a powerful northern Italian family active in humanistic circles. Gàmbara received a superior education, which included the study of Greek and Latin. As a girl, she wrote poetry, including a Sapphic ode in classical Latin. She married at twenty-four; after the death of her husband, she expressed her grief in poetry. She governed their property on her own until she died. Gàmbara patronized important artists, including Correggio, and was politically active throughout her adult life. When Carlos V, king of Spain and emperor of the Holy Roman Empire, was crowned in Bologna in 1530, she achieved a temporary reconciliation between France and Spain, both warring for control of Italy. In her Sonnet IV she appeals to Carlos V and François I to temper their wrath in the name of Christ, and in Sonnet VI she praises Carlos as one who has already united Europe and America and now brings peace to Italy. She addresses other poems to Cosimo I, second duke of Florence, whom she praises for bringing stability and prosperity to his people. Many of her verses express her admiration for the Medicis. Gàmbara corresponded with several of the great intellectuals of her day, including the humanist Pietro Bembo, her mentor. Gàmbara's *Stanze* were highly acclaimed by her contemporaries. Of her literary production some fifty letters and eighty poems remain. One of her most constant themes is poetry itself—the elusive nature of art. She also wrote of the transience of life, love, the death of her husband, the desirability of peace, poets, friendship, and her beloved Italy.

Vittoria Colonna (1490–1547), also a patron of the arts, was a pawn in the power games of the period from the time she was a small child. For political reasons, she was betrothed at age three to a Spanish nobleman who died young. A widow with no children, Colonna surrounded herself with some of the most influential literary figures of her time. Like Gàmbara, she was a friend of Jacobo Sannazaro, author of the first Renaissance pastoral novel, and of Baldesarre Castiglione, author of *The Book of the Courtier*. Pietro Bembo was her mentor, as he was Gàmbara's. Her group also included powerful religious figures and artists, among them Michelangelo, with whom she shared a close friendship. In her later years Colonna became associated with certain clerics whose activities the religious authorities found suspect. As a result, the Roman Inquisition put her under investigation, but she died before any action was taken against her.

Known as the "literary queen" of the Renaissance, Colonna was highly praised by her contemporaries. Much of her poetry was published during her lifetime. Her poetic epistle, written

86. Brownlee, *The Cultural Labyrinth of María de Zayas*, 14, which quotes Gallagher.

to her husband while he was on a military campaign, shows classical influence yet captures convincingly the anxiety of a wife awaiting the return of her warrior husband. In her middle years Colonna wrote a series of love poems, but later turned to religious themes. Her *Triumph of Christ's Cross,* considered her culminating work, anticipates the meditative and mystical poets of later generations.

Unlike Gàmbara and Colonna, Gaspara Stampa (1523/24–1554), considered the finest Italian woman poet of the sixteenth century, was not an aristocrat. She may have been a *cortigiana onesta,* although scholarly opinion is not unanimous on this point. In the Venetian court, where Stampa lived, the *cortigiane oneste* were respected and admired for their beauty and intelligence. They attended to prominent nobles, artists, and clerics, sometimes wielding considerable influence. Stampa was a love poet. Her inspiration was her lover Count Collaltino di Colalto, her "muse" long after their relationship was over. She was well versed in the lyrical conventions of her time, writing sonnets in the style of Petrarch. Like her model, she deified her beloved and insisted on the elevating power of love. Three of her sonnets appeared in print in 1553. Her sister published the entire collection of *Rime* soon after Stampa's death.

Two early modern Italian women writers stand out for their energetic defense of their sex. Moderata Fonte (1555–1592), whose real name was Modesta Pozzo de' Zorzi, was a wealthy Venetian matron who died in childbirth at the age of thirty-seven. Her only surviving work is the lively colloquy *Il merito delle donne* (The Worth of Women), although she published an unfinished chivalric romance, the libretto of a *cantata* performed in 1581, and verse narratives of the *Passion of Christ.* The Worth of Women belongs to the *querelle des femmes*—the late medieval–early modern debate on women. Fonte structures her work as a spirited discussion among seven upper-class women, one of which has just wed. The more experienced, jaded women attack marriage, while the dreamy young bride defends it. One of the women, Corinna, has decided to renounce marriage in order to devote herself to scholarly pursuits. When the women broach the subject of men's social and political power, Corinna launches a defense of women, condemning the notion that the sexual hierarchy reflects God's will and that woman is meant to be subservient to man. The participants complain of men's ill treatment of women, and then shift their focus to the vindication of the female sex, with the customary catalogue of women who have excelled in government, the military, learning, and the arts.

Lucrezia Marinella (1571–1653), another Venetian, wrote *Nobilità et eccellenza delle donne, co' difetti et mancamenti degli uomini* (The Nobility and Excellence of Women and the Defects and Vices of Men) (1600) in response to a virulent harangue by Giuseppe Passi on the defects of women. The daughter of a family of physicians that encouraged her intellectual pursuits, Marinella enjoyed a long literary career and was recognized in her day as an outstanding thinker, capable of complex and subtle argumentation. She was a prolific writer who excelled in many genres, particularly in sacred verse and philosophical love poetry. Passi's work, considered particularly misogynist even by Renaissance standards, depicted women as wicked creatures given to vice. In *The Nobility and Excellence of Women* Marinella counters Passi point by point to prove that women are virtuous by nature. She uses the time-honored argument that the souls of men and women are equal, but adds that women are not only as rational as men but even more so. Like Pizan and Fonte, she provides *exempla* of outstanding women. The second part of her book exposes men's failings and the abuses to which they subject women. Marinella concludes that women are superior to men in every way—morally, intellectually, and spiritually.

As elsewhere, in Italy much writing by women was produced in convents. Of particular interest is the life story of Camilla Faà Gonzaga (1599–1662). A lady in waiting at the court of the Duchess Margherita of Savoy, wife of Duke Francesco II Gonzaga, Camilla Faà met Francesco's younger brother Ferdinando in 1615. They married privately the following year, but the match was not politically expedient and Ferdinando's courtiers pressured him to have it annulled. Ferdinando, who had just become ruler of Mantua, needed a wife from a powerful family in order to secure control. Although Camilla was pregnant, Ferdinando received permission from Pope Paul V to marry Caterina de' Medici and did so shortly after the birth of Camilla's son, creating a huge scandal. For five years Camilla resisted Ferdinando's efforts to marry her off to a courtier, and she then entered a convent, becoming a Clarissa nun. The mother superior asked Camilla to write her story, and the resulting document is as vivid and engaging as a María de Zayas novel. It is also a testimonial to the powerlessness of women without political clout in the intrigue-ridden courts of seventeenth-century Italy. But writing gave Camilla a means by which to affirm her honor. Valeria Finucci comments: "Camilla's narrative of loss becomes an example of assertive biography, the statement of a candid 'I' who refuses to be muffled. . . . Ironically she is able to pick up the pen only when, as a nun, she no longer has a name or a secular identity and has vowed to restrain her voice permanently."[87]

Like Italy, France produced a significant number of early modern women writers. Cathleen M. Bauschatz studies nine in her overview of sixteenth-century French women's writing, but she conjectures that there were many more. Perhaps the best known are Marguerite de Navarre and Louise Labé. The sister of François I and grandmother of Henri de Navarre, who would later become Henri IV, Marguerite was a woman of great erudition and a prolific writer of fiction, poetry, plays, and letters. She was a skilled diplomat, and when Carlos V took François prisoner at Pavia in 1525, it was Marguerite who negotiated his release. She was sympathetic to Protestantism, especially its emphasis on Scripture, and patron of like-minded writers such as Rabelais. In accordance with her reformist leanings, she is often highly critical of priests in her writing. Her work *Miroir de l'âme pécheresse* (Mirror of the Sinning Soul) (1531) met with rapid opposition from the theologians of the Sorbonne.

She participated actively in the *querelles des femmes*, defending the merits of women; Bauschatz speaks of a "feminist tinge" to her writing. Her collection of stories, the *Heptaméron*, is a reworking of Boccaccio's *Decameron*. (She had intended to include one hundred stories, like her Italian model, but died after completing only seventy-two.) It claims to be a collection of true stories, which a group of men and women recount while they are stranded at an abbey in the Pyrenees after a devastating rainstorm. Marguerite is innovative in her use of

87. Finucci, "Camilla Faà Gonzaga: The Italian Memorialist," 127.

Boccaccio, developing the frame story much more thoroughly than her precursor and using the different storytellers to create a complex perspectivism. Each storyteller has his or her own personality, opinions, and commitments. Marcel Tetel writes: "Since the Female Voice and the Male Voice are each composed of five individual voices, this multivocal presence in each gender has the effect of multiplying and suspending meaning. Each gender Voice is represented by a gamut of opinions." Bauschatz notes that "many tales, and the storytellers themselves, depict fundamental conflicts between the ways in which men and women see the world and their relation to it."[88] Marguerite creates a kind of dialectic between the frame, which depicts an ideal gendered behavior, and the stories, which depict how men and women actually behave.

Unlike most of the women writers of her time, Louise Labé (1520?–1566) was not from an aristocratic background, but from a family of artisans. Her father and husband were rope makers, and she herself was known as *la belle cordière* ("the beautiful rope maker"). Labé was unusually erudite for a woman of her class, having studied music, literature (including mythology), and even the practice of arms. She knew Latin, Italian, and perhaps Greek and Spanish as well, and was said to have fought in the battle of Perpignan. In her Elegy III she depicts herself charging against the Spanish, but scholars doubt the authenticity of her claim to military experience. Labé was at the center of literary life in her native city of Lyon, where she attracted numerous famous writers and scholars to her side, including Maurice Scève, his protégée Pernette du Guillet, and possibly Pierre de Ronsard and Joachim du Bellay. Many poets wrote verses in tribute to her beauty and her intellect; an early edition of her work includes not only her own twenty-four sonnets, but also twenty-four others written in her praise by admirers. Some scholars have suggested that before she married, Labé was a *cortigiana onesta* like Gaspara Stampa. Whether or not this is true, she was, notes Jeanne Prine, "remarkably frank about matters of passion; chastity and reticence do not seem to have been her chief characteristics."[89] During her lifetime she published only one volume, which contains a dedicatory epistle; *Débat de folie et d'amour* (Debate between Folly and Love), in prose; three elegies and twenty-four sonnets.

Labé wrote poetry in the Petrarchan style, but rather than accepting the traditional role of *belle dame,* admired and mute, she turns the table on convention. She assumes the customary male poetic function, extolling her beloved's beauty, rather than his brains. Like Petrarch, she exalts the role of the poet, who achieves immortality through poetry. Scholars have commented on Labé's self-confidence, her espousal of women's education, and her deft handling of classical motifs and forms. Her *Débat de folie et d'amour* is at times playful and funny, yet raises important questions about the nature of love.

Sixteenth-century France produced far more women writers of note than we are able to mention here. Dianne de Poitiers, Hélisenne de Crenne, Pernette du Guillet, Marie de Gournay, Catherine des Roches, and Madame d'Aulnoy are just a few of the many noteworthy examples. By the seventeenth century, France was undergoing, in the words of Faith Beasley, a

88. Tetel, "Marguerite of Navarre," 101; Bauschatz, "To Choose Ink and Pen," 48.
89. Prine, "Louise Labé," 135.

"veritable explosion of women's participation in the literary and intellectual realm."[90] Beasley notes that during the years 1640–1715 alone, more than 220 women participated in the literary scene in France, their activities as writers and consumers of literature influencing profoundly the development of French letters. Although it is difficult to pinpoint the reasons for this phenomenon, Beasley observes that the significant political roles played by Catherine and Marie de Medici and others during the chaotic first half of the century gave women a sense of empowerment. After Louis XIV took the throne in 1661 and stability was restored, many of these politically active women turned to writing.

An important development in regard to female intellectualism in this period is the emergence of the *ruelle*, which would evolve into the literary salon in the next century. The *ruelles* were gatherings in a home where, during the early 1600s, language and manners were the main topics of conversation. By mid-century, literary topics had become the focus of the *ruelles*, although subjects such as women's emotional life, marriage (often viewed as slavery), contemporary philosophy (for example, the ideas of Descartes), and, above all, *le bon gout* (good taste) were discussed at length. Whereas the eighteenth-century salon was frequented by both men and women, the *ruelle* was always run by a woman and dominated by females. *Ruelles* were held by bourgeois women as well as aristocrats, and at these meetings the social classes sometimes mixed. In many ways, the *ruelles* were run like academies, with the difference that the academies generally excluded women. Also, unlike in the academies, where works were assessed according to traditional scholarly standards, in the *ruelles* they were judged by their ability to please.

This new literary milieu fostered women's creativity, in particular in the novelistic genres. The printing revolution of the late fifteenth century had touched every major urban center of Europe; by the sixteenth century books were being printed in all modern European languages. Sacred and devotional books, humanistic treatises, and scientific and scholarly books were more widely disseminated than ever before possible, and the new technology also created markets for popular fiction. Women became both consumers and producers of novels. As in Spain the century before, in France pastoral fiction attracted large audiences, but while women were drawn to the pastoral as readers, as writers they excelled in the historical novel.

Madame de Scudéry wrote a number of heroic novels situated in exotic historical settings, such as ancient Greece. These novels explored serious topics, such as love and marriage, and attained considerable popularity. However, by mid-century readers began demanding more plausible stories. A new kind of historical novel, the *nouvelle historique*, avoided the long digressions and excessive adventures of the earlier epic novels. They were usually set in sixteenth-century France, and provided more tightly woven plots in which fact and fiction were almost indistinguishable from each other. Indeed, plausibility—from the perspective of psychology as well as storyline—was a fundamental goal of the writers of this kind of historical fiction.

Women excelled in this new genre. In 1662 Madame de Lafayette (1634–1693) authored *La Princesse de Montpensier* (The Princess of Montpensier), considered the first *nouvelle his-*

90. Beasley, "Altering the Fabric of History," 64.

*torique.* Madame de Lafayette's best-known work, *La Princesse de Clèves* (The Princess of Clèves) (1678) is the first historical novel for which the author conducted serious research in order to recreate a remote period. In it Lafayette examines emotional and ethical issues involving love and marriage. Madame de Villedieu (1640–1683) was the most prolific author of the new historical novel in her day, and in fact made her living by writing. She published fourteen novels, poetry, plays, and fictional autobiography and, unlike many women writers, signed her work. Villedieu was also a theorist, elucidating in her prefaces her notion of the *nouvelle historique* and explaining her method. She was particularly interested in the relationship between fiction and history.

Sometimes the works that emerged from the salon environment were collective. A case in point is the *Maximes* of Madame de La Rochefoucauld. Although the collection of maxims carries La Rochefoucauld's name, participants in the groups she frequented offered their own observations and contributions, causing her to rewrite, revise, and add to her material. Today critics consider the *Maximes* the work of many authors rather than just one.

Perhaps the best-known French woman writer of the seventeenth century is Marie de Rabutin-Chantal, marquise de Sévigné (1626–1696), friend to Madame de Lafayette and many other eminent women of the period. Meticulously educated and married at eighteen to the baron Henri de Sévigné, she was widowed at twenty-five. Having inherited fortunes both from her mother and husband, she managed her estate herself and participated in the civic activities to which property entitled her. She was active in literary circles, associating with both male and female writers.

Madame de Sévigné was an avid letter-writer. Her over fifteen hundred extant missives offer a firsthand glimpse of the glory and violence of seventeenth-century France. Jeanne and William Ojala write: "Through the eyes of this intelligent, observant, independent, and robust aristocratic woman the reader is immersed in the glittering and cultured *beau monde* of the Splendid Century. Grand fêtes, brutal executions, court intrigues, wars and rebellions, and intimate family affairs are all recorded in a vivid, witty, and at times earthy style."[91] She traveled extensively and described her experiences. She corresponded with a vast array of persons, from politicians to family members. Many of her letters are to her daughter. She wrote of functions at court in the company of Louis XIV, the *Roi Soleil.* She chronicled parties, love affairs, pregnancies, and political events. Her letters reveal warmth, joie de vivre, equanimity, and openness.

The Protestant Reformation had devastating effects on women's writing, for when Luther closed the convents, important centers of female literary productivity disappeared. Luther and Calvin shared with many Catholic reformers a low opinion of women's intellectual capabilities and thought that education "was to make [women] good domestic servants or household managers, dutiful wives, committed mothers, and believing Christians, but nothing more."[92] Nevertheless, the German principalities did produce a number of distinguished women writers, both Catholic and Protestant.

91. Ojala, "Madame de Sévigné," 30.
92. Davis and Farge, *A History of Women in the West,* 12.

Barbara Pirckheimer (1467–1532), for example, was an outstanding humanist who main-tained an active correspondence with other humanists of her time. Taking the name Caritas, she entered the convent of the Sisters of Saint Clare around 1483 and became its abbess in 1503. Her superiors forbade her from exhibiting her erudition publicly, which put an end to the richly stimulating letter writing in which she had engaged with some of Germany's foremost scholars. However, when Luther ordered the religious houses closed, Caritas used her consid-erable intellectual skills to save her convent. In 1525 the City Council of Nuremberg demanded that she free her nuns of their vows, allow them to leave the cloister, and instruct them to wear secular dress. Caritas composed a heroic response and, after much maneuvering, managed to obtain permission to keep the convent open, although only until the death of the present in-habitants.

A near contemporary of Caritas, Margaret of Austria (1480–1530) was the widowed aunt of Carlos V and the daughter of Emperor Maximilian I. She was a worldly, aristocratic woman who exerted power in a man's world. In 1497 she married Juan, son of Ferdinand and Isabella, who died that same year, and in 1501 she married Philibert of Savoy, who died three years later. In 1507 she became Carlos V's regent in the Netherlands. She acted as a mediator between her father, head of the Holy Roman Empire, and his subjects in the Low Countries, negotiating a commercial treaty with England that advanced Flemish textile interests. She also assisted in the formation of the League of Cambrai (1508–10), an alliance formed by Maximilian I, Louis XII of France, Ferdinand V of Aragon, Pope Julius II, and several Italian city-states to curb the territorial expansion of the republic of Venice. Although Carlos V rebelled against her counsel as a young man, he came to value her as a shrewd adviser. After 1517 she served as regent spo-radically until her death. In 1529 she negotiated the Treaty of Savoy in Carlos V's name with Louise of Savoy, acting in the name of her son François I of France. The treaty came to be known as the "Ladies' Peace." Margaret was friends with many important humanist writers and poets, among them Erasmus. However, her own writing reflects a taste for the kind of po-etic games that were popular in European courts a century earlier. In addition to her poetry, Margaret left letters to some of the most influential men and women of early modern Europe.

The poet Anna Owena Hoyers (1584–1655) has been described as a Renaissance humanist, but, as Brigitte Edith Archibald explains, German humanists were less concerned than the Ital-ians with the psychology and functioning of the human being than with Christ as a model of the "ideal moral personality." Hoyers, the daughter of an astronomer, studied not only the classics but also astronomy and mathematics. Something of a rebel, after her husband's death she began associating with unorthodox religious types, which incensed the local clergy. She in turn adopted a radically anticlerical stance, writing poetry that mocked the ignorance, de-bauchery, and hypocrisy of village parsons. She also takes a defiant stand with regard to women's writing. Her poem *To the Christian Reader* begins: "This book written by a woman / Will undoubtedly be enjoyed / Because such has never been seen / Coming from a woman: / One should read it and observe it / And not take notice of the scoffers / Who say: it is not right / That a woman should write." In another poem on widowhood, Hoyers expresses a generally negative view of marriage when she advises older widows not to remarry, but instead, to "Love the life of being alone."[93]

Catharina von Greiffenberg (1633–1694) was one of the most remarkable German women intellectuals of the seventeenth century. Her family belonged to the Protestant landed aristocracy, and like many other early modern women of her class, she was educated by her father and, after his death, by her uncle, Hans Rudolph baron von Greiffenberg, whom she later married. She was well versed in Baroque poetics. Her literary mentor, Johann Wilhelm von Stubenberg, belonged to the circle that founded the "Floral Order of Pegnitz" and the "Fruit-Bearing Society," two of the many literary groups that were formed in the period to advance German letters. In 1662 Catharina published a collection of her poems that included 250 sonnets, fifty-two *Lieder* or "songs," and forty-eight other poems, and that was highly praised by Germany's Protestant cognoscenti. Von Stubenberg and his friends encouraged her to use her poetic talents to convert Austria's monarchs to Protestantism, and some of her writing suggests this intent. In addition to poetry, von Greiffenberg wrote devotional books. She was one of two female members of the "German-Minded Association," a prestigious literary society. Extremely devout and talented, von Greiffenberg was apparently torn between the intellectual life and marriage. After she wed her uncle, she continued writing in the privacy of her home. Much of her work is religious. Major themes are Christ's suffering on the Cross, human suffering as a path toward the divine, God's grace, and the Resurrection. Her poem "On Jesus, the Crucified" was written in the form of a cross, a manifestation of the Baroque concern with the visual. Her "Victory-Support of Penitence and Faith" (1675), written around the time of the Turkish invasion of 1663, explores the interaction of Islam and Christianity. Von Greiffenberg also translated religious works into German. Her devotional books, which she produced in her later years, consist of interpretations of biblical passages combined with original poems.

The Reformation affected women's education differently in England than in Germany. In England as elsewhere, the daughters of aristocrats were usually educated at home, either by their parents or by private tutors. However, convent schools did continue to exist, for the Anglican Church did not abolish nunneries. These schools were soon supplanted by other types of religious and nonreligious institutions, giving rise to what would become the English boarding-school system. Many English girls received excellent educations. In fact, in seventeenth- and eighteenth-century England, female literacy rates were higher than in France.

English home schooling sometimes produced remarkably intellectual women. The three daughters of the great humanist Thomas More[94] (1478–1535) received the same education as his son, as did More's foster children and other charges. In More's household the children studied with some of the best minds in England, their father overseeing their education him-

---

93. The quote is from Archibald, "Anna Owena Hoyers: A View of Practical Living," 304. Hoyer's poetry is from Wilson, *Women Writers of the Renaissance and Reformation,* 311, 316.

94. More, the author of *Utopia,* refused to support King Henry VIII's break with the Catholic Church, for which he was arrested and beheaded.

self. Their rigorous curriculum included Latin and Greek, the seven liberal arts, theology, and medicine. A staunch supporter of women's education, More, like his good friend Erasmus, believed that learning was conducive to piety and modesty—an idea echoed by Juan Luis Vives in his *Education of a Christian Woman*. In his day More was highly esteemed for his views on education. His "school" was widely known and celebrated in humanist circles throughout Europe.

More's eldest (and favorite) daughter, Margaret More Roper (1505–44), was one of the great intellects of her day. She translated Erasmus's commentaries on the Lord's Prayer into English, considered a major endeavor because it is "one of the earliest examples of the Englishing of Erasmian piety. . . . It domesticates and disseminates Erasmus' view of the devotional life" and is "also a fine example of early Tudor English prose."[95] Roper's translation is an unmatched example of humanist scholarship produced by a woman in Renaissance England. Margaret Roper's correspondence with her father is a moving testimony of their extraordinary affection for one another.

Queen Elizabeth I (1533–1603), a towering figure of the second half of the sixteenth century, experienced such a tumultuous childhood that at age six, she reputedly had the gravity of a woman of forty. Her father, King Henry VIII, had married her mother, Anne Boleyn, because his previous wife had failed to produce a male heir, but he soon grew tired of her and had her beheaded for adultery and treason. Having received a rigorous humanistic education, Elizabeth ascended to the throne after the death of her half-sister Mary, a Catholic. Elizabeth returned the country to Protestantism, reducing the size of the Privy Council to eliminate the Catholic members and choosing efficient, gifted advisers to serve her.

Although she faced fierce opposition from men such as John Knox, who thought women unfit to rule, Elizabeth secured power through astute, effective policies that brought honor and prosperity to England. She steadfastly refused to marry, knowing that if she were to take a husband, he, not she, would wield authority. She shrewdly cultivated her image as the Virgin Queen, thereby becoming an object of adoration that replaced the Virgin Mary in Protestant England.

She was also an intellectual force. The Elizabethan age, characterized by the flowering of the arts, produced some of the giants of English literature: William Shakespeare, Christopher Marlowe, and Ben Jonson. Elizabeth herself wrote poetry, verse translations, speeches, and letters. Among her poems are a number of short compositions and a translation of the Thirteenth Psalm of David. Her speeches reveal an astute politician, able to appease challengers without compromising her own intentions. For example, in the "Marriage Speech," delivered on February 10, 1559, after the House of Commons had asked her to marry, Elizabeth thanks the representatives and assures them she is pleased with their petition, yet eschews any concrete commitment. Elizabeth's correspondence includes letters to Catherine Parr (her father's sixth and last wife), Queen Mary, Mary Queen of Scots, and the Charter issued to Sir Walter Raleigh.

95. McCutcheon, "Margaret More Roper," 460–61.

Among the ladies of Queen Elizabeth's court, Mary Sidney, countess of Pembroke (1561–1621), was undoubtedly the most influential literary personality. The sister of Sir Philip Sidney (poet and author of Elizabethan England's most acclaimed pastoral novel) and the poet Robert Sidney, Mary was considered England's leading literary woman after Queen Elizabeth and the most important nonroyal woman writer of her time. In 1577 she married Henry Herbert, the second earl of Pembroke, after which she retired to her husband's estate and gathered around her England's most renowned writers, musicians, and artists, including Edmund Spenser, Michael Drayton, and John Davies.

After her brother Philip died in 1586, Mary Sidney devoted much of her time to the completion and publication of his works. She produced a composite edition of his *Arcadia* and finished the verse translations of the Psalms he had commenced (providing 107 of 150 of them). Her first known work is an elegy for her brother, *The Doleful Lay of Clorinda*, published in 1595. Like her brother, she was interested in introducing literary innovations from the Continent to England. Her translation of Robert Garnier's drama *Antoine* (1578) is among the first plays in blank verse published in English and helped introduce into England the practice of using historical drama to comment on contemporary politics. She translated Philippe de Mornay's *Discours de la vie et de la mort* (Discourse on Life and Death) and Petrarch's *Trionfo della morte* (Triumph of Death). She also wrote original poems and a short pastoral for Queen Elizabeth entitled *A Dialogue between Two Shepherds*.

The Countess of Pembroke encouraged her niece and godchild, Mary Sidney Wroth (1587?–1651?), to write poetry, and the younger woman's work was highly praised by such luminaries as Ben Jonson. When her husband died in 1614, leaving her deeply indebted, Mary Sidney Wroth published, perhaps to earn money, part of her novel *Urania*, the first book-length work of fiction by a woman to be printed in England. Her other works were never published but were circulated at court in manuscript, as was typical of women's writing. In Wroth's novel the heroine, Pamphilia, rejects marriage, like Queen Elizabeth I, in order to devote herself to governing her kingdom. Apparently the intrigues of the novel paralleled too closely those of the court, because the work caused a scandal and the author was forced to withdraw it. The book ends with a series of poems entitled *Pamphilia to Amphilanthus*.

The fifteen Spanish women included in this anthology were not unique. In all parts of Europe (including the Low Countries and Scandinavia), women made significant contributions to literary life. In Spain, many more wrote than these fifteen. Research in convents and archives is just beginning to unearth the wealth of women's writing requiring critical attention. In their anthologies of early modern women's poetry, Clara Janés and Julián Olivares and Elizabeth Boyce provide examples of the writing of more than forty poets. Some of these deserve mention: Luisa de Carvajal y Mendoza (1566–1614) was a nun who went to England to confront the Protestants. Her sonnets were published in the nineteenth century as *Poesías espirituales*. The Portuguese nun Violante do Ceo (1601–1693) took the veil without vocation and led a worldly life. In the convent she devoted herself to her studies and socialized with some of the most distinguished members of the literary world. Her works were published as *Rimas varias* in 1646. María de Santa Isabel, a seventeenth-century nun probably of the Real Convento de la Concepción in Toledo, was a very prolific poet, many of whose poems are profane (nonreligious) in nature. Her complete poems are as yet unpublished.

Convents produced the bulk of Spanish prose as well as poetry written by women in the sixteenth and early seventeenth centuries. María de Santo Domingo, a Dominican nun, left an exquisite prayer book published in 1990 by Mary Giles. Isabel de Jesús (1611–1682), whose autobiography, *Tesoro del Carmelo*, was published posthumously in 1685 by her confessor, Manuel de Paredes, employed a wealth of narrative and rhetorical strategies to undermine misogynist tradition and defend her own authority; her writing has been examined meticulously by Sherry Velasco. One of the most interesting spiritual autobiographies of the period is *Mística ciudad de Dios y vida de la Virgen*, by María de Jesús de Ágreda (1602–1665), the so-called flying nun. A political and spiritual adviser to King Philip IV, María de Ágreda offers highly unorthodox commentaries on the Holy Family. She also recounts her mystical experiences and visions, claiming to have "bi-located" to America, where she preached to Indians. Even in her own time, her claims to have flown across the ocean while remaining in her convent provoked disdain from the cultured elite. Nevertheless, she is still venerated in parts of the American Southwest, where she is known as the miraculous Blue Lady. A book-length study on María de Ágreda was published in 2000 by Lia Pierotti Cei. Ana Francisca Abarca de Bolea (1602?–1690) entered the convent at the age of three. An autodidact, she reached a degree of erudition unusual in a nun in the seventeenth century. Equally extraordinary was her association with the Huesca literary group, whose most famous member was Baltasar Gracián. Abarca de Bolea's *Vigilia y octavario* (1679) is a loosely constructed pastoral centering on a pilgrimage to a shrine in the Sierra de Moncayo. Judith Whitenack and Gwyn Campbell comment that Abarca's work is "primarily didactic and inspirational in character and thus is not particularly amenable to modern tastes."[96] Abarca wrote five books, three of which are extant, and many poems, some of which appear in the anthologies by Janés and Olivares and Boyce. Other women writers whose work has recently attracted critical attention are Josefa de Meneses, who defends women against misogynist attacks in her as yet unpublished *Despertador del alma al sueño de la vida* (1695); Luisa de Padilla, Condesa de Aranda, who criticizes men's abuses in *Lágrimas por la nobleza* (1639), reproduced in Serrano y Sanz; and María de Guevara, to whom the unpublished philosophical work *Desengaños de corte y mujeres valerosas* (1664) has been attributed.

In 1999 Mary Giles published *Women in the Inquisition*, a collection of women's testimonies before the inquisitorial tribunals as they were written down by notaries. Although these documents do not constitute women's writing in a strict sense, they are an important source of information about early modern Spanish women. As Giles points out, few sixteenth-century women had the intellectual and rhetorical resources of a Teresa de Jesús or a María de San José. In an age when even among the aristocracy women's schooling was usually limited and educated women rarely had the freedom or the audacity to put pen to paper, the judicial statement was a vehicle—albeit an adulterated one—of female expression.

96. *Zayas and Her Sisters* 356.

*Madonna and Child with St. John the Baptist,* by Luisa Roldán. Luisa Roldán was court sculptor under Charles II.

Early modern women not only wrote, but also painted and composed music. In addition to Josefa de Óbidos, early modern Spain produced another important woman artist, Luisa Roldán (1656–1704), known as La Roldana. Born in Seville, she is Spain's first known woman sculptor and became Escultora de la Cámara under Carlos II. She is known for her works in terracotta and polychrome wood. Probably the best-known woman artist of the period is the Italian Artemisia Gentileschi (1593–1652), whose work was greatly admired by Charles I of England and by the Spanish elite, including Philip IV, who acquired several of her paintings. The daughter of another famous painter, Orazio Gentileschi, she has been the subject of numerous studies and three novels. In 2002 the Metropolitan Museum of Art in New York mounted an exhibition of the works of both Gentileschis.

Other early modern Italian women artists are Elisabetta Sirani (1638–1665), Maria del Po (1649–1716), and Rosalba Carriera (1675–1757). English painters of the period include Mary Beale (1632–1697), Anne Killigrew (1660–1685), and the miniaturist Susan Penelope Rosse (1652–1700). France also produced significant women painters, among them Esther Kello (1571–1624); Louise Moillon (1610–1696), considered by some the best French still-life painter of her century; and Elisabeth Sophie Cheron (1648–1711). Among the Dutch artists worthy of

*Giuditta e Oloferne* [Judith and Holofernes], by Artemisia Gentileschi. Some art historians attribute the violence of this painting to the trauma Artemisia Gentileschi suffered as a young girl when she was raped by a friend of her father's.

mention are Judith Leyster (1609–1660), Maria van Oosterwyck (1630–1693), Rachel Ruysch (1664–1750), and Maria Sibylla Merian (1647–1717), who was born in Germany of a Dutch mother and Swiss father. Switzerland produced one significant woman artist in the seventeenth century: the miniaturist Anna Waser (1675–1713).

Early modern women also excelled in music. Some of the poets mentioned here were excellent composers and musicians, among them Hildegard of Bingen, Christine de Pizan, Margaret of Austria, Anne Boleyn, and Queen Elizabeth I. Convent culture fostered musical achievement and in Spain, the sixteenth-century nun Sister Gracia Baptista was a highly respected composer and arranger. The Lombard nuns of the seventeenth century were known as composers, musicians, and singers, as were the Benedictine nuns of the Convent of Santa Radegonda, in Milan. These nuns include Caterina Assandra, Isabella Leonarda, Maria Xaveria Perucona, Chiara Margarita Cozzolani, and Bianca Maria Meda. Sister Lucretia Orsina Vizzana (1590–1662) not only composed but also published new music. Other significant women musicians include the Neapolitan singer Anna Inglese (fifteenth century); the musician and patron of the arts Isabella d'Este (1473–1539), daughter of the Duke of Ferrara; the composer Sofonisba Anguissola (1534–1625); the composer, lutenist, and singer Maddalina

Casulana (sixteenth century); and the composer Francesca Caccini (1587–1640). The Dutch composer Suster Bertken (1426/27–1514) and the English composer Jane Pickering (early seventeenth century) are also worthy of note.

*Where We Are Now*

During the last three and a half decades an enormous amount of research has been done on the condition of women in early modern Europe. Scholars such as Constance Jordan, Joan Kelly-Gadol, Margaret L. King, Joan Ferrante, Patricia Labalme, Margaret Ferguson, Merry Wiesner, Elisja Schulte Van Kessel, Katharina M. Wilson, Mary Beth Rose, Natalie Zemon Davis, and Arlette Farge—to name only a few—have thrown light on the active roles women played in the economic, religious, and social life of the period, even though the vast majority were deprived of education, status, and power. For the most part, these studies focus on England, France, Italy, and the Germanic countries. Practically the only Spanish women mentioned by literary and historical researchers in early modern Europe are Teresa de Jesús and María de Zayas. This is not surprising in view of the dearth of available texts by early modern Spanish women writers that has plagued scholars until now. As late as the late 1980s scholars were forced to rely for texts by women on Manuel Serrano y Sanz's *Apuntes para una biblioteca de autoras españolas,* published in 1903 and reissued in 1975, or else on archival editions and manuscripts. Yet, it is not clear, as Paul Julian Smith asserts, that Spain produced fewer early modern women writers than other European countries. In recent years the availability of texts has improved dramatically and more critical editions appear continually.

In the area of fiction, *Zayas and Her Sisters* (2000), edited by Judith Whitenack and Gwyn Campbell, provides examples of *novelas* by four early modern women authors. Another anthology of fiction, *Entre la rueca y la pluma,* edited by Evangelina Rodríguez Cuadros and María Haro Cortés, contains the work of three. *Historia de la monja alférez,* by Catalina de Erauso, has appeared in two modern editions, one by Jesús Munárriz and the other by Rima Vallbona, both problematical.[97] *El deseño más firme,* by Leonor de Meneses (1994), edited by Judith A. Whitenack and Gwyn E. Campbell, has been superseded by their anthology. Alicia Redondo Goicoechea published a new edition of several *novelle* by María de Zayas in 1989.

Extensive work is currently being done on convent literature. Among the first and most influential books on this subject is *Untold Sisters* (1989), by Electa Arenal and Stacey Schlau (now unfortunately out of print), an anthology of the writing of a number of Spanish and Spanish American nuns. Ronald Surtz's studies *Writing Women in Late Medieval and Early Modern Spain* (1995) and *The Guitar of God* (1990) and Isabelle Poutrin's *Le voile et la plume* (1995), all of which contain samples of convent writing, have stimulated further research in this area.

The 1990s saw an explosion of interest in plays written by women, thanks in large part to Lola Luna's editions of Ana Caro's *comedias, El conde Partinuplés* (1993) and *Valor, agravio y*

---

97. Munárriz's edition is not annotated and is somewhat inaccurate. Vallbona's uses early modern spelling and is so heavily annotated that it is difficult to read.

*mujer* (1993), and to Teresa Soufas's *Women's Acts,* an anthology of the works of five Golden Age women playwrights. A new edition of María de Zayas's *La tradición en la amistad* (1999) provides useful notes by Valerie Hegstrom and a fine translation by Catherine Larson. A number of poetry anthologies, among them *Las primeras poetisas en lengua castellana* (1986), edited by Clara Janés, and *Tras el espejo la musa escribe* (1993), prepared by Julián Olivares and Elizabeth Boyce, brought to light poetry by women ranging from the burlesque to the philosophical.

The growth of an accessible corpus of writing by early modern Spanish women has stimulated myriad historical and literary studies. Mary Elizabeth Perry's *Gender and Disorder in Early Modern Seville* (1980) was one of the earliest in-depth analyses of Spanish female religious. Mariló Vigil's *La vida de las mujeres en los siglos XVI y XVII* (1986) provided an overview of the lives of women in Spain and Mexico. More recently, investigators such as Anne Cruz, Luce Irigaray and Ruth El Saffar have applied feminist, Freudian, and post-Freudian critical theory to the study of early modern Spanish women. A number of feminist critics, such as Alison Weber, Gillian Ahlgren, and Carole Slade have prompted a reevaluation of Teresa de Jesús, while historians such as Jodi Bilinkoff have contributed to our understanding of Teresa's social, political, and religious milieu. María de Zayas has inspired numerous scholarly articles and doctoral dissertations during the past decade. Three full-length studies of Zayas were published in the years 2000 to 2001: *María de Zayas Tells Baroque Tales of Love and the Cruelty of Men,* by Margaret Greer; *The Cultural Labyrinth of María de Zayas,* by Marina Brownlee; and *Reclaiming the Body: María de Zayas's Early Modern Feminism,* by Lisa Vollendorf. *María de Zayas: The Dynamics of Discourse* (1994), edited by Amy Williamsen and Judith A. Whitenack, contains studies by several authors on diverse aspects of Zayas's work. Whereas a decade ago Zayas was practically the only woman author of fiction whose work had inspired a sizable corpus of criticism, today critics are turning their attention to Carvajal, Meneses, and others. The availability of plays written by women has spurred extensive analysis of Spain's *dramaturgas.* Teresa Soufas prepared *Dramas of Distinction: A Study of Plays by Golden Age Women Writers* (1997) to accompany her anthology. *Engendering the Early Modern Stage* (1999), edited by Valerie Hegstrom and Amy Williamsen, contains articles on both secular and religious drama by women. Collections of essays such as *Cultural and Historical Grounding for Hispanic and Luso-Brazilian Feminist Literary Criticism* (1989), edited by Hernán Vidal, have helped us define critical parameters, while *Spanish Women Writers: A Bio-Bibliographical Source Book* (1993), edited by Linda Gould Levine, Ellen Engelson Marson, and Gloria Feiman, contains fundamental data for the researcher.

In addition, feminist theorists have provided us with useful tools for examining women's writing. Since the 1970s critics have debated whether women's writing is fundamentally different from men's. In *The Laugh of Medusa* (1975) Hélène Cixous proposed the concept of *écriture féminine,* specifically gendered writing that can be defined as "feminine" in essence because of its particular style, tone and sensitivity, and which is different from male discourse. According to Cixous, while "men's writing" is rational, logical, hierarchical, and linear, "women's writing" is just the opposite; it transcends rationality, logic, hierarchy, and linearity. Thus, it may be perceived as a-rational or even irrational, a-logical or even illogical, a-hierarchical and circular. Both correspond to culturally defined gender codes, but, in Cixous's view, "masculine writing" is valued in Western culture, while "feminine writing" is not.

Cixous sees the difference in men's and women's writing as the product of the mind-body schism in Western culture. She argues that *écriture féminine* is not the result of biological determinism, inasmuch as women can write like men and men like women. Instead, "women's writing" stems from the mother-child relationship that exists before the child acquires conventional language. This "potential language" subverts rationality and logic, permitting psychological free play unconstrained by structure and order. Western culture privileges mind over body. Thus, men learn to "rise above" the body and the realm of "potential language" in order to express themselves cogently and coherently, an ability considered essential to good writing in a culture that views writing as a mental activity. Women, on the other hand, remain tied to the body and so have traditionally been considered incapable of good writing. Cixous, rather than deny the difference between men's and women's writing, celebrates *l'écriture féminine*, urging her readers to embrace what for centuries Western culture has maligned.

Along the same lines, in essays such as "This Sex Which Is Not One" Luce Irigaray posits a "woman's language" that is varied, fluid, and heterogeneous. Irigaray rejects traditional psychoanalytic notions, which view the masculine as the norm, thereby evading what she considers the phallocentric monopoly on language and culture. Female sexuality, which Freud defined as a "lack" (that is, the lack of a penis, one particular sex organ), is characterized, in Irigaray's view, by multiplicity: "So woman does not have a sex organ? . . . But woman has sex organs more or less everywhere. She finds pleasure almost anywhere."[98] This multiplicity spurs women to express themselves in more flexible, diverse ways than men.

These notions of "masculine" and "feminine" writing have given rise to endless controversy. Kristeva, for example, seems uncomfortable with these stark categorizations, stressing instead the communicative (rather than purely expressive) aspect of language. Language requires restraint, submission to the law (or rules of language), associated with the masculine. "When the object that I incorporate is the speech of the other—precisely a non-object, a pattern, a model—I bind myself to him in a primary fusion, communion, unification. An identification. For me to have been capable of such a process, my libido had to be restrained. . . . In being able to receive the other's words, to assimilate, repeat and reproduce them, I become like him: One."[99] Thus, the female writer cannot be entirely autonomous, cannot distance herself from the law, cannot yield entirely to her a-rational, a-logical, preverbal impulse because the very act of using language necessitates conformity with pre-established limits. Language by its very nature imposes boundaries and restrictions.

Both schools of thought provide instruments with which to approach women's writing. In his study of Teresa de Jesús and María de Zayas, Paul Julian Smith negotiates conciliation between two ostensibly opposing notions, employing both in his analysis. It is not necessary to

98. "This Sex Which Is Not One," 366.
99. "Freud and Love: Treatment and Its Discontents," 244.

embrace blindly or to apply indiscriminately the notions of *l'écriture féminine* or linguistic determinism. However, an awareness of how gender affects literary expression is essential. *L'écriture féminine* can function as a filter that makes us aware of silences, lapses, shadows, unaccustomed angles, and unusual focuses that might otherwise go unnoticed in works by women. Likewise, an awareness of the constraints of inherited forms, of the very limits of language, increases our sensitivity to women's ability to manipulate and exploit conventional structures, to use rhetoric in subversive ways.

Feminist theoreticians have helped scholars focus on issues such as power, class, and caste. They have brought to the forefront the consequences of marginalization. They have shown how women gain autonomy and authority through writing and how they use inherited codes in unconventional ways. They have helped us to see the political impact of women's writing. They do not always agree with one another, and we may not agree with all of them or any of them. But feminist theoreticians have provided vocabulary and rhetoric for speaking of issues concerning women. They have spurred us on to recover a long tradition of women's writing. They have greatly increased our knowledge of history, of our foremothers, and of ourselves, and whether we accept their perspectives or not, we learn from them.

# Teresa de Jesús: «Por ser mujer y escribir simplemente lo que me mandan» ❧

## El catolicismo de la temprana modernidad

Una de las reformadoras más activas del siglo XVI, Teresa de Jesús (1515–1582) —conocida fuera de España como Teresa de Ávila— inició una transformación de la Orden carmelita que tendría repercusiones más allá del convento. Sin embargo, es esencial tener en cuenta que la renovación teresiana no fue un movimiento aislado, sino que ocurrió durante un período de intensa actividad religiosa.

El espíritu reformista había surgido siglos antes de que la futura santa tomara el velo. Durante los siglos XII y XIII se formaron varias órdenes monásticas (los cartujos, los cistercienses) dedicadas a la noción del retiro del mundo y a la meditación. Muchos monasterios habían llegado a ser muy laxos en su normativa, y algunas órdenes, buscando una espiritualidad más pura y genuina que la que se practicaba en la mayoría de las casas religiosas, simplificaron sus ritos y estilo de vida. En los siglos XIV y XV, algunas de las Órdenes mendicantes se dividieron entre «conventuales» y «observantes». Estas últimas se adherían estrictamente a la regla primitiva de su Orden, mientras que las conventuales seguían con usos más relajados. Al mismo tiempo se introdujo en los Países Bajos la *devotio moderna*, movimiento espiritual que hacía hincapié en el recogimiento[1] y la oración mental. En vez de la repetición mecánica de textos aprendidos de memoria, la *devotio moderna* fomentaba una relación espontánea con Dios. Reformadores como el gran humanista Erasmo de Rótterdam (1469–1536), muy influidos por estas corrientes, intentaron apartar la práctica religiosa del ritualismo vacuo para buscar una espiritualidad más profunda e íntima.

Al principio, las nuevas ideas fueron recibidas con entusiasmo en España. El cardenal

---

1. *recollection, or withdrawal into the inner self*

*Santa Teresa de Jésus.* Una de las mujeres más dinámicas del Siglo XVI, Santa Teresa de Jesús inició la Reforma carmelita en 1560.

Francisco Jiménez de Cisneros (1436–1517) era un franciscano «observante» y un defensor entusiasta de la *devotio moderna*. Confesor de Isabel la Católica, Jiménez de Cisneros admiraba a Erasmo y promovió sus ideas en la Universidad de Alcalá, la cual fundó en 1498. Pensadores como el místico español Francisco de Osuna (1497–¿1540?), inspirados por la *devotio moderna*, impulsaron modificaciones en la práctica de la oración. Al mismo tiempo, Ignacio de Loyola (1491–1556), fundador de la Compañía de Jesús, promovió un activismo en pro de la fe, basado ya no en ritos carentes de significado para el individuo, sino en la conversión[2] sincera.

Hay que tener en cuenta, sin embargo, que estos movimientos espirituales, que alcanzaron a miles de personas y que ayudaron a redefinir nociones de devoción y piedad en la época, no tenían por objetivo la reforma doctrinal e institucional de la Iglesia católica (O'Malley 123–24). Su propósito era «reformar desde adentro», es decir, promover la transformación y el perfeccionamiento del alma del individuo, y así regenerar la religión en general. La reforma

2. Aquí, «conversión» no significa cambio de religión, sino una transformación profunda de la mente y el corazón hacia Dios.

corporativa que se asocia con el Concilio de Trento intentaba «renovar desde afuera», definiendo y aclarando la doctrina, precisando la función y deberes de eclesiásticos de diversos rangos e imponiendo disciplina entre los clérigos (O'Malley 124).

Pronto las autoridades eclesiásticas empezaron a ver como peligrosos los nuevos movimientos espirituales, que parecían fomentar una relación directa entre el individuo y Dios sin la intervención de la Iglesia. Sectas como los *alumbrados* o *iluminados* y los *dejados* se difundieron por toda España, principalmente por Castilla y Andalucía. Estas sectas, constituidas en gran parte por conversos y por mujeres, no tenían una doctrina común; sin embargo, compartían la idea de que la verdadera iluminación viene directamente de Dios. Mientras los alumbrados enfatizaban la piedad personalizada y la lectura de la Biblia, los dejados creían que la única vía de acceso a la Divinidad era el abrirse extática y pasivamente a ella. Estos términos (*alumbrado*, *dejado*) llegaron a emplearse pronto con un matiz peyorativo para designar a los que practicaban la oración mental o se dedicaban a la lectura del Evangelio. Así, personas como Ignacio de Loyola pronto se vieron obligadas a defenderse contra acusaciones de herejía.

La reforma institucional, como la espiritual, tenía sus raíces en la Edad Media. Ya en el siglo XI, como resultado de la «querella de las investiduras», conflicto entre el Papado y el Sacro Imperio sobre la asignación de cargos eclesiásticos, se tomó conciencia de la necesidad de reformar la Iglesia, volviendo a un sistema canónico más primitivo. A lo largo de los siglos la Iglesia se convirtió en una inmensa institución burocrática con un apetito insaciable de riquezas y poder. La corrupción de los miembros del clero era notoria en casos como la venta de beneficios[3] eclesiásticos. A veces un clérigo adquiría varios, lo cual hacía imposible que cumpliera con todos sus deberes sacerdotales. Como consecuencia, se veía obligado a relegar alguno de sus cargos clericales en asistentes —a menudo curas poco instruidos o mal dotados. Además, muchos sacerdotes se entregaban a la avaricia y al libertinaje. El resultado de esta situación fue el deterioro de la autoridad eclesiástica y el aumento del anticlericalismo, lo cual amenazaba con provocar una crisis en la Iglesia.

La amenaza más seria para la autoridad eclesiástica llegó del norte de Europa. En 1517 Martín Lutero (1483–1546), teólogo y reformador alemán, atacó la costumbre del tráfico de indulgencias[4] de la Iglesia, iniciando así la Reforma protestante. En 1520 fue condenado por Roma, pero continuó elaborando sus tesis, las cuales ponían en cuestión la autoridad de la doctrina católica, incluyendo la del Papa.

La rebelión luterana provocó una reacción enérgica en los países católicos. En España, la jerarquía eclesiástica aumentó su poder, imponiendo una mayor rigidez en las prácticas religiosas. Bajo el reinado de Felipe II, cuya devoción lindaba con el fanatismo, el Estado se convirtió en un instrumento de represión. Con el fin de enfrentarse a la corrupción eclesiástica y a ciertas ambigüedades doctrinales, el papa Paulo III convocó un concilio ecuménico que se reunió en Trento y Bolonia entre 1545 y 1563, el cual se constituyó en la pieza clave de la Contra-

3. tierras o rentas que se le concedían a un miembro del clero
4. remisión de la pena temporal debida a los pecados

rreforma. Por medio de este Concilio, llamado de Trento, la Iglesia emprendió una revisión completa de su disciplina y una reafirmación de sus dogmas. El Concilio de Trento rectificó muchas prácticas incompatibles con la doctrina y adoptó posiciones progresistas con respecto a la magia, la astrología, la responsabilidad del individuo y ciertos aspectos del matrimonio entre otros asuntos. Por otra parte, insistió en una rígida adhesión a la ortodoxia, y con este fin prohibió ciertos libros considerados peligrosos, tales como la mayoría de las obras de Erasmo y la Biblia traducida a lenguas modernas.

Sería un error, como señala John O'Malley, ver este largo período de transformación sólo como una reacción contra el protestantismo o los abusos eclesiásticos, puesto que tiene sus orígenes en movimientos espirituales y reformistas muy anteriores a Lutero, y sigue aun después del Concilio de Trento (129). Tradicionalmente se ha situado a santa Teresa entre los líderes de la Contrarreforma, pero este término, arguye O'Malley, no nos permite ver esta época en toda su complejidad, ya que la define por su reacción «contra» la Reforma protestante. Para referirse a esta inestable pero fecunda época, O'Malley propone el término «catolicismo de la temprana modernidad» (143). Esta noción concuerda más con la realidad histórica de santa Teresa. De hecho, las principales fuentes contemporáneas de Teresa son libros escritos antes del Concilio de Trento, en particular *El tercer abecedario espiritual* de Francisco de Osuna, que le sirvió de introducción a la *devotio moderna*. Aunque Teresa menciona la necesidad de rezar por los «luteranos» (nombre que les da a todos los protestantes) en varios de sus escritos, no inició su reforma como reacción a la nueva religión sino para contrarrestar la laxitud en los conventos carmelitas. Sin embargo, tampoco se puede considerar su labor como algo ajeno a los acontecimientos en Trento, donde finalmente se legisló el claustro estricto de las monjas.[5]

### Antes de ser santa

Nacida Teresa de Cepeda y Ahumada, Teresa de Jesús (1515–1582) llegaría a ser una de las figuras más importantes de la renovación espiritual del siglo XVI. Nació dentro del seno de una familia desahogada, de origen judío por el lado paterno. Su padre era mercader de lana y de seda, negocio muy común en aquella época entre los conversos. Teresa era una de once hermanos, producto, además, del segundo matrimonio de su padre y, según cuenta en su autobiografía, la favorita de éste. Aunque la crítica tradicional ha querido pintar a Teresa como una niña piadosa dedicada desde pequeña al servicio de Dios, ella misma desmiente este mito al principio de su *Vida*. Un famoso episodio en el cual relata cómo ella y su hermano Rodrigo, estando «de tierna edad», escaparon de casa para buscar el martirio a manos de los moros revela una noción más bien infantil y romántica de la religión en lugar de una verdadera devoción. Es posible que la autora incluya este incidente como una nota de humor o para congraciarse con sus lectores.

5. "*The holy council . . . commands all bishops that . . . they make it their special care that in all monasteries . . . the enclosure of nuns be restored wherever it has been violated and that it be preserved where it has not be violated.*" (*Canons and Decrees of the Council of Trent, Twenty-fifth Session*, chap. V, 220.)

De adolescente, Teresa se dejó seducir por las vanidades del mundo: fiestas, amistades, trajes y joyas. Se describe como una joven traviesa y vana, muy dada a la lectura de libros de caballerías. Escribe que su padre la mandó al convento «aunque no acababa mi voluntad de inclinarse a ser monja» por razones relacionadas con el honor: algún suceso tocante a un primo suyo sobre el cual nos da pocos detalles.[6] Durante tres meses sufrió los rigores del convento, ya que «los trabajos y pena de ser monja no podría ser mayor que la del purgatorio». Sin embargo, terminó sintiendo la llamada de Dios y declarando su vocación religiosa.

En 1536 Teresa ingresó en el Convento Carmelita de la Encarnación, donde profesaría bajo el nombre de Teresa de Jesús y pasaría veintiséis años antes de iniciar su labor de fundadora. Como se ha visto en la Introducción, en aquella época muchas mujeres tomaban el velo sin tener verdadera vocación religiosa. Había una libertad escandalosa en ciertas de estas casas, donde abundaban los chismes y las intrigas. Estudios recientes muestran que en la Encarnación la vida era relativamente austera (Kavanaugh 19), pero unas doscientas personas vivían en el convento, contando no sólo a las monjas sino también a parientas y sirvientas. El exceso de habitantes en un espacio limitado era poco proclive para la oración. Además, a pesar de los ayunos obligatorios y el esplendor de la celebración del Divino Oficio, no se había designado tiempo alguno para la práctica de la oración mental.

A fines de 1537 Teresa se enfermó y su familia, buscando su recuperación, la llevó a Castellanos de la Cañada, donde su hermana y el marido de ésta tenían una casa. En esta ocasión tuvo la oportunidad de leer, en casa de su tío Pedro, *El tercer abecedario espiritual* de Osuna. Sin embargo, las ideas de Osuna sobre el recogimiento y la oración mental no tendrían un inmediato efecto en ella.

Según sus biógrafos, en el convento Teresa era muy bienquista por su naturaleza vivaz y extravertida. Su belleza física, su profunda espiritualidad y su encanto personal atraían la atención, y en los salones de la Encarnación la visitaban religiosos y laicos influyentes. Pero Teresa también despertó sospechas y celos. Al principio, se dio a manifestaciones excesivas de devoción, las cuales parecían insinceras a ojos de sus detractoras. Con el tiempo, sin embargo, comenzó a cultivar el recogimiento y la oración mental. Si a principios del siglo estas prácticas habían sido acogidas con entusiasmo en ciertos sectores de la élite social e intelectual, como ya se ha visto, ahora eran consideradas problemáticas a causa de su parecido al alumbradismo y al protestantismo.

Más discutidos aún eran los arrobamientos de la hermana. Los conventos estaban llenos de mujeres que afirmaban haber tenido experiencias místicas y, bajo el escrutinio de las autoridades, muchas de ellas resultaban ser impostoras. Por lo tanto, aun los amigos de Teresa sospechaban de la autenticidad de sus experiencias. En el *Libro de la vida* Teresa se queja de los

---

6. La crítica contemporánea ha interpretado este pasaje de diversas maneras. Victoria Lincoln alega, sin ofrecer ninguna documentación, que Teresa no era virgen al entrar en el convento. Teresa dice que «era el trato con quien por vía de casamiento me parecía poder acabar en bien», lo cual sugiere un serio compromiso de su honor. Después escribe que su confesor le aseguró que en esto «no iba contra Dios». Este comentario ambiguo puede querer decir que Teresa no había tenido relaciones sexuales con su primo o que, en la España pretridentina, las relaciones sexuales no eran consideradas serias con tal de que la pareja se casara.

confesores que la martirizaban con el temor de que sus raptos fueran obra del diablo. No fue hasta que la Compañía de Jesús fundó el Colegio de San Gil en Ávila en 1554 que pudo con más facilidad encontrar confesores que la tomaran en serio. Con el tiempo algunas de las autoridades espirituales más poderosas de la época —entre ellas Francisco de Borja y el asceta Pedro de Alcántara— la examinaron y quedaron convencidos de la legitimidad de sus experiencias.

## La lucha comienza

En 1560, cuando contaba cuarenta y cinco años, Teresa, con algunas amigas, dio con la idea de fundar un nuevo convento de acuerdo con la regla primitiva de la Orden carmelita. En contraste con las Carmelitas Calzadas de la Encarnación, las Descalzas (o reformadas) vivirían enclaustradas y guardarían una disciplina estricta. No se aceptarían los patrocinios, evitando así el dominio de personas poderosas; tampoco se respetarían diferencias de rango social. El nuevo convento les daría a las mujeres un refugio donde poder rezar y llevar una intensa vida espiritual retiradas de los conflictos y vanidades del mundo. Conviene volver a subrayar que, a pesar de ser considerada una de las figuras más importantes de la Contrarreforma, el propósito de Teresa no fue combatir el protestantismo, sino corregir los excesos que plagaban los conventos de su época. Más importante aún, hay que recordar que la esencia de la reforma carmelita no se halla en la imposición de nuevos procedimientos y reglas, sino en el carisma teresiano, el cual suscita en cada uno el deseo de encaminarse hacia Dios. Según muestra Ildefonso Moriones en sus meticulosos estudios de la Orden, la insistencia en la Regla es de providencia posterior.

El proyecto de Teresa provocó la ira de ciertas autoridades eclesiásticas, quienes veían sus esfuerzos reformadores como una usurpación de su poder, así como de algunas monjas de la Encarnación, quienes consideraban arrogante su deseo de establecer su propia institución. Por ser conversa, mujer y mística, Teresa era particularmente vulnerable a acusaciones de herejía. Además, muchos abulenses se oponían al establecimiento de un nuevo convento, no sólo porque ya había muchos en la ciudad, sino también porque temían tener que mantenerlo con sus donativos. A pesar de la tremenda oposición, Teresa logró fundar el convento de San José el 24 de agosto de 1562.

Entre esta fecha y 1582, año de su muerte, santa Teresa de Jesús fundó diecisiete conventos, incluyendo dos para frailes —uno en Duruelos, en 1568, con la ayuda de san Juan de la Cruz, su amigo y discípulo, y otro en Pastrana, en 1569. Con la confianza de que Dios guiaba su obra, Teresa pudo lograr su fin a pesar de la persistente oposición de las autoridades eclesiásticas, de los Carmelitas de la Regla Mitigada (no reformada), de aristócratas deseosos de controlar los conventos y, a menudo, de las villas donde fundaba. Y, allá por donde iba, amenazaba siempre la ominosa sombra de la Inquisición.

En sus escritos santa Teresa afirma repetidamente que es sólo una mujer ignorante que carece de conocimientos de retórica, lo cual dificulta aún más su escritura. Aunque es cierto que santa Teresa, como otras mujeres de su ambiente cultural, no hizo estudios sistemáticos y que no sabía bien el latín, es evidente que tuvo una educación más completa de lo que confiesa.

De importancia para su desarrollo religioso serían las obras de san Jerónimo, las *Confesiones* de san Agustín y la *Vita Christi* del Cartujano Ludulfo de Sajonia. A estas lecturas habría que añadir las de escritores españoles contemporáneos tales como el ya mencionado Francisco de Osuna, el padre Juan de Ávila, fray Luis de Granada y Pedro de Alcántara, de quienes adoptó materia doctrinal y de metodológica. También se debe señalar la influencia de la oratoria eclesiástica en su prosa.

Durante las últimas décadas del siglo XX varios críticos defendieron la idea de que la insistencia de la santa en la pobreza de su formación intelectual es probablemente una estrategia retórica que le permite expresar sus ideas sin enfrentarse directamente a las autoridades eclesiásticas. Al insistir en su ignorancia y en la torpeza natural de su sexo, intenta probar que no es realmente una amenaza al orden establecido. Al mismo tiempo, al subrayar que sus opiniones están basadas en su propia experiencia y no reflejan ninguna pretensión intelectual, intenta protegerse de la censura. Emplea repetidamente expresiones como «paréceme» y «a mi parecer», las cuales sirven tal vez para recalcar la cautela y supuesta inseguridad de la santa en cuestiones de erudición. Según este argumento, que sin duda tiene elementos válidos, al adoptar una postura de acatamiento, Teresa logra imponer su propia autoridad, ya que reitera constantemente que toda su sabiduría proviene directamente del Señor mediante experiencias místicas —experiencias que sus examinadores no han tenido. Sin embargo, conviene recordar que la reiteración de las flaquezas del autor no es particular a Teresa sino que era típica de una retórica de la humildad muy común en la época, particularmente entre escritores religiosos. Además, como señala John O'Malley, al insistir en el aspecto «protofeminista» de Teresa, corremos el riesgo de pasar por alto su don extraordinario para transmitir verdades espirituales (139).

Si durante su vida santa Teresa y otros reformadores levantaban sospechas por su parecido con el alumbradismo, a principios del siglo XVII la Iglesia se enfrentaba con nuevas amenazas. El protestantismo se había extendido a través del norte de Europa y por Inglaterra y, además, el racionalismo científico ganaba partidarios con una rapidez alarmante. La Iglesia tenía que convivir con nuevos descubrimientos en los campos de la astronomía, la física, la medicina y la biología, los cuales ponían seriamente en duda elementos fundamentales de la doctrina. En 1608 Galileo inventó el telescopio y Descartes pronto formularía las teorías que revolucionarían el pensamiento europeo. Durante el siglo XVI la lucha contra el protestantismo había ocupado a las autoridades eclesiásticas, dejándoles poco tiempo para canonizar nuevos santos. Ahora era necesario reforzar la fe popular, y las canonizaciones eran una manera de hacerlo. España había defendido la fe con vigor, y como premio, durante las primeras décadas del siglo XVII se canonizó a un alto número de santos españoles.

Teresa de Jesús siempre había sido popular entre la gente común y tenía muchísimos devotos en España. Era el momento de reconocer su profunda sapiencia mística y sus contribuciones a la renovación de la fe en España. Fue así beatificada en 1614 y, junto a varios otros santos españoles, sería canonizada en 1622. En 1970 fue nombrada la primera Doctora de la Iglesia.

## Teresa, mística

Santa Teresa de Jesús y san Juan de la Cruz son conocidos como los místicos más importantes del siglo XVI. Pero ¿qué es el misticismo? En su sentido más puro, es el conocimiento de la presencia divina por medio del contacto directo y experiencial del alma con Dios. El místico logra una unión con Dios que transciende la comprensión humana. El punto culminante es el éxtasis, condición en que, estando adormecidos los sentidos e interrumpida toda comunicación con el mundo exterior, el alma se funde con Dios. A veces, pero no siempre, acompañan esta experiencia arrobamientos, visiones y locuciones, como en el caso de santa Teresa.

La tradición católica reconoce dos métodos o vías espirituales. La espiritualidad apofática, o «vía negativa», rechaza cualquier definición antropomórfica de Dios, es decir, la noción de que Dios «vea» o «desee» en el sentido humano. Busca dejar de lado toda imagen y el lenguaje mismo, llegando así a la «oscuridad supra-esencial», no para conocer a Dios, sino para hallarse ante lo inaprensible y trascendente (Copleston 110, Mohr 1002).

La espiritualidad katafática, o «vía positiva», aplica determinados atributos a Dios, reconociendo siempre que Dios va más allá. Es decir, parte de la imagen pero la transciende. Por ejemplo, si decimos que Dios es «belleza» e imaginamos una rosa como ejemplo de esta belleza, tenemos que reconocer que esta imagen es imperfecta porque la belleza de Dios supera a la de la rosa. Este proceso nos lleva a la «belleza supra-esencial» y al reconocimiento de que Dios transciende cualquier atributo que le podamos asignar (Copleston 109, Mohr 1002). Las dos vías, la negativa y la positiva, conducen al mismo enfrentamiento con la naturaleza indefinible de Dios.

Todas las obras de santa Teresa evidencian la influencia del apofaticismo. En su *Vida* y en *Las moradas* describe cómo el individuo, apagando el intelecto y los sentidos, se prepara para entregarse plenamente a la iluminación divina. Sin embargo, santa Teresa es consciente de que la negación de los sentidos propia de la espiritualidad apofática encierra una contradicción, puesto que la revelación de Cristo en su divina Humanidad a través de los sentidos es la noción más fundamental del cristianismo. Además, habiendo hecho los *Ejercicios espirituales* con sus confesores jesuitas, Teresa era plenamente consciente del poder de la imagen para estimular la espiritualidad (Mujica, "Beyond Image").[7]

Aunque se asocia a santa Teresa principalmente con la espiritualidad apofática, en el Capítulo 22 de *Vida*, se percibe cierta tensión entre las dos vías. Algunas autoridades insisten en que es esencial borrar toda imagen, escribe Teresa: «Y avisan mucho que se aparten de sí toda imaginación corpórea que se alleguen a contemplar en la divinidad; porque dicen que,

---

7. *As I have shown elsewhere, apophaticism "gives rise to a contradiction with the notion, basic to Christianity, of divine revelation through sensation. Stephen Fields explains that at the heart of the New Testament is the appearance of God's self-revelation in the humanly visible form of Christ. Through Christ, the divine (by definition, non-sensate) becomes knowable by means of evidence mediated by the senses. This discrepancy between apophaticism and the basic tenet of Christian theology remains an issue among theologians into the twenty-first century. It disturbed the early twentieth-century theologian Hans Urs von Balthasar, inspiring him to elaborate a non-dualist metaphysics according to which faith allows the believer to perceive the divine through sensory experience" (Mujica "Beyond Image").*

aunque sea la humanidad de Cristo, a los que llegan ya tan adelante, que embaraza o impide a la más perfecta contemplación... Les parece que como esta obra toda es espíritu, que cualquier cosa corpórea la puede estorbar o impedir; y que considerarse en cuadrada manera y que está Dios de todas partes y verso engolfado en Él, es lo que han de procurar" (*Vida* 283–84). Pero esta posición extrema le es inaceptable a Teresa: "apartarse del todo de Cristo y que entre en cuenta este divino cuerpo con nuestras miserias ni con todo lo criado, no lo puedo sufrir" (*Vida* 284). Estos pasajes demuestran que a pesar de su continua insistencia en el recogimiento y la oración mental, evita adoptar una posición extrema que pueda ser considerada heterodoxa.

## El libro de su vida

Santa Teresa empezó a escribir su autobiografía en 1562, pero no terminó la versión final hasta 1567. El libro pasó por complicadas peripecias y estuvo por un tiempo en manos de los inquisidores. La santa escribe casi siempre a petición de otros. En el caso del *Libro de la vida*, el destinatario principal es el padre García de Toledo, quien, deseoso de proteger a Teresa de acusaciones de herejía, le pide que describa su forma de espiritualidad y su modo de oración para demostrar que se encuadran perfectamente en la ortodoxia. Carole Slade ha señalado que el *Libro de la vida* de Teresa es, en esencia, una confesión judicial, un tipo de documento que a menudo exigían los inquisidores que investigaban a un acusado. El propósito de la confesión judicial era encontrar culpable al individuo. Slade muestra que Teresa subvierte los objetivos de la confesión judicial al incorporar elementos de la confesión penitencial, la que conducía a la penitencia y la absolución. Algunas de las anécdotas que incluye —por ejemplo, la escapada con su hermano— pueden tener como propósito el provocar la risa para ganarse la voluntad de los inquisidores.

Los objetivos de la santa son a veces rendir cuenta de sus avatares espirituales, probando así su ortodoxia ante sus acusadores, o aconsejar a sus monjas en el arte de la oración. El obstáculo para aquél que trata de describir experiencias místicas, como explica santa Teresa en la selección que se incluye aquí, es que las palabras no son adecuadas para expresar la unión entre el alma y Dios. Puesto que se trata de una experiencia que se realiza sin el auxilio del intelecto, su descripción supera las posibilidades humanas. Por eso, dice la santa, se ve obligada a valerse de comparaciones.

En los segmentos que siguen, compara el alma con un jardín que el individuo —el hortelano— tiene que vigilar y cuidar. Para preparar la tierra necesita «regarla» con oraciones y lecturas; éste es un trabajo difícil que requiere un gran esfuerzo —como el sacar agua de un pozo. Sin embargo, si trabaja bien, el Señor del vergel, Dios, que aprecia el esfuerzo del hortelano, puede Él mismo regar el jardín haciendo que llueva, y en este caso las plantas reciben una abundancia de agua sin que el hortelano tenga que trabajar tanto. Mediante esta metáfora santa Teresa describe las diferentes etapas de la purificación espiritual, la cual culmina en la unión mística. Las primeras etapas requieren trabajo de parte del individuo (preparar la tierra, traer agua del pozo). Las últimas no dependen de los esfuerzos del individuo, ya que Dios mismo es el hortelano supremo que manda la lluvia que riega el jardín con sus gracias.

## Las moradas

Escrito a petición del padre Jerónimo Gracián para la edificación de monjas, *Las moradas del castillo interior* (1571) es el último libro y la obra maestra de santa Teresa. Describe el proceso espiritual desde la oración hasta la unión mística. Santa Teresa estructura su libro alrededor de la metáfora del alma como «un castillo todo de un diamante o muy claro cristal adonde hay muchos aposentos». El castillo consta de siete moradas, o mansiones organizadas en círculos concéntricos, cada una con numerosas habitaciones. En las moradas más externas viven los sentidos —sirvientes y funcionarios que sirven como mediadores entre el alma y el mundo material. Reptiles e insectos venenosos (las tentaciones y vanidades del mundo) rodean el castillo, a veces penetrando en las mansiones exteriores. Mientras más se profundiza en el interior del castillo, más incorruptas y perfectas son las mansiones. En la séptima y más secreta, que se encuentra en el mismo centro del castillo, vive Dios, el Rey.

Santa Teresa describe el proceso de interiorización como un viaje arduo y peligroso que el alma emprende hacia la séptima morada. Al principio, el alma lucha por liberarse de las distracciones de la vida diaria —las cosas materiales, los honores y las actividades cotidianas— las cuales seducen los sentidos y el intelecto. Adormecidos éstos, el alma puede avanzar hacia su meta. Sin embargo, no es una trayectoria directa o segura. A veces el alma retrocede o queda paralizada. A veces los insectos que creía haber dejado atrás impregnan la segunda o la tercera morada, persiguiéndola y haciendo imposible su progreso. La gran mayoría de las almas no logran llegar a la séptima morada, pero algunas dichosas avanzan hasta realizar el «matrimonio místico», la unión con Dios.

Las moradas están ordenadas simétricamente. Las tres primeras corresponden a la etapa activa o meditativa, en la cual el individuo puede leer libros de devoción o mirar imágenes religiosas para estimular el recogimiento. Las tres últimas corresponden a la etapa pasiva o contemplativa, en la cual el progreso del alma es guiado enteramente por Dios sin la participación activa del alma. La cuarta morada es la etapa de transición en que el alma se acerca al estado contemplativo, pero aún no se entrega plenamente. El alma sufre porque ella misma no puede producir la unión que tanto desea; sólo Dios puede conceder esta gracia.

## Más allá del lenguaje

El escritor místico se enfrenta a una paradoja. Si la experiencia mística transciende el entendimiento y, por lo tanto, el lenguaje, ¿cómo comunicarla en palabras? ¿Cómo expresar lo que es, por definición, inexpresable?

Como Teresa misma afirma, es sólo mediante la comparación de lo maravilloso con lo corriente que puede darle al lector una idea de sus experiencias. Aunque santa Teresa solía escribir rápidamente, a menudo sin repasar lo escrito, manejaba el lenguaje con destreza. En sus obras se acumulan las imágenes vertiginosamente. Las moradas son «como un palmito, que para llegar a lo que es de comer tiene muchas coberturas»; la humildad es una abeja que labra en la colmena; el alma es una tortuga o un erizo —imágenes que sugieren la interiorización. También es un gusano de seda que se recoge en el capullo y emerge liberado en forma de mariposa que vuela irremediablemente hacia la luz. Dios no es sólo un padre, sino también una madre que amamanta a su niño, el alma.[8]

Esta plétora de imágenes desconectadas y a veces contradictorias no sirve para narrar sucesos de una manera coherente, sino para crear un ambiente. Steven T. Katz explica que la pedagogía mística emplea el lenguaje de una manera particular. Por ejemplo, en los cantos que varias religiones orientales emplean en la meditación, la función del lenguaje no es describir o comunicar información, sino producir una trasformación en la conciencia del individuo. Las sílabas de los cantos orientales, explica Katz, son literalmente *non-sense*, es decir, desprovistas de sentido; transcienden el sentido y los sentidos. Al entregarse al *mantra*, el practicante se libera de la lógica del lenguaje y del intelecto, facilitando su progreso a un nivel de conciencia más elevado (Katz 6–7). Asimismo, santa Teresa no pretende que sus lectores *entiendan* la unión mística. Al desencadenar torbellinos de imágenes inconexas y confusas, produce en el lector una especie de desorientación o ruptura en el proceso intelectual que sugiere el paso a otras dimensiones.

Teresa utiliza una gran variedad de estilos. A veces se dirige a sus hermanas, a veces a sus directores espirituales, a veces al lector en general. Intercala oraciones, exhortaciones, admoniciones (como, por ejemplo, en el pasaje que comienza «¡gente espiritual!»), anécdotas, apartes, comentarios personales, observaciones sobre el éxtasis u otros acontecimientos sobrenaturales, exposiciones sobre temas tan diversos como la melancolía o las finanzas de un convento, narraciones, aforismos, citas bíblicas y relatos cómicos. A menudo vivifica sus conceptos con casos concretos. Por ejemplo, al describir el proceso de sacar agua de la tierra usando una noria, comenta «yo la he sacado algunas veces». Por su vivacidad, espontaneidad y uso del lenguaje conversacional, santa Teresa ha sido reconocida como una de las grandes renovadoras de la prosa española del siglo XVI.

Entre sus otras obras importantes se cuentan *Camino de perfección* (1573) y *El libro de las fundaciones* (empezado en 1573 y terminado en 1576).

## Cartas y poesía

El epistolario de santa Teresa fue enorme, aunque sólo se conservan unas 450 cartas autógrafas. Los investigadores estiman que puede haber escrito 1.200 (Martínez y Egido), o unas 5.000 (Silverio de Santa Teresa) o quizá 15.000 (Efrén de la Madre de Dios y O. Steggink). El hecho es que santa Teresa escribió constantemente. Como el correo no era seguro, además, a veces se hacían varias copias de una misma carta. El hambre de noticias era tal que las cartas pasaban de una mano a otra, y cualquier escritor de cartas sabía que su epístola sería leída no sólo por el destinatario sino por muchas otras personas (Martínez y Egido 30–39). Así, el número de lectores de las cartas de santa Teresa era mayor de lo que parece a primera vista.

Las cartas de santa Teresa revelan una personalidad animada y cálida. Se tomaba el tiempo para escribirle a la madre de una novicia, por ejemplo, agradeciéndole la manteca y el mem-

---

8. Sobre la imagen de Dios como madre véase Caroline Walker Bynum, *Jesus as Mother*.

brillo que le había mandado. Al mismo tiempo, muchas de sus cartas muestran decaimientos en su ánimo, problemas de salud o temores por los estragos de la Reforma Carmelita. En algunas emplea códigos para despistar a la Inquisición. Mantiene una correspondencia animada con oficiales de la Iglesia y del Estado, e incluso, se atreve a escribir al rey Felipe II defendiendo a su amigo san Juan de la Cruz, encarcelado por los Carmelitas Calzados.

La temática de las cartas es variadísima. Las cartas familiares a menudo tienen que ver con cuestiones de finanzas, la crianza de niños, asuntos médicos (incluso remedios populares), preocupaciones domésticas y noticias acerca de parientes y amigos. A veces les pide dinero a sus hermanos que están en las Américas o les da gracias por haber enviado regalos. Sus cartas a otros religiosos tratan de problemas relacionados con la gobernación de conventos, la educación de las religiosas, la política de la Reforma Carmelita y cuestiones económicas y sociales. En varias habla de estrategias para ganar la voluntad de los oficiales de la jerarquía eclesiástica. Mucha de la correspondencia de Teresa tiene que ver, en realidad, con el manejo diario de una casa religiosa. En una carta pide «diez fanegas de trigo» para su convento. En otra habla de la disciplina de las monjas y, en otra, de la necesidad de prohibirle la entrada en la Orden a una candidata. El epistolario de santa Teresa demuestra su tremenda alegría y bondad, pero también su astucia política y sus dones administrativos.

En algunas cuantas ocasiones estalla su rabia. En una carta escrita el 28 de agosto de 1575 a la madre María Bautista, priora del Carmelo de Valladolid, escribe: «Es recia cosa que piense todo se lo sabe, y dice que está humilde... Bien sería haber de hacerse un negocio y quedar, por estar tan entera [intransigente] vuestra reverencia, lo que ninguna priora se ha puesto [se ha atrevido] conmigo ni las que no lo son. Ahí le digo yo sería perder la amistad». Cartas como ésta muestran que si bien Teresa solía tratar a las autoridades eclesiásticas con dificencia, con las hermanas no siempre encubría sus sentimientos.

Aunque más conocida por su prosa, Teresa de Jesús también escribió poesía —a menudo para fiestas religiosas o conventuales en las cuales cantaba (bastante mal, según ella) o tocaba instrumentos musicales. En su poesía emplea un caudal de símbolos religiosos heredados —por ejemplo, Cristo como pastor o zagal, o el cristiano como guerrero. Una de sus formas preferidas es el *coloquio pastoril*, en el cual dos campesinos conversan, usualmente sobre el amor o el matrimonio. Santa Teresa dota los temas tradicionales del género de un significado religioso. A menudo emplea dichos y refranes folclóricos, asimismo dándoles un sentido religioso.

El motivo de la muerte en vida, que desarrolla en «Vivo sin vivir en mí», ya era popular entre los escritores religiosos de su tiempo. Se trata de un concepto,[9] o paradoja que sólo se puede resolver dentro del contexto del poema: el vivir y no vivir al mismo tiempo. Ya que, para el devoto, la verdadera vida es la eterna, que no empieza hasta después de la muerte, éste desea morir para unirse a Dios. Al tardar la muerte, el alma sufre («muere») intensamente. Además, como la vida no da satisfacciones verdaderas, es un tormento, o «muerte», mientras que la muerte es «vida». El alma «vive sin vivir en sí» porque la vida terrenal no es la que desea; «muere porque no muere» porque padece esperando el momento en que se unirá a Dios.

9. *literary conceit*

*Saint Teresa, Mystical Doctor* [Santa Teresa, doctora mística], inspirada por el Espíritu Santo.
Una de cinco escenas de la vida de Teresa de Jesús pintadas por Josefa de Óbidos en 1672.
Se encuentran actualmente en la Iglesia de Cascais, en Portugal.

## El libro de la vida

### CAPÍTULO 11

6. Habré de aprovecharme de alguna comparación, aunque yo las quisiera excusar,[10] por ser mujer y escribir simplemente lo que me mandan; mas este lenguaje de espíritu es tan malo de declarar[11] a los que no saben letras[12] —como yo— que habré de buscar algún modo, y podrá ser las menos veces acierte a que venga bien la comparación; servirá de dar recreación a vuestra merced[13] de ver tanta torpeza.

Paréceme ahora a mí que he leído u oído esta comparación —que como tengo mala memoria, ni sé adonde ni a qué propósito; mas para el mío ahora conténtame. Ha de hacer cuenta el que comienza,[14] que comienza a hacer un huerto en tierra muy infructuosa,[15] que lleva muy malas hierbas,[16] para que se deleite el Señor. Su Majestad arranca las malas hierbas, y ha de plantar las buenas.

Pues hagamos cuenta que está ya hecho esto cuando se determina a tener oración un

10. evitar
11. **tan**... tan difícil de explicar
12. **no**... no han estudiado
13. *Your Reverence.* Santa Teresa se dirige aquí a García de Toledo.
14. **Ha**... *Beginners must realize*
15. estéril
16. *weeds*

alma, y lo ha comenzado a usar; y con ayuda de Dios hemos de procurar, como buenos horte-lanos, que crezcan estas plantas y tener cuidado de regarlas, para que no se pierdan, sino que vengan a echar flores que den de sí gran olor, para dar recreación a este Señor nuestro, y así se venga a deleitar muchas veces a esta huerta y a holgarse entre estas virtudes.

7. Pues veamos ahora de la manera que se puede regar, para que entendamos lo que hemos de hacer y el trabajo que nos ha de costar, si es mayor que la ganancia, o hasta qué tanto tiempo se ha de tener.

Paréceme a mí que se puede regar de *cuatro maneras*: o con *sacar el agua de un pozo*, que es a nuestro gran trabajo; o *con noria y arcaduces*,[17] que se saca con un torno[18] —yo lo he sacado algunas veces—, es a menos trabajo que estotro, y sácase más agua; o *de un río o arroyo*, esto se riega muy mejor, que queda más harta la tierra de agua y no se ha menester regar tan a menudo y es a menos trabajo mucho del hortelano; o *con llover mucho*, que lo riega el Señor sin trabajo ninguno nuestro, y es muy sin comparación mejor que todo lo que queda dicho.

8. Ahora, pues, aplicadas estas cuatro maneras de agua de que se ha de sustentar este huerto, porque sin ella perderse ha, es lo que a mí me hace al caso, y ha parecido que se podrá declarar algo de cuatro grados de oración, en que el Señor por su bondad ha puesto algunas veces mi alma. Plega[19] a su bondad atine[20] a decirlo de manera que aproveche a una de las per-sonas que esto me mandaron escribir,[21] que la ha traído el Señor en cuatro meses harto más adelante que yo estaba en diecisiete años. Hase[22] dispuesto mejor, y así, sin trabajo suyo, riega este vergel[23] con todas estas cuatro aguas, aunque la postrera aún no se le da sino a gotas; mas va de suerte que presto se engolfará en ella, con ayuda del Señor; y gustaré se ría, si le pareciere desatino la manera del declarar.[24]

9. De los que comienzan a tener oración, podemos decir son los que sacan el agua del pozo, que es muy a su trabajo,[25] como tengo dicho, que han de cansarse en recoger los senti-dos; que como están acostumbrados a andar derramados, es harto trabajo. Han menester irse acostumbrando a no se les dar nada de ver ni oír, y aun ponerlo por obra las horas de la oración, sino estar en soledad, y, apartados, pensar su vida pasada; aunque esto, primeros y postreros, todos lo han de hacer muchas veces. Hay más y menos de pensar en esto,[26] como después diré.

Al principio aun da pena, que no acaban de entender que se arrepienten de los pecados; y

17. **noria**... *water wheel and aqueducts*
18. *crank*
19. *May it please*
20. que yo logre
21. Gracián pensó que se refería al padre Pedro Ibáñez, pero Kavanaugh y Rodríguez, Chicharro y otros investigadores modernos creen que hablaba de García de Toledo, tal vez entre otros.
22. se ha
23. huerto
24. **manera**... forma de expresión literaria
25. **muy**... mucho trabajo
26. **Hay**... *ways of thinking about this vary*

sí hacen, pues se determinan a servir a Dios tan de veras. Han de procurar tratar de la vida de Cristo, y cánsase[27] el entendimiento en esto.

Hasta aquí podemos adquirir nosotros, entiéndese con el favor de Dios, que sin éste ya se sabe no podemos tener un buen pensamiento. Esto es comenzar a sacar agua del pozo; y aun plega a Dios lo quiera tener, mas al menos no queda por nosotros, que ya vamos a sacarla y hacemos lo que podemos para regar estas flores. Y es Dios tan bueno, que —cuando por lo que Su Majestad sabe, por ventura para gran provecho nuestro, quiere que esté seco el pozo—, haciendo lo que es en nosotros como buenos hortelanos, sin agua sustenta las flores y hace crecer las virtudes. Llamo agua aquí las lágrimas, y aunque no las haya, la ternura y sentimiento interior de devoción.

10. Pues ¿qué hará aquí el que ve que en muchos días no hay sino sequedad y disgusto y desabor[28] y tan mala gana para venir a sacar el agua, que si no se le acordase que hace placer y servicio al Señor de la huerta y mirase a no perder todo lo servido, y aun lo que espera ganar del gran trabajo que es echar muchas veces el caldero en el pozo y sacarle sin agua, lo dejaría todo? Y muchas veces le acaecerá aun para esto no se le alzar los brazos, ni podrá tener un buen pensamiento; que este obrar con el entendimiento, entendido va que es el sacar agua del pozo.[29]

Pues, como digo, ¿qué hará aquí el hortelano? Alegrarse y consolarse y tener por grandísima merced de trabajar en huerto de tan gran Emperador; y pues sabe le contenta en aquello y su intento no ha de ser contentarse a sí, sino a Él, alábele mucho, que hace de él confianza, pues ve que sin pagarle nada tiene tan gran cuidado de lo que le encomendó[30]; y ayúdele a llevar la cruz, y piense que toda la vida vivió en ella, y no quiera acá su reino, ni deje jamás la oración. Y así se determine, aunque para toda la vida le dure esta sequedad, no dejar a Cristo caer con la cruz. Tiempo vendrá que se lo pague por junto; no haya miedo que se pierda el trabajo; a buen amo sirve; mirándole está. No haga caso de malos pensamientos; mire que también los representaba el demonio a san Jerónimo en el desierto.[31]

11. Su precio se tienen estos trabajos, que como quien los pasó muchos años —que cuando una gota de agua sacaba de este bendito pozo pensaba me hacía Dios merced—, sé que son grandísimos, y me parece es menester más ánimo que para otros muchos trabajos del mundo. Mas he visto claro que no deja Dios sin gran premio, aun en esta vida, porque es así cierto, que [con][32] una hora de las que el Señor me ha dado de gusto de Sí después acá, me

---

27. se cansa

28. *vapidness*

29. Es decir, tratar de acercarse a Dios por medio del intelecto es como sacar agua del pozo (cuesta mucho trabajo y da pocos resultados).

30. **sin**... *Even without pay he works very conscientiously.* (Dios está contento con el hortelano porque ve que aun sin hacer progreso notable [sin recibir remuneración], sigue trabajando.)

31. Alusión a la Epístola 22 de san Jerónimo en la cual recuerda cuánto sufrió en el desierto al pensar en los placeres de la vida.

32. Santa Teresa a menudo omite una preposición u otra palabra, tal vez por escribir rápido y sin revisar el texto.

parece quedan pagadas todas las congojas que en sustentarme en la oración mucho tiempo pasé.

Tengo para mí que quiere el Señor dar muchas veces al principio, y otras a la postre, estos tormentos y otras muchas tentaciones que se ofrecen, para probar a sus amadores, y saber si podrán beber el cáliz y ayudarle a llevar la cruz, antes que ponga en ellos grandes tesoros. Y para bien nuestro creo nos quiere Su Majestad llevar por aquí, para que entendamos bien lo poco que somos; porque son de tan gran dignidad las mercedes de después, que quiere por experiencia veamos antes nuestra miseria, primero que nos las dé, porque[33] no nos acaezca lo que a Lucifer.[34]

12. ¿Qué hacéis Vos, Señor mío, que no sea para mayor bien del alma que entendéis que es ya vuestra, y que se pone en vuestro poder para seguiros por donde fuereis hasta muerte de cruz, y que está determinada [a] ayudárosla a llevar y a no dejaros solo con ella? Quien viere[35] en sí esta determinación, no, no hay que temer; gente espiritual, no hay por qué se afligir[36]; puesto ya en tan alto grado como es querer tratar a solas con Dios, y dejar los pasatiempos del mundo, lo más está hecho. Alabad por ello a Su Majestad y fiad de su bondad, que nunca faltó a sus amigos. Atapados los ojos de pensar por qué da [a] aquél de tan pocos días devoción, y a mí no en tantos años,[37] creamos es todo para más bien nuestro; guíe Su Majestad por donde quisiere; ya no somos nuestros, sino suyos; harta merced nos hace en querer que queramos cavar en su huerto, y estarnos cabe[38] el Señor de él, que cierto está con nosotros.

Si Él quiere que crezcan estas plantas y flores, a unos con dar agua que saquen de este pozo, a otros sin ella, ¿qué se me da[39] a mí? Haced vos, Señor, lo que quisiereis; no os ofenda yo; no se pierdan las virtudes, si alguna me habéis ya dado por sola vuestra bondad; padecer quiero, Señor, pues Vos padecisteis; cúmplase en mí de todas maneras vuestra voluntad; y no plega a Vuestra Majestad que cosa de tanto precio como vuestro amor se dé a gente que os sirve sólo por gustos.

13. Hase de notar mucho, y dígolo porque lo sé por experiencia, que el alma que en este camino de oración mental comienza a caminar con determinación, y puede acabar consigo de no hacer mucho caso, ni consolarse ni desconsolarse mucho porque falten estos gustos y ternura, o la dé el Señor, que tiene andado gran parte del camino. Y no haya miedo de tornar atrás, aunque más tropiece, porque va comenzado el edificio en firme fundamento. Sí, que no está el amor de Dios en tener lágrimas, ni estos gustos y ternura que por la mayor parte los deseamos y consolamos con ellos, sino en servir con justicia y fortaleza de alma y humildad. Recibir, más me parece a mí eso, que no dar nosotros nada.

---

33. para que
34. El pecado de Lucifer fue el orgullo. Santa Teresa dice que Dios no quiere que seamos orgullosos.
35. futuro del subjuntivo. Hoy día diríamos «viera».
36. Aquí santa Teresa se dirige a sus lectores.
37. **Atapados**... *Conceal from your eyes the thought about why the Lord gave devotion to that other person after so few days of devotion, and not to me, after so many years.*
38. junto a, cerca de
39. **se**... me importa

14. Para mujercitas como yo, flacas[40] y con poca fortaleza, me parece a mí conviene, como Dios ahora lo hace, llevarme con regalos, porque pueda sufrir algunos trabajos que ha querido Su Majestad tenga; mas para siervos de Dios, hombres de tomo,[41] de letras, de entendimiento, que veo hacer tanto caso de que Dios no los[42] da devoción, que me hace disgusto oírlo, no digo yo que no la tomen si Dios se la da y la tengan en mucho —porque entonces verá Su Majestad que conviene—; mas que cuando no la tuvieren, que no se fatiguen y que entiendan que no es menester, pues Su Majestad no la da, y anden señores de sí mismos.[43] Crean que es falta; yo lo he probado y visto; crean que es imperfección y no andar con libertad de espíritu, sino flacos para acometer.[44]

15. Esto no lo digo tanto por los que comienzan, aunque pongo tanto en ello, porque les importa mucho comenzar con esta libertad y determinación,[45] sino por otros; que habrá muchos que lo ha que comenzaron y nunca acaban de acabar; y creo es gran parte este no abrazar la cruz desde el principio, que andarán afligidos, pareciéndoles no hacen nada. En dejando de obrar el entendimiento, no lo pueden sufrir; y por ventura entonces engorda la voluntad y toma fuerza y no lo entienden ellos.

Hemos de pensar que no mira el Señor en estas cosas, que aunque a nosotros nos parecen faltas no lo son. Ya sabe Su Majestad nuestra miseria y bajo natural[46] mejor que nosotros mismos; y sabe que ya estas almas desean siempre pensar en Él y amarle... [Las] mudanzas de los tiempos y las vueltas de los humores[47] muchas veces hacen que sin culpa suya[48] no pueda hacer lo que quiere, sino que padezca de todas maneras; y mientras más la quieren forzar en estos tiempos, es peor y dura más el mal; sino que haya discreción[49] para ver cuando es de esto, y no la ahoguen a la pobre.[50]

16. Dije «con discreción», porque alguna vez el demonio lo hará[51]; y así es bien, ni siempre dejar la oración —cuando hay gran distraimiento y turbación en el entendimiento—, ni siempre atormentar el alma a lo que no puede. Otras cosas hay exteriores de obras de caridad

40. débiles
41. libro
42. les. (*Notice how Saint Teresa subtly asserts her authority. The knowledge of erudite men is inferior to hers, which comes from experience.*)
43. Es decir, si Dios no les da estas experiencias, es porque Él cree que no son necesarias y, por lo tanto, estos intelectuales no deben preocuparse.
44. **flacos...** *[let them] feel too weak to accomplish anything*
45. **Esto...** *Although I'm stressing this [the need for caution and humility], it's less important for beginners, because it's important for them to have freedom and determination. (That is, if beginners are too cautious and humble, they might give up.)*
46. **bajo...** *lowly nature*
47. *In the early modern period, medicine taught that a person's disposition was controlled by humors, or bodily fluids.*
48. del alma
49. *discernment*
50. **para...** *to determine when it's a matter of humors, so as not to torment the poor soul about it. (Teresa is saying that we aren't responsible for our mood swings, and therefore shouldn't blame ourselves for them, but rather, recognize them for what they are.)*
51. es decir, es la causa. (*We have to be able to discern when we're just in a bad mood and when we're being led astray by the devil.*)

y de lección, aunque a veces aún no estará para esto; sirva entonces al cuerpo, por amor de Dios, porque otras veces muchas sirva él al alma; y tome algunos pasatiempos santos de conversaciones que lo sean, o irse al campo, como aconsejare el confesor. Y en todo es gran cosa la experiencia, que da a entender lo que nos conviene y en todo se sirve Dios. «*Suave es su yugo*»,[52] y es gran negocio no traer el alma arrastrada —como dicen— sino llevarla con suavidad para su mayor aprovechamiento.

17. Así que torno a avisar, y aunque lo diga muchas veces no va nada, que importa mucho que de sequedades, ni de inquietud y distraimiento en los pensamientos, nadie se apriete ni aflija. Si quiere ganar libertad de espíritu y no andar siempre atribulado, comience a no se espantar de la cruz, y verá cómo se la ayuda también a llevar el Señor, y con el contento que anda y el provecho que saca de todo; porque ya se ve, que si el pozo no mana,[53] que nosotros no podemos poner el agua. Verdad es que no hemos de estar descuidados, para que cuando la haya, sacarla; porque entonces ya quiere Dios por este medio multiplicar las virtudes.

## Las moradas

### Moradas primeras

#### CAPÍTULO I

*[En que se trata de la hermosura y dignidad de nuestras almas, pone una comparación para entenderse, y dice la ganancia que es entenderla y saber las mercedes que recibimos de Dios, y cómo la puerta de este castillo es oración.]*

1. Estando hoy suplicando a Nuestro Señor hablase por mí —porque yo no atinaba a cosa que decir ni cómo comenzar a cumplir esta obediencia[54]— se me ofreció lo que ahora diré para comenzar con algún fundamento, que es considerar nuestra alma como un castillo todo de un diamante o muy claro cristal adonde hay muchos aposentos, así como en el cielo hay muchas moradas. Que si bien lo consideramos, hermanas, no es otra cosa el alma del justo sino un paraíso adonde dice Él tiene sus deleites.

Pues ¿qué tal os parece que será el aposento adonde un rey tan poderoso, tan sabio, tan limpio, tan lleno de todos los bienes se deleita? No hallo yo cosa con que comparar la gran hermosura de un alma y la gran capacidad, y verdaderamente apenas deben llegar nuestros entendimientos —por agudos que fuesen— a comprenderla, así como no pueden llegar a considerar a Dios, pues Él mesmo[55] dice que nos crió a su imagen y semejanza. Pues si esto es, como lo es, no hay para qué nos cansar en querer comprender la hermosura de este castillo; porque puesto que hay la diferencia de él a Dios que del Criador a la criatura, pues es criatura,

---

52. Mateo 11:30
53. tiene agua
54. El padre Jerónimo Gracián de la Madre de Dios le mandó a santa Teresa que escribiera «un nuevo libro de cosas de oración».
55. mismo

basta decir Su Majestad que es hecha a su imagen para que apenas podamos entender la gran dignidad y hermosura del ánima.

2. No es pequeña lástima y confusión que por nuestra culpa no entendamos a nosotros mesmos ni sepamos quién[56] somos. ¿No sería gran ignorancia, hijas mías, que preguntasen a uno quién es y no se conociese ni supiese quién fue su padre, ni su madre, ni de qué tierra? Pues si esto sería gran bestialidad, sin comparación es mayor la que hay en nosotras cuando no procuramos saber qué cosa somos, sino que nos detenemos en estos cuerpos, y así, a bulto,[57] porque lo hemos oído y porque nos lo dice la fe, sabemos que tenemos alma; mas qué bienes puede haber en esta alma o quién está dentro de esta alma o el gran valor de ella, pocas veces lo consideramos, así se tiene en tan poco procurar con todo cuidado conservar su hermosura; todo se nos va en la grosería del engaste o cerca[58] de este castillo, que son estos cuerpos.

3. Pues consideremos que este castillo tiene —como he dicho— muchas moradas, unas en lo alto, otras en bajo, otras a los lados, y en el centro y mitad de todas éstas tiene la más principal, que es adonde pasan las cosas de mucho secreto entre Dios y el alma.

Es menester que vais[59] advertidas a esta comparación: quizá será Dios servido pueda por ella daros algo a entender de las mercedes[60] que es Dios servido hacer a las almas y las diferencias que hay en ellas, hasta donde yo hubiere entendido que es posible (que todas será imposible entenderlas nadie, según son muchas, cuánto más quien es tan ruin[61] como yo), porque os será gran consuelo, cuando el Señor os las hiciere, saber que es posible, y a quien no, para alabar su gran bondad. Que así como no nos hace daño considerar las cosas que hay en el cielo y lo que gozan los bienaventurados, antes nos alegramos y procuramos alcanzar lo que ellos gozan, tampoco nos hará ver que es posible en este destierro comunicarse un tan gran Dios con unos gusanos tan llenos de mal olor, y amar una bondad tan buena y una misericordia tan sin tasa...

5. Pues tornando a nuestro hermoso y deleitoso castillo, hemos de ver cómo podremos entrar en él. Parece que digo algún disbarate[62]; porque si este castillo es el ánima, claro está que no hay para qué entrar, pues se es él mesmo; como parecería desatino decir a uno que entrase en una pieza estando ya dentro.

Mas habéis de entender que va mucho de estar a estar[63]; que hay muchas almas que se están en la ronda del castillo —que es adonde están los que le guardan— y que no se les da nada de entrar dentro ni saben qué hay en aquel tan precioso lugar ni quién está dentro ni aun qué piezas tiene. Ya habréis oído en algunos libros de oración aconsejar al alma que entre dentro de sí; pues esto mesmo es.

56. quienes
57. sin poder medirla
58. *outer wall*
59. vayáis
60. favores
61. *wicked*
62. disparate
63. **de**... de una manera de estar a otra

6. Decíame poco ha un gran letrado que son las almas que no tienen oración como un cuerpo con perlesía[64] o tollido,[65] que aunque tiene pies y manos, no los puede mandar. Que así son, que hay almas tan enfermas y mostradas[66] a estarse en cosas exteriores, que no hay remedio ni parece que pueden entrar dentro de sí: porque ya la costumbre la tiene tal de haber siempre tratado con las sabandijas[67] y bestias que están en el cerco[68] del castillo, que ya casi está hecha como ellas, y con ser de natural tan rica y poder tener su conversación no menos que con Dios, no hay remedio... Y si estas almas no procuran entender y remediar su gran miseria, quedarse han[69] hechas estatuas de sal por no volver la cabeza hacia sí, así como lo quedó la mujer de Lod por volverla.[70]

7. Porque a cuanto yo puedo entender, la puerta para entrar en este castillo es la oración y consideración[71]: no digo más mental que vocal, que como sea oración ha de ser con consideración. Porque la que no advierte con quién habla y lo que pide y quién es quien pide y a Quién, no la llamo yo oración, aunque mucho menee los labrios.[72] Porque aunque algunas veces sí será aunque no lleve este cuidado, mas es habiéndole llevado otras[73]; mas quien tuviese de costumbre hablar con la majestad de Dios como hablaría con su esclavo, que ni mira si dice mal, sino lo que se le viene a la boca y tiene desprendido por hacerlo otras veces, no la tengo por oración, ni plega[74] a Dios que ningún cristiano la tenga de esta suerte. Que entre vosotras, hermanas, espero en Su Majestad no la habrá, por la costumbre que hay de tratar de cosas interiores, que es harto bueno para no caer en semejante bestialidad...

## CAPÍTULO II

*[Trata de cuán fea cosa es un alma que está en pecado mortal. Y cómo quiso Dios dar a entender algo de esto a una persona.]*

1. Antes que pase adelante os quiero decir que consideréis qué será ver este castillo tan resplandeciente y hermoso, esta perla oriental, este árbol de vida que está plantado en las mesmas aguas vivas de la vida, que es Dios, cuando cai[75] en un pecado mortal. No hay tinieblas más tenebrosas ni cosa tan oscura y negra, que no lo esté mucho más. No queráis más saber de que, con estarse el mesmo Sol que le daba tanto resplandor y hermosura todavía en el centro

---

64. parálisis
65. tullido, parálisis, enfermedad
66. habituadas
67. insectos, parásitos
68. contorno, circunferencia
69. se quedarán (forma arcaica)
70. *Reference to the biblical story of Lot's wife (Genesis 19–26) in which she disobeys the angels and looks back on the destruction of Sodom. In punishment, she is turned into a pillar of salt.*
71. meditación
72. labios
73. **Porque**... *Because sometimes you can pray without reflection, but only if you reflect at other times.*
74. place, guste
75. cae

de su alma, es como si allí no estuviese para participar de Él, con ser tan capaz para gozar de Su Majestad como el cristal para resplandecer en él el sol. Ninguna cosa le aprovecha, y de aquí viene que todas las buenas obras que hiciere estando así en pecado mortal son de ningún fruto para alcanzar gloria; porque no procediendo de aquel principio, que es Dios, de donde nuestra virtud es virtud, y apartándonos de Él, no puede ser agradable a sus ojos, pues, en fin, el intento de quien hace un pecado mortal no es contentarle, sino hacer placer al demonio, que como es las mesmas tinieblas,[76] así la pobre alma queda hecha una mesma tiniebla.

2. Yo sé de una persona[77] a quien quiso Nuestro Señor mostrar cómo quedaba un alma cuando pecaba mortalmente. Dice aquella persona que le parece, si lo entendiesen, no sería posible ninguno pecar, aunque se pusiese a mayores trabajos[78] que se pueden pensar por huir de las ocasiones; y así le dio mucha gana que todos los entendieran. Y así os la dé a vosotras, hijas, de rogar mucho a Dios por los que están en este estado, todos hechos una escuridad,[79] y así son sus obras. Porque así como de una fuente muy clara lo son todos los arroícos[80] que salen de ella, como es un alma que está en gracia, que de aquí le viene ser sus obras tan agradables a los ojos de Dios y de los hombres, porque proceden de esta fuente de vida adonde el alma está como un árbol plantado en ella, que la frescura y fruto no tuviera si no le procediere de allí, que esto le sustenta y hace no secarse y que dé buen fruto; así el alma que por su culpa se aparta de esta fuente y se planta en otra de muy negrísima agua y de muy mal olor, todo lo que corre de ella es la mesma desventura y suciedad.

3. Es de considerar aquí que la fuente y aquel sol resplandeciente que está en el centro del alma no pierde su resplandor y hermosura, que siempre está dentro de ella y cosa[81] no puede quitar su hermosura. Mas si sobre un cristal que está al sol se pusiese un paño muy negro, claro está que, aunque el sol dé en él, no hará su claridad operación en el cristal.

4. ¡Oh almas redimidas por la sangre de Jesucristo, entendeos y habed lástima de vosotras! ¿Cómo es posible que entendiendo esto no procuráis quitar esta pez[82] de este cristal? Mirad que si se os acaba la vida, jamás tornaréis a gozar de esta luz. ¡Oh Jesús, qué es ver a un alma apartada de ella! ¡Cuáles[83] quedan los pobres aposentos del castillo! ¡Qué turbados andan los sentidos, que es la gente que vive en ellos! Y las potencias,[84] que son los alcaides[85] y mayordomos[86] y maestresalas,[87] ¡con qué ceguedad, con qué mal gobierno! En fin, como adonde está plantado el árbol que es el demonio, ¿qué fruto puede dar? ...

76. **que**... *who is darkness itself*
77. Santa Teresa se refiere a sí misma. El padre Gracián le mandó mantener el anonimato porque su *Vida* todavía estaba en manos de los inquisidores.
78. sufrimientos
79. obscuridad
80. pequeños arroyos
81. nada
82. *pitch*
83. Cómo
84. facultades (razón, entendimiento, memoria)
85. guardias
86. *stewards*
87. maestresala, criado principal que asiste a la mesa de un señor

## Moradas cuartas

### CAPÍTULO III

*[En que trata qué es oración de recogimiento,*[88] *que por la mayor parte la da el señor antes de la dicha; dice sus efectos y los que quedan de la pasada, que trató de los gustos que da el señor.]*

1. Los efectos de esta oración son muchos; algunos diré, y primero otra manera de oración, que comienza casi siempre primero que ésta... Un recogimiento que también me parece sobrenatural, porque no es estar en escuro, ni cerrar los ojos, ni consiste en cosa exterior, puesto que, sin quererlo, se hace esto de cerrar los ojos y desear soledad, y sin artificio, parece que se va labrando el edificio para la oración que queda dicha; porque estos sentidos y cosas exteriores parece que van perdiendo de su derecho, porque el alma vaya cobrando el suyo, que tenía perdido.

2. Dicen que el alma se entra dentro de sí, y otras veces que sube sobre sí. Por este lenguaje no sabré yo aclarar nada, que esto tengo malo, que por el que yo sé decir, pienso que me habéis de entender, y quizá será sólo para mí. Hagamos cuenta que estos sentidos y potencias que ya he dicho que son la gente de este castillo —que es lo que he tomado para saber decir algo—, que se han ido fuera y andan con gente extraña,[89] enemiga del bien de este castillo, días y años; y que ya se han ido, viendo su perdición, acercando a él, aunque no acaban de estar dentro —porque esta costumbre es recia cosa—, sino no son ya traidores y andan alrededor. Visto ya el gran Rey, que está en la morada de este castillo, su buena voluntad, por su gran misericordia quiérelos tornar a Él y como buen pastor, con un silbo tan suave que aun casi ellos mesmos no lo entienden, hace que conozcan su voz y que no anden tan perdidos, sino que se tornen a su morada, y tiene tanta fuerza este silbo del pastor, que desamparan las cosas exteriores en que estaban enajenados, y métense en el castillo.

3. Paréceme que nunca lo he dado a entender como ahora; porque para buscar a Dios en lo interior (que se halla mejor y más a nuestro provecho, que en las criaturas, como dice san Agustín que le halló después de haberle buscado en muchas partes), es gran ayuda cuando Dios hace esta merced.[90]

Y no penséis que es por el entendimiento adquirido, procurando pensar dentro de sí a Dios, ni por la imaginación, imaginándole en sí. Bueno es esto y excelente manera de meditación, porque se funda sobre verdad, que lo es estar Dios dentro de nosotros mesmos; mas no es esto, que cada uno lo puede hacer —con el favor del Señor, se entiende todo; mas lo que digo es en diferente manera, y que algunas veces, antes que se comienza a pensar en Dios, ya esta gente está en el castillo, que no sé por dónde ni cómo oyó el silbo de su pastor, que no fue por los oídos —que no se oye nada—, mas siéntese notablemente un encogimiento suave a lo interior, como verá quien pasa por ello, que yo no lo sé aclarar mejor. Paréceme que he leído

---

88. *recollection. In spiritual terms, a psychological withdrawal from the world that is essential in order to attain complete interiority.*

89. *That is, the senses and faculties (mediators between the soul and the outside world) have been benumbed.*

90. Se refiere a las *Confesiones* 10, Capítulo 27 de san Agustín (354–430).

que como un erizo[91] o tortuga, cuando se retiran hacia sí; y debíalo de entender bien quien lo escribió. Mas éstos, ellos se entran cuando quieren: acá no está en nuestro querer, sino cuando Dios nos quiere hacer esta merced...

9. Por tratar de la oración de recogimiento, dejé los efectos o señales que tienen las almas a quien Dios nuestro Señor da esta oración. Así como se entiende claro un dilatamiento[92] o ensanchamiento en el alma, a manera de como si el agua que mana de una fuente no tuviese corriente, sino que la mesma fuente estuviese labrada de una cosa que mientras más agua manase más grande se hiciese el edificio[93]: así parece en esta oración y otras muchas maravillas que hace Dios en el alma, que la habilita y va dispuniendo[94] para que quepa todo en ella. Así esta suavidad y ensanchamiento interior se ve en el que le queda para no estar tan atada como antes en las cosas del servicio de Dios, sino con mucha más anchura; así en no se apretar con el temor del infierno, porque aunque le queda mayor de no ofender a Dios (el servil piérdese aquí[95]), queda con gran confianza que le ha de gozar. El que solía tener para hacer penitencia, de perder la salud, ya le parece que todo lo podrá en Dios; tiene más deseos de hacerla que hasta allí. El temor que solía tener a los trabajos ya va más templado, porque está más viva la fe, y entiende que, si los pasa por Dios, Su Majestad le dará gracia para que los sufra con paciencia, y aun algunas veces los desea, porque queda también una gran voluntad de hacer algo por Dios. Como va más conociendo su grandeza, tiénese ya por más miserable; como ha provocado ya los gustos de Dios, ve que es una basura los del mundo; vase poco a poco apartando de ellos, y es más señora de sí para hacerlo. En fin, en todas las virtudes queda mejorada, y no dejará de ir creciendo si no torna atrás ya a hacer ofensas de Dios, porque entonces todo se pierde, por subida que esté un alma en la cumbre.

Tampoco se entiende que de una vez o dos que Dios haga esta merced a un alma quedan todas éstas hechas, si no va perseverando en recibirlas, que en esta perseverancia está todo nuestro bien.

10. De una cosa aviso mucho a quien se viere en este estado, que se guarde muy mucho de ponerse en ocasiones de ofender a Dios; porque aquí no está aún el alma criada, sino como un niño que comienza a mamar, que si se aparta de los pechos de su madre,[96] ¿qué se puede esperar de él sino la muerte? Yo he mucho temor que a quien Dios hubiere hecho esta merced y se apartare de la oración, que será así, si no es con grandísima ocasión o si no retorna presto a ella, porque irá de mal en peor. Yo sé que hay mucho que temer en este caso, y conozco a algu-

---

91. *sea urchin*
92. dilatación
93. **Así**... *What a dilation or expansion of the soul is, we can understand through the example of the fount that doesn't overflow into a stream because the fount is made of such material that the more water flows into it, the larger the trough becomes.*
94. disponiendo
95. *That is, the soul is no longer constrained by the fear of hell and, although it has an even greater fear of offending God, it loses servile fear.*
96. Nótese esta imagen de Dios-madre, que amamanta a su niño, el alma. Como Julian of Norwich, san Juan de la Cruz y otros místicos de la Edad Media y de la Temprana Edad Moderna, santa Teresa no describe a Dios exclusivamente como Padre sino también como Madre.

nas personas que me tienen harto lastimada, y he visto lo que digo, por haberse apartado de quien con tanto amor se le quería dar por amigo y mostrárselo por obras...

11. De un peligro os quiero avisar, aunque os lo he dicho en otra parte,[97] en que he visto caer a personas de oración, en especial mujeres, como somos más flacas, ha más lugar para lo que voy a decir; y es que algunas, de la mucha penitencia y oración y vigilias, y aun sin esto, sonse flacas de complexión[98]; en teniendo algún regalo, sujétales el natural,[99] y, como sienten contento alguno interior y caimiento en lo exterior y una flaquedad,[100] cuando hay un sueño que llaman espiritual, que es un poco más de lo que queda dicho, paréceles que es lo uno como lo otro y déjanse embebecer.[101] Y mientras más se dejan, se embebecen más, porque se enflaquece más el natural y en su seso les parece arrobamiento. Y llámole yo abobamiento, que no es otra cosa más de estar perdiendo tiempo allí y gastando su salud. A una persona le acaecía estar otro horas, que ni están sin sentido ni sienten cosa de Dios. Con dormir y comer y no hacer tanta penitencia se le quitó a esta persona, porque hubo quien la entendiese, que a su confesor traía engañado y a otras personas y a sí mesma, que ella no quería engañar. Bien creo que haría el demonio alguna diligencia para sacar alguna ganancia, y no comenzaba a sacar poca.

13. Hase de entender que, cuando es cosa verdaderamente de Dios, que aunque hay caimiento interior y exterior, que no le hay en el alma, que tiene grandes sentimientos de verse tan cerca de Dios, ni tampoco dura tanto, sino muy poco espacio,[102] bien que se torna a embebecer, y en esta oración, si no es flaqueza, como he dicho, no llega a tanto que derrueque[103] el cuerpo ni haga ningún sentimiento exterior en él.

Por eso tengan aviso que, cuando sintieren esto en sí, lo digan a la perlada[104] y diviértanse lo que pudieren, y hágalas no tener horas tantas de oración, sino muy poco, y procure que duerman bien y coman, hasta que se les vaya tornando la fuerza natural, si se perdió por aquí. Si es de tan flaco natural que no le baste esto, créame que no la quiere Dios sino para la vida activa, que de todo ha de haber en los monasterios; ocúpenla en oficios y siempre se tenga cuenta que no tenga mucha soledad, porque verná[105] a perder del todo la salud. Harta mortificación será para ella; aquí quiere probar el Señor el amor que le tiene en cómo lleva esta ausencia, y será servido de tomarle la fuerza después de algún tiempo; y si no, con oración vocal ganará y con obedecer, y merecerá lo que había de merecer por aquí, y por ventura más.

14. También podría haber algunas de tan flaca cabeza e imaginación, como yo las he conocido, que todo lo que piensan les parece que lo ven: es harto peligroso.

Porque quizá se tratará de ello adelante, no más aquí, que me he alargado mucho en esta

97. Santa Teresa trata el tema de los falsos arrobamientos en el *Libro de las Fundaciones*, Capítulo VI.
98. **sonse**... son débiles de constitución
99. **en**... *if they receive any favor from God, their nature is overcome*
100. flaqueza
101. pasmar, maravillar, aturdir
102. tiempo
103. debilite, arruine
104. prelada, madre superiora
105. vendrá

morada, porque es en la que más almas creo entran, y como es también natural junto con lo sobrenatural, puede el demonio hacer más daño; que en las que están por decir, no le da el Señor tanto lugar. Sea por siempre alabado, amén.

### Moradas quintas

#### CAPÍTULO II

*[Prosigue en lo mesmo[106]; declara la oración de unión por una comparación delicada; dice los efectos con que queda el alma. Es muy de notar.]*

1. Cuando el alma a quien Dios hace estas mercedes se dispone, hay muchas cosas que decir de lo que el Señor obra en ellas; algunas diré, y de la manera que queda. Para darlo mejor a entender, me quiero aprovechar de una comparación que es buena para este fin; y también para que veamos cómo, aunque en esta obra que hace el Señor no podemos hacer nada más para que Su Majestad nos haga esta merced, podemos hacer mucho dispuniéndonos.[107]

2. Ya habréis oído sus maravillas en cómo se cría la seda, que sólo Él pudo hacer semejante invención, y como de una simiente[108] que es a manera de granos de pimienta pequeños (que yo nunca la he visto, sino oído, y así, si algo fuere torcido, no es mía la culpa), con el calor, en comenzando a haber hoja en los morales,[109] comienza esta simiente a vivir; que hasta que hay este mantenimiento de que se sustentan se está muerta; y con hojas de moral se crían, hasta que después de grandes les ponen unas ramillas,[110] y allí con las boquillas van de sí mesmos hilando la seda y hacen unos capuchillos[111] muy apretados, adonde se encierran; y acaba este gusano, que es grande y feo, y sale del mesmo capucho una mariposica blanca muy graciosa.

Mas si esto no se viese, sino que nos lo contaran de otros tiempos, ¿quién lo pudiera creer, ni con qué razones pudiéramos sacar que una cosa tan sin razón como es un gusano y una abeja sean tan diligentes en trabajar para nuestro provecho y con tanta industria, y el pobre gusanillo pierda la vida en la demanda? Para un rato de meditación basta esto, hermanas, aunque no os diga más que en ello podéis considerar las maravillas y sabiduría de nuestro Dios. Pues ¿qué será si supiésemos la propiedad de todas las cosas? De gran provecho es ocuparnos en pensar estas grandezas y regalarnos en ser esposas de Rey tan sabio y poderoso.

3. Tornemos a lo que decía. Entonces comienza a tener vida este gusano, cuando con la calor del Espíritu Santo se comienza a aprovechar del aujilio[112] general que a todos nos da Dios, y cuando comienza a aprovecharse de los remedios que dejó en su Iglesia (así de a continuar las confesiones como con buenas liciones[113] y sermones, que es el remedio que un alma

---

106. En el capítulo anterior habla de cómo en la oración se une el alma con Dios.
107. disponiéndonos. (La idea es que aunque nosotros no podemos lograr la unión entre Dios y el alma por nuestra cuenta, podemos preparar nuestra alma para que se abra a Dios.)
108. semilla (*The silkworm comes from something that looks like a seed, about the size of a tiny grain of pepper.*)
109. *mulberry trees*
110. **les**... *they settle on some twigs*
111. *cocoons*
112. auxilio
113. lecciones

que está muerta en su descuido y pecados y metida en ocasiones puede tener), entonces comienza a vivir y vase sustentando en esto y en buenas meditaciones hasta que está crecida, que es lo que a mí me hace al caso, que estotro poco importa.

4. Pues crecido este gusano que es lo que en los principios queda dicho de esto que he escrito, comienza a labrar la seda y edificar la casa adonde ha de morir. Esta casa querría dar a entender aquí, que es Cristo. En una parte me parece he leído u oído que nuestra vida está ascondida[114] en Cristo o en Dios que todo es uno o que nuestra vida es Cristo. En que esto sea o no, poco va para mi propósito.

5. Pues veis aquí, hijas, lo que podemos con el favor de Dios hacer: que Su Majestad mesmo sea nuestra morada, como lo es en esta oración de unión, labrándola nosotras. Parece que quiero decir que podemos quitar y poner en Dios, pues digo que Él es la morada, y la podemos nosotras fabricar para meternos en ella. Y ¡cómo si podemos!, no quitar de Dios ni poner, sino quitar de nosotros y poner, como hacen estos gusanitos: que no habremos acabado de hacer en esto todo lo que podemos, cuando este trabajillo que no es nada junte Dios con su grandeza, y le dé tan gran valor, que el mesmo Señor sea el premio de esta obra. Y así como ha sido el que ha puesto la mayor costa, así quiere juntar nuestros trabajillos con los grandes que padeció Su Majestad, y que todo sea una cosa.

6. Pues, ¡ea,[115] hijas mías!, priesa[116] a hacer esta labor y tejer este capuchillo, quitando nuestro amor propio y nuestra voluntad, el estar asidas a ninguna cosa de la tierra, puniendo[117] obras de penitencia, oración, mortificación, obediencia, todo lo demás que sabéis: ¡que así obrásemos como sabemos y somos enseñadas de lo que hemos de hacer! Muera, muera este gusano, como lo hace en acabando de hacer para lo que fue criado, y veréis cómo vemos a Dios y nos vemos tan metidas en su grandeza, como lo está este gusanillo en este capucho. Mirad que digo ver a Dios, como dejo dicho que se da a sentir en esta manera de unión.

7. Pues veamos qué se hace este gusano (que es para lo que he dicho todo lo demás), que cuando está en esta oración bien muerto está al mundo, sale una mariposita blanca. ¡Oh grandeza de Dios, y cuál sale una alma de aquí de haber estado un poquito metida en la grandeza de Dios, y tan junta con Él, que a mi parecer nunca llega a media hora! Yo os digo de verdad que la mesma alma no se conoce a sí: porque mirad la diferencia que hay de un gusano feo a una mariposica blanca, que la mesma hay acá. No sabe de dónde pudo merecer tanto bien (de dónde le pudo venir, quise decir, que bien sabe que no le merece): vese con un deseo de alabar al Señor, que se querría deshacer y de morir por Él mil muertes. Luego le comienza a tener de padecer grandes trabajos, sin poder hacer otra cosa. Los deseos de penitencia grandísimos, el de soledad, el de que todos conociesen a Dios: y de aquí le viene una pena grande de ver que es ofendido. Y aunque en la morada que viene se tratará más de estas cosas en particular, porque aunque casi lo que hay en esta morada y en la que viene después es todo uno, es muy

---

114. escondida (En el original el padre Gracián agrega una nota señalando que san Pablo dice en su epístola a los Colosenses: «Estáis muertos y vuestra vida está escondida con Cristo en Dios».)
115. Exclamación que significa «¡Vamos!» o «¡Adelante!».
116. prisa
117. poniendo

diferente la fuerza de los efectos, porque como he dicho si después que Dios llega a un alma aquí se esfuerza a ir adelante, verá grandes cosas.

8. ¡Oh!, pues ver el desasosiego[118] de esta mariposita, con no haber estado más quieta y sosegada en su vida, es cosa para alabar a Dios. Y es que no sabe adónde posar y hacer su asiento, que como le ha tenido tal, todo lo que ve en la tierra le descontenta, en especial cuando son muchas las veces que la[119] da Dios de este vino: casi de cada una queda con nuevas ganancias. Ya no tiene en nada[120] las obras que hacía siendo gusano, que era poco a poco tejer el capucho: hanle nacido alas, ¿cómo se ha de contentar, pudiendo volar, de andar paso a paso? Todo se le hace poco cuanto puede hacer por Dios, según son sus deseos. No tiene en mucho lo que pasaron los santos, entendiendo ya por espiriencia como ayuda el Señor y trasforma un alma, que no parece ella ni su figura. Porque la flaqueza que antes le parecía tener para hacer penitencia, ya la halla fuerte: el atamiento con deudos[121] o amigos o hacienda (que ni le bastaban atos,[122] ni determinaciones, ni quererse apartar, que entonces le parecía se hallaba más junta), ya se ve de manera que le pesa estar obligada a lo que, para no ir contra Dios, es menester hacer. Todo le cansa, porque ha probado que el verdadero descanso no le pueden dar las criaturas.

*Séptimas moradas*

CAPÍTULO I

*[Trata de mercedes grandes que hace Dios a las almas que han llegado a entrar en las sétimas moradas. Dice como a su parecer hay diferencia alguna del alma al espíritu aunque es todo uno. Hay cosas de notar.]*

2. ¡Oh, gran Dios!, parece que tiembla una criatura tan miserable como yo de tratar en cosa tan ajena de lo que merezco entender. Y es verdad que he estado en gran confusión, pensando si será mejor acabar con pocas palabras esta morada, porque me parece que han de pensar que yo lo sé por espiriencia, y háceme grandísima vergüenza, porque, conociéndome la que soy, es terrible cosa. Por otra parte, me ha parecido que es tentación y flaqueza. Aunque más juicios de éstos echéis, sea Dios alabado y entendido un poquito más, y gríteme todo el mundo: cuánto más que estaré yo quizá muerta cuando se viniere a ver. Sea bendito el que vive para siempre y vivirá, amén.

3. Cuando Nuestro Señor es servido haber piedad de lo que padece y ha padecido por su deseo esta alma, que ya espiritualmente ha tomado por esposa, primero que se consuma el matrimonio espiritual métela en su morada, que es esta séptima. Porque así como la tiene en el cielo, debe tener en el alma una estancia adonde sólo Su Majestad mora y digamos, otro

118. ansiedad, preocupación
119. le
120. **no**... no les da importancia a
121. parientes
122. actos, acciones

cielo: porque nos importa mucho, hermanas, que no entendamos es el alma alguna cosa escura (que como no la vemos, lo más ordinario debe parecer que no hay otra luz interior, sino
ésta que vemos) y que está dentro de nuestra alma alguna escuridad. De la que no está en gracia, yo os lo confieso, y no por falta del Sol de Justicia, que está en ella dándole ser, sino por no
ser ella capaz para recibir la luz, como creo dije en la primera morada, que había entendido
una persona que estas desventuradas almas es así que están como en una cárcel escura, atadas
de pies y manos para hacer ningún bien que les aproveche para merecer, y ciegas y mudas. Con
razón podemos compadecernos de ellas y mirar que algún tiempo nos vimos así, y que también puede el Señor haber misericordia de ellas...

5. Pues cuando Su Majestad es servido de hacerle la merced dicha de este divino matrimonio, primero la mete en su morada, y quiere Su Majestad que no sea como otras veces que la ha
metido en estos arrobamientos (que yo bien creo que la une consigo entonces y en la oración
que queda dicha de unión), aunque no le parece al alma que es tanta llamada para entrar en su
centro, como aquí en esta morada, sino a la parte superior. En esto va poco. Sea de una manera
o de otra, el Señor la junta consigo; mas es haciéndola ciega y muda como lo quedó san Pablo
en su conversión y quitándola el sentir cómo o de que manera es aquella merced que goza,
porque el gran deleite que entonces siente en el alma es de verse cerca de Dios; mas cuando la
junta consigo, ninguna cosa entiende, que las potencias todas se pierden.

6. Aquí es de otra manera. Quiere ya nuestro buen Dios quitarla las escamas de los ojos y
que vea y entienda algo de la merced que le hace aunque es por una manera extraña; y metida
en aquella morada por visión intelectual,[123] por cierta manera de representación de la verdad,
se le muestra la Santísima Trinidad, todas tres Personas, con una inflamación que primero
viene a su espíritu a manera de una nube de grandísima claridad, y estas Personas distintas, y
por una noticia admirable que se da al alma, entiende con grandísima verdad ser todas tres
Personas una sustancia y un poder y un saber y un solo Dios; de manera que lo que tenemos
por fe, allí lo entiende el alma podemos decir por vista, aunque no es vista con los ojos del
cuerpo ni del alma, porque no es visión imaginaria. Aquí se le comunican todas tres Personas
y la hablan, y la dan a entender aquellas palabras que dice el Evangelio que dijo el Señor: que
vernía[124] Él y el Padre y el Espíritu Santo a morar[125] con el alma que le ama y guarda sus man-
damientos.

7. ¡Oh, válame[126] Dios, cuán diferente cosa es oír estas palabras y creerlas, a entender por
esta manera cuán verdaderas son! Y cada día se espanta[127] más esta alma, porque nunca más le
parece se fueron de con ella, sino que notoriamente ve de la manera que queda dicho que es-

123. *Teresa describes three kinds of visions: corporeal, imaginary, and intellectual. In a corporeal vision, the person
actually sees an image with his or her eyes. In an imaginary vision, the person sees the vision, but not with the eyes.
That is, the person sees the image in his or her mind, with the spiritual senses. In an intellectual vision, the person
senses a presence, but does not see anything. Teresa describes primarily intellectual visions. An authentic vision is
divine in origin. That is to say, a person cannot conjure one up.*

124. vendría
125. vivir
126. válgame
127. asombra

tán en lo interior de su alma, en lo muy muy interior; en una cosa muy honda que no sabe decir cómo es, porque no tiene letras; siente en sí esta divina compañía.

8. Pareceros ha que, según esto, no andará en sí, sino tan embebida que no pueda entender en nada. Mucho más que antes, en todo lo que es servicio de Dios, y en faltando las ocupaciones, se queda con aquella agradable compañía; y si no falta a Dios el alma, jamás Él la faltará —a mi parecer de darse a conocer tan conocidamente su presencia. Y tiene gran confianza que no la dejará Dios, pues la ha hecho esta merced, para que la pierda; y así se puede pensar, aunque no deja de andar con más cuidado que nunca, para no le desagradar en nada.

9. El traer esta presencia entiéndese que no es tan enteramente, digo tan claramente, como se le manifiesta la primera vez y otras algunas que quiere Dios hacerle este regalo; porque si esto fuese, era imposible entender en otra cosa, ni aun vivir entre la gente; mas aunque no es con esta tan clara luz, siempre que advierte se halla con esta compañía, digamos ahora como una persona que estuviese en una muy clara pieza con otras y cerrasen las ventanas y se quedase ascuras,[128] no porque se quitó la luz para verlas y que hasta tornar la luz no las ve, deja de entender que están allí. Es de preguntar si, cuando torna la luz y las quiere tornar a ver, si puede. Esto no está en su mano, sino cuando quiere Nuestro Señor que se abra la ventana del entendimiento; harta misericordia la hace en nunca se ir de con ella, y querer que ella lo entienda tan entendido.

10. Parece que quiere aquí la divina Majestad disponer el alma para más con esta admirable compañía, porque está claro que será bien ayudada para en todo ir adelante en la perfección y perder el temor que traía algunas veces de las demás mercedes que la hacía, como queda dicho. Y así fue que en todo se hallaba mejorada, y le parecía que por trabajos y negocios que tuviese lo esencial de su alma jamás se movía de aquel aposento, de manera que en alguna manera le parecía había división en su alma, y andando con grandes trabajos que poco después que Dios le hizo esta merced [que] tuvo, se quejaba de ella a manera de Marta cuando se quejó de María,[129] y algunas veces la decía que se estaba allí siempre gozando de aquella quietud a su placer, y la deja a ella en tantos trabajos y ocupaciones que no la puede tener compañía.

11. Esto os parecerá, hijas, desatino, mas verdaderamente pasa así, que aunque se entiende que el alma está toda junta, no es antojo lo que he dicho, que es muy ordinario; por donde decía yo que se ven cosas interiores, de manera que cierto se entiende hay diferencia en alguna manera, y muy conocida, del alma al espíritu, aunque más sea todo uno. Conócese una división tan delicada, que algunas veces parece obra de diferente manera lo uno de lo otro, como el sabor que les quiere dar el Señor.

También me parece que el alma es diferente cosa de las potencias, y que no es todo una cosa; hay tantas y tan delicadas en lo interior, que sería atrevimiento ponerme yo a declararlas.

---

128. a oscuras

129. Santa Marta, hermana de Lázaro y de María de Betania en el Evangelio. Marta trabajaba mientras María se quedaba sentada a los pies de Jesús, escuchándole hablar. Por ello, Marta constituye un símbolo de la vida activa frente a la interior o mística, representada por María. Santa Teresa alude a un episodio relatado en Lucas 10:40.

Allá lo veremos, si el Señor nos hace merced de llevarnos por su misericordia adonde entendamos estos secretos.

CAPÍTULO IV

*[Con que acaba dando a entender lo que pretende Nuestro Señor en hacer tan grandes mercedes al alma.]*

1. No habéis de entender, hermanas, que siempre en un ser están estos efectos que he dicho en estas almas que por eso, adonde se me acuerda, digo lo ordinario, que algunas veces las deja Nuestro Señor en su natural, y no parece sino que entonces se juntan todas las cosas ponzoñosas del arrabal[130] y moradas de este castillo, para vengarse de ellas por el tiempo que no las pueden haber a las manos.

Verdad es que dura poco un día lo más, o poco más, y en este gran alboroto, que procede lo ordinario de alguna ocasión, se ve lo que gana el alma en la buena compañía que está, porque la da el Señor una gran entereza para no torcer en nada de su servicio y buenas determinaciones, sino que parece le crecen, y por un primer movimiento muy pequeño no tuercen de esta determinación.

2. Como digo, es pocas veces, sino que quiere Nuestro Señor que no pierda la memoria de su ser, para que siempre esté humilde, lo uno; lo otro, porque entienda más lo que debe a Su Majestad, y la grandeza de la merced que recibe, y le alabe.

3. Tampoco os pase por pensamiento que por tener estas almas tan grandes deseos y determinación de no hacer una imperfección por cosa de la tierra, dejan de hacer muchas, y aun pecados. De advertencia no, que las debe el Señor a estas tales dar muy particular ayuda para esto (digo pecados veniales, que de los mortales que ellas entiendan están libres, aunque no siguras[131]), que ternán[132] algunos que no entienden, que no les será pequeño tormento. También se les da las almas que ven que se pierden; y aunque en alguna manera tienen gran esperanza que no serán de ellas, cuando se acuerdan de algunos que dice la Escritura que parecía eran favorecidos del Señor como un Salomón,[133] que tanto comunicó con Su Majestad, no pueden dejar de temer, como tengo dicho. Y la que se viere de vosotras con mayor siguridad en sí, ésa tema más; porque «bienaventurado el varón que teme a Dios», dice David.[134] Su Majestad nos ampare siempre; suplicárselo para que no le ofendamos es la mayor siguridad que podemos tener. Sea por siempre alabado, amén.

14. Esto quiero yo, mis hermanas, que procuremos alcanzar y no para gozar, sino para tener estas fuerzas para servir, deseemos y nos ocupemos en la oración. No queramos ir por camino no andado, que nos perderemos al mejor tiempo; y sería bien nuevo pensar tener estas mercedes de Dios por otro que el que Él fue y han ido todos sus santos...

130. contornos, exterior
131. seguras
132. tendrán
133. el rey sabio del Antiguo Testamento. En el Libro de los Reyes se relata cómo Salomón se apartó de Dios.
134. segundo rey hebreo (c. 1010–c. 970 a.C.), que sucedió a Saúl.

## Cartas

### *A unas aspirantes. Ávila*

SEGOVIA, MEDIADOS DE MARZO DE 1574

*[Les aconseja esperen el consentimiento de sus padres. Promete reservarles lugar en los conventos.]*

1. Jesús. La gracia del Espíritu Santo sea en sus almas de vuestras mercedes y se la dé para que les duren tan buenos deseos. Paréceme, mis señoras, que más ánimo ha tenido doña Mariana,[135] su hija de Francisco Juárez, pues ha casi seis años que padece disgustos de padre y madre, y metida lo más de ellos en una aldea, que diera mucho por la libertad que vuestras mercedes tienen de confesarse en san Gil.[136]

2. No es cosa tan fácil como les parece tomar el hábito de esa suerte,[137] que aunque ahora con ese deseo se determinen, no las tengo por tan santas que no se fatigarán después de verse en desgracia de su padre. Y por esto vale más encomendarlo a Nuestro Señor y acabarlo con Su Majestad, que puede mudar los corazones y dar otros medios; y cuando más descuidadas estemos, ordenará como sea a gusto de todos, y ahora debe convenir la espera. Sus juicios son diferentes de los nuestros.

3. Conténtense vuestras mercedes con que se les tendrá guardado lugar, y déjense en las manos de Dios para que cumpla su voluntad en ellas, que ésta es la perfección, y lo demás podría ser tentación.

4. Hágalo Su Divina Majestad como viere que más conviene; que, cierto, que si a sola mi voluntad estuviera, yo cumpliera luego la de vuestras mercedes; mas hanse de mirar muchas cosas, como he dicho.

De vuestras mercedes sierva.

TERESA DE JESÚS

### *A doña Catalina Hurtado. Toledo*

ÁVILA, 31 DE OCTUBRE DE 1574

*[Le da gracias por la manteca, membrillos y otros regalos. Satisfecha de su hija. La superiora con achaques.]*

1. Jesús. La gracia del Espíritu Santo sea con vuestra merced y me la guarde, amén, y le pague el cuidado que tiene de regalarme.

2. La manteca era muy linda, como de mano de vuestra merced, que en todo me la hace; y así la recibiré en que cuando la tuviere que sea buena, se acuerde de mí, que me hace mucho provecho.

---

135. Mariana Juárez de Lara profesó el 9 de enero de 1576 contra la voluntad de sus padres. Tuvo que esperar seis años antes de tomar el velo.

136. Colegio de los Jesuitas en Ávila.

137. manera

3. También eran muy lindos los membrillos. No parece que tiene otro cuidado sino de regalarme. A mí me lo es ver la carta de vuestra merced y saber está buena. Yo no lo estoy ahora mucho, que me ha dado un mal de quijadas y se me ha hinchado un poco el rostro, y por esta ocasión no va ésta de mi letra.[138] No creo será nada.

4. Encomiéndeme vuestra merced a Dios y no piense me da poco contento tener tal hija, como la he tenido hasta aquí y la tendré siempre y no me olvidaré de encomendarla a Dios, y las hermanas hacen lo mismo.

5. Todas las de esta casa besan a vuestra merced las manos, en particular la madre superiora, que la debe a vuestra merced mucho. Encomiéndela a Dios, que no anda con salud.

6. El Señor me guarde a vuestra merced y la dé su santo espíritu.

De octubre, postrero del mes.

7. En las oraciones de esas señoras sus hermanas me encomiendo mucho. Al enfermo dé Dios la salud que yo le suplicaré, y a vuestra merced, mi hija, lo mismo.

Indigna sierva de vuestra merced.

TERESA DE JESÚS

*Al padre Jerónimo Gracián, Sevilla*

TOLEDO, 9 DE ENERO DE 1577

*[Enfermedad del padre Gracián. Le aconseja que trabaje menos, para que no pierda la cabeza como muchos de la Compañía.[139] Necesidad de buenos confesores. No conquistar almas a la fuerza.]*

2. No hemos de pedir a Dios milagros, y es menester que vuestra paternidad mire que no es de hierro, y que hay muchas cabezas perdidas en la Compañía por darse a mucho trabajo; que en lo que dice de la perdición de esas almas que entran para servir a Dios, días ha que lo lloro. Lo que ha de hacer gran provecho es si les dan buenos confesores; y si para los monasterios que han de ir descalzas no busca vuestra paternidad remedio de esto, yo he[140] miedo que no se hará tanto fruto, porque apretarlas en lo exterior y no tener quien en lo interior las ayude, es gran trabajo; así le tuve yo hasta que fueron descalzos a la Encarnación.[141]

3. Ya que vuestra paternidad lo quiere hacer sólo por remediar almas, sea de hecho,[142] y procure[143] quien las ayude en este caso, y poner un mandamiento (adonde hay monasterio de frailes) que no vaya allá ninguno que las inquiete.[144]

138. **no...** *this is not in my handwriting (Teresa dictated the letter to a secretary).*

139. la Compañía de Jesús, los Jesuitas

140. tengo

141. *One of the major debates of the Reform was whether Carmelites should admit only confessors from the same Order. Saint Teresa argues that no matter how strict a confessor is or how many penances he demands, he will not be effective unless he can facilitate authentic movement within the penitent's soul. She was not effective, she says, in bringing about real change in the nuns of Encarnación until she obtained Discalced Carmelite confessors for them.*

142. que se haga como usted quiere

143. proporcione, consiga

144. *Saint Teresa was well aware of the abuses of confessors and wanted to make sure that those assigned to her nuns would not do more harm than good.*

6. Y ¡cómo tiene vuestra paternidad (en lo que dice que es menester para la reforma) grandísima razón, que no se han de conquistar las almas a fuerza de armas como los cuerpos! Dios me le guarde, que harto contenta me tiene...

7. ¡Oh pues lo que se regala Ángela[145] con el sentimiento que muestra en una plana[146] después de escrita una carta que le envió! Dice que le quisiera besar muchas veces las manos, y que le diga a vuestra paternidad que bien puede estar sin pena, que el casamentero[147] fue tal y dio el nudo tan apretado que sólo la vida le quitara, y aun después de muerta estará más firme, que no llega a tanto la bobería de la perfección, porque antes ayuda su memoria a alabar al Señor; sino que esta libertad que solía tener la ha hecho guerra. Ahora ya le parece mayor la sujeción que en esto tiene, y más agradable a Dios, porque halla quien le ayude a llegar almas que le alaben, que es un tan gran alivio y gozo éste, que a mí me alcanza harta parte. Sea por todo bendito.

Indigna hija y súbdita de vuestra paternidad.

TERESA DE JESÚS

## Al rey don Felipe II. Madrid
### ÁVILA, 4 DE DICIEMBRE DE 1577

*[El rey amparo de la descalcez. Defensa de san Juan de la Cruz. Intranquilidad de la Encarnación de Ávila.]*

1. Jesús. La gracia del Espíritu Santo sea siempre con vuestra majestad, amén. Yo tengo muy creído que ha querido Nuestra Señora valerse de vuestra majestad y tomarle por amparo para el remedio de su orden, y así no puedo dejar de acudir a vuestra majestad con las cosas de ella. Por amor de Nuestro Señor suplico a vuestra majestad perdone tanto atrevimiento.

2. Bien creo tiene vuestra majestad noticia de cómo estas monjas de la Encarnación han procurado llevarme allá, pensando habría algún remedio para librarse de los frailes, que cierto les son gran estorbo para el recogimiento y religión que pretenden, y de la falta de ella que ha habido allí en aquella casa tienen toda la culpa.[148] Ellas están en esto muy engañadas, porque mientras estuviesen sujetas a que ellos las confiesen y visiten no es de ningún provecho mi ida allí al menos, que dure y así lo dije siempre al visitador[149] dominico,[150] y él lo tenía bien entendido.

---

145. «Ángela» es la misma santa Teresa. Por miedo a la Inquisición y al los Carmelitas Calzados, a menudo usaba seudónimos o motes para referirse a las personas.

146. página

147. celebrante, cura

148. *This letter was written during a period of intense conflict between the Discalced and Calced Carmelites. The nuns at Encarnación found their confessors unduly harsh and thought they could remedy their situation by bringing back Teresa as prioress. She thought the solution was to install a more virtuous, reasonable, evenhanded confessor, and she therefore summoned John of the Cross to Encarnación. For their support of Teresa, fifty-five nuns were excommunicated. The Calced accused John of inciting the women to rebellion and incarcerated him. Teresa refers in the first paragraph to Our Lady because the Order was named for Our Lady of Carmel, Carmen.*

149. religioso encargado de inspeccionar casas de su orden o de dirigir a los religiosos de una provincia

150. *Of the Dominican order. See note 141.*

3. Para algún remedio, mientras esto Dios hacía, puse allí en una casa un fraile descalzo,[151] tan gran siervo de Nuestro Señor que las tiene bien edificadas, con otro compañero, y espantada esta ciudad del grandísimo provecho que allí ha hecho, y así le tienen por un santo, y en mi opinión lo es y ha sido toda su vida.

4. Informado de esto el nuncio[152] pasado, y del daño que hacían los «del paño»[153] por larga información que se le llevó de los de la ciudad, envió un mandamiento con descomunión para que los tornasen allí (que los calzados los habían echado con hartos denuestos[154] y escándalo de la ciudad) y que so[155] pena de descomunión no fuese allá ninguno del «paño» a negociar, ni a decir misa, ni a confesar, sino los descalzos y clérigos. Con esto ha estado bien la casa hasta que murió el nuncio, que han tornado los calzados y así toma la inquietud, sin haber mostrado por donde lo pueden hacer.

5. Y ahora, un fraile[156] que vino a absolver a las monjas, las ha hecho tantas molestias y tan sin orden ni justicia, que están bien afligidas y no libres de las penas que antes tenían, según me han dicho. Y sobre todo hales quitado éste los confesores (que dicen le han hecho vicario provincial, y debe ser porque tiene más partes para hacer mártires que otros) y tiénelos presos en su monasterio, y descerrajaron las celdas, y tomáronles en lo que tenían los papeles.[157]

6. Está todo el lugar bien escandalizado cómo no siendo prelado, ni mostrando por donde hace esto (que ellos están sujetos al comisario apostólico), se atreven tanto, estando este lugar tan cerca de adonde está vuestra majestad, que ni parece temen que haya justicia ni Dios.

7. A mí me tiene muy lastimada verlos en sus manos, que ha días que lo desean, y tuviera por mejor que estuvieran entre moros, porque quizá tuvieran más piedad. Y este fraile tan siervo de Dios está tan flaco de lo mucho que ha padecido, que temo su vida.

8. Por amor de Nuestro Señor suplico a vuestra majestad mande que con brevedad le rescaten,[158] y que se dé orden cómo no padezcan tanto con los «del paño» estos pobres descalzos todos, que ellos no hacen sino callar y padecer, y ganan mucho; mas dase escándalo al pueblo.

9. Que este mismo que está aquí tuvo este verano preso en Toledo a fray Antonio de Jesús, que es un bendito viejo, el primero de todos, sin ninguna causa, y así andan diciendo los han de perder, porque lo tiene mandado el Tostado.[159]

10. Sea Dios bendito, que los que habían de ser medio para quitar que fuese ofendido, les sean para tantos pecados, y cada día lo harán peor. Si vuestra majestad no manda poner remedio, no sé en qué se ha de parar, porque ningún otro tenemos en la tierra.

---

151. Se refiere a san Juan de la Cruz.
152. mensajero del Papa
153. Carmelitas Calzados
154. insultos
155. bajo
156. Se llamaba Hernando Maldonado y era prior de Toledo.
157. *The unreformed Carmelites saw Juan de la Cruz as the leader of a threatening reform movement. In December 1577 a group of unreformed Carmelites took Juan de la Cruz by force to the priory in Toledo, where they held him prisoner for eight months.*
158. salven, libren
159. Jerónimo Tostado, visitador de los carmelitas de España

11. Plega a Nuestro Señor nos dure muchos años. Yo espero en Él nos hará esta merced, pues se ve tan solo de quien mire por su honra. Continuamente se lo suplicamos todas estas siervas de vuestra majestad y yo.

Fecha en Ávila, en este convento de San José, a 4 de diciembre de setenta y siete.

Indigna sierva y súbdita de vuestra majestad

TERESA DE JESÚS, CARMELITA

## Poesía

### Vivo sin vivir en mí

> Vivo sin vivir en mí,
> y tan alta vida espero,
> que muero porque no muero.[160]

#### Glosa a Vivo sin vivir en mí

Vivo ya fuera de mí,
después que muero de amor,
porque vivo en el Señor,
que me quiso para sí.
Cuando el corazón le di
puso en él este letrero:
*Que muero porque no muero.*

Aquesta[161] divina unión
del amor en que yo vivo,
ha hecho a Dios mi cautivo
y libre mi corazón.
Y causa en mí tal pasión
ver a Dios mi prisionero,
*que muero porque no muero.*

¡Ay qué larga es esta vida!,
¡qué duros estos destierros!,
¡esta cárcel, estos hierros,
en que el alma está metida!
Sólo esperar la salida
me causa dolor tan fiero
*que muero porque no muero.*

¡Ay qué vida tan amarga,
do no se goza al Señor!,
porque, si es dulce el amor,
no lo es la esperanza larga.
Quíteme Dios esta carga,
más pesada que el acero,
*que muero porque no muero.*

Sólo con la confianza
vivo de que he de morir,
porque, muriendo, el vivir
me asegura mi esperanza.
Muerte, do el vivir se alcanza,
no te tardes, que te espero,
*que muero porque no muero.*

Mira que el amor es fuerte:
vida, no me seas molesta;
mira que sólo te resta,
para ganarte, perderte.
Venga ya la dulce muerte,
venga el morir muy ligero,[162]
*que muero porque no muero.*

---

160. Here Teresa uses a literary conceit (concepto literario), *that is, a contradiction that only makes sense in the context in which the author uses it. In the first line, the sense is "I live without truly living because my real life is with God." In the third line the sense is "I die (suffer intensely) because I don't die." For the devout Catholic, true life begins after death.*

161. esta

162. rápido

Aquella vida de arriba,
que es la vida verdadera,
hasta que esta vida muera,
no se goza estando viva.
Muerte, no me seas esquiva[163];
viva muriendo primero,
*que muero porque no muero.*

Vida, ¿qué puedo yo darle
a mi Dios que vive en mí,
si no es perderte a ti,
para mejor a Él gozarle?
Quiero muriendo alcanzarle,
pues a Él solo es al que quiero:
*Que muero porque no muero.*

*Para pedir paciencia en las adversidades*

Nada te turbe,
nada te espante;
todo se pasa,
Dios no se muda.
La paciencia

todo lo alcanza.
Quien a Dios tiene
nada le falta.
Sólo Dios basta.

*Temario*

1. Problemas de la expresión mística: el papel del lenguaje
2. El uso de la metáfora en las obras de santa Teresa
3. La humildad de santa Teresa: ¿estrategia, o posición sincera... o ambas?
4. Santa Teresa ante la autoridad
5. La importancia de la experiencia en la argumentación de santa Teresa
6. La «retórica de la incertidumbre»
7. El proceso de interiorización
8. Imágenes y metáforas en la obra de santa Teresa
9. Los aspectos espontáneos y conversacionales de la prosa de santa Teresa
10. Los aspectos pedagógicos de *Vida* y *Las moradas*
11. Las cartas de santa Teresa: ¿qué revelan acerca de la personalidad de la autora?
12. La poesía de santa Teresa: el uso de la paradoja
13. El feminismo de santa Teresa
14. La popularidad de santa Teresa en el siglo XXI

163. cruel, dura

# María de San José: Priora y «letrera»

ENTRE LAS PRIMERAS Carmelitas Descalzas, María de Salazar (1548–1603) —cuyo nombre en religión fue María de San José— se distinguió por su dinamismo, inteligencia y cultura. Santa Teresa la calificó de «letrera» (*Epistolario* 507) y Electa Arenal y Stacey Schlau la comparan con fray Luis de León por su agudeza y su espíritu combativo (*Untold Sisters* 27). Más explícitamente feminista que santa Teresa, María de San José defendió la capacidad intelectual de las mujeres y se burló de los hombres que se escandalizaban ante la mujer que «sabía latín». Si hoy día se debate hasta qué punto la mujer del siglo XVI aceptaba su posición inferior en las jerarquías eclesiástica y social, los escritos de María de San José parecen demostrar que por lo menos en ciertos conventos había monjas que adoptaban una posición claramente sediciosa con respecto a la autoridad patriarcal.

Como «María de San José» es un nombre tan común entre las religiosas, se ha producido cierta confusión acerca de la identidad de nuestra autora. Algunos investigadores la han confundido con María de San José (de Ávila), hermana del padre carmelita Julián de Ávila, quien fue una de las cuatro novicias que entraron en el convento de San José el 24 de agosto de 1562, iniciando así la reforma carmelita.[1] Esta María de San José nunca salió de Ávila ni dejó testimonio escrito. Otros la han confundido con María de San José (Gracián o Dantisco), hermana del padre Jerónimo Gracián de la Madre de Dios, director espiritual de santa Teresa, la cual nació en Madrid y profesó en Valladolid. Otra del mismo nombre es la monja mexicana agustiniana, bautizada Juana Palacios Berruecos (1656–1719), cuyos escritos han sido cuidadosamente estudiados y traducidos por Kathleen A. Myers y Amanda Powell.

---

1. Las otras fueron Úrsula de los Santos, Antonia del Espíritu Santo y María de la Cruz. La apertura del convento se describe en *San José de Ávila: Rinconcito de Dios, paraíso de su deleite* (34).

Los progenitores de nuestra autora fueron naturales de Molina de Aragón, en la actual provincia de Guadalajara. Poco se sabe de ellos, ni siquiera sus nombres exactos, pero se ha conjeturado que quizá la familia fuera de origen converso (Arenal y Schlau, *Untold Sisters* 27). Alison Weber, juzgando por la documentación disponible y por la confianza con la cual María se comporta al tratar con religiosos de ambos sexos, sugiere que es posible que fuera la hija natural de algún noble relacionado con la casa de Luisa de la Cerda. Cuando aún era niña, María había entrado al servicio de doña Luisa, hija del segundo duque de Medinaceli, la cual era una mujer instruida y mundana. Se educó allí, aprendiendo no sólo a leer y a escribir en español, sino también a leer en francés y latín. A principios de 1562, cuando Teresa de Jesús estaba a punto de fundar el convento de San José, Ángel de Salazar, provincial del Carmen, la envió a Toledo para consolar a doña Luisa, cuyo marido acababa de morir. En el palacio de doña Luisa se conocieron María de Salazar, quien tendría unos trece o catorce años en aquel momento, y la reformadora de la Orden carmelita. Según relata María en su *Libro de recreaciones*, como a otros jóvenes de su condición, le ocuparon la mente fruslerías como bailes y trajes hasta que conoció a Teresa de Jesús.

María cuenta que quedó encantada con la madre Teresa, que ya tenía fama de mística. La espiaba en su celda, tratando de observar sus arrobamientos, y en una ocasión vio cómo sanó a una mujer que sufría de las muelas y del oído con sólo tocarla. Pronto sintió despertar en su alma la vocación religiosa y, tras un período de ansiedad y confusión, tomó el hábito de carmelita descalza el 9 de mayo de 1570, en el convento de Malagón, situado en los dominios de doña Luisa. Profesó el 11 de junio de 1571, dejando como testimonios de su felicidad algunas composiciones poéticas.

Cuatro años más tarde, María de San José salió de su claustro para acompañar a la madre Teresa a Beas para la fundación de un convento. Era la intención de la santa nombrar a María de San José priora de Caravaca, pero en Beas Teresa conoció al padre Jerónimo Gracián, su futuro confidente y director espiritual, y, siguiendo sus consejos, cambió de planes y fundó en Sevilla. María de San José describe el viaje a la ciudad andaluza con gracia y brío en su *Libro de recreaciones*. Se inauguró el convento en mayo de 1575 y María de San José fue nombrada priora. A pesar de sus excelentes talentos administrativos, se inició entonces una larga serie de contrariedades y catástrofes. Al mandar a Teresa a fundar en Sevilla, Gracián, en aquel momento Visitador Apostólico en Andalucía, había desobedecido las órdenes de Juan Bautista Rubeo, prior general, quien había prohibido que se fundaran conventos de Carmelitas Descalzos en Andalucía. Los oficiales municipales también se oponían a la creación de una nueva casa religiosa fundada en la pobreza, ya que las monjas dependerían forzosamente de la caridad pública.

Para complicar el asunto aun más, cierta novicia llamada María del Corro, conocida como «una gran beata, que ya estaba canonizada por toda la ciudad» (206), según escribe María de San José, presentó acusaciones contra el convento ante la Inquisición. Mujer de edad madura, María del Corro se las daba de ilustre señora y no creía necesario conformarse a los usos del convento. Finalmente, terminó por abandonar la Orden.[2] Los inquisidores, que andaban bus-

---

2. Escribe la priora: «Sabía dar a cada cosa su salida; unas veces se excusaba con que era enferma, y así ni quería

cando a «beatas alumbradas», emprendieron una investigación y terminaron absolviendo a santa Teresa, a la priora y a las monjas, no sin antes causarles horribles sobresaltos. Seis meses después, las religiosas de Sevilla fueron víctimas de un incendio causado por la explosión de un cohete encendido para solemnizar el traslado de la comunidad a una nueva casa. Al día siguiente, Teresa de Jesús salió de Sevilla. Aunque nunca más volvió a encontrarse con María de San José, las dos se mantuvieron en contacto mediante una frecuente correspondencia.

Las persecuciones contra las Descalzas de Sevilla y contra María de San José en particular siguieron hasta 1579. El visitador Diego de Cárdenas, en colaboración con algunos sacerdotes y monjas resentidas, logró destituir a la priora de su cargo e incluso encarcelarla. A mediados de 1579, el nuevo superior de los Descalzos, fray Ángel de Salazar, le devolvió su puesto y al año siguiente fue reelegida con el voto unánime de sus hermanas. En estos momentos iba creciendo el entusiasmo en Sevilla por el carismático Jerónimo Gracián. El 6 de enero de 1581, la madre Teresa le escribió a María de San José, quien a su vez le había hablado de las actividades de Gracián en una carta previa: «Muy en gracia nos ha caído lo que dicen las viejas de nuestro padre, y alabo a Dios del fruto que hace con sus sermones y santidad; ella es tanta que no me espanto haya obrado en esas almas... Dios le guarde como habemos menester; así tiene razón en decir se modere en los sermones, que podrá hacerle daño siendo tantos» (*Epistolario* 746). En 1581 el padre Gracián fue designado primer provincial de la Reforma carmelita, lo cual les dio a las monjas de Sevilla motivo de celebración (aunque su lealtad al amigo de Teresa le costaría caro a María de San José más tarde). Su júbilo se vio empañado, sin embargo, por la muerte de la madre fundadora al año siguiente.

En 1583, se necesitaban monjas carmelitas descalzas para una posible fundación en Francia y se le extendió una invitación formal a María de San José para establecer un monasterio. Sin embargo, la madre prefirió difundir la espiritualidad teresiana en Portugal, donde fundó y encabezó el primer convento de Carmelitas Descalzas de Lisboa. Recién llegada a esta ciudad, ella y sus monjas fueron hospedadas durante un mes en el convento de las Madres Dominicas de la Anunciata. Pasó dieciocho años en la capital lusitana, padeciendo persecuciones tan severas como las de Sevilla, con la diferencia de que en Andalucía los ataques provenían de los enemigos de la Reforma carmelita, mientras en Lisboa se originaban dentro de la Reforma misma.

El 10 de mayo de 1584 se inauguró en esta ciudad el segundo capítulo provincial de la Reforma. Salió elegido provincial Nicolás Doria (Nicolás de Jesús María), espíritu legalista que estableció un régimen riguroso que pronto le enfrentó con el padre Gracián, san Juan de la Cruz y otros. Tres años más tarde, Doria ya era vicario general de la Congregación de Carmelitas Descalzos y controlaba con mano de hierro la vida de los religiosos de la Orden. La empresa de Doria «consistió en llevar la Orden a un grado altísimo de perfección y dotarla de una legislación y de un sistema de gobierno que cerrasen las puertas a cualquier peligro de relajación» (Moriones, *El Padre Doria* 12). Si para Teresa la perfección consistía en amar y servir a Dios, para Doria «la base de toda la perfección consistía en la observancia de la Regla y constitu-

---

comer de nuestras comidas, sacando que cada cosa era enferma e hinchaba...; otras decía que la costumbre y gran calor de la tierra la excusaba» (*Recreaciones* 206).

ciones» (Moriones, *El Padre Doria* 177). Enemigo acérrimo del padre Gracián, comenzó por privarle de sus cargos y le sometió entonces a tortuosos juicios legales, ordenándole finalmente que se embarcara para México. Gracias a la intervención del cardenal, Gracián pudo volver al púlpito. En cambio, María de San José, quien lo había apoyado y defendido incansablemente, cayó víctima de la ira de los investigadores, quienes la acusaron de ser cómplice y aun amante de Gracián y de haber desafiado a sus superiores al tramar su ida a Portugal. A pesar de estas disputas internas, las cuales amenazaban con destruir el movimiento, fue durante este período cuando las dotes administrativas de María de San José brillaron más y su fina espiritualidad encontró su mayor expresión literaria. Casi la totalidad de sus escritos son de esta etapa de su vida.

En 1590, al terminar su labor como priora del convento de San Alberto, la madre se encontraba en una situación peligrosa. Nicolás Doria había intentado introducir algunas modificaciones en el gobierno de los conventos de Descalzas, entre ellas la rescisión del derecho de las monjas de escoger sus propios confesores. María de San José, Gracián y otros líderes del movimiento se opusieron a los cambios instituidos por Doria. Con su compañera Ana de Jesús, María de San José acudió directamente al Papa. Consiguieron el Breve[3] «Salvatoris», el cual dio primacía a las Constituciones teresianas. El iracundo padre Doria, sin embargo, hizo lo posible por evitar que se aplicara el Breve. Regañó públicamente a las Descalzas, acusándolas de insurrectas y amenazándolas con el abandono total. Al año siguiente, Doria decidió que ya era hora de acabar con sus adversarios, en particular con Juan de la Cruz, Jerónimo Gracián, Ana de Jesús y María de San José. Con la intención de despojar a fray Juan de su hábito y expulsarlo de la Orden, le quitó sus cargos y lo desterró a México. Al padre Gracián lo expulsó en 1592. Las dos mujeres, por su parte, quedaron recluidas en sus monasterios, Ana en Madrid y María en la cárcel conventual de San Alberto, en Lisboa. No fue sino hasta la muerte de Doria en 1594 que la situación se calmó y la Reforma carmelita volvió a su rumbo original, gracias en gran parte a la dirección del padre Elías de San Martín, quien gobernó entre 1594 y 1600 como primer padre general electo. En febrero de 1597, las monjas de San Alberto volvieron a elegir priora a María de San José.

Pero su tranquilidad duró poco. El padre Francisco de la Madre de Dios, quien sucedió al padre Elías, volvió a imponer las ideas de Doria con estricto rigor. Bajo circunstancias no demasiado claras, el nuevo padre general mandó salir a María de San José de su convento y la hizo volver en secreto a Castilla, para luego desterrarla al remoto convento de Cuerva. Allí murió un par de meses después, a los 55 años. Según relata el padre Silverio de Santa Teresa, el gran historiador de la Orden carmelita, su cuerpo fue exhumado unos años más tarde y se «halló entero, fresco y con un olor de cielo que maravilló a todas las religiosas y al mismo P. General» (VIII 472). Aunque se le atribuyeron a su hábito cualidades milagrosas, su culto no floreció.

En vida María de San José tuvo fama de intelectual. Escribió varios documentos rele-

---

3. Un Breve es un documento pontificio menos formal que una Bula.

vantes a su trabajo de priora, además de obras para entretener e instruir a las monjas, poesía y cartas. Su *Santa concordia y hermandad entre las Carmelitas Descalzas de Lisboa y las Dominicas de la Anunciata de la misma ciudad* (1585) fue compuesta antes de despedirse de las hermanas dominicas que habían recibido a las Descalzas mientras éstas esperaban a que estuviera lista su nueva casa. El *Libro de recreaciones* (1585), tal vez su obra más conocida, está presentado como un coloquio, forma literaria muy utilizada durante la temprana edad moderna. Varias monjas del convento (que aparecen con seudónimos) se reúnen para conversar durante sus períodos de recreo. La más significativa es Gracia (María de San José misma), quien cuenta su propia historia, la de su Orden, la de la Fundadora (bajo el nombre de Ángela) y los frutos de la devoción. El personaje que lleva el nombre de «Eliseo» es, en realidad, el padre Jerónimo de Gracián. Según la descripción que aparece en el prólogo del *Libro de Recreaciones*, la obra original constaba de cinco partes, pero el fragmento que poseemos sólo llega hasta el principio de la cuarta. *Consejos que da una Priora a otra que ella había criado* o *Avisos y máximas para el gobierno de las religiosas* (entre 1590 y 1592), libro que existe en varias versiones, contiene reglas para el manejo de un convento. Esta colección de recomendaciones, fruto de los años de experiencia de María de San José como superiora, revela sus maravillosas cualidades administrativas, sus conocimientos psicológicos, el afecto que siente por sus hijas espirituales y su profunda bondad. La *Carta que escribe una pobre y presa Descalza* (1593), escrita en la cárcel conventual de Lisboa durante las persecuciones de Doria, expresa su devoción a la cruz e incluye sus reflexiones sobre el perdón de las ofensas. *Ramillete de mirra* (1593–95), escrito después de la muerte de Doria, habla de las persecuciones en Sevilla. También articula el deseo de la autora de que con la ascensión al poder del padre Elías se restaure el enfoque original de la Reforma carmelita y se ponga en libertad al padre Gracián, aún preso, según cree la madre María, de los partidarios del antiguo padre general. También entre los escritos de la madre María habría que contar su *Declaración en el Proceso de canonización de Santa Teresa* (1595), así como su *Tratado en que se ponen los medios y caminos por donde el demonio va introduciendo la relajación en las Religiosas, derribando la perfección de los tres votos* (1599). Su *Instrucción de novicias* (terminada en 1602 pero seguramente compuesta antes) es un diálogo entre dos religiosas, Gracia y Justa, sobre «la oración y mortificación con que se deben criar las novicias». También se conservan varias de sus poesías.

El *Libro de recreaciones* es un compendio de comentarios sobre muchos temas: la capacidad intelectual de la mujer, la espiritualidad teresiana, las visiones y locuciones, la historia de la Orden carmelita y especialmente, la figura de santa Teresa de Jesús. María de San José relata muchos de los mismos incidentes que aparecen en el *Libro de la vida* de santa Teresa, con la diferencia de que su perspectiva es la de una hija espiritual que idealiza a la madre fundadora. Como Gonçalvez da Cámara, que escribió la "autobiografía" de san Ignacio con la idea de crear un icono que consolidara la Compañía de Jesús, María de San José contribuye a la creación de la leyenda de santa Teresa. Mientras la Fundadora hace hincapié en sus propias imperfecciones y narra ciertos sucesos para ilustrar su propia torpeza, María de San José convierte todas estas anécdotas en pruebas de la virtud de su heroína. Si Teresa ataca a sus censores indirectamente, estableciendo su autoridad ante la jerarquía eclesiástica al subrayar la validez de sus propias experiencias extáticas, María de San José es menos sutil. Describe a su madre espiritual como una líder de la reforma, tan capacitada como cualquier hombre.

Una de las diferencias más obvias entre los estilos de las dos Carmelitas es la actitud que cada una adopta hacia la mujer. Teresa, que escribe por obediencia, menciona repetidamente no sólo sus propias deficiencias intelectuales sino las de su sexo. Si logra escribir algo de valor, dice, será únicamente por obra del Señor, ya que ella carece de las dotes y de los conocimientos necesarios para expresarse claramente. Sea su autodesprecio una estratagema para protegerse de sus acusadores, como han sugerido varios investigadores, una manifestación de su escrupulosidad o simplemente un ejemplo más del *topos* de la *mediocritas,* usado con frecuencia en este período por hombres tanto como por mujeres, el hecho es que la Fundadora no defiende abiertamente el intelectualismo en la mujer.

María de San José también escribió por obediencia y adopta una posición de humildad al mostrarse dudosa de su capacidad de cumplir el mandato. Como santa Teresa, lamenta las imperfecciones de su sexo, pero estos comentarios están a menudo teñidos de sarcasmo. En varios pasajes defiende explícitamente la capacidad intelectual de sus hermanas. Aunque insiste en que las mujeres no deben tratar de asuntos teológicos, defiende el derecho de las religiosas a escribir acerca de la vida conventual y de las lumbreras de su Orden. Aunque se abstiene de hacer alarde de sus propios talentos y conocimientos, ya que la erudición era considerada pecaminosa en el sexo femenino, se permite burlarse de los sacerdotes que creen que una monja es hereje si reza en latín. Si bien la autora insiste en la ineficacia de su «lengua ruda» y en la «torpeza» de su ingenio para articular sus recuerdos y sus ideas sobre la oración, y si asimismo lamenta su «rudeza» al emprender un memorial sobre santa Teresa, también da a entender que su perturbación nace en parte del hecho de que a las mujeres les sean vedadas las letras.

Según Justa, uno de los personajes del *Libro de recreaciones,* hay mujeres que saben tanto o más que los hombres: «muchas ha habido que se han igualado, y aun aventajado a muchos varones». Justa insiste en que las mujeres pueden ser superiores a los hombres no sólo intelectualmente sino también moralmente. Pueden ser valientes, fuertes y perseverantes. En cuanto a santa Teresa, «avergonzó y sacó al campo a los varones, y los hizo seguir la bandera de su capitana». Claro que la Fundadora también había exhortado a sus hijas a ser «soldados» y «guerreros»; este lenguaje era corriente en la literatura religiosa de la época. Sin embargo, al encuadrar sus elogios de la santa en términos de una confrontación entre los sexos, en la cual la heroína tiene que abochornar a los hombres para sacarlos de su letargo, María de San José adopta una posición claramente promujer.

Es significativo que María de San José haga que Justa articule este concepto, y no Gracia, su portavoz. Si Justa es la feminista más militante del grupo, Gracia aboga siempre por la moderación. Afirma que los sacerdotes que no aprecian las dotes intelectuales de las mujeres no son «simples», sino unos cuantos extremistas absurdos que se «escandalizan del aire». Se opone al extremismo en todas sus formas, ya sea de hombres o de mujeres: «Por extremo tengo, hermana, el que comúnmente usan los hombres para con las pobres mujeres, que en viéndolas tratar de Dios se escandalizan y traen atemorizadas, y por extremo tengo en ellas que son algunas demasiado de bachilleras y atrevidas, metiéndose en lo que no saben». Es decir, los sacerdotes no tienen el derecho de prohibir que las mujeres estudien y escriban; pero las mujeres tampoco deben meterse en campos que les están prohibidos.

En el ambiente de represión en el cual vivía la Descalza, tuvo que templar sus críticas. A pesar de ello, la priora de San José y de San Alberto, la que había sufrido horriblemente a manos de ciertos hombres poderosos de la Reforma carmelita, supo defender inequívocamente la autoridad intelectual y moral de sus hermanas. Al mismo tiempo, confiere autoridad a santa Teresa al narrar su historia y al citarla continuamente. En sus *Avisos y máximas* defiende el derecho de las religiosas a gobernarse a sí mismas, argumentando que los hombres, incluso los sacerdotes, no entienden el temperamento femenino. Condena abiertamente a los confesores que se aprovechan de las monjas, mortificándolas con penitencias innecesarias, y advierte a las prioras que eviten el tratar con sacerdotes «oscuros y melancólicos». Como veremos en el capítulo sobre Ana de San Bartolomé, esta actitud hacia los confesores llegará a provocar una disputa entre las Carmelitas.

La prosa de María de San José es enérgica, vívida, directa y más deliberadamente «literaria» que la de santa Teresa. Su uso del coloquio, o conversación, la asemeja a escritores como Erasmo o fray Luis de León, quienes emplearon este género para exponer sus ideas sobre la religión y otros temas. La estructura del *Libro de recreaciones* revela que la autora parte de un concepto bien formulado. El texto está dividido en capítulos llamados Recreaciones, cada uno de los cuales está dedicado a un tema fácilmente identificable. Las repeticiones, vacilaciones y contradicciones que caracterizan la autobiografía de la Fundadora se notan menos en la obra de María de San José.

El lenguaje de María de San José está repleto de metáforas y juegos de palabras. Santa Teresa es «otra Débora»; es una «estrella» que «luce y resplandece... entre las piedras preciosas» de un rico minero; también es un «águila» que hace «su nido en los altos peñascos y no rotos pedernales», una madre amantísima que nutre a sus pequeñuelos y les enseña a volar alto; es un «cisne blanquísimo, que puesto en las aguas de las tribulaciones, conserva en ellas su limpieza»; el Carmelo era un «jardín olvidado y destrozado» antes de que ella pusiera en marcha la Reforma. Juega con modismos como «ponerse el sombrero», en el sentido de «solemnizar un documento», así como con los sentidos literal y figurativo de ciertas expresiones como, por ejemplo, «vuestra caridad».[4] La hermana Atanasia es como un erizo, «llena de espinas y fealdad» y las palabras del primer Eliseo sobre el Carmelo son un «manjar» que las monjas pueden «guisar» para satisfacer su «hambre». En sus *Avisos* describe a una comunidad religiosa «como un gran bajel, donde las reglas son las cuerdas y las velas; la voluntad de los súbditos, el timón; el Superior, el piloto».

Aunque la madre María usa muchas de las mismas metáforas que su predecesora, no las emplea necesariamente de la misma manera. Santa Teresa insistió en que recurría a la comparación porque no tenía otra manera de articular sus experiencias; la insuficiencia del

---

4. *Your charity, a courteous form of address meaning "you." See note 54.*

lenguaje es uno de sus motivos principales (aunque también es cierto que muchas de sus metáforas resultan de su empleo de modismos, refranes, proverbios, etc.). En cambio, María de San José a menudo usa la metáfora por razones puramente literarias —para enriquecer o vivificar su prosa.

El tono del *Libro de recreaciones* es a menudo ligero y gracioso, aun cuando las dialogantes discuten temas teológicamente complejos. La priora dibuja a sus personajes con agudeza y tino. Cada monja tiene su propia idiosincrasia. Con un par de pinceladas la autora les infunde vida y personalidad, como hemos visto en su retrato de María del Corro, reproducido arriba, o en su descripción de la hermana Cándida, la monja que anda tan distraída que a veces mete sus dedos en el aceite de una lamparilla, tomándolo por agua bendita. Igualmente hábil es su descripción de Atanasia, la monja ensimismada y espinosa. Mediante burlas cariñosas, chismes, quejas y anécdotas, la autora recrea el ambiente placentero de los recreos conventuales. Al mismo tiempo, le da al lector una idea lúcida de las tribulaciones que han sufrido las Descalzas y además, examina temas transcendentes como el de las locuciones y visiones. Como Teresa de Jesús, la madre María salpica su narración de humor. Su diálogo es animado, conversacional, convincente. En algunas partes esta obra nos recuerda el *Coloquio de los perros* de Cervantes, siendo también difícil de clasificar, ya que, sin ser novela, contiene muchos elementos novelísticos: personajes fuertes, diálogo animado, ambientes bien definidos, etc.

Los *Avisos* de María de San José son de interés particular por la imagen que crean de la priora como gobernante. Sumamente prácticos y llenos de sentido común, estos consejos revelan la fe de la priora en la bondad de sus hijas espirituales. Se vale de la razón y del cariño para encaminar a las monjas en vez de la excesiva disciplina. Está convencida de que las mujeres quieren ser buenas, aun cuando actúan mal. Basta escucharlas para que ellas mismas, al explicarse y justificarse, se den cuenta de sus errores. Como santa Teresa, aunque de una manera más explícita que ella, advierte contra los malos confesores; quiere así que sus monjas sean conscientes del daño que pueden causar y del riesgo que corren al confiar en ellos.

María de San José escribió poesías para diversas ocasiones —profesiones, fiestas religiosas, visitas o solemnidades conventuales. Por lo general, sus versos son llanos y sencillos. Muchos celebran la vida carmela. Como en su prosa, se nota en su poesía cierta influencia culta, en por ejemplo, el uso del soneto.

Aunque se ha estudiado relativamente poco, María de San José fue una de las mujeres más notables de su época. La editorial de la Universidad de Chicago publicó una traducción al inglés del *Libro de recreaciones,* hecha por Amanda Powell, en 2002. Es de esperar que este nuevo volumen despierte el interés de investigadores a ambos lados del Atlántico en esta extraordinaria religiosa.

Los datos biográficos incluidos aquí han sido tomados principalmente de *Historia de los Carmelitas Descalzos,* de Silverio de Santa Teresa, y del prólogo a las obras de María de San José, de Fr. Simeón de la Sagrada Familia. Cabe destacar que Serrano y Sanz incluye a la autora en su antología de escritoras, pero la confunde con la hermana de Julián de Ávila.

# Libro de recreaciones

*Primera recreación*

JESÚS MARÍA[5]

Año del Señor de mil y quinientos y ochenta y tres, día del seráfico[6] padre san Francisco,[7] habiendo un año que este día se secó la flor del Carmelo,[8] invoqué el llanto y luto, viéndose despojado de su dulce Madre Teresa de Jesús, de quien dos hijas suyas, puestas a la sombra de una hermosa alameda, hablaban de ella debajo del nombre de Ángela,[9] y aunque el tiempo no era para buscar la frescura y campos, que en la primavera suele ser deleitoso, empero[10] la plática que tenían ayudaba la soledad y ruido del viento que movía todo a sentir la suya, y con lágrimas en los ojos traían a la memoria el robo que la muerte hizo dejándolas sin Madre, pastora y consuelo, y habiendo un rato llorado, los ojos puestos en tierra, los levantaban a tiempos al cielo, con que se templaba su dolor, considerando tener allí cierto y seguro su tesoro, gozándose de lo que su Madre gozaba con esto, quedando con algún espacio mudas. Gracia, que así se llamaba la que más moza parecía, mudando la plática que antes tenían, dijo a Justa: «carísima hermana, muchos días ha que me mandó el Padre Eliseo[11] que le hiciera una memoria de mi vida, en que le dijera la manera de proceder en la oración y las misericordias que Dios me ha hecho en ella, y no te quiero decir para qué lo quiere, pues conoces su celo[12] y lo que de todo se aprovecha, sacando de la ponzoña de mis vicios, miel de doctrina para todas sus hijas. Y dejado esto, porque es hacer agravio a tan grande ingenio y virtud, ponerse mi lengua ruda a alabarla, diréte al fin, para qué te comencé este cuento. Yo estoy muy afligida desde que esto me mandó, porque desde el punto que lo quise comenzar, ha sido tanta la torpeza de mi ingenio, que no he podido escribir letra, y todo cuanto he dicho hasta aquí de oración, me parece que era mentira y antojo, y lo que más se me pone delante, de que tendría mucho que escribir, son mis pecados, mas no me hallo con espíritu para escribirlos, que es harto mal estar tan atrás que tenga vergüenza de decir a mi prelado lo que de mejor gana le había de manifestar, y no contar gustos de oración, pues no puedo hablar de ellos con la certeza que de los pecados, que sé que he hecho muchos, y esto otro no sé si es del demonio o del temor de que participamos tanto las mujeres; mas consuélome, que lo que dijere irá a manos de quien de cien leguas en-

5. *In the name of Jesus and of Mary*
6. angélico
7. A cada santo se le asigna un día en el calendario católico. Santa Teresa murió el 4 de octubre, día de san Francisco de Asís, según el calendario Juliano. En 1582 el papa Gregorio XIII promulgó el nuevo calendario, llamado Gregoriano, porque el calendario civil se había retrasado diez días respecto al calendario astronómico. Según el nuevo calendario, la fecha de la muerte de santa Teresa es el 15 de octubre de 1582.
8. Es decir, murió santa Teresa.
9. Santa Teresa misma también usa este pseudónimo en sus cartas.
10. sin embargo
11. Jerónimo Gracián. En este pasaje se ve claramente la devoción que María de San José le tuvo a su director espiritual. Es significativa la selección del nombre Eliseo para referirse a Gracián. Eliseo fue un profeta hebreo, seguidor y sucesor del profeta Elías, a quien los Carmelitas veneraban como fundador espiritual de la Orden.
12. *zeal.* (Era común que los confesores y directores espirituales mandaran a una monja escribir su autobiografía o sus reminiscencias espirituales.)

tenderá lo que es; lo que te pido, hermana, es que me encomiendes muy de veras a Dios para que cumpla con la obediencia».

Y Justa, que con gran atención la había oído, dijo: «mucho me he maravillado, hermana mía Gracia, de ver que tengas repugnancia en ninguna cosa de las que entiendes que darás gusto a nuestro padre, pues fuera de ser nuestro prelado, en quien habemos[13] de mirar a Cristo,[14] tú tienes, por muchos respectos, obligación a no le encubrir nada de tu corazón».

—Nunca Dios quiera, le respondió Gracia con gran prisa, que caiga en semejante vicio, ni que le encubra ninguna cosa de las que tengo en mi alma, porque dejado[15] de mostrarme ingrata con quien tanto debo y tanto quiero, a mí me haría el daño, pues sabemos cuánto se gana en tratar con claridad con los que el Señor tiene puestos en su lugar, y créeme esta verdad, que nunca tal tentación me ha traído el demonio, antes parece que comenzó mi alma a pronosticar el primer día que le vi, sin ser mi prelado, el bien que por él había de recibir, porque todo lo que pedía a la Virgen Nuestra Señora, era en nombre del Padre Eliseo, y me parecía alcanzar luego lo que en su nombre pedía, y así lo que me da pena es no saber qué me decir, por esto te lo he dicho, para que me des parecer y ayudes con tus oraciones.

—Lo que puedes, hermana, hacer —dijo Justa— pues el llamarte Dios y traerte a la religión, fue por medio de la heroica y admirable Madre nuestra Ángela, comienza por ella y di las cosas que le viste desde que la comenzaste a conocer, y tratando de tan dulce Madre, no te acordarás de ti, y cumplirás con la obediencia y darás más contento al Padre Eliseo, pues oyendo el nombre de su Ángela, con él pondrá gracia a lo que de ti desgraciado dijeres.

—Dios Nuestro Señor te lo pague, hermana —dijo Gracia postrándose[16] en tierra —y sea Él bendito, que tan presto nos muestra el bien que hay en humillarnos a tomar parecer, y pues Dios ha alumbrado tu entendimiento para que me des traza,[17] dime cómo tengo de comenzar, y no me dejes a mí sola, sino veme ayudando y yo diré lo que sé, y dame tú orden para que vaya con ella escribiendo, pues es tu nombre Justicia...

—Comienza ya, dijo Justa, que me da gran contento oír las cosas de nuestra Ángela.

—Oh, hermana Justa, y cuán de buena gana comenzara —dijo Gracia—, esa materia, porque ha muchos días que ando con grandes deseos de hacer un memorial de algunas cosas que vi y oí a la buena Madre, pero paréceme imposible salir con ello, lo uno por mi rudeza,[18] que no sabrá decir nada, y lo otro, que es lo que más me acobarda, es ser mujer, a quien ya por ley que ha hecho la costumbre, parece que les es vedado el escribir,[19] y con razón, pues es su oficio más propio hilar, porque como no tienen letras, andan muy cerca de errar en lo que dicen.

—Yo confieso —respondió Justa— que sería muy gran yerro escribir ni meterse las mu-

13. hemos
14. El cura representa a Cristo en la tierra y, por lo tanto, las monjas le deben obediencia.
15. aparte
16. *kneeling*
17. habilidad, destreza
18. *coarseness, lack of refinement*
19. **ya...** *by the law of custom are forbidden, it seems, to write*

jeres en la Escritura, ni en cosas de letras, digo las que no saben más que mujeres, porque muchas ha habido que se han igualado, y aun aventajado a muchos varones; pero dejemos esto: ¿qué mal es que escriban las mujeres cosas caseras?[20] Que también a ellas les toca,[21] como a los hombres, hacer memoria de las virtudes y buenas obras de sus madres y maestras, en las cosas que sólo ellas que las comunican, pueden saber, y forzosamente ocultar a ellos,[22] fuera de que podría ser que a las que están por venir les cuadrase más, aunque escrito con ignorancia y sin curiosidad, que si las escribiesen los hombres,[23] porque en caso de escribir y tratar de valor y virtud de mujeres, solemos tenerlos por sospechosos,[24] y a las veces nos harán daño, porque no es posible sino que cause confusión las heroicas virtudes de muchas flacas,[25] como por la misericordia de Dios, en estos floridos tiempos de esta renovación, vemos.

—Bien dices, hermana —dijo Gracia— que sería confusión si lo que escriben mujeres ellos lo creyesen, pero ¿no ves que han tomado por gala tener a las mujeres por flacas,[26] mudables e imperfectas y aún inútiles e indignas de todo ejercicio noble? Acerca de esto te diré un cuento que te ha de caer en gracia. Sabes, carísima, que cuando nuestra Madre Ángela fue a fundar a Sevilla, nos venían a confesar muchos siervos de Dios, entre los cuales continuaba más que otros un sacerdote muy bueno, aunque del humor de los dichos, y se alteraba tanto de vernos persignar en latín como si dijéramos herejías, y muy de propósito se ponía a reprendernos, y nos decía que no se habían de meter las mujeres en bachillerías[27] y honduras.

—Sin duda debía de ser simple[28] ese siervo de Dios —dijo Justa— pues no advertía que la Santa Iglesia nos hace gracia de que recemos las religiosas el oficio divino y ayudemos a los santos oficios y sacrificios de la misa.

—Simple, hermana —dijo Gracia— no lo hacía de simple, que de muy atrás tenía ese extremo, mas hay gente, que se escandalizan del aire, y si te hubiere de decir los trabajos y persecuciones que en aquella fundación se pasaron con semejantes humores, nunca acabaría de contarlos, y porque tratábamos de las cosas de la fe, que cada cristiano está obligado a creer y saber, como son los artículos de la fe y cosas semejantes, atemorizaban de suerte a las flacas que padecieron harto, haciéndolas entender que eran herejes. Yo tengo por gran desatino poner tropezón[29] donde no le hay, y hacer entender a las pobres mujeres que todo es herejía; pero quédese aquí, que es cuento largo. Podrá ser que ordene el Señor que en otra parte se escriba, para que sepan nuestras hermanas cuántos trabajos y aflicciones costaron fundar los conventos a nuestra santa Madre, y se animen a pasarlos, teniendo envidia de lo que gozaron de estas

20. relacionadas con las cosas de la casa (es decir, del convento)
21. **a**... ellas tienen el deber
22. **en**... *about things that only they (the women) could know, which are perhaps hidden from the men*
23. **podría**... *it may be that although written in ignorance and without skill, these writings will be better suited to women than if they had been written by men*
24. **en**... *when it comes to writing about the worth and virtue of women, we usually find men's writing suspect*
25. **no**... *they cannot help but be bewildered by the heroic virtues of so many weak women* (Nótese el sarcasmo.)
26. **han**... *they delight in thinking women weak*
27. pedanterías
28. tonto
29. error

ricas ferias. Y volviendo a lo comenzado digo, hermana, que es de poca fuerza y de ningún crédito lo que dijéremos, por ser mujeres.

—¿Qué se nos da de eso?[30] —dijo Justa—. Para quien se escribe lo creerá,[31] ¡cuánto más en lo que fuere decir de nuestra grande Ángela! El Señor se ha mostrado tan maravilloso en su vida y muerte, que es a todos notorio, y, así, comienza, hermana, y haz cuenta que lo cuentas a las hermanas en las recreaciones, y si dijeres boberías de las que no te aseguro,[32] ya sabes cuán aceptas son en tal tiempo y cuán solemnizadas, que no haya miedo que ninguna te perdonen.

—Pluguiese[33] a Dios, hermana mía —dijo Gracia— sirviese de dar recreación a estos ángeles, porque no hay cosa de que más guste que de verlas alegrarse unas con otras, y mi alma se goza porque se ve allí el amor y hermandad y gran contento que tienen y la mortificación[34] de cada una, no mostrando ningún género de sentimiento,[35] aunque se rían de sus boberías, que es el fin que nuestra Madre Ángela tuvo en querer que, después de comer y colación,[36] se juntasen con sus labores a alegrarse en el Señor, con otros muchos, que ya se sabe que es necesario aliviar el espíritu del ayuno, oración y continuo silencio.

—Mucho importa —dijo Justa— vaya esto adelante con la perfección que nuestra Madre lo dejó, y ahora dime ya de ella.

—No pienses —respondió Gracia— que aunque me alargue en algunas cosas, es salir de propósito,[37] pues suyo es lo que de bien y provecho se conoce. La fruta redunda[38] en alabanza del árbol que la produjo, y así cualquiera cosa que de las hermanas fuere diciendo, de virtudes y gracias, bien se entiende que por medio de aquel claro ingenio y heroica virtud las alcanzaron. Mas, dime por caridad, ¿cómo quieres que me atreva a contar las grandezas de aquella admirable mujer, pues sabes mi torpeza?

—Por cierto, hermana —dijo Justa— no creo tiene en tan poco nuestro Señor las cosas de su sierva que las pondrá en poder de tan ruin cronista, porque más ingenio que el tuyo y el mío es menester para contar tales hazañas, como son las que Dios, por medio de esta valerosa mujer, en nuestros tiempos ha hecho, pues no sólo ha despertado a las mujeres flacas a tomar la cruz de Cristo, mas avergonzó y sacó al campo a los varones, y los hizo seguir la bandera de su capitana, que habían vuelto las espaldas al rigor y virtud primitiva, para que hiciesen rostro a los enemigos que tan enseñoreados estaban. Comenzó como otra Débora[39] a animar el ejército de Dios, prometiéndoles de su parte la victoria, no quedándose ella en la tienda,[40] antes se ponía a los mayores peligros y afrenta, no descansando en tiempo de paz sino con ex-

30. **¿Qué**... ¿Qué nos importa?
31. **para**... *Those for whom it is written will believe it.*
32. **si**... *if you make foolish remarks, and I can't guarantee that you won't*
33. *May it please*
34. purificación
35. **ningún**... *any kind of hurt*
36. *light meal in the late afternoon, between lunch and dinner*
37. **salir**... *get off the track*
38. se desborda, excede
39. Profetisa bíblica (Jueces 5) que celebró en un cántico la victoria de los israelitas sobre los cananeos.
40. *tent*

cesivos trabajos y sudores de su rostro, plantando y trasplantando este divino jardín del Carmelo, que tan olvidado y destrozado estaba,[41] y tan perdida su digna hermosura, cuanta puso Dios en esta alma y cuerpo, que mostró bien la divina Majestad para qué la criaba, dotándola de tantos dones y gracias cuan hermosa y de perfecta figura, como adelante de necesidad has de decir, aunque en todo quedarás corta.[42] Pues qué será para decir cuán graciosa y discreta era, amable y dulce en su trato, cuán prudente y sagaz, con aviso y simplicidad de paloma, su fe y esperanza y el espíritu de profecía, la gracia de llegar almas a Dios, el maravilloso don de consejo, pues muchos grandes de España tomaban su parecer en cosas graves, y así, hermana, cosas como éstas no son para ti ni para mí. Digo para que sólo tú las digas, de las cuales no dejes, pues, de hacer alguna niñería para consolar a las hermanas entre tanto que haya quien lo sepa mejor hacer nos lo escriba, y tú di lo que viste y oíste, pues te hallaste con ella en algunas fundaciones, aunque no se te parece mucho, que no te veo muy medrada.

Gracia oyendo esto se fue a postrar en tierra, conociendo ser verdad lo que Justa le decía, la cual la detuvo y dijo: «comienza, hermana, que ya es tiempo». —Ya te dije al principio —dijo Gracia— que me habías de ayudar, y pues me mandas que lo escriba para las recreaciones, di qué orden ha de llevar, o qué nombre le pondremos.

—Llamemos a las hermanas Josefa y Dorotea —respondió Justa— que en negocio de recreación ellas tienen buen voto[43]; y levantándose con esto Gracia, fue por ellas, y venidas con licencia, les dijo Justa: «Deogracias,[44] hermanas, ¿pesóles de que las sacasen de la ermita?»[45]

Dorotea dijo al punto[46]: «¿y eso carísima úsase en las Descalzas, pesarles de lo que manda la obediencia?[47] No por cierto, ni creo [que] la hermana Josefa viene de mala gana». La que dijo luego: «De mí sé decir que me holgué, porque deseaba pedir licencia para venir a oír algo de Nuestro Señor, y acordóseme que me faltaba por hacer una mortificación de las que me han mandado que haga cada día y así lo dejé, y proveyó Nuestro Señor que me lo mandasen. ¡Bendito sea su nombre! que nada deja sin premio, de lo que por Él se hace».[48]

—Ea, hermanas —dijo Gracia— hagamos la obediencia y ved qué nombre se pondrá a esto que la hermana Justa aquí me hace escribir.

—Es menester que se vea —dijo Josefa— para dar el voto.[49]

—Enhorabuena[50] —dijo Gracia— mas yo aseguro que nunca nos venga vanagloria con el nombre que vuestra caridad le pusiere.

41. Es decir, la Orden de los Carmelitas estaba en un estado de decaimiento.
42. insuficiente, defectuoso
43. *judgment*
44. expresión que se emplea para expresar alivio al salir de una situación difícil. Aquí se emplea como saludo.
45. pequeña capilla situada en el jardín del convento adonde las hermanas podían retirarse a rezar
46. inmediatamente
47. *y... and, dear sister, is it customary among Discalced nuns to be troubled by what obedience commands? (This is a pointed remark because, as we shall see in the next chapter, obedience was indeed an issue that divided Carmelite nuns.)*
48. **que**... *nothing we do for Him goes unrewarded*
49. **Es**... *"We have to see it first," said Josefa, "before giving our opinion (about what its name should be)."*
50. exactamente, buena idea

—Bien dice, hermana, —replicó Josefa— que ya me va pareciendo de lo poco que he oído «olla podrida,[51] que se hace de muchas cosas».

—Más honesto[52] nombre parece «ensalada» —dijo Dorotea...

Gustando todas de lo que Dorotea decía, acordándose de los trances que en semejante caso a cada una le habían pasado, de común parecer y voto de todas, determinaron se pusiese nombre al *Libro de recreaciones,* pues no iba fuera de propósito, por ir mezclado con diversas cosas bien semejantes a los entretenimientos de las hermanas, los cuales, compuestos de muchas materias sacan un fin, que es alabanzas de Dios. Con esto Josefa, que era la que más el nombre y la historia solemnizaba, dijo a Gracia: «Comienza, hermana, que yo iré por el sombrero,[53] que sospecho le habrás mucho menester».

—¡Bendito sea el Señor —decía Gracia— que veo ya lucir las obras de mis manos, pues dan ya recreación a mis hermanas! Mas porque estamos deprisa y no habrá lugar de solemnizar cada necedad poniéndome el sombrero, trae, hermana, el libro de las crónicas, donde las tales se suelen escribir, y ve asentando las que dijere.

Al punto Josefa, con gran presteza respondió: «De ese trabajo nos quita vuestra caridad,[54] pues las escribe de su mano». Justa que la había caído en gracia la aguda respuesta de Josefa, después de haberla con las demás solemnizado, mandó a Gracia que comenzase, y las demás se fuesen porque habían tañido a oración.

### *Tercera recreación*

#### DONDE JUSTA PIDE A GRACIA LE CUENTE LAS COSAS DEL CARMELO

Vueltas al lugar que habían dejado, antes que a él llegasen, vieron de lejos venir una religiosa puestos los ojos en el cielo. Caminaba por entre unas matas, tan sin cuidado del camino que había tomado, que a tiempos se salía de él. Justa, que con atención miraba su descuido, dijo a Gracia: «¿Quién es aquélla que tan traspuesta[55] parece que viene?»

Gracia dijo: «¿No la conoces? La hermana Cándida, que merced de Dios es no venir de donde pudiera encontrar con alguna lamparilla de aceite en que moje los dedos por agua bendita como lo suele hacer».

—Gusto es verla —dijo Justa—, con qué descuido, nacido de buen cuidado,[56] va andando.

—No será mucho —respondió Gracia— que cuando llegue se le haya olvidado a lo que va, embebecida en la consideración de las hierbecitas y aves que están cantando, que cierto es

---

51. *a Spanish stew (literally, "rotten pot")*
52. *decente*
53. Amanda Powell indica que era costumbre mostrar respeto por documentos importantes tales como las Bulas Papales colocándoselos en la cabeza; por lo tanto, «ponerse el sombrero» significa solemnizar un documento (*Untold Sisters* 98).
54. *"Your Charity" was a form of address used among nuns, similar to "Your ladyship," or "Your reverence" used among laypersons. Note the wordplay here:* vuestra caridad *means either your charity or you.*
55. *dazed, confused*
56. **con**... *with what carelessness, which stems from her extreme care (Note the wordplay.)*

harta parte para despertar el alma a las alabanzas de Dios. La soledad donde se ocupa la memoria y se emplea sólo en el Criador, satisface al entendimiento y mueve la voluntad y gózase en ver esos anchos cielos, las aves de ellos, los árboles, plantas y riscos y animales, los gusanillos y templanza del viento, tocando los árboles con agradable sonido, junto con el de las aguas que van corriendo por las peñas, con lo que mi alma se alegra, acordándome de lo que aquel profeta decía: «*Es, Señor, tu voz como de muchas aguas*».[57] Y sin duda tiene un no sé qué de majestad una gran corriente de agua que muestra la que le crió. Cuán bien sentía esto nuestra Madre Ángela, muéstralo bien en sus libros lo que este elemento le movía.

Justa dijo: «Hermana, ¿de qué no se movía y dejaba de tomar motivo para amar y alabar a Dios? Y para que todos le alabemos y gocemos, siquiera por oídas, dinos algo del Carmelo y su frescura, que, como sabes, nunca he salido de esta casa, y será gran consuelo para las que nunca le hemos visto, ni sabemos de su asiento y particularidades que tiene, y dónde están situados nuestros conventos, y otras cosas que en él hayas visto».

—Sí, he visto —dijo Gracia— pero quien mejor podrá satisfacer a tu deseo es la hermana Atanasia, que lo ha andado todo con nuestra Madre Ángela; llamémosla, pues tenemos licencia para hablar con quien quisiéremos habiéndolo menester, que si no me engaña la vista, en el hueco de aquella peña la vi entrar, porque en aberturas de peñas halla su refugio como los erizos,[58] según es amiga de ellas, y la voy a llamar, y tú, hermana, ora por ambas entre tanto.

Poniendo Justa por obra lo que Gracia le había dicho, levantó juntamente las manos y ojos y corazón al cielo, y daba gracias al Señor por haberla traído a tal lugar, donde más se encendían en alabanzas de Dios cuanto más las hermanas a ella se acercaban, porque su vista la movía, en especial la de Atanasia, que era venerable y demostradora de lo que era su alma; y llegada, se le humilló e hizo el comedimiento[59] que entre ellas se acostumbra, mostrándole con el semblante alegre cuán grata le era su vista, y habiéndola saludado, le dijo: «Es tiempo, carísima hermana, que nos hables y des parte de lo que Dios te comunica para que despiertes a las tibias como yo; tiempo es ya que salgas de las concavidades de las peñas y enseñes a tus hermanas y no seas sola para ti; mira no se te pida estrecha cuenta como al siervo que escondió el talento[60] que le dio su Señor, pues de razón en tu edad y muchos años de religión, no habrá ya el peligro de vanagloria que suele acometer y aún derribar a las que no tienen la experiencia que tú tendrás de tu miseria».[61]

A esto que Atanasia había estado oyendo, con mucha modestia y silencio, dijo: «Mal lo has hecho, hermana, pues me querías para maestra quitarme[62] ahora ser discípula, y que perdiese la lección que se me daba, con la cual te podré responder estando yo en mi nido, como todas

---

57. Ezequiel 43:2
58. *hedgehogs (Note the image: the hedgehog is covered with spikes and seeks refuge in craggy places.)*
59. cortesía
60. El «talento» es una moneda que se empleaba en tiempos bíblicos. La historia del siervo que escondió el talento se encuentra en Mateo 25:14–30.
61. **no**... *there won't be the danger of vainglory that usually attacks and even destroys those nuns who don't have the experience that you have in recognizing your own flaws*
62. prohibirme

decís, que con mucha verdad me podréis llamar erizo, llena de espinas y fealdad, que mi mantenimiento es de los animalillos inmundos, sin tener ninguna semejanza con lo bueno que a
este animal se le apropia. Confesaba delante de mi Señor mi ignorancia pidiéndole me en-
señase, y respondióme el Señor: «*maldito sea el hombre que confía en el hombre*».[63] Luego mi
soberbia comenzó a juzgar de la respuesta no ser a propósito de lo que pedía, y, al mismo instante, la divina luz, alumbrando mi entendimiento, junto con una dulce aunque terrible
represión, me enseñó como maestro verdadero, y arguyó a mi locura mostrándome con doctrina y experiencia la verdad de esta sentencia. Cómo es, no lo sabré decir, mas sé que mi alma
lo siente, y las caídas de los que en sí confían nos muestran cómo comprende más la maldición
del Señor a los que en su saber y obras confían que en las ajenas, supuesto que siempre hemos
de obrar entendiendo que por Cristo tienen nuestras obras valor. Y esto, hermana, bastara
para que ni me mandes a mí que enseñe, ni tú tomes de tu autoridad tal oficio, y créeme que en
ningún estado ni edad estamos libres del traidor del amor propio, que es la polilla que destruye
el más fino paño, y por tanto mándame lo que tengo de hacer, pues me trajiste aquí».

—Bien has cumplido, hermana, mi deseo —dijo Justa— y bien tengo que rumiar[64] en lo
que me has dicho. Ruégote que tengas paciencia y no te canses de responderme a muchas pre-
guntas que te habemos de hacer la hermana Gracia y yo, y la primera sea declararnos cómo fue
aquella respuesta que dices te dio el Señor ¿fue voz que la oyeses con los oídos exteriores o con
los del alma?[65] Porque eso entenderá quien te oyere.

No fue voz —respondió Atanasia— que se formase en el aire ni oyesen los oídos, y para
que mejor me entiendas quiero traer a la memoria las maneras de hablar que nuestra santa
Madre trae en su castillo espiritual. Unas, dice, parece vienen de fuera de sí, otras de lo muy interior del alma, otras de lo superior de ella, y otras son tan de lo exterior que parece que se oyen
con los oídos exteriores; de ninguna de estas maneras me fue dada aquella respuesta, porque
no se dio con voz, aunque fue palabra, y no quiero afirmar que fuese Dios, pues en cosas semejantes hay el peligro que sabéis, y la prueba del verdadero espíritu declara los efectos que
dejan estas cosas sobrenaturales, y, así, dejando el examen de ello para su tiempo, te querría
dar a entender cómo fue palabra aunque no se oyó voz. Bien sé que no tengo de acertar a explicar lo que el alma siente y cómo entiende que la[66] habla Dios, aunque no oye, como he dicho, voz, y no hallo otra cosa con que lo pueda mejor dar a entender,[67] que con lo que el Señor
hizo, que fue, como dice san Juan, que se inclinó y escribió en la tierra,[68] y así debe de ser acá,

---

63. *Micah 7:5 contains the same message: "Do not trust in a friend / do not put your confidence in a companion."*
64. examinar
65. Los teólogos distinguen entre locuciones corpóreas e intelectuales. Las primeras se oyen con el oído; las intelectuales se perciben con «los sentidos espirituales», es decir, los interiores. Santa Teresa describe tres tipos de
visión: la corpórea, en la que la persona ve una imagen con sus propios ojos; la imaginaria, en la cual la
persona ve una imagen, pero no con sus ojos corporales sino con los sentidos interiores; y la intelectual, en la
cual no hay imagen, sino que la persona siente o es consciente de una presencia sobrenatural.
66. le
67. *Here María de San José addresses one of the major problems of mystical writing: the insufficiency of language. Like
Saint Teresa, Atanasia struggles to explain a phenomenon that is outside everyday human experience. She hears
God's voice, not with her ears but with her inner senses.*
68. Juan 8:6

que escribe el dedo de Dios; si es suyo no hay que dudar, sino que como Todopoderoso, su palabra toca, y tocando habla.

—Bien me ha satisfecho —dijo Justa— cuanto a la pregunta pasada, quédame ahora otra duda, y es cómo tocándote el dedo de Dios, si es él el que te habló, te atreviste a juzgar no ser a propósito la respuesta, pues como ahora acabas de confesar no está Dios necesitado ni atado a nuestra tasada compostura[69]; para tocar se han de aplicar las manos y para hablar formar voz ¿no fue grande atrevimiento querer que fuese la respuesta a la medida de tu juicio?[70]

A esto Gracia y Atanasia se sonrieron, y Atanasia dijo: «Bien parece, hermana Justa, que te lleva el Señor vía recta y no por caminos extraordinarios, pues piensas que obliga su Majestad[71] a que en oyendo o viendo cualquiera cosa que parezca buena, la demos crédito. No, hermana, desengáñate, y todos los que están engañados, que paciencia tiene el esposo para llamar a la puerta, y sufrimiento para esperar que se llene su cabello del rocío de la noche, y aún gusta de hallar la puerta cerrada y que le digan cómo puede ser eso cuando las cosas parecen maravillosas, como lo hizo la Sacratísima[72] Virgen cuando el ángel le decía que había de ser madre de Dios. Yo creo que esta pregunta de aquella tesorera[73] de la Santísima Trinidad, no fue por ignorar que el hijo del Altísimo no había de ser concebido como los demás, sino por darnos ejemplo y testimonio de su limpieza; cuánto y más que como no están en nuestra mano[74] los primeros movimientos del alma, no se enoja el Señor, y con nuestra miseria nos enseña, como lo hizo aquí estando confesando de mí que no sabía nada, me mostró que era más ignorante de lo que pensaba...

*[Las hermanas siguen insistiendo en que Gracia les cuente la historia de la Orden.]*

*[Dijo Gracia]*: «No me contento de tratar sólo de este Carmelo trasplantado,[75] mas querría tomar la corrida de atrás y decir lo que fue origen y principio de este bien... *[Pero]* me veo inútil para tan gran empresa, y el grande ímpetu y deseo que tengo de contar las grandezas de este sagrado monte,[76] junto con mi insuficiencia, me hicieron enmudecer; la multitud de conceptos[77] que se me ofrecieron, quisiéralos ver con este deseo en poder del gran Eliseo, o que me prestara algo de su ingenio.

—Poca humildad —dijo a esto Justa— me parece, hermana, querer decir con tan alto estilo como los que lo saben hacer; con llaneza acomódate con tu poco caudal. [78]

69. **nuestra**... *our limited makeup*
70. **a**... *geared to your judgment (ability to understand)*
71. su... Dios
72. Santísima
73. es decir, la Virgen
74. es decir, bajo nuestro control. La experiencia mística no depende de uno, sino de Dios.
75. es decir, de los Carmelitas europeos
76. el monte del Carmelo, considerado la cuna de la Orden carmelita.
77. impresiones, ideas
78. **querer**... *to want to speak with fancy language like an orator; go ahead and speak with simplicity, according to your own poor talents*

—De necesidad habrá de ser así —dijo Gracia— pero es lástima ver esta casa y real edificio de esta altísima Reina,[79] la poca noticia que de él hay y el descuido que ha habido hasta aquí en hacer memoria de su grandeza.

Atanasia dijo: «No tienes otra razón de quejarte de que no hay escrito del Carmelo sagrado, pues ves que nuestro Eliseo no ha dejado cosa desde sus principios de que no nos haya dado luz, así en aquella historia admirable del origen y principio de nuestra religión, como en verso, nos ha dado de todo noticia; sólo resta ahora que para aplacar el hambre que de esto tienes, pues no te la quitan tan delicados y preciosos manjares, guises tú a tu gusto otros con que te satisfagas, y a las que fueren de tu grosero ingenio, al modo de los pastores y gente rústica, que se contentan más del ajo y cebolla que de los dulces manjares». Dicho esto se levantaron y recogieron al monasterio, que, como dije, estaba cerca, por ser hora de completas.[80]

*[En las siguientes «recreaciones» se relata la historia de la Orden con muchas digresiones.]*

## Octava recreación

DONDE SE TRATA DE LA VIDA DE LA SANTA MADRE TERESA DE JESÚS Y SU NACIMIENTO Y PADRES, DEBAJO DEL NOMBRE DE ÁNGELA, Y LAS MERCEDES QUE DIOS LE HIZO, EN SUMA, COMO ELLA LAS DICE EN SUS LIBROS.

—Después de haber tratado de las grandezas y riquezas de este monte, justo es que no nos olvidemos de la que fue causa de su restauración, y más siendo nuestro principal intento en este tratado, hacer memoria de la vida y maravillosas virtudes de la grande Ángela. No sé dónde la podamos mejor dar lugar que donde tratamos de la gloria y resplandor de este cielo, y se conozca y muestre esta estrella que tanto luce y resplandece en él, y entre las piedras preciosas y perlas de este minero, parezca esta sabia mujer que descubrió este campo lleno de tesoros, y pues hacemos mención de las águilas que aquí se hallan, miremos a ésta que tan alto vuela, que haciendo su nido en los altos peñascos y no rotos pedernales, provoca a sus hijos al vuelo, repartiendo con todos la presa que es propiedad de las verdaderas águilas. Éste es cisne blanquísimo, que puesto en las aguas de las tribulaciones, conserva en ellas su limpieza, teniendo en ellas por deleite el padecer. Y llegando aquí, carísimas hermanas, como engolfada en un abismo, la flaca barquilla de mi corto ingenio, no osa navegar; mas dejando el remo de mi industria, me ofrezco al divino auxilio, confiada en el Espíritu Santo, que soplara con su divino aliento si de esto se ha de servir.

—Comenzaré trayendo la semejanza que el mismo Espíritu Santo trae, pintando una valerosa casada,[81] porque desde que traté de esta santa mujer, vi que había sacado con gran perfección esta labor, y que a pocas mujeres que ha habido en la Iglesia de Dios se les puede dar mejor que a ella este nombre, y aunque muchas, en muchas cosas, han sido a esta fuerte mujer

---

79. la Virgen. El Carmelo está dedicado a la Virgen del Carmen. Según una tradición muy antigua, la Virgen apareció a Elías mucho antes de su aparición en la tierra.

80. última parte del oficio divino, después de las vísperas, destinada a santificar el reposo de la noche

81. Una monja está casada con Dios.

semejantes, esta Madre lo es en todo, como se verá si la gracia del Señor es conmigo, y vosotras me ayudáis con oración.

Justa dijo: «Contento recibimos de ver cuán buen camino has tomado, porque verdaderamente es ésta aquella mujer fuerte, pero temo ver en tus manos misterios tan grandiosos y altos, y no quema[82] entendieses que son cosas las que el Espíritu Santo por Salomón[83] dice, tan caseras como su naturaleza, que como habla allí de Cristo nuestro Señor y de su Iglesia, cosa de temeridad parece meter tú ahí la mano. Bien es verdad que, como arriba dijiste, el mismo Señor que nos dio y da cada día el Santísimo Sacramento, da licencia para que se honren sus santas, con lo que él se honra, y tomando lo que a nuestra Santa Madre se puede aplicar, no entiendas has de penetrar los misterios altos y escondidos que en estas sagradas letras están, y no sé si sería mejor dejarlo, que es grande atrevimiento y cosa prohibida para mujeres ponerte a explicar la Escritura ni tratar de ella».[84]

—Ahora no hayas miedo —dijo Gracia— que te tenga por demasiado temerosa como en lo pasado, que dices bien, y ninguno se puede seguir del atreverse las mujeres a cosas semejantes, y así te lo dije al principio; ya me diste licencia, y bien me la puedes dar para esto, porque te hago saber que soy enemiga de extremos.

—¿Qué llamas tú extremos? —dijo Justa.

—Yo te lo diré —respondió Gracia. Por extremo tengo, hermana, el que comúnmente usan los hombres para con las pobres mujeres, que en viéndolas tratar de Dios se escandalizan y traen atemorizadas, y por extremo tengo en ellas que son algunas demasiado de bachilleras y atrevidas, metiéndose en lo que no saben, y entre estos dos extremos veo a nuestro Bien y Señor que nos muestra el medio como aquél que es verdadero camino. En favor de las mujeres hace aquella benignidad nuestro dulce Maestro, que no se desdeñó de estar en un muy largo y alto coloquio con la Samaritana, sufriéndole el Señor que ella se metiese en averiguar cuál era el lugar propio para adorar a Dios, enseñándola Su Majestad y haciéndola divulgadora de su palabra.[85] También sabemos que a la Magdalena[86] y a las demás Marías[87] reveló primero el misterio altísimo de su Resurrección y mandó lo denunciasen a sus hermanos, de suerte que no hay para qué nos excluyan del trato y comunión con Dios, ni nos quiten que no contemos sus grandezas y queramos saber lo enseñado, y aquí está el freno para las atrevidas. Digo que hablemos y sepamos lo enseñado, no que enseñemos, lo cual creo mostró el mismo Señor a la

82. rebaja; disminuye la importancia del asunto
83. rey bíblico conocido por su sabiduría
84. María de San José se muestra muy consciente de las leyes eclesiásticas que prohíben que las mujeres estudien teología.
85. Uno de los argumentos en pro de la mujer que usaron con frecuencia los feministas de la temprana edad moderna es el de que Jesús se dignó a predicar a las mujeres, entre ellas a la Samaritana (Juan 4:1–26).
86. Santa María Magdalena. En la Biblia, discípula y amiga de Jesús que vio la Resurrección. Según la *Encyclopedia of Catholicism*, a menudo se confunde con la pecadora que lavó los pies de Jesús que se describe en Lucas 7:36–50 (839).
87. Además de María, madre de Jesús, hay varios otros personajes bíblicos que llevan este nombre: María de Magdalena, que fue la primera en ver a Jesús resucitado; María la pecadora, que bañó en perfume los pies de Jesús; María de Betania, hermana de Lázaro y de Marta.

Magdalena cuando, después de haberle revelado un misterio tan alto y necesario a nuestra fe, mandándole fuese a ser mensajera de esta buena nueva a los afligidos Apóstoles, no la consintió llegar a sí, diciendo «*no me toques*»; de donde se puede ver que, aunque se nos dé licencia para tratar las grandezas de Dios y ayudar a nuestros hermanos, no para escudriñar los misterios, como decía; y con esto entenderás que sólo iré poniendo la letra y contando las cosas de nuestra Madre, para que cada uno vea si le podemos dar este nombre, primero que entremos en esta historia.

—Lo primero ha de ser tratar de los padres y nacimiento y patria de esta Santa, su rostro y estatura, cuándo y cómo la llamó el Señor y cuál fue el primer monasterio que fundó y todos los demás, y otras cosas necesarias para más luz de sus virtudes, que hubiésemos de decir, que aunque en el libro de su vida y en los libros de los demás que han escrito de ella, lo dejó largamente dicho y los demás explicado, porque, en aquél que la Santa escribió, fue por mandado de sus confesores para que por él le examinasen su espíritu, va poniendo cosas muy menudas y divirtiéndose de lo que va diciendo con la consideración de sus pecados, los cuales a cada paso, como verdadera humilde, se le representaban, y dejando la materia que comienza, hace muchas exclamaciones, a veces de cuán ruin había sido, y cómo el Señor la sufría, y otras de la grandeza de Dios, y como en estas dos cosas era su continua memoria, no sabía salir de ellas, y así hace algo oscuro lo que va diciendo.

—Eso no me parece a mí —dijo Atanasia— sino como quien pone un engaste en perlas y piedras preciosas; ya sus palabras humildes y llanas, con que va escribiendo las grandezas que Dios hacía en su alma, dan testimonio de cuán verdadero era su espíritu.

—Es así —dijo Gracia— que lenguaje ordinario es de santos y costumbre suya, cuando cuentan excelencias propias, ya que no pueden del todo callarlas, vanse deshaciendo así, como esta Santa lo hace en todo lo que escribe, donde se muestra que es verdadero minero de piedras preciosas, pues está cubierto con la tierra de la humildad; conviene, pues, que esa tierra se quite para que dé resplandor, que bien propiamente son los Santos llamados tesoros y mineros escondidos; porque, así como está el oro y las piedras cuando están en ellos sin resplandor, por estar mezclados con la tierra, así con todas las virtudes y gracias que de sí cuentan, van encubiertas con la tierra de la humildad, y así es bien se den a otros para que descubran su claridad, y aunque no soy nada buen lapidario,[88] empero sé que daré gusto a los que en breve quisieren saber la vida de nuestra Madre y las mercedes que el Señor le hizo, hallarlo ha aquí en suma.

Fue natural de la ciudad de Ávila, que de tan insigne y cristianísima patria había de nacer la que con sus esclarecidas virtudes ilustrase nuestros tiempos, a la que es sepulcro de Santos y tierra bienaventurada, que tales plantas produce. Fue de ilustre prosapia[89]; llamóse su abuelo, de parte de su padre, Juan Sánchez de Cepeda y su abuela, doña Inés de Toledo; los maternos [fueron] el abuelo, Mateo de Ahumada, y su abuela, doña Teresa de Tapia, hija del contador Diego de Tapia, vecinos de la ciudad de Ávila; están en ella enterrados en San Juan. Llamábase su padre Alonso Sánchez de Cepeda; fue casado dos veces, la primera con doña Catalina del

88. joyero que conoce las propiedades de las piedras preciosas
89. raza, familia. Nótese que no se mencionan los orígenes judíos de la Fundadora.

Peso. Tuvo de ella sólo una hija, que se llamó doña María de Cepeda. Ésta es la hermana que la Santa Madre dice que quería mucho, aunque no lo era más que de solo padre, y a la que le mandó el Señor avisase que había de morir de repente. Su madre se llamaba doña Beatriz de Ahumada, tuvo en ella ocho hijos varones y dos hijas, la mayor de las cuales era nuestra Santa Madre, que en el mundo se llamaba doña Teresa de Ahumada. La otra, doña Juana de Ahumada, que casó con Juan del Valle. Los nombres de los hermanos son los siguientes, que por serlo de esta felicísima Madre, es bien que queden en perpetua memoria, y su valor y hazañas lo merecen. El mayor se llamó Juan de Cepeda, que murió en África siendo capitán de Infantería. El segundo, que se llamó Rodrigo de Cepeda, es el que la Santa Madre dice que la acompañó en su niñez, porque eran de una edad y nacieron ambos en un día, que fue a los veintiocho de marzo; el Rodrigo año de once y nuestra Madre de quince, de suerte que le llevaba cuatro años. Con éste, dice la Santa, que se acompañaba en sus pláticas y deseos; pasó al Río de la Plata por capitán de la gente que allá iba; murió mostrando en el fin los buenos principios que había tenido, y yo oí decir a nuestra Madre que lo tenía por mártir, porque murió en defensa de la fe, no sé dónde ni en qué ocasión.

Fernando de Ahumada,[90] y Lorenzo de Cepeda, y Jerónimo de Cepeda, y Agustín de Ahumada, y Pedro de Ahumada y Antonio de Ahumada, éstos pasaron al Perú y se hallaron en la batalla con el Virrey Blasco Núñez Vela, donde sirvieron a Su Majestad y murió en la batalla Antonio de Ahumada. Lorenzo, que era el mayor de éstos, fue Tesorero de Su Majestad en la ciudad de Quito, donde tenía su repartimiento: gózalo ahora un hijo suyo segundo, que se dice don Lorenzo de Cepeda, y el hijo mayor de dicho Lorenzo de Cepeda se llama don Francisco de Cepeda; está casado en Madrid con una hija de don Francisco de Mendoza y doña Beatriz de Castilla. De este caballero Lorenzo de Cepeda tengo yo más obligación de hacer particular relación de sus cosas, porque fuera de ser hermano de nuestra Santa Madre y el que ella más quería, y ser padre de la dichosa Teresa de Jesús, monja nuestra, que lo es profesa en Ávila, dando esperanzas que ha de resucitar con su virtud y valor el de sus pasados, y el de aquella Santa Madre por quien le pusieron el nombre, quédanme fuera de estas obligaciones otra, por haber sido segundo fundador de la casa de Sevilla, a quien yo soy tan obligada. Porque yendo allí nuestra Madre a fundar, acertó el mismo año que fue, llegar la flota del Perú, donde venía el dicho Lorenzo de Cepeda con sus dos hijos y la segunda Teresa, niña de diez años, la cual luego, por devoción de nuestra Madre, recibimos en el monasterio, y su padre gastó mucho en la fundación de la casa, la cual estaba muy en sus principios y con harta pobreza, y pasándonos de la que teníamos alquilada a otra que compramos, todo lo que se gastó para acomodarla para monasterio, en materiales y oficiales y comida de todos, dio con mucha liberalidad, asistiendo con su persona a la obra y a todo lo demás que era necesario. Con esto y con otras cosas que dio para el Santísimo Sacramento, nos sacó de necesidad, y fió la casa que compramos, que por ser en aquella ciudad extranjeras, no conocidas de nadie, se pasaron muchos trabajos, más que en otra fundación, como nuestra Madre lo dice en el *Libro de las fundaciones*,

90. *At the time it was customary for some of the children of a large family to take the paternal surname and others to take the maternal surname.*

y así pareció milagro haber venido a tal coyuntura, habiendo treinta años que había pasado a las Indias.

Bien tenía que decir de sus grandes virtudes y de los muchos ejercicios espirituales a que se dio después de haber venido a España y comunicado con nuestra Santa Madre, que aunque siempre había sido virtuoso y muy caritativo, como tenía en sí tan buena disposición, porque era de delicadísimo ingenio y generoso corazón, con la conversación y ayuda que nuestra Madre le hacía, comenzó a crecer mucho, y sé por cartas que nuestra Madre me envió, suyas propias, a donde le daba cuenta de su oración, que le hacía el Señor grandísimas mercedes, y en poco tiempo llegó a tener oración, y aún dispuso todas las cosas de su alma tan bien, ya acomodados sus hijos, que, como hemos dicho, al mayor dio lo que tenía en España, y al segundo envió a lo que el Rey le había dado en las Indias por sus servicios, que los hizo grandes, y se señaló en las guerras que allí hubo y revoluciones, en señaladas hazañas; para sí sólo quería sus dos Teresas: la nuestra Madre, a la que cuanto podía le acompañaba y le seguía, y a su regalada y más amada que todos sus hijos Teresa de Jesús, la cual, por mostrar en cuánto la tenía, no la quiso entregar sino en manos del bueno y fiel Esposo celestial. Y porque yo en esto le ayudé, haciendo fuerza a nuestra Madre, que contradecía por ser tan niña y cosa suya, no queriendo con esto que se introdujese el recibirse de poca edad,[91] se me mostró agradecido mientras vivió e hizo particulares beneficios, en retorno de los cuales no supe con qué pagarle sino poniéndole en este dichoso monte y en la cumbre de él, como lo merece, por ser hermano de tal hermana y porque vivió y murió desde que vino, en nuestro hábito y vida, aunque en su casa, por lo cual merece el nombre de Carmelita, y creo no es de los que menos gloria tienen y con él se puede nuestro Carmelo gloriar como de hijo.

Y porque[92] concluyamos con sus hermanos, el Agustín de Ahumada es gobernador en los Quijos, en el Perú; el Jerónimo murió cuando venía a España con su hermano Lorenzo, y Pedro de Ahumada, que ahora vive. Nuestra Madre pone nueve hermanos en su libro. Esto que yo aquí he puesto está sacado de escrituras antiguas que dicen de sus abuelos ser parroquianos en San Juan, a donde echan suertes los hijosdalgos,[93] y así las echaron sus padres y abuelos, y no he hallado más hermanos ni están escritos en el libro donde su padre escribía los nacimientos de sus hijos y sus hijas, porque la hoja de esto tengo en mi poder de la letra, como he dicho, del padre de nuestra Madre. El Fernando no es sabido cuándo ni dónde murió, mas sé que no es vivo, ni de todos once hay más vivos que Pedro y Agustín de Ahumada y doña Juana de Ahumada, madre que es de nuestra carísima hermana.

Miércoles a veintiocho de marzo, víspera de San Bertoldo, de nuestra Orden, nació esta santa Madre, no sin gran providencia del altísimo Señor, año de mil quinientos y quince, tres años antes, poco menos que el malaventurado Lutero declaró su apostasía,[94] que costumbre es

---

91. *Article 21 of the Constitutions states that aspirants should be at least seventeen years old. Thus, the Seville Carmel had to bend the rules to accept Teresa's niece, who was still a child. Teresa was afraid that if the convent made an exception for Teresita, others might follow suit.*
92. para que
93. hidalgos, caballeros, nobles
94. abandono, renuncia. En 1517 Lutero publicó sus 95 tesis, en las cuales ataca la práctica de otorgar indulgencias

de su divina Majestad prevenir el remedio contra las caídas, y pues este hijo de perdición no sólo ha sido parte para que tanta infinidad de hombres se pierdan, mas pervirtió y sacó del gremio[95] de la Iglesia y tálamo[96] de Cristo sus vírgenes consagradas, justo es, pues ha enviado santos varones, envíe también santas mujeres para que por su parte reparen, que no las tienen en poca estima, entre las cuales creo, según la vida de esta Santa nos muestra, fue escogida para esto, como adelante diremos. Con este celo comenzó a fundar monasterios otros tres años antes que el Santo Concilio[97] se publicase, porque el tiempo, obras y nombre que es *tresa*,[98] nos muestra haberla la Santísima Trinidad escogido para deleitarse en ella como Nuestro Señor Jesucristo se lo dijo y adelante se verá, con los favores y mercedes que en la consideración y comunicación de estas tres divinas personas recibió, y la particular devoción y ejercicio que en esto tenía.

De edad de siete años la comenzó el Señor a despertar a la virtud movida con la ayuda que en sus padres tenía, que eran temerosos de Dios. Era de todos sus hermanos amada, y de sus padres más que los otros hijos, por las muchas gracias de que el Señor la había dotado, que eran muchas naturales y otras que con sus santos ejercicios el Señor le comunicaba sobrenaturales.[99]

En esta tierna edad se apartaba con su hermano Rodrigo a leer vidas de santos, y como veían los martirios que los santos pasaban, parecíales que compraban muy barato el ir a gozar de Dios, y deseaban mucho morir así, y pensando qué remedio tendrían, concertaban de irse a tierra de moros, pidiendo por amor de Dios que allá los martirizasen. Parecíales gran embarazo tener padres para conseguir su deseo, y de que éste veían que no podían poner en ejecución, ordenaban ser ermitaños en una huerta que había en casa. Hacían como podían ermitas de pedrezuelas,[100] que luego se les caían, y no hallando en nada remedio para cumplir sus deseos, quedaban tristes. Espantábales mucho decir que pena y gloria era para siempre, y acontecíales estar muchos ratos tratando de esto, repitiendo esta palabra el uno y el otro, *para siempre, Teresa*; y ella volvía a responder, *para siempre, Rodrigo*, y hacían tanta admiración en los ánimos de estos santos niños esta verdad tan digna de ser considerada, para siempre pena o para siempre gloria, que tardaban mucho en pronunciarlo, repitiendo muchas veces. Con tales ejercicios y altos en tan limpias almas, fueron creciendo en las virtudes, y esta santa niña, desde la edad que hemos dicho hasta los doces años que murió su madre, se ejercitaba en dar limosnas, rezar sus oraciones y apartarse en soledad, a que era muy aficionada.

---

y la base teológica de este uso. En julio del año siguiente la Iglesia respondió a Lutero, censurando su posición doctrinal y excomulgándolo finalmente en 1521.

95. cuerpo, sociedad

96. cama matrimonial. Lutero cerró los conventos, sacando así a las monjas del «tálamo de Cristo».

97. El Concilio de Trento concluyó en 1563. La Reforma carmelita empezó en 1560, aunque el convento de San José no fue fundado hasta 1562.

98. *Tres* o *tris* en latín significa «tres» y, por lo tanto, sugiere la Santa Trinidad.

99. Nótese la imagen idealizada de la familia de santa Teresa. El episodio que ésta relata en su *Libro de la vida*, en el que ella y su hermano se escapan de casa para buscar el martirio a manos de los moros, es más bien una burla y no un indicio de su gran devoción. Ella misma dice que de adolescente era muy dada a las fiestas y otras vanidades, considerando la vida conventual como un «purgatorio».

100. *stone hermitages*

Muerta su madre, con el sentimiento de aquella pérdida se fue a nuestra Señora y la tomó por madre, y dice la Santa que la amparó y socorrió en todas sus necesidades. Como fue creciendo y juntándosele alguna compañía distraída, como ella lo dice, comenzó a olvidarse de sus primeros ejercicios y fervores y a darse a galas y amistades, que tanto las llora, y dice que a su parecer hasta catorce años y aún más no había ofendido al Señor mortalmente, aunque siempre da a entender que perseveró en su alma aquel temor de Dios, y que sabiéndolo ella nunca hizo cosa que entendiese era pecado mortal. Con este trato y conversaciones vino a dar en una afición que, aunque en lo exterior la trataba con todo recato y honor, como hija de quien era, y tan discreta y sagaz, pero en el interior haría el estrago que semejantes cosas hacen derribando todo el espíritu y derribando el fundamento con resfriar el amor de Dios. Al fin fue causa esto para que se fuese algo entendiendo y de llevarla su padre a un monasterio donde se criaban personas de su calidad, y aunque los primeros días estuvo muy afligida, con la blanda condición que tenía se consoló y se hizo amar de todas, y comenzó con el trato de aquellas santas monjas, a aficionarse algo a ser monja, que era un estado que aborrecía, y como era tan discreta y la quitaron ocasiones que la habían apartado de sus primeros fervores, tornó a ellos y a irse persuadiendo cuán seguro y buen estado era ser religiosa, y así se determinó, más forzada de la razón que aficionada, y así dice que al tiempo del despedirse de casa de su padre, a donde por causa de haber caído enferma, la habían tornado del monasterio, sintiólo tanto que le pareció que le apartaban unos huesos de otros y no ser posible sentir más si muriera, y si el Señor no la ayudara, no la bastaran las consideraciones que hacía.

Con esta ayuda al fin se venció a sí misma y escogió ser monja en el monasterio de la Encarnación, por tener allí una grande amiga; y la principal causa creo fue haberla la Virgen sacratísima escogido para este bien, y así, siendo de diez y nueve años, poco más o menos, tomó el hábito de la Virgen del Carmen debajo de la regla mitigada, donde vivió veintiocho años, haciéndole el Señor muchísimas mercedes, como aquí en suma pondré, sacadas del libro de su vida, y porque dé más gusto; lo que dijere será con las propias palabras que la Santa las pone, aunque dejaré, como he dicho, las cosas que va mezclando y exclamaciones que hace, y no se pueden poner por orden, porque no lo guarda, antes pone las cosas primeras a la postre y las postreras primero, y así se advierta que estando escribiendo, como estaba en San José de Ávila, que era el primer monasterio que había fundado, se le acuerda de algunas mercedes que el Señor le había hecho, dice «llamáronme para ir a ver a un enfermo, o estando en tal Iglesia» etc., donde se podría entender que salía del monasterio y que era antes que se fundase cuando con licencia de los prelados estaba fuera, o por causa de sus enfermedades o por otras, que como era antes del Concilio, con facilidad se daba licencia.[101]

Y sí estuvo muchas veces fuera, como por el discurso de su vida escribe, que fue bien llena de trabajos y terribles enfermedades, y para remedio de ellas salió dentro del año que profesó fuera, a curarse, y sucedió que estando en un lugar donde se había de hacer la cura, había una persona eclesiástica grave, y como la Santa era hermosa y de grande discreción y gracia, aficionóse a ella, pareciéndole a ella que por ser agradecida debía corresponder a la amistad, y

---

101. Los canones del Concilio de Trento estipulaban que las monjas no podían salir del claustro.

más que era confesor, y diciéndole él que algunas cosas no eran pecado. Con este engaño la Santa debía sufrir lo que no sufriera si supiera era pecado; que por todo el mundo dice que no hiciera pecado mortal sabiendo que lo era; mas de este mal sacó Dios un grande bien, que este sacerdote hacía siete años que estaba en pecado con una mujer del lugar, y decía misa. Habíale puesto la mujer hechizos en un idolito de cobre que le había rogado trajese por amor de ella al cuello, y éste nadie había sido poderoso de podérselo quitar; fue parte el grande amor que a esta Santa tomó, que se le dio y lo hizo luego echar en un río; quitado éste, comenzó, como quien despierta de un gran sueño, a irse acordando de todo lo que había hecho todos aquellos años, y espantándose de sí, doliéndose de su perdición, comenzó a aborrecerla, y luego le dejó, y dentro de un año murió muy en servicio de Dios, el cual por su misericordia le dio aquella Santa para que fuese parte el excesivo amor que le tomó, de la salvación de su alma, y sufrió su divina majestad esta amistad con su esposa tan querida, a trueque de que esta alma se salvase...[102]

Esto es lo que en aquel lugar, hizo Dios por esta Santa, y ella volvió de la casa de su padre con terribilísimos dolores y enfermedades más que llevó, de donde estuvo con un paroxismo cuatro días, de suerte que ya la querían enterrar. Volvió a su monasterio, y allí estuvo tullida[103] en él algún tiempo. Era extraña la paciencia que tenía, la gracia y amor con que a todas trataba. De esta enfermedad y dolores salió con la devoción del glorioso San José, que tan provechosa a tantas almas ha sido con los muchos conventos que del nombre de este Santo fundó, tornándole el Señor a dar salud. Como era moza y como hemos dicho, hermosa y graciosa y de gran curiosidad, que con ser de tantos ejercicios no dejaba de ser curiosa, y en monasterio tan grande y donde tantas ocasiones había de pláticas en las redes, tornóse a meter en ellas engañada con lo que le decía el confesor, que no era pecado, hasta que estando un día en la red en algunos entretenimientos, fuera de los que para que la llamaba el Señor, vio ella y los que allí estaban, un gran sapo, y por él entendió los defectos que en aquellos tratos había cometido, y tratándolo con letrados y siervos de Dios la desengañaron, y el Señor con muchas mercedes que le iba haciendo fue fortaleciendo su alma y volvió a la oración, que con aquellos tratos la había dejado, aunque siempre aficionaba a todos los que trataban con ella, y así puso a su padre en este santo ejercicio, con que se aprovechó mucho su alma y murió santamente.

Y dejando las demás cosas que pasaron por espacio de los veintiocho años y más que fue monja en la Encarnación, sólo diré las mercedes y aparecimientos que el Señor le hizo hasta venir a fundar el primer monasterio, y de allí iremos poniendo los demás, cómo los fue fundando hasta que el Señor la llevó de esta vida...

## Avisos y máximas para el gobierno de religiosas

Para gobernar religiosas en paz, y hacerlas adelantar en la virtud, es necesaria una ciencia superior a la de los hombres aún santos y sabios; porque en las doncellas hay unas menuden-

102. Santa Teresa relata este acontecimiento en el Capítulo 5 del *Libro de la vida.*
103. metida sin moverse

cias[104] muy particulares, en que es preciso entender, a las que los hombres no sabrían contraerse, y a las que ellas naturalmente se aplican. Por esto, las religiosas son en muchos puntos más hábiles para enseñarse a sí mismas.[105]

Gobernar un alma es gobernar un mundo. Pues si para gobernar un mundo serían necesarias todas las ciencias (lo que obliga a partir el gobierno de los reinos entre muchos, de los cuales unos atienden a los negocios de paz, otros a los de guerra), ¿qué dificultades no padecerá un superior que, gobernando muchas almas, es como el gobernador de muchos mundos; donde, si hay negocios de paz, también los hay de guerra espinosísimos, y tanto más importantes, cuanto en ellos se trata de la conquista o pérdida de un reino eterno?

Siendo, pues, tan difícil hallar un superior cumplido, ¿cuánto más lo será hallar una Superiora perfecta? Pues las doncellas de ordinario son tanto menos ilustradas.[106] Aparte Dios por su misericordia de todas las carmelitas el deseo de ser superioras.

Es un hecho constante que este deseo cae de ordinario y por lo regular en las monjas más ignorantes, porque ellas son las que conocen menos las dificultades y peligros de la superioridad.[107]

Sean, pues, superioras aquellas solas a quienes la obediencia forzare a serlo; mas si la obediencia les impone el yugo, sométanse a él con humildad; porque de otra suerte perecerán.

Una superiora que nada perdone, ¿es buena? No. Si lo perdona todo, ¿es buena? No. La que es pródiga, ¿es buena? No. Si es demasiado mecánica, ¿es buena? No. La que quiere saberlo todo, todo verificarlo, ¿es buena? No. Si nada quiere saber, nada profundizar; o que no hace caso de pequeños defectos, o de faltas menudas, ¿es buena? No. La que tiene siempre austero el semblante y el humor, ¿es buena? No. Si es de un porte flaco y tímido, ¿es buena? No. ¿Qué ciencia, pues, no es necesaria para gobernar almas? Indulgente y severo, liberal y tasado,[108] dulce y colérico, paciente e impaciente, simple y astuto, es preciso que de tal suerte un Superior reúna en sí todas estas extremidades, que si le faltara una sola, no se excusaría el desorden.

En cuanto al exterior y estilos de una comunidad, el gobierno debe ser uniforme; mas en la dirección particular de las almas, es menester diversificarlo. A unos, por ejemplo, conviene concederles penitencias grandes, y sería el negárselas un agravio; y al contrario, sería perder los flacos y exponerlos a las ilusiones del diablo, el permitirles más mortificaciones que las señaladas en la regla. Procurad, pues, hacer muy bien este discernimiento.

Una comunidad es como un gran bajel, donde las reglas son las cuerdas y las velas; la voluntad de los súbditos, el timón; el superior, el piloto. Como, pues, si el piloto de un navío gobierna mal el timón, lo expone a que perezca, y a perecer él mismo, por más que las cuerdas sean buenas y las velas bien tendidas; del mismo modo, si un Superior no maneja sabiamente

104. caprichos, simplezas
105. *Note how María de San José cleverly defends nuns' right to teach each other rather than depend on male guidance. No matter how brilliant and saintly they are, she argues, men simply cannot understand women's minds.*
106. instruidas
107. es decir, el puesto de Superiora
108. estricto

la voluntad de su inferior, por más atención que ponga en hacerle observar las reglas, es muy de temer que le pierda y se pierda también él mismo.

No esforzarse a ganar los corazones y contentarse con sólo mandar y castigar, no es esto ser un Superior, sino un cómitre[109] de galera.

Pondérese mucho lo que santa Teresa ordena en sus constituciones: *Que la priora tenga cuidado de hacerse amar, para hacerse obedecer.* Por este medio, ella tendrá sus religiosas unidas, las gobeará en paz, las hará adelantar en la virtud, y tener por muy ligero el yugo de las observancias.

No se dice en esto que no deba corregir, sino que reserve la corrección para el pecado solo; de suerte, que jamás dé lugar a pensar que conserva en su pecho aversión o menosprecio a la persona culpable.

Sean muy raros los castigos. ¡Oh, si pudiera yo decir los grandes males en que caen los Superiores que a todas horas y para toda clase de personas tienen la vara[110] en la mano, sin considerar que los castigos deben ser remedios y medicinas![111]

Está experimentado que para consolar a una hermana y para disponerla a recibir con docilidad cuanto se juzgue conveniente decirle u ordenarle, basta las más veces haberla escuchado con paciencia; ella tendría siempre sus razones, aunque malas, por muy buenas, si no las hubiese podido explicar; y esta persuasión le haría ciertamente parecer muy dura la corrección. ¿Pero ella las ha expuesto y extendido a su placer? Vedla aquí ya capaz de oír la razón y de condenarse a sí misma.

Las almas de las hermanas son como los árboles, y la superiora como la hortelana. Al modo, pues, que un hortelano, contento de ver echar raíces a los arbolitos nuevos, no aguarda desde luego el fruto, ni tampoco pierde la esperanza de que a su tiempo lo den; no se prometa la Superiora que las almas fructifiquen desde luego todas y a un mismo tiempo, ni se desaliente aunque tarde en mostrarse el fruto. Una empieza solamente a echar raíz en la virtud, otra muestra ya hojas y un verdor que deleita, ésta descubre los primeros frutos cuando la otra los da ya muy sazonados, y con bastante abundancia para alimentar la familia.

Si sucediese que la superiora reciba tal vez alguna injuria personal, olvídela por Dios y jamás muestre por ella el menor resentimiento. El mostrarlo sería obrar contra el precepto y contra el ejemplo de Jesucristo.

Después que una hermana haya sido corregida por alguna falta, nunca más le mostréis descontento, ni memoria de ella.

Es bueno y necesario trabajar, ésta es la función de Marta.[112] Es excelente y necesario el orar; éste es el oficio de María. Sin la unión de estos dos ejercicios no se puede vivir en la religión. Pero si una priora estimase tanto el trabajo, que pareciese no amaba sino a las que tra-

---

109. persona encargada de disciplinar a los galeotes (*galley slaves*)

110. bastón, palo

111. Se refiere a personas como Doria.

112. En el Evangelio, Marta y María de Betania son las hermanas de Lázaro. Marta constituye el símbolo de la vida activa, mientras que María es símbolo de la vida contemplativa.

bajan, o si hiciese tanto caso de la oración, que no aplaudiese sino a las que emplean en ella todo su tiempo, ¡qué desorden! Reflexionadlo bien.

Nada se debe desear tanto como la comunicación franca, fácil y de plena satisfacción de la Priora con sus súbditas; pues como se porten con ella, se portarán entre sí. ¿Y hay cosa más apetecible para una comunidad, que esta amable unión de las hermanas? ¿Hay cosa más oportuna para traerlas contentas, a pesar de todas las asperezas de la Orden? Por eso, nuestra santa madre Teresa trataba a la menor de las hermanas con los modos más francos y familiares.

Como Nuestro Señor tomó parte en la aflicción de la Magdalena, hasta llorar con ella y hasta resucitarle a su hermano,[113] mostrad que sentís mucho las pesadumbres de vuestras religiosas y sentidlas con efecto. Conozcan que lo que las aflige, os aflige; y mirando a sus parientes como a los vuestros, honradles como tales y consoladlas en sus pérdidas. La utilidad de esta conducta es importantísima; porque si es cierto que conduce tanto a la perfección de las Carmelitas el desasimiento[114] de sus parientes, también lo es que no hay medio más propio para que los olviden, que el que la Superiora manifieste que se acuerda de ellos, lo mismo que de los suyos. Así también las religiosas, hallando recursos tan amables, se aficionarán más y más a su santo estado.

Si la unión, si el fervor, si las demás virtudes cristianas y religiosas, reinan en vuestro monasterio, atribuid a Dios toda la gloria; pues estos bienes cierto que no nacen de vuestro propio fondo, y sin embargo contad con su recompensa, pues habéis hecho lo que está de vuestra parte; como por el contrario, debéis temblar si la regla se pierde en el monasterio, y si la discordia se introduce.

Resta hablar de los confesores, de quien depende extremadamente la salud, o la pérdida de las comunidades... Los que vieseis santos y llenos de prudencia, tened gran atención en conservarlos...

Hay otra suerte de confesores, que yo deseo, más bien que lo espero, pintar bien; tanto se transforman ellos en cada momento. Éstos son unos hombres por lo común melancólicos, y si lo son enteramente, y con ello se junta alguna cosa de hipocresía, no es creíble cuán perniciosos son. Ambición secreta, duplicidad, singularidades, encaprichamiento en sus ideas; tal es su propio carácter. No porque cada uno tenga todos estos defectos, ni porque los mantenga con conocimiento y malicia; pero a lo menos reúnen muchos, y tan naturalmente, que se dejan arrastrar de ellos aun sin advertirlo.

Sus caminos son tan oblicuos, que es imposible determinarlos. Amigos de la singularidad, no estiman las cosas comunes; se aplican desde luego a penetrar los genios, y a separar los corazones para atraérselos. Si ven a las religiosas desear con ansia medrar[115] en las virtudes, se ostentan prontos a ayudarlas en la empresa y proveerlas de los mejores arbitrios.

Pero como su intención es conocer las inclinaciones para sujetarlas, luego que caen en al-

---

113. Se refiere a Lázaro, hermano de María y Marta, a quien Jesús resucitó. En la historia bíblica la hermana de Lázaro no es María Magdalena, sino María de Betania. Véanse las notas 87 y 112.

114. *detachment. Saint Teresa teaches that one must become detached from the world, including from one's relatives, in order to cultivate the inner life.*

115. adelantar, mejorar

gunos escrúpulos, se los exageran y representan como un cierto indicio de que les es necesaria una confesión general. ¡Turbación grande! ¡Grande confusión para estas pobres doncellas! Como esta confesión de ningún modo es necesaria, ni Dios excita a hacerla, ni las sostiene, ella les cuesta horriblemente, y no obstante la hacen, porque es justo obedecer. De aquí no se sigue ningún provecho, y sí mil inconvenientes.

La superiora, viendo estos excesos, quiere moderarlos; ved aquí la guerra: el confesor y las penitentes se quejan de que se quiere mezclar en las confesiones, y que trae las conciencias oprimidas; él les dice que en tales casos tienen derecho de hablar al confesor sin que se lo pueda estorbar la superiora; que la constitución se lo da, y que en tales ocasiones no están obligadas a obedecerla. De este modo se hacen señoras de su tiempo y de sí mismas; y las constituciones, dirigidas a introducir a Dios en las almas, sirven al demonio para entrar en ellas, y sembrar la cizaña[116] de la desobediencia.

Otro perverso método de estos confesores oscuros y melancólicos es tener unas veces unas facilidades extremadas; y otras en que apenas dejan respirar. Pero el tiempo en que mejor se descubre su carácter, es aquél en que se comienzan a levantar descontentos contra la Superiora; porque como ellos son naturalmente suspicaces, y por otra parte, es de su genio el no amar a las superioras diestras y vigilantes, con una palabra de la una, y un escrúpulo de la otra, urden una trama tan confusa que la superiora se halla desolada y sin arbitrio para el remedio. Para precaver[117] este mal, tened gran cuidado, si por fortuna llegáis a descubrir en los confesores, que os propongan alguna señal de este carácter melancólico y reservado, de apartarlos prontamente con toda vuestra fuerza y maña; porque una vez admitidos, no tendrá remedio el mal.

Dichosa la superiora, dichoso el confesor, que hayan mantenido en paz una comunidad. Grande debe ser su satisfacción, pues el Dios de la paz reina en ella por su medio; en conservar, en perfeccionar esta unión, debe la superiora velar ante todas las cosas. Labrad, pulid tanto como os guste las piedras del edificio de la religión; si la caridad no las une, serán bellas piedras, pero sin ligazón; y el edificio estará pronto a arruinarse al primer viento.

## Poesía

### Del olvido de las cosas de este mundo

Del cuidado de esta vida
no andes, alma mía, a caza,
mira que es cosa perdida,
que aunque no ensucie, embaraza.

Olvida padres, parientes,
olvida al mundo de veras,
que son cosas lisonjeras
donde hay mil inconvenientes.

Anda tras lo celestial,
sabe darte buena traza,
huye de lo terrenal,
que aunque no ensucie, embaraza.

Abrázate con el Esposo,
en él estén los sentidos
de noche y día embebidos,
no busques otro reposo.

116. discordia
117. evitar

Vayan cuidados afuera
de mala semilla y raza,
vive ya de otra manera,
que aunque no ensucie, embaraza.

Libre quiero ya quedar
de toda carga de tierra,
que es una penosa guerra
que pretende derribar.

Quiero buscar lo seguro
y que no se halla en la plaza,
poner muro y antemuro,
que lo demás embaraza.

Tratar quiero mis negocios
con Dios, sin que me embarace

lo que aquél y el otro hace
en mil importunos ocios.

La vida estrecha, escondida,
abrazaré, pues que abrazo
un bien sin tasa y medida;
que lo demás embaraza.

Más precio estar en mi ermita
que todo el oro de Oriente;
aquí bebo de una fuente
de paz y gozo sin grita.

Viva quien tuvo tal celo,
e inventó tan santa traza
de ermitas en el Carmelo;
que lo demás embaraza.

### Sobre el mismo asunto

Del mundo y su lenguaje ya no hay cosa
que me cause alegría, porque es vano;
de sólo no ofender estoy medrosa
a mi dulce Jesús, Rey soberano,
porque la vida ya me es enojosa,
y toda dilación es inhumano
tormento, cárcel dura, que aprisionada
me tiene de mi bien tan apartada.

Mas cuando el alma ya llegó a su centro
do[118] hace amor asiento, y encendida
en amoroso fuego en un momento
la transforma el amor que la da vida,
fuera de sí con alto entendimiento,
en el divino abrazo recibida,
dice: Mi dulce Amado, ya soy vuestra,
abrace mi cabeza vuestra diestra.[119]

### Soneto: Esto es ser Carmelita reformada

Pobre el vestido, limpio, sin cuidado
un rostro afable, grave, alegre, honesto,[120]
un trato honroso, sincero y modesto,
a la verdad el corazón ligado.

Un valeroso pecho al bien atado,
sin que temor o amor le mude el puesto,
conforme a Dios, en todo al hombre opuesto
por sí mismo temblando sosegado;

buscar a Dios, por solo ser Dios bueno,
abrazar con el alma la pobreza,
tener por libertad el ser mandada,

el corazón vacío, de Dios lleno,
conocer la soberbia en su bajeza,
esto es ser Carmelita reformada.

118. donde
119. mano derecha
120. decoroso, casto, virtuoso

*Temario*

1. El feminismo de María de San José
2. La humildad y la obediencia
3. El padre Eliseo: sacerdote modelo
4. El lenguaje de María de San José
5. Elementos novelísticos en el *Libro de recreaciones*
6. La individualización y caracterización de los personajes en el *Libro de recreaciones*
7. El humor en el *Libro de recreaciones*: caricatura e ironía
8. La imagen de santa Teresa
9. Confesores buenos y malos
10. Características de una buena priora
11. El apartamiento del mundo en la prosa y poesía de María de San José
12. La monja carmelita ideal, según María de San José

# Ana de San Bartolomé: Hacia París y Flandes

AUNQUE SANTA TERESA no comenzó la reforma carmelita con la idea expresa de combatir el luteranismo, la expansión de la Orden pronto involucró a sus integrantes en los conflictos religiosos de la época. Ana de San Bartolomé (1549–1626), a pesar de tener treinta y cuatro años menos que la Fundadora, llegó a ser su enfermera, secretaria, consejera y amiga. Después de la muerte de Teresa de Jesús, sor Ana llevó la espiritualidad teresiana a los países del Norte, donde participó en la restauración católica de Francia y Flandes. Sus numerosos escritos en español y francés son valiosos documentos históricos que nos descubren la lucha entre protestantes y católicos desde la perspectiva de una ávida defensora de la Iglesia que la presenció de primera mano. Con María de San José, Ana de San Bartolomé fue la gran cronista de la generación de Carmelitas Descalzas de las primeras décadas después de la muerte de la Fundadora.

Estos documentos revelan la personalidad de su autora, una mujer enérgica, astuta, cariñosa y afable, quien expresa repetidamente su deseo de servir a los demás. Sin embargo, Ana de San Bartolomé también podía ser terca y combativa. En las numerosas disputas entre Carmelitas que irrumpieron a fines del siglo XVI, a menudo adoptó posiciones que la dispusieron contra poderosas autoridades eclesiásticas u otras seguidoras ávidas de santa Teresa como, por ejemplo, María de San José y Ana de Jesús.

Ana de San Bartolomé nos dejó dos *Autobiografías*, su *Declaración* para la beatificación de santa Teresa (valioso retrato de los últimos años de la Santa), documentos sobre la situación religiosa en Francia, una *Defensa de la herencia teresiana* en la cual lamenta que las nuevas Carmelitas se hayan apartado de los principios teresianos, varias *Conferencias espirituales*, poesía, relatos de experiencias místicas y 665 cartas, algunas de las cuales contienen detalladas

*Beata Ana de San Bartolomé,* de Otto Venius. Se dice que entró en el convento convencida de que las cualidades deseables en un hombre (robustez, capacidad de trabajo) ya las poseía ella de sobra.

descripciones de las luchas internas de la Orden. Como otras religiosas de la época, escribía casi siempre por mandato de sus confesores y directores espirituales.

Una de sus *Autobiografías,* la de Amberes, lleva la fecha de 1624, pero fue escrita en fragmentos, algunos de los cuales son seguramente anteriores. Éste es, según Julián Urkiza, editor de la edición moderna, el escrito más conocido de la Beata (1998:324). Otra, conocida como la de Bolonia, fue escrita durante la segunda mitad del año 1622, y acentúa el desarrollo espiritual de la autora. Comenta Urkiza que: «este escrito es más suave y delicado en relación con algunos problemas candentes de la Orden, especialmente en lo referente a Pierre de Bérulle y Ana de Jesús» (1998:476).

Si María de San José era la «letrera» del movimiento, Ana de San Bartolomé no tenía pretensiones literarias. Arenal y Schlau la describen como «una campesina castellana iletrada que encarna el respeto de Teresa de Ávila por la simplicidad y los orígenes humildes» (*Untold Sisters* 19). En sus escritos usa un lenguaje conversacional, lleno de modismos y referencias a la sabiduría popular. A veces comete faltas de ortografía o de gramática y, cuando se traslada a Francia, no es raro que incorpore galicismos en su vocabulario. Su estilo es dinámico y espontáneo. Emplea el diálogo, a veces reproduciendo conversaciones entre ella y Teresa o ella y el Señor, quien se expresa con la viveza de un campesino castellano: «No mires en esto», Dios le dice en una ocasión, «que así como al panal de la miel se llegan las moscas, así atraerás a las almas». Su fe es la de una mujer sencilla, incluso ingenua. Ve a Cristo en todas partes e interpreta cada experiencia de su vida de acuerdo con sus profundas convicciones religiosas. En una ocasión ve a tres personas vestidas de blanco que parecen ser pastores que vienen de cuidar el ganado. Pero, «en llegando a las casas, desaparecieron. Conocí que era la Santísima Trinidad, a quien yo había llamado». En otra ocasión, cuando está trabajando de enfermera, Cristo aparece y sana a sus enfermas. A través de sus escritos relata numerosas intervenciones divinas, locuciones y visiones —incluso una en 1588 en la que se le descubre la terrible derrota de la Armada Invencible por los ingleses.

Las cartas de Ana de San Bartolomé revelan a una mujer tenaz y dispuesta a defender sus ideas. A pesar de sus orígenes humildes, poseía conocimientos bíblicos considerables, los cuales empleaba a menudo en la argumentación. También era una sagaz observadora de la conducta humana, quien navegaba las aguas peligrosas de la Contrarreforma con astucia. Pero su arma más potente en su lucha contra sus adversarios era su amistad con santa Teresa. Una y otra vez recuerda al lector que era amiga y confidente de la Fundadora y que sus opiniones están basadas en palabras de Teresa que ella misma escuchó: «lo sé y se lo oí muchas veces», insiste. Si Ana podía ser combativa, sus cartas revelan que podía ser igualmente cálida y generosa. Como enfermera, se preocupaba constantemente por la salud de los demás. En su carta a Juan de la Madre de Dios demuestra su comprensión de la relación entre la salud física y la sicológica.

Ana García, la futura beata Ana de San Bartolomé, nació en Almendral de la Cañada, y muy pronto empezó a manifestarse su profunda espiritualidad. Según cuenta en su *Autobiografía* (la de Amberes), tenía sólo tres o cuatro años cuando tuvo su primera visión: vio «el cielo abierto y que de allí se [le] mostraba el Señor con una grande majestad». Era una mujer robusta, tan fuerte como un hombre, según relata. No tenía ningún interés en el matrimonio y no le gustaban particularmente los hombres: «yo pensaba que si hubiera un hombre justo que no pecara y fuera muy discreto y hermoso, que no me parecía le había visto como yo le imaginaba —que todos eran feos—, que si éste hubiera que no pecara ni tuviera con él más de amparo y que me dejaran; mas si no fuera así no le quería por todo el mundo» (1998:329–30). El único que despierta ternura en ella es Jesús: «Yo un día aparecióseme Jesús grandecito como de mi edad, hermosísimo y todo bello, que desde niña en los campos y en todo se me aparecía, que parecía que crecía conmigo» (1998:330).

En 1570, a los veintiún años, a pesar de la fuerte oposición de su familia, tomó el velo en el convento de San José de Ávila. Conoció a Teresa de Jesús al año siguiente, y cuando la Madre terminó su priorato en la Encarnación y volvió a San José en 1574, reanudó su amistad con sor Ana. Ésta comenzó a acompañar a la Fundadora en sus viajes, yendo con ella a Valladolid y después a Medina del Campo. En 1575 Ana cayó tan enferma que los doctores temían que muriera, por lo cual no pudo acompañar a Teresa a Beas y Sevilla. Estuvo grave durante casi dos años, pero al volver la Fundadora a Ávila en 1577 le pidió que atendiera a algunas enfermas de la casa. Milagrosamente, la hermana Ana se sanó y también se sanaron sus pacientes. Entonces, Teresa la hizo su enfermera personal y la del convento. Ana siguió acompañando y atendiendo a la Santa hasta la muerte de ésta en 1582. En aquel momento se convirtió en sucesora del carisma teresiano, luchando por conservar las Constituciones y Reglas de la Reforma. Fue ayudante, enfermera y amiga de la priora María de San Jerónimo en Ávila y Madrid y una de las fundadoras del convento de Ocaña.

Durante los años siguientes Ana escribió una cantidad asombrosa de páginas en defensa de la espiritualidad teresiana. Según su testimonio durante la beatificación de Teresa de Jesús, uno de los milagros de la Madre fue enseñarle a escribir. Ana ya sabía leer. Dice en su *Declaración* que al mencionar la Fundadora que si Ana supiera escribir, podría servirle de secretaria, ésta «le dijo: ‹Deme Vuesa Reverencia una materia por donde deprenda›». Entonces, según los documentos oficiales, «Diola una carta de buena letra de una religiosa descalza, y díjola que de allá aprendiese. Y esta testigo la replicó que la parecía a ella que mejor sacaría de su letra, y que a imitación de ella escribiría. Y la santa Madre luego escribió dos renglones de su mano». Y antes de que terminara la tarde Ana de San Bartolomé ya sabía escribir (1998:100).

Las disensiones que martirizaron a María de San José también repercutieron en la vida de Ana de San Bartolomé —y terminaron por dividir a las dos hermanas. Como se vio en el capítulo anterior, Nicolás Doria, provincial de Lisboa y después vicario general, intentó modificar las Constituciones, rescindiendo el derecho de las monjas de escoger sus propios confesores. María de San José y Ana de Jesús se negaron a aceptar estos cambios y consiguieron el Breve «Salvatoris», el cual daba primacía a las Constituciones teresianas. Fray Luis de León, una de las figuras más importantes de la Reforma católica editor de las obras de santa Teresa, quedó encargado de su ejecución.

Aunque Ana tenía recelos en cuanto a Doria, se opuso al Breve porque lo vio como una contravención del principio teresiano de la obediencia. Para Ana de San Bartolomé, la obediencia era el voto más importante de una Carmelita, y es el primero que trata en sus *Conferencias espirituales*: «¡Dichosa obediencia y camino fácil y seguro, y que Dios le estima en más de todos los sacrificios que le podemos hacer!» (1998:676). Era tanta la importancia que le daba a la obediencia que ella y su superiora María de San Jerónimo llegaron a ocultar la controversia sobre el Breve de las monjas de su convento para no perjudicar su lealtad a Doria (Arenal y Schlau 24).

En 1604, un año después de la muerte de María de San Jerónimo, el Breve «In supremo» posibilitó la fundación de conventos teresianos en Francia. Ana partió para París con cinco otras Carmelitas, y el 18 de octubre se inauguró la fundación del Carmelo parisiense bajo la dirección de Ana de Jesús, quien había tomado la parte de María de San José en la controversia con Doria.

Hasta este momento Ana había sido hermana lega, es decir, una monja exenta de coro que se ocupaba de las faenas caseras. Además de enfermera, Ana servía en la cocina, donde se dedicaba «a guisar la comida con gran gusto» (1998:387). Pero en Francia se vio obligada a recibir el velo negro y a convertirse en hermana de coro para desempeñar el cargo de priora en Pontoise, convento que fundó en 1605. Agravó las relaciones entre ella y Ana de Jesús una disputa acerca de una postulante de familia protestante. Santa Teresa, siendo ella misma de origen converso, nunca había insistido en la «pureza de sangre» de sus religiosas. Siguiendo el modelo de la Fundadora, Ana de San Bartolomé aceptó en el convento de Pontoise a Claire du Saint Sacrement, una excalvinista. Esto indignó a Ana de Jesús, quien se oponía con vehemencia a que ingresaran al Carmelo postulantes de las nuevas religiones. Decepcionada por estos acontecimientos, decidió volver a España, mientras que Ana de San Bartolomé optó por seguir en Francia.

Poco después comenzaron graves problemas con Pierre de Bérulle (1575–1629). Una de las figuras más importantes de la restauración católica en Francia, Bérulle era un teólogo y escritor espiritual importante con gran influencia en la corte real. Sus dos proyectos principales fueron el establecimiento en Francia de las Carmelitas Descalzas (1604) y el del Oratorio del Amor Divino (1613), movimiento caritativo de la Reforma católica fundado bajo la inspiración de Catalina de Génova en 1610. Bérulle fue nombrado cardenal en 1627.

Al principio el influyente teólogo apoyó a Ana, pero pronto se disputaron por el asunto de los confesores. La madre Ana quería traer a padres carmelitas de España para confesar a sus religiosas, pero Bérulle se opuso. Él mismo se había encargado de confesar a las todas las monjas del convento, incluso a Ana. En sus cartas a fray Tomás de Jesús (de quien hablaremos más largamente en el capítulo sobre Cecilia del Nacimiento) se queja de que Bérulle trate a las monjas como esclavas. Lo acusa de haberlas vuelto contra ella y de querer mantenerlas subyugadas con el fin de fortalecer su propia posición de poder. Sin embargo, la importancia que le daba a la obediencia la obligó a tratarlo siempre con acatamiento. Arenal y Schlau comentan: «Su manera de manejar la situación y a la gente envuelta en ella demuestra lo complicado que era el voto de obediencia para estas mujeres sujetas a la autoridad absoluta de oficiales eclesiásticos, especialmente a confesores» (26).

En 1606 Isabel Clara Eugenia, princesa española de los Países Bajos, invitó a la madre Ana a Flandes, pero ésta no partió para los Países Bajos inmediatamente. En 1608 la encontramos saliendo de París para fundar en Tours. Ese mismo año se fundó en Aviñón un monasterio carmelita para hombres, lo cual complicó las relaciones entre Ana y Bérulle. No fue sino hasta que fray Tomás de Jesús, superior general de los Países Bajos, finalmente la llevó a Flandes que Ana logró librarse de sus problemas con el teólogo francés.

Sin embargo, la situación en el Norte también era compleja. Felipe II había sucedido a su padre como príncipe de los Países Bajos y su hostilidad hacia los protestantes había provocado continuas sublevaciones. Las provincias del Sur, en su mayoría católicas, se sometieron a España, pero las del Norte, todas calvinistas, formaron las Provincias Unidas, las cuales repudiaron a España y a Felipe II. En 1598 el rey cedió el gobierno de los Países Bajos a su hija, casada con el archiduque Alberto de Austria, con la esperanza de reforzar el catolicismo. La fundación de conventos era un elemento importante de su política.

El 6 de noviembre de 1612 la madre Ana fundó el Carmelo de Amberes en absoluta pobreza. Pronto se establecieron conventos teresianos para monjas y monjes en varias otras ciudades de los Países Bajos. Como amiga y confidente de Isabel, Ana llegó a tener una influencia considerable en los desarrollos políticos y religiosos del momento. Esto sería un logro notable para casi cualquier mujer en aquella época, cuánto más para una de la clase y condición humilde de Ana de San Bartolomé. Mantenía correspondencia con algunas de las personas más influyentes de Europa. Arenal y Schlau señalan que, como «una mujer imbuida del espíritu de Teresa de Ávila, quien pronto sería canonizada», Ana gozaba de una tremenda autoridad. Era confidente y consejera espiritual de «comandantes, clérigos, regentes y princesas —todas personas que reconocían y manipulaban la autoridad de su vida visionaria y su relación con la madre Teresa» (Arenal y Schlau 26).

Frente a la tremenda violencia que se había desencadenado contra los católicos en Inglaterra, los Archiduques intentaron prestar ayuda a los católicos ingleses que huían de su patria, y «la madre Ana trabajó con un celo extraordinario para dar solución al problema» (Urkiza 1981:60). En 1619 Ana de San Bartolomé ayudó a un grupo de Carmelitas Descalzas inglesas a fundar un convento en Amberes, el cual puso bajo su propia protección. Tenía un cariño especial por estas inglesas, y Ana de la Ascensión, priora del convento inglés en Amberes, llegó a ser su íntima amiga. Sin embargo, las dos Anas se enemistaron más tarde a causa de una disputa —una vez más sobre la cuestión de los confesores. Ana de la Ascensión terminó por separarse de las Descalzas y por poner a sus religiosas bajo el mando del obispo y no de los padres de su propia Orden (Arenal y Schlau 25).

Ana de San Bartolomé se cree heredera espiritual de santa Teresa, lo cual le infunde energía y confianza. Alison Weber señala que a diferencia de santa Teresa, quien temblaba ante los confesores que le decían que sus visiones eran obra del demonio, Ana jamás dudó del origen divino de sus experiencias sobrenaturales. Para Ana, «el conflicto entre la autoridad clerical y la experiencia interior se resuelve más fácilmente» (Weber, "Partial Feminism" 71). Cuando los directores espirituales de Ana le advierten que sus visiones pueden ser de origen diabólico, ella consulta con Teresa, quien le asegura que son de Dios. Su relación especial con santa Teresa, quien sigue siendo su amiga y consejera incluso *in morte*, socava la autoridad patriarcal, puesto que Ana puede siempre acudir a una autoridad más alta que la del confesor (Weber, "Partial Feminism" 73).

Ana era consciente de sus flaquezas y, como producto de una sociedad jerárquica, aceptaba sin duda la inferioridad de la mujer. Sin embargo, como Teresa, afirma que Dios a veces escoge a seres inferiores para defender su causa. Para Ana tanto como para Teresa, los «sabios» no son siempre los más capacitados para desempeñar las labores de la Reforma carmelita. A veces el Señor confía estas faenas a las «frágiles mujeres» en vez de a los hombres. Weber ha llamado la ideología de Ana de San Bartolomé «feminismo matriarcal». Por un lado, Ana se creía heredera de la misión apostólica de santa Teresa de amparar a la Iglesia en un momento de crisis. Por otro, estaba convencida de que esta crisis se debía precisamente al fracaso de los hombres (Weber, "Partial Feminism" 75).

Ana de San Bartolomé fue beatificada el 6 de mayo de 1917.

# Autobiografía de Amberes

*María, José y nuestra santa madre Teresa de Jesús,*
*en cuyo nombre hago esto que me lo manda la santa obediencia*

### 1. EL DESPERTAR RELIGIOSO EN SU INFANCIA

1. Siendo niña, que no sabía bien hablar, me pusieron en pie con mis hermanas, que estaban en una pieza haciendo labor, y pasando mi madre, díjolas[1]: «¿Qué miran? Esta niña no caiga, que se matará». Y dijo una de ellas: «Dios la haría merced si se muriese, que ahora iríase al cielo». Y dijo la otra; «Déjala, no se muera, que si vive podrá ser santa». Y repitiendo[2] la otra: «Esto está en duda, y ahora no tiene peligro, y en llegando a los siete años pecan los niños».[3] Yo entendía todo esto; y como dijo de pecar, levanté los ojos al cielo sin saber, a mi parecer, lo que hacía, y parecióme que veía el cielo abierto y que de allí se me mostraba el Señor con una grande majestad; y como era cosa nueva, diome mucho temor y reverencia en el corazón por el presente, porque conocí que era Dios y que era el que me había de juzgar; y quedóme de allí un temor si había de pecar, como mis hermanas habían dicho, y ofenderle.

2. Y un día, siendo ya de siete años, vínome a la memoria que pecaría, y lloraba. Y preguntándome una de mis hermanas: «¿Por qué lloras?», yo le dije: «Porque tengo miedo de pecar y me quisiera morir». Y con este miedo tomé devoción con algunos santos: primero los ángeles, y con ellos San José, que era tan simple, que le tenía por ángel, y a la Virgen Santísima primero, que confiaba mucho en ella, y a las once mil vírgenes,[4] a San Juan Bautista y a otros santos. Y cada día les pedía me guardasen de pecar, y en particular les pedía la castidad. Y con estos abogados yo andaba muy consolada y aficionada al buen Jesús, que me hallaba muy movida de su amor, y todo lo que hacía era deseando que Él me viese y me mirase y se contentase de mí.

6. Yo traía tanta oración, sin saber que lo era, que lo más ordinario me hallaba inflamada en el amor de Jesús, y pensaba cómo haría yo para irme en donde nadie no me conociese que era mujer, y que me despreciasen todos. Y pensaba vestirme de hombre e irme, que con eso daría sujeto que pensasen mal de mí. No me parecía que temía nada que se me ofreciese. Y no trataba con nadie esas cosas sino con una parienta que era de mi edad y nos habían cristianado juntas.[5] Era muy buena y tenía buenos deseos, y cuando íbamos a misa o nos podíamos juntar, nuestros corazones parecía los ponían fuego de amor de Dios. Y díjela un día: «Hermana, ¿no nos iríamos las dos a un desierto[6] vestidas de hombres y haríamos penitencia, como lo hizo la Magdalena?» Y ella era más prudente que yo y díjome: «Hermana, ya no es aquel tiempo, que hay mil ocasiones y peligros».Con todo esto que me dijo yo la apretaba[7] en ello muchas veces

---

1. les dijo
2. respondiendo
3. *According to Catholic doctrine, children under seven are not responsible for their acts and, therefore, cannot sin. After seven, a child knows right from wrong and can sin.*
4. Según una leyenda muy popular, santa Úrsula fue martirizada en Colonia junta con once mil vírgenes. En realidad, fueron once y no once mil.
5. Se trata de Francisca Cano, quien fue bautizada con ella en la parroquia de San Salvador de El Almendral (Urkiza 1998: 279 y 328).
6. *wilderness retreat*
7. molestaba

y hasta que la vencí, y díjela que hiciésemos unas esclavinas[8] como peregrinas y que una noche nos fuésemos.

7. E hicímoslo así. Y concertamos de salir una noche cuando todos dormían; y pensábamos lo pudiéramos hacer, mas el Señor no lo quería. Y trabajamos la una y la otra toda la noche y no pudimos salir; aunque parecía fácil abrir las puertas, no se pudo.

Y a la mañana nos juntamos a la iglesia y preguntámonos la una a la otra: «¿Cómo no te has ido?» Y reíamonos de cómo el Señor nos había burlado. Habíamos concertado de tintarnos el rostro para que no pareciésemos mujeres. Esto hacíamos con tantas veras y buen corazón, que si el Señor lo dijera parecía no faltaba nada. Era bien secreto entre las dos, que éramos como una cosa, sino que era ella mucho mejor que no yo.

## 2. LUCHAS POR SU VOCACIÓN

1. Mis hermanos, como me veían ya grande, trataban de casarme. Yo no tenía esos pensamientos. Llamaba a la Virgen, que había tomado por madre, y a todos mis devotos y acrecentaba las devociones y penitencias. Iba a la iglesia y escondíame en una capilla y[9] que había de la Concepción de la Virgen Nuestra Señora, y los pies desnudos y las rodillas desnudas por tierra y llamábala que me ayudase. Y veníanme mil tentaciones terribles contra mis deseos, que me atormentaban y afligían. Con estas ocasiones no faltaban las astucias del diablo. Mas yo tomaba disciplinas[10] y echábame en una cava desnudo [sic], aunque era húmeda, en el suelo, hasta que se templase la furia de la tentación, y dormía sobre sarmientos,[11] y otras cosas ásperas en lugar de la camisa y ésta daba a los pobres, porque no supiesen en casa iba sin ella; y poníame otras veces un cilicio de cerdas.[12]

2. Y un día me mandaron acostar con una mi hermana que tenía miedo. Yo no había rezado el rosario, y por no dormirme tomé conmigo una piedra grande, esquinada, y matando la luz entréme con ella en la cama, que la tenía muchas veces por almohada. Y esta vez la puse debajo del cuerpo desnuda, por no me dormir; y no bastó, que antes que acabase el rosario me dormí. Y en sueños vi que entraba la Madre de Dios con gran resplandor en el aposento y traía el Niño Jesús en sus brazos, y sentóse con él sobre mi cama y el Niño empezó de tirarme del rosario, como quien quería jugar, y tanto que me despertó. Y díjome entonces la Madre: «No te dé pena ni temas, que yo te llevaré donde seas monja y traigas mi hábito».[13] Y con esto desapareció. Yo quedé muy consolada y con mayores deseos de servir a Dios.

5. Yo me excusaba de hablar a hombres ni de darlos sujeto que me hablasen, y si entraban en casa los amigos de mis hermanos, yo me iba fuera o les hacía un rostro como si fueran una mala visión. Este recato traía por verme, como he dicho, muchas veces con grandes determi-

8. capas, trajes
9. allí
10. castigos, azotes
11. *twigs, vine shoots*
12. **cilicio...** *a shirt made of prickly swine hairs used for penitence.*
13. Es decir, serás Carmelita. Las Carmelitas son de la Virgen del Carmen, o Carmelo.

naciones,[14] y por otro cabo las grandes obligaciones con que Dios me obligaba, que eran grandes y pedían gran pureza y fidelidad; y lo uno y lo otro combatía en mi espíritu con violencia.

6. Algunas veces me enviaban un cuarto de legua del lugar, donde teníamos el pan[15] y los ganados, con las hermanas y gente de casa. Yo iba todo el camino callando, y llegando allá me retiraba entre los árboles y decía me dejasen a solas; y poníame en oración, y el buen Jesús se venía conmigo y se asentaba conmigo sobre mis faldas, como he dicho. Yo le decía: «Vámonos, Señor, a solas», y aunque mostraba [que] se holgaría,[16] mas que no convenía. Diome a entender esto sin hablar, sonriéndose conmigo. Yo deseaba ir a unas sierras muy altas que había cerca de aquella tierra, y esta vez me dio a entender que no convenía. Y tornándole a pedir que me llevase, dormíme un poco y mostróme el monasterio de Ávila, que es el primero que acababa de fundar nuestra santa Madre, y las monjas con el hábito. Yo les pedí que me diesen de beber, que tenía sed. Todo esto en sueños. Y me lo dieron. Y el vaso en que me lo dieron conocí después cuando fui al monasterio. Con esto dejé los deseos que tenía del desierto y di en desear el ser monja.

*[Ana le dice a su confesor que quiere ser monja en Ávila y él le habla del convento carmelita. Al darles cuenta el cura a las religiosas de San José del deseo de su hija espiritual, quedan conformes en verla.]*

8. Con esto me descubrí a mis hermanos con deseo de ser monja y que lo había ya tratado con este monasterio y que me querían ver. Ellos lo tomaron harto mal, mas como eran temerosos de Dios, no lo rehusaron y fueron conmigo; y las monjas quiso Dios que luego me aceptaron [*sic*] con gusto. Yo también le tuve con ellas y conocí las que había visto en el sueño; mas no fue entonces más que a vistas. Y quedó concertado que me avisarían y a mis parientes cuándo habíamos de venir. Mis parientes decían: «¿A qué[17] queréis ir con estas monjas, que nos han parecido muy estrechas?» Yo les decía: «A mí me han parecido unas santas y que toda mi vida he estado con ellas y que toda mi vida las he conocido».

10. Mis hermanos me hacían amenazas de pruebas y me ponían en el trabajo de los trabajadores, y así me cargaban de cosas que había menester fuerzas de hombres; y decían los criados de la casa que ellos no pudieran hacer dos juntos lo que yo hacía. Yo me reía, porque como si fuera una paja me era el peso que me mandaban alzar. Y con esto embebía la fuerza del espíritu, que era tan grande, que no se podía sufrir si no era con estos entretenimientos. Porque me daban dos carretas que son como carros, que las llevase a solas y trajese el pan a las eras[18]; y los que segaban hacían las gavillas[19] dos veces más grandes que de los hombres, pensando que no las podría subir en los carros. Yo las cargaba con gran ligereza, de manera que los hom-

14. Se refiere a sus deseos de ir a vivir en algún lugar solitario.
15. trigo
16. le gustaría hacerlo
17. para qué
18. campos
19. *bundles (of wheat)*

bres dejaban de segar por mirarme y se espantaban y no sabían si eran fuerzas de Dios o del mal espíritu. Después que el pan estaba en la era, me daban dos o tres pares de bueyes que lo trillase.[20] Mandábanme que los uniese con el yugo al trillo, y eran bravos; y Dios me hacía tanta gracia, que, llamándolos yo, bajaban la cabeza y se venían al yugo como si fueran corderos.

12. ...Cuando vine a casa me decían estaba loca y que era menester quitarme aquella oración y deseos de ser monja; que si iba al monasterio, que no lo podría llevar[21] y me volvería y los deshonraría; que era mejor atajarlo[22] antes que allá fuese. Esto hacían los parientes, unas veces con rigor, otras me mostraban gracia y que lo hacían por mi bien; que no tendría fuerzas para llevar aquel rigor, que traíanme otras personas que me hablasen y aconsejasen lo mismo y que mirase que no iba bien, que tomase otro camino.

13. Una noche que hacía muy linda luna, una parienta[23] pidió licencia a mis hermanos que yo fuese con ella a su lino,[24] que tenía una heredad[25] junto a las casas del lugar. Y estando allá, oímos un grande ruido, de que yo tuve mucho miedo, y rastraban[26] cadenas y daban fuertes gemidos. Y la que estaba conmigo decíame, como me veía turbada: «No es nada, alguna bestia es que pasa por el camino». Y luego se apareció cerca de nosotras una visión, negra mucho y como una estatua de un hombre de dos estaturas, tan grande, tan delgado; y llegando a cerca de nosotras, yo me desmayé y caí en tierra, diciendo: «¡Válgame la Santísima Trinidad!», y la otra cayó sobre mí por quitarme el miedo. Mas en lo que me duró este desmayo, tornando en mí, me asieron de la mano y me llevaron a casa. Y desde el espacio que había del lino hasta mi casa veía yo que iban delante de nosotras, algo apartado, tres personas vestidas de blanco, y dije: «¿Qué gente es aquella!», y dijéronme: «Deben de ser pastores que vienen del ganado». Y en llegando a las casas, desaparecieron. Conocí que era la Santísima Trinidad, a quien yo había llamado.

16. Y vinieron a aquel lugar unas religiosas que iban a hacer una fundación a Talavera, y trajéronlas a casa. Pidiéronlas mis hermanas que por amor de Dios me persuadiesen de irme con ellas, que era cerca y ternían[27] más consuelo tenerme allí. Y ellas hicieron sus consejos, y toda una tarde se encerraron conmigo predicándome, y salíanme a todos los partidos[28] y favores que se podían imaginar. Eran Jerónimas.[29] Mas cuanto más me persuadían, yo estaba más fuerte y entera en no faltar en lo que el Señor me había mostrado; y sin duda era Su Majestad el que me daba las fuerzas, porque naturalmente se podía desear la honra que estas siervas de Dios me prometían; y el estar cerca de los parientes, que otras lo desearan, yo lo aborrecía. En fin, Dios me ayudó, que ni por un pensamiento no me hallé mudada.

17. Y de Ávila los daban prisa. Mis hermanos escribieron que me llevarían por Todos Santos.[30] Y un día antes de la víspera de esta fiesta, ellos estaban de mal gusto[31] y no me decían

20. *thresh*
21. **no**... *I wouldn't be able to take it*
22. pararlo
23. Francisca Cano
24. *flax field*
25. campo cultivado

26. arrastraban
27. tendrían
28. ventajas
29. *of the order of Saint Jerome*
30. día de las Ánimas, primero de noviembre
31. humor

nada. Y estábamos a la mesa cenando tres hermanas y dos hermanos. Yo les dije: «¿No haremos nuestra jornada?»[32] Y el hermano mayor le di tal enojo, que se levantó de la mesa y sacó la espada para matarme. Una de las hermanas se levantó y le tuvo la mano, o creo que sería el ángel de Dios, porque yo vi la espada desnuda descargar sobre mi cabeza, y Dios me previno[33] en aquella brevedad con una resinación[34] de morir por su amor tan grande, cual la deseo tener a la hora de la muerte, y dije al Señor en mi corazón: «Señor, yo muero por la justicia muy consolada». La hermana que le tenía la mano me dijo: «¡Vete de ahí, que no te veamos delante, que nos inquietas la casa!» Yo me escondí en una cantina y los dejé bien turbados; y estábanlo tanto, que en toda la noche no se acordaron de mirar donde yo estaba, que parecía andaban muchos malos espíritus en la casa.

18. A la mañana yo salí sin que me viesen y me fui a la iglesia; y mi confesor, cuando me vio, dijo: «¿Qué es esto?, ¿no se van al monasterio?» Yo le dije lo que había pasado y que no venía sino a confesarme. Yo no estaba enojada con ellos, que bien veía no tenían culpa, sino que era el demonio. Y mandóme que comulgase; y [dije] que tendría escrúpulo de comulgar sin pedirles perdón. Y él dijo que no tenía de qué y, al fin me dejó ir. Púseme de rodillas y dije que me perdonasen, y ellos me respondieron rudamente: «¡Vete de ahí! ¡Conque viene después que nos ha enojado!» Yo me volví sin otra respuesta y comulgué. Acabando de comulgar, me recogí un poco; entre pena y contento daba gracias a Dios por todo.

19. Y estando así, vino a la iglesia aquel hermano a buscarme, el que me había querido matar, su cara como un muerto. Díjome que todo estaba aparejado, que me viniese. Yo tenía aflicción de verle tan afligido, que era de condición un ángel y el que yo más quería. Él y la hermana que me había defendido fueron conmigo, y otras personas. Y en todo el camino iban llorando y casi no me hablaban. Yo iba muy alegre, mas por otro cabo, tan combatida de tentaciones malas, que parecía que todo el infierno se había juntado para hacerme la guerra. Yo no osaba decir palabra, que con razón, si lo dijera, dijeran era loca en entrar en el monasterio de aquella manera. Y las benditas almas me llevaron su mismo día por la mañana.[35] Y a la entrada de la puerta se desapareció toda aquella tempestad, así como si me quitaran un sombrero de la cabeza; y quedé como en un cielo de contento, que parecía que toda mi vida me había criado en aquella vida y entre aquellas santas.

## 5. EN EL OFICIO DE ENFERMERA

1. Y la Santa vino de Sevilla.[36] Hallóme tal que parecía estaba toda descoyuntada,[37] y díjome la Santa aquella noche que llegó: «Hija, véngase a mi celda, aunque al presente esté en-

---

32. viaje
33. preparó
34. resignación
35. día de todos los Santos, 2 de noviembre. Era «su mismo día» porque las Carmelitas, en los ojos de la joven Ana, eran todas santas. Entró en el convento de San José el 2 de noviembre de 1570.
36. Teresa había ido a Sevilla el año anterior. No llevó a Sor Ana porque ésta estaba tan enferma de ética (cierta clase de calenturas) que los médicos pensaban que iba a morir.
37. desquiciada, dislocada

ferma». Y, al parecer, no estaba para servirla.[38] Había al presente en casa cinco enfermas en la cama con calenturas, y una muy mala y con tanto hastío que no comía cosa alguna, que se llamaba Isabel Bautista. Y díjome la Santa a la mañana, otro día en llegando: «Hija, aunque esté mala, quiero que sea enfermera de estas enfermas, que no hay quien las cure». Yo callé por no ir contra la obediencia, mas en mí pensaba: «¿Cómo lo haré, que no puedo alzar los pies del suelo?»[39] Y como pude fui a la cocina, aderecé alguna cosa para la que estaba más mala. Y antes de ir a la celda había una escalera de catorce gradas. Al pie de la escalera yo paré y dije al Señor: «Ayúdame, Señor mío, que yo no puedo subir un paso». Al postrero de lo alto aparecióseme el Señor, hermosísimo como las demás veces, como cuando andaba por el mundo, y díjome: «Sube». Y diciendo esto, me hallé subida a sus pies sin trabajo. Y fuese conmigo a la celda de la enferma, y en entrando, arrimóse de cuestas[40] a la cabecera de la cama, como un enfermero que quiere regalar a sus enfermos, y díjome: «Pon aquí eso que traéis, y vete a dar a las otras, que yo lo daré a ésta». Yo fui como si no hubiera tenido mal ninguno, sana y muy aprisa, con deseos de volver a ver a mi Señor. Y aunque más prisa me di, en cuando volví no le hallé. Estaba la enferma tan alegre y díjome: «Hermana, ¿qué es esto que me ha traído, que en mi vida no he comido cosa que tan bien me sepa?»[41] Y no la dije cosa de lo que había visto entonces, aunque nos queríamos bien; mas después la pregunté si había estado alguien con ella, y me dijo que no. Y con esto yo callé; mas díjome que no se había hallado tan contenta y confortada el alma, que no parecía que tenía mal. Y luego sanaron todas mis enfermas, y la Santa me dijo: «Sea priora de ellas y no me pida licencia; déles lo que viere han menester».

## 6. EN COMPAÑÍA DE LA MADRE FUNDADORA

1. En este tiempo nuestra santa Madre se quebró un brazo[42] yendo una noche al coro a completas[43]; y era ya oscuro y había una escalera antes de entrar en el coro, y el mal espíritu la echó de allí abajo, que se quebró el hueso por medio, y eran grandes los dolores, de que todas estábamos lastimadas, yo más, porque la quería mucho y sentía sus trabajos y penas.

2. Y con estos ejercicios que el Señor me daba, tenía otras enfermas y era provisora[44] y compañera de la cocina; que era menester hacer las cosas de noche, para acudir a la Santa y a las demás de día. Y como ella me veía andar tan cansada, tomó una hermana que parecía muy buena y deseosa de servir a Dios. Esta hermana se descontentó luego de la vida, y fingía que estaba contenta y que tenía oración, y no tenía ninguna. A la Priora y al confesor los engañaba, y queríanla mucho.[45]

---

38. Es decir, santa Teresa no la llamó para que se ocupara de ella sino de las otras enfermas.
39. Ana estaba todavía muy enferma.
40. **arrimóse...** *he leaned over*
41. **que...** *that tastes so good*
42. En la noche de Navidad de 1577 (Urkiza 1998:346).
43. última parte del oficio divino, después de las vísperas, destinada a santificar el reposo de la noche
44. *cellaress, the nun in charge of obtaining food and directing the kitchen staff*
45. Urkiza identifica a este personaje como María de Cristo, elegida Priora de San José en 1580, y al confesor como Julián de Ávila (1998:346).

Y diola tentación con la Santa y conmigo, y dijo al confesor que yo me confesaba con la madre Teresa mis pecados, y él lo creyó y díjome un día que por qué me confesaba con la madre Teresa, que mirase que le engañaba y que yo lo estaba también, que aquello era caso de Inquisición.[46] Yo le dije la verdad, mas no me creyó. Díjele que aquella hermana estaba descontenta, y dijo que no era así, que era muy buena y una Santa Catalina de Sena,[47] y que yo era la mala y que andaba en pecados. Y esto pasaba unos días sin que la pobrecita se conociese.

3. Nuestra Santa, aunque callaba, lo conocía, mas esperaba, —que era sobrina de un amigo suyo que se la había traído—, y deseaba que se enmendase; y ella sentía bien el trabajo que esta hermana me daba, que me trataba mal de palabras que no eran biensonantes a una religiosa. Y el confesor y la Priora estaban en su opinión. Y a pocos de días fuele forzoso a la Santa salir a las fundaciones, y estaba contenta de sacarme de allí por la pena que me daba aquella hermana. Y como la Priora y el confesor estaban tan confiados de ella, tuvo traza[48] de salir del monasterio y casóse muy miserablemente.

4. Y con estos y otros dichos, los inquisidores venían un día por la Santa y hacían las informaciones, y viendo que no era verdad, lo dejaron.

## 11. CAMINO DE FRANCIA

2. Otro día acabando de comulgar que estaba pensando en las palabras que me había dicho un Padre, cómo no era bien ni necesario que religiosas fuesen a la Francia entre tantos herejes, pues no los habían de predicar, y mirando yo que esto era verdad, y aparecióseme el Señor y díjome: «No mires en esto, que así como al panal[49] de la miel se llegan las moscas, así atraerás a las almas». Esto era cuando ya andaba la pelea entre los franceses que habían venido a pretender[50] religiosas a España, y había diferentes opiniones si era bien o no el venir. Y como eran todos los que andaban en ello todos gentes dotas, y grandes siervos de Dios los que dudaban, hacían vacilar mi alma si era Dios o no el que me hablaba, aunque los confesores me aseguraban era Dios y me ponían ánimo; y yo estaba, de ver una mudanza de tierra y de dudas, bien afligida, por desear acertar a gusto de Dios. Y como esto batía en mi corazón, Dios lo mostraba por otras almas lo que quería para que yo no dudase tanto, y hacía hablar Su Majestad con una religiosa,[51] que era muy santa, en nuestra casa, y sentíalo que yo viniese; deseaba se estorbase y decía: «¿Cómo queréis, Señor, que vaya ésta mi hermana tan lejos?» Y el Señor la respondió diciéndola que había de ser, que no era bien ella quisiese otra cosa. Y replicando que

46. *Confession is a sacrament and can be administered only by a priest. Confessing to any other person, including a nun, is strictly forbidden.*
47. *Saint Catherine of Siena (1347–1380), a great mystic and spiritual teacher, was highly influential among the reformers of sixteenth-century Spain.*
48. habilidad
49. colmena
50. procurar
51. Catalina de Cristo (Urkiza 1998:384)

ella temía lo que yo había de padecer, le dijo el Señor: «Los que sacan la miel de las colmenas salen picados, mas sacan su miel».

## 13. PRIORA DEL CARMELO DE PARÍS Y DIFICULTADES CON BÉRULLE

*[Ana funda un convento en Pontoise, donde sirve de Priora. Entonces sigue a París, donde al principio la reciben muy bien. Sin embargo, después del primer año comienza a tener problemas con Pierre de Bérulle, cardenal que introdujo el Carmelo en Francia.]*

7. Acabado este año primero, el demonio, padre de cizañas,[52] puso en los superiores pechos contra mí, que hasta entonces ha, me querían en extremo. Y empezó este disgusto que tomaron conmigo, porque empezaron de temer era de tener yo las monjas tan de mi mano, que si venían los religiosos de la Orden a la Francia que todas se quedarían conmigo debajo de su obediencia. Y era así verdad, que no pensaban ellas otra cosa, porque todo lo que me veían hacer unas decían era todo santo. Y con estos miedos usaron de una traca muy fina y ordenada del padre de mentiras, y fueron poco a poco ganando las monjas. Y de que las tuvieron ya en buena gracia, dijéronlas: «No tratéis con la Madre vuestras almas, que su espíritu no es para vosotras. Ella es extranjera, y más, española. No os fiéis de ella, que si quiere a los frailes, os darán una vida muy cruel.[53] Son recios; no es para vosotras su término».[54]

8. Y de este principio yo no sabía nada. Y veía a las monjas que se retiraban de mí; y en lugar de aquella llaneza[55] que me mostraban, era muy al revés. Y espantada, dije un día al prelado que no sabía lo que era, que las religiosas no me hablaban ni trataban conmigo después de profesas como de antes, ni trataban cosa conmigo; que las hallaba en extremo mudadas. Díjome: «No es menester que os hablen, ni vos a ellas, que vuestro espíritu es malo; no queremos que se les pegue; tenéis demonio y odio contra nosotros», y cosas de esta manera; y que si yo tenía un demonio, la que trataría conmigo tendría dos. Yo estaba ya con pena, y esto me la dio harta, y de tal manera que se veía bien era del mal espíritu esta cosa.

9. Este mismo día, acabando de comulgar, estaba recogida, y en visión me mostraban una gran cruz que parecía no era posible llevar. Yo me conforté como pude y la abracé; y quedé confusa de no saber lo que sería. Y la tarde pasó lo que acabo de decir.

## 14. FUNDADORA DEL CARMELO DE TOURS

1. Después de tres años que yo estuve aquí, un señor[56] pidióles monjas para fundar en su tierra, con condición que yo fuese a fundarlo. Y así, me enviaron con otras tres, hijas de la casa, de quien ellos se fiaban.

---

52. discordias
53. **si**... *if she wants them to, the (Spanish) friars will give you a really hard time*
54. palabra
55. confianza
56. Antoine du Bois de Fontaines, fundador seglar del Carmelo de Tours (Urkiza 1998:406)

En esta ciudad son hartos heréticos y cismáticos.[57] Cuando los vieron ir, decían: «¡Si se anegasen antes de salir del río y que nunca saliesen!»[58] Tomaron los heréticos luego gran odio conmigo y decían era mala mujer, ídolo de los papistas. Y quiso mi ventura que una devota de la casa, muy sierva de Dios, convirtió una mujer pública[59] con sus buenas razones y trájola a nuestra iglesia y túvola hasta la noche en el aposento de las mandaderas.[60] Yo no lo sabía, y a la noche, porque no se la quitasen de poder, la llevaron a otra casa con otras mujeres para conservar sus propósitos. Los heréticos que la buscaban y la vieron entrar en la iglesia y casa de las mandaderas, dijeron éramos otras tales y que teníamos niños dentro de casa. Esto se hizo con tanta malicia, que los mismos católicos de casa dudaban. Y fue tan fundada[61] esta maldad, que fue menester que yo llamase un día uno de los del magistrado, que era amigo, y le dije que deseaba tomar su aviso para trazar algunas piezas en la casa, que como no era hecha para monasterio estaba desacomodada; que nos hiciese merced de entrar y hasta las graneras y todo lo bajo, lo que le pareciese mejor. Esto hice porque decían tenía yo puerta en lo alto por donde entraban hombres; y sin decirle a este señor mi intento, entró y lo vio, y dijo después: «Yo sé la inocencia de estas religiosas y que es falso lo que dicen de ellas que tenían puertas. Yo he andado por toda la casa y estado en la clausura».

2. Estas eran unas cosas que a mí no me daban pena, porque tarde o temprano se había de ver la verdad, y aunque más decían, me reía de todo. Y veinte leguas se divulgó esta fama, que son todos lugares de herejes, que no nos podían ver. Y uno de los prelados[62] vino desde París, que era sesenta leguas; y vino por la posta a saber cómo se publicaba aquella maldad.

### 16. FUNDADORA DEL CARMELO DE AMBERES

1. Antes que viniese de Tours me mostró el Señor una luz, y en ella vi una casa. Y viniendo a Flandes, en la casa primera que se tomó para tomar la posesión de la fundación en Amberes conocí la casa; y la primera doncella que se recibió, conocí era la que había visto en aquella visión, y ahora se llama Teresa de Jesús.

2. Cuando llegué a Mons con los religiosos que me acompañaban, fui muy bien recibida y estuve allí un año justo,[63] y en éste se concertó esta fundación de Amberes, adonde yo no pensaba me mandarían venir, porque creía lo mandarían a otras más capaces que yo. Y un día después que supe era eso la voluntad de la obediencia, estando encomendándome a Dios, acabada de comulgar, suplicábale que me diese gracia de hacer su santa voluntad, y si no había de ser así, lo quitase de la cabeza de los superiores. Y consolóme el Señor, que yo estaba bien afligida, porque no faltó alguna persona que puso en corazón al prelado que no me trajese, que otra era más a propósito; y esto no me daba la pena, porque no deseaba venir, mas que me lo mandasen

---

57. separatistas (personas que se han separado de la Iglesia)
58. **Si**... *They should have drowned in the river!*
59. **mujer**... prostituta
60. sirvientas
61. implantada en la imaginación popular
62. Probablemente Bérulle (Urkiza 1998:407)
63. desde el 7 de octubre de 1611 hasta el 7 de octubre de 1612 (Urkiza 1998:416)

siendo contra mi consuelo y que veía deseaban otra cosa. Y con esto, como he dicho, me fui a comulgar, y acabada de recibir al Señor me recogí, y Su Majestad me consoló como lo ha hecho en otras ocasiones y me dijo: «Ten ánimo y ve, que esta fundación será una hacha encendida que dará luz a todo aquel país».

## Defensa de la herencia teresiana

### *Prólogo*

Cristo
y María y nuestro padre San José
y nuestra santa madre Teresa de Jesús

por quien voy a decir aquello que sé de ella acerca de las brullerías[64] que pasan cada día contra su religión y buen celo[65] que tuvo en esta reformación. Y porque al presente pasan cosas de harta pesadumbre, porque las que vinieren sepan la verdad que ahora quieren oscurecer con invenciones y falsos dichos los que no lo saben, ponen uno por otro, y esto se va extendiendo, que las pobres religiosas no saben qué creer, que es harta pena...

### 1. ADVERSIDADES DE LA MADRE TERESA AL COMIENZO DE SUS FUNDACIONES

1. Y esto ha hecho en esta reformación de nuestra santa religión: que como Dios levantase a nuestra Santa para caudillo de frailes y monjas, la dio desde luego contrarios que la persiguiesen porque se viese más su virtud. Y las mayores contradicciones fueron de su misma Orden, como se sabe, y por sus libros se ve algo,[66] mas muy poco para lo que fue, que la Santa no dice todo...

2. Y la mayor contradicción fue después que fundó religiosos, que de las religiosas no hacían tanto caso, que les parecía que [a] las mujeres presto las sujetarían. Mas como Dios enseñaba a nuestra santa Madre lo que quería de su servicio, la dio espíritu para todo y para fundar varones santos y que desde luego sacasen a luz el mismo rigor y penitencia que se guardaba en el tiempo de aquellos santos padres del yermo: Antonio[67] y otros de aquellos tiempos.

3. Y diola Dios para este principio frailes a la medida de su deseo, como la Santa lo dice en sus libros.

### 4. CONTRA EL DETERIORO DE LA TRADICIÓN TERESIANA EN FRANCIA

1. Espántome yo de monsieur de Brétigni,[68] siendo tan temeroso de Dios y sabiendo muchas cosas de las que yo digo, que se ponga como me lo han dicho —en continuar esta

---

64. adaptación española de la palabra francesa *brouillerie*, que significa pelea, riña, conflicto
65. *zeal*
66. Santa Teresa relata estos problemas en sus *Fundaciones*.
67. Antonio de Heredia, el que, con san Juan de la Cruz, ocupó el primer monasterio de Carmelitas Descalzos para hombres.
68. Jean de Brétigny (1556–1634), quien trabajó por llevar el Carmelo Descalzo a Francia (Urkiza 1998:224)

plática y hacerse ignorante de la verdad, habiendo visto por sus ojos cosas que los franceses no las pudieron sufrir, porque ellos no querían que nadie les gobernase; y que ahora tomen la opinión de estas personas y digan que los religiosos tratan mal las monjas. No es así y lo podemos probar, que son mejor tratadas y consoladas y ayudadas de su Orden que ningunas otras religiosas. Y si monsieur de Bérulle hubiera tenido tan buen término con las que tiene a su cargo, no se le quisieran ir[69]; mas las tratan no como siervas de Dios, sino como a esclavas, quitándoles la libertad que las religiones les dan, y aun algunas veces lo que han menester para su sustento, lo que no hacen los religiosos aunque sean pobres y lo pidan por amor de Dios.

2. Y dicen otra cosa: que han querido los religiosos los monasterios de Borgoña. Y tampoco no es verdad; antes, habiéndoles rogado personas emparentadas con ellos, lo han despedido y las monjas de la Francia. Si los Padres de Roma, que son los prelados, lo quieren decir, mucho ha que se los han ofrecido personas principales que les daban fundaciones, si las quisiesen debajo de su obediencia, y si lo hubieran hecho, esto estuviera acabado y no viniera ahora monsieur de Bérulle a revolver el mundo, que hace pena y da que decir.

3. Parecen las pobres monjas al grano que cayó en los caminos, que lo uno fue pisado y lo otro comido de las aves, no dio el fruto[70]; que lo que cayó en buena tierra, esto es el grano que sembró esta Santa, que con su espíritu y gracia de Dios, que la escogió para eso ha dado fruto, cual[71] se ve, de tantos hijos e hijas que resplandecen el día de hoy en la iglesia de Dios, no sólo en los pueblos adonde ayudan a las almas con su ejemplo, mas en los desiertos solitarios haciendo vida estrecha y de grandes penitencias, y Dios los asiste con tanta gracia como a los santos pasados, que el mismo es Dios ahora que entonces, si nos dispusiésemos.

6. ¡Oh Señor mío, y qué de engaños hay en el mundo y cómo se pierden los hombres cuando dan en invenciones y piensan de sí que su camino es mejor que el de los otros! Dios por su misericordia nos tenga de su mano, que en tanto que vivimos no somos seguros, siempre podemos temer.

### 8. OBEDIENCIA Y LIBERTAD DE CONFESORES

1. Cierto que torno a decir que una de las cosas que ha turbado la religión es la diferencia que hay entre las religiosas; que unas aprueban lo que se dice de la santa madre Teresa, y otras desean seguir la libertad y quererse eximir; que los prelados no las sujeten.[72] Eso no es lo más perfecto. Y pondré aquí una cosa que se me ha hoy presentado al espíritu oyendo esta plática y diferencia de opiniones. Acordéme que, si los hijos de la Iglesia, en viéndose perseguidos, hubieran faltado a lo que Dios les mostraba era su voluntad, no pudiéramos ahora cerrar la boca a los heréticos cuando salen con tantas leyes, iglesias nuevas. Y una de las cosas con que los

---

69. alusión al deseo de ciertas Carmelitas Descalzas de estar bajo de gobierno de frailes de su misma orden. Las de las comunidades de Burdeos y Bourges, descontentas con Bérulle, salieron para Flandes (Urkiza 1998:452–53).

70. *"He said: 'Listen, a sower went out to sow. As he sowed, some seeds fell on the edge of the path, and the birds came and ate them up.'"* Matthew 13:3–4.

71. como

72. Se refiere a la situación que existía en Flandes en los años 1619 a 1622, cuando las Carmelitas de Lovaina y las inglesas de Amberes se eximieron de la jurisdicción de la Orden (Urkiza 1998:470).

cristianos los hacen fuerza y no la pueden negar, es con decirles que la Iglesia de Dios no ha faltado desde en principio del mundo, y a esto no pueden decir otra cosa. Yo sé que este punto ha convertido algunos, que me lo han dicho a mí, porque es verdad, y sus cosas son nuevas y dadas a la libertad y sin principio.

2. Pues lo mismo será la opinión de las hijas del Carmelo de nuestra Santa que buscan otros principios y libertades: que al cabo se hallarán sin principio y engañadas sólo con color de libertad, como estos miserables herejes; que, aunque son siervas de Dios —que no son como ellos en lo espiritual—, van erradas; y piensan acertar y hallar libertad, y quedan sin ella, porque ni quedan en la Orden ni fuera de ella. Son religiosas de hábito y de palabras, y dan otro color a las cosas por sólo querer ellas elegir de su cabeza y tener superioridad y que no las sujeten los prelados, y hállanse sujetas a unas otras gentes que de aquí a dos días son miserables y las quieren sujetar a otras cosas peores y menos religiosas, como lo verán presto.

3. Ahora diré de una palabra que asen, en que dice la Santa que encarga o pide a los prelados que den libertad a las monjas. No es cierto lo que piensan, que lo sé y se lo oí muchas veces. Lo que la santa Madre quiere decir es que, cuando era doncella, estuvo en un monasterio de Agustinas donde tenían un vicario que él solo las confesaba, y no podían hablar con persona las monjas sin que él lo supiese, ni entrar persona el monasterio sin que estuviese a la puerta hasta que saliesen, ni confesar con persona alguna sino con él. Éste es el punto que nuestra Santa dice a los prelados que no las aprieten; que en lo demás nos dan más libertad de la que la Santa quería. Que antes que muriese, en los monasterios donde no había religiosos ella misma llevaba de los Descalzos porque[73] no se confesasen con sólo los pasajeros[74] o el clérigo del lugar, sino que su principio fuese desde luego de Carmelitas, como darán testimonio del principio de su religión.

4. Las que no se someten a ella no podrán decir lo que los fieles hijos de la Iglesia dicen: que nunca ha faltado su vocación, que es el principio del Carmelo, que es la primera religión de las de la iglesia, la más perfecta, más retirada, más sola, más pobre. ¿Cómo nos pareceremos a nuestros antepasados si vamos buscando libertades? Eran tan santos y retirados, que en las historias que se escriben del rey San Luis de Francia, dicen que cuando fue a Jerusalén, que halló allí unos religiosos de tal manera de santidad que se admiró, que no lo había jamás visto y que le hicieron tal devoción, que se trajo a estas partes tres y todos santos...

5. Y estos tres santos han traído la Orden a España y por estas partes. Su original[75] habían dejado en Roma, a donde está impreso, y de allí ha habido la santa Madre, su verdadera hija, que ha trabajado por guardarlo con la misma perfección. Y aunque ella se crió en la Encarnación, como se sabe, que era un monasterio abierto, allí la hizo el Señor las mercedes que están escritas mucha parte de ellas; que como la quería para sacar esta obra a luz, la iba mostrando su voluntad; y como allí estaba tan abierto, podía salir y tomar los confesores unos y otros, porque ella no se entendía ni hallaba quien la entendiese, sino todos la afligían, que era

---

73. **de**... algunos Descalzos para que (Nótese que «de los» es un galicismo.)

74. *passing clergy*

75. regla original (la primitiva)

negocio tan oscuro, que ni ella ni nadie no podían pensar que Dios la quería por fundadora de un principio tan perfecto, que estaba escondido, porque en su misma religión estaba ya perdido.

6. En esta ocasión la Santa hubo menester tratar con mucha gente dota y pedir aviso de unos y de otros. Mas cuando quiso Dios que saliese con lo que nos ha dejado y se encerró, puedo decir que estaba la monja más pobre y humilde de todas las que tenía en su compañía, y que en la primera casa no tenían sino un pobre capellán y la Santa se confesaba con él como todas, y era mozo y de pocos días clérigo, y si no la venían a ver los amigos por lo que era su confesión, no buscaba a nadie.

7. Y después que tuvo religiosos, decía muchas veces que no había hecho nada si no las dejara con los religiosos de la misma Orden que las gobernasen y guardasen lo mismo que ellas, que en pocos días se perdieran. Esto digo con verdad, que lo oí de su boca y la vi siempre muy recatada en esto de clausura...

8. No es pasto[76] de vida la libertad, ni de las almas que se han dado a Dios y se han encerrado por su amor; y las que buscaren libertades, las tales no lo son ni su vocación ha sido buena, y valiérales más no haber venido a la religión. Y de estas tales muchas se pierden, porque no son bien llamadas las que no gustan su vocación, y estando en ella se vuelven a las cebollas de Egipto[77]; se entretienen en hacer adobes de tierra, ídolos, que como a tales aman la libertad y se pierden con ella. Como éstos, por ser tan rebeldes y seguir su voluntad no entraron en la Tierra Santa y pocos fueron de ellos los que sustentaron la Iglesia de Dios para dar testimonio de ella, así serán las Carmelitas que cansadas de la clausura buscan libertades y no conocen ni estiman el haberlas el Señor sacado de los peligros y traídolas a este desierto, adonde las que están contentas en él les da el Señor que las penitencias y clausura les sepan a manjar divino y como lo quieren; éstas darán testimonio de su principio del Carmelo, como dan los hijos de la Iglesia, y serán jueces de los que la han dejado. No se entienden, porque así como no gustan ni estiman lo que tienen, hacen aquí su reino en gustar la libertad y entretenerse con los del mundo y que las estiman; y en esto se entretienen, y el holgarse es su Dios. Los tales no es posible gusten de sujeción de los prelados; ellas lo quieren ser de sí mismas. Y decirles otra cosa, dirán a las que se lo aconsejan que son locas, que se dejan llevar de lo que las dicen los prelados y búrlanse.

10. Dicen que guardan la Constitución de nuestra Santa... No, por cierto, si no es en el hábito y capa blanca, mas no en las obras; lejos van. Yo no dijera esto, que poco me importa que vivan como quisieren; mas el corazón me duele se llamen Carmelitas, hijas de la Santa, y que engañen el mundo.

---

76. *pasture (grass to nourish the flock)*

77. *"Now the mixed multitude who were among them yielded to intense craving; so the children of Israel also wept again and said: 'Who will give us meat to eat? We remember the fish which we ate freely in Egypt, the cucumbers, the melons, the leeks, the onions, and the garlic; but now our whole being is dried up; there is nothing at all except this manna before our eyes!'" (Numbers 11: 4–6)*

# Cartas

## *Al padre Tomás de Jesús*

### PONTOISE 8 DE JUNIO, 1605

Cristo sea con mi Padre y me le guarde y deje ver presto en Francia, que éste es mi deseo: que sea V.R.[78] el que lleve la victoria. Y estos señores tienen el mismo deseo y me han dicho lo que no quieren vengan otros religiosos, que la madre Ana quería de Italia, que sin licencia de estos nuestros prelados,[79] que a ellos y a nosotras nos tiene mortificadas su manera de proceder tan inquieta. Ellas no se hallan migaja,[80] y cada día se les hace un año a todas tres las de Salamanca[81]; y no sé por qué, porque las sobrellevan con grande paciencia y prudencia santa, que lo son los tres doctores que tenemos por prelados, hombres apostólicos en su vida y doctrina y los que más pelean con los herejes y los que convierten. Mucho se han vuelto a Dios esta cuaresma y parece van decaídas. Espero en Dios por sus méritos y por la intercesión de nuestra santa Madre se han de hacer buenas cosas antes de mucho. Véngasenos V.R. presto.

No sé si ha enviado a Roma el señor don Pedro,[82] que me dijo los días que estuvo aquí quería enviar por licencia para traer a V.R. Las tres francesas lo encomendamos a Dios, que somos yo y la madre supriora,[83] y la que vino de Loeches.[84] Es muy bonita y está bien mortificada, que la dejaron en París por maestra de novicias; ella más quisiera estar aquí por no ver las cosas y descontento de la Madre. Túvole muy grande, y se le tiene, de que me hiciesen del coro.[85] Y hay bien que ofrecer a Dios, mas, como Él sea servido, todo es poco y no son dignas esas mortificaciones del contento que se recibe de ver las veras y sed con que estas almas buscan el camino de la verdad apostólica, que no lo digo en particular por no lo deshacer, que es cosa maravillosa. Crea, mi Padre, si estuviese acá, sería su espíritu recreado.

La Madre dice que ella no ha de recibir ninguna monja que sea deuda[86] de herejes. Y es achaque para tener color[87] de irse, porque si no lo había de hacer, no había a qué venir acá, que todas lo son; y eso es hacer algo y cumplir la obligación de nuestra Regla y Constituciones, que fue el espíritu de nuestra santa Madre.[88]

---

78. vuestra reverencia
79. Uno de los cuales era Pierre de Bérulle.
80. **no**... son impacientes
81. Ana de Jesús, Isabel de los Ángeles y Beatriz de la Concepción (Urkiza 1998:849)
82. Pierre de Bérulle
83. Isabel de San Pablo (1560–1641), monja de Amberes que profesa en Burgos en 1590 y muere en Lovaina.
84. Urkiza la identifica como Leonor de San Bernardo (1998:849).
85. Se refiere a la imposición del velo negro a Ana de San Bartolomé y la oposición de la madre Ana de Jesús. (Véase la Introducción.)
86. pariente (La monja en cuestión era hija de calvinistas. Ana de Jesús no quiso recibirla en el convento de París, pero Ana de San Bartolomé le dio el hábito.)
87. pretexto (*In other words, it's just an excuse to leave. If she wasn't willing to receive converts from Protestantism, there was no sense in her coming to France in the first place, because [according to Ana] all the postulants are converts.*)
88. *Of Jewish background herself, Teresa did not do background checks on postulants for "purity of blood." By accepting women of Protestant background, Ana felt she was following Teresa's practice of judging postulants by their spiritual purity, not their lineage.*

El día de la Santísima Trinidad[89] recibimos aquí una señora doncella que ha nueve años es católica y muy aprobada y examinada por estos señores; y en sabiéndolo, dijo se quería salir del monasterio ella y sus dos monjas e irse a una casa particular hasta que viniesen de España por ellas, y llamó a quien le llevase una regesta al obispo de París para que le diese la licencia. Siempre ha dicho que ella no conoce otros prelados sino a los de España. Harto afligidos están y la van apaciguando cuando pueden. Por más, no aprovecha nada, que ella lo dice a todos y hay harta publicidad en París. Y aunque se siente harto, damos gracias a Dios yo y la madre supriora de estar apartadas, que me escribe Leonor de San Bernardo es grande la confusión que pasa. A la madre supriora ha dicho escriba a V.R. Es un ángel y la debo mucho y me ha sido de gran consuelo en mis mortificaciones. Todas se me han olvidado con la carta de V.R. Plega a Dios, mi Padre, sea el premio del consuelo de que me ha dado, y me le guarde muchos años y deje ver presto, para que sea padre y amparo de estos ángeles, que verdaderamente lo parecen. A todas nos tenga V.R. por sus súbditas.

Desde luego que tenemos aquí quince novicias y si se hubiese de recibir todas las que piden el hábito, serían menester muchas fundaciones. Éstas piden en las más ciudades de Francia, y así creo nos ha de durar poco el estar juntas, que es fuerza acudir a algunas partes, que hay gran devoción. De que V.R. la tenga no me espanto, que para su espíritu de V.R. las ocasiones que ha tenido son muy propias.

De junio ocho y de Pontoise y de esta casa de mi padre San José.

Sierva indigna y menor súbdita de V.R.

SAN BARTOLOMÉ


### A los superiores de la Orden en Roma

AMBERES (1612 / 1613)

Cristo

Por la confusión que ahora pasa acerca de la libertad que quieren las religiosas de nuestra santa Madre, yo tengo harta pena en mi alma que no seamos tales como ella nos lo enseñó con verdad y obra en la humilde obediencia que tuvo a sus superiores. Después que tuvo religiosos reformados, jamás la vi hacer cosas sin licencia ni tomar confesor para sí ni para las religiosas sin pedir licencia al prior del convento donde estaba hasta que la tuviese del superior mayor. Y así era en todo lo demás. Y cuando iba camino, al religioso que iba con ella le obedecía hasta el beber y cosas menudas, con tanta humildad y sumisión como si fuera novicia; y aunque fuesen los religiosos en pocos años de religión, hacía lo mismo. Y decía que siempre la hacía Dios merced de acertar cuando pedía parecer a sus padres. Esto tenía con una simplicidad santa.

Y por lo que toca a la libertad que dio a sus hijas al principio, fue de esta manera: pidiendo licencia. Mas diré una cosa: Me dijo ella misma un año antes que muriese. Yo la hallé un día en

---

89. *The first Sunday after Pentecost, which is fifty days after Easter.*

alguna confusión, y demandándola el sujeto, me dijo: «Hija, creo no vamos bien en la libertad que he dado de confesores, que al principio, como había tanto espíritu y simplicidad, a mí me parecía era provecho en ellas y en los que las trataba; mas como se van mudando las almas y no hay tanto espíritu, en lugar de lo que se edificaban antes, ahora es sujeto de desorden en hartas ocasiones. Yo estoy mirando ahora que los Franciscos[90] hacen bien, porque sus cosas son secretas». Esto oí yo de su boca, y creo si viviera, ordenara con los superiores otra cosa.

Yo no digo porque deseo otra cosa sino lo que los superiores hicieren, mas porque sepan que lo uno y lo otro tuvo a la Santa en su espíritu.

ANA DE SAN BARTOLOMÉ
INDIGNA CARMELITA

*Al padre Juan de la Madre de Dios*[91]

AMBERES, 8 DE FEBRERO (1622/1625)

A mi padre fray Juan de la Madre de Dios guarde Nuestro Señor:
Cristo sea en el alma de V.R., Padre mío.

Pésame de la falta de salud de V.R.; no sea triste, que es malo para la salud. Alégrese de todo y tómelo todo como de la voluntad de Dios, que haciendo esto, no quedará escrúpulo[92] de cosa que nos venga y el alma estará siempre alegre y toma fuerzas el natural[93]; porque el alma está consolada, el cuerpo lo está; y está sujeto a ella y no hay recreación de comer ni beber ni de esta tierra ni de la otra. ¡Qué desconsuelo si el alma no le tiene! Y esto va en no sabernos resignar a la voluntad de Dios; ésta quiere de nosotros; démosela y descuidemos, que no faltará de mostrar la suya en nuestro provecho y salud de alma y de cuerpo. Ésta le dé Dios a V.R. como se la deseo y suplico y le guarde muy largos años, amén... Adiós, adiós mil veces.

De Amberes, y febrero ocho.

Sierva y de V.R. y pobre hermana.

ANA DE SAN BARTOLOMÉ

## Temario

1. La personalidad de Ana de San Bartolomé: ¿cómo se revela en sus escritos?
2. Visiones y locuciones
3. La obediencia: ¿por qué es problemática?
4. El lenguaje de Ana de San Bartolomé
5. La presencia de santa Teresa en los escritos de la beata Ana

---

90. franciscanos
91. Juan de la Madre de Dios (de Rivera) profesó en Bruselas en 1617 y fue ordenado en Amberes en 1621. Fue confesor de Ana de San Bartolomeo durante los cuatro últimos años de la vida de ella (Urkiza 1998:1438).
92. duda, preocupación
93. *nature, constitution*

6. La autoridad: ¿cómo la establece y cómo la usa?

7. Herejes y prosélitos

8. La situación política: ¿cómo se manifiesta en los escritos de la beata Ana?

9. Disensión dentro de la Orden

10. Ana de San Bartolomé y su familia

# María de San Alberto: «Demonio, vete para quien eres» 〰

MARÍA DE SAN ALBERTO y Cecilia del Nacimiento —dos hermanas en la vida real que llegarían a ser también hermanas en religión— nacieron dentro del seno de una familia excepcional. Tanto su madre como su padre fueron personas muy cultas. En aquella época muchas personas consideraban la erudición incompatible con el matrimonio, y era común que los estudiosos no se casaran. De hecho, si era aceptable o no que un «filósofo» se casara era un gran tema de debate.[1] Los hombres y las mujeres que querían dedicarse a la vida intelectual acostumbraban ingresar en la Iglesia. Sin embargo, había excepciones. El gran humanista Juan Luis Vives estuvo casado, aunque nunca tuvo hijos.[2] El astrónomo Galileo, a su vez, mantuvo una relación larga con Marina Gamba, a la que dio tres hijos, aunque nunca se casaron ni compartieron un hogar (Sobel 22–24). Antonio Sobrino y Cecilia de Morillas, padres de sor María y sor Cecilia, también fueron excepciones.

Stacey Schlau ha recopilado los pocos datos que tenemos sobre la familia de sor María y sor Cecilia, principalmente de una crónica hecha por uno de sus hermanos y ampliada por ellas mismas. Schlau también ha conseguido datos de las crónicas de las Órdenes Carmelita y Franciscana y de estudios realizados entre los siglos XVII y el momento actual.[3] Antonio Sobrino fue un noble portugués de una familia venida a menos. Fue a España para estudiar derecho en Salamanca, donde conoció a Cecilia de Morillas, con quien se casó. La pareja tuvo

---

1. El humanista alemán Rodolfo Agrícola (1442/43–1485) propuso «la compatibilidad del matrimonio y la filosofía» como un tema ideal para el tratamiento dialéctico. Véase Noreña 42.
2. Sobre la actitud de Vives hacia el matrimonio y los niños, véase Noreña 44–45.
3. Véase Schlau, «Introduction».

nueve hijos, siendo María y Cecilia la séptima y la octava respectivamente.[4] Antonio se trasladó a Valladolid para desempeñar un cargo para el conde de Rivadavia y terminó siendo
nombrado secretario de la Universidad. También llegó a ser secretario del Colegio del Cardenal, notario de la Inquisición y notario de la Corte eclesiástica. Después de su muerte, María y
Cecilia ingresaron en la orden de las Carmelitas Descalzas.

En su discusión sobre la mujer de letras durante la temprana modernidad, Margaret King
señala que una adolescente europea de la aristocracia o de la alta burguesía con inclinación a
la erudición gozaba de bastante libertad para seguir sus intereses. De hecho, las mujeres hu-
manistas dominaban las lenguas clásicas y cultivaban todos los géneros. Sin embargo, al llegar
a adulta, normalmente una joven tenía que escoger entre el matrimonio y la erudición (1980:
69). La situación no parece haber sido diferente en España.[5] El matrimonio era casi siempre
un estorbo para el estudio, así que aquellas mujeres que querían cultivar las letras tenían que
buscar refugio en el claustro.

Sin embargo, Cecilia de Morillas logró combinar la vida doméstica con el estudio. Mujer
extraordinaria conocida por sus dotes intelectuales, artísticas y musicales, ayudaba a su
marido con su trabajo, escribiendo cartas oficiales en francés y latín. Según la crónica que dejó
su hijo, Diego de San José, también ayudaba a hacer los diplomas de la Universidad, pintando
las letras y las iluminaciones. Las iluminaciones de Cecilia llegaron a ser tan famosas que el rey
Felipe II le encargó varias para El Escorial. El padre de Cecilia la había alfabetizado y le había
enseñado gramática. Más tarde, ella oyó lecciones con su hijo mayor y, siguiendo el ejemplo
didáctico de su padre, enseñó a sus otros hijos a leer y escribir en varios idiomas. También les
enseñó a pintar, a cantar y a tocar instrumentos musicales. Elaboraba, además, flores de seda
con tanta delicadeza que parecían reales. En una ocasión hizo un globo terrestre de corcho y
fragmentos de seda con la precisión de un cartógrafo. Era amiga de cosmógrafos y matemáti-
cos con quienes tenía discusiones sobre las ciencias. Al mismo tiempo, se destacaba en el arte
tradicional de la aguja. Otro hijo de Cecilia y Antonio describe a su madre como «animosa» y
«varonil», elogiando así su aliento, energía y esfuerzo. Arenal y Schlau la llaman una verdadera
«mujer renacentista» (132).

María Sobrino Morillas, quien tomaría el nombre de María de San Alberto al profesar
como Carmelita Descalza, nació el 18 de diciembre de 1568.[6] No es sorprendente que María y
su hermana Cecilia ingresaran en una orden. Cuando murió su madre a los cuarenta y tres
años, eran aún pequeñas. Al llegar a la edad adulta, debido a su excelente formación intelectual, las comunidades religiosas más exclusivas de Valladolid querían admitirlas. Atraídas a las
Carmelitas por sus lecturas de las obras de santa Teresa, en enero de 1588 profesaron juntas en
el Convento Carmelita de la Concepción de Valladolid, donde la hermana menor tomó el
nombre de Cecilia del Nacimiento. Tomaron votos el 2 de febrero de 1589. Según Stacey

4. Schlau dice que María era la sexta, pero en la lista de hijos de Antonio Sobrino en orden cronológico de su nacimiento es la séptima. Véase Schlau, 12–18.

5. Véase Vigil 54–55.

6. Los datos bibliográficos sobre María de San José, al igual que la información sobre su familia, son tomados de la
introducción a *Viva al siglo, muerta al mundo*, de Stacey Schlau.

Schlau, «Ambas fueron místicas, líderes del convento, cronistas, fomentadoras de literatura en el convento y escritoras» (20). Habían recibido una excelente educación de su madre, quien les enseñó doctrina, gramática y latín, además de materias consideradas propias de mujeres.

Las dos trabajaron juntas, cada una sirviendo de copista a la otra y escribiendo la biografía de la otra. Estaban tan unidas que en una de las visiones más citadas de María, salen dos brazos de un cáliz y la monja oye las palabras: «Para abrazar a las dos hermanas» (Arenal y Schlau 134). Isabelle Poutrin señala que María era una de las pocas mujeres con conocimientos de la Santa Escritura tan profundos como para buscar la confirmación de sus visiones en la Biblia (109).

María y Cecilia fueron herederas intelectuales y espirituales de Teresa de Ávila, quien recomendó que las monjas escribieran, cantaran y montaran obras de teatro. Así, las dos hermanas escribieron durante toda su vida. María era conocida, además, por su talento artístico y musical. Durante su larga carrera en el convento fue sacristana, tornera, maestra de novicias, superiora y priora. Schlau comenta sus dotes administrativas, aunque la hermana insiste en que aborrece los cargos burocráticos, y también saca a relucir su gran generosidad. Entre 1629 y 1632 Castilla la Vieja padeció una larga sequía que dejó a mucha gente sin recursos. Sin embargo, «se cuenta que la madre María nunca rechazó limosna a nadie» (24). Mujer fuerte y resuelta, inició un pleito contra los padres trinitarios cuando trataron de construir un monasterio cerca de su convento para impedir que éstos vieran a las monjas en su huerta (Schlau 26).

Una gran parte de la poesía de María de San Alberto fue inspirada por Teresa de Ávila. Dejó un cuaderno de poemas que escribió para celebrar la beatificación y canonización de la Fundadora, pero, como señala Schlau, muchas de estas composiciones «no son meramente alabanzas, sino también defensas, justificaciones y explicaciones de la vida y obra de una mujer fuerte y controversial» (30). Schlau sugiere que, como rara vez se publicaban los textos escritos por monjas, María puede haber pensado que si se aceptaba imprimir los escritos de la Fundadora, posiblemente se hiciera lo mismo con los de sus seguidoras.

María retrata a Teresa de Ávila como una mujer tan intelectual como espiritual, una fuerte líder y una madre amantísima. En el primer romance en endecha,[7] «El Monte Carmelo», la celebra como «gran patrona» de la Orden, «gloriosa y triunfante». La compara con Cristo mismo al llamarla la «pastora divina»; es la protectora de sus ovejas, es decir, de sus hijas espirituales, pero es una inspiración no sólo para las Carmelitas Descalzas sino también para el reino entero: «luz de toda España». Es espiritual e intelectual a la vez, «profeta y doctora». Es mártir por todo lo que sufrió por amor a Cristo y es, además, como la madona, «virgen siendo madre» —es decir, madre de su Orden y de todos los que la ven como guía y maestra. Teresa es «la verdadera hija / de Elías», el profeta judío del Antiguo Testamento, considerado fundador de la orden carmelita.[8]

De este poema emerge la imagen de una mujer enérgica e imponente que, aunque lleva el «humilde traje» pardo de los Carmelitas y anda «descalza y pobre», llena el mundo de sus

7. composición poética de tono solemne
8. Elías se enfrentó con los profetas de Baal en el monte Carmelo y salió victorioso.

riquezas espirituales. Tanto amó al Señor, su esposo, que se entregó enteramente a Él, por lo cual se la honra en el cielo y la tierra. La repetición del verso «que me abrase» subraya el amor que inspira Teresa en sus hijas espirituales, enardecidas por el afecto que le tienen.

Stacey Schlau divide la prosa de María de San Alberto en cinco categorías: (1) cartas, (2) testimonios hechos para investigaciones eclesiásticas, como el que hizo para la beatificación de san Juan de la Cruz, (3) trabajos destinados para el archivo del convento, (4) estudios bibliográficos, (5) ensayos sobre el misticismo, «favores recibidos» y tratados teológicos (260). Casi toda la prosa religiosa de sor María que tenemos fue escrita durante los últimos años de su vida, aunque posiblemente se hayan perdido muchos textos.

El breve ensayo titulado «De las tentaciones del demonio», perteneciente al último grupo, es un excelente ejemplo del estilo vivo y enérgico de sor María. Como santa Teresa, describe sus incesantes contiendas con el diablo, pintando al enemigo como un ser vivaracho que está siempre en acecho. A diferencia de la Fundadora, quien describe al demonio en varias de las formas que toma, sor María no detalla los pormenores de su aspecto físico. Habla, eso sí, de las diferentes circunstancias bajo las cuales aparece y de cómo ella logró espantarlo. Su representación del demonio es a la vez muy personal —puesto que describe las numerosas ocasiones en que ella misma se ha enfrentado a él— y teológicamente apropiada.

Sor María también escribió teatro y tradujo salmos y el *Magnificat* con su hermana. Después de su muerte a los setenta y dos años, sor Cecilia amplió la crónica empezada por su hermano Diego.

## Romance en endecha a nuestra madre santa Teresa de Jesús

El Monte Carmelo[9]
de gozo no cabe
con su gran patrona
gloriosa y triunfante.
    Pastora divina,
que bajando al valle
y subiendo al monte
sus ovejas pace.

Luz de toda España y sol que sale
con su fuego abrasado el monte arde
que me abrase.

Profeta y doctora,
seráfica y grave,
mártir en deseos,
virgen siendo madre,
    verdadera hija
de Elías su padre,
sucesora suya
en celo[10] grande,
    y en ser del Carmelo
fundadora y llave
de sus perfecciones
y obras celestiales.

---

9. La orden Carmelita se originó alrededor de 1200 en Wadi-'ain-es-shiah, barranco en el lado oeste del monte Carmelo, al sur de Haifa. Un grupo de ermitaños recibió de Alberto, patriarca de Jerusalén, una «fórmula para la vida» cuyo tema central era la imitación de Cristo en una soledad apoyada por la comunidad. Los ermitaños vivían solos en celdas que rodeaban un oratorio. La soledad en comunidad sigue siendo la característica principal de la vida carmelita.

10. *zeal*

Luz de toda España y sol que sale
con su fuego abrasado el monte arde
que me abrase.

Es la mujer fuerte
que en humilde traje
de descalza y pobre
dio riquezas grandes.

Tanto amó a su esposo
que él por agradarse
hizo confianza
de su esposa amable.

Súbela en el trono

de su pecho y hace
que el cielo y la tierra
la honre y ensalce.

De esta gloria y triunfo
gozará gran parte
quien la reverencia
y de ella se vale.

Luz de toda España y sol que sale
con su fuego abrasado el monte arde
que me abrase.
que me abrase.
Fin.

## De las tentaciones del demonio

Como este común enemigo nuestro siempre anda buscando ocasiones y armando lazos[11] para nos dañar, ya rabioso de que por la divina misericordia[12] me había escapado de sus manos, ya temiendo lo por venir[13] por la poca parte que había de tener en mi alma, según comenzaba el Señor a ayudarme y hacer merced[14] hacia Él, no lo que pudiera si fuera por su voluntad que ésta era de tragarme y hacerme cenizas, sino lo que le era dado de licencia para mi ejercicio[15] y también para justificar[16] el Señor su casa[17] y, que teniendo yo fortaleza en las ocasiones, quedase él más vencido. Estas tentaciones fueron de muchas maneras,[18] porque como ya he tocado en otras partes,[19] eran en todas materias y con grande reciedumbre,[20] y si entonces hubiera en ellas el conocimiento y luz que hay en otras,[21] de que es tentación fueran más llevaderas,[22] mas entonces todo se perturba y escurece.[23] Y así son más recias de sufrir, porque luego le parecía el alma que por sus pecados la tenía dejada Dios de su mano[24] con otros pensamientos semejantes que fuera nunca acabar ni se pudiera decir lo que con esto se pasaba.

Otras veces se me atrevía el demonio a amenazarme con palabras distintas[25] y esto, como

11. trampas
12. *mercy*
13. **lo...** el futuro
14. favor, beneficio
15. **lo...** *what he could do to test me*
16. *place among the blessed*
17. es decir, su gente (los cristianos y, más específicamente, los Carmelitas)
18. muchos tipos
19. **como...** *as I've explained elsewhere*
20. fuerza, vigor
21. **si...** *if it were possible to apply knowledge and reason to these temptations as we do to other subjects*
22. soportables
23. oscurece (**mas...** *but since we can't, everything gets confusing and muddled*)
24. **la...** Dios la había abandonado
25. dañinas, peligrosas

se conocía luego que era él, mejor se salía de ellas. Una vez, estando yo en el coro rezando con todas el Oficio divino,[26] me dijo con mucha rabia: «Calla, que yo te prometo que tú me la pagues».[27] Entonces, con mucha serenidad, sin dejar de hacer mi oficio, le respondí con las mismas palabras y le dije: «Calla, que yo te prometo que tú me la pagues». Y esto lo dije con ánimo de quebrarle la cabeza, procurando dar gusto a Nuestro Señor y servirle y no hacer caso del demonio.

Otra vez que iba a tañer la campana grande al bajar de una escalerilla por donde se iba a ella, sentí a este maligno espíritu que venía detrás de mí y díjome con grande rabia y que quisiera hacerme cenizas si él pudiera: «Oh maldita». Yo le respondí: «Tú eres el maldito, que yo no soy sino bendita de Dios y de sus santos». Y con esto no le sentí más.

Otra vez me parecía que se habían juntado canallas[28] de ellos y querían arrancar el pellejo del cerebro.

Otra vez se me metió este maligno espíritu entre la ropa de la cama y me dijo: «Haz pacto conmigo». Entonces le respondí: «Con mi Señor Jesucristo le tengo yo hecho; vete para quien eres». Y con esto se fue.

Otras no sé cuantas veces le sentí que se ponía en el antecoro al tiempo que después de completas,[29] me volvía a tener oración al coro hasta maitines.[30] Y pensando yo que era un ánima de purgatorio que allí en el antecoro se me había aparecido, lo comuniqué con mi hermano el obispo, que se consoló mucho de saber que aquella persona se había salvado. Y díjome que aquello que se me aparecía las demás noches que no era aquella alma, sino el demonio, para estorbarme que volviese al coro a tener oración. Y veo que tuvo razón, porque ya aquella alma que me vino a pedir socorro, le llevo[31] como yo se lo respondí cuando me le pidió y no sólo el que entonces la di que fue harto, sino hasta que yo muera lleva alguno.[32]

Otras veces sentía a este maligno espíritu cada noche que iba a maitines, hacia un rincón del dormitorio por donde había de pasar, y este modo de sentirle no era sólo con el pensamiento, sino sintiendo un espíritu a otro, y viendo claramente que era el demonio, porque aunque no le veía en visión imaginaria[33] y corpulental[34] (como alguna vez me aconteció a los principios), véale al modo como se ven las visiones intelectuales, que sin ver bulto ni figura se conocen las personas.

Así conocía mi espíritu que estaba allí el otro espíritu maligno y en el efecto que causa

---

26. *The Divine Office is the set of prayers, readings from Scripture, and psalms that members of religious orders must recite every day.*

27. **tú**... *I'll get you back for this.*

28. personas bajas y ruines (Aquí se refiere a los demonios menores.)

29. última parte del Oficio divino, destinada a santificar el reposo de la noche

30. primera de las oraciones del Oficio divino, que se recita al amanecer

31. comunico

32. Es decir, no se llevará ninguno.

33. *Recall that an "imaginary vision" is one in which an image appears. A "corporeal vision" is one that is perceived with the senses, whether or not a physical being materializes. An "intellectual vision" is perceived in the mind.*
    *María de San Alberto is saying that although she didn't see the devil with her eyes, she perceived him intellectually.*

34. corporal

porque, aunque no da el pavor de suerte que se den muestras exteriores,[35] dale a modo de un retemblor y horror que se siente. Digo que se sentía entonces, que agora[36] aunque es muy en ordinario sentirle cada vez que bajo a maitines, al principio de una escalera por donde se baja al coro alto desde el dormitorio, como siento la presencia del Señor que está conmigo, no tengo el temor que solía ni aun pienso, debe de ser el demonio, sino que él trae a la imaginación el acuerdo de lo pasado, por si le valiese para sus pretensiones, que son siempre de inquietar y de estorbar el bien.

Olvidábaseme de decir cómo en aquellos tiempos de los grandes aprietos, lo estuve tanto una vez que me parecía [que] veía que los demonios peloteaban con mi alma,[37] como si acá unas personas se hicieran una rueda y tomaran una pelota y la fueran arrojando de mano en mano. Y era tan grande mi aprieto[38] y el espíritu de rabia que se me ponía, que salía a lo exterior. Después, confesándome, me dijo el confesor que no me desconsolase, que no había hecho tantas culpas como yo pensaba, porque el trabajo y aprieto me tenía tan perturbada que no le parecía [que] había hecho ni aun pecado venial.[39] Yo me consolé y le creí, porque era persona de grandes letras[40] y experiencia y santo religioso.

Otra vez, a los principios, se me acuerda que tuve una cosa que parecía merced y luz de nuestro Señor, mas no fue sino transfigurarse el demonio en ángel de luz, como yo luego lo conocí, porque estas cosas como se han de mirar y juzgar más por los efectos que por ellas mismas, luego dio señal, porque aunque parecía luz y regalo de Nuestro Señor, provocaba algo a impureza y con esto luego vi que era obra de aquel maldito engañador y no hice caso. Y así, en lugar de salir él con lo que pretendía, quedó el alma más advertida y con más luz y experiencia. Sea la gloria al Señor.

Los remedios más eficaces que hay para librarse una persona de las tentaciones (y no digo librarse, no las tener, sino salir bien de ellas) es[41] la obediencia y la humildad, porque como la caída del ángel y del hombre fueron por desobediencia y soberbia.[42] Teniendo obediencia y humildad, no permitirá el Señor [que] seamos tentados, porque aunque el fin del demonio cuando nos tienta es de que cayésemos y pecásemos, como el fin de Dios es de que merezcamos peleando, y nos humillemos, no ha de permitir que si una persona se pone en sus divinas manos y se humilla y es muy obediente a los que están en su lugar, que la tiente el demonio de manera que la venza, sino que sea ella la vencedora y él quede vencido.

---

35. **no**... *It's not as scary as it would be if he had actually appeared in the flesh.*

36. ahora

37. **peloteaban**... *were throwing my soul back and forth like a ball*

38. sufrimiento

39. Un pecado venial es uno leve o superficial.

40. erudición

41. son (Error de parte de sor María.)

42. *Satan, head of the demons and evil spirits, was an angel who fell from grace because, moved by pride, he refused to serve God. Adam showed pride by eating the fruit and Eve thought would make them like God, knowing good and evil. Like Satan, Adam disobeyed God. He consequently fell from grace and destroyed the harmonious relationship that was supposed to exist between man and God. Catholic theologians continue to refer to Adam's disobedience and ensuing expulsion from the Garden of Eden as "The Fall," but have generalized the term to refer to humankind's continued unfaithfulness to God.*

Que las almas que van por estos caminos tan seguros como es el de la obediencia, humildad, mortificación, imitación de nuestro Señor Jesucristo, y resignación en sus manos divinas, traen al demonio muy a raíz y se libran de muchas molestias suyas. Hacen bien a sí mismas. Glorifican al Señor, que sea bendito y alabado por todos los siglos de los siglos. Amén.

*Temario*

1. La imagen de santa Teresa en el poema de María de San Alberto
2. La mitificación de santa Teresa: medios y propósitos
3. El concepto del demonio de sor María
4. La personalización de la lucha contra el demonio
5. La imagen de sor María de sí misma
6. El aspecto didáctico de la obra de María de San Alberto

# Cecilia del Nacimiento: *Un alma inflamada de amor* ∾

MUY POCO DESPUÉS de su profesión en 1589, Cecilia del Nacimiento (1570–1646) fue nombrada maestra de novicias del Convento Carmelita de la Concepción en Valladolid. Escribe el padre José María Díaz Cerón, S. J., editor de sus *Obras completas*: «En este cargo se distingue nuestra Carmelita por su humildad y mortificación, viendo en ella sus novicias la encarnación del espíritu de su santa madre Teresa» (8). Pero las complicaciones políticas de la Iglesia pronto invadieron el ordenado mundo de la hermana Cecilia.

En 1600 recibió orden de sus superiores para ir a Calahorra, donde se necesitaban sus servicios para la fundación de un nuevo convento carmelita. Sor Cecilia partió al año siguiente acompañada de su confesor, el padre carmelita Tomás de Jesús (el mismo que intervino en las peripecias de Ana de San Bartolomé), para desempeñar el mismo papel que en Valladolid: el de maestra de novicias. Fue una administradora tan eficaz y tan respetada que en 1602 sus hermanas la eligieron priora del convento. Sin embargo, sus vínculos con Tomás de Jesús pronto le causarían problemas.

El padre Tomás era en ese momento una figura muy controvertida por su posición en la polémica sobre el papel de la evangelización. La Regla primitiva de los Carmelitas había sido escrita para ermitaños, y la clausura estricta, en la cual insistía santa Teresa, reflejaba la importancia que ella le daba al retraimiento. Tomás de Jesús había establecido el primer Desierto[1] en Bolarque en 1592 y más tarde estableció otros en Las Batuecas y en los Países Bajos. Sin embargo, creía que la vida estrictamente hermética no era compatible con el mundo moderno y que el aislamiento se tenía que combinar con el trabajo evangelizador.

---

1. *wilderness retreat; hermitage where religious can retire from their communities for weeks or months of intense prayer*

El papa Paulo V, conocedor de las ideas de Tomás de Jesús, quería establecer misiones en el Congo y llamó al Carmelita a Roma para que se hiciera cargo del proyecto. Tomás de Jesús, con el consentimiento del Papa, estableció una nueva rama de la Orden carmelita, con el nombre de Congregación de San Pablo, cuyo objetivo sería la cristianización. Inmediatamente, sus superiores italianos y españoles se alarmaron, pensando que la nueva entidad podría sembrar la disidencia y terminar por dividir la Orden. El Papa retiró entonces su apoyo y Tomás de Jesús fue denunciado como alborotador. Durante dos años quedó bajo el velo de la sospecha, hasta que el Papa lo envió a los Países Bajos, donde fundó numerosos conventos.

En Calahorra, mientras tanto, Cecilia del Nacimiento gozaba de una riquísima vida interior. Los años de 1600 a 1603 fueron uno de sus períodos más fecundos. Entre 1602 y 1603 escribió los comentarios a sus liras, *Tratados de la transformación del alma en Dios,* considerados una joya de la espiritualidad carmelita. Sin embargo, era inevitable que sufriera alguna represalia como consecuencia de los problemas del padre Tomás.

El padre general, Alonso de Jesús María, al enterarse de que Tomás de Jesús era su confesor, le quitó el cargo de priora y la hizo volver a Valladolid. Además, le mandó entregar a las autoridades todo lo que había escrito por mandato de fray Tomás —es decir, casi todos sus papeles— además de las cartas que éste le había enviado. Le prohibió que mantuviera correspondencia con su confesor y que escribiera acerca de sus experiencias interiores. El examen meticuloso al cual Alonso de Jesús María sometió la obra de Cecilia del Nacimiento no descubrió, sin embargo, ninguna colaboración inaceptable de parte de ella en las actividades de su confesor. Más bien sirvió para demostrar su inocencia. El padre general no tuvo más remedio que levantar todas las prohibiciones contra las labores literarias de la monja. Los años —poco más de una década— que sor Cecilia pasó en Calahorra fueron el único período de su vida en el cual ella y su hermana María de San Alberto estuvieron separadas.

De vuelta a Valladolid, fue elegida maestra de novicias dos veces y, más tarde, subpriora. Hacia el final de su vida (1629–43), tuvo otro fecundo período en el cual produjo documentos sobre sus experiencias místicas, poesías y otros escritos. Éstos no fueron compilados y publicados hasta 1971, más de tres siglos después de su muerte, cuando el padre jesuita José María Díaz Cerón publicó sus *Obras completas.* Investigadores más modernos, notablemente Arenal y Schlau, han examinado los manuscritos de Cecilia del Nacimiento que se encuentran en los archivos del convento de la Concepción en Valladolid y han publicado fragmentos de algunos de sus descubrimientos en *Untold Sisters.*

Entre las obras ascético-místicas de la hermana Cecilia, habría que mencionar primero su *Autobiografía,* en la cual relata su evolución espiritual desde la infancia. Durante el siglo XVI ciertos conventos eran verdaderos talleres de escritura autobiográfica, y el Carmelo de Valladolid se destacaba como uno de los más activos. Muchas monjas escribieron sus *Vidas,* entre ellas María de San Alberto, en obediencia a sus superiores. Así ocurrió también con Cecilia del Nacimiento, primero por orden de su director, Tomás de Jesús, y después por orden de otras autoridades eclesiásticas. La *Autobiografía* de sor Cecilia sigue el modelo que solía usarse en la época. Relata las gracias que el Señor le dio desde una tierna edad, su propia ceguera, su anhelo a Dios y sus experiencias místicas. Otros escritos sobre el misticismo son su *Tratado de la*

*Unión del alma con Dios* y el primero y segundo *Comentario a las liras de la transformación del alma en Dios,* así como la primera y segunda *Relación de Mercedes.* Entre sus obras teológicas se incluyen su *Exposición teológica sobre la Inmaculada Concepción de la Santísima Virgen María* y un comentario al Credo.

Se puede contar entre sus obras históricas el *Interrogatorio para el proceso de Beatificación del padre fray Antonio Sobrino,* su hermano, una *Relación de la fundación del convento de Carmelitas Descalzas de Calahorra* y una biografía de su hermana María. En este documento describe a su hermana mayor como otra «mujer renacentista». Según sor Cecilia, María era devota y obediente, siendo el dominio del ego y la sumisión a los superiores virtudes de suma importancia entre las Carmelitas Descalzas. Era también una mujer trabajadora que poseía excelentes dotes administrativas, además de ser una directora espiritual ejemplar. Se destacaba asimismo en las labores femeninas de coser y bordar y además sabía dibujar y pintar. Se conservan también varias cartas de Cecilia del Nacimiento. Su poesía, por otra parte, fue publicada originalmente por Blanca Alonso Cortés en 1944.

Aunque las dos fueron educadas juntas, María de San Alberto y Cecilia del Nacimiento tenían estilos literarios muy diferentes. Arenal y Schlau señalan que los escritos de María fueron influidos por prácticas e intereses más tradicionalmente femeninos, tal vez porque, como hija mayor, a ella le tocó ocuparse de la familia después de la muerte de su madre. Cecilia, en cambio, creció acostumbrada a verse como igual intelectualmente a sus hermanos (137). No es sorprendente, por lo tanto, que su estilo se destaque por su rigor estructural y su preocupación por lo teológico. De hecho, Díaz Cerón comenta que descubrió la obra de Cecilia del Nacimiento cuando tropezó con dos trataditos de ella mezclados entre los escritos de san Juan de la Cruz (7), lo cual nos lleva a creer que desde el principio las obras de la religiosa se habían confundido con las del santo. Las *Canciones de la unión y transformación del alma en Dios por la niebla divina de la pura contemplación,* las cuales se reproducen aquí, han sido atribuidas no sólo a san Juan de la Cruz sino también a Gracián de la Madre de Dios y a Juan de Palafox, obispo de Osma. Sin embargo, la documentación prueba que fueron compuestas por sor Cecilia en Valladolid, probablemente antes de 1600.

De hecho, las semejanzas entre las *Canciones de la unión y transformación del alma en Dios* y el *Cántico espiritual* de san Juan de la Cruz no pueden dejar de llamarnos la atención. Los dos poetas emplean la lira, una combinación de dos endecasílabos y tres heptasílabos organizados según el siguiente modelo: aBabB. Las dos obras poéticas van, además, seguidas de detallados tratados teológicos en que se exponen las ideas fundamentales. La semejanza entre los dos autores no nos debe extrañar, dada la importancia de Juan de la Cruz en la Reforma carmelita y la familiaridad del confesor de Cecilia del Nacimiento con su obra. Fue Tomás de Jesús el que encomendó la impresión de las obras del fraile carmelita en 1601, recibiendo la autorización en 1603 —a pesar de lo cual la primera edición en castellano del *Cántico* no sería publicada hasta 1627 en Bruselas (Ruano 21).

Como san Juan, sor Cecilia parte del problema fundamental de la literatura mística: cómo comunicar en palabras un fenómeno que es pura experiencia y no un proceso intelectual y que, por lo tanto, trasciende el lenguaje. Para lograr expresar lo inefable, ella, como él, recurre a metáforas, ya que es sólo mediante la comparación que se puede dar al lector una noción del éxtasis intrínseco al fenómeno unitivo. Como san Juan de la Cruz, la religiosa se vale de la imagen del «matrimonio místico», por la cual coliga la unión del alma y Dios con un acto de amor en que cada uno de los amantes se pierde en el otro. La comparación de la experiencia mística con la unión sexual se remonta a la Biblia, en particular al *Cantar de los cantares,* y varios escritores la emplean a través de los siglos.

A pesar de estas semejanzas, un análisis meticuloso del poema revelará ciertas diferencias fundamentales entre las *Canciones* y el *Cántico espiritual.* San Juan describe en términos gráficamente eróticos la entrega total del alma —entrega aniquiladora y regeneradora a la vez. Aunque Arenal y Schlau han visto la misma sensualidad en las liras de Cecilia del Nacimiento (144), las *Canciones* son menos explícitamente eróticas que el modelo. Tanto en el *Cántico* como en *Noche oscura,* san Juan representa al alma como una doncella que, ansiando a su Amado, lo busca hasta que, llamada por Él, se realiza la unión. Sin embargo, no identifica a la voz narrativa —el «yo» de *Noche oscura* y de la mayor parte de los versos del *Cántico*— como perteneciente al alma. Esta ambigüedad intensifica la analogía entre el amor humano y el divino, al mismo tiempo que subraya lo inefable (indefinible, indescriptible) de la experiencia. En *Noche oscura* el alma se representa como una doncella impetuosa que, ciega de amor, desatiende su casa (cuerpo, sentidos, intelecto) para volar al encuentro de su Amado. En *Cántico espiritual,* la «doncella» reclama al Esposo aquí y allá con una energía febril; una plétora de escenas desconectadas va amontonándose a lo largo de esta frenética búsqueda. El uso de la primera persona en *Noche oscura* y la forma dialogada del *Cántico* aumentan el sentido de urgencia e inmediatez.

En contraste, Cecilia del Nacimiento identifica a sus «personajes» desde el principio, en la segunda y tercera estrofa de las *Canciones,* y su «argumento» se desarrolla coherentemente según las normas teológicas del misticismo apofático. Si las imágenes deliberadamente confusas de san Juan representan un desafío para la razón, las de sor Cecilia son más limitadas y asequibles. Menos exuberante y voluptuosa que la poesía de san Juan de la Cruz, las *Canciones* sugieren con figuras delicadas el proceso de interiorización y liberación. El ritmo es más refrenado, menos frenético, que el del *Cántico espiritual.* Así como san Juan no nombra explícitamente a la «doncella», tampoco nombra al Amado sino que alude a Él metafóricamente. En cambio, Cecilia del Nacimiento menciona a las tres personas de la Santa Trinidad.[2]

Estas diferencias estilísticas no restan valor a la obra de Cecilia del Nacimiento. Al contrario, la *Canción* demuestra una exquisita elegancia, además de profundos conocimientos teológicos. En vez de comenzar con la imagen de la doncella apasionada como san Juan, en su primera estrofa sor Cecilia resume la vía contemplativa. Comienza por describir el proceso de recogimiento, como ella misma explica en su «Declaración». Sumergida en una niebla oscura que recuerda las tinieblas que envolvían el universo antes de la creación, el alma está anona-

---

2. Habrá que señalar que san Juan de la Cruz nombra explícitamente el alma y a las personas de la Santísima Trinidad en muchos otros poemas, sin embargo. Véase, por ejemplo, sus *Romances.* Además, era pintor, y en un dibujo particularmente interesante representa a Cristo Crucificado visto desde arriba, desde la perspectiva de Dios.

dada, «tan deshecha y perdida de sí como si no fuera». Con los sentidos y el intelecto adormecidos, el alma, purgada de apetitos desordenados, recibe comunicación del mismo Dios. Es decir, esta tenebrosidad, que san Juan de la Cruz califica de «noche oscura», es esencial al proceso de purificación por medio del cual el alma se libera de las distracciones de la vida cotidiana —las aficiones estimuladas por los sentidos y el intelecto— y se deja guiar sólo por Dios, que es «una luz divina, fuerte, hermosa».

Aquí sor Cecilia elabora la misma paradoja que san Juan en su *Noche oscura* y su *Cántico espiritual*. Dios (y la fe que inspira) es oscuro o tenebroso porque trasciende la comprensión humana. La oscuridad y la luz coexisten y son inseparables; son una misma cosa vista desde diferentes perspectivas. Según explica sor Cecilia, Dios «es divina luz en cuanto a sí misma; es tan excesiva e inmensa que ninguna de sus criaturas, así mortales como inmortales, jamás la alcanzó». Y sin embargo, Dios es la oscuridad en el sentido de que la luz de Dios es tan intensa y pura que nos ciega, dejándonos en la penumbra. Es «inaccesible y pura» porque no podemos «conocerla como es en sí». Los medios por los cuales el ser humano conoce el mundo son el intelecto y los sentidos, pero éstos son insuficientes para conocer a Dios, por lo cual Él será siempre ininteligible para nosotros. La incongruencia recalcada por sor Cecilia sirve para señalar lo misterioso e incomprensible de la fe.

El vocablo «desierto» tiene una significación particular en el léxico del misticismo de la Reforma carmelita. Es la huida al desierto «la fuga a las soledades». Aclara Gabriel Castro: «No es el desierto de los arenales y las dunas... Es... la espiritualización de la tensión eremítica que habita en todo carmelita y tira de él desde la Regla primitiva hacia los espacios de la soledad, el silencio y el *vacare Deo*» (392). Cecilia del Nacimiento se vale de este emblema en su «Declaración» explicando que, al apartarse del mundo —al retirarse al Oreb[3] interior como Moisés o Elías— y entregarse a la niebla primordial, el alma se abre a la comunicación «íntima y deleitosa» con Dios. Si al principio de su trayectoria espiritual el ser humano participa activamente en el proceso —leyendo libros de devoción o meditando para preparar su alma para recibir a Dios— es únicamente al abandonarse a la contemplación,[4] entregándose a la más completa pasividad, que puede recibir la gracia de la comunicación divina. Es este proceso de desprendimiento el que la religiosa comunica a través de la imagen del desierto.

Como santa Teresa, Cecilia del Nacimiento desarrolla la imagen de la morada interior. No es a través del pensamiento discursivo que se conoce a Dios, sino por un misterioso proceso intuitivo. Al adormecer los sentidos —mediadores entre lo interior (alma, intelecto, sentimientos) y lo exterior (mundo)— el contemplativo se adentra, disponiéndose al encuentro de esa luz «íntima y deleitosa». El ánima humana, «por haberla criado Dios a su imagen y semejanza» es la morada de Dios, «por estar fundada y tener vida en la misma vida y esencia del

3. Véase la nota 44.
4. Nótese que la espiritualidad apofática distingue entre la *meditación*, labor activa que puede ser estimulada por la lectura, la oración o la observación de imágenes sagradas, y la *contemplación*, vía pasiva en la cual Dios actúa en el espíritu. «Así, reiteradamente afirma el Santo la pasividad del orante.... [Dice] el Doctor místico que ‹descansan las potencias y no obran activamente, sino pasivamente, recibiendo lo que Dios obra en ellas›» (Herráiz, *Diccionario de san Juan de la Cruz* 326).

Criador». Al realizarse esta sacra comunión entre el alma y Dios, «se descubre una divina y secretísima vista, que los que por experiencia la perciben dirán con gran certeza y verdad que ven a Dios en este Divino modo». La visión de Dios llena al alma, dejándola «sin vista de otra cosa». Es decir, después de experimentar esta milagrosa unión, todo lo demás desaparece para el alma; sólo la orienta y guía la visión de lo divino, y no desea otra cosa que regocijarse en el resplandor de este misterioso regalo. Es de notar la importancia que le da sor Cecilia a la *experiencia* mística. Como santa Teresa, reitera que sólo el que haya experimentado esta divina intervención en su vida puede saber de qué se trata; los demás tendrán que acceder a sus comparaciones imperfectas para vislumbrar este fenómeno tan extra-ordinario.

Las estrofas dos a dieciséis siguen más o menos la misma trayectoria que la *Noche oscura* de san Juan de la Cruz. El alma, «inflamada de amor», queda ciega por la intensidad de la luz divina. Guiada por la fe «ciega», logra trascender la ciencia humana y llegar a otro nivel de conocimiento. El último verso de la segunda estrofa se hace eco de las famosas coplas de san Juan:

> Entréme donde no supe
> y quedéme no sabiendo,
> toda ciencia trascendiendo. (*Obra completa* 80)

Pero antes de que esta iluminación ocurra, el alma debe «conquistar el Reino de sí misma», es decir, apagar los sentidos y el intelecto, recogerse. Entonces, se aparta de su entorno material y se acerca a una realidad más auténtica que la de este mundo transitorio. «Sale sin ser vista / de nadie, ni notada, / a buscar a su Dios dél inflamada» —sin ser vista porque los sentidos, los cuales están amortiguados, no participan en esta trayectoria secreta. El alma sale «en busca de su vida» —es decir, su verdadera vida, su íntima relación con Dios. De repente, se desprende de la tierra y vuela al «empíreo Cielo», llamada por el Señor. Entonces se corre el velo que encubre el «secreto centro» donde mora Dios.

En la quinta estrofa sor Cecilia emplea más explícitamente el lenguaje del matrimonio místico. Como san Juan de la Cruz, recurre a tradiciones poético-eróticas ya existentes, de tal manera que el deseo de unión mística se describe en términos del deseo sexual: el alma es la Amada o Esposa, y Dios es el Amado o Esposo; la unión es una boda; el placer y la gratificación se expresan mediante la imagen de los amantes en el *locus amoenus*,[5] sugerido no a través de una naturaleza voluptuosa como en la *Noche oscura* y el *Cántico espiritual*, sino más discretamente con la mención del «aire muy blando» en la séptima estrofa.

Si en la quinta estrofa el alma busca a su Amado para unirse a Él, en la sexta, la unión ya se ha realizado. La amada se entrega y se pierde en el amor; «está puesta en sosiego», «las pasiones rendidas». Sin embargo, el momento de contacto no se describe porque la experiencia trasciende los límites de la palabra. De repente, los amantes descansan en un ambiente de

---

5. literalmente, «lugar ameno». En la literatura renacentista, el amor a menudo se realiza en un ambiente bucólico, un paraíso primaveral que recuerda al Jardín del Edén.

blandura y de serenidad. Precisamente en este momento en que los sentidos corporales están apagados, los sentidos espirituales están intensamente despiertos. Siguiendo el modelo de san Juan de la Cruz, aunque con más sutileza y, tal vez, cierto pudor femenino, sor Cecilia crea un ambiente de fina sensualidad en que «el aire muy blando» y «las blandas olas» acarician a los amantes. Sigue a estas escenas de amor la imagen del alma «enajenada», pasmada, insensible a todo lo que no sea Dios. Al final, el alma, tan «poca cosa» ante la grandeza de su Rey, acaba por entregarse completamente, dejándose absorber por el Amado, agradecida del bien indescriptible que le ha proporcionado.

La aparente sencillez de Cecilia del Nacimiento disimula una considerable habilidad. Tanto su prosa como sus versos captan lo impenetrable y maravilloso de la mística unión a través de una acumulación de paradojas, algunas idénticas a las que emplea san Juan de la Cruz, otras originales. La interacción de la luz y la oscuridad, así como la del agua y el fuego, es característica de toda la literatura mística de la época. Sin embargo, conceptos[6] como el de Dios accesible e inaccesible a la vez son variantes inesperadas.

Como en la obra de santa Teresa, abundan imágenes del agua en la poesía y prosa de sor Cecilia. Un «torrente» lleva las ánimas a Dios. Las almas que anhelan a Dios son como «arroyos» que corren irremediablemente a su Creador, que es un «mar inmenso». Están «sedientas», ansían beber de su «origen y fuente». El ánima es un «piélago» o un «pozo» sin fondo. Pero hay personas que viven entregadas a las vanidades del mundo, dejando que sus almas se contenten con «charquitos». El agua es una metáfora particularmente eficaz de la unión del alma y Dios, puesto que cuando un cuerpo de agua se une a otro se fusionan perfectamente. Asimismo, el fuego —otra de las metáforas preferidas de Cecilia del Nacimiento— absorbe una llama íntegramente, sin que se pueda determinar dónde empieza uno y termina la otra. Así que la llama del alma termina integrándose completamente en la luz perfecta, que es fuego, que es Dios. Además, si el alma es agua, paradójicamente anda «inflamada». Agua y fuego no se aniquilan en este caso sino que se nutren el uno al otro.

Además de la obvia influencia de san Juan y santa Teresa en la obra de Cecilia del Nacimiento, conviene señalar también la de fray Luis de León, cuyo sello se nota en la imagen de la «noche serena», en la musicalidad del verso y en la coherente estructura de la composición. Los conocimientos de sor Cecilia de la poesía de fray Luis los atestigua una copia hecha por su mano que se encuentra en el convento de la Concepción (Arenal y Schlau 144).

La Declaración en prosa muestra los impresionantes conocimientos teológicos de sor Cecilia. El texto está repleto de reflexiones sobre la mística y de referencias bíblicas. A veces, la religiosa emplea latinismos como, por ejemplo, «abeterno», *æviternus*.

Otros poemas de Cecilia del Nacimiento incorporan motivos y ritmos populares. También escribió composiciones poéticas amorosas «a lo divino», es decir, empleando formas e imágenes típicas de la poesía erótica renacentista, pero imbuyéndolas de un significado religioso.

---

6. *literary conceits (the coupling of antagonistic elements that makes sense only within the context of the selection)*

## Canciones de la unión y transformación del alma en Dios
### por la niebla divina de pura contemplación

1.

Aquella niebla oscura
es una luz divina, fuerte, hermosa,
inaccesible y pura,

íntima [y] deleitosa,
un ver a Dios sin vista de otra cosa.

2.

La cual a gozar llega
el alma que de amor está inflamada,
y viene a quedar ciega

quedando sin ver nada,
la ciencia trascendida y alcanzada.

3.

Y cuando la conquista
del Reino de sí misma es acabada,
se sale sin ser vista

de nadie, ni notada,
a buscar a su Dios dél[7] inflamada.

4.

Y en aquesta[8] salida,
que sale de sí el alma dando un vuelo
en busca de su vida

sube al empíreo[9] Cielo
y a su secreto centro quita el velo.

5.

Y aunque busca al Amado
con la fuerza de amor toda encendida,
en sí le tiene hallado,

pues está entretenida
en gozar de su bien con Él unida.

6.

Está puesta en sosiego,
ya todas las imágenes perdidas,
y en su entender ya ciego,

las pasiones rendidas,
con fuerza las potencias suspendidas.

7. de él
8. esta
9. *paradisiacal,* del paraíso

7.

A tal gloria y ventura
subir por escalera la convino,[10]
para venir segura;

que por modo divino
los misterios de Cristo fue el camino.

8.

Habiendo ya llegado
al deseado fin que fue su intento,
tiene, quieta en su Amado,

continuo movimiento,
estando sosegada y muy de asiento.

9.

Y cuando de contino[11]
del Verbo[12] Eterno el alma está gozando,
su espíritu divino

mueve un aire muy blando
que todo lo interior va regalando.

10.

En la noche serena,
en que goza de Dios, su vida y Centro,
sin darla nada pena,

le busca bien adentro,
con deseos saliéndole al encuentro.

11.

El amor la encamina,
metida entre tiniebla tan oscura
y sin otra doctrina,

camina muy segura
a donde Dios la muestra su hermosura.

12.

Y yendo sin camino,
sin que haya entendimiento ni memoria,
la[13] muestra el Rey divino

su virtud y su gloria
como se puede en vida transitoria.

13.

¡Oh noche cristalina
que juntaste con esa luz hermosa
en una unión divina

al Esposo y la esposa,
haciendo de ambos una misma cosa!

10. concertó, hizo venir
11. continuo; **de**... continuamente
12. El Verbo es la Segunda persona de la Santísima Trinidad, encarnada en Jesucristo.
13. le

14.

Gozando dél a solas,
y puesto un muro en este prado ameno,
vienen las blandas olas

de aqueste aire sereno,
y todo lo de afuera lo hace ajeno.

15.

Aquel Rey en quien vive
la tiene con gran fuerza ya robada,
y como le recibe

de asiento en su morada,
la deja de sí toda enajenada.

16.

Como es tan poderosa
la fuerza de aquel bien con que está unida
y ella tan poca cosa,

con darse por vencida
pierde su ser y en Él es convertida.

## Transformación del alma en Dios

### *Declaración*

Aquella niebla oscura
es una luz divina, fuerte, hermosa,
inaccesible y pura, íntima [y] deleitosa,
un ver a Dios sin vista de otra cosa.

### *Primera Canción*

AQUELLA NIEBLA OSCURA.

1. El Espíritu Santo sea servido de dar su favor, y diga lo que aquí se dijere[14] para gloria del mismo Dios.

2. Este Señor dice, que en el principio que crió Dios el cielo y la tierra había tinieblas sobre los abismos, y el espíritu del Señor andaba sobre las aguas.[15] Cuando su divina Majestad quiere hacer una merced al alma, [hace] que se quede en nada y vacía de todo, quedándose tan deshecha y perdida de sí como si no fuera, para que reciba de veras su divino espíritu, habiendo acabado por echar de sí todas las afecciones[16] y apetitos, vencido y rendido todas las

---

14. **diga...** *may whatever is said here be*
15. En Génesis 1:1–2, todo son tinieblas antes de que Dios forme la Tierra.
16. pasiones o aficiones, las cuales hunden al individuo en un estado de intranquilidad. El desorden afectivo impide la unión del alma con Dios.

pasiones, borrado de sí todas las imágenes y formas que la podían estorbar.[17] [Estando] cual[18] una tabla rasa y lisa,[19] sin borrón[20] alguno, y sin que cosa alguna en sí detenga que le quite o estorbe la nueva pintura para que se dispone,[21] entonces [a] esta alma, así de esta suerte dispuesta, luego la cubre una tiniebla divina los profundos abismos de su capacidad, en la inmensidad de Dios; porque ésta es una pura contemplación en que el alma recibe comunicación del mismo Dios en su misma sustancia. Y porque excede tanto la inmensidad de luz de este divino ser de Dios a la vista del alma, esta divina luz se le vuelve tiniebla en cuanto a lo que ella de él puede recibir; que cuanto ella es más ciega y Él con inmensidad en sí más claro, tanto más oscuro se le hace; y cuanto de él más recibe (cuanto es mayor la claridad que de él recibe), esa mayor claridad la deja más ciega cuanto a sí misma y sus naturales operaciones. Mas este divino ser que se le comunica al alma con oscuridad y tiniebla, cuanto a sí mismo,

### ES UNA LUZ DIVINA, FUERTE, HERMOSA.

3. Es divina luz en cuanto a sí misma; es tan excesiva e inmensa que ninguna de sus criaturas, así mortales como inmortales, jamás la alcanzó; mas comunícase a sus criaturas que tiene en el cielo como luz suya, y a las de la tierra como luz del mundo, que así lo dijo el Salvador: «El que me sigue no anda en tinieblas, mas tendrá lumbre de vida»,[22] a la cual vida llama el mismo Señor en otras partes agua viva[23]; y dice que es el Espíritu que habían de recibir los que creyesen en Él.[24] Y así esta agua y esta luz todo es una misma cosa, y es la vida y Espíritu Santo que pone el Padre y el Verbo en los que creen en el mismo Verbo Encarnado, Unigénito[25] Hijo de Dios.

4. Es luz divina para sí mismo, conocida en la inmensidad de conocimiento de sí mismo y en la vista clara de su mismo ser, la cual no alcanza a conocer ni ver sino es Él sólo. Y a sus criaturas les es luz comunicada: comunicándose con inmensidades de dones y gracias y luces a los espíritus celestiales y a los santos que de él gozan con vista clara del mismo Dios; y a las ánimas en este mundo, en el modo que lo pueden sufrir en carne mortal; comunicándoseles esta luz y agua viva mucho más excesivamente que lo que puede alcanzar por modo ninguno toda visión y revelación, sobre toda inteligencia y noticia particular; porque la inteligencia, noticia y visión que aquí tiene es de la misma sustancia de Dios (aunque siempre encubierto y no de la manera que salida del cuerpo), y por esta encubierta y velo oscuro con que se le muestra

---

17. Se refiere a la purgación de los sentidos y del intelecto, la cual precede a la unión mística. Véase las introducciones a santa Teresa y a Cecilia del Nacimiento.
18. como
19. **tabla**... *smooth and empty slate*
20. mancha
21. **para**... *for which it's disposed (ready)*
22. Juan 8:12.
23. Juan 4:10.
24. Juan 7:39.
25. *only begotten*

(tanto mayor cuanto lo es la comunicación y vista que de él tiene) se llama tiniebla. Y quien más en ella entró, entró más en la luz de Dios, que luce en las tinieblas de la cortedad del conocimiento de la criatura, y las tinieblas no la comprendieron.[26]

5. Y así, como es propio en la luz ser fuego, es un fuego divino que consume, sin quemar ni atormentar de la manera que esotros[27] fuegos criados, en el cual, comenzando el alma a infundirse y consumirse en este divino fuego,[28] queda infundida y derretida en él y va recibiendo las propiedades y condiciones del que hace esta comunicación, que en su misma sustancia es luz y fuego de amor poderosísimo, fortísimo y hermosísimo, y se lo dice en este verso llamándola Luz divina, fuerte, hermosa. De donde le comunica luz, fortaleza y hermosura el que es fortaleza inmensa que, con la palabra de su virtud, crió los cielos,[29] y los puede en un instante deshacer; que con la potencia de su brazo hizo grandezas, echó a los soberbios de su corazón, y levanta a los humildes, y justifica las almas.[30]

6. Es hermosura esencial, que su hermosura y gracia es sobre toda hermosura, de quien, aficionado,[31] el glorioso San Agustín decía: «Tarde te amé hermosura antigua y nueva, tarde te conocí; tú estabas dentro de mí y yo andábate a buscar por fuera».[32]

7. Y no es pequeña lástima que anden los mortales tan desvalidos[33] buscando la hermosura de las criaturas fuera de sí, siendo ése no más que un rastro y huella del que esencialmente es hermosura, y que, teniéndole a Él mismo esencialmente en sí mismos, no le conozcan, no le quieran mirar, para que les enamore su hermosura y les dé vida esta hermosura y vida esencial y eterna, de donde envía al alma rayos de claridad eterna esta Divina hermosura y fuerte luz,

INACCESIBLE Y PURA.

8. Porque nunca criatura alguna pudo llegar a conocerla como es en sí, ni comprenderla, por ser tan apartada y distante de lo que el conocimiento criado puede alcanzar; y así, aunque haya dado a muchos amigos suyos que se lleguen a Él por la íntima unión y transformación, aunque sea con la grandeza que a San Pablo, y no sólo a él sino a la criatura más levantada[34] que crió, con todo eso siempre se queda inaccesible, así en la eternidad para los santos, a donde claramente le ven, como para todos los demás de esta vida, a quienes con velo y encubierto se les comunica; y esto es [en] tanta manera, que cuanto más con Él tocan es en tanto mayor oscuridad y tiniebla.

9. Déjase llegar y tocar del alma por este modo sustancialmente, y todas las criaturas ven y están en Él. Mas lo que llama y es inaccesible es aquella luz divina, adonde nadie llegó sino Él

---

26. Juan 1:5.
27. esos otros
28. *That is, God's love is a divine fire that burns but doesn't consume or destroy. On the contrary, it is life-giving.*
29. Salmos 32:6.
30. Lucas 1:51–52.
31. apasionado
32. San Agustín, *Confesiones*, 1, X, núm. 38.
33. perdidos
34. elevada

sólo, esto es, llegar a comprender toda la sustancia de su mismo ser. Esta inaccesible luz es aquel cielo donde no subió ni llegó sino el que bajó del cielo.[35]

10. Llámala pura por la simplicidad de su sustancia purísima. Y en esta palabra parece no se puede decir nada, sino dejarla en lo que suena, por ser tan levantada en su propia verdad; porque, no sólo se toma aquí cuanto a ser limpísima y sin mácula[36] sino cuanto a la verdad de su ser, pues es sobre todo lo que se le puede atribuir, y el puro acto que obra en sí mismo, por sí mismo y para sí mismo, lo que Él sólo alcanza; por quien son hechas todas las cosas que Él quiso en el cielo y en la tierra y en todos los abismos.

11. Aquí se le comunica al alma en esta pura contemplación esta inaccesible y pura luz, dejándola llegar a ella sin llegar, como hemos dicho, mas con inmensas riquezas y deleites en principio de la vida eterna, aquí por el amor y divina unión.[37] Y si no deja a Dios el alma, éste es un principio de los deleites eternos y de aquel torrente con que harta Dios las ánimas de los santos, y como unos arroyos que van a Él en gusto y deleite divino, en principio de vida eterna, como es dicho, en cierto sabor de eternidad.

12. Y por estar toda esta gloria del alma dentro,[38] donde la comunica su sentir, sobre todo sentir de la gloria y abundantísimas riquezas y deleites de este gran Dios y Señor, Esposo suyo, a quien tiene en sí íntimamente, dice en el siguiente verso, yendo adelante en decir de las condiciones de esta luz, que es Él mismo,

## ÍNTIMA (Y) DELEITOSA.

13. Es Dios muy amigo de comunicarse en esto íntimo, como amigo íntimo del alma; y así gusta de morar en lo más secreto, no porque para Él lo haya menester; pues toda la inmensidad de su ser para Sí mismo es manifiesta, con toda la grandeza de riquezas, tesoros, deleites, hermosura y gracias, sobre todo lo que estos nombres y cosas significan; pues su eterno ser no es lo que nosotros, ahora ni nunca, podemos alcanzar. Éste su mismo ser (que de abeterno[39] gozan y gozarán para siempre sus divinas personas en sí mismo), a estas tres divinas personas: Padre, Hijo y Espíritu Santo, es todo manifiesto en su misma esencia; mas, como conoce a sus criaturas humanas que, por estar borradas con el pecado son aficionadas a exterioridades, deleites sensibles y cosas más percibidas por los sentidos que no entrar en la claridad y hermosura de esta tiniebla divina que luce en lo íntimo (por ser tan dificultosa [la] entrada), dando a entender lo que le agrada esta secreta comunicación de que tanto gusta y tanto nos importa, la llama íntima; porque penetra lo más secreto e íntimo de la esencia del ánima. Y así dijo san Pablo de la palabra eterna del Eterno Padre que penetra y pasa hasta la división del ánima y del espíritu, y las médulas del ánima y los más secretos pensamientos e intenciones del corazón.[40]

---

35. Juan 3:13. La luz que es Dios es accesible sólo a Jesús («el que bajó del cielo»), quien es completamente uno con Dios.
36. mancha
37. *That is, mystical union gives the human soul a glimpse of the riches that await it in eternal life.*
38. Salmos 44:14.
39. ab æterno, a perpetuidad, para siempre
40. Hebreos 4:12.

14. Y así, como su propio lugar y más agradable morada es esto íntimo, donde se comunica íntimamente, desea tanto guiar a las almas a lo íntimo. Así llevó al santo Moisén,[41] para hablarle y decirle sus secretos, a lo interior del desierto,[42] y a nuestro santo profeta Elías,[43] para la comunicación de Sí mismo, al monte Oreb,[44] haciéndole caminar primero cuarenta días por la soledad,[45] y a otros muchos de la Escritura, y a tantos Santos como ha llevado a los yermos[46] a buscar esta comunicación íntima de Dios, que parece no sólo se contenta con que sea en lo íntimo del corazón, sino que también quiere la soledad y apartamiento de las criaturas... Porque todas las comunicaciones en la parte de afuera y hacia fuera, aunque sean santas, como todo lo de afuera es tan limitado, allí se queda, si no hace asiento[47] en el corazón, que se entiende en lo íntimo de la voluntad y esencia del ánima; la cual, por haberla criado Dios a su imagen y semejanza, tiene una inmensidad tan profunda, que es de la manera que un piélago[48] o pozo sin suelo, en donde cuanto más ahonda tanto menos halla pie, por estar fundada y tener vida en la misma vida y esencia del Criador...

15. Y por este principio de deleite eterno que goza en esta comunicación, que no hay en esta vida cosa deleitosa que lo sea fuera de ella, la llama deleitosa; por ser causado este deleite del íntimo sentir y toque de Dios en el alma, lo cual dice también es una vista suya divina en el modo que se puede en esta vida, como se sigue:

### UN VER A DIOS SIN VISTA DE OTRA COSA.

16. Es tanta la profundidad de riquezas que en este ver a Dios se coligen,[49] que no tiene fuerza suficiente el entendimiento para percibirlas, ni la lengua mortal para decir la menor palabra que esto signifique; sólo la voluntad tiene licencia para amar con cierta inmensidad a este Señor suyo, por ser al que ama inmenso; y esto perdiéndose toda de sí. Mas con todo eso, aun al entendimiento le quedan unos resquicios por donde se le descubren algunos resplandores de aquel divino y resplandeciente rostro de aquellas personas y sustancia divina, que es verdadera y esencial luz que alumbra a todo hombre que viene a este mundo[50] que a los que la recibieron les dio potestad de ser hijos suyos[51]; pues este divino Señor, ya que en esta vida no se puede ver de la manera que Él es en Sí mismo, ni tampoco como los bienaventurados, con

---

41. Moisés (*Moses*)

42. Éxodo 3:1.

43. Elías se enfrentó con los profetas de Baal en el monte Carmelo y salió victorioso. Es considerado el fundador de la orden carmelita. Véase la poesía de María de San Alberto nota 9.

44. Oreb (u Horeb) es la montaña, localizada en el Sinaí, donde Moisés recibió de Dios las tablas de la ley (Éxodo 3:2). El viaje de Elías a Oreb o al Sinaí era considerado un modelo para el viaje espiritual de la vida. En II Esdras 2:33, Dios le habla al profeta Esdras en el monte Oreb, mandándole que lleve la Palabra a los israelitas.

45. I Reg. 19:8.

46. desiertos

47. permanencia

48. océano

49. sacan

50. Juan 1:9.

51. Juan 1:12.

todo eso, se descubre una divina y secretísima vista que los que por experiencia la perciben dirán con gran certeza y verdad que ven a Dios en este Divino modo, que debe ser el que prometió Dios a los limpios de corazón[52] porque no sólo ven y coligen inmensidades de bienes y riquezas procedidas del mismo Dios, mas pasan adelante a un sentir divino y conocimiento del ser de Dios; que, así como si a uno le mostrasen las riquezas de una persona a quien mucho estima, si en esta persona tuviese puesta toda la fuerza de su amor, no le satisfacerían las riquezas hasta gozar de la misma persona; así, de la misma suerte todas las riquezas comunicadas en el alma fuera del toque y sentir divino de la sustancia de Dios, no del todo la satisfacen hasta que las reciba en la misma esencia y sustancia de aquél a quien ama.

17. Ésta es la diferencia que hay de los que se contentan con algunos charquitos, aunque sean —estos dados de Dios (pues no hay bien que venga de otra parte), a los que andan sedientos y sin satisfacción hasta gozar de él mismo y beber en su origen y fuente aquella vena viva de agua deleitosa, de la manera que algunas almas gozan y se deleitan en aquel mar inmenso de toda la inmensidad de sus aguas de [la] gloria del ser de Dios, y se están mirando en aquella vista divina; porque es imposible que, [al] alma que del todo en Él vive, esto se le encubra siquiera por vislumbres en una satisfacción grande que da de sí, sino que ha de ver en sí la vida de que goza y estarle siempre mirando, pues para lo demás está como ciega, por lo cual dice: *Un ver a Dios sin vista de otra cosa.*

18. Es una vista que del todo la baña de gloria, con su gloria la hermosea, con su hermosura la purifica, con su limpieza la clarifica y resplandece con su claridad rayos y resplandores divinos; la alumbra con su luz, la hace verdadera en su verdad, hácela toda amor en su amor, la santifica en su santidad, y hace graciosa en su gracia divina, hácela Dios por la participación y unión con su Deidad, y se cumple bien lo del Salmo que dice: «Son dioses e hijos del Altísimo»[53] y con esto la llena de innumerables bienes, de suerte que, así como parece imposible contar las estrellas del cielo y las arenas del mar, así son, y más, innumerables las gracias, dones y riquezas que pone en ella en la unión y transformación consigo mismo.

19. Así se fija en los ojos del alma esta vista, que con ella ve todas las cosas, y miradas en Él y por Él ya le ve a Él en todas ellas; y las mira como bañadas y penetradas del mismo Señor; y mirándolas en sí mismas ve que son como unos accidentes sin sustancia. Y como toda la sustancia y fuerzas del alma está transformada en la sustancia de Dios, allí tiene la fuerza de su vista en donde tiene puesta toda la de su ser; y, como está toda ocupada en esta vista de Dios, perdiendo en lo sustancial la de las demás cosas, dice: *Un ver a Dios sin vista de otra cosa.*

## De la madre María de San Alberto, mi hermana...

La perfección, espíritu y virtudes de la madre María de San Alberto fue aprobado por muchos padres y prelados de nuestra sagrada Religión... tienen por muy cierto con la certidumbre que acá se puede tener en esta vida, que no entró en purgatorio, y lo mostró nuestro Señor, y todos la podemos tener según su santa vida y grandes virtudes, y lo mucho que padeció, y fe-

---

52. Mateo 5:8.
53. Salmos 80:6.

licísima muerte que tuvo. Yo lo conocí bien todo como quien la trató tantos años tan de cerca, y veía los ejercicios y crecimientos grandes con que iba en toda perfección y virtudes. Tenía muy grande la de la obediencia, regulando por ella todas sus acciones, hasta lo más mínimo que ella podía, grande resignación en la voluntad divina, que era muy ordinaria palabra suya, «Hágase la divina voluntad». Era humildísima, que siempre se andaba humillando y deshaciendo. Tenía grande mortificación,[54] y así la ejercitó, haciendo mucha penitencia sobre la de la Religión, y otras mortificaciones, y con muchas y graves enfermedades. Y aun ahora a la postre cargada de ellas y de años, proponiendo a la obediencia estrecharse más de lo que podía. Y con tomar poquísimo de alivio y regalo, como tenía tan entrañada la pobreza se holgaba cuando eso la faltaba, y que la hubiese Nuestro Señor quitado tanto el gusto de todo, que en nada le tenía ni hallaba alivio. En la cama le parecía estaba en un tormento y se procuraba levantar de ordinario, aunque era mucho el trabajo que padecía y conque[55] andaba. Se iba al coro,[56] a las misas, y oración, por estar delante del Santísimo Sacramento, y a veces no se quería abrigar con el manto por sentir más el frío que la hacía gran daño. Y muy de ordinario volvía a la celda con tanto trabajo y mal, que apenas la podían traer. En las cosas que se la ofrecían de asco, que lo sentía por tener el natural muy aplicado a limpieza, se mortificaba. Si la picaban mosquitos, los dejaba picar hasta que ellos se iban. Tomaba sus disciplinas sobre aquellos huesos llenos de dolores, y algunos salidos con el gran dolor, y no parece tenía más de la armadura, y casi sin manos por tener la una muy impedida de la porlesía,[57] y la otra harto.

Tenía mucho celo[58] de todo lo que es Religión y perfección, hasta si se faltaba o trocaba alguna letra en el Oficio divino, lo sentía mucho y advertía para que se dijesen con más perfección las alabanzas divinas; y ella las decía con mucha reverencia y siempre por el libro, aunque era tan diestra y de tanta edad. Tenía grande afecto del remedio de las necesidades de los prójimos, particularmente de las de almas; y cuando la[59] comunicaban cosas suyas, como tenía tanta inteligencia de las del espíritu y de cualquiera suerte que fuesen y cualesquiera personas, muchas muy graves se consolaban de comunicárselas, por lo mucho que hallaban de consuelo y de Dios en ella, y tenía lindo entendimiento, talento, y capacidad. Sentía mucho los trabajos de la Santa Iglesia y reino y guerras, y hacía mucha oración por ello. Cuando se venían a convertir algunos de otros reinos y sectas erradas, los recibía con mucha caridad, y ayudaba al bien de sus almas, no sólo con sus santas palabras, sino también procurándoles con los reyes el sustento y comodidad, como le sucedió siendo ella priora en tiempo que estaba aquí la corte.

Era muy caritativa y piadosa con los pobres, y los años de la grande hambre que también era ella priora, a todos cuantos venían daba y hacia dar limosna, y para todo la proveyó el Señor. Y hasta con las aves y animales era piadosa.

Trabajó mucho en todos los demás oficios, y todos los hizo con grande perfección, y ob-

54. actos de penitencia
55. con el que
56. canto o rezo de los divinos Oficios (es decir, las oraciones oficiales de la Iglesia)
57. pleuresía (es decir, muy inflamada)
58. *zeal*
59. le

servancia, y el de Supriora, maestra de novicias, y sacristana, y aún no siendo sacristana, con la habilidad que tenía en pintar, dibujar, bordar, y otras labores muy curiosas para corporales lo hacía, y lindas flores; cortaba y hacia ornamentos, en que también aprovechaba algunas cosas que nos daban de limosna, cuando no había cumplidamente para ello, componía los pedazos, y echaba remendicos,[60] hasta como una uña, y lo sacaría tan bien y tan perfecto que no parecía le llegaba manos. Y cosas que las religiosas no podían hacer, en poniéndolas en las suyas salía muy bien hecho. Una verónica[61] que la señora marquesa vieja de Poza nos pidió prestada, que era de preciada y extraordinaria pintura, cuando por su muerte nos la volvió,[62] la trajeron tan maltratada, desollada[63] parte de la frente y una ceja, que llevándola a aderezar,[64] a Diego Díez, que es el mejor pintor de Valladolid, no se atrevió a hacerlo. Y tomando ella los colores que le pareció eran menester al óleo, la aderezó con tanta perfección como estaba antes...

## Temario

1. El problema fundamental de la literatura mística: las estrategias de Cecilia del Nacimiento para resolverlo
2. La función de la paradoja en la poesía y prosa de Cecilia del Nacimiento
3. La función de la metáfora
4. El agua y el fuego: metáforas favoritas de sor Cecilia
5. La trayectoria del alma en *Canciones de la unión*
6. Santa Teresa y sor Cecilia: semejanzas y diferencias
7. San Juan de la Cruz y sor Cecilia: semejanzas y diferencias
8. El retrato de Cecilia del Nacimiento de su hermana

60. *scraps of cloth*
61. originalmente, imagen de Cristo impresa en un paño que Verónica le dio al Señor para limpiarse la cara; el término pasó a significar cualquier tela con la imagen de Jesucristo
62. devolvió
63. lastimada
64. arreglar, hermosear

# Cristobalina Fernández de Alarcón:
# La «Safo española» ❧

CONOCIDA COMO LA «Safo[1] española», Cristobalina Fernández de Alarcón (¿1576?–1646) fue una de las escritoras más ilustres de su tiempo. Lope de Vega la alaba en su *Laurel de Apolo*, llamándola «Sibila de Antequera».[2] Sabía latín y estudió con conocidos maestros como Bartolomé Martínez y el humanista Juan de Aguilar. Este último la compara con Ovidio por su facilidad y elocuencia y afirma que en muchas ocasiones «dejaba pasmados a los oyentes, que eran los mejores ingenios» (citado por Olivares y Boyce 438). Aguilar también comenta sobre su asombrosa memoria y su prolífica producción.

Aunque por lo general las literatas españolas participaban menos en academias que sus hermanas italianas y francesas, algunas alcanzaron renombre por su colaboración con estos círculos literarios (Greer 20). Fernández de Alarcón concurrió a las reuniones de la academia literaria de Antequera y debe su fama en gran parte al éxito que tuvo en los certámenes poéticos, que a menudo eran organizados en estos círculos. Sus composiciones fueron publicadas por Pedro de Espinosa (1578–1650), otro poeta de Antequera, en la *Primera parte* de *Las Flores de poetas ilustres de España* (1605). Sólo nos quedan quince de sus composiciones poéticas, aunque los comentarios de Aguilar sugieren que escribió muchas otras.

De la vida de la poeta sabemos poco. Fue hija natural de un escribano público, Gonzalo Fernández Perdigón, quien la reconoció como suya en su testamento, reproducido por Francisco Rodríguez Marín en 1920 (Olivares y Boyce 436). Se casó en 1591 con Agustín de los Ríos,

---

1. poeta griega que nació en Lesbos a fines del siglo VII a.C. y vivió hasta la primera mitad del siglo VI a.C. Escribió nueve libros de poesía, de los cuales se conservan sólo unos fragmentos. Fue muy célebre en la antigüedad.
2. En la antigüedad, las Sibilas eran las mujeres que transmitían los oráculos de los dioses. Antequera, donde Fernández de Alarcón nació y pasó toda su vida, es una ciudad en la región de Málaga.

quien murió en 1603 sin dejarle hijos. Según Rodríguez Marín, fue amante de Espinosa, quien inspiró su canción «Cansados ojos míos», mientras aún estaba casada con su primer marido. En 1606 volvió a contraer matrimonio, esta vez con Juan Francisco Correa, natural de Lisboa, quien le dio cuatro hijos.

En cuanto a su estructura y temática, la poesía de Fernández de Alarcón cabe claramente dentro del marco barroco. Cultiva las formas métricas corrientes entre los poetas de su época: el soneto, la canción, la silva, la octava, la décima y la quintilla. El amor, el desengaño y la religión son los temas que predominan en su obra. Dedica además varios poemas a la Virgen y a diversos santos, por ejemplo, a santa Teresa, a san Ignacio y a san Francisco Xavier. Algunos de estos poemas fueron compuestos para celebrar ocasiones especiales como beatificaciones o canonizaciones. Muchos son contribuciones de la autora a justas literarias. Al igual que los hombres, Fernández de Alarcón escribe también poesía patriótica. En el soneto sobre Lepanto que se incluye aquí, celebra la victoria de las fuerzas cristianas sobre las musulmanas en 1571.

La poesía de Fernández de Alarcón refleja las tendencias estilísticas de su época. La influencia culterana se nota en su gusto por la metáfora (san Ignacio y san Francisco son «dos Planetas, dos Soles, en dos cielos»), en las alusiones mitológicas e históricas (Neptuno, Apolo, Escipión), en la hipérbole (ojos «hechos corrientes ríos»), en el hipérbaton («Sombras que en noche oscura / habitáis de la tierra el hondo centro»), en su gusto por las imágenes vivas y asombrosas y en su léxico rebuscado. En las octavas dedicadas a Teresa de Jesús en su beatificación, Fernández de Alarcón alude a un incidente relatado por la santa en su *Vida*: ella y su hermano Rodrigo, habiendo leído que los mártires iban directamente al cielo, se escaparon de su casa con la intención de buscar la muerte a manos de los moros. Fernández de Alarcón recrea la peripecia convirtiendo a los musulmanes en monstruos horrendos que Teresa, aún niña, busca para martirizarse:

> cuando propuesto con valor constante
> del pálido temor el monstruo fiero,
> cuello de Hidra,[3] miembros[4] de Gigante,[5]
> que calza confusión y viste acero,
> buscas como tórtola[6] a su amante,
> y por lavar en sangre del Cordero[7]
> la blanca estola[8] del infiel tirano,
> el duro alfanje y la homicida mano.

3. monstruo mitológico de nueve cabezas
4. *limbs*
5. raza mitológica de monstruos
6. *turtledove, a type of bird that lives in pairs and is known for its loyalty to its mate*
7. Cristo
8. piel

La estrofa sirve de ejemplo de la elipsis (figura retórica que consiste en suprimir uno o varios elementos de una frase) y del hipérbaton. Olivares y Boyce ofrecen la siguiente paráfrasis de la estrofa: «*buscas* como la tórtola a tu amante y *buscas* el duro alfanje y la homicida mano del infiel tirano por lavar en sangre la blanca estola del Cordero» (451). Las vivas imágenes («cuello de Hidra, miembros de Gigante»), los fuertes contrastes (tórtola / monstruo) y la complejidad de estos versos sirven para ilustrar el dominio de Fernández de Alarcón de los recursos literarios característicos del estilo barroco.

El primer poema incluido aquí, «Cansados ojos míos», ejemplifica la «canción» (o *canzone*), forma poética cultivada por los poetas provenzales, por Dante y Petrarca en Italia, y por Garcilaso y sus seguidores en España. Usualmente de tema amoroso, la canción no tenía una forma fija. Solía constar de una serie de heptasílabos[9] y endecasílabos[10] y concluir con un «envío» o *envoi*, estrofa más corta que las demás en la cual el poeta se despide de su composición. El envío subraya la artificialidad del género, ya que le permite al poeta distanciarse de su creación y mirarla precisamente como *creación*. En el ejemplo que citamos, Fernández de Alarcón señala una paradoja en el envío: puede suspender su canción por su acto de voluntad («cese tu triste canto»), pero la angustia que inspira la obra no está sujeta al arbitrio humano.

Fernández de Alarcón heredó una tradición poética que se venía elaborando en España desde principios del siglo XVI, cuando Garcilaso de la Vega (1501–1536) comenzó a experimentar con ciertas innovaciones que había introducido el poeta y humanista italiano Francesco Petrarca (1304–1374). Los trovadores provenzales que habían precedido a Petrarca concebían el amor como servicio a la dama, lo que le confería dignidad y valor al amante. Petrarca transformó y personalizó este concepto, convirtiendo la adoración de la mujer en una lucha por la salvación religiosa. El tema de Petrarca no es realmente la amada, sino el amante que siente y sufre. En sus manos el poema se transforma en un retrato emocional y anímico del poeta. Garcilaso mantiene esta perspectiva sicológica, pero para los poetas de fines del siglo XVI, la lucha imposible por la amada adquiere una dimensión nueva. El fracaso inevitable del amor refleja una desmoralización general, consecuencia de la decadencia política y económica de España.

La canción de Fernández de Alarcón manifiesta la dimensión sicológica del soneto renacentista, así tanto como el pesimismo barroco. Como sus predecesores, subraya el aspecto voluntarioso y rebelde del amante. Si Garcilaso afirma que el amor le da fuerza para «romper un monte» y Quevedo llega al extremo de negar el poder de la muerte sobre su voluntad de amar,[11] Fernández de Alarcón pretende destrozar «cualquiera imposible duros bronces». Sin embargo, hay cierta resignación en la poesía de doña Cristobalina. Para que ella pudiera alcanzar su fin, el amor tendría que darle «nueva forma». Su ambición está destinada a fracasar.

---

9. versos de siete sílabas

10. versos de once sílabas

11. En «Cerrar podrá mis ojos la postrera», de *Canta solo a Lisi*. La voluntariedad de Quevedo es claramente una manifestación de su angustia existencial, la cual le lleva a afirmarse ante circunstancias incontrolables.

El uso del pasado del subjuntivo en las estrofas 12 y 13 («transformara», «diera», «abatiera», «rompiera», «estuviera», «descendiera») sugiere la imposibilidad de que se realice su deseo.[12]

El pesimismo barroco se expresa a través de imágenes que subrayan lo ilusorio de la felicidad humana. La poeta (es decir, el «yo poético») se imagina gozando de la «dulce gloria» en brazos del amado, pero pronto «se engaña el pensamiento». Se trata de una «falsa imagen» que, al desvanecerse, hace aumentar su frustración. Como en las obras de otros poetas barrocos, los temas convencionales de la ilusión / desilusión, engaño / desengaño cobran valor existencial en la poesía de Fernández de Alarcón, poniendo en duda la capacidad del ser humano de realizarse plenamente. El amor, que destruye la vida, «burlando el bien» y proporcionando el mal, se convierte en una metáfora de la lucha por el ideal, lucha que termina inevitablemente en el fracaso.

Otra característica interesante de Fernández de Alarcón es su tendencia a aceptar el ideal de belleza femenina heredado de la poesía erótica italiana. Petrarca había adoptado una retórica basada en la metáfora que fue imitada por sus seguidores españoles: el cabello de la amada era como el oro; sus ojos, como zafiros; sus mejillas, como rosas; sus labios y dientes, rubíes y perlas; su piel, cristal o alabastro. Mediante estas metáforas los poetas creaban una imagen específica de la belleza femenina; se exaltaba a la mujer blanca y rubia, de ojos azules y mejillas rosadas. La autenticidad de la imagen de la amada era de poca importancia. No se trataba de una verdadera mujer de carne y hueso, sino de un ideal por el cual el amante luchaba.

En sus «Quintillas a Teresa de Jesús en su Beatificación», Fernández de Alarcón crea una imagen de la santa tomada de la poesía erótica tradicional; la describe como una dama renacentista, con «rizos de oro» que enmarcan su «bella nevada frente». Se vale de todo el caudal de metáforas heredadas de sus antecesores: «rostro celestial / mezclando el carmín de Tiro / con alabastro y cristal, en sus ojos el zafiro / y en sus labios el coral». Curiosamente, en su *Libro de recreaciones*, María de San José, que había conocido a santa Teresa, la describe como una mujer de cejas «color rubio oscuro» y ojos negros, con tres lunares cerca de la boca (*Recreaciones* 188). Pero en la poesía de Fernández de Alarcón y en la de sus predecesores, así como también en el arte religioso, no se trata de ofrecerle al creyente un retrato realista, sino de crear una imagen de belleza y de pureza sublimes.

Existen varias ediciones modernas de la poesía de doña Cristobalina. Clara Janés incluye algunos poemas suyos en *Las primeras poetisas en lengua castellana* (1986). La mejor selección es la que se encuentra en *Tras el espejo la musa escribe: Lírica femenina de los Siglos de Oro*, de Julián Olivares y Elizabeth S. Boyce (1993).

12. En su Canción I, Garcilaso también emplea el subjuntivo para subrayar el contraste entre Idea y Realidad.

*The Ecstasy of Saint Teresa* [El éxtasis de Santa Teresa], de Gian Lorenzo Bernini. Esta imagen de Santa Teresa contrasta en complejidad con el voto de sencillez que la mística propone en el arte. Muestra de la representación exaltada que el Barroco produce de los místicos.

## Poesía

### *Canción: "Cansados ojos míos"*

Cansados ojos míos,
ayudadme a llorar el mal que siento;
hechos corrientes ríos,[13]
daréis algún alivio a mi tormento,
y al triste pensamiento que tanto me ator-
    menta
anegaréis con vuestra gran tormenta.[14]
    Llora el perdido gusto

que ya tuvo otro tiempo el alma mía,
y el eterno disgusto
en que vive muriendo noche y día;
que estando mi alegría
de vosotros ausente,
es justo que lloréis eternamente.
    ¡Que viva yo penando
por quien tanto de amarme se desdeña!

13. reminiscencia de un verso de la Primera Égloga de Garcilaso: «Salid sin duelo, lágrimas, corriendo».

14. *Note the wordplay: the deluge* (tormenta) *from her eyes will ease the torment* (tormento) *she feels and the sad thought that torments* (atormenta) *her.*

Que cuando estoy llorando,
¡haga tierna señal la dura peña,
y que a su zahareña[15]
condición no la mueven
las tiernas lluvias que mis ojos llueven!

    Sombras que en noche oscura
habitáis de la tierra el hondo centro,
decidme: ¿por ventura
iguala con mi mal el de allá dentro?
Mas ¡ay!, que nunca encuentro,
ni aun en el mismo infierno,
tormento igual a mi tormento eterno.

    ¿Cuándo tendrá, alma mía,
la tenebrosa noche de tu ausencia
fin, y en dichoso día
saldrá el alegre sol de tu presencia?
Mas, ¿quién tendrá paciencia?,
que es la esperanza amarga
cuando el mal es prolijo y ella es larga.

    ¡Oh tú, sagrado Apolo!,[16]
que del alegre oriente al triste ocaso
el uno y otro polo
del cielo vas midiendo paso a paso,
¿has descubierto acaso
desde tu sacra cumbre
el hemisferio a quien mi sol[17] da lumbre?

    Dirásle, si lo esconde
en sus dichosas faldas el aurora,
lo mal que corresponde[18]
a aquesta[19] alma cautiva que le adora,
y cómo siempre mora[20]

dentro del pecho mío,
tan abrasado cuanto el frío es frío.

    Infierno de mis penas,
fiero verdugo de mis tiernos años,
que con fuertes cadenas
tienes el alma presa en tus engaños,
donde los desengaños,
aunque se ven tan ciertos,
cuando llegan al alma, llegan muertos:

    yo viviré sin verte,
penando, si tú gustas que así viva,
o me daré la muerte,
si muerte pide tu crueldad esquiva.[21]
Bien puedes esa altiva
frente ceñir[22] de gloria,
que amor te ofrece cierta la victoria.

    Tuyos son mis despojos[23];
adorna las paredes de tu templo,
que tus divinos ojos,
vencedores del mundo los contemplo.
Ellos serán ejemplo
de ingratitud interna,
como los míos de firmeza eterna.

    ¡Ay ojos!, ¡quién os viera
que no hubiera pasión tan inhumana
que no se suspendiera
con vista tan divina y soberana![24]
Quedara tan ufana
que el pensamiento mío
cobrara nuevas fuerzas, nuevo brío.

    Si amor, que me transforma,

---

15. rebelde, indómita
16. Apolo, dios griego de la belleza, de la claridad, de las artes y de la adivinación, es también el Sol. Por esto la
    poeta lo describe cruzando el cielo del oriente (este) al occidente (oeste).
17. es decir, mi amado
18. *requites*
19. esta
20. habita, reside
21. dura, hostil
22. *frown*
23. restos mortales, cadáver
24. magnífica

quitándome el pesado y triste velo,
me diera nueva forma,
volara, cual[25] espíritu, a mi cielo,[26]
y no abatiera[27] el vuelo;
que yo rompiera entonces
de cualquiera imposible duros bronces.[28]

    No estuviera seguro
el monte más excelso[29] y levantado,
ni el más soberbio muro
de ser por mis ardides escalado.
Y a despecho del hado,[30]
descendiera por verte
al reino obscuro de la obscura muerte.

    Mil veces me imagino
gozando tu presencia en dulce gloria,
y con gozo divino

renueva el alma su pasada historia;
que con esta memoria
se engaña el pensamiento,
y en parte se suspende el mal que siento.

    Mas como luego veo
que es falsa imagen que cual sombra huye,
aumentase el deseo,
y ansias mortales en mi pecho influye,
con que el vivir destruye;
que amor en mil maneras
me da burlando el bien y el mal de veras.

    Canción,[31] de aquí no pases,
cese tu triste canto;
que se deshace el alma en triste llanto.

Soneto: "A la batalla de Lepanto"[32]

De la pólvora el humo sube al cielo;
busca el cielo su esfera, y entre tanto
mira Neptuno[33] con terror y espanto,
teñido de sangre su cerúleo[34] velo;

al centro profundísimo del suelo
bajan mil almas con eterno llanto[35]
a contar la batalla de Lepanto,
y otras vuelan al reino del consuelo[36];

---

25. como
26. es decir, si el amor me diera alas, volaría a mi cielo (amante)
27. tumbara, tirara al suelo
28. metales. Esta estrofa y la próxima recuerdan vagamente al Soneto IV de Garcilaso: «Yo mismo emprenderé a fuerza de brazos / romper un monte que otro no rompiera, / de mil inconvenientes muy espeso».
29. eminente, altísimo
30. **a**... *in spite of the dictates of Fate*. Referencia al mito de Orfeo y Eurídice. Orfeo, poeta, músico y cantante tan maravilloso que hechizaba a los animales salvajes, bajó al Infierno para buscar a su amada Eurídice, muerta por la picadura de una serpiente. Los guardianes del Infierno le dejaron llevarse a Eurídice al mundo de los vivos con tal de que no volviera su mirada hacia ella antes de cruzar el umbral del Infierno. Pero Orfeo olvidó su promesa y perdió a su amada para siempre.
31. *The classical Canzone ends with an "envoi," or concluding stanza, usually shorter than the others, in which the poet takes leave of his song. Fernández de Alarcón follows models established by Petrarch and elaborated by Garcilaso.*
32. La batalla de Lepanto tuvo lugar el 7 de octubre de 1571 entre la flota turca y las escuadras de la Santa Liga, las cuales incluían la escuadra veneciana, la pontificia y la española. Triunfaron las de la Santa Liga, poniendo fin momentáneamente a la expansión turca.
33. dios de las aguas
34. azul
35. imagen de las almas de los muertos que bajan al infierno
36. imagen de las almas de los muertos que suben al paraíso

cuando de Carlos el valiente hijo,[37]
español Escipión,[38] César[39] triunfante,
levantando en sus hechos su memoria:

«¡Virgen Señora del Rosario —dijo—,
venced nuestro enemigo!»,[40] y al instante
se oyó por los cristianos la victoria.

### Soneto: *"A la canonización de san Ignacio de Loyola y san Francisco Xavier"*[41]

Sale dando matices de escarlata[42]
al cielo de zafir[43] el sol dorado,
y grato al resplandor que le ha prestado,
todo planeta influye en luz de plata.

Si en un espejo el cielo se retrata,
de estrellas, cielo y sol se ve un traslado;
mas si el cristal por arte es ochavado,[44]
en diversas esferas se dilata.

Xavier e Ignacio a Dios, que es Sol,[45] imi-
tan
en la Iglesia, cristal[46] de la triunfante,
distinta en dos opuestos paralelos;
mas no en la unión que entrambos solicitan,
siendo el uno en poniente,[47] otro en levante,[48]
dos Planetas, dos Soles, en dos cielos.

---

37. Juan de Austria, hijo natural de Carlos V, dirigió la flota de la Santa Liga en la batalla de Lepanto.
38. Escipión el Africano (235–183 a.C.) fue un gran guerrero de la antigüedad que acabó con la dominación carta-
ginesa en la Península Ibérica y venció a Aníbal, poniendo fin a la segunda guerra púnica. Fernández de Alarcón
compara a Juan de Austria con Escipión por sus triunfos sobre los musulmanes.
39. Julio Cayo César (100/101–44 a.C.), gran estadista, guerrero y cónsul romano a quien la poeta compara con
Juan de Austria.
40. Según la leyenda, Juan de Austria rezó el rosario antes de su victoria.
41. San Ignacio de Loyola (1491–1556) fundó la orden jesuita. San Francisco Xavier (1506–1552) conoció a san Ignacio en París, donde ambos estudiaban. San Francisco Xavier se unió al grupo de «compañeros» que deseaban
fomentar la espiritualidad ignaciana. Tras aprobar Paulo III la formación de la Compañía de Jesús, san Francisco Xavier marchó a la colonia portuguesa de Goa, donde fundó comunidades cristianas. Más tarde continuó
su proyecto evangelizador en el Oriente. Murió en la costa de China, sin poder entrar allí. San Ignacio y san
Francisco Xavier fueron canonizados en 1622.
42. púrpura
43. forma arcaica de «zafiro», una piedra preciosa de color azul
44. que tiene ocho ángulos
45. En la literatura de la temprana modernidad, es común asociar a Dios con el Sol y con Apolo.
46. espejo
47. Occidente (donde se pone el sol). San Ignacio nació en el País Vasco, viajó a Jerusalén, vivió en Barcelona y
estudió en Alcalá, Salamanca y París. Finalmente se estableció en Italia, donde pasó el resto de su vida. Es decir,
san Ignacio vivió en Europa casi toda su vida.
48. Oriente (por donde se levanta el Sol). San Francisco Xavier vivió en la India y en Japón. Como se nota arriba,
murió en la costa de la China.

*Quintillas*[49]: *"A santa Teresa de Jesús en su beatificación"*[50]

Engastada en rizos de oro
la bella nevada frente,[51]
descubriendo[52] más tesoro
que cuando sale de Oriente
Febo[53] con mayor decoro;

en su rostro celestial
mezclando el carmín de Tiro[54]
con alabastro y cristal,
en sus ojos el zafiro
y en sus labios el coral;

el cuerpo de nieve pura
que excede toda blancura,
vestido del sol los rayos,
vertiendo abriles y mayos[55]
de la blanca vestidura;

en la diestra[56] refulgente,
que mil aromas derrama,
un dardo[57] resplandeciente,
que lo remata la llama
de un globo de fuego ardiente;

batiendo en ligero vuelo
la pluma que al oro afrenta,
baja un serafín[58] del cielo,

y a los ojos se presenta
del serafín del Carmelo.[59]
Y puesto ante la doncella,
mirando el extremo de ella,
dudara cualquier sentido
si él la excede en lo encendido
o ella le excede en ser bella.

Mas viendo tanta excelencia
como en ella puso Dios,
pudiera dar por sentencia
que en el amor de los dos
es poca la diferencia.[60]

Y por dar más perfección
a tan angélico intento,
el que bajó de Sión[61]
con el ardiente instrumento
le atravesó el corazón.

Dejóla el dolor profundo
de aquel fuego sin segundo
con que el corazón le inflama,
y la fuerza de su llama,
viva a Dios y muerta al mundo.[62]

Que para mostrar mejor

---

49. estrofa compuesta por cinco versos, generalmente octosílabos
50. «Beatificación» es la acción por la cual el Papa declara que una persona goza de eterna bienaventuranza y se le puede dar culto. Es un paso hacia la canonización. La beatificación de Teresa de Jesús tuvo lugar en 1614.
51. Aunque Fernández de Alarcón describe a santa Teresa de acuerdo con las normas de belleza expresadas por los poetas de su época —piel blanca, pelo rubio— María de San José menciona que la Santa tenía los ojos negros y no azules.
52. revelando
53. el Sol, que aparece por el Oriente. Es decir, la belleza de Teresa es un tesoro más valioso que las riquezas de Asia.
54. puerto fenicio conocido por la industria del tinte color carmesí o púrpura. La poeta se refiere a los labios y mejillas de la santa, que contrastan con su piel blanca y transparente (alabastro y cristal).
55. rojo y rosado, colores de las flores de la primavera
56. mano derecha
57. flecha. Fernández de Alarcón alude a una visión, que santa Teresa describe en su *Vida,* en la cual un ángel le atraviesa el corazón con una flecha ardiente. Bernini representa esta escena en su famosa escultura.
58. ángel
59. es decir, santa Teresa
60. Es decir, ella ama a Dios tanto como Dios la ama a ella.
61. una de las colinas de Jerusalén. Se refiere al ángel que bajó del cielo.
62. Con los sentidos y el intelecto apagados, santa Teresa queda muerta al mundo y viva a Dios. Es decir, la santa se encuentra en un estado de éxtasis.

cuánto esta prenda le agrada,
el universal Señor
la quiere tener sellada[63]
con el sello de su amor.

    Y que es a Francisco[64] igual
de tan gran favor se arguya;
pues el Pastor celestial,[65]

para que entiendan que es suya,
la marca con su señal.

    Y así, desde allí adelante
al serafín semejante,
quedó de Teresa el pecho,
y unido con lazo estrecho
al de Dios, si amada, amante.

## Temario

1. La estructura de «Cansados ojos míos»
2. El amor y el amado
3. El lenguaje poético de Cristobalina Fernández de Alarcón
4. El sentimiento patriótico
5. El retrato de la santidad
6. El uso de tradiciones poéticas heredadas
7. Elementos barrocos en la poesía de doña Cristobalina
8. La transformación poética de Teresa de Jesús

---

63. marcada
64. San Francisco de Asís (1182–1226) recibió los estigmas de la Pasión (1224) después de viajar a Marruecos y Egipto para convertir a los musulmanes. La poeta sugiere que Dios marcó a santa Teresa igual que a san Francisco.
65. es decir, Dios

# *María de Zayas y Sotomayor: ¿Protofeminista o* marketing genius *por excelencia?* ♋

LA MÁS CONOCIDA de las escritoras del siglo XVII, María de Zayas y Sotomayor (1590–¿1661?) cultivó la «novela cortesana», un género que gozaba de gran popularidad en aquella época. En la temprana modernidad el término «novela» no tenía el mismo significado que hoy, sino que correspondía a la palabra italiana *novella,* un tipo de relato largo. «Cortesana» en este contexto significa simplemente «de la corte», es decir, «de la ciudad». Las novelas cortesanas narran los amores e intrigas de aristócratas y burgueses, siempre en un ambiente urbano.

La prosa imaginativa de Zayas consta de dos colecciones, cada una compuesta de diez novelas. Estos libros —las *Novelas amorosas y ejemplares* (1637) y los *Desengaños amorosos* (1647)— consisten en varias historias enlazadas por el artificio de una tertulia en la cual cada noche uno de los participantes narra un cuento, estructura muy común en aquella época. En el marco[1] elaborado por Zayas, unos amigos se reúnen en casa de Lisis, quien convalece de una enfermedad, y organizan un «sarao» —es decir, una reunión nocturna en que las personas se divierten con baile, música, máscaras[2] y representaciones teatrales— para la Nochebuena y los demás días de Pascua. Para hacer pasar el tiempo de una manera placentera, los amigos de Lisis —cuatro amigas y cinco amigos— deciden contar cuentos. También participa la viuda Laura, madre de la convaleciente. El marco constituye un relato en sí, puesto que existe una complicación amorosa entre Lisis y don Juan. Contribuye a la cohesión de la obra de Zayas el hecho de que la mayoría de los personajes del marco de la primera colección vuelvan a aparecer en el de la segunda. Las novelas de Zayas han sido llamadas *El Decamerón español* por su

---

1. *frame story*
2. diversión en la cual las personas se disfrazan con máscaras

*Lady with a Fan* [Mujer con abanico], de Diego Velázquez. Llaman la atención aquí los elementos de recato: los guantes, la mantilla, el abanico que parece ir a cubrir quizá el rostro o el escote, junto a la luz que emana de la piel de la modelo. Es una lucha entre la coquetería y el pundonor.

parecido estructural y temático al *Decamerone,* del escritor italiano Giovanni Boccaccio (1313–1375).

Las *Novelas amorosas,* que son contadas a lo largo de cinco noches durante la época navideña, tienden a ser livianas con desenlaces felices. Los *Desengaños* son más bien sombríos, aun trágicos o violentos. La tertulia de la segunda colección tiene lugar durante el día, por lo cual Zayas tal vez sugiere que visto a la luz, el amor pierde su encanto y revela su aspecto oscuro: las pasiones desenfrenadas, las obsesiones sexuales malsanas, las rivalidades y los celos. Pero incluso en las *Novelas amorosas* los desenlaces son a menudo desconcertantes. Aun cuando triunfa el amor, las mentiras, los odios y los deseos ilícitos llevan a los personajes al borde del desastre.

Las novelas de Zayas se desenvuelven en un ambiente aristocrático, aunque, como señala Alicia Redondo Goicoechea, figuran en ellas los mismos personajes que en la comedia lopesca: galanes, damas, criados y tipos ocasionales como hechiceros o moros (19). Redondo menciona tres características hereditarias que deben tener los galanes y damas: la nobleza-riqueza, la hermosura física y la virtud (definida, para las damas, como castidad y discreción). Cuando una de estas cualidades se pone en duda, resulta un conflicto, «pues el caballero, con engaños, consigue vencer la castidad de la dama, no tan perfecta como debiera, por lo que sobreviene la tragedia» (21). Y como en la comedia de capa y espada y en el drama de honor, el amor, los celos, la virtud y la honra son a menudo los problemas centrales.

Muchos críticos han destacado el aspecto sensacionalista de las novelas de Zayas. Es una de las pocas escritoras de la época que trata abiertamente la sexualidad femenina. De hecho, Juan Goytisolo afirma que «La originalidad de Zayas reside en un emancipado erotismo femenino» (96). Como se ha visto en la introducción, los moralizadores de la época le daban una importancia primordial a la castidad femenina, insistiendo en la necesidad de vigilar a la mujer para evitar que cayera en la tentación. Si bien la esposa casta (a veces injustamente acusada de infidelidad por su esposo) es un arquetipo que se encuentra en muchos relatos de Zayas, la autora también nos ofrece ejemplos de personajes femeninos que se destacan por su independencia sexual. Aun cuando reiteran su deseo de casarse y llevar una vida reglada, estas mujeres ceden a sus impulsos sin preocuparse demasiado por las normas sociales. Un buen ejemplo sería Jacinta, protagonista de «Aventurarse perdiendo», quien se atreve a mantener relaciones con su amante don Félix en la misma casa paterna. Cuando el padre de ella descubre la afrenta a su honor, Jacinta huye a un convento donde, después de incontables complicaciones, sigue sus amoríos. Después de la muerte de don Félix, Jacinta entabla otra relación con Celio, quien la abandona para ingresar en la Iglesia. Entonces ella entra como seglar en un monasterio, donde sigue amando en la distancia a Celio. Al final de la novela Jacinta explica: «Hice elección de amar y con ella acabaré», definiéndose así como una mujer que se guía únicamente por sus pasiones.

Abundan en las novelas de Zayas escenas cuyo fin es claramente excitar al lector, como, por ejemplo, la descripción de la pintura de doña Inés desnuda en «La inocencia castigada». Además de escándalos sexuales, hay hechizos, torturas, asesinatos, violaciones e incidentes de homosexualidad y de travestismo. Muchos críticos han visto las escenas de monstruosa crueldad o de desintegración corporal como un reflejo del gusto barroco por lo grotesco. Otros han sacado de ellas lecciones morales. Más recientemente, los críticos feministas han interpretado las escenas de abuso de mujeres, cuando no como representaciones realistas de la España de Zayas, por lo menos como un reflejo de los valores patriarcales que regían su sociedad.

En su estudio de imprentas y lectores del siglo XVII, Marina S. Brownlee, sin descontar las perspectivas mencionadas arriba, ofrece otra explicación. Comenta que durante este período, gracias a la producción de libros en masa, se amplió el número de personas que tenían libros y la biblioteca personal comenzó a concebirse como un refugio (76). A diferencia de la actitud hacia la prosa imaginativa a principios del siglo XVI, ahora la lectura recreativa se considera algo positivo —una fuente de placer de la cual uno podía gozar en la intimidad de su propia casa. Los narradores de Zayas a menudo insisten en la veracidad de sus historias, jurando haber cambiado los nombres de los personajes porque se trata de personas conocidas de todos. Así, el relato se convierte en una especie de chisme, una confidencia que comparten los amigos de Lisis. El lector, que también participa en estos secretos, se convierte en un *voyeur*. El atractivo de estas novelas para muchos lectores, entonces, sería el de leer acerca de la vida oculta de personas que pudieran ser sus vecinos (Brownlee 77).

Además, eran inmensamente populares en aquella época los «relatos de sucesos», publicaciones sensacionalistas que relataban crímenes y escándalos, parecidas a los *tabloids* modernos. Brownlee sugiere que Zayas aprovechaba el gusto por el sensacionalismo al narrar sucesos tan horrorosos que rivalizaban con los de estos protoperiódicos. Aunque las enormidades que se describían en los relatos de sucesos eran claramente exageraciones o mentiras, se presentaban al público como hechos verídicos, estrategia que también utiliza Zayas en sus novelas. El objetivo de estas historias era tal vez generar miedo, proveyendo al público de ejemplos de las cosas horribles que le podían pasar al que se desviara de las normas sociales, pero también le ofrecían al lector un escape *voyeurístico* y placentero de la vida cotidiana (Brownlee 79–81).

Aunque Zayas escribió principalmente para entretener, sus narraciones, al igual que los relatos de sucesos, a menudo tienen un aspecto moralizador. Se ha señalado cierto parentesco de sus *Novelas* y *Desengaños* con la novela picaresca por el enfoque de Zayas en lo negativo de la conducta humana. Muchos de sus personajes son avaros, celosos, ingratos, interesados o crueles. Aun en las *Novelas amorosas* pinta un mundo en el que rigen la vanidad y el egoísmo. La autora a menudo cita a sus personajes como modelos negativos, es decir, modelos que no hay que emular. Por ejemplo, «La inocencia castigada» contiene una admonición contra la mentira: «cuán mal la mentira se puede disfrazar en traje de verdad, y si lo hace, es por poco tiempo». A veces exhorta a los padres a vigilar bien a sus hijos, ofreciendo ejemplos de jóvenes que se malogran por la falta de supervisión paterna. ¿Por qué incluye Zayas estos comentarios? ¿Para hacer sus novelas más aceptables ante las autoridades políticas, religiosas y sociales? ¿Porque al fin y al cabo es un producto de la aristocracia y, en el fondo, a pesar de la sordidez de sus narraciones, acepta los valores propagados por el poder? No lo podemos saber con certeza.

Complica la cuestión de la postura moral de Zayas el hecho de que el mensaje sea a menudo ambiguo o contrario a la intención moralizadora. Por ejemplo, al final de «Aventurarse perdiendo», Jacinta, a pesar de todas sus transgresiones, termina viviendo en un monasterio «tan contenta, que le parece que no tiene más bien que desear, ni más gusto que pedir». En «El jardín engañoso», Teodosia se vale de una mentira para apartar a su hermana de su prometido, pero en vez de ser castigada, termina casándose con el antiguo pretendiente de ésta y viviendo muchos años y con muy hermosos hijos (Mujica, *Milenio* 153). En uno de los relatos más sangrientos de Zayas, «Estragos que causa el vicio», Florentina, quien trama la muerte de su hermanastra y es responsable por una masacre en su casa, termina perdonada por el rey y hereda la fortuna de su amante.

Los relatos de Zayas están llenos de paradojas que reflejan las tensiones sociales de la España de su época. Margaret Greer señala que Zayas se encuentra en una situación difícil: la de defender la igualdad moral e intelectual de las mujeres al mismo tiempo que apoya la ideología aristocrática y conservadora —con sus consabidas nociones de virtud, clase y honor patriarcal— la cual servía para mantener a las mujeres en un estado de subyugación desde hacía siglos (350). Para Greer, Zayas no se aparta radicalmente de sus modelos narrativos (Boccaccio, Timoneda, Lope). Los argumentos de las *Novelas* y los *Desengaños* no ilustran las ideas articuladas en las introducciones de Zayas sobre la conveniencia de ofrecerle a la mujer las mismas ventajas que al hombre. La contribución de Zayas es, según Greer, la reconstrucción de estos modelos desde una perspectiva femenina, dándole a la mujer más opciones en la ficción que las que tenía en la vida real (350).

La autora sitúa sus relatos en Madrid, Sevilla o a veces Nápoles, o en otras ciudades en las cuales posiblemente viviera. Brownlee sugiere que Zayas, siempre muy consciente de su público, sitúa sus relatos en ciudades por tres razones: primero, porque la gran mayoría de los lectores de aquella época eran habitantes de metrópolis; segundo, porque al incluir en sus narraciones todas las ciudades principales de España y algunas de las secundarias, aumentaba el atractivo de sus relatos para un mayor número de lectores; tercero, porque las ciudades eran consideradas semilleros de la inmoralidad y, por lo tanto, ofrecían el ambiente perfecto para el tipo de historia salaz que escribía Zayas (111).

Varios críticos han hablado del supuesto realismo de las *Novelas amorosas* y los *Desengaños amorosos*, entre ellos Agustín de Amezúa, que los ve como retratos objetivos de la vida española en el siglo XVII. Sin embargo, como ya se ha visto, si Zayas menciona repetidamente que sus personajes corresponden a verdaderas personas que aún viven, se trata de un truco literario que sirve para imbuir el relato de autenticidad y así despertar la curiosidad e interés del lector, y no de una prueba de realismo. Hoy en día pocos estudiosos comparten la opinión de Amezúa. Alicia Yllera opina que no se les puede aplicar el concepto decimonónico de realismo a los autores del siglo XVII. Señala que en la época de Zayas no se trataba de «fotografiar» la realidad. Las menciones de lugares, de monumentos o de accidentes geográficos sólo sirven para destacar algún elemento esencial para orientar al lector.

Si hay un integrante «realista» en Zayas, se encuentra más bien en su representación de la sicología de sus personajes: su preocupación por la clase y el honor, su materialismo y su idealización de la belleza y la virtud, aun cuando ellos mismos no son ni bellos ni virtuosos. Esto no quiere decir que el español del siglo XVII llevara su obsesión con el honor, por ejemplo, a los mismos extremos que los personajes de «La inocencia castigada». De hecho, varios críticos han alegado que el uxoricidio, tan común en la comedia y novela del siglo XVII, es un mero *topos* literario (Jones, Stroud, Brownlee). Significa simplemente que el honor era una auténtica preocupación —una realidad sicológica— del aristócrata durante aquella época.[3]

Aumentan la impresión de realismo las detalladas descripciones de pasatiempos, casas, muebles y ropa. Por ejemplo, en la introducción a los *Desengaños*, Zelima «traía sobre una camisa de transparente cambray, con grandes puntas y encajes, las mangas muy anchas de la

3. Sin embargo, varios investigadores (Heiple, Black) señalan que era legal el uxoricidio. Véase la introducción a este libro, página xl.

parte de la mano». Para la fiesta en casa de Lisis, «Se previnieron músicos, y entoldaron las salas de ricas tapicerías, suntuosos estrados, curiosos escritorios, vistosas sillas y taburetes, aliñados braseros, tanto de buenas lumbres como de diversas y olorosas perfumaderas, claros y resplandecientes faroles, muchas bujías, y sobre todo sabrosas y costosas colaciones, sin que faltase el amigo chocolate (que en todo se halla, como la mala ventura)». Estas descripciones —además de ser una valiosa fuente de información para el lector moderno— seguramente despertaban la curiosidad y los impulsos *voyeurísticos* del lector del siglo XVII, quien tenía la impresión de espiar al vecino sin levantarse de su butaca.

Lo sobrenatural es un elemento importante en la obra de Zayas. El demonio, las brujas, la magia y las supersticiones agregan una dimensión fantástica a las *Novelas* y los *Desengaños*, donde lo sobrenatural funciona a varios niveles. En relatos como «Los castigos de la miseria», el encantamiento se reduce simplemente al embuste. En otros, lo sobrenatural tiene una función ambivalente. En «La fuerza del amor», el encantamiento es sólo un truco de la hechicera para sacarle dinero a Laura, la protagonista. Sin embargo, la fuerza invisible que guía los pasos de don Carlos, el hermano que le salva la vida, trasciende las leyes de la razón y revela la existencia de un poder más allá de la comprensión humana. Aunque Zayas a veces deja la práctica de la magia a personajes marginales (como el nigromante moro de «La inocencia castigada»), usan sus servicios no sólo malhechores, sino también mujeres castas y virtuosas como Laura.

Uno de los temas más debatidos con respecto a Zayas es su feminismo. Es cierto que sus personajes lamentan repetidamente la situación inferior de la mujer en la sociedad española y censuran la inconstancia de los hombres. En «Al que leyere», el prefacio a sus novelas, Zayas hace eco de los argumentos andróginos, tan comunes en los siglos XVI y XVII, que vimos en nuestra Introducción: «porque si esta materia de que nos componemos los hombres y las mujeres, ya sea una trabazón de fuego y barro, o ya una masa de espíritus y terrones, no tiene más nobleza en ellos que en nosotras, si es una misma la sangre, los sentidos, las potencias y los órganos por donde se obran sus efectos son unos mismos, la misma alma que ellos, porque las almas ni son hombres ni mujeres; ¿qué razón hay para que ellos sean sabios y presuman que nosotras no podemos serlo?» Continúa arguyendo que si las mujeres no se han destacado en las letras, es porque no se les dan libros y preceptores, defendiendo la necesidad de educar a la mujer. (En «La esclava de su amante» va más lejos, alegando que las mujeres, en vez de aprender a «hacer vainicas», deben aprender a manejar las armas y, de hecho, en «La burlada Aminta», la protagonista termina vengando su propio honor al matar al hombre que la sedujo.) Menciona varios ejemplos históricos de mujeres que se han distinguido como intelectuales y líderes políticos. Concluye diciendo que las mujeres son tan aptas como los hombres y que éstos deben tratarlas siempre con cortesía y respeto. La intención de Lisis al organizar el sarao de los *Desengaños*, es «volver por la fama de las mujeres (tan postrada y abatida por el mal juicio, que apenas hay quien hable bien de ellas)». Abundan en las *Novelas* y en los *Desengaños* defensas de la mujer y censuras del hombre. Además, Zayas a menudo retrata a la mujer como razonable y prudente y al hombre como obsesionado, impetuoso e insensato. Entonces, ¿por qué se ha debatido si realmente se puede llamar a Zayas «feminista» en el sentido moderno?

El hecho es que la posición de Zayas no es tan clara como parece. Aun en sus introducciones, a menudo citadas como pruebas de su feminismo, hay cierta ambivalencia. Después de afirmar que «no hubiera malas mujeres si no hubiera malos hombres», reconoce que también hay hombres que no son malos y que la mujer puede ser «falsa, inconstante, liviana y sin reputación». En sus relatos algunos de los personajes más terribles son mujeres, por ejemplo, la engañosa doña Isidora en «Los castigos de la miseria», la homicida Florentina en «Estragos que causa el vicio» y la crudelísima cuñada de doña Inés en «La inocencia castigada».

Complica la discusión el hecho de que, aunque Zayas a menudo parece defender el *status quo,* alabando el matrimonio y la castidad, las relaciones monógamas duraderas son raras en sus obras. De hecho, según Lou Charnon-Deutsch, las protagonistas de Zayas suelen ver el matrimonio como algo ajeno a su propia sexualidad y funciones reproductivas (129). Además, los cuentos de Zayas no terminan en boda; es decir, la boda no representa el final feliz, sino el momento en que empiezan los problemas —los engaños, los abusos, el abandono y la subyugación total. No es sorprendente, por consiguiente, que tantas protagonistas de Zayas opten por el convento, donde pueden vivir cómodamente en una comunidad de mujeres, sin renunciar a las atenciones de sus pretendientes. Aunque esta imagen del convento se aparta de la realidad, ya que en las casas religiosas las mujeres seguían sujetas a la voluntad de confesores y directores espirituales, parece representar un ideal por parte de Zayas.

Hoy en día la crítica reconoce la polisemia y naturaleza contradictoria de la prosa de Zayas. Brownlee afirma que Zayas era tan consciente como Cervantes de la subjetividad de cualquier noción de la realidad y, por lo tanto, de la multiplicidad de interpretaciones a la cual se presta el texto. Si Cervantes se jacta en la Segunda Parte de *Don Quijote* de la diversidad de sus lectores (viejos y jóvenes, aristócratas y plebeyos, letrados y campesinos), Zayas también sabía que sus novelas eran destinadas a un público heterogéneo y que serían interpretadas de diversas maneras (Brownlee 17, 75).

El concepto barroco del mundo como una aglomeración de apariencias amorfa y mudable se refleja no sólo en las contradicciones inherentes en las historias de Zayas, sino también en las reacciones antagónicas de los amigos de Lisis, quienes las comentan. La ambigüedad de las apariencias y el perspectivismo al cual ésta conduce entran en juego cada vez que hombres y mujeres interpretan un mismo hecho. Patsy Boyer señala que, aunque participan en el sarao cinco hombres y cinco mujeres, lo cual debería conducir a cierta neutralidad, la discrepancia de opiniones entre los sexos ofrece un indicio claro de que Zayas sabía que dos lecturas eran posibles y que éstas serían influidas por el género del lector (66). Esto se ve claramente al final de «La inocencia castigada». Estefanía, comentando el relato, pronuncia una arenga contra los abusos de los hombres que siempre culpan a la mujer, mientras que Juan trivializa el asunto al comparar «el vicio de no decir bien de las mujeres» al de «tomar tabaco».[4]

Partiendo de la teoría de la recepción, Amy Williamsen arguye el mismo punto. Muestra como Zayas intenta manipular la interpretación del lector, utilizando el marco como instru-

---

4. Juan observa que «el vicio del tabaco es el más civil». Margaret Greer traduce «civil» como *civilized* (219), pero el *Diccionario de Autoridades* lo define como «ruin», *wicked.*

mento. Williamsen señala que en las *Novelas amorosas* narran cinco hombres y cinco mujeres, lo cual produce un sentido de equilibrio entre perspectivas masculinas y femeninas y cierta conformidad entre los oyentes. En los *Desengaños amorosos,* en contraste, sólo narran mujeres. Al excluir a los hombres del acto de narrar, Zayas permite a las mujeres usurpar la posición de autoridad y destruye la conformidad entre los oyentes. Para Williamsen, esta estrategia prueba que Zayas era consciente del hecho de que comunicara mensajes distintos a los oyentes de ambos sexos. Williamsen opina que, puesto que los hombres tienden a entender el texto a nivel literal mientras que las mujeres son más sensibles a la ironía y al humor, éstas captan las insinuaciones subversivas que se les escapan a sus compañeros. Pero esta diversidad de interpretaciones trasciende los límites del sarao, ya que la lectora real también capta el mensaje subversivo de Zayas ("Challenging the Code" 134–36).

Aunque reconocen que múltiples lecturas de las *Novelas* y los *Desengaños* son posibles, la mayoría de los críticos siguen viendo a Zayas como protofeminista. Para Greer, por ejemplo, a pesar de las inconsistencias ideológicas y las contradicciones retóricas y tácticas de la autora, el efecto cumulativo de sus arengas, argumentos y desenlaces la definen como defensora de la mujer (353).

Lisa Vollendorf, una de los exponentes más fervorosos del feminismo de Zayas, asevera que los numerosos ejemplos de violencia contra la mujer en los *Desengaños* —violación, tortura y aun homicidio— tienen por objetivo el convencer al lector de la necesidad de efectuar cambios sociales. El repetido abuso del cuerpo femenino en estos cuentos demuestra que la mujer, cualquiera que sea su clase o condición, está siempre en una posición de vulnerabilidad. Según Vollendorf, el discurso de Lisis al final de la obra, en el que anuncia su decisión de entrar en un convento y regaña a las oyentes por creerse más dichosas que las de los cuentos, es una exhortación a las mujeres a tomar conciencia de su situación y de aceptar la responsabilidad de su propia protección (198). En este sentido, Zayas cae palmariamente dentro del paradigma feminista.

La novela que se incluye aquí, «La inocencia castigada» es el quinto de los *Desengaños* y es narrada por Laura, madre de Lisis. La protagonista, doña Inés, es una huérfana que vive con su hermano mayor y la cruel esposa de éste. Feliz de salir de este hogar, se casa con un caballero, quien pronto tiene que ausentarse por un negocio. Don Diego, un joven disoluto y atrevido, se enamora de doña Inés. Una vecina ofrece conseguirle sus favores y, vistiendo a una prostituta con el traje de la recién casada, hace que se cite con don Diego en un cuarto oscuro. El joven queda convencido de que ha realizado su ambición.

Al descubrir el embuste, don Diego recurre a un nigromante moro, quien produce una estatua de doña Inés con una vela en la cabeza. Cuando se prende la vela, doña Inés entra en trance, sale de su casa y va a la cama de don Diego, donde hace el amor maquinalmente sin decir una palabra. Después, vuelve a su casa y se despierta a la mañana pensando que ha tenido un sueño lascivo.

Una noche, caminando por la calle en su camisa de dormir, la ven su hermano y el corregidor. Al despertar de su trance y darse cuenta de lo que ha pasado, doña Inés pide que la maten, pero el corregidor hace una investigación y queda convencido de su inocencia. Sin embargo, su marido, hermano y cuñada deciden vengarse. Se mudan todos a una casa en las afueras de Sevilla. Entonces, encierran a doña Inés en un pequeño espacio bajo condiciones tan horrendas que su cabello rubio emblanquece y se convierte en un hervidero de animalejos. Casi la comen viva los gusanos y se ciega por la oscuridad. Finalmente, después de seis años, una vecina oye sus quejas y la libera. Las autoridades ajustician a los culpables y doña Inés recobra su belleza, aunque no la vista, y entra en un convento.

Este relato frecuentemente ha sido interpretado como una censura de la obsesión de los hombres con el honor, a pesar de que el más sádico de los tres verdugos de doña Inés es su cuñada. Los que defienden esta interpretación citan a Estefanía, prima de Lisis, que comenta la historia y censura a los caballeros por su injusticia. Sin embargo, la crítica más reciente ofrece otras interpretaciones. Judith Whitenack, haciendo hincapié en el hecho de que los encuentros de Diego e Inés ocurran durante la larga ausencia del marido de ésta, opina que se trata de un relato admonitorio sobre las consecuencias de desatender a la esposa. Inés se siente abandonada física y emocionalmente, por lo cual busca satisfacción en sus «sueños» —que realmente son recuerdos de sus encuentros con don Diego. Whitenack señala que la vulnerabilidad de la mujer desatendida es un tema que se menciona al principio del relato («esto [es] la causa por donde ellas, aborrecidas, se empeñan en bajezas») y en el poema de Atandra al final. Para Whitenack, el hecho de que Inés le pida al corregidor que la mate indica que subconscientemente se sabe culpable. Hay que recordar, sin embargo, que en el siglo XVII, aun la mujer violada —a pesar de su inocencia ante la ley— quedaba deshonrada ante la sociedad. Como Calderón ilustra en *No hay cosa como callar*, la mujer, como miembro de esa sociedad, acepta su censura y se siente culpable.[5]

De hecho, es posible considerar el encantamiento de Inés una violación, puesto que don Diego la posee no sólo sin su consentimiento sino también contra su voluntad. Aunque no emplea la fuerza física, Renato Barahona ha demostrado, por razón de un cuidadoso estudio de documentos legales del período, que la violencia no era siempre un factor en los casos de abuso sexual. Aun cuando no se trataba de un «forzamiento» en el sentido estricto del término legal, el hombre podía ser juzgado culpable si obligaba a la mujer a tener relaciones sexuales con él mediante el uso de palabras ofensivas, insultos o amenazas (Barahona 50). ¡Cuánto más si recurría a un hechicero que la dejaba inconsciente!

Greer, en contraste, se ha centrado en la obsesión pasional de don Diego, quien recurre a toda clase de ardides sin lograr realmente poseer a doña Inés. Es decir, aun cuando la tiene entre sus brazos, la verdadera Inés se le escapa. Estando «hipnotizada», doña Inés hace el amor sin sentir ni hablar. Don Diego goza de su cuerpo, pero la Inés real queda fuera de su alcance. Greer lee el cuento como un estudio fascinante de la futilidad de captar la «esencia» de la mujer (214).

Los parientes y marido de Inés también la someten y casi logran destruirla físicamente, pero la verdadera Inés les queda elusiva, protegida tal vez por su sincera religiosidad. La Inés que emerge del cautiverio es una deconstrucción de la imagen de la mujer idealizada de la

---

5. Véase Mujica, "The Rapist and His Victim."

*Two Women at a Window* [Niña con su dueña], de Bartolomé Esteban Murillo. «Mujer ventanera uva de la calle». Con dichos como éste se ha asociado este cuadro. Diversos estudios interpretan la escena como de flagrante ofrecimiento con connotaciones sexuales. Quizá sea más adecuado ver un flirteo travieso y divertido, muestra de la apertura cotidiana en las clases populares.

poesía erótica. Uno por uno Zayas desmorona cada componente del ideal petrarquista —su cabello dorado, sus ojos de zafiro, su piel de marfil— convirtiéndola en algo grotesco y horrible. Tal deconstrucción ocurre también en Góngora («Mientras por competir con tu cabello») y en Quevedo («Sol os llamó mi lengua pecadora»), quienes desmantelan sistemáticamente la imagen de la belleza femenina idealizada, articulando así el pesimismo barroco.

Pero Zayas va más lejos que sus coetáneos masculinos, convirtiendo la piel de Inés en una masa de llagas, producto de haber estado durante tantos años bañada en su propio excremento, y su cabello en un nido de alimañas. De particular interés es su ceguera, siendo los ojos considerados una poderosa arma de la mujer contra el hombre. Lobanov-Rostovsky explica que la mirada femenina se creía peligrosa en la temprana modernidad porque convertía al hombre en objeto, así como la mirada masculina objetivizaba a la mujer. Se suponía que la mujer que mirara al hombre lo seduciría y le quitaría su poder. El ojo de la mujer se asociaba con el basilisco que, con poderes fálicos, penetraba en el hombre y envenenaba su alma. En la literatura el ojo-basilisco no comunicaba el deseo femenino, sino el miedo del hombre a ser reducido a «cosa». Al final del relato, Zayas (a diferencia de Góngora y Quevedo) reconstruye el cuerpo de su personaje, devolviéndole su belleza y proporcionándole también una herencia que le permite vivir cómodamente en un convento. Pero al dejarla ciega (es decir, al quitarle el «ojo-basilisco»), la desexualiza, hecho que subraya al notar que «hoy vive haciendo vida de santa». Sustituye el discernimiento (*in-sight*), cualidad que tradicionalmente se asocia con los ciegos, por la vista.

## La inocencia castigada

En una ciudad cerca de la gran Sevilla, que no quiero nombrarla, porque aún viven hoy deudos muy cercanos de don Francisco, caballero principal y rico, casado con una dama su igual hasta en la condición. Éste tenía una hermana de las hermosas mujeres que en toda la Andalucía se hallaba, cuya edad aún no llegaba a dieciocho años. Pidiósela por mujer un caballero de la misma ciudad, no inferior a su calidad, ni menos rico, antes entiendo que la aventajaba en todo. Parecióle, como era razón, a don Francisco que aquella dicha sólo venía del cielo, y muy contento con ella, lo comunicó con su mujer y con doña Inés, su hermana, que como no tenía más voluntad que la suya, y en cuanto a la obediencia y amor reverencial le tuviese en lugar de padre, aceptó el casamiento, quizá no tanto por él, cuanto por salir de la rigurosa condición de su cuñada, que era de lo cruel que imaginarse puede.

De manera que antes de dos meses se halló, por salir de un cautiverio, puesta en otro martirio; si bien, con la dulzura de las caricias de su esposo, que hasta en eso, a los principios, no hay quien se la gane a los hombres; antes se dan tan buena maña, que tengo para mí que las gastan todas al primer año, y después, como se hallan fallidos del caudal del agasajo, hacen morir a puras necesidades de él a sus esposas,[6] y quizá, y sin quizá, es lo cierto ser esto la causa por donde ellas, aborrecidas, se empeñan en bajezas, con que ellos pierden el honor y ellas la vida.

¿Qué espera un marido, ni un padre, ni un hermano, y hablando más comúnmente, un galán, de una dama, si se ve aborrecida, y falta de lo que ha menester, y tras eso, poco agasajada y estimada, sino una desdicha? ¡Oh, válgame Dios, y qué confiados son hoy los hombres, pues no temen que lo que una mujer desesperada hará, no lo hará el demonio! Piensan que por velarlas y celarlas se libran y las apartan de travesuras, y se engañan. Quiéranlas, acarícienlas y denlas lo que les falta, y no las guarden ni celen, que ellas se guardarán y celarán, cuando no sea de virtud, de obligación. ¡Y válgame otra vez Dios, y qué moneda tan falsa es ya la voluntad, que no pasa ni vale sino el primer día, y luego no hay quien sepa su valor!

No le sucedió por esta parte a doña Inés la desdicha, porque su esposo hacía la estimación de ella que merecía su valor y hermosura; por ésta le vino la desgracia, porque siempre la belleza anda en pasos de ella.[7] Gozaba la bella dama una vida gustosa y descansada, como quien entró en tan florida hacienda con un marido de lindo talle y mejor condición, si le du-

---

6. **antes...** *Men are very clever at wooing, but they use up all their ardor the first year and leave their wives dying for affection.*

7. es decir, de la desgracia

rara; mas cuando sigue a uno una adversa suerte, por más que haga no podrá librarse de ella. Y fue que, siendo doncella, jamás fue vista, por la terrible condición de su hermano y cuñada; mas ya casada, o ya acompañada de su esposo, o ya con las parientas y amigas, salía a las holguras, visitas y fiestas de la ciudad. Fue vista de todos, unos alabando su hermosura y la dicha de su marido en merecerla, y otros envidiándola y sintiendo no haberla escogido para sí, y otros amándola ilícita y deshonestamente,[8] pareciéndoles que con sus dineros y galanterías la granjearían[9] para gozarla.

Uno de éstos fue don Diego, caballero mozo, rico y libre, que, a costa de su gruesa hacienda, no sólo había granjeado el nombre y lugar de caballero, mas que no se le iban por alto ni por remontadas las más hermosas garzas[10] de la ciudad. Éste, de ver la peligrosa ocasión, se admiró,[11] y de admirarse, se enamoró, y debió, por lo presente, de ser de veras, que hay hombres que se enamoran de burlas, pues con tan loca desesperación mostraba y daba a entender su amor en la continua asistencia en su calle, en las iglesias, y en todas las partes que podía seguirla. Amaba, en fin, sin juicio, pues no atendía a la pérdida que podía resultar al honor de doña Inés con tan públicos galanteos. No reparaba la inocente dama en ellos: lo uno, por parecerle que con su honestidad podía vencer cualesquiera deseos lascivos de cuantos la veían; y lo otro, porque en su calle vivían sujetos,[12] no sólo hermosos, mas hermosísimos, a quien imaginaba dirigía don Diego su asistencia. Sólo amaba a su marido, y con este descuido, ni se escondía, si estaba en el balcón, ni dejaba de asistir a las músicas y demás finezas de don Diego, pareciéndole iban dirigidos a una de dos damas, que vivían más abajo de su casa, doncellas y hermosas, mas con libertad.

Don Diego cantaba y tenía otras habilidades, que ocasiona la ociosidad de los mozos ricos y sin padres que los sujeten; y las veces que se ofrecía, daba muestras de ellas en la calle de doña Inés. Y ella y sus criadas, y su mismo marido, salían a oírlas, como he dicho, creyendo se dirigían a diferente sujeto, que, a imaginar otra cosa, de creer es que pusiera estorbo al dejarse ver.[13] En fin, con esta buena fe pasaban todos haciendo gala del bobeamiento de don Diego, que, cauto,[14] cuando su esposo de doña Inés o sus criados le veían, daba a entender lo mismo que ellos pensaban, y con este cuidado descuidado, cantó una noche, sentado a la puerta de las dichas damas, este romance:

Como la madre a quien falta
el tierno y amado hijo,
así estoy cuando no os veo,
dulcísimo dueño mío.

Los ojos, en vuestra ausencia,
son dos caudalosos ríos,
y el pensamiento, sin vos,
un confuso laberinto.

8. indecentemente
9. conseguirían
10. **ni**... ni se escapaban de sus manos las hermosas mujeres
11. asombró, extasió
12. es decir, mujeres
13. **de**... *you can bet she would never have allowed herself to be seen*
14. (como era) prudente

¿Adónde estáis, que no os veo,
prendas que en el alma estimo?
¿Qué oriente goza esos rayos,
o qué venturosos indios?[15]

Si en los brazos del Aurora
está el Sol alegre y rico,
decid: siendo vos aurora,
¿cómo no estáis en los míos?

Salís, y os ponéis sin mí,
ocaso triste me pinto,
triste Noruega[16] parezco,
tormento en que muero y vivo.

Amaros no es culpa, no;
adoraros no es delito;
si el amor dora los yerros,
¡qué dorados son los míos!

No viva yo, si ha llegado
a los amorosos quicios

de las puertas de mi alma
pesar de haberos querido.

Ahora que no me oís,
habla mi amor atrevido,
y cuando os veo, enmudezco,
sin poder mi amor deciros.

Quisiera que vuestros ojos
conocieran de los míos
lo que no dice la lengua,
que está, para hablar, sin bríos.

Y luego que os escondéis,
atormento los sentidos,
por haber callado tanto,
diciendo lo que os estimo.

Mas porque[17] no lo ignoréis,
siempre vuestro me eternizo;
siglos durará mi amor,
pues para vuestro he nacido.

Alabó doña Inés, y su esposo, el romance, porque como no entendía que era ella la causa de las bien cantadas y lloradas penas de don Diego, no se sentía agraviada; que, a imaginarlo, es de creer que no lo consintiera. Pues viéndose el mal correspondido caballero cada día peor y que no daba un paso adelante en su pretensión, andaba confuso y triste, no sabiendo cómo descubrirse a la dama, temiendo de su indignación alguna áspera y cruel respuesta. Pues, andando, como digo, una mujer que vivía en la misma calle, en un aposento[18] enfrente de la casa de la dama, algo más abajo, notó el cuidado de don Diego con más sentimiento que doña Inés, y luego conoció el juego, y un día que le vio pasar, le llamó y, con cariñosas razones,[19] le procuró sacar la causa de sus desvelos.

Al principio negó don Diego su amor, por no fiarse de la mujer; mas ella, como astuta, y que no debía de ser la primera que había hecho, le dijo que no se lo negase, que ella conocía medianamente su pena, y que si alguna en el mundo le podía dar remedio, era ella, porque su señora doña Inés la hacía mucha merced, dándole entrada en su casa y comunicando con ella sus más escondidos secretos, porque la conocía desde antes de casarse, estando en casa de su hermano. Finalmente, ella lo pintó tan bien y con tan finas colores, que don Diego casi pensó si era echada por parte de la dama,[20] por haber notado su cuidado.[21] Y con este loco pen-

---

15. *He compares her eyes with the sun, which rises in the east* (el oriente), *in the Indies.*
16. Él es «triste Noruega» porque este país no goza del sol en el invierno.
17. para que
18. venta, albergue
19. palabras
20. **casi**... *he almost wondered if the lady had sent her*
21. es decir, la pena de don Diego

samiento, a pocas vueltas que este astuto verdugo le dio, confesó de plano[22] toda su voluntad, pidiéndola diese a entender a la dama su amor, ofreciéndole, si se veía admitido, grande interés. Y para engolosinarla más, quitándose una cadena, que traía puesta, se la dio. Era rico y deseaba alcanzar, y así, no reparaba en nada. Ella la recibió, y le dijo descuidase, y que anduviese por allí, que ella le avisaría en teniendo negociado; que no quería que nadie le viese hablar con ella, porque no cayesen en alguna malicia.

Pues ido don Diego, muy contenta la mala mujer, se fue en casa de unas mujeres de oscura vida que ella conocía, y escogiendo entre ellas una, la más hermosa, y que así en el cuerpo y garbo pareciese a doña Inés, y llevóla a su casa, comunicando con ella el engaño que quería hacer, y escondiéndola donde de nadie fuese vista, pasó en casa de doña Inés, diciendo a las criadas dijesen a su señora que una vecina de enfrente la quería hablar, que, sabido por doña Inés, la mandó entrar. Y ella, con la arenga y labia necesaria,[23] de que la mujercilla no carecía, después de haberle besado la mano, le suplicó le hiciese merced de prestarle por dos días aquel vestido que traía puesto, y que se quedase en prenda de él aquella cadena, que era la misma que le había dado don Diego, porque casaba una sobrina. No anduvo muy descaminada[24] en pedir aquél que traía puesto, porque, como era el que doña Inés ordinariamente traía, que era de damasco pardo, pudiese don Diego dejarse llevar de su engaño. Doña Inés era afable, y como la conoció por vecina de la calle, le respondió que aquel vestido estaba ya ajado[25] de traerle continuo, que otro mejor le daría.

—No, mi señora —dijo la engañosa mujer—; éste basta, que no quiero que sea demasiadamente costoso, que parecerá (lo que es) que no es suyo, y los pobres también tenemos reputación. Y quiero yo que los que se hallaren a la boda piensen que es suyo, y no prestado.

Rióse doña Inés, alabando el pensamiento de la mujer, y mandando traer otro, se le puso, desnudándose aquél y dándoselo a la dicha, que le tomó contentísima, dejando en prendas la cadena, que doña Inés tomó, por quedar segura, pues apenas conocía a la que le llevaba, que fue con él más contenta que si llevara un tesoro. Con esto aguardó a que viniese don Diego, que no fue nada descuidado, y ella, con alegre rostro, le recibió diciendo:

—Esto sí que es saber negociar, caballerito bobillo. Si no fuera por mí, toda la vida te pudieras andar tragando saliva[26] sin remedio. Ya hablé a tu dama, y la dejo más blanda que una madeja de seda floja. Y para que veas lo que me debes y en la obligación que me estás, esta noche, a la oración,[27] aguarda a la puerta de tu casa, que ella y yo te iremos a hacer una visita, porque es cuando su marido se va a jugar a una casa de conversación,[28] donde está hasta las diez; mas dice que, por el decoro de una mujer de su calidad y casada, no quiere ser vista; que no haya criados, ni luz, sino muy apartada, o que no la haya; mas yo, que soy muy apretada de

---

22. **de**... claramente
23. **la**... las palabras y elocuencia
24. equivocada
25. viejo, usado
26. es decir, sin poder satisfacerte
27. a la hora de vísperas, la oración de la noche
28. casino, club

corazón,[29] me moriré si estoy a oscuras, y así podrás apercibir un farolillo que dé luz, y esté sin ella la parte adonde hubieres de hablarla.

Todo esto hacía, porque pudiese don Diego reconocer el vestido, y no el rostro, y se engañase. Mas volvíase loco el enamorado mozo, abrazaba a la falsa y cautelosa tercera, ofreciéndola de nuevo suma[30] de interés, dándole cuanto consigo traía. En fin, él se fue a aguardar su dicha, y ella, él ido, vistió a la moza que tenía apercibida el vestido de la desdichada doña Inés, tocándola y aderezándola al modo que la dama andaba. Y púsola de modo que, mirada algo a lo oscuro, parecía la misma doña Inés, muy contenta de haberle salido tan bien la invención, que ella misma, con saber[31] la verdad, se engañaba.

Poco antes de anochecer, se fueron en casa de don Diego, que las estaba aguardando a la puerta, haciéndosele los instantes siglos; que, viéndola y reconociendo el vestido, por habérsele visto ordinariamente a doña Inés, como en el talle le parecía y venía tapada, y era ya cuando cerraba la noche, la tuvo por ella. Y loco de contento, las recibió y entró en un cuarto bajo, donde no había más luz que la de un farol que estaba en el[32] antesala, y a ésta y a una alcoba que en ella había, no se comunicaba más que el resplandor que entraba por la puerta. Quedóse la vil tercera[33] en la sala de afuera, y don Diego, tomando por la mano a su fingida doña Inés, se fueron a sentar sobre una cama de damasco que estaba en el alcoba. Gran rato se pasó en engrandecer don Diego la dicha de haber merecido tal favor, y la fingida doña Inés, bien instruida en lo que había de hacer, en responderle a propósito, encareciéndole[34] el haber venido y vencido los inconvenientes de su honor, marido y casa, con otras cosas que más a gusto les estaba, donde don Diego, bien ciego en su engaño, llegó al colmo de los favores, que tantos desvelos le habían costado el desearlos y alcanzarlos, quedando muy más enamorado de su doña Inés que antes.

Entendida era la que hacía el papel de doña Inés, y representábale tan al propio, que en don Diego puso mayores obligaciones; y así, cargándola de joyas de valor, y a la tercera de dinero, viendo ser la hora conveniente para llevar adelante su invención, se despidieron, rogando el galán a su amada señora que le viese presto, y ella prometiéndole que, sin salir de casa, la aguardase cada noche desde la hora que había dicho hasta las diez, que si hubiese lugar, no le perdería. Él se quedó gozosísimo, y ellas se fueron a su casa, contentas y aprovechadas a costa de la opinión de la inocente y descuidada doña Inés. De esta suerte le visitaron algunas veces en quince días que tuvieron el vestido; que, con cuanto supieron, o fuese que Dios porque se descubriese un caso como éste, o que temor de que don Diego no reconociese con el tiempo que no era la verdadera doña Inés la que gozaba, no se previnieron de hacer otro vestido como con el que les servía de disfraz; y viendo era tiempo de volverle a su dueño, la última noche que se vieron con don Diego le dieron a entender que su marido había dado en recogerse tem-

29. **apretada**... nerviosa, angustiada
30. cantidad de dinero
31. **con**... aunque sabía
32. la
33. *go-between*
34. aplaudiéndole

prano, y que era fuerza por algunos días recatarse, porque les parecía que andaba algo cuidadoso, y que era fuerza asegurarle, que, en habiendo ocasión de verle, no la perderían; se despidieron, quedando don Diego tan triste como alegre cuando la primera vez las vio. Con esto, se
volvió el vestido a doña Inés, y la fingida y la tercera partieron la ganancia, muy contentas con
la burla.

Don Diego, muy triste, paseaba la calle de doña Inés, y muchas veces que la veía, aunque
notaba el descuido de la dama, juzgábalo a recato, y sufría su pasión sin atreverse a más que a
mirarla; otras hablaba con la tercera que había sido de su gloria, y ella unas veces le decía que
no tenía lugar, por andar su marido cuidadoso; otras, que ella buscaría ocasión para verle.
Hasta que un día, viéndose importunada de don Diego, y que le pedía llevase a doña Inés un
papel, le dijo que no se cansase, porque la dama, o era miedo de su esposo, o que se había arrepentido, porque cuando la veía, no consentía que la hablase en esas cosas, y aun llegaba a más,
que le negaba la entrada en su casa, mandando a las criadas no la dejasen entrar. En esto se ve
cuán mal la mentira se puede disfrazar en traje de verdad, y si lo hace, es por poco tiempo.

Quedó el triste don Diego con esto tal, que fue milagro no perder el juicio; y en mitad de
sus penas, por ver si podía hallar alivio en ellas, se determinó en hablar a doña Inés y saber de
ella misma la causa de tal desamor y tan repentino. Y así, no faltaba de día ni de noche de la
calle, hasta hallar ocasión de hacerlo. Pues un día que la vio ir a misa sin su esposo (novedad
grande, porque siempre la acompañaba), la siguió hasta la iglesia, y arrodillándose junto a ella
lo más paso[35] que pudo, si bien con grande turbación, le dijo:

—¿Es posible, señora mía, que vuestro amor fuese tan corto, y mis méritos tan pequeños,
que apenas nació cuando murió? ¿Cómo es posible que mi agasajo fuese de tan poco valor, y
vuestra voluntad tan mudable, que siquiera bien hallada con mis cariños, no hubiera echado
algunas raíces para siquiera tener en la memoria cuantas veces os nombrastes mía, y yo me
ofrecí por esclavo vuestro? Si las mujeres de calidad dan mal pago, ¿qué se puede esperar de las
comunes? Si acaso este desdén nace de haber andado corto en serviros y regalaros, vos habéis
tenido la culpa, que quien os rindió lo poco os hubiera hecho dueño de lo mucho, si no os hu-
biérades retirado tan cruel, que aun cuando os miro, no os dignáis favorecerme con vuestros
hermosos ojos, como si cuando os tuve en mis brazos no jurasteis mil veces por ellos que no
me habíades de olvidar.

Miróle doña Inés admirada de lo que decía, y dijo:

—¿Qué decís, señor? ¿Deliráis, o tenéisme por otra? ¿Cuándo estuve en vuestros brazos,
ni juré de no olvidaros, ni recibí agasajos, ni me hicisteis cariños? Porque mal puedo olvidar lo
que jamás me he acordado, ni cómo puedo amar ni aborrecer lo que nunca amé.

—Pues ¿cómo —replicó don Diego—, aún queréis negar que no me habéis visto ni
hablado? Decid que estáis arrepentida de haber ido a mi casa, y no lo neguéis, porque no lo podrá negar el vestido que traéis puesto, pues fue el mismo que llevasteis, ni lo negará fulana,[36]
vecina de enfrente de vuestra casa, que fue con vos.

35. silenciosamente
36. *what's-her-name, so-and-so*

Cuerda y discreta era doña Inés, y oyendo del vestido y mujer, aunque turbada y medio muerta de un caso tan grave, cayó en lo que podía ser, y volviendo a don Diego, le dijo:

—¿Cuánto habrá eso que decís?

—Poco más de un mes —replicó él.

Con lo cual doña Inés acabó de todo punto[37] de creer que el tiempo que el vestido estuvo prestado a la misma mujer le habían hecho algún engaño. Y por averiguarlo mejor, dijo:

—Ahora, señor, no es tiempo de hablar más en esto. Mi marido ha de partir mañana a Sevilla a la cobranza de unos pesos[38] que le han venido de Indias; de manera que a la tarde estad en mi calle, que yo os haré llamar, y hablaremos largo sobre esto que me habéis dicho. Y no digáis nada de esto a esa mujer, que importa encubrirlo de ella.

Con esto don Diego se fue muy gustoso por haber negociado tan bien, cuanto doña Inés quedó triste y confusa. Finalmente, su marido se fue otro día, como ella dijo, y luego doña Inés envió a llamar al Corregidor. Y venido, le puso en parte donde pudiese oír lo que pasaba, diciéndole convenía a su honor que fuese testigo y juez de un caso de mucha gravedad. Y llamando a don Diego, que no se había descuidado, y le dijo estas razones:

Cierto, señor don Diego, que me dejasteis ayer puesta en tanta confusión, que si no hubiera permitido Dios la ausencia de mi esposo en esta ocasión, que con ella he de averiguar la verdad y sacaros del engaño y error en que estáis, que pienso que hubiera perdido el juicio, o yo misma me hubiera quitado la vida. Y así, os suplico me digáis muy por entero y despacio lo que ayer me dijisteis de paso en la iglesia.

Admirado don Diego de sus razones, le contó cuanto con aquella mujer le había pasado, las veces que había estado en su casa, las palabras que le había dicho, las joyas que le había dado. A que doña Inés, admirada, satisfizo y contó cómo este tiempo había estado el vestido en poder de esa mujer, y cómo le había dejado en prenda[39] una cadena, atestiguando con sus criadas la verdad, y cómo ella no había faltado de su casa, ni su marido iba a ninguna casa de conversación, antes se recogía con el día.[40] Y que ni conocía tal mujer, sino sólo de verla a la puerta de su casa, ni la había hablado, ni entrado en ella en su vida. Con lo cual don Diego quedó embelesado, como los que han visto visiones, y corrido[41] de la burla que se había hecho de él, y aún más enamorado de doña Inés que antes.

A esto salió el Corregidor, y juntos fueron en casa de la desdichada tercera, que al punto[42] confesó la verdad de todo, entregando algunas de las joyas que le habían tocado de la partición y la cadena, que se volvió a don Diego, granjeando de la burla doscientos azotes por infamadora de mujeres principales y honradas, y más desterrada por seis años de la ciudad, no declarándose más el caso por la opinión de doña Inés,[43] con que la dama quedó satisfecha en parte,

37. de... enteramente
38. El «peso» era una moneda de plata del peso de una onza.
39. en... *as security*
40. antes... *instead, he went to bed at the end of the day*
41. molesto, enojado
42. inmediatamente
43. no... *They didn't make more of the case in order to avoid jeopardizing Doña Inés's reputation.*

y don Diego más perdido que antes, volviendo de nuevo a sus pretensiones, paseos y músicas, y esto con más confianza, pareciéndole que ya había menos que hacer, supuesto que la dama sabía su amor, no desesperando de la conquista, pues tenía caminado lo más. Y lo que más le debió de animar fue no creer que no había sido doña Inés la que había gozado, pues aunque se averiguó la verdad con tan fieles testigos, y que la misma tercera la confesó, con todo debió de entender había sido fraude, y que, arrepentida doña Inés, lo había negado, y la mujer, de miedo, se había sujetado a la pena.

Con este pensamiento la galanteaba más atrevido, siguiéndola si salía fuera, hablándola si hallaba ocasión. Con lo que doña Inés, aborrecida,[44] ni salía ni aun a misa, ni se dejaba ver del atrevido mozo, que, con la ausencia de su marido, se tomaba más licencias que eran menester; de suerte que la perseguida señora aun la puerta no consentía que se abriese, porque no llegase su descomedimiento[45] a entrarse en su casa. Mas, ya desesperada y resuelta a vengarse por este soneto que una noche cantó en su calle, sucedió lo que luego se dirá.

Dueño querido: si en el alma mía
alguna parte libre se ha quedado,
hoy de nuevo a tu imperio la he postrado,
rendida a tu hermosura y gallardía.

Dichoso soy, desde aquel dulce día,
que con tantos favores quedé honrado;
instantes a mis ojos he juzgado
las horas que gocé tu compañía.

¡Oh! si fueran verdad los fingimientos
de los encantos que en la edad primera
han dado tanta fuerza a los engaños,

ya se vieran logrados mis intentos,
si de los dioses merecer pudiera,
encanto, gozarte muchos años.

Sintió tanto doña Inés entender que aún no estaba don Diego cierto de la burla que aquella engañosa mujer le había hecho en desdoro de su honor, que al punto le envió a decir con una criada que, supuesto que ya sus atrevimientos pasaban a desvergüenzas, que se fuese con Dios, sin andar haciendo escándalos ni publicando[46] locuras, sino que le prometía, como quien era, de hacerle matar.

Sintió tanto el malaconsejado mozo esto, que, como desesperado con mortales bascas,[47] se fue a su casa, donde estuvo muchos días en la cama, con una enfermedad peligrosa, acompañada de tan cruel melancolía, que parecía querérsele acabar la vida; y viéndose morir de pena, habiendo oído decir que en la ciudad había un moro, gran hechicero y nigromántico, le hizo buscar, y que se le trajesen, para obligar con encantos y hechicerías a que le quisiese doña Inés.

Hallado el moro y traído, se encerró con él, dándole larga cuenta de sus amores tan desdichados como atrevidos, pidiéndole remedio contra el desamor y desprecio que hacía de él su

44. molesta
45. rudeza, descortesía
46. *making public*
47. *retching*

dama, tan hermosa como ingrata. El nigromántico agareno[48] le prometió que, dentro de tres días, le daría con que la misma dama se le viniese a su poder, como lo hizo; que como ajenos de nuestra católica fe, no les es dificultoso, con apremios que hacen al demonio, aun en cosas de más calidad; porque, pasados los tres días, vino y le trajo una imagen de la misma figura y rostro de doña Inés, que por sus artes la había copiado al natural, como si la tuviera presente. Tenía en el remate[49] del tocado[50] una vela, de la medida y proporción de una bujía de un cuarterón[51] de cera verde. La figura de doña Inés estaba desnuda, y las manos puestas sobre el corazón, que tenía descubierto, clavado por él un alfiler grande, dorado, a modo de saeta,[52] porque en lugar de la cabeza tenía una forma de plumas del mismo metal, y parecía que la dama quería sacarle con las manos, que tenía encaminadas a él.

Díjole el moro que, en estando solo, pusiese aquella figura sobre un bufete, y que encendiese la vela que estaba sobre la cabeza, y que sin falta ninguna vendría luego la dama, y que estaría el tiempo que él quisiese, mientras él no le dijese que se fuese. Y que cuando la enviase, no matase la vela, que en estando la dama en su casa, ella[53] se moriría por sí misma: que si la mataba antes que ella se apagase, correría riesgo la vida de la dama, y asimismo que no tuviese miedo de que la vela se acabase, aunque ardiese un año entero, porque estaba formada de tal arte, que duraría eternamente, mientras que en la noche del Bautista[54] no la echase en una hoguera bien encendida. Que don Diego, aunque no muy seguro de que sería verdad lo que el moro le aseguraba, contentísimo cuando no por las esperanzas que tenía, por ver en la figura el natural retrato de su natural enemiga, con tanta perfección, y naturales colores, que, si como no era de más del altor[55] de media vara,[56] fuera de la altura de una mujer, creo que con ella olvidara el natural original de doña Inés, a imitación del que se enamoró de otra pintura y de un árbol.[57] Pagóle al moro bien a su gusto el trabajo; y despedido de él, aguardaba la noche como si esperara la vida, y todo el tiempo que la venida se dilató, en tanto que se recogía la gente y una hermana suya, viuda, que tenía en casa y le asistía a su regalo, se le hacía una eternidad: tal era el deseo que tenía de experimentar el encanto.

48. musulmán
49. punta
50. prenda que cubre la cabeza
51. cuarta parte de una libra
52. flecha
53. Es decir, la vela.
54. la noche de san Juan Bautista, el 23 de junio, cuando, en un rito pagano de purificación, se quema todo lo malo y viejo
55. altura
56. antigua medida de longitud que valía 0,84 metros en España
57. *It is not clear whether or not Zayas had a particular case in mind. Mythology affords several examples of men who fall in love with images. Pygmalion falls in love with a statue and Narcissus, with his own reflection, but I have not been able to find an example from mythology of a man who becomes enamored of a painting. In early modern literature, however, the power of the portrait to enamor is a commonplace. (See the Chapter on Ramírez de Guzmán.) As for the last part of the sentence, Apollo falls in love with Daphne, who metamorphoses into a laurel tree. Patsy Boyer gives the line a more general sense in her translation: "like other lovers who've fallen in love with a painting or a tree" (186).*

Pues recogida la gente, él se desnudó para acostarse, y dejando la puerta de la sala no más de apretada, que así se lo advirtió el moro, porque las de la calle nunca se cerraban, por haber en casa más vecindad,[58] encendió la vela, y poniéndola sobre el bufete, se acostó, contemplando a la luz que daba la belleza del hermoso retrato: que como la vela empezó a arder, la descuidada doña Inés, que estaba ya acostada, y su casa y gente recogida, porque su marido aún no había vuelto de Sevilla, por haberse recrecido[59] a sus cobranzas algunos pleitos, privada, con la fuerza del encanto y de la vela que ardía, de su juicio, y en fin, forzada de algún espíritu diabólico que gobernaba aquello, se levantó de su cama, y poniéndose unos zapatos que tenía junto a ella, y un faldellín[60] que estaba con sus vestidos sobre un taburete, tomó la llave que tenía debajo de su cabecera, y saliendo fuera, abrió la puerta de su cuarto, y juntándola en saliendo, y mal torciendo la llave, se salió a la calle, y fue en casa de don Diego, que aunque ella no sabía quién la guiaba, la supo llevar, y como halló la puerta abierta, se entró, y sin hablar palabra, ni mirar en nada, se puso dentro de la cama donde estaba don Diego, que viendo un caso tan maravilloso, quedó fuera de sí[61]; mas levantándose y cerrando la puerta, se volvió a la cama, diciendo:

—¿Cuándo, hermosa señora mía, merecí yo tal favor? Ahora sí que doy mis penas por bien empleadas. ¡Decidme, por Dios, si estoy durmiendo y sueño este bien, o si soy tan dichoso que despierto y en mi juicio os tengo en mis brazos!

A esto y otras muchas cosas que don Diego le decía, doña Inés no respondía palabra; que viendo esto el amante, algo pesaroso, por parecerle que doña Inés estaba fuera de su sentido con el maldito encanto, y que no tenía facultad para hablar, teniendo aquéllos, aunque favores, por muertos, conociendo claro que si la dama estuviera en su juicio, no se los hiciera, como era la verdad, que antes pasara por la muerte, quiso gozar el tiempo y la ocasión, remitiendo a las obras las palabras; de esta suerte la tuvo gran parte de la noche, hasta que viendo ser hora, se levantó, y abriendo la puerta, le dijo:

—Mi señora, mirad que es ya hora de que os vais.[62]

Y en diciendo esto, la dama se levantó, y poniéndose su faldellín y calzándose, sin hablarle palabra, se salió por la puerta y volvió a su casa. Y llegando a ella, abrió, y volviendo a cerrar, sin haberla sentido nadie, o por estar vencidos del sueño, o porque participaban todos del encanto, se echó en su cama, que así como estuvo en ella, la vela que estaba en casa de don Diego, ardiendo, se apagó, como si con un soplo la mataran, dejando a don Diego mucho más admirado, que no acababa de santiguarse, aunque lo hacía muchas veces, y si el acedia[63] de ver que todo aquello era violento no le templara, se volviera loco de alegría. Estése con ella lo que le durare, y vamos a doña Inés, que como estuvo en su cama y la vela se apagó, le pareció, cobrando el perdido sentido, que despertaba de un profundo sueño: si bien acordándose de lo

---

58. habitantes
59. aumentado la dificultad
60. falda corta que se llevaba debajo de la saya
61. loco (de alegría)
62. vayáis
63. disgusto

que le había sucedido, juzgaba que todo le había pasado soñando, y muy afligida de tan descompuestos sueños, se reprendía a sí misma, diciendo:

—¡Qué es esto, desdichada de mí! ¿Pues cuándo he dado yo lugar a mi imaginación para que me represente cosas tan ajenas de mí, o qué pensamientos ilícitos he tenido yo con este hombre para que de ellos hayan nacido tan enormes y deshonestos efectos? ¡Ay de mí! ¿qué es esto, o qué remedio tendré para olvidar cosas semejantes?

Con esto, llorando y con gran desconsuelo, pasó la noche y el día, que ya sobre tarde se salió a un balcón, por divertir algo su enmarañada memoria, al tiempo que don Diego, aún no creyendo fuese verdad lo sucedido, pasó por la calle, para ver si la veía. Y fue al tiempo que, como he dicho, estaba en la ventana, que como el galán la vio quebrada de color y triste, conociendo de qué procedía el tal accidente, se persuadió a dar crédito a lo sucedido; mas doña Inés, en el punto que le vio, quitándose de la ventana, la cerró con mucho enojo, en cuya facción conoció don Diego que doña Inés iba a su casa privada de todo su sentido, y que su tristeza procedía si acaso, como en sueños, se acordaba de lo que con él había pasado; si bien, viéndola con la cólera que se había quitado de la ventana, se puede creer que le diría:

—Cerrad, señora, que a la noche yo os obligaré a que me busquéis.

De esta suerte pasó don Diego más de un mes, llevando a su dama la noche que le daba gusto a su casa, con lo que la pobre señora andaba tan triste y casi asombrada de ver que no se podía librar de tan descompuestos sueños, que tal creía que eran, ni por encomendarse, como lo hacía, a Dios, ni por acudir a menudo a su confesor, que la consolaba, cuanto era posible, y deseaba que viniese su marido, por ver si con él podía remediar su tristeza. Y ya determinada, o a enviarle a llamar, o a persuadirle la diese licencia para irse con él, le sucedió lo que ahora oiréis.

Y fue que una noche, que por ser de las calurosas del verano, muy serena y apacible, con la luna hermosa y clara, don Diego encendió su encantada vela, y doña Inés, que por ser ya tarde estaba acostada, aunque dilataba el sujetarse al sueño, por no rendirse a los malignos sueños que ella creía ser, lo que no era sino la pura verdad, cansada de desvelarse, se adormeció, y obrando en ella el encanto, despertó despavorida, y levantándose, fue a buscar el faldellín, que no hallándole, por haber las criadas llevado los vestidos para limpiarlos, así, en camisa como estaba, se salió a la calle, y yendo encaminada a la casa de don Diego, encontró con ella el Corregidor, que con todos sus ministros de justicia venía de ronda, y con él don Francisco su hermano, que habiéndole encontrado, gustó de acompañarle, por ser su amigo; que como viesen aquella mujer en camisa, tan a paso tirado, la dieron voces que se detuviese; mas ella callaba y andaba a toda diligencia como quien era llevada por el espíritu maligno, tanto, que les obligó a ellos a alargar el paso por diligenciar el alcanzarla; mas cuando lo hicieron, fue cuando doña Inés estaba ya en la sala, que en entrando los unos y los otros, ella se fue a la cama donde estaba don Diego, y ellos a la figura que estaba en la mesa con la vela encendida en la cabeza; que como don Diego vio el fracaso[64] y desdicha, temeroso de que si mataban la vela doña Inés padecería el mismo riesgo, saltando de la cama les dio voces que no matasen la vela, que se quedaría muerta aquella mujer, y vuelto a ella, le dijo:

64. *bad outcome*

—Idos, señora, con Dios, que ya tuvo fin este encanto, y vos y yo el castigo de nuestro delito. Por vos me pesa, que inocente padeceréis.

Y esto lo decía por haber visto a su hermano al lado del Corregidor. Levantóse, dicho esto, doña Inés, y como había venido, se volvió a ir, habiéndola al salir todos reconocido, y también su hermano, que fue bien menester la autoridad y presencia del Corregidor para que en ella y en don Diego no tomase la justa venganza que a su parecer merecían.

Mandó el Corregidor que fuesen la mitad de sus ministros con doña Inés, y que viendo en qué paraba su embelesamiento,[65] y que no se apartasen de ella hasta que él mandase otra cosa, sino que volviese uno a darle cuenta de todo; que viendo que de allí a poco la vela se mató repentinamente, le dijo al infelice don Diego:

—¡Ah señor, y cómo pudiérades haber escarmentado en la burla pasada, y no poneros en tan costosas veras![66]

Con esto aguardaron el aviso de los que habían ido con doña Inés, que como llegó a su casa y abrió la puerta, que no estaba más de apretada, y entró, y todos con ella, volvió a cerrar, y se fue a su cama, se echó en ella; que como a este mismo punto se apagase la vela, ella despertó del embelesamiento, y dando un grande grito, como se vio cercada de aquellos hombres y conoció ser ministros de justicia, les dijo que qué buscaban en su casa, o por dónde habían entrado, supuesto que ella tenía la llave.

—¡Ay, desdichada señora! —dijo uno de ellos— ¡y cómo habéis estado sin sentido, pues eso preguntáis!

A esto, y al grito de doña Inés, habían ya salido las criadas alborotadas, tanto de oír dar voces a su señora como de ver allí tanta gente. Pues prosiguiendo el que había empezado, le contó a doña Inés cuanto había sucedido desde que la habían encontrado hasta el punto en que estaba, y cómo a todo se había hallado su hermano presente; que oído por la triste y desdichada dama, fue milagro no perder la vida. En fin, porque no se desesperase, según las cosas que hacía y decía, y las hermosas lágrimas que derramaba, sacándose a manojos sus cabellos, enviaron a avisar al Corregidor de todo, diciéndole ordenase lo que se había de hacer. El cual, habiendo tomado su confesión a don Diego y él dicho la verdad del caso, declarando cómo doña Inés estaba inocente, pues privado su entendimiento y sentido con la fuerza del encanto venía como habían visto; con que su hermano mostró asegurar su pasión,[67] aunque otra cosa le quedó en el pensamiento.

Con esto mandó el Corregidor poner a don Diego en la cárcel a buen recaudo, y tomando la encantada figura, se fueron a casa de doña Inés, a la cual hallaron haciendo las lástimas dichas, sin que sus criadas ni los demás fuesen parte[68] para consolarla, que a haber quedado sola, se hubiera quitado la vida. Estaba ya vestida y arrojada sobre un estrado, alcanzándose un desmayo a otro, y una congoja a otra, que como vio al Corregidor y a su hermano, se arrojó a sus pies pidiéndole que la matase, pues había sido mala, que, aunque sin su voluntad, había

65. hechizo

66. **cómo...** *you should have learned a lesson from your past experience and not gotten yourself into this awful mess*

67. **a segurar...** sujetar su rabia

68. capaces

manchado su honor. Don Francisco, mostrando en exterior piedad, si bien en lo interior estaba vertiendo ponzoña y crueldad, la levantó y abrazó, teniéndoselo todos a nobleza, y el Corregidor le dijo:

—Sosegaos, señora, que vuestro delito no merece la pena que vos pedís, pues no lo es, supuesto que vos no erais parte[69] para no hacerle.

Que algo más quieta la desdichada dama, mandó el Corregidor, sin que ella lo supiera, se saliesen fuera y encendiesen la vela; que, apenas fue hecho, cuando se levantó y se salió adonde la vela estaba encendida, y en diciéndole que ya era hora de irse, se volvía a su asiento, y la vela se apagaba y ella volvía como de sueño. Esto hicieron muchas veces, mudando la vela a diferentes partes, hasta volver con ella en casa de don Diego y encenderla allí, y luego doña Inés se iba a allá de la manera que estaba, y aunque la hablaban, no respondía.

Conque averiguado el caso, asegurándola, y acabando de aquietar a su hermano, que estaba más sin juicio que ella, mas por entonces disimuló, antes él era el que más la disculpaba, dejándola el Corregidor dos guardias, más por amparo que por prisión, pues ella no la merecía, se fue cada uno a su casa, admirados del suceso. Don Francisco se recogió a la suya, loco de pena, contando a su mujer lo que pasaba; que, como al fin cuñada, decía que doña Inés debía de fingir el embelesamiento por quedar libre de culpa; su marido, que había pensado lo mismo, fue de su parecer, y al punto despachó un criado a Sevilla con una carta a su cuñado, diciéndole en ella dejase todas sus ocupaciones y se viniese al punto, que importaba al honor de entrambos, y que fuese tan secreto, que no supiese nadie su venida, ni en su casa, hasta que se viese con él.

El Corregidor otro día buscó al moro que había hecho el hechizo; mas no pareció. Divulgóse el caso por la ciudad, y sabido por la Inquisición pidió el preso, que le fue entregado con el proceso ya sustanciado y puesto, cómo había de estar, que llevado a su cárcel, y de ella a la Suprema, no pareció más. Y no fue pequeña piedad castigarle en secreto, pues al fin él había de morir a manos del marido y hermano de doña Inés, supuesto que el delito cometido no merecía menor castigo.

Llegó el correo a Sevilla y dio la carta a don Alonso, que como vio lo que en ella se le ordenaba, bien confuso y temeroso de que serían flaquezas de doña Inés, se puso en camino, y a largas jornadas llegó a casa de su cuñado, con tanto secreto, que nadie supo su venida. Y sabido todo el caso como había sucedido, entre todos tres había diferentes pareceres sobre qué género de muerte darían a la inocente y desdichada doña Inés, que aun cuando de voluntad[70] fuera culpada, la bastara por pena de su delito la que tenía, cuanto y más no habiéndole cometido, como estaba averiguado. Y de quien más pondero de crueldad es de la traidora cuñada, que, siquiera por mujer, pudiera tener piedad de ella.

Acordado, en fin, el modo, don Alonso, disimulando su dañada intención, se fue a su casa, y con caricias y halagos la aseguró, haciendo él mismo de modo que la triste doña Inés, ya más quieta, viendo que su marido había creído la verdad, y estaba seguro de su inocencia, porque

69. no podíais evitar
70. de... con gusto

habérselo encubierto era imposible, según estaba el caso público, se recobró de su pérdida. Y si bien, avergonzada de su desdicha, apenas osaba mirarle, se moderó en sus sentimientos y lágrimas. Con esto pasó algunos días, donde un día, con mucha afabilidad, le dijo el cauteloso marido cómo su hermano y él estaban determinados y resueltos a irse a vivir con sus casas y familias a Sevilla; lo uno, por quitarse de los ojos de los que habían sabido aquella desdicha, que los señalaban con el dedo, y lo otro por asistir a sus pleitos, que habían quedado empantanados.[71] A lo cual doña Inés dijo que en ello no había más gusto que el suyo. Puesta por obra la determinación propuesta, vendiendo cuantas posesiones y hacienda tenían allí, como quien no pensaba volver más a la ciudad, se partieron todos con mucho gusto, y doña Inés más contenta que todos, porque vivía afrentada de un suceso tan escandaloso.

Llegados a Sevilla, tomaron casa a su cómodo,[72] sin más vecindad que ellos dos, y luego despidieron todos los criados y criadas que habían traído, para hacer sin testigos la crueldad que ahora diré.

En un aposento, el último de toda la casa, donde, aunque hubiese gente de servicio, ninguno tuviese modo ni ocasión de entrar en él, en el hueco de una chimenea que allí había, o ellos la hicieron, porque para este caso no hubo más oficiales que el hermano, marido y cuñada, habiendo traído yeso y cascotes,[73] y lo demás que era menester, pusieron a la pobre y desdichada doña Inés, no dejándole más lugar que cuanto pudiese estar en pie, porque si se quería sentar, no podía, sino, como ordinariamente se dice, en cuclillas, y la tabicaron,[74] dejando sólo una ventanilla como medio pliego de papel, por donde respirase y le pudiesen dar una miserable comida, porque no muriese tan presto, sin que sus lágrimas ni protestas los enterneciese. Hecho esto, cerraron el aposento, y la llave la tenía la mala y cruel cuñada, y ella misma le iba a dar la comida y un jarro de agua, de manera que aunque después recibieron criados y criadas, ninguno sabía el secreto de aquel cerrado aposento.

Aquí estuvo doña Inés seis años, que permitió la divina Majestad en tanto tormento conservarle la vida, o para castigo de los que se le daban, o para mérito suyo, pasando lo que imaginar se puede, supuesto que he dicho de la manera que estaba, y que las inmundicias y basura, que de su cuerpo echaba, le servían de cama y estrado para sus pies; siempre llorando y pidiendo a Dios la aliviase de tan penoso martirio, sin que en todos ellos viese luz, ni recostase su triste cuerpo, ajena y apartada de las gentes, tiranizada[75] a los divinos sacramentos y a oír misa, padeciendo más que los que martirizan los tiranos, sin que ninguno de sus tres verdugos tuviese piedad de ella, ni se enterneciese de ella, antes la traidora cuñada, cada vez que la llevaba la comida, le decía mil oprobios y afrentas, hasta que ya Nuestro Señor, cansado de sufrir tales delitos, permitió que fuese sacada esta triste mujer de tan desdichada vida, siquiera para que no muriese desesperada.

Y fue el caso que, a las espaldas de esta casa en que estaba, había otra principal de un ca-

71. atascados, obstruidos
72. comodidad, conveniencia
73. *rubble*
74. la encerraron con una pared
75. sin poder recibir

ballero de mucha calidad. La mujer del que digo había tenido una doncella que la había casado años había, la cual enviudó, y quedando necesitada, la señora, de caridad y por haberla servido, porque no tuviese en la pobreza que tenía que pagar casa, le dio dos aposentos que estaban arrimados al emparedamiento en que la cuitada[76] doña Inés estaba, que nunca habían sido habitados de gente, porque no habían servido sino de guardar cebada. Pues pasada a ellos esta buena viuda, acomodó su cama a la parte que digo, donde estaba doña Inés, la cual, como siempre estaba lamentando su desdicha y llamando a Dios que la socorriese, la otra, que estaba en su cama, como en el sosiego de la noche todo estaba en quietud, oía los ayes y suspiros, y al principio es de creer que entendió era alguna alma de la otra vida. Y tuvo tanto miedo, como estaba sola, que apenas se atrevía a estar allí; tanto, que la obligó a pedir a una hermana suya le diese, para que estuviese con ella, una muchacha de hasta diez años, hija suya, con cuya compañía más alentada asistía más allí, y como se reparase más, y viese que entre los gemidos que doña Inés daba, llamaba a Dios y a la Virgen María, Señora nuestra, juzgó sería alguna persona enferma, que los dolores que padecía la obligaban a quejarse de aquella forma. Y una noche que más atenta estuvo, arrimado al oído a la pared, pudo apercibir que decía quien estaba de la otra parte estas razones:

—¿Hasta cuándo, poderoso y misericordioso Dios, ha de durar esta triste vida? ¿Cuándo, Señor, darás lugar a la airada muerte que ejecute en mí el golpe de su cruel guadaña,[77] y hasta cuándo estos crueles y carniceros verdugos de mi inocencia les ha de durar el poder de tratarme así? ¿Cómo, Señor, permites que te usurpen tu justicia, castigando con su crueldad lo que tú, Señor, no castigarás? Pues cuando tú envías el castigo, es a quien tiene culpa y aun entonces es con piedad; mas estos tiranos castigan en mí lo que no hice, como lo sabes bien tú, que no fui parte en el yerro por que padezco tan crueles tormentos, y el mayor de todos, y que más siento, es carecer de vivir y morir como cristiana, pues ha tanto tiempo que no oigo misa, ni confieso mis pecados, ni recibo tu Santísimo Cuerpo. ¿En qué tierra de moros pudiera estar cautiva que me trataran como me tratan? ¡Ay de mí! Que no deseo salir de aquí por vivir, sino sólo por morir católica y cristianamente, que ya la vida la tengo tan aborrecida, que, si como el triste sustento que me dan, no es por vivir, sino por no morir desesperada.[78]

Acabó estas razones con tan doloroso llanto, que la que escuchaba, movida a lástima, alzando la voz para que la oyese le dijo:

Mujer, o quien eres,[79] ¿qué tienes o por qué te lamentas tan dolorosamente? Dímelo, por Dios, y si soy parte[80] para sacarte de donde estás, lo haré, aunque aventure y arriesgue la vida.

—¿Quién eres tú —respondió doña Inés—, que ha permitido Dios que me tengas lástima?

—Soy —replicó la otra mujer— una vecina de esta otra parte, que ha poco vivo aquí, y en ese corto tiempo me has ocasionado muchos temores; tantos cuantos ahora compasiones. Y

76. pobre
77. *scythe*
78. *Catholicism views despair as a sin because it shows a lack of faith.*
79. seas
80. **soy**... puedo ayudar

así, dime qué podré hacer, y no me ocultes nada, que yo no excusaré trabajo por sacarte del que padeces.

—Pues si así es, señora mía —respondió doña Inés—, que no eres de la parte de mis crueles verdugos, no te puedo decir más por ahora, porque temo que me escuchen, sino que soy una triste y desdichada mujer, a quien la crueldad de un hermano, un marido y una cuñada tienen puesta en tal desventura, que aun no tengo lugar de poder extender este triste cuerpo: tan estrecho es en el que estoy, que si no es en pie, o mal sentada, no hay otro descanso, sin otros dolores y desdichas que estoy padeciendo, pues, cuando no la hubiera mayor que la oscuridad en que estoy, bastaba, y esto no ha un día, ni dos, porque aunque aquí no sé cuándo es de día ni de noche, ni domingo, ni sábado, ni pascua, ni año, bien sé que ha una eternidad de tiempo. Y si esto lo padeciera con culpa, ya me consolara. Mas sabe Dios que no la tengo, y lo que temo no es la muerte, que antes la deseo; perder el alma es mi mayor temor, porque muchas veces me da imaginación de con mis propias manos hacer cuerda a mi garganta para acabarme; mas luego considero que es el demonio, y pido ayuda a Dios para librarme de él.

—¿Qué hiciste que los obligó a tal? —dijo la mujer.

—Ya te he dicho —dijo doña Inés— que no tengo culpa; mas son cosas muy largas y no se pueden contar. Ahora lo que has de hacer, si deseas hacerme bien, es irte al Arzobispo o al Asistente y contarle lo que te he dicho, y pedirles vengan a sacarme de aquí antes que muera, siquiera para que haga las obras de cristiana; que te aseguro que está ya tal mi triste cuerpo, que pienso que no viviré mucho, y pídote por Dios que sea luego, que le importa mucho a mi alma.

—Ahora es de noche —dijo la mujer—; ten paciencia y ofrécele a Dios eso que padeces, que yo te prometo que siendo de día yo haga lo que pides.

—Dios te lo pague —replicó doña Inés—, que así lo haré, y reposa ahora, que yo procuraré, si puedo, hacer lo mismo, con las esperanzas de que has de ser mi remedio.

—Después de Dios, créelo así —respondió la buena mujer.

Y con esto, callaron. Venida la mañana, la viuda bajó a su señora y le contó todo lo que le había pasado, de que la señora se admiró y lastimó, y si bien quisiera aguardar a la noche para hablar ella misma a doña Inés, temiendo el daño que podía recrecer si aquella pobre mujer se muriese así, no lo dilató más, antes mandó poner el coche. Y porque con su autoridad se diese más crédito al caso, se fue ella y la viuda al Arzobispo, dándole cuenta de todo lo que en esta parte se ha dicho, el cual, admirado, avisó al Asistente, y juntos con todos sus ministros, seglares y eclesiásticos, se fueron a la casa de don Francisco y don Alonso, y cercándola por todas partes, porque no se escapasen, entraron dentro y prendieron a los dichos y a la mujer de don Francisco, sin reservar criados ni criadas, y tomadas sus confesiones, éstos no supieron decir nada, porque no lo sabían; mas los traidores hermano y marido y la cruel cuñada, al principio negaban; mas viendo que era por demás, porque el Arzobispo y Asistente venían bien instruidos, confesaron la verdad. Dando la cuñada la llave, subieron donde estaba la desdichada doña Inés, que como sintió tropel de gente, imaginando lo que sería, dio voces. En fin, derribando el tabique, la sacaron.

Aquí entra ahora la piedad, porque, cuando la encerraron allí, no tenía más de veinte y cuatro años y seis que había estado eran treinta, que era la flor de su edad.

En primer lugar, aunque tenía los ojos claros, estaba ciega, o de la oscuridad (porque es cosa asentada que si una persona estuviese mucho tiempo sin ver luz, cegaría), o fuese de esto, o de llorar, ella no tenía vista. Sus hermosos cabellos, que cuando entró allí eran como hebras de oro, blancos como la misma nieve, enredados y llenos de animalejos, que de no peinarlos se crían en tanta cantidad, que por encima hervoreaban[81]; el color, de la[82] color de la muerte; tan flaca y consumida, que se le señalaban los huesos, como si el pellejo que estaba encima fuera un delgado cendal; desde los ojos hasta la barba, dos surcos cavados de las lágrimas, que se le escondía en ellos un bramante[83] grueso; los vestidos hechos ceniza, que se le veían las más partes de su cuerpo; descalza de pie y pierna, que de los excrementos de su cuerpo, como no tenía dónde echarlos, no sólo se habían consumido, mas la propia carne comida hasta los muslos de llagas y gusanos, de que estaba lleno el hediondo lugar. No hay más que decir, sino que causó a todos tanta lástima, que lloraban como si fuera hija de cada uno.

Así como la sacaron, pidió que si estaba allí el señor Arzobispo, la llevasen a él, como fue hecho, habiéndola, por la indecencia que estar desnuda causaba, cubiértola con una capa. En fin, en brazos la llevaron junto a él, y ella echada por el suelo, le besó los pies, y pidió la bendición, contando en sucintas razones toda su desdichada historia, de que se indignó tanto el Asistente, que al punto los mandó a todos tres poner en la cárcel con grillos y cadenas, de suerte que no se viesen los unos a los otros, afeando[84] a la cuñada más que a los otros la crueldad, a lo que ella respondió que hacía lo que la mandaba su marido.

La señora que dio el aviso, junto con la buena dueña que lo descubrió, que estaban presentes a todo, rompiendo la pared por la parte que estaba doña Inés, por no pasarla por la calle, la llevaron a su casa, y haciendo la noble señora prevenir una regalada cama, puso a doña Inés en ella, llamando médicos y cirujanos para curarla, haciéndole tomar sustancias, porque era tanta su flaqueza, que temían no se muriese.[85] Mas doña Inés no quiso tomar cosa hasta dar la divina sustancia a su alma, confesando y recibiendo el Santísimo, que le fue luego traído.

Últimamente, con tanto cuidado miró la señora por ella, que sanó; sólo de la vista, que ésa no fue posible restaurársela. El Asistente sustanció el proceso de los reos, y averiguado todo, los condenó a todos tres a muerte, que fue ejecutada en un cadalso, por ser nobles y caballeros,[86] sin que les valiesen sus dineros para alcanzar perdón, por ser el delito de tal calidad. A doña Inés pusieron, ya sana y restituida a su hermosura, aunque ciega, en un convento con dos criadas que cuidan de su regalo, sustentándose de la gruesa hacienda de su hermano y marido, donde hoy vive haciendo vida de una santa, afirmándome quien la vio cuando la sacaron de la pared, y después, que es de las más hermosas mujeres que hay en el reino del Andalucía; porque, aunque está ciega, como tiene los ojos claros y hermosos como ella los tenía, no se le echa de ver que no tiene vista.

---

81. abundaban
82. «Color» puede ser un sustantivo femenino o masculino.
83. cuerda, cordel
84. censurando
85. Es decir, temían que se muriese.
86. Los nobles eran ejecutados en un cadalso, mientras que los que no eran nobles eran ahorcados.

Todo este caso es tan verdadero como la misma verdad, que ya digo me le contó quien se halló presente. Ved ahora si puede servir de buen desengaño a las damas, pues si a las inocentes les sucede esto, ¿qué esperan las culpadas? Pues en cuanto a la crueldad para con las desdichadas mujeres, no hay que fiar en hermanos ni maridos, que todos son hombres. Y como dijo el rey don Alonso el Sabio,[87] que el corazón del hombre es bosque de espesura, que nadie le puede hallar senda, donde la crueldad, bestia fiera y[88] indomable, tiene su morada y habitación.

Este suceso habrá que pasó veinte años y vive hoy doña Inés, y muchos de los que le vieron y se hallaron en él; que quiso Dios darla sufrimiento y guardarle la vida, porque no muriese allí desesperada, y para que tan rabioso lobo como su hermano, y tan cruel basilisco[89] como su marido y tan rigurosa leona como su cuñada, ocasionasen ellos mismos su castigo.

Deseando estaban las damas y caballeros que la discreta Laura diese fin a su desengaño; tan lastimados y enternecidos los tenían los prodigiosos sucesos de la hermosa cuanto desdichada doña Inés, que todos, de oírlos, derramaban ríos de lágrimas de sólo oírlos; y no ponderaban tanto la crueldad del marido como del hermano, pues parecía que no era sangre suya quien tal había permitido; pues cuando doña Inés, de malicia, hubiera cometido el yerro que les obligó a tal castigo, no merecía más que una muerte breve, como se han dado a otras que han pecado de malicia, y no darle tantas y tan dilatadas como le dieron. Y a la que más culpaban era a la cuñada, pues ella, como mujer, pudiera ser más piadosa, estando cierta, como se averiguó, que privada de sentido con el endemoniado encanto había caído en tal yerro. Y la primera que rompió el silencio fue doña Estefanía, que dando un lastimoso suspiro, dijo:

—¡Ay, divino Esposo mío! Y si vos, todas las veces que os ofendemos, nos castigarais así, ¿qué fuera de nosotros? Mas soy necia en hacer comparación de vos, piadoso Dios, a los esposos del mundo. Jamás me arrepentí cuanto ha que me consagré a vos de ser esposa vuestra; y hoy menos lo hago ni lo haré, pues aunque os agraviase, que a la más mínima lágrima me habéis de perdonar y recibirme con los brazos abiertos.

Y vuelta a las damas, les dijo:

Cierto señoras, que no sé cómo tenéis ánimo para entregaros con nombre de marido a un enemigo, que no sólo se ofende de las obras, sino de los pensamientos; que ni con el bien ni el mal acertáis a darles gusto, y si acaso sois comprendidas[90] en algún delito contra ellos, ¿por qué os fiáis y confiáis de sus disimuladas maldades, que hasta que consiguen su venganza, y es lo seguro, no sosiegan? Con sólo este desengaño que ha dicho Laura, mi tía, podéis quedar bien desengañadas, y concluida la opinión que se sustenta en este sarao, y los caballeros podrán también conocer cuán engañados andan en dar toda la culpa a las mujeres, acumulán-

---

87. Alfonso el Sabio (1221–1284), rey de Castilla y de León, quien fomentó la actividad cultural durante su reinado. Reunió a poetas, estudiosos y traductores que produjeron una extensa obra literaria, jurídica, científica e histórica.

88. e

89. serpiente venenosa mitológica

90. involucradas, incluidas

dolas todos los delitos, flaquezas, crueldades y malos tratos, pues no siempre tienen la culpa. Y es el caso que por la mayor parte las de más aventajada calidad son las más desgraciadas y desvalidas, no sólo en sucederles las desdichas que en los desengaños referidos hemos visto, sino que también las comprenden en la opinión en que tienen a las vulgares. Y es género de pasión o tema de los divinos entendimientos que escriben libros y componen comedias, alcanzándolo todo en seguir la opinión del vulgacho, que en común da la culpa de todos los malos sucesos a las mujeres; pues hay tanto en qué culpar a los hombres, y escribiendo de unos y de otros, hubieran excusado a estas damas el trabajo que han tomado por volver por el honor de las mujeres y defenderlas, viendo que no hay quien las defienda, a desentrañar los casos más ocultos para probar que no son todas las mujeres las malas, ni todos los hombres los buenos.

—Lo cierto es —replicó don Juan— que verdaderamente parece que todos hemos dado en el vicio de no decir bien de las mujeres, como en el tomar tabaco, que ya tanto le gasta el ilustre como el plebeyo. Y diciendo mal de los otros que le toman, traen su tabaquera más a mano y en más custodia que el rosario y las horas,[91] como si porque ande en cajas de oro, plata o cristal dejase de ser tabaco, y si preguntan por qué lo toman, dicen que porque se usa. Lo mismo es el culpar a las damas en todo, que llegado a ponderar pregunten al más apasionado por qué dice mal de las mujeres, siendo el más deleitable vergel de cuantos crió la naturaleza, responderá, porque se usa.

Todos rieron la comparación del tabaco al decir mal de las mujeres, que había hecho don Juan. Y si se mira bien, dijo bien, porque si el vicio del tabaco es el más civil[92] de cuantos hay, bien le comparó al vicio más abominable que puede haber, que es no estimar, alabar y honrar a las damas; a las buenas, por buenas, y a las malas, por las buenas. Pues viendo la hermosa doña Isabel que la linda Matilde se prevenía para pasarse al asiento del desengaño, hizo señal a los músicos que cantaron este romance:

«Cuando te mirare Atandra,
no mires, ingrato dueño,
los engaños de sus ojos,
porque me matas con celos.
No esfuerces sus libertades,
que si ve en tus ojos ceño,
tendrá los livianos suyos
en los tuyos escarmiento.
        No desdores tu valor
con tan civil pensamiento,
que serás causa que yo
me arrepienta de mi empleo.[93]
        Dueño tiene, en él se goce,

si no le salió a contento,
reparara al elegirle,
o su locura o su acierto.
        Oblíguete a no admitir
sus livianos devaneos
las lágrimas de mis ojos,
de mi alma los tormentos.
        Que si procuro sufrir
las congojas que padezco,
si es posible a mi valor,
no lo es a mi sufrimiento.
        ¿De qué me sirven, Salicio,
los cuidados con que velo

91. Libro de las horas, devocionario (libro que contiene las oraciones para uso de los fieles)
92. ruin
93. devoción

sin sueño las largas noches,
y los días sin sosiego,
    si tú gustas de matarme
dando a esa tirana el premio,
que me cuesta tantas penas,
que me cuesta tanto sueño?
    Hoy, al salir de tu albergue,
mostró con rostro risueño,
tirana de mis favores,
cuánto se alegra en tenerlos.
    Si miraras que son míos,

no se los dieras tan presto
cometiste estelionato,[94]
porque vendiste lo ajeno.
    Si te viera desabrido,
si te mirara severo,
no te ofreciera, atrevida,
señas de que yo te ofendo».
    Esto cantó una casada
a solas con su instrumento,
viendo en Salicio y Atandra
averiguados los celos.

## Temario

1. La posición proto-feminista de María de Zayas
2. La inocencia de doña Inés
3. Hombres y mujeres en «La inocencia castigada»
4. El elemento sensacionalista en «La inocencia castigada»
5. Lo sobrenatural en «La inocencia castigada»
6. La sociedad española tal como se refleja en el relato: clasismo, racismo, sexismo
7. Los comentarios de Estefanía y don Juan
8. La función de la poesía
9. La belleza física: decontrucción y reconstrucción
10. El convento: ¿cuál es su función en el relato?

94. defraudación

# Catalina de Erauso: Identidad sexual y travestismo ∾

LA HISTORIA DE Catalina de Erauso (1592–¿1650?), natural de San Sebastián, Guipúzcoa, es una de las más extrañas de los anales de la conquista y colonización del Nuevo Mundo. Como miles de otras mujeres de países católicos, Erauso ingresó en una casa religiosa cuando aún era una niña. Sus padres la mandaron al convento de San Sebastián el Antiguo, donde su tía era priora, cuando tenía apenas cuatro años. A los quince, poco antes de profesar, se escapó, se cortó el pelo y, transformando su falda en calzones con aguja e hilo, recorrió España vestida de muchacho. Sirvió a diferentes amos hasta que, con el nombre de Alonso Díaz Ramírez de Guzmán, pasó al Nuevo Mundo, donde vivió diecinueve años, siempre haciéndose pasar por hombre.

El espíritu aventurero de Erauso la lleva por todas partes de la América española. Llega primero a Cartagena de las Indias, ciudad de Nueva Granada, y pasa después a Nombre de Dios, en el sureste de Durango, México. De allí va a Panamá, donde conoce a Juan de Urquiza, un mercader de Trujillo (Perú), quien le ofrece trabajo. Después de pasar tres meses en Panamá, Erauso parte para el Perú con su nuevo amo. En la villa de Saña, Urquiza trata de casar a Erauso (a quien cree un hombre) con su propia amante a fin de seguir gozando de ella en secreto. El plan fracasa y Erauso parte para Trujillo, donde Urquiza le ofrece otro empleo. Allí la antigua novicia inicia una relación lesbiana con la cuñada de su amo, pero el amorío dura poco: «Y un día, estando en el estrado peinándome acostado en sus faldas y andándole en las piernas, llegó [mi amo] acaso a una reja, por donde nos vio y oyó a ella que me decía que fuese al Potosí y buscase dinero y nos casaríamos». Furioso, Urquiza despide a Erauso, quien se une a una expedición a Chile. Pronto se encuentra combatiendo contra indios araucanos, conocidos por su ferocidad. En Chile se distingue por su valentía, ganando el grado de alférez de la compañía del capitán Gonzalo Rodríguez. Su sed de aventuras la lleva entonces a Tucumán, al Potosí, a la

*Catalina de Erauso,* grabado realizado por Fauchery a partir de un retrato de Pacheco. Uno de los casos de travestismo más extraños de la temprana modernidad. En 1626 Felipe IV concedió a Erauso una pensión vitalicia y el Santo Padre le permitió seguir vistiendo de hombre.

Plata, a Cochabamba, al Cuzco y a Lima. En todas partes se mete en alborotos y pendencias. En Concepción de Chile mata a dos hombres en una casa de juego y más tarde mata a su propio hermano. Finalmente, en Guamanga, ciudad antigua del Perú, revela su secreto al Obispo, quien queda incrédulo hasta hacerla examinar por dos matronas. Éstas no sólo la declaran mujer, sino virgen. Entonces, el Obispo la manda entrar en un convento. Sin embargo, Erauso no es monja profesa y poco después parte para España y después para Roma. Allí la recibe el Papa: «Besé el pie a la santidad de Urbano VIII, y referíle en breve y lo mejor que supe mi vida y correrías, mi sexo y virginidad. Mostró Su Santidad extrañar tal cosa, y con afabilidad me concedió licencia para proseguir mi vida en hábito de hombre, encargándome la prosecución honesta en adelante y la abstinencia de ofender al prójimo». La narración se interrumpe en 1626, cuando Erauso parte de Roma para Nápoles, donde insulta a un par de prostitutas.

*La Monja Alférez* termina bruscamente allí, pero existen documentos que nos ayudan a ampliar nuestros conocimientos de Erauso. Nos queda un retrato de ella hecho en Sevilla por el famoso pintor Pacheco. Está vestida de caballero; tiene la nariz larga, los ojos hundidos y facciones masculinas, aunque sus labios son finos y delicados. Pedro del Valle la retrató en cartas el mismo año de su audiencia con el Papa, describiéndola así: «Alta y recia de talle, de apariencia más bien masculina, no tiene más pecho que una niña... De cara no es muy fea, pero bastante ajada por los años. Su aspecto es más bien el de un eunuco que el de una mujer. Viste de hombre, a la española... Militó mucho en aquellas partes... y como no le asomaba la barba, lo tenían y lo llamaban por capón» (citado en Munárriz 85–86). Este último dato es importante porque explica cómo Erauso pudo convivir tantos años con hombres sin que sospecharan su secreto (Munárriz 86).

Otros documentos de la época completan la historia de Catalina de Erauso. Al final de su vida volvió a México, donde usaba el nombre Antonio de Erauso y trabajaba de arriero con su recua de mulos y algunos criados negros. Según un documento impreso poco después de su muerte, al final de su vida se enamoró de una dama y desafió a un duelo al hombre con quien ésta iba a casarse, pero los rivales no llegaron a batirse (Munárriz 88–89).

Aunque la Monja Alférez es un personaje histórico, su «autobiografía» contiene muchos elementos asociados con la novela picaresca y, de hecho, como veremos más adelante, algunos investigadores creen que es, a pesar de su fondo histórico, una obra de ficción. Comparte con el género novelesco el protagonista «pícaro», el que sale de su casa a buscar su camino en el mundo, viaja de un lugar a otro, sirve a un amo tras otro y conoce a personas de diversos ambientes económicos y sociales. Como Catalina, el pícaro pierde la inocencia muy pronto, ya que para sobrevivir tiene que saber aprovechar cualquier ocasión. Travieso de naturaleza, la experiencia le enseña a ser astuto y descarado. *La Monja Alférez* contiene todos estos elementos, pero su pícara protagonista era especialmente fascinante para el lector del siglo XVII porque se trata de una persona real de quien todos habían oído o leído.

Además, en *La Monja Alférez* se le agrega a la fórmula picaresca un elemento de escándalo, puesto que el sexo de la protagonista y su preferencia por las mujeres la mete constantemente en situaciones sugestivas e intrigantes. Por ejemplo, en el episodio de Saña, Erauso se involucra en un triángulo que recuerda el final de *Lazarillo de Tormes*. Visita a Beatriz, la amante de Urquiza, dejándose acariciar y agasajar. Es sólo cuando la dama insiste en llevar el asunto más lejos cuando Erauso la rechaza y se escapa, evitando así que se descubra que es mujer. Estas escenas escabrosas eran muy del gusto de un público acostumbrado a los coqueteos homoeróticos de la novela pastoril y a la ambigüedad sexual en el teatro barroco.[1]

Pero el sensacionalismo de *La Monja Alférez* no se limita a lo sexual. Caracteriza el libro la extrema violencia. En el Capítulo IX, por ejemplo, la narradora describe, sin mostrar la menor compunción, el asesinato de un muchacho: «el maestre de campo, Bartolomé de Alba, fati-

---

1. Sobre el lesbianismo en la novela pastoril véase Mujica, *Iberian Pastoral Characters*; Damiani y Mujica, *Et in Arcadia Ego* y Velasco, «Mapping Selvagia's Transmutable Sexuality in Montemayor's *Diana*». Sobre la homosexualidad en el teatro y el arte, véase Vélez-Quiñones, *Monstrous Displays* y Delgado y Saint-Saëns, *Lesbianism and Homosexuality in Early Modern Spain*.

gado de la celada, se la quitó para limpiarse el sudor, y un demonio de un muchacho como de doce años, que estaba enfrente a la salida encaramado en un árbol, le disparó una flecha y se la entró por un ojo y lo derribó, lastimado de tal suerte que expiró al tercer día. Hicimos al muchacho diez mil añicos». Inmediatamente después, describe una masacre de indios: «Habíanse entretanto los indios vuelto al lugar, en número de más de diez mil. Volvimos a ellos con tal coraje e hicimos tal estrago, que corría por la plaza abajo un arroyo de sangre como un río, y fuimos siguiéndolos y matándolos hasta pasar el río Dorado». La narradora describe estas escenas con entusiasmo, revelando un placer perverso en la matanza. Para el lector, el hecho de que la que maneja la espada con tanta destreza y arrojo sea una mujer intensifica el horror y la titilación. Es interesante notar que Erauso, a pesar de su naturaleza violenta, a menudo (aunque no siempre) se muestra respetuosa ante las autoridades eclesiásticas y los ritos de la Iglesia.

A pesar de los datos históricos que tenemos acerca de su vida, Catalina de Erauso sigue siendo una figura enigmática. Un problema serio al cual han tenido que enfrentarse los historiadores es la falta de un texto autógrafo. Aunque se cree que el original fue entregado al impresor en 1625, este manuscrito se ha perdido. Una copia titulada *Vida i sucesos de la Monja Alférez, o Alférez Catarina, Dª Catarina de Araujo [sic] doncella natural de S[an] Sebastián, Prov[incia] de Guipúzcoa. Escrita por ella misma en 18 de Sept[iembr]e 1646 [sic]*, fue depositada en la Biblioteca de la Real Academia de Madrid en el siglo XVIII y ha sido transcrita y reproducida por varios investigadores. En 1829 Joaquín María Ferrer, un estudioso vasco, obtuvo una copia del manuscrito en Londres, la cual editó y publicó bajo el título *Historia de la Monja Alférez, Doña Catalina de Erauso, escrita por ella misma*. El libro captó la imaginación de investigadores en el resto de Europa y fue traducido a varios idiomas. Más recientemente, se descubrieron dos manuscritos nuevos de la autobiografía de Erauso. Pedro Rubio Merino encontró una copia titulada *Vida y sucesos de la Monja Alférez, Dª Catharina de Erauso*, que cree ser de fines del siglo XVII o principios del XVIII, en el Archivo Capitular de Sevilla. Otra copia, sin título e incompleta, reproduce con modificaciones *Vida i sucesos*; también se encuentra en el Archivo Capitular de Sevilla. Para esta antología se ha usado el texto de Ferrer, con algunas modificaciones necesarias para modernizarlo.

Aunque por lo general las diferencias entre estos manuscritos son estilísticas, gramaticales y ortográficas, existen algunas discrepancias argumentales significativas. Por ejemplo, en el manuscrito de Madrid, Erauso decide libremente confesarle al Obispo que es una mujer, mientras que en el de Rubio Merino, el Obispo adivina su secreto. Esta escena en el texto de Rubio Merino es mucho más íntima que en el de Ferrer y revela a un personaje más vulnerable. Aunque los historiadores están de acuerdo en cuanto a la autenticidad histórica de muchos de los episodios descritos por Erauso, «las motivaciones personales detrás de estas acciones son lo que intriga y también frustra a los que intentan encontrar la ‹verdad› bajo la leyenda de la Monja Alférez» (Velasco 5).

La falta de un autógrafo y la existencia de múltiples copias del manuscrito han conducido a numerosas discusiones sobre la autoría de *La Monja Alférez*. Aunque el título lleva las palabras «escrita por ella misma», se ha sugerido que el libro en realidad fue escrito por un hombre.

Como hemos visto en nuestra discusión de Zayas, los relatos sensacionalistas estaban muy de moda en el siglo XVII y, según algunos críticos, es posible que algún escritor aprovechara la escandalosa historia de Catalina de Erauso para crear una falsa autobiografía. Serrano y Sanz y Menéndez Pelayo sugirieron que Cándido María Trigueros (1736–1801), poeta, novelista y dramaturgo del siglo XVIII cuyas obras más populares eran adaptaciones de obras del siglo XVII, probablemente falsificara el manuscrito, pero esta teoría fue desacreditada hace décadas. Críticos más modernos como, por ejemplo, Stephanie Merrim, han sugerido que Erauso puede haber dictado el libro o autorizado que otra persona lo escribiera (194). También se ha propuesto la teoría de que existieran dos personas diferentes llamadas Catalina de Erauso, quienes se confundieron en la imaginación popular, produciendo así la leyenda de la Monja Alférez.

Aunque hoy en día muchos críticos siguen pensando que Erauso es la autora de *La Monja Alférez*, no existe un consenso sobre el tema. A pesar de las dudas, se ha incluido a Erauso entre «las hijas de Sofía» no sólo porque, sin el autógrafo, es imposible probar que *no* escribiera *La Monja Alférez*, sino también porque la figura de esta mujer enérgica y rebelde ha tenido un inmenso poder iconográfico a través de los siglos. De hecho, su historia tiene una resonancia especial ahora, a principios del siglo XXI, cuando la sexualidad, la homosexualidad y el travestismo finalmente se tratan abiertamente.

El estudio de Catalina de Erauso ha engendrado problemas interesantes. Por ejemplo, ¿debe referirse al protagonista del libro como «él» o «ella»? Aunque hay ciertas discrepancias entre los manuscritos, por lo general, la narradora usa pronombres y adjetivos femeninos para referirse uno a sí misma al principio del libro: «llegué a mi tía y le pedí licencia, porque estaba *mala*». Al sustituir calzones por faldas, comienza a referirse a sí misma con formas masculinas: «[allí] estuve dos años, bien *tratado* y bien *vestido*». Después de admitir que es mujer, cambia a la forma femenina: «fui en una litera, *acompañada* de seis clérigos». Pero al recibir licencia para usar ropa de hombre, vuelve otra vez a emplear formas masculinas: «en Roma fue raro el día en que no fuese *convidado y regalado* de príncipes». Sin embargo, conviene recordar que hay discrepancias entre las copias de los manuscritos en cuanto a los marcadores de género.

Se puede considerar esta alternación entre formas masculinas y femeninas una estrategia meramente estilística o se la puede considerar un reflejo del estado psicológico de la narradora. Pero para la crítica el problema lingüístico es fundamental. La posmodernidad ha dado prioridad a lo subjetivo, subrayando la importancia para el individuo de la «realidad» personal. Los especialistas en estudios de género han privilegiado el «género» (características sociales y psicológicas masculinas o femeninas) sobre el sexo (particularidad puramente biológica) y, de hecho, algunos se han negado a emplear marcadores de género femeninos para referirse a Erauso para no otorgar más importancia a su sexo que a su género.

A través de los siglos Catalina de Erauso y el transgenericismo han fascinado al público tanto como a los investigadores. El travestismo era común no sólo en la ficción y el teatro de la temprana modernidad, sino también en la vida real. Marjorie Garber ha señalado que las prostitutas y cortesanas a veces se vestían de muchachos en Italia y que personajes tan célebres en su época como Margarita de Navarra y Lady Caroline Lamb gustaban de llevar ropa masculina (Foreword x). Aun así, el caso de Erauso es bastante insólito. Por lo general, la mujer vestida de hombre de la literatura española sigue siendo mujer. Su traje masculino le permite viajar, llevar armas y vengarse de un amante infiel, pero al final de la obra la protagonista revela su secreto, se pone la basquiña y se casa con el galán. Su disfraz sirve para demostrar la naturaleza engañosa de las apariencias, tema favorito del Barroco, pero no significa un verdadero cambio de identidad sexual. Aun en casos como el de Leonor, en *Valor, agravio y mujer*, en que la protagonista adopta conscientemente ademanes masculinos, nunca la tomamos realmente por un hombre.

La Monja Alférez, en cambio, es esencialmente un hombre en cuerpo de mujer. Coquetea con otras mujeres, huyendo en el momento de la más intensa intimidad. Aunque estos episodios son siempre bastante vagos, el lesbianismo implícito de la protagonista es evidente. Stepto y Stepto señalan que, por lo general, Erauso calla sus preferencias sexuales, pero de vez en cuando «corre la cortina», revelando alguna actividad erótica sin comentarla y forzando al lector a imaginar (xxxiii). La fascinación con la sexualidad de Erauso ha perdurado a través de los siglos y su historia ha inspirado numerosas refundiciones. Éstas han sido estudiadas meticulosamente por Sherry Velasco con el objetivo de entender cómo reflejan diversas actitudes hacia el transgenericismo.

La Monja Alférez ya se había convertido en una leyenda estando Erauso aún en vida. Aunque es peligroso tomar el libro como fuente de datos verídicos, la narradora se muestra muy consciente y orgullosa de su propia fama, dando a entender que su caso ha despertado la *admiratio* de nobles y plebeyos a ambos lados del Atlántico. Comenta, después de revelarle su secreto al Obispo: «Corrió la noticia de este suceso por todas partes, y los que antes me vieron y los que antes y después supieron mis cosas en todas las Indias, se maravillaron». Al entrar en la ciudad poco después, declara: «Entramos en Lima ya de noche, y sin embargo no podíamos valernos de tanta gente curiosa que venía a ver a la Monja Alférez». Se jacta en los últimos capítulos del libro de su notoriedad; la agasaja gente de calidad en todas partes, desde las monjas del convento peruano hasta los dignatarios, príncipes y autoridades eclesiásticas en Roma. Incluso el Papa la recibe.

Testimonio del atractivo del tema de Erauso para el público español es el hecho de que en 1626 Juan Pérez de Montalbán llevara a las tablas en Madrid su obra *La Monja Alférez*, en la cual Luisa de Robles, una actriz conocida por su intrepidez, desempeñó el papel de Catalina.[2] En este momento, conjetura Velasco, existía una gran curiosidad sobre la famosa guerrera, quien recientemente había regresado a la capital española. El personaje de Pérez de Montalbán se destaca por sus características masculinas. Es una persona noble y generosa que se enamora de una mujer, Ana, y que sacrifica su propia felicidad por la de ella. Sólo revela su verdadera identidad al futuro marido de Ana para convencerle que se case con ella y bajo la condición de que guarde su secreto. El dramaturgo explota el lesbianismo de Erauso para crear un protagonista atractivo e interesante y también para excitar a un público que se deleitaba en lo asombroso y lo exótico. En otra obra de la época, una novela picaresca de Alonso de Castillo Solórzano llamada *Aventuras del Bachiller Trapaza* (1637), el personaje reacciona contra la ob-

---

2. Véase Velasco, 41. Los próximos párrafos resumen el estudio de Velasco.

sesión con su identidad transgenérica, oponiéndose a la imagen de guerrera-lesbiana monstruosa que ha creado Pérez de Montalbán. En contraste, Fray Diego de Rosales (1601–1677), en su relato sobre la vida de Erauso, calla los detalles homoeróticos y convierte a la protagonista en una especie de santa guerrera.[3]

Durante el siglo XVIII disminuyó la fascinación con Erauso, pero en el siglo XIX, la nueva edición de *La Monja Alférez* de Ferrer volvió a despertar el interés en la historia y se produjeron varias versiones nuevas. El Romanticismo reconstruye a Erauso según sus propias normas, convirtiéndola en el héroe que busca su propio destino o en un monstruo que se necesita sujetar y corregir. En ambos casos, se minimiza la importancia de su lesbianismo. El cuentista peruano Ricardo Palma (1833–1919) incluye el incidente en que Erauso grita «A la Iglesia me llamo» en sus *Leyendas peruanas*, eliminando toda implicación homoerótica y revelando el sexo del protagonista sólo al final. Thomas De Quincey (1785–1859) escribió una versión melodramática de su historia titulada «The Nautico-Military Nun of Spain», publicada en tres entregas en 1857, en la cual «neutraliza» los elementos lésbicos del relato original. De Quincey retrata a Catalina como la víctima de las pasiones de otras mujeres, quienes la toman por hombre, e interpreta su travestismo como una expresión de su deseo de libertad y aventura (Velasco 92). Carlos Coello, en cambio, convierte a Erauso en un animal feroz que tiene que ser domado en su zarzuela *La Monja Alférez*, representada en México en 1860 y en España en 1873. El escritor mexicano Juan A. Mateo, aunque utiliza el mismo título que Coello, cambia la historia completamente, llamando a su heroína Andrea y pintándola como una mujer cruel y violenta cuyos gustos eróticos son claramente heterosexuales. También existe una novela anónima en forma de manuscrito producida en México, en la cual se crea un retrato psicológico más amplio de Erauso y se pintan con simpatía sus inclinaciones lesbianas.[4]

En el siglo XX se vio una verdadera explosión de interés en la Monja Alférez. La figura de Catalina aparece en películas, en obras de teatro, en narrativas y hasta en tebeos y tiras cómicas. Su retrato varía radicalmente; puede ser una sirena heterosexual, un modelo de comportamiento para las señoritas o una lesbiana *voyeurística*. La película del director mexicano Emilio Gómez Muriel, llamada *La Monja Alférez* (1944), con María Félix, convierte a Erauso en una mujer hermosa y sensual con apetitos claramente heterosexuales. En cambio, durante la época de Franco, en España, los manuales educativos pintan a Erauso como un modelo de la valentía y del patriotismo cuyas actividades en las colonias coinciden con la ideología nacionalista de la dictadura. Por supuesto, no se mencionan sus preferencias lesbianas; al contrario, se desexualiza al personaje por completo. Asimismo, varias tiras cómicas producidas en España y en México pintan a Erauso como una guerrera católica que lucha contra el comunismo en España o como un modelo de la devoción religiosa femenina. Estas publicaciones callan o minimizan la cuestión de su sexualidad. En contraste, en Latinoamérica durante el mismo período hay autores que no sólo erotizan a la Monja Alférez sino que la transforman en un icono pornográfico.

3. Véase Velasco, 60–72.
4. Véase Velasco, 87–112.

Las actitudes más abiertas hacia la sexualidad que se manifiestan después de la muerte de Franco permiten una vuelta a la representación homoerótica de Erauso. En su obra de teatro *La Monja Alférez* (1986), Domingo Mira explora el lesbianismo de Erauso, retratándola como un personaje solitario y consciente de ser un «monstruo» y, sin embargo, no desprovisto de esperanza para el futuro. En contraste, la película del mismo nombre de Javier Aguirre (1986), más explícita en su representación del lesbianismo, interpreta la leyenda de Erauso como una historia trágica de amor homoerótico. La única representación francamente positiva de las preferencias lesbianas de Erauso se encuentra en la película *She Must Be Seeing Things* (1987), de la directora norteamericana Sheila McLaughlin, en la cual la heroína travestí se vuelve a apropiar a fines del siglo XX como un símbolo de rebelión transgenérica para espectadoras lesbianas (Velasco 159).[5]

La perdurabilidad de la Monja Alférez como tema demuestra que la exposición del transgenericismo que ofrece el libro sigue fascinando al público. Cada generación ha reinventado la historia de Catalina de Erauso según sus gustos y normas. Algunos autores han accedido al temor y a la aversión al lesbianismo propios de su sociedad, ocultando este aspecto de la vida de Erauso o castigándola por sus transgresiones sexuales. Otros han explotado el gusto por lo inaudito o prodigioso al destacar las predilecciones sexuales no convencionales de la protagonista. Más recientemente, se ha explorado con simpatía y penetración sicológica este componente de la personalidad de Catalina de Erauso.

## Historia de la Monja Alférez escrita por ella misma

### *Capítulo I*

SU PATRIA, PADRES, NACIMIENTO, EDUCACIÓN, FUGA Y CORRERÍAS
POR VARIAS PARTES DE ESPAÑA.

Nací yo, doña Catalina de Erauso, en la villa de San Sebastián, provincia de Guipúzcoa, en el año de 1585,[6] hija del capitán don Miguel de Erauso y de doña María Pérez de Galarraga y Arce, naturales y vecinos de dicha villa.

Criáronme mis padres en su casa, con otros mis hermanos, hasta tener cuatro años. En el de 1589 me entraron en el convento de San Sebastián el Antiguo, de dicha villa, que es de monjas dominicas, con mi tía doña Úrsula de Unzá y Sarasti, prima hermana de mi madre, Priora de aquel convento, donde me crié hasta tener quince años, y entonces se trató de mi profesión.

Estando en el año de noviciado, ya cerca del fin, se ofreció una reyerta[7] con una monja profesa llamada doña Catalina de Aliri, que [siendo] viuda, entró y profesó, la cual, que era robusta, y yo muchacha, me maltrató de mano y yo lo sentí.

A la noche del 18 de marzo de 1600,[8] víspera de San José, levantándose el convento a me-

---

5. Véase Velasco, 113–65.

6. Según su partida bautismal, nació en 1592. Véase la lista de discrepancias entre el texto y la documentación histórica en Vallbona, Introducción.

7. conflicto, lío, gritería

8. Este incidente ocurrió probablemente en 1607 (Vallbona 34).

dia noche a maitines,[9] entré en el coro y hallé allí arrodillada a mi tía, la cual me llamó, y dándome la llave de su celda, me mandó traerle el breviario.[10] Yo fui por él. Abrí y tomélo, y vide[11] allí en un clavo colgadas las llaves del convento. Dejéme la celda abierta y volvíle[12] a mi tía su llave y el breviario.

Estando ya las monjas en el coro y comenzados los maitines con solemnidad, a la primera lección llegué a mi tía y le pedí licencia, porque estaba mala. Mi tía, tocándome con la mano en la cabeza, me dijo: «Anda, acuéstate».

Salí del coro, tomé una luz, fui a la celda de mi tía, tomé allí unas tijeras, hilo y una aguja; tomé unos reales[13] de a ocho que allí estaban, tomé las llaves del convento y salí. Fui abriendo puertas y emparejándolas,[14] y en la última, que fue la de la calle, dejé mi escapulario y me salí a la calle, sin haberla visto,[15] sin saber por dónde echar ni adónde ir. Tiré no sé por dónde, y fui a dar en un castañar que está fuera y cerca, a las espaldas del convento. Acogíme allí. Estuve tres días trazando, acomodando y cortando de vestir. Corté e híceme, de una basquiña[16] de paño azul con que me hallaba, unos calzones, y de un faldellín[17] verde de perpetuán[18] que traía debajo, una ropilla y polainas: el hábito me lo dejé por allí, por no saber qué hacer con él. Cortéme el cabello y échelo por allí, y partí [a] la tercera noche, y eché no sé por dónde, y fui colando[19] caminos y pasando lugares por me alejar,[20] hasta venir a dar en Vitoria, que dista de San Sebastián cerca de veinte leguas, a pie y cansada, sin haber comido más que hierbas que topaba por el camino.

Entré en Vitoria sin saber adónde acogerme. A pocos días me hallé allí al doctor don Francisco de Cerralta, catedrático [de] allí, el cual me recibió fácilmente, sin conocerme, y me vistió. Era casado con una prima hermana de mi madre, según luego entendí; pero no me di a conocer. Estuve con él cosa de tres meses, en los cuales él, viéndome leer bien el latín, se me inclinó más y me quiso dar estudio; y viéndome rehusarlo,[21] me porfió y me instaba hasta ponerme la mano. Yo, con esto, determiné dejarlo, e hícelo así. Cogíle unos cuartos,[22] y concertándome con un arriero[23] que partía para Valladolid, en doce reales,[24] y partí con él, que [Valladolid] dista cuarenta y cinco leguas.

9. Primera de las oraciones del Oficio divino.
10. libro que contiene el rezo eclesiástico de todo el año
11. vi
12. le devolví
13. monedas
14. cerrándolas
15. **sin**... que nunca había visto antes
16. falda
17. enaguas
18. tela gruesa de lana
19. atravesando
20. **por**... para alejarme
21. **viéndome**... como yo lo rehusara
22. monedas de cobre
23. mulero
24. **en**... por el pago de

Entrada en Valladolid, donde estaba entonces la Corte,[25] me acomodé en breve por paje de don Juan de Idiáquez, secretario del rey, el cual me vistió luego bien, y llaméme allí Francisco de Loyola, y estuve allí bienhallado siete meses. Al cabo de ellos, estando una noche a la puerta con otro paje de compañero, llegó mi padre, preguntónos si estaba en casa el señor don Juan.

Respondió mi compañero que sí. Dijo mi padre que le avisase que estaba allí. Subió el paje, quedándome yo con mi padre, sin hablarnos palabra ni él conocerme. Volvió el paje, diciendo que subiese, y subió, yendo yo tras él. Salió don Juan a la escalera, y, abrazándole, dijo: «¡Señor capitán, qué buena venida es ésta!»

Mi padre habló de modo que él lo conoció que traía disgusto. Entró y despidió una visita con que estaba, y volvió y sentáronse. Preguntóle qué había de nuevo, y mi padre dijo cómo se le había ido del convento aquella muchacha, y esto le traía por los contornos en su búsqueda. Don Juan mostró sentirlo mucho, por el disgusto de mi padre y porque a mí me quería mucho, y de la parte de aquel convento, de donde él era patrono por fundación de sus pasados, y por lo que tocaba a aquel lugar, de donde era él natural.

Yo, que oía la conversación y sentimientos de mi padre, salíme atrás y fuime a mi aposento. Cogí mi ropa y salíme, llevándome cosa de ocho doblones[26] con que me hallaba, y fuime a un mesón,[27] donde dormí aquella noche y donde entendí de un arriero que partía por la mañana a Bilbao. Y ajustéme[28] con él, partimos a otro día, sin saberme yo qué hacer ni adónde ir, sino dejarme llevar del viento como una pluma.

Pasado un largo camino, me parece como de cuarenta leguas, entré en Bilbao, donde no encontré albergue, ni comodidad, ni sabía qué hacerme. Vieronme allí entretanto dieron allí unos muchachos en reparar y cercarme,[29] y perseguirme, hasta verme fastidiado, y hube de hallar unas piedras y hube a uno de lastimar, no sé dónde, porque no le vide. Y prendiéronme y me tuvieron en la cárcel un largo mes, hasta que él hubo de sanar y soltáronme, quedándose por allá unos cuartos sin mi gasto preciso.[30] De allí, luego salí, y me pasé a Navarra, que distará veinte leguas.

Entré en Estella... dentro de Navarra, donde me acomodé por paje de don Carlos de Arellano, del hábito de Santiago,[31] en cuya casa y servicio estuve dos años, bien tratado y bien vestido. Pasado este tiempo, sin más causa que mi gusto, dejé aquella comodidad y me pasé a San Sebastián, mi patria, diez leguas distante de allí, y allí me estuve, sin ser de nadie conocido, bien vestido y galán. Y un día oí misa en mi convento, la cual misa oyó también mi madre, y vide que me miraba y no me conoció, y acabada la misa, unas monjas me llamaron al coro, y yo, no dándome por entendido, les hice muchas cortesías y me fui. Era esto entrado ya el año de 1603.

---

25. La Corte no se estableció en Madrid hasta 1561, bajo Felipe II (1527–1598). Felipe III (1598–1621) quiso trasladar la Corte a Valladolid, pero sólo estuvo allí entre 1601 y 1606.
26. monedas de oro
27. venta, posada
28. Concerté el precio
29. rodearme
30. **quedándose**... *relieved of some of my coins*
31. es decir, de la orden militar de Santiago

Paséme de allí al puerto de Pasajes, que dista una legua, donde hallé al capitán Miguel de Berroiz, de partida con un navío suyo para Sevilla. Pedíle que me llevase, y ajustándome con él en cuarenta reales, embarqué y partimos, y bien en breve llegamos a Sanlúcar.[32] Desembarcado en Sanlúcar, partí para ver Sevilla, y aunque me convidaba a detenerme, estuve allí solos dos días, y luego me volví a Sanlúcar. Hallé allí al capitán Miguel de Echarreta, natural de mi tierra, que lo era de un patache[33] de galeones, de que era general don Luis Fernández de Córdoba, y de la armada, don Luis Fajardo,[34] año de 1602,[35] que partía para la punta de Araya. Senté plaza de grumete en un galeón del capitán Esteban Eguiño, tío mío, primo hermano de mi madre, que vive hoy en San Sebastián, y embarqué y partimos de Sanlúcar, Lunes Santo, año de 1602.

## Capítulo III

### DE PANAMÁ PASA CON SU AMO URQUIZA, MERCADER DE TRUJILLO, AL PUERTO DE PAITA Y A LA VILLA DE SAÑA.

*[Urquiza pone a Erauso a trabajar en una tienda, diciéndole que le dé a doña Beatriz, su dama, cualquier cosa que quiera.]*

Estábame un día de fiesta en la comedia, en un asiento que había tomado, y sin más atención, un fulano Reyes[36] vino y me puso otro tan delante y tan arrimado que me impedía la vista. Pedíle que lo apartase un poco, respondió desabridamente; yo a él; y díjome que me fuera de allí [o] que me cortaría la cara. Yo me hallé sin armas, sólo una daga, y me salí de allí con sentimiento,[37] atendido por unos amigos, [que] me siguieron y sosegaron.

El lunes, por la mañana siguiente, estando yo en mi tienda vendiendo, pasó por la puerta el Reyes y volvió a pasar. Yo reparé en ello, cerré mi tienda, tomé un cuchillo y fuime a [buscar a] un barbero e hícelo amolar[38] y picar el filo como sierra.[39] Púseme luego mi espada, que fue la primera que ceñí, vide a Reyes delante de la iglesia paseando con otro, [y] me fui a él por detrás y díjele: «¡Ah, señor Reyes!»

Volvióse él y dijo: «¿Qué quiere?»

Dije yo: «Ésta es la cara que se corta», y dile con el cuchillo un refilón de que le dieron diez puntos.[40]

---

32. en la provincia de Sevilla
33. embarcación
34. uno de los capitanes más célebres de su tiempo (Ferrer 10).
35. Según Vallbona, la fecha mencionada en el manuscrito es 1602. Ferrer pone 1603, pero en realidad la expedición salió en 1605. Véase Vallbona 41.
36. **un**... *some guy named Reyes*
37. emoción, rabia
38. afilar
39. *saw*
40. **le**... *cost him ten stitches*

Él acudió con las manos a su herida; su amigo sacó la espada y vino a mí y yo a él con la mía. Tiramos los dos, y yo le entré una punta por el lado izquierdo, que lo pasó y cayó.

Yo al punto[41] me entré en la iglesia, que estaba allí; al punto entró el Corregidor, don Mendo de Quiñones, del hábito de Alcántara,[42] y me sacó arrastrando y me llevó a la cárcel, la primera que tuve, y me echó grillos[43] y me metió en un cepo.[44]

Yo avisé a mi amo, Juan de Urquiza, que estaba en Trujillo, treinta y dos leguas de Saña. Vino al punto, habló al Corregidor e hizo otras buenas diligencias, conque alcanzó el alivio de las prisiones. Fue siguiendo la causa y fui restituido a la iglesia, de donde fui sacado después de tres meses de pleitos y procedimiento del señor Obispo.

Estando esto en tal estado, dijo mi amo que para salir del conflicto y no perder la tierra y acabar con el sobresalto de que me matasen, había pensado una cosa conveniente, y era que me casase yo con doña Beatriz de Cárdenas, con cuya sobrina estaba casado aquel fulano Reyes a quien corté la cara, y con esto se sosegaría todo.

Es de saber que esta doña Beatriz de Cárdenas era dama de mi amo, y él miraba a tenernos seguros: a mí para servicio y a ella para gusto. Y parece que esto, tratado entre los dos, lo acordaron, porque después que fui a la iglesia restituido, salía de noche e iba a la casa de aquella dama, y ella me acariciba[45] mucho, y con son[46] de temer a la justicia, me pedía que no volviera a la iglesia de noche y me quedase allá.

Y una noche me encerró y declaró que a pesar del diacho[47] había de dormir con ella; y me apretó en esto tanto, que tuve que alargar la mano[48] y salirme. Y dije luego a mi amo que de tal casamiento no había de tratar, porque por todo el mundo yo no lo haría; a lo cual él porfió y me prometió montes de oro, representándome la hermosura y prendas de la dama, y la salida de aquel pesado negocio y otras conveniencias, sin embargo de lo cual persistí en lo dicho. Visto lo cual, trató mi amo de pasarme a Trujillo con la misma tienda y comodidad, y vine en ello.[49]

## Capítulo XV
### PASA A LA CIUDAD DE LA PAZ, Y MATA A UNO.

Paséme a la Paz, donde me estuve quieto algunos días. Bien ajeno de disgusto, me pasé un día a la puerta de don Antonio Barraza, Corregidor, a parlar[50] con un criado suyo, y aventando

41. **Al**... Inmediatamente
42. una orden religiosa
43. hierros
44. *stocks (an instrument of punishment with holes for the ankles and wrists used to expose an offender to public derision)*
45. acariciaba
46. pretexto
47. diablo
48. **alargar**... pegarle
49. es decir, acepté
50. conversar

la brasa[51] el diablo, vino ello a parar en desmentirme[52] y darme[53] con el sombrero en la cara. Yo saqué la daga, y allí cayó muerto. Cargaron sobre mí tantos, que, herido, me prendieron y entraron en la cárcel. Fuéronme curando y siguiendo la causa al mismo paso, la cual, sustanciada y en estado, acumuladas otras, me condenó el Corregidor a muerte. Apelé, y mandóse sin embargo ejecutar.

Estuve dos días confesando; el siguiente se dijo misa en la cárcel, y el santo clérigo, habiendo consumido,[54] volvió y me comulgó y volvióse al altar. Yo al punto volví la forma[55] que tenía en la boca y recibíla en la palma de la mano derecha, dando voces: «¡A Iglesia me llamo, a Iglesia me llamo!»[56]

Alborotóse todo y escandalizóse, diciéndome todos hereje. Volvió el sacerdote al ruido y mandó que nadie llegase a mí. Acabó su misa.

A esto entró el señor Obispo, don fray Domingo de Valderrama, dominico, con el gobernador. Juntáronse clérigos y mucha gente; encendiéronse luces, trujeron[57] palio[58] y lleváronme en procesión, y llegados al sagrario,[59] todos arrodillados, me cogió un clérigo revestido la forma de la mano y la entró en el sagrario. No reparé en qué la puso. Después me rayeron[60] la mano y me la lavaron diferentes veces y me la enjugaron; y despejando luego la iglesia y los señores principales, me quedé allí. Esta advertencia[61] me la dio un santo religioso franciscano, que en la cárcel había dádome consejos y que últimamente me confesó.

Cerca de un mes tuvo el gobernador cercada aquella iglesia, y yo allí guarnecido; al cabo del cual quitó los guardias, y un santo clérigo de allí, según yo presumí por orden del señor obispo, reconocido el alrededor y el camino, me dio una mula y dineros, y partí al Cuzco.

## Capítulo XX

### ENTRA EN GUAMANGA,[62] Y LO QUE ALLÍ LE SUCEDIÓ
### HASTA DESCUBRIRSE AL SEÑOR OBISPO.

Entré en Guamanga y fuime a una posada. Halléme allí a un soldado pasajero, que se aficionó al caballo y vendíselo en doscientos pesos. Salí a ver la ciudad, parecióme bien, de buenos edificios: los mejores que vide en el Pirú.[63] Vide tres conventos, de franciscanos, mer-

---

51. **aventando**... aprovechándose de la ocasión el diablo
52. **vino**... el asunto terminó en que él me acusó de mentir
53. pegarme
54. acabado
55. hostia
56. **A**... *I call on the Church*
57. trajeron
58. *canopy used in religious processions*
59. altar, tabernáculo
60. *scraped [the wafer off]*
61. truco, trampa (La pena canónica por este acto era raparle la mano al culpable y pasarla por el fuego. Así Catalina evita ser ejecutada. Vallbona 94.)
62. una de las ciudades más antiguas del Perú
63. Perú

cedarios y dominicos; uno de monjas y un hospital; muchísimos vecinos indios y muchos españoles; bello temple[64] de tierra, fundada en un llano, sin frío ni calor; de grandes cosechas de
trigo, vino, frutas y semillas; buena iglesia, con tres dignidades y dos canónigos y un santo
obispo, fraile agustino, don fray Agustín de Carvajal, que fue mi remedio; aunque faltó, muriendo de repente el año veinte,[65] y decían que lo había sido allí desde el año doce.

Estúveme allí unos días, y quiso mi desgracia que me entrara unas veces en una casa de
juego, donde estando un día entró el Corregidor, don Baltasar de Quiñones, y mirándome y
desconociéndome, me preguntó de dónde era. Dije que vizcaíno. Dijo: «¿De dónde viene
ahora?» Dije: «Del Cuzco». Suspendióse un poco mirándome, y dijo: «Sea preso».[66] Dije: «De
buena gana»; y saqué la espada, retirándome a la puerta. Él dio voces pidiendo favor al rey.[67]
Hallé en la puerta tal resistencia que no pude salir. Saqué una pistola de tres bocas, y salí y de-
saparecíme, entrando en casa de un amigo que me había hallado. Partió el corregidor y em-
bargóme la mula y no sé qué cosillas que tenía en la posada.

Estúveme allí unos días, habiendo descubierto que aquel amigo era vizcaíno. Y entretanto
no sonaba ruido del caso ni sentía que la justicia tratase de ello; pero todavía nos pareció ser
forzoso mudar tierra, pues tenía allí lo mismo que en otra parte. Resuelto en ello, salí un día a
boca de noche,[68] y a breve rato quiere mi desgracia que tope con dos alguaciles.

Pregúntanme: «¿Qué gente?»[69]

Respondo: «Amigos».

Pídenme el nombre, y digo: «El diablo», que no debí decir.

Vanme a echar mano y saco la espada, armándose gran ruido. Ellos dan voces diciendo:
«¡Favor a la justicia!» Va acudiendo gente. Sale el Corregidor, que estaba en casa del Obispo;
avánzanme más ministros, hállome afligido, disparo una pistola y derribo a uno. Crece más el
empeño, y hállome al lado aquel vizcaíno mi amigo y otros paisanos con él.[70] Daba voces
el Corregidor que me matasen; sonaron muchos traquidos[71] de ambas partes, hasta que salió
el Obispo con cuatro hachas y entróse por medio. Encaminólo hacia mí su secretario, Juan
Bautista de Arteaga.

Llegó y me dijo: «Señor alférez, deme las armas».

Dije: «Señor, aquí hay muchos contrarios».

Dijo: «Démelas, que seguro está conmigo, y le doy palabra de sacarle a salvo, aunque me
cueste cuanto soy».

Dije: «Señor Ilustrísimo, en estando en la iglesia besaré los pies a vuestra señoría Ilustrísima».

En esto me acometen cuatro esclavos del Corregidor, y me aprietan, tirándome feroz-

64. disposición
65. 1620
66. Ferrer conjetura que habría tenido alguna demanda contra Erauso de la justicia del Cuzco (94).
67. **pidiendo**... *in the name of the king*
68. entrada la noche
69. ¿Quién va allí?
70. Vallbona hace notar que en estas reyertas «siempre estaba presente el espíritu de banda» (109).
71. disparos

mente, sin respeto a la presencia de su Ilustrísima; de modo que, defendiéndome, hube de entrar la mano y derribar a uno. Acudióme el secretario del señor Obispo con espada y broquel,[72] con otros de la familia, dando muchas voces, ponderando el desacato delante de su Ilustrísima, y cesó algo la puja.[73] Asióme su Ilustrísima por el brazo, quitóme las armas, y poniéndome a su lado, me llevó consigo y entróme en su casa. Hízome luego curar una pequeña herida que llevaba, y mandóme dar de cenar y recoger, cerrándome con llave, que se llevó. Vino luego el Corregidor, y tuvo su Ilustrísima larga conversación y alteraciones con él sobre esto, lo cual después entendí.

A la mañana, como a las diez, su Ilustrísima me hizo llevar a su presencia, y me preguntó quién era y de dónde, hijo de quién, y todo el curso de mi vida y causas y caminos por donde vine a parar allí. Y fui en esto desmenuzando[74] tanto, mezclando buenos consejos y los riesgos de la vida y espantos de la muerte y contingencias de ella, y el asombro de la otra si no me cogía bien apercibido, procurándome sosegar, y reducir, y arrodillarme a Dios, que yo me puse tamañito.[75] Y descúbrome viéndolo tan santo varón, y pareciéndome estar yo en la presencia de Dios, y dígole: «Señor, todo esto que he referido a vuestra señoría Ilustrísima no es así. La verdad es ésta: que soy mujer, que nací en tal parte, hija de Fulano y Zutana; que me entraron de tal edad en tal convento, con Fulana mi tía; que allí me crié; que tomé el hábito y tuve noviciado; que estando para profesar, por tal ocasión me salí; que me fui a tal parte, me desnudé, me vestí, me corté el cabello, partí allí y acullá; me embarqué, aporté, trajiné, maté, herí, maleé; correteé, hasta venir a parar en lo presente, y a los pies de su señoría Ilustrísima».

El santo señor, entretanto que esta relación duró, que fue hasta la una, se estuvo suspenso, sin hablar ni pestañear, escuchándome, y después que acabé, se quedó también sin hablar, llorando [a] lágrima viva. Después me envió a descansar y a comer. Tocó una campanilla, hizo venir a un capellán anciano, y envióme a su oratorio, y allí me pusieron la mesa y me cerraron, y un trasportín,[76] en que me acosté y me dormí.

A la tarde, como a las cuatro, me volvió a llamar el señor Obispo, y me habló con gran bondad de espíritu, conduciéndome a dar gracias a Dios por la merced usada conmigo, dándome a ver el camino perdido que llevaba derecho a las penas eternas. Exhortóme a recorrer mi vida y hacer una buena confesión, pues ya por lo más la tenía hecha y me sería fácil; después Dios ayudaría para que viésemos lo que se debía hacer. Y en esto y en cosas ocurrentes se acabó la tarde. Retiréme, diéronme bien de comer, y acostéme.

A la mañana siguiente dijo misa el señor Obispo. Yo la oí, y después dio gracias. Retiróse a un desayuno, y llevóme consigo. Fue moviendo y siguiendo su discurso, y vino a decirme que tenía éste por el caso más notable, en este género, que había oído en su vida, y remató diciendo: «En fin, ¿esto es así?»

Dije: «Sí, señor».

72. escudo pequeño
73. esfuerzo
74. examinando en detalle
75. confuso, avergonzado
76. sillín para trasportar a las personas

Replicó: «No se espante que inquiete la incredulidad su rareza».

«Señor —dije—, es así, y si quiere salir de dudas vuestra señoría Ilustrísima por experiencia de matronas, yo llana[77] estoy».

Dijo: «Véngome en ello[78] y conténtame oírlo».

Y retiréme por ser la hora del despacho.[79] A medio día comí, después reposé un rato. A la tarde, como a las cuatro, entraron dos matronas y me miraron y se satisficieron, y declararon después ante el Obispo, con juramento, haberme visto y reconocido cuanto fue menester para certificarse, y haberme hallado virgen intacta, como el día en que nací.

Su Ilustrísima se enterneció, despidió a las comadres y me hizo comparecer,[80] y delante del capellán, que vino conmigo, me abrazó enternecido, en pie, y me dijo:«Hija, ahora creo sin duda lo que me dijiste, y creeré en adelante cuanto me dijereis; y os venero como una de las personas notables de este mundo, y os prometo asistiros en cuanto pueda y cuidar de vuestra conveniencia y del servicio de Dios».

Mandóme poner cuarto decente, y estuve en él con comodidad y ajustando mi confesión, la cual hice en cuanto pude bien, y después, su Ilustrísima me dio la comunión. Parece que el caso se divulgó, y era inmenso el concurso que allí acudió, sin poder excusar la entrada a personajes, por más que yo lo sentía y su Ilustrísima también.

En fin, pasados seis días, acordó su Ilustrísima entrarme en el convento de monjas de Santa Clara de Guamanga, que allí de religiosas no hay otro. Púsome el hábito. Salió su Ilustrísima de casa, llevándome a su lado, con un concurso tan grande, que no hubo de quedar persona alguna en la ciudad que no viniese; de suerte que se tardó mucho en llegar allá. Llegamos finalmente a la portería, porque a la iglesia, donde pensaba su Ilustrísima entrar antes, no fue posible; entendido así, se había llenado. Estaba allí todo el convento, con velas encendidas. Otorgóse allí, por la abadesa y ancianas, una escritura en que prometía el convento volverme a entregar a su Ilustrísima o prelado sucesor cada vez que me pidiesen. Abrazóme su Ilustrísima, echóme su bendición, y entré. Lleváronme al coro en procesión e hice oración allí. Besé la mano a la señora abadesa. Fui abrazando y fuéronme abrazando las monjas, y lleváronme a un locutorio, donde su Ilustrísima me estaba esperando. Allí me dio buenos consejos y exhortó a ser buena cristiana y dar gracias a Dios Nuestro Señor y frecuentar los sacramentos, ofreciéndose su Ilustrísima a venir a ello, como vino muchas veces, y ofreciéndome largamente todo cuanto hubiese menester. Y se fue.

Corrió la noticia de este suceso por todas las Indias, y los que antes me vieron y los que antes y después supieron mis cosas, se maravillaron en todas las Indias.

Dentro de cinco meses, año de 1620, repentinamente, se quedó muerto mi santo obispo, que me hizo gran falta.

---

77. dispuesta. (Es decir, dejará que las matronas la examinen.)
78. **Véngome**... haré los arreglos necesarios
79. es decir, la hora en que el Obispo recibía visitas
80. **me**... me mandó traer

## Capítulo XXI

PASA DE GUAMANGA A LIMA, POR MANDATO DEL SEÑOR ARZOBISPO, EN HÁBITO
DE MONJA, Y ENTRA EN EL CONVENTO DE LA TRINIDAD. SALE DE ALLÍ, VUELVE
A GUAMANGA Y CONTINÚA PARA SANTA FE DE BOGOTÁ Y TENERIFE.

Muerto el Ilustrísimo de Guamanga, en breve envió por mí el Arzobispo metropolitano
de Lima, el ilustrísimo señor don Bartolomé Lobo Guerrero, que dizque[81] lo era el año 1607[82]
y murió en 12 de enero de 1622. Entregáronme las monjas, con mucho sentimiento, y fui en una
litera, acompañada de seis clérigos, cuatro religiosos y seis hombres de espada.

Entramos en Lima ya de noche, y sin embargo no podíamos valernos de tanta gente curiosa que venía a ver a la Monja Alférez. Apeáronme en casa del señor Arzobispo, viéndome en
las hieles[83] para entrar. Besé la mano a su Ilustrísima, regalóme mucho y hospedéme allí aquella noche. [A] la mañana siguiente me llevaron a palacio a ver al virrey, don Francisco de Borja,
conde de Mayalde, príncipe de Esquilache, que asistió allí desde el año de 1615 hasta 1622, y
comí aquel día en su casa. A la noche volví a la del señor Arzobispo, donde tuve buena cena y
cuarto acomodado.

Díjome su Ilustrísima al día siguiente que viese y eligiese el convento donde quisiese estar.
Yo le pedí licencia para verlos todos, y concediómela, y fui entrando y viéndolos todos, están-
dome cuatro o cinco días en cada uno. Finalmente vine a elegir el de la Santísima Trinidad, que
es de comendadoras de San Bernardo; gran convento, que sustenta cien religiosas de velo negro, cincuenta de velo blanco,[84] diez novicias, diez donadas y dieciséis criadas.

Allí me estuve, cabales,[85] dos años y cinco meses, hasta que volvió de España razón bastante de cómo no era ni había sido monja profesa; con lo cual se me prometió salir del convento, con sentimiento común de todas las monjas, y me puse en camino para España.

Partí luego a Guamanga, a ver y despedirme de aquellas señoras del convento de Santa
Clara, las cuales me detuvieron allí ocho días, con mucho agrado y regalos y lágrimas a la partida. Proseguí mi viaje a la ciudad de Santa Fe de Bogotá, en el reino de Nueva Granada; vi al
Arzobispo, don Julián de Cortázar, el cual me instó mucho a que me quedase allí en convento
de mi Orden.

Yo le dije que no tenía yo Orden ni religión, y que trataba de volverme a mi patria, donde
haría lo que pareciese más conveniente a mi salvación. Y con esto y con un buen regalo que me
hizo, me despedí.

Pasé a Zaragoza por el río de la Magdalena arriba. Caí allí enferma, y me pareció mala
tierra para españoles, y llegué a punto de muerte. Después de unos días convaleciendo algo,
antes de poderme tener, me hizo un médico partir, y salí por río y fuime a Tenerife, donde en
breve me recobré.

---

81. se dice que
82. Vallbona da la fecha correcta: 1609 (113).
83. en... en gran dificultad
84. Véase la Introducción a Ana de San Bartolomé, Nota 1.
85. completos

## *Capítulo XXII*

### EMBÁRCASE EN TENERIFE Y PASA A CARTAGENA, Y DE AQUÍ PARTE PARA ESPAÑA EN LA FLOTA.

Allí, hallándome la armada del general Tomás de la Raspuru de partida para España, me embarqué en su capitana,[86] año de 1624,[87] donde me recibió con mucho agrado y me regaló y me sentó a su mesa, y me trató así hasta pasadas doscientas leguas, más allá del canal de Bahama.

Allí, un día, en el juego, se armó una reyerta, en que hube de dar a uno un arachuelo[88] en la cara con un cuchillejo que tenía allí, y resultó mucha inquietud. El general se vio obligado a apartarme de allí y pasarme a la almiranta,[89] donde yo tenía paisanos. Yo de esto me alegré, y pedíle paso al patache[90] «San Telmo», del que era capitán don Andrés de Otón, que venía de aviso, y pasóme; pero pasamos trabajo, porque hacía agua, y nos vimos en peligro de anegarnos.[91]

Gracias a Dios, llegamos a Cádiz en primero de noviembre de 1624. Desembarcamos, y estuve allí ocho días. Hízome allí mucha merced el señor don Fadrique de Toledo, general de la armada; y teniendo allí en su servicio dos hermanos míos, a los que allí conocí, les hizo, por honrarme, mucho favor, teniendo el uno consigo en su servicio, y dándole al otro una bandera.[92]

## *Capítulo XXV*

### PARTE DE BARCELONA A GÉNOVA, Y DE ALLÍ, A ROMA.

Partí de Génova a Roma. Besé el pie a la Santidad de Urbano VIII,[93] referíle en breve, y lo mejor que supe, mi vida y corridas, mi sexo y virginidad. Y mostró su Santidad extrañar tal caso y con afabilidad me concedió licencia para proseguir mi vida en hábito de hombre, encargándome la prosecución honesta en adelante, y la abstinencia en ofender al próximo, temiendo la ulción[94] de Dios sobre su mandamiento, *Non occides*,[95] y volvíme.

Hízose el caso allí notorio, y fue notable al concurso de que me vide cercado de personajes, príncipes, obispos, cardenales, y el lugar que me hallé abierto donde quería, de suerte que en mes y medio que estuve en Roma, fue raro el día en que no fuese convidado y regalado de príncipes.

---

86. buque que lleva la insignia de un capitán
87. Esta fecha es correcta, según Vallbona (116).
88. corte, cuchillada
89. buque que lleva la insignia de un almirante
90. embarcación
91. naufragar, hundirnos
92. insignia (es decir, un ascenso)
93. El papa Urbano VIII (1568–1644)
94. venganza
95. no matar

*Temario*

1. La trasformación sexual de Catalina de Erauso
2. Ambigüedad sexual e insinuaciones de lesbianismo en *La Monja Alférez*
3. La violencia en *La Monja Alférez*
4. Erauso como protagonista de su propia historia: ¿cómo crea Erauso su auto-imagen?
5. La actitud de Erauso hacia la religión y las figuras religiosas
6. El uso del adjetivo masculino y femenino en *La Monja Alférez*
7. La personalidad de Catalina de Erauso
8. Posibles reacciones a *La Monja Alférez* en el siglo XVII
9. Problemas de interpretación
10. La perdurabilidad de la leyenda de la Monja Alférez: ¿por qué sigue fascinando al público?

# Ana Caro: La mujer se desquita

CUANDO LOLA LUNA publicó en 1993 sendas ediciones de dos obras de Ana Caro —*Valor, agravio y mujer,* en Castalia, y *El conde Partinuplés,* en Reichenberger— hizo asequible al público general a un precio reducido comedias de una dramaturga contemporánea a Lope de Vega poco conocida hasta ese momento fuera de limitados círculos académicos. Las dos obras habían sido publicadas anteriormente en *Dramáticos posteriores a Lope de Vega,* compilado por Ramón Mesonero Romanos en 1853, y en *Apuntes para una biblioteca de escritoras españolas,* de Serrano y Sanz, en 1903, y algunos investigadores las habían estudiado. Pero ahora era fácil por primera vez conseguirlas y asignarlas en cursos universitarios.

La reedición de estas obras a principios de los años noventa, justo después del auge del feminismo, provocó una pequeña revolución entre los hispanistas dedicados a la temprana modernidad. Mientras que Ana Caro rara vez se mencionaba en los congresos académicos antes de la última década del milenio, ahora se organizaban sesiones enteras sobre sus dos obras —las únicas que nos han llegado. Amy Williamsen promovió el estudio de Caro en las reuniones del AHCT (Association for Hispanic Classical Theater) y fundó, con algunos otros colegas, la AEEA (Asociación de Escritoras de España y las Américas).

El interés en Caro estimuló el estudio de otras dramaturgas de la época. En 1997 Teresa Scott Soufas publicó su valiosa antología, *Women's Acts: Plays by Women Dramatists of Spain's Golden Age,* acompañada de *Dramas of Distinction,* un estudio crítico de las obras incluidas en la antología. En 1999 Valerie Hegstrom y Amy Williamsen publicaron *Engendering the Early Modern Stage,* una compilación de artículos sobre las dramaturgas de los siglos XVI y XVII. Además, desde entonces se han representado *Valor, agravio y mujer* y también otras obras de dramaturgas de la época.[1] En 2003 se representó una traducción al inglés de *La traición en la amistad,* de María de Zayas, en el Festival de la Comedia del Siglo de Oro en El Paso, Texas.

El intenso interés en el teatro conventual había empezado aún antes de la publicación de las ediciones de Luna. Arenal y Schlau incluyeron piezas dramáticas producidas por monjas en *Untold Sisters* (1989), y más tarde Schlau publicó el teatro de María de San Alberto en su *Viva al siglo, muerta al mundo* (1998). De suma importancia para el estudio de este campo es la edición de la *Obra completa* de Marcela de San Félix, hija de Lope de Vega, publicada en 1988 por Electa Arenal y Georgina Sabat-Rivers. Pero la explosión de interés en las dramaturgas seculares en los años noventa también estimuló nuevos estudios sobre las dramaturgas religiosas. La compilación de artículos de Hegstrom y Williamsen incluye así varios estudios del teatro conventual. Desgraciadamente, Luna murió trágicamente poco después de la publicación de las comedias de Caro, aunque esto no ha impedido que siga floreciendo el campo al cual hizo una contribución tan valiosa.

La poeta y dramaturga sevillana Ana Caro Mallén de Soto (¿1600?–después de 1645) fue un fenómeno raro en su época: una escritora «de oficio», es decir, profesional. Compuso dos autos sacramentales, *La puerta de la Macarena,* representado en 1641, y *La cuesta de Castilleja,* representado en 1645, por los cuales la documentación muestra que fue pagada. Entre 1628 y 1645 se publicaron sus *Relaciones,* crónicas en verso de diversas fiestas religiosas y otros sucesos. También compuso una loa[2] sacramental para las festividades de Corpus Christi en 1639. No se sabe cuántas comedias escribió. Sólo dos nos han llegado, *Valor, agravio y mujer* y *El conde Partinuplés.* Ésta última apareció en 1653 en una recopilación titulada *Laurel de comedias,* la cual también contiene obras de Calderón. Posiblemente se representara a fines de la década de 1630 o durante la década de 1640, puesto que las obras solían ser publicadas varios años después de su estreno.

Hasta fines del siglo XX el teatro se estudió como literatura. Los críticos analizaban los personajes, el lenguaje, la estructura y las influencias como si se tratara de prosa narrativa. Hoy en día se tiende a hacer hincapié en el aspecto «representacional» de la comedia, tomando en cuenta que los textos que nos han llegado —a veces incompletos o no del todo auténticos— constituyen solamente una pequeña parte de la obra teatral. Nuevas investigaciones sobre los espacios teatrales, la escenografía de la época, la selección de actores y actrices, los trajes, la tecnología (maquinaria, efectos visuales) y también la composición del público han cambiado nuestro concepto del mundo teatral. Por ejemplo, Mary Blythe Daniels ha demostrado que las mujeres desempeñaban un papel importante en el teatro del siglo XVI, a veces llegando a ser «autoras» (es decir, directoras) de compañías. Las actrices eran respetadas en este mundo, aunque no necesariamente en la sociedad, y la primera dama solía ganar más que otros miem-

---

1. Para un análisis detallado del estado de los estudios sobre dramaturgas en programas universitarios de los Estados Unidos y las representaciones de obras escritas por mujeres, véase Amy Williamsen, «Loa: Charting Our Course». Para observaciones sobre la influencia del feminismo en estudios sobre la *comedia,* véase Bárbara Mujica, «Golden Age / Early Modern Theater: *Comedia* Studies at the End of the Century».

2. prólogo a una comedia en el que se elogia a la persona a la que está dedicada la obra o, a veces, a una ciudad. La loa usualmente contiene también una descripción del argumento.

bros de la compañía (18). Aunque como dramaturga Ana Caro constituía sin lugar a dudas una rareza en la España de su época, no era, ni mucho menos, la única mujer que se dedicaba a la carátula y la farándula.

Las protagonistas de Caro son mujeres fuertes e independientes que toman su destino en sus propias manos. *Valor, agravio y mujer* parte del mito de don Juan, popularizado por Tirso de Molina en su obra *El burlador de Sevilla*.[3] Pero Caro cambia la historia radicalmente, haciendo del burlador el burlado. En la obra de Caro, la mujer deshonrada rehúsa ser víctima. Después de ser abandonada por don Juan, doña Leonor de Ribera, dama sevillana, decide vengarse y sigue al burlador a Flandes, acompañada de su criado Ribete. Se viste de caballero, adopta el nombre de Leonardo Ponce de León y cultiva gestos masculinos, aprendiendo a jurar como un hombre y demostrando destreza con la espada. Llega a ser tan convincente que enamora a Estela, dama de la corte de Bruselas de quien está prendado don Juan. Doña Leonor inicia una serie de intrigas —las cuales conducen a equivocaciones de identidad, amoríos imposibles y episodios caóticos— con el fin de asesinar a su antiguo amante. Sin embargo, la obra no termina con una muerte, sino con una boda. Leonor logra convencer a don Juan de que Leonardo (ella misma vestida de hombre) es el amante y protector de la dama sevillana (también ella misma), despertando sus celos. Don Juan se indigna y termina admitiendo que todavía ama a Leonor. Al oír su declaración, Leonor aparece vestida de mujer. Entonces, don Juan le jura devoción y le pide que se case con él.

Uno de los aspectos más interesantes de la obra es el uso que hace Caro de técnicas metateatrales[4] para burlarse de tipos y actitudes prevalecientes en su época. Por ejemplo, en el primer acto doña Leonor se transforma en don Leonardo, aprendiendo a desempeñar un rol diferente del que la naturaleza y la sociedad le han asignado. Es decir, el personaje inventa su propia «comedia», que se representará dentro del marco teatral de la comedia de Caro. Al mismo tiempo, Ribete abandona de una manera deliberada y consciente el papel de cobarde que suele desempeñar el lacayo, para convertirse en aliado y protector de Leonor.

Estaría de más reiterar que la mujer vestida de hombre es un tipo que aparece con frecuencia en las tablas durante el siglo XVII. Pero, aunque Leonor no es la primera «mujer varonil» en agarrar una espada y amenazar a su adversario en una comedia, se destaca de la multitud de deshonradas y bandoleras que pueblan los corrales de la época en que, a diferencia de ellas, ve a través de las baladronadas masculinas. Termina dominando tan bien la retórica del honor que aventaja a don Juan. Sin embargo, le vence no recurriendo a las tácticas varoniles de la amenaza y la violencia, sino mediante la razón y la verdad. En su estudio del travestismo, Vern y Bonnie Bullough señalan que en los siglos XVI y XVII, las diferencias entre los géneros eran más flexibles de lo que parecen (1993, 74) y que bajo ciertas circunstancias era aceptable

---

3. En 1986, Alfredo Rodríguez López-Vásquez publicó un estudio de *El burlador de Sevilla* en el cual sugirió que el autor de la obra no era Tirso sino Andrés de Claramonte. Otros investigadores —entre ellos Luis Vázquez Fernández y James A. Parr— han rechazado esta hipótesis.

4. obra dentro de una obra, u obra en la cual los personajes se muestran conscientes de su cualidad de seres ficticios dentro de una producción teatral. Por medio de técnicas metateatrales la dramaturga comenta sobre ciertos aspectos de la *comedia*. Se burla, por ejemplo, del héroe de honor, con su propensión a jurar y a reñir.

que las mujeres asumieran papeles masculinos.[5] Al borrar la división genérica entre hombres y mujeres y al crear un personaje que representa un desafío para los estereotipos, Caro subvierte la estructura social patriarcal (Mujica, «Performance Text» 21).

Una segunda diferencia importante entre Leonor y otras mujeres vestidas de hombre es su pureza sexual. Aunque don Juan la ha galanteado y ha prometido casarse con ella, no ha conseguido que se entregue. Su «deshonra» consiste en una humillación, no en una desfloración. Al final del segundo acto don Juan confirma la inocencia de Leonor:

D. JUAN   Que la quise es muy cierto,
          mas no ofendí su honor, esto os advierto.
LEONOR    Muy fácil sois, don Juan: pues ¿sin gozalla
          pudisteis olvidalla? (II, 1676–79)

El hecho de que sea virgen le da a Leonor una autoridad moral que los autores normalmente no les conceden a las protagonistas disfrazadas de hombres.

La teoría de la recepción[6] hace hincapié en la multitud de reacciones generada por cualquier obra de teatro. Según Lola Luna, tanto los *doctos como el vulgo* gozaban de las comedias de Caro (1995, 11), pero es a las espectadoras a quienes *Valor, agravio y mujer* habla con más elocuencia, pues ellas son las que tendrían una mayor propensión a resistir el dominio patriarcal. Jeanie Forte subraya la significación especial que tiene para una espectadora el hecho de que una obra haya sido escrita por una mujer (30). Forte afirma asimismo que existe una especie de comunicación secreta entre la dramaturga, la actriz y la espectadora en cualquier pieza producida por una mujer.[7] En *Valor, agravio y mujer* Caro aprovecha este vínculo entre mujeres en el pasaje del segundo acto en el que Ribete, en una conversación con Tomillo, otro criado, comenta que «aun quieren poetizar / las mujeres, y se atreven / a hacer comedias ya» (II, 1168–1170), ofreciendo entonces una lista de mujeres que se han distinguido en las letras.

Amy Williamsen ve este comentario como una respuesta de parte de Caro a los que posiblemente la criticaran por haberse introducido en el mundo masculino de las letras («Rewriting in the Margins» 28). A su vez, Teresa Soufas lo ve como la autoafirmación de una autora que se niega a ser calificada de inferior ("Ana Caro's Re-evaluation" 91). Por otra parte, Sharon Voros cita el pasaje como una subversión del *exemplum* que demuestra la resistencia de las mujeres a modos de comportamiento dictados por los hombres («Calderón's Writing Women» 130). Finalmente, Catherine Larson comenta que el uso del humor le permite a Caro llamar la atención a «*both her gender and her genre,* abriendo para la discusión el tema de qué papeles les convienen a las mujeres» (133–34). Desde la perspectiva de la representación, este

5. Véanse también los libros de Constance Jordan y Margaret King sobre los oficios de mujeres y conceptos de feminidad en la temprana modernidad. Sobre el travestismo en el teatro y en la sociedad, véanse los estudios de Judith Butler, Harry Vélez-Quiñones y Kathleen Regan citados en la Bibliografía.
6. *spectator response theory.* Sobre este tema en relación con la comedia, véanse los dos artículos de Catherine Connor citados en la Bibliografía.
7. Sobre *woman-conscious theater,* véase también Jill Dolan 86–97.

pasaje le da a la dramaturga la oportunidad de explotar la «comunicación secreta» de la cual habla Forte, forjando un vínculo con espectadoras que entenderían el comentario de Ribete como una burla del machismo intelectual. A fin de cuentas, resulta algo absurdo que Ribete y Tomillo, quienes, como lacayos, viven al margen del poder, se sientan superiores a las mujeres. Al mismo tiempo, Caro hace consciente al público —a hombres tanto como a mujeres— de que por su misma presencia en el corral, confirman el valor de un texto teatral producido por una *dramaturga* (Mujica, «Performance Text» 25).

El hecho de que la comedia termine en boda ha llevado a varios críticos a concluir que Caro es, al fin y al cabo, una tradicionalista que defiende el *status quo*. Luna, por ejemplo, concluye que la obra «refleja y refuerza las creencias y los valores dominantes» (31), y Soufas afirma que, aunque Caro presenta nuevos modelos de comportamiento, sigue promoviendo el matrimonio como el objetivo de la mujer ("Ana Caro's Re-evaluation" 86). Pero, en realidad, Leonor quiere algo más que un matrimonio. Su objetivo es rebajar al hombre que la ha ofendido. Ella misma dice que no la motiva el amor, sino el honor. Don Juan la ha deshonrado socialmente aunque no la ha ultrajado físicamente, y su decisión de seguirlo y de presionarlo cuando lo encuentre revela poca compasión de su parte. Al final de la obra lo tiene exactamente como ella y las espectadoras lo quieren: de rodillas. Una vez que don Juan reconoce su culpabilidad y grita «Yo la quiero», Leonor ha triunfado. Algunos críticos han subrayado que, por regla general, la boda al final de una comedia no ofrece una verdadera resolución. Es, como señala Walter Kerr, sencillamente una estrategia para terminar la obra. Así, Soufas y Elizabeth Ordóñez alegan que aunque Caro *aparenta* mantener la convención social, en realidad subvierte el modelo patriarcal al presentar a Leonor como superior moralmente a los hombres que la rodean.

Un ejemplo de la finura de Leonor es su trato con Ribete, a quien reconoce como amigo en vez de criado. Caracteriza la temprana modernidad una nueva actitud hacia el individuo que otorga menos importancia a su clase social que a su virtud. En contraste con la rigidez social propia de sus contemporáneos, Caro adopta una actitud sorprendentemente democrática.

Es difícil adivinar cómo habrá sido una producción de *Valor, agravio y mujer* durante la época de Ana Caro. El teatro barroco retrata una sociedad decadente en la que la apariencia es a menudo más importante que la verdad. Así, Caro pinta un mundo caótico en el cual los papeles normales están trastocados. El ambiente claustrofóbico y asfixiante se comunica al público a través de la escenografía. A diferencia de *El conde Partinuplés, Valor, agravio y mujer* contiene pocas acotaciones para ayudar a los actores y al director, excepto al principio, donde se especifica que la acción tiene lugar en un bosque durante una tempestad. Sin embargo, el diálogo deja claro que la mayoría de las escenas tienen lugar en la oscuridad, la cual refleja la desorientación de los personajes, quienes, salvo Leonor, están siempre «en la oscuridad» en cuanto a la identidad e intenciones de los otros.[8]

Caro era poco cuidadosa en cuanto a la estructura, el espacio y el movimiento, a veces cre-

---

8. Durante la época de Caro las comedias se representaban por la tarde. Por lo tanto, la oscuridad se comunicaba a través del diálogo o la indumentaria. Por ejemplo, una capa negra a menudo indicaba que la acción tenía lugar durante la noche.

ando situaciones imposibles en cuanto a la ubicación de los personajes. Por ejemplo, en el Acto 1, Escena 8, el príncipe Ludovico anuncia que va a llevar a Estela y a Lisarda al palacio. Las acotaciones indican que las damas salen con el príncipe. Don Fernando y don Juan se quedan en el bosque conversando, y entonces Fernando invita a su compañero al palacio. El diálogo indica que los dos se van con Tomillo. Entonces, Leonor y Ribete aparecen en escena, aparentemente en un camino que va al palacio, seguidos de Fernando y Ludovico, supuestamente en el mismo camino. Sin embargo, los dos no partieron juntos, ya que Fernando lo hizo con don Juan, y Ludovico con las mujeres. La escena sólo tiene lógica interna si Fernando y Ludovico se hubieran encontrado en palacio y hubieron vuelto a salir juntos, pero no hay ningún indicio en el texto de que esto haya pasado. A través de la comedia los personajes salen y vuelven a aparecer en lugares improbables, forzando al espectador a inventar explicaciones.[9] Hay que señalar, sin embargo, que este tipo de descuido no es particular de Caro.[10] Por lo general, hay pocas acotaciones en los textos de comedias del siglo XVII, ya que los dramaturgos y directores a menudo inventaban la coreografía escénica en los ensayos. Laura Gorfkle ha estudiado el posible uso de apariencias[11] en esta obra, dándonos una idea de cómo se habrían montado algunas de las escenas.

Hasta fines de los años setenta la crítica aceptaba como lugar común que las mujeres del siglo XVII aprobaran los valores propagados por las comedias escritas por los grandes dramaturgos de la época. Si damas como Mencía en *El médico de su honra,* de Calderón, se sometían a las exigencias del código de honor, era porque formaban parte de una sociedad cuyos procedimientos apoyaban, aun cuando ellas mismas terminaban siendo sus víctimas. *Valor, agravio y mujer* demuestra que por lo menos algunas mujeres rechazaban el paradigma patriarcal y vislumbraban una sociedad más equitativa que la que se representaba en los corrales.

## Valor, agravio y mujer

### Acto primero (fragmentos)

(*Sale doña Leonor vestida de hombre, bizarra,[12] y Ribete, lacayo.*)

LEONOR   En este traje podré
cobrar mi perdido honor.

RIBETE   Pareces el Dios de amor.
¡Qué talle, qué pierna y pie!
Notable resolución
fue la tuya, mujer tierna
y noble.

LEONOR       Cuando gobierna
la fuerza de la pasión,

9. Para un análisis de la obra como texto para representar, véase Mujica, "Women Directing Women: Ana Caro's *Valor, agravio y mujer* as Performance Text."
10. Isaac Benabu ha estudiado el problema de la escasez de indicaciones para actores y directores en las comedias de los siglos XVI y XVII en "Interpreting the *comedia* in the Absence of a Performance Tradition."
11. *stage devices*
12. elegante, apuesta

no hay discurso cuerdo o sabio
en quien ama; pero yo,
mi razón, que mi amor no,
consultada con mi agravio,
voy siguiendo en las violencias
de mi forzoso destino,
porque al primer desatino
se rindieron las potencias.
Supe que a Flandes venía
este ingrato que ha ofendido
tanto amor con tanto olvido,
tal fe con tiranía.
Fingí en el más recoleto[13]
monasterio mi retiro,
y sólo a ocultarme aspiro
de mis deudos[14]; en efecto,
no tengo quien me visite
si no es mi hermana, y está
del caso avisada ya
para que me solicite
y vaya a ver con engaño,
de suerte[15] que, aunque terrible
mi locura, es imposible
que se averigüe su engaño.
Ya, pues me determiné
y atrevida pasé el mar,
o he de morir o acabar
la empresa que comencé,
o a todos los cielos juro
que, nueva Amazona,[16] intente,
o Camila[17] más valiente,
vengarme de aquel perjuro[18]
aleve.[19]

13. retirado, apartado
14. parientes
15. manera
16. Guerrera de una de las razas mitológicas bélicas gobernadas enteramente por mujeres, que los antiguos creían que habían existido en los tiempos heroicos.
17. Personaje de la *Eneida* que vive consagrado a Diana en medio de la selva. Cazadora y guerrera, representa, como la Amazona, a la mujer fuerte e independiente.
18. sacrílego
19. desleal, traidor

RIBETE              Oyéndote estoy,
y ¡por Cristo![20] que he pensado
que el nuevo traje te ha dado
alientos.

LEONOR           Yo, ¿soy quien soy?
Engáñaste si imaginas,
Ribete, que soy mujer:
mi agravio mudó mi ser.

RIBETE    Impresiones peregrinas[21]
suele hacer un agravio:
ten que la verdad se prueba
de Ovidio,[22] pues Isis nueva
de oro guarneces el labio[23];
mas, volviendo a nuestro intento,
¿matarásle?

LEONOR              Mataré.
¡Vive Dios!

RIBETE              ¿En buena fe?[24]

LEONOR    ¡Por Cristo!

RIBETE              ¿Otro juramento?
Lástima es...

LEONOR              Flema gentil
gastas.[25]

RIBETE           Señor Magallanes,
a él y a cuantos don Juanes,
ciento a ciento y mil a mil,
salieren.

LEONOR           Calla, inocente.

RIBETE    Escucha, así Dios te guarde:
¿por fuerza he de ser cobarde?
¿no habrá un lacayo valiente?

---

20. *For Christ's sake. Ribete can use oaths or swear words because he is a man. Leonor, who is dressed as a man, will adopt masculine language and use swear words herself several lines down.*

21. extrañas

22. En *Metamorfosis*, IX, vv. 666–797, el poeta latino Ovidio relata la transformación de Ifis en hombre con la ayuda de Isis, la diosa solar.

23. *According to Ovid's story, Ligdo wanted a son, so when his wife gave birth to a girl, Ifis, he had her raised as a boy. Ifis became engaged to a young girl and her mother, fearful of the outcome, begged the goddess Isis to transform her into a boy, which Isis did. Ribete says that Leonor has become a new Isis by performing her own metamorphosis, that is, by transforming her speech into that of a man.*

24. **En...** *¿de veras?*

25. **Flema...** *You're wasting your breath.*

LEONOR   Pues ¿por eso te amohínas?[26]

RIBETE   Estoy mal con enfadosos
que introducen los graciosos
muertos de hambre y gallinas.[27]
El que ha nacido alentado,[28]
¿no lo ha de ser si no es noble?,
que ¿no podrá serlo al doble
del caballero el criado?

LEONOR   Has dicho muy bien; no en vano
te he elegido por mi amigo,
no por criado.

RIBETE                    Contigo
ya Ribete el sevillano
bravo que tuvo a lacería[29]
reñir con tres algún día,
y pendón rojo añadía
a los verdes de la feria[30];
pero tratemos del modo
de vivir que has de hacer
ahora.

LEONOR             Hemos menester,
para no perderlo todo,
buscar, Ribete, a mi hermano.

RIBETE   ¿Y si te conoce?

LEONOR                              No
puede ser, que me dejó
de seis años, y está llano[31]
que no se puede acordar
de mi rostro; y si privanza[32]
tengo con él, mi venganza
mi valor ha de lograr.

---

26. enojas

27. *Cowardly, "chicken." Ribete protests that lackeys are always depicted as dying of hunger and gutless. Just as Leonor creates a new identity for herself, so Ribete intends to break with the traditional image of the lackey and show that he is strong and brave.*

28. animoso, valiente

29. **a...** poca cosa

30. *The reference is to the Barrio de la Feria or de la Cruz Verde, a neighborhood in Seville inhabited by hoodlums and prostitutes. Ribete brags that when he lived there, he thought it was a pittance to duel with three men in a single day and that to the green banner of the district he added a red (bloody) one.*

31. claro, obvio

32. confianza, predilección

RIBETE    ¿Don Leonardo, en fin, te llamas,
          Ponce de León?

LEONOR                              Sí llamo.

RIBETE    ¡Cuántas veces, señor amo,
          me han de importunar las damas
          con el recado o billete!
          Ya me parece comedia,
          donde todo lo remedia
          un bufón medio alcahuete.[33]
          No hay fábula, no hay tramoya,[34]
          adonde no venga al justo
          un lacayo de buen gusto,
          porque si no, ¡aquí fue Troya![35]

*[Leonor, vestida de hombre, se presenta a Fernando, su hermano, quien no la reconoce. Fernando le cuenta la historia de cómo don Juan burló a una dama sevillana. Leonor se pone furiosa, pero no puede articular su rabia hasta encontrarse sola.]*

LEONOR    ¿Adónde cielos, adónde
          vuestros rigores se encubren?
          ¿Para cuándo es el castigo?
          La justicia, ¿dónde huye?
          ¿dónde está? ¿Cómo es posible
          que esta maldad disimule?
          ¡La piedad en un aleve[36]
          injusta pasión arguye!
          ¿Dónde están, Jove,[37] los rayos?
          ¿Ya vive ocioso e inútil
          tu brazo? ¿Cómo traiciones
          bárbaras y enormes sufres?
          ¿No te ministra Vulcano,[38]
          de su fragua y de su yunque,
          armas de fuego, de quien
          sólo el laurel[39] se asegure?

33. *go-between*
34. enredo, intriga
35. **Aquí**... sería la destrucción total
36. traidor
37. Júpiter. En la temprana modernidad se emplea como eufemismo de «Dios».
38. dios romano del fuego y de la metalurgia
39. gloria adquirida por acciones heroicas

Némesis[40] ¿dónde se oculta?
¿A qué dios le sustituye
su poder, para que grato
mi venganza no ejecute?
Las desdichas, los agravios,
que la suerte comunes.
No importa el mérito, no
tienen precio las virtudes.
¿Tan mal se premia el amor,
que a número no reduce
un hombre tantas finezas
cuando de noble presume?
¿Qué es esto, desdichas? ¿Cómo
tanta verdad se desluce,
tanto afecto se malogra,
tal calidad se destruye,
tal sangre se deshonra,
tal recato se reduce
a opiniones,[41] tal honor,
cómo se apura y consume?
¿Yo aborrecida y sin honra?
¿Tal maldad los cielos sufren?[42]
¿Mi nobleza despreciada?
¿Mi casta opinión[43] sin lustre?
¿Sin premio mi voluntad?
Mi fe, que las altas nubes
pasó y llegó a las estrellas,
¿es posible que la injurie
don Juan? ¡Venganza, venganza,
cielos! El mundo murmure,
que ha de ver en mi valor,
a pesar de las comunes
opiniones, la más nueva
historia, la más ilustre
resolución que vio el orbe.
Y, ¡juro por los azules

40. personificación de la venganza divina
41. chismes
42. toleran, aguantan
43. reputación

velos del cielo y por cuantas
en ellos se miran luces,
que he de morir o vencer,
sin que me den pesadumbre
iras, olvidos, desprecios,
desdenes, ingratitudes,
aborrecimientos, odios!
Mi honor en la altiva cumbre
de los cielos he de ver,
o hacer que se disculpen
en mis locuras mi yerros
o que ellas mismas apuren
con excesos cuánto pueden,
con errores cuánto lucen
valor, agravio y mujer,
si en un sujeto[44] se incluyen. *Vase.*

### Acto segundo (fragmento)

RIBETE   ¿Qué intenta Leonor, qué es esto?
Mas es mujer, ¿qué no hará?
que la más compuesta tiene
mil pelos de Satanás.
                    (*Sale* TOMILLO... )

TOMILLO   ¿Qué hay en el lugar de nuevo?

RIBETE   Ya es todo muy viejo allá;
sólo en esto de poetas[45]
hay notable novedad
por innumerables, tanto,
que aun quieren poetizar[46]
las mujeres, y se atreven
a hacer comedias ya.

TOMILLO   ¡Válgame Dios! Pues ¿no fuera
mejor coser e hilar?
¿Mujeres poetas?

RIBETE                    Sí;
mas no es nuevo, pues están
Argentaria, Sofoareta,

44. persona
45. dramaturgos
46. escribir obras de teatro

Blesilla,[47] y más de un millar
de modernas, que hoy a Italia
lustre soberano dan,
disculpando la osadía
de su nueva vanidad.

TOMILLO  Y decidme...

RIBETE            ¡Voto a Cristo,
que ése es mucho preguntar!

*[En la oscuridad Leonardo / (Leonor) se enfrenta a don Juan, quien busca a Estela.]*

LEONOR  ¿Quién va, hidalgo?

D. JUAN            Quien sabe
ir adonde le parece.[48]

LEONOR  Él es. ¡Respuesta galante! (*Aparte.*)
No irá sino quiero yo.

D. JUAN  ¿Quién sois vos para estorbarme
que me esté o me vaya?

LEONOR            El diablo.

D. JUAN  ¿El diablo? ¡Lindo descarte![49]
Es poco un diablo.

LEONOR            Ciento
mil millares soy si me enojo.

D. JUAN            ¡Gran tropa!

LEONOR  ¿Burláisos?

D. JUAN            No soy bastante
a defenderme de tantos;
y así, os pido, si humildades
corteses valen con diablos,
que los llevéis a otra parte,
que aquí, ¿qué pueden querer?

(*Aparte*)  (Estime que aquí me halle

---

47. Argentaria, la mujer de Lucano (39–65), poeta latino de origen hispano, solía terminar los versos que su marido dejaba incompletos. Safoareta es, según Luna, una combinación de Safo y Areta (1993 *Valor* 115). La poeta griega Safo vivió a fines del siglo VII y a principios del siglo VI a.C. Sólo nos quedan algunos fragmentos de sus nueve libros. Areta, hija y discípula de Arístipo el Viejo, fundó la escuela filosófica cirenaica. Blesilla fue hija de Santa Paula, para quien san Jerónimo escribió algunas de sus epístolas sobre la educación de las mujeres. Luna señala que estas mujeres fueron a menudo citadas como *ejempla* en los textos feministas del Renacimiento (1993 *Valor* 115–16). Véase también Sharon Voros, «Calderón's Writing Women and Women Writers: The Subversion of the Exempla».

48. *Caro is mocking the kind of macho standoffs typical of the* drama de honor.

49. pretexto, excusa

este alentado y que temo
perder el dichoso lance
de hablar a Estela esta noche.)

LEONOR Digo yo que querrán darle
a los como vos ingratos
dos docenas de pesares.

D. JUAN ¿Y si no los quiero?

LEONOR                              ¿No?

D. JUAN Demonios muy criminales
traéis; moderaos un poco.

LEONOR Vos muy civiles donaires.
O nos hemos de matar,
o solo habéis de dejarme
en este puesto, que importa.

D. JUAN ¿Hay tal locura? Bastante
prueba es ya de mi cordura
sufrir estos disparates;
pero me importa: el matarnos
fuera desdicha notable,
y el irme será mayor;
que los hombres de mis partes[50]
jamás violentan su gusto
con tan precisos desaires[51];
demás de que tengo dada
palabra aquí, de guardarle
el puesto a un amigo.

LEONOR                              Bien;
si como es justo guardasen
los hombres de vuestras prendas
otros preceptos más graves
en la ley de la razón
y la justicia, ¡qué tarde
ocasionaran venganzas!
Mas, ¿para qué quien no sabe
cumplir palabras,[52] las da?

50. **los**... *real men like me.* (*"Partes" is slang for the male reproductive organs.*)
51. desprecios, insultos
52. **cumplir**... *keep a promise (Throughout this passage Leonor tells Don Juan the truth regarding his betrayal of her in Seville, but because he doesn't recognize her, he misses her meaning. Much of the humor in the scene stems from the fact that the audience understands Leonor's double meanings, while Don Juan doesn't.)*

¿Es gentileza, es donaire,
es gala o es bizarría?

D. JUAN (*Aparte*) (Éste me tiene por alguien
que le ha ofendido; bien puedo
dejarle por ignorante.
No os entiendo, ¡por Dios vivo!)

LEONOR Pues yo sí me entiendo, y baste
saber que os conozco, pues
sabéis que hablo verdades.

D. JUAN Vuestro arrojamiento[53] indica
ánimo y valor tan grande,
que os estoy aficionado.[54]

LEONOR Aficionado es en balde[55];
no es ésta la vez primera
que de mí os aficionasteis,
mas fue ficción, porque sois
aleve, ingrato, mudable,
injusto, engañador, falso,
perjuro, bárbaro, fácil,
sin Dios, sin fe, sin palabra.

D. JUAN Mirad que no he dado a nadie
ocasión para que así
en mi descrédito hable,
y por estar donde estáis
escucho de vos ultrajes
que no entiendo.

LEONOR                    ¿No entendéis?
¿No sois vos el inconstante
que finge, promete, jura,
ruega, obliga, persuade,
empeña palabra y fe
de noble, y falta a su sangre,
a su honor y obligaciones,
fugitivo al primer lance,
que se va sin despedirse
y que aborrece sin darle
ocasión?

53. energía
54. **os**... me estáis gustando
55. vano

| | |
|---|---|
| D. JUAN | Os engañáis. |
| LEONOR | Más valdrá que yo me engañe. |
| | ¡Gran hombre que sois en la fuga! |
| D. JUAN | Más cierto será que falte |
| | luz a los rayos del sol, |
| | que dejar yo de guardarle |
| | mi palabra a quien la di. |
| LEONOR | Pues mirad; yo sé quién sabe |
| | que disteis una palabra, |
| | que hicisteis pleito homenaje[56] |
| | de no quebrarla, y apenas |
| | disteis al deseo alcance, |
| | cuando se acabó. |
| D. JUAN | Engañáisos. |
| LEONOR | Más valdrá que yo me engañe. |
| D. JUAN | No entiendo lo que decís. |
| LEONOR | Yo sí lo entiendo. |
| D. JUAN | Escuchadme. |
| LEONOR | No quiero de vuestros labios |
| | escuchar más falsedades, |
| | que dirán engaños nuevos. |
| D. JUAN | Reparad... |
| LEONOR | No hay que repare, |
| | pues no reparasteis vos; |
| | sacad la espada. |
| D. JUAN | Excusarse |
| | no puede ya mi cordura |
| | ni mi valor, porque es lance |
| | forzoso... |

### Acto tercero (fragmentos)

*[Leonardo (Leonor) se declara defensor de la dama sevillana burlada por don Juan y revela que esta dama es hermana de don Fernando. Don Juan se pone celoso, reconociendo que aún la quiere. Fernando se prepara para sacar la espada contra don Juan para defender su honor cuando Leonor sale vestida de mujer.]*

| | |
|---|---|
| LEONOR | Yo la adoro. |
| D. JUAN | Yo la quiero. |
| LEONOR | ¡Qué gusto! |

56. **hicisteis**... juraste

| | |
|---|---|
| D. JUAN | ¡Qué pesadumbre! |
| LEONOR | ¡Qué satisfacción! |
| D. JUAN | ¡Qué celos! |

D. JUAN

Yo no me puedo casar
con doña Leonor, es cierto,
aunque muera Leonardo[57];
antes moriré primero.
¡Ah, si hubiera sido honrada![58]

DON FERNANDO  ¡Qué laberinto tan ciego!
Dice bien don Juan, bien dice,
pues si casarla pretendo
con Leonardo, ¿cómo puede,
vivo don Juan?[59] Esto es hecho:
todos hemos de matarnos
yo no hallo otro remedio.

LUDOVICO  Ni yo le miro, ¡por Dios!,
y ése es bárbaro y sangriento.

LEONOR  En efecto, si Leonor
no rompiera el lazo estrecho
de tu amor, y si no hubiera
admitido mis empeños,
¿la quisieras?

D. JUAN  La adorara.

LEONOR  Pues a Leonor verás presto
y quizá de tus engaños
podrás quedar satisfecho...

*(Sale Doña Leonor de dama bizarra.)*

LEONOR  Hermano, Príncipe, esposo,
yo os perdono el mal concepto
que habéis hecho de mi amor,
si basta satisfaceros
haber venido constante
y resulta...

RIBETE  ¿Qué es aquesto?

LEONOR  Desde España hasta Flandes

57. Don Juan cree que Leonor le ha sido infiel con Leonardo.

58. Nótese la ironía de este comentario. Don Juan es el que se ha comportado deshonradamente.

59. Fernando no puede casar a Leonor con «Leonardo» porque don Juan ha reconocido que le dio su palabra de casarse con ella. Aunque se había estipulado en el Concilio de Trento que un matrimonio sólo era válido si se realizaba ante testigos, según las normas de la época, una promesa de matrimonio bastaba para que una pareja se considerara casada. Don Juan comenta en una escena anterior que si muere, Leonor quedará viuda. Es decir, Fernando no puede casar a su hermana con «Leonardo» porque la supone casada con don Juan.

y haberme arrojado al riesgo
de matarme tantas veces;
la primera, en el terrero,
retirando a Ludovico
y a mi propio esposo hiriendo,
y hoy, cuando guardó a Palacio
mi valor justo respeto,
y deslumbrando a mi hermano,
fingir pude engaños nuevos,
y ahora, arrojada y valiente,
por mi casto honor volviendo,[60]
salí a quitarte la vida,
y lo hiciera, ¡vive el cielo!
a no verte arrepentido
que tanto puede en un pecho
valor, agravio y mujer.
Leonardo fui, mas ya vuelvo
a ser Leonor. ¿Me querrás?

D. JUAN          Te adoraré.

RIBETE                    Los enredos
de Leonor tuvieron fin...

*Temario*

1. La función del travestismo en *Amor, agravio y mujer*
2. La identidad sexual: ¿cómo se define en la obra?
3. Las personalidades masculina y femenina de doña Leonor
4. La función de los *exempla*
5. Los elementos metateatrales
6. Aspectos «democráticos» de *Amor, agravio y mujer*: la relación entre Ribete y Leonor
7. La importancia de la pureza sexual
8. El humor en *Amor, agravio y mujer*
9. Posibles reacciones del público: ¿Serían las de los hombres iguales a las de las mujeres?
10. La complicidad entre dramaturga, actores y público: ¿Existe una complicidad especial entre actrices y espectadoras?
11. Elementos feministas de la obra
12. La subversión del concepto tradicional de don Juan
13. *Amor, agravio y mujer* y el público moderno
14. Un elenco ideal para *Amor, agravio y mujer*

---

60. En el Acto Segundo, versos 1676–79, Caro insiste en la virginidad de Leonor. Véase la introducción a «Ana Caro, pagina 178».

# Marcela de San Félix: «Discípula de aquella fecunda Vega» y dramaturga por derecho propio ❧

MARCELA DEL CARPIO (1605–1687), hija natural de Lope de Vega y de la actriz Micaela Luján, fue poeta y dramaturga en el convento madrileño de san Ildefonso de las Trinitarias, donde tomó el nombre de Marcela de San Félix. Aunque apenas se la conoce fuera de los círculos universitarios, hay críticos que opinan que algunos de sus versos son tan logrados como los de su famoso padre.

En la casa de Lope en Madrid se encuentra un retrato al óleo anónimo de Marcela, pintado entre 1635 y 1687. Aparece sobre fondo oscuro. Viste el hábito de su Orden, blanco con capa marrón, con la cruz roja y azul de las Trinitarias en el pecho y en el hombro izquierdo de la capa. La inscripción en la parte inferior del cuadro nos da una idea de su posición en el convento y de la estima de sus hermanas en religión: «Nuestra Venerable madre Marcela de San Félix: sujeto de un siglo vistió nro.[1] santo hábito en la edad de 15 años. A la religión sirvió infatigablemente en los ministerios de prelada, maestra, y semejantes sin interrupción, y siempre idea perfecta, viva de observancia rigurosa. Al adorno admirable de su persona concurrió, compitió naturaleza, y gracia aquella dotándola esmeradamente de discreción soberana. De pacibilidad[2] severa, y está iluminándola de copiosos dones del Espíritu Santo. En los rigores de la perfección monástica fue copia de Santa Clara.[3] Viva imagen fue de Santa Teresa en sus celestiales luces dulzuras espirituales. En 9 de enero de 1687, y de su edad de 82 falleció para eternamente triunfar. Clama: Seguidme. Suspiramos: Viva, reine feliz, ruegue sin fin por todos».[4]

Lope de Vega, el dramaturgo más influyente y exitoso de su época y el que definió la co-

---

1. nuestro
2. apacibilidad, bondad
3. santa Clara de Asís (¿1193?–1253), fundadora de la Orden de las Clarisas, religiosas franciscanas
4. Para una descripción detallada y una reproducción, véase González Martel, *Casa Museo de Lope de Vega*, 106.

media para generaciones posteriores, fue un hombre no sólo de talentos sino también de apetitos prodigiosos. Llevó una vida extraordinariamente desordenada, seduciendo a una mujer tras otra. Residía en Toledo cuando comenzaron sus amores con la madre de Marcela, una comedianta conocida y esposa de un actor. Al año después de nacer Marcela, la segunda esposa de Lope, Juana de Guardo, dio a luz a Carlos Félix, el primero de sus hijos varones reconocidos. A principios de 1607 Micaela tuvo otro hijo con Lope, un niño llamado Lope Félix (y conocido como «Lopito»), dos años menor que Marcela. La relación entre Lope y Micaela terminó en 1608 y no tenemos datos sobre la vida de ella después de esta fecha. Carlos Félix murió a los seis años, en 1612. En 1613 Lope llevó a Marcela y a Lopito a su casa en Madrid. Ese mismo año falleció Juana de Guardo como consecuencia del parto de Feliciana Félix. Lope, angustiado por el desarreglo de su vida, se ordenó sacerdote, pero aun después de tomar votos en 1614, no abandonó sus galanteos.

Al año siguiente se enamoró de Marta de Nevares, casada, quien le daría una hija, Antonia Clara, en 1617. Doce años antes, Lope había conocido al duque de Sessa, un importante benefactor de la comunidad artística, y había llegado a ser su secretario. De adolescente, Marcela se vio obligada a servir de mensajera y secretaria del secretario. Sessa estaba fascinado con las aventuras amorosas de su renombrado protegido y exigía copias de las cartas que Lope cruzaba con sus amantes. A Marcela le tocó ayudar a duplicar la correspondencia entre su padre y Marta.

Hija natural de un padre con dos hijos legítimos, era normal que Marcela tomara el velo. Arenal y Sabat de Rivers señalan que ella misma tomó la decisión de entrar en el convento, influenciada por tres acontecimientos que interpretó como augurios: el nacimiento de su mediohermano y de su mediohermana; el intento de secuestro de Antonia Clara por parte del burlado marido de Marta de Nevares, y la ceguera súbita e inesperada de ésta (8). Marcela ingresó en las Trinitarias de adolescente y profesó en 1623, pasando casi su vida entera en el convento, a una breve distancia de la casa de Lope en la calle de Francos. Después de su profesión, la familia siguió padeciendo tragedias, entre las cuales habrá que mencionar el trastorno mental de Marta de Nevares, que ocurrió en 1628, la muerte de Lope Félix durante la expedición a la isla caribeña de Margarita en 1634 y, en el verano de este mismo año, el rapto de Antonia Clara. Al año siguiente murió Lope y Marcela miraría pasar su cortejo fúnebre desde la reja de su claustro, evento inmortalizado en una pintura de Suárez Llanos que se encuentra en el Museo Municipal de Madrid. El famoso dramaturgo dejó como única heredera a su hija legítima, Feliciana Félix.

Comparada con el caos de su niñez, marcada por los excesos pasionales de su padre y sus arranques de arrepentimiento, además de por libelos, litigaciones e intensas rivalidades con otros escritores, la vida conventual tiene que haberle parecido relativamente sosegada a Marcela. En una biografía escrita después de su muerte se relata que «ella decía que sus padres la tenían poco amor y que por huir sus molestias se había venido al sagrado como los delincuentes cuando huyen de la Justicia» (citado por Arenal y Sabat de Rivers 10). En el convento desempeñó numerosos oficios, desde los de cocinera y gallinera hasta los de provisora, maes-

*Marcela de San Félix*, de Ignacio Suárez Llanos. Sor Marcela nunca tuvo el respaldo de su padre en su actividad literaria.

tra de novicias y prelada. Además, escribió poesía y obras de teatro —que ella misma dirigía y en las cuales actuaba— para la edificación y entretenimiento de las monjas.

Quizá en un acto de humildad o quizá por orden de su confesor, sor Marcela quemó cuatro de sus manuscritos, dejando sólo uno para la posteridad. Al principio del siglo XX Serrano y Sanz publicó cuatro de los seis coloquios de este manuscrito y tres de las ocho loas (una de ellas incompleta), además de romances, liras y otras poesías. Aunque se reprodujeron selecciones de sus escritos en diversos estudios y compilaciones, no fue sino hasta 1988 cuando, después de una meticulosa labor de investigación, Arenal y Sabat de Rivers publicaron su obra completa existente, llamando así la atención del mundo académico sobre su obra. En el año 2000, Susan Smith publicó un pequeño drama alegórico titulado *Breve festejo*, destinado a ser representado en la víspera de la Epifanía, el cual descubrió en una colección de *Vidas* en los archivos del convento de las Trinitarias en Madrid. Aunque la pieza no está firmada, al analizar su fecha de composición y su contenido y forma, Smith concluyó que probablemente fuera de sor Marcela.

Lope de Vega le dedicó una obra, *Los hijos de Belén*, a su hijo Carlos Félix y otra, *El verdadero amante*, a su otro hijo, Lope Félix. A Marcela le dedicó una comedia de amor, *El remedio en la desdicha*, tal vez para disuadirla de entrar en el convento (Arenal y Sabat de Rivers 16). Curiosamente, es su hija la que siguió sus pasos al dedicarse a la poesía y a la dramaturgia, y fue precisamente el haber ingresado en la religión lo que le permitió escribir. Las ideas de Lope sobre la mujer eran más bien convencionales, como muestra Melveena McKendrick en su estudio de la mujer varonil en la comedia, y el gran dramaturgo no alentó las inclinaciones literarias de su hija. Arenal y Sabat de Rivers observan que «si Lope conocía la afición literaria de su hija, y es difícil creer lo contrario, no se dio nunca por enterado» (17). Señalan que si bien favoreció al marido de Feliciana, su hija legítima, con el encargo de preparar para publicación ciertas de sus obras, cuando fue raptada y abandonada su hija natural Antonia Clara, niña con talento en los campos del drama y de la música, la vilipendió y la echó de la casa. Arenal y Sabat de Rivers han vislumbrado rasgos de tristeza o de resentimientos en la obra de Marcela. «Varios recursos, incluyendo el humor y el sarcasmo, son disfraces del dolor» (17). Sin embargo, es imposible pensar que la presencia de mujeres talentosas, inteligentes y dinámicas como Marcela y Antonia Clara en su vida no influyera en Lope, quien produjo numerosos personajes femeninos fuertes, perspicaces y aun letrados, aunque es cierto que siempre terminan renunciando a sus pretensiones intelectuales y casándose.

Las Trinitarias Descalzas eran una orden reformada que aceptaba normas semejantes a las que imponía santa Teresa en sus conventos. Además de los votos de pobreza, castidad y obediencia, se sometían (y siguen sometiéndose) a otro: el de no aspirar a honores. La importancia que la Orden le da a la humildad tiene resonancia en la obra de Marcela y tal vez influyó en la decisión de quemar sus manuscritos. Así que las aserciones de humildad que llenan su obra no se pueden atribuir sólo a las fórmulas literarias tan comunes en aquella época. Sin embargo, conviene recordar que la humildad, una de las principales virtudes cristianas, no se entendía como apocamiento o pusilanimidad. No requería la falsa modestia o el repudio de los talentos de uno, sino el reconocimiento desapasionado y honesto de su propio valor. Por decirlo de otra forma, la humildad es, sencillamente, la ausencia del orgullo.

Marcela del Carpio era muy consciente de su valor como escritora y de ser hija del gran Lope. A veces se identifica en el texto como autora. Por ejemplo al final de su coloquio «El celo indiscreto» reza: «De los yerros del coloquio / pide perdón sor Marcela». Asimismo, termina una de sus loas mencionando «que [la] ha compuesto Marcela / por el deseo que tiene / que las madres se entretengan». Es decir, no se trata de una contribución anónima; sor Marcela quiere que se reconozca su aportación al convento. Además, menciona repetidamente su parentesco con Lope y su gran fama. En una loa señala que Lope se ha convertido en emblema de excelencia poética: «Aquí de Terencio y Plauto, / aquí de Lope de Vega, / que de lo antiguo y lo moderno / fueron luz de los poetas». En otra, le pide a un personaje «que nos haga una loa / tan acabada y perfecta / que no la pudiera hacer / tan linda Lope de Vega». Pero sor Marcela también se burla de sus orígenes ilegítimos y de sus defectos personales, neutralizando así los rasgos de vanidad que a veces se vislumbran en sus obras.

Aunque la rutina diaria del convento podía ser monótona, las fiestas y profesiones proveían a las hermanas de distracciones. Las monjas mismas representaban las obras, haciendo papeles masculinos y femeninos. Las obras más largas de Marcela del Carpio son los coloquios, piezas alegóricas[5] en un acto que ilustran algún concepto espiritual.

---

5. Una «alegoría» es la representación de una idea abstracta por medio de un objeto real. En una obra alegórica, un actor (es decir, una persona real) representa un concepto, por ejemplo, la Oración o la Tibieza, como en el coloquio que se reproduce aquí.

La alegoría, que tiene raíces en la literatura bíblica y clásica, se cultiva en España desde la Edad Media hasta fines del siglo XVII, culminando en los *autos sacramentales,* obras en un acto escritas sobre algún tema relativo a la Biblia, al dogma o al misterio de la Eucaristía. Donald Dietz ha mostrado que virtualmente todos los autos de Calderón, que se consideran las obras maestras del género, tratan de la salvación. Aunque la alegoría tiene el potencial de convertir las ideas más complejas en lugares comunes al reducirlas a imágenes, en manos de los mejores poetas, alcanza una tremenda fuerza emotiva, haciendo que el lector o espectador se identifique a nivel sensible con los personajes que las representan.[6]

A diferencia de los autos sacramentales, que suelen ser dirigidos a un público general y tratan de temas doctrinales, los coloquios van dirigidos a un público muy específico, las hermanas en religión de sor Marcela. Esto no quiere decir que estén desprovistos de contenido teológico—todo lo contrario—sino que muchos de los asuntos que trata sor Marcela eran problemas reales e inmediatos para las monjas, quienes, por lo tanto, entendían la alegoría de una manera muy personal. En el *Coloquio de las virtudes,* por ejemplo, Alma se ve agasajada por dos amigas, Tibieza y Oración, cada una de las cuales trata de ganarle la voluntad. Tibieza se queja de que el rezo continuo hace a las personas fatigosas y aburridas: «Y aquello de siempre andar / cabizbajos y estrujados, / afligidos y empanados / en desvanes y en rincones; / si tú no lo descompones, / linda vida has de tener». Le ofrece a Alma diversiones tentadoras a las cuales ésta casi cede: «me entretiene y regala, / y me quiere con exceso». Sin embargo, es Oración que lleva Alma a Divino Amor. Cuando éste aparece, Tibieza desaparece. Amor le aconseja a Alma que tome a la Virgen, emperatriz de las Virtudes, por su guía. Éstas, que Alma alcanzará mediante Oración, deben ser siempre sus compañeras. Al aceptar entregarse a Oración y rodearse de las Virtudes, Alma llega a ser una verdadera esposa de Amor, quien la acepta por suya: «Ven, Alma mía, y haré / que descanses en mis brazos».

Coloquios como el «De Virtudes» se representaban en las profesiones, es decir, en la ceremonia en que una monja pronunciaba sus votos finales, y cumplían una función pedagógica. Instruían a la que profesaba sobre sus deberes como monja: evitar la laxitud espiritual, dedicarse a la oración y llevar una vida virtuosa para acercarse a Dios. Al mismo tiempo, como señala Susan Smith en su análisis del coloquio de la «Muerte del Apetito», las obras protagonizadas por Alma reflejan el viaje espiritual de la autora misma, su lucha por dejar el mundo externo y dedicarse al servicio de Dios. Así, los «múltiples niveles de interpretación de la alegoría permiten la fusión de la vida de sor Marcela con la de sus hermanas trinitarias. La protagonista es una abstracción, pero es también la experiencia que comparten la autora, las actrices y las espectadoras» («Female Trinity» 243). Es decir, no sólo la novicia sino también el resto del auditorio seguramente se identificaban con el personaje alegórico. Las numerosas misas, oraciones vocales, meditaciones, ritos y obligaciones que llenaban sus días podían conducir fácilmente al automatismo y a la flojedad; todas habrían experimentado lapsos en su ardor espiritual en un momento u otro. Sor Marcela misma, criada en un ambiente mundano de cortesanos y gente de teatro, habría conocido la tentación de la tibieza. Pero Alma, como

6. Véase Huizinga 238–45.

Marcela y sus hermanas, termina rechazando los placeres del mundo, conquistando su propia debilidad y abrazando la vida espiritual en un entorno femenil, el del convento, representado por las Virtudes, todas las cuales llevan nombres que son sustantivos femeninos.

El coloquio «De Virtudes» también trata otro problema que existía en los conventos: el de las amistades entre monjas. En las Constituciones de las Carmelitas Descalzas santa Teresa prohíbe terminantemente los apegos especiales entre religiosas: «Ninguna hermana abrace a otra, ni la toque en el rostro ni en las manos, ni tengan amistades en particular, sino todas se amen en general... Este amarse unas a otras en general, y no en particular, importa mucho» (*Constituciones* 28). Reitera la misma idea en *Camino de perfección*: «Mas en quitar estotras parcialidades es menester tener cuidado... Para remedio de esto es gran cosa no estar juntas ni hablarse sino las horas señaladas» (6:6).

El lesbianismo, siempre una posibilidad en una casa poblada sólo por mujeres, es algo que Teresa ve claramente como una amenaza. Abarca el tema en su discusión de «amores ilícitos»: «no hay para qué tomarle nosotras, hermanas, en la boca, cuanto más en el pensamiento, ni pensar le hay en el mundo, ni en burla ni en veras oír ni consentir que delante de vosotras se cuenten semejantes voluntades» (*Camino de perfección* 11:2). La alegoría le permite a sor Marcela tratar el tema de una manera oblicua. La alegoría, por definición la concretización de una idea abstracta, transciende el género. Es decir, teóricamente, una idea abstracta como Amor, Mundo o Belleza podría ser representada por un hombre o una mujer. Sor Marcela explota la imprecisión genérica intrínseca a la alegoría al crear un personaje, Tibieza, que es sexualmente ambiguo y, por lo tanto, extremadamente desconcertante dentro del contexto conventual.

En el ambiente femenino del coloquio, que refleja el del claustro, el único personaje expresamente masculino es Amor, el Señor y Esposo de todas. Alma se refiere a Tibieza como la «mortal enemiga» de Oración. Tibieza, por su parte, describe a Oración como una «vieja engañosa» que es, además, «halagüeña, enfadosa». Así, Marcela establece la identidad femenina de Tibieza y Oración y nos podemos imaginar la risa que provocarían entre las espectadoras estas peleas de gatos escenificadas. Sin embargo, los requiebros de Tibieza parecen más los de un pretendiente que los de una amiga: «No te enojes, por tu vida, / que por quererte yo tanto / te doy amorosas quejas»; «No está muy lejos mi muerte / por correspondencia tal». El considerar este coloquio como obra representable ayuda a aclarar el asunto. Aunque sor Marcela no articula expresamente la cuestión de la ambigüedad sexual, al *ver* al personaje y al *oír* sus palabras las espectadoras se darían cuenta consciente o inconscientemente de que el peligro que representa Tibieza no es solamente el de la laxitud espiritual.

Pero no es sólo el espectro del lesbianismo lo que sor Marcela levanta mediante el triángulo formado por Alma, Tibieza y Oración. Se trata de otro riesgo mucho más común y corriente en los conventos: la cizaña que resulta de las «amistades particulares». Éstas, como advierte Teresa, conducen a alianzas y enemistades. Resultan en chismes, enojos, celos y la formación de grupitos exclusivistas. Como hemos visto en las discusiones de María de San José y Ana de San Bartolomé, aun se podían formar pandillas que intimidaran a las demás mujeres. Las obsesiones como la de Tibieza con Alma no tienen que tener matices de lesbianismo para ser peligrosas. Y no es sólo que una monja laxa, descuidada o perversa podía desviar a otra en la práctica de la fe. Una obsesiva como Tibieza podía llevar el culto de la amistad a tal extremo que llegara a ser más importante que la devoción a Señor. A diferencia de Tibieza, Oración no quiere a Alma para sí, sino para Dios. La quiere entregar a Amor y rodearla de las Virtudes. Oración y Tibieza funcionan no sólo a nivel alegórico, sino que sugieren a tipos reales y fácilmente reconocibles dentro del contexto conventual. Por tanto, el coloquio les ofrece a las religiosas no sólo una lección doctrinal sino también una guía práctica para la vida comunitaria.

El lenguaje de los coloquios es animado y coloquial y los personajes, aunque alegóricos, funcionan como individuos, con sus propias personalidades. Por ejemplo, Tibieza es a menudo sarcástica. Hablando de Oración le dice a Alma: «No te sale muy barato, / pues ni comes ni sosiegas / después que con ella vives». A veces es burlona: «Deja ya tanta clausura / de potencias y sentidos, / que parece que oprimidos / los tienes en una prensa». De repente se despista («Tu porfía me provoca / a que diga desatinos») y finalmente se enoja («Hipócrita y mal mirada; / estoy que pierdo mi seso»). A veces alecciona a su enemiga con un malicioso doble sentido («Bien te puedes acostar, / que hay calentura y no poca»). Oración, en cambio, es fuerte, constante, cariñosa pero exigente. La conversación entre estas dos seguramente habrá hecho recordar a las espectadoras intercambios que habían oído dentro del claustro, lo cual aumentaría su gozo.

El coloquio sigue el mismo formato que una comedia, con tres «actos» o movimientos que corresponden al modelo clásico de exposición–desenlace–resolución. En el primer movimiento Tibieza y Oración pelean por la voluntad de Alma, definiendo así el conflicto de la obra. En el segundo, aparece Amor y cautiva a Alma, mediante la intervención de Oración. En el tercero, Alma se entrega a Amor, quien la acepta por esposa, y recibe a las Virtudes por sus compañeras. Los personajes alegóricos también funcionan dentro del paradigma establecido por la comedia. Alma corresponde a la dama y Amor al galán. Tibieza se asemeja a la vecina o criada que desvía a la protagonista del camino de la virtud (y también al pretendiente fastidioso), mientras que Oración es una verdadera amiga (o hermana o prima) que desea su bien.

El coloquio normalmente iba precedido de una loa, una breve pieza introductoria, a menudo de naturaleza cómica. Las loas de sor Marcela sirven para atenuar la solemnidad de la ocasión (la profesión de una monja), al mismo tiempo que le permiten a la autora abordar temas serios como la pobreza de los conventos y la dependencia de poetas y artistas del mecenazgo (Schlau y Arenal, «Sor Marcela de San Félix Stages a Nun's Profession» 223). Es tal vez en sus loas donde vemos más claramente su agudeza y chispa.

En la hilarante «Otra Loa: A una profesión», un estudiante-poeta llega a puerta del convento y pide comida, ofreciendo hacerles una loa a las monjas para el coloquio que se va a representar en la ocasión de una profesión. En vez de recibirlo con compasión, las tres provisoras[7] se niegan a darle un solo trocito de pan. Una, seguramente Escolástica, aunque no se nombra, parece dispuesta a proporcionarle por lo menos un par de puerros y medio huevo,

---

7. Véase la nota 152, página 229.

pero Mariana, celosa de su despensa, se lo prohíbe. Al final, el estudiante, desesperado y furioso, maldice a las tres, deseándoles toda clase de catástrofes.

El «estudiante» es un arquetipo —lo que se llama un *stock character*— que Marcela heredó del teatro áureo. Se trata de un tipo picaresco que aparece a menudo en la farsa, por ejemplo, en los pasos de Lope de Rueda o los entremeses de Cervantes. Es un variante del «lacayo», otro arquetipo áureo caracterizado por su socarronería, su desfachatez y su audacia. En «Otra loa: A una profesión» el estudiante se convierte en portavoz de sor Marcela. Es, como ella, autor de loas y «discípulo de aquella fecunda Vega». Además, conoce —como las conoce ella por ser hija de su padre— las ansias del intelectual, siempre pendiente de los humores del protector. Más significativo aún, conoce el hambre, aflicción que comparte con las monjas, a causa de la extrema escasez en muchos conventos. Pero si ve la situación del estudiante desde adentro, también entiende la de las provisoras que se niegan a dar limosna. No es que justifique la tacañería, sino que reconoce la dureza de la vida en la España del siglo XVII y la triste verdad de que la pobreza hace a la gente «cruel y fiera».

Pero esto no lo logra mediante diatribas o sermones, sino mediante el humor. Usa la hipérbole y las tergiversaciones lingüísticas para producir la hilaridad. Las provisoras, de las cuales ella era una, son «mujeres sangrientas» y «monjidemonios». Se burla de sí misma al recalcar su fama de roñosa. Es «un león, un tigre hircano, / en fin... una Marcela». Pero al mismo tiempo que provoca la risa, hace resaltar la situación real y penosa del poeta y de la religiosa.

En el estudiante sor Marcela logra un desdoblamiento que le permite representar una misma situación desde adentro y desde afuera. Ella es el estudiante y el verdugo del estudiante. Este desdoblamiento y los chistes metaliterarios son las bases sobre las cuales construye su loa. Explican Schlau y Arenal: «El doblamiento dobla el humor». La autora se convierte en una especie de espejo por medio del cual «se representa como poeta, portera, priora y provisora» («Sor Marcela» 223). Esta calidad multidimensional crea una imagen tergiversada y grotesca de la vida conventual. Las loas son hilarantes, pero, como en el caso de los *Sueños* de Quevedo o, para mencionar un ejemplo más moderno, los esperpentos de Valle-Inclán, se trata de un humor oscuro que nos pone incómodos. El elemento quevedesco se intensifica al final, cuando el estudiante les lanza a las monjas una plétora de maldiciones. Como otros escritores barrocos, sor Marcela se vale de lo hiperbólicamente grotesco —imágenes de monjas vomitando incontrolablemente o sufriendo de mal de madre, lombrices y dolor de ijada— no sólo para divertir sino también para alborotar a su público.

La loa también le sirve a Sor Marcela de vehículo para criticar males sociales como, por ejemplo, la obsesión española con la pureza de sangre, la cual satiriza en las jactancias del estudiante: «Diéronme muy noble sangre / mis padres, que gloria tengan / porque descendió mi padre / y vino por línea recta / del más célebre rabino / que se halló en toda Judea». Lope, quien tenía amigos conversos, también se burla de esta manía —recordemos el comentario de Pascuala en *Fuenteovejuna*— y Marcela parece haber heredado su actitud.[8] Asimismo, Mar-

---

8. En la obra de Lope, Pascuala menciona el gorrión como ejemplo de la ingratitud. En el invierno, cuando el villano le da de comer las migajas de su mesa, el gorrión le dice «tío, tío», pero en la primavera, cuando ya no lo necesita, lo insulta llamándolo «judío, judío» (I 249–64).

cela ataca con su pluma-daga la pedantería de los pseudoeruditos, quienes no pueden abrir la boca sin escupir palabras en latín. Al llegar al convento, el poeta se empeña en impresionar a las monjas con su manejo del latín, pero al no conseguir conmover a las provisoras, se entrega a la rabia y abandona sus esfuerzos.

Las loas nos proveen de excelentes ejemplos del ingenio de sor Marcela, en particular, de su habilidad para el juego lingüístico. Palabras inventadas como «monjidemonios» o trabalenguas como «boquisesga, / boquiseca, boquiabrojos, / boquiespinas» acrecientan el aspecto lúdico de la obra. Lo mismo ocurre con expresiones usadas irónicamente como «su caridad», término que significa «usted», pero que, en vista de la actitud poco caritativa de las provisoras, aquí cobra un valor irónico.

Las loas de sor Marcela nos permiten vislumbrar los momentos de recreo en el convento de las Trinitarias en el siglo XVII. En algunos casos la autora nos dice exactamente qué monja hacía qué papel. En una de las loas la acotación reza: «Sale Jerónima de estudiante». En otra la acotación dice: «Sale Marcela sola» y entonces, «Entra Escolástica». Nos podemos imaginar a estas mujeres —algunas de las cuales probablemente no eran tan jóvenes, ya que ocupaban puestos importantes dentro de la casa— haciendo el papel de estudiante. En algunas ocasiones la loa servía para «freír» a la que profesaba, como el *roast* que se practica en ciertas celebraciones norteamericanas: «¿Vos, esposa del Gran Rey? / ¿Un gusano y una hormiga / que tan alto estado goce? / A los ángeles admira». Lope había insistido en que la comedia era principalmente diversión. Buscaba temas que entretuvieran o conmovieran a sus espectadores y argumentos que respondieran a sus valores y preocupaciones. Marcela sigue su ejemplo. Aun cuando contienen censuras y quejas, sus obras siempre son divertidas.

Caracteriza la poesía de sor Marcela muchas de estas mismas características. Aunque escribió versos de tema puramente religioso, también compuso poesía para distraer a sus hermanas. Algunos de los «Romances en esdrújulos»[9] son técnica y temáticamente parecidos a la loa que acabamos de analizar. En «A la miseria de las provisoras» vuelve a hablar de la pobreza, usando la hipérbole para pintar una imagen grotesca de la penuria conventual: A causa de la escasez de comida, las provisoras —ella, Mariana y Escolástica— se han convertido en ogros; son tan míseras que Escolástica no deja que se le escape ni un rábano y es capaz de dividir un insecto en cien partes. El esdrújulo, considerado en sí una forma cómica, le sirve a sor Marcela para lucir su destreza lingüística, lo cual hace «esdrujulando» su nombre y el de Mariana: «Disponer a lo marcélico, / repartir a lo mariánico».

Las obras de sor Marcela de San Félix demuelen cualquier noción que pudiéramos tener de la vida conventual como sombría o tediosa. En el convento de las Trinitarias, por lo menos, las religiosas se divertían. Los días de fiesta, se regalaban con las obras graciosas, ingeniosas y a veces aún irreverentes de la «discípula de aquella fecunda Vega», que era, además, dramaturga por derecho propio.

9. Véase la nota 151, página 229.

*Jesús, María, Josef, Ángel Custodio*
### Coloquio espiritual «de virtudes»

*entre*

El Alma    La Oración
La Tibieza    El Amor Divino

*(Entra el Alma, y la Tibieza)*

ALMA      Siempre me estás persiguiendo;
vete, Tibieza, de aquí,
que si viene la Oración,
nos reñirá como suele.

TIBIEZA   Pues por eso te conviene
no tratar tan de contino[10]
con tan mala condición.

ALMA      Tú tienes poca razón
y no sabes estimar
las partes[11] de la Oración,
su condición, su valor,
su gracia y afable trato.

TIBIEZA   No te sale muy barato,
pues ni comes ni sosiegas
después que con ella vives;
desde entonces me persigues,[12]
ni me regalas ni acudes.
Con tanta descortesía
me tratas desde aquel día,
Alma, que no te conozco.
Solías ser más tratable,
más cortés, más agradable,
con todos comunicabas,
era grande gusto hablarte.
De todos huyes, ¿qué es esto?,
y de mí en particular;
casi no te puedo hablar,
tan extraña, tan austera.
¿Quién habrá que no se muera
de congoja y aflicción?

ALMA      Cesa, y oye la razón

10. continuo
11. cualidades, dotes naturales
12. atormentas, castigas

de la mudanza que dices;
que siempre me contradices
y no te dejas lugar,[13]
y harás mejor en callar
que serme tan oportuna.

TIBIEZA ¡Oh desdichada fortuna,
cuál[14] la tiene la Oración!
Ya no escucha mi razón[15]
y sólo las suyas oye,
y de mí no se hace caso.

ALMA Paso, paso,[16] que estás ya
muy descortés y atrevida.

TIBIEZA No te enojes, por tu vida,
que por quererte yo tanto
te doy amorosas quejas.

ALMA Nunca, Tibieza, me dejas,
siempre me aprietas y afliges,
nunca de esto te corriges
ni admites mi corrección,
sientes[17] mal de la Oración
a quien estimo y venero,
y, por ella, no te quiero,
que es tu mortal enemiga.
Y si hay quien la contradiga
en mi casa y a mi lado,
iráse, y como la amo
siento mucho darla enojos.

TIBIEZA Pues, por vida de tus ojos,
que es una vieja engañosa,
y aunque halagüeña,[18] enfadosa,
toda melindres[19] y extremos;
si nos vemos, no nos vemos,[20]
nunca contenta con nada,
y torciéndonos la cara

13. tiempo, oportunidad (de escuchar)
14. cómo
15. palabra
16. **Paso...** *Slow down, take it easy*
17. aprecias (Es decir, no aprecias a la Oración.)
18. aduladora
19. artificios, afectaciones
20. **no...** es como si no nos viéramos

a cualquiera ocasioncita,
ni nos pone ni nos quita
para tanta barahúnda.[21]

ALMA    Yo no sé en lo que se funda
tu locura y desconcierto.
Pues mira, y tenlo por cierto,
que la Oración ha de ser
todo mi bien y mi ser,
mi guía, mi regla y norte.[22]

TIBIEZA (*Aparte*) (¿Quién habrá que me reporte[23]
viéndome tan despreciada
del Alma y tan ultrajada
por mi enemiga Oración?
Mas la disimulación
me conviene en este aprieto.)

ALMA    Ya te digo que, en efeto,[24]
siempre la pienso buscar
y con ella sosegar
mi inquietud y mis congojas.
Ya no quiero tus lisonjas
y halagos vanos y feos,
y te digo sin rodeos,
que no quiero ya tratarte;
por eso, vete a otra parte
donde seas admitida.

TIBIEZA   Acaba ya, por tu vida,
de despreciar quien te quiere
y, por tu bien, sólo puede
padecer y sufrir tanto.

ALMA    ¡Oh cuánto me pesa, oh cuánto,
el verte tan relajada![25]

TIBIEZA   Mejor dijeras, burlada,[26]
pues me tratas de tal suerte.[27]

---

21. **ni**... *we're all the same to her, so what's the point in all this fuss?*
22. rumbo
23. aprecie, estime
24. efecto
25. enviciada, envilecida
26. deshonrada, ridiculizada
27. manera

No está muy lejos mi muerte
por correspondencia tal.[28]

ALMA     Si tú me tratas tan mal
a mi querida y amiga,
¿qué quieres tú que te diga
si me das dos mil pesares,
si tú con ella no cabes,
si ella te aborrece a ti?

TIBIEZA     No quiero yo para mí
el bien que a ti te deseo.
Como con ella te veo
las horas[29] y los momentos,
presumo que te trae cuentos
dañosos para tu vida,
que te gasta sin medida
el tiempo, y que no le tienes.
Veo que no te entretienes
siquiera un rato con nadie,
que no dices un donaire[30]
ni le oyes de buena gana,
y que, por tarde y mañana,
te escondes y te retiras,
que por tu salud no miras
ni haces caso de la vida,
que sin tasa y sin medida
te pones en los trabajos,
y a los altos y a los bajos[31]
tienes en poco y desprecias,
que gustas de las más necias
si tratan con Oración.

ALMA     ¡Oh qué larga relación
vas haciendo de mi modo!
Y, considerado todo,
parece que estoy más tierna,
que si Oración me gobierna

---

28. Es decir, porque no correspondes a mi amor.

29. *Note the wordplay. "Alma" spends hours and minutes (that is, a great deal of time) with "Oración." "Hours" also refers to the "canonical hours," times at which certain prayers are said.*

30. gracia, gentileza

31. Es decir, los nobles y el vulgo. (Cuando el Alma reza, no se fija en nadie.)

con tanta severidad,
pienso que me ha de acabar
las cortas fuerzas que tengo.
También sus penas me da.

TIBIEZA    Pues y cómo si dará;
adelante lo verás
si no la dejas y huyes
como merece y deseo.

(Aparte)    (Yo lo veo y no lo creo,
que al Alma rindiendo voy.)
Los parabienes te doy,
Alma amiga, de tu dicha.

ALMA    Es muy notable desdicha
tal padecer, tal penar.

TIBIEZA    Y aquello de siempre andar
cabizbajos y estrujados,
afligidos y empanados[32]
en desvanes y en rincones;
si tú no lo descompones,
linda vida has de tener.[33]

ALMA    Pienso comer y beber
sin ahogo ni estrechura.

TIBIEZA    Deja ya tanta clausura
de potencias[34] y sentidos,
que parece que oprimidos
los tienes en una prensa.
Y la Oración no te venza,
que es astuta y lo procura.

ALMA    Mejor me dé Dios ventura
que yo me deje en sus manos.

TIBIEZA    Más quiero que con extraños
comuniques, que con ella.

ALMA    No volveré más a ella,
digo con continuación.[35]

---

32. escondidos, ocultos (La Tibieza se burla de la gente que reza todo el tiempo, la que anda siempre mirando el suelo y ocultándose en desvanes [cuartuchos] y rincones.)

33. **linda**... *some life you're going to have. (This mocking description of the life of prayer would probably have made the nuns laugh.)*

34. Las tres potencias del alma son entendimiento, memoria y voluntad.

35. insistencia

| | |
|---|---|
| TIBIEZA | Su hermana, la Devoción, |
| | yo asiguro[36] que te oblige. |
| ALMA | Pues como yo me retire, |
| | con eso poco podrán. |
| TIBIEZA | Notable prisa me dan, |
| | porque desean hablarte |
| | dos personas de buen arte |
| | y que tratan de virtud. |
| ALMA | Ahora tendré más quietud |
| | y habrá tiempo para todo. |
| TIBIEZA | Pues bien será de ese modo |
| | decir que pueden entrar.[37] |
| ALMA | Aun espero más lugar,[38] |
| | y podrá ser que mañana, |
| | y con eso nos veamos. |
| TIBIEZA | Ea, dame aquesas manos. |
| ALMA | Y los brazos, ¿por qué no? |

*(Sale la Oración.)*

| | |
|---|---|
| ORACIÓN | Porque lo impediré yo, |
| | que aún estoy viva en el mundo. |
| TIBIEZA *(Aparte)* | (¿Hay descuido más profundo?) |
| | ¿Por dónde pudiste entrar? |
| | Mas sin duda que al cerrar |
| | las puertas de la razón,[39] |
| | pudiste entrar, Oración, |
| | para venirme a matar. |
| *(Aparte)* | (¿Hay tal pena, hay tal trabajo? |
| | como me da la Oración?) |
| ORACIÓN | Quitarte la posesión |
| | del Alma pretendo, loca. |
| TIBIEZA | Tu porfía me provoca |
| | a que diga desatinos |
| ORACIÓN | Porque no tables caminos,[40] |
| | vuelve Dios al Alma así. |

36. aseguro

37. *Because "Alma" doesn't seem so adamant about prayer any more, "Tibieza" thinks it will be safe to let in the new characters, "Oración" and "Amor."*

38. Véase la nota 13.

39. *Recall that prayer requires that the intellect be put to rest so that the soul can open itself up to God. See the introduction to "Teresa de Jesús."*

40. **Porque**... Para que no pongas obstáculos

TIBIEZA    Malos años para ti.[41]

ORACIÓN    De tu rabia estoy gozosa.

TIBIEZA    Miren ya la melindrosa,
desabrida[42] y retirada.

ORACIÓN    Jamás serás bien hablada
ni en tus yerros habrá enmienda.

TIBIEZA    (*Aparte.*) (¿Porque ella me reprehenda
he de quedar enmendada?)
Hipócrita y mal mirada;
estoy que pierdo mi seso.

ORACIÓN    No te pasarás con eso,
que yo haré echarte de casa.
¿De casa? Y aun de la Corte.[43]

TIBIEZA    ¿De la Corte? Bueno es eso,
después que la traigo en peso
y soy su guía y su norte.[44]

ALMA    Por mi amor, que se reporte,
señora Oración, no más,
que Tibieza es muy honrada.

ORACIÓN    Como tú la diste entrada,
estás ciega y atrevida.
Dime, ¿qué fue la ocasión?

ALMA    Vuestra seria condición,
y hallaros algunas veces
tan seca y tan desabrida
que ya no os puedo sufrir,
que, o me he de dejar morir
o buscar mi desahogo.
Basta que lo deje todo
sin tan extraña apretura.
¿No dio Dios a la criatura
ojos, lengua y sus oídos?
Vos queréis que estén dormidos,
o muertos, diré mejor.
Aquéste es mucho rigor;
yo tengo mi voluntad.

41. **Malos**... *Damn you!*

42. brusca, antipática

43. la ciudad, Madrid

44. *Sor Marcela is making a sarcastic remark about the state of prayer in the convents of Madrid. Laxity, not rigor, has been the rule.*

Con vos, no más que amistad;
no me apretéis de tal suerte
que me ocasionéis la muerte
y una vida miserable.

ORACIÓN En fin, has sido mujer
y, como mujer, mudable.

(*Aparte*) (Quiero usar de mi blandura,
que si le muestro rigor,
ese poquito de amor
que me tiene, olvidará.
¡Qué pensativa que está!
Ahora démosle un recuerdo.)
¿Y tu esposo,[45] que es tan tierno,
ha venido por acá?

ALMA Antes anda por allá,
y no puedo darle alcance.[46]

TIBIEZA (*Aparte*) (Parece que pierdo el lance;
quiero atreverme y llegar.)
Mira que estás en ayunas
y el estómago se ahila.[47]

ALMA ¿Está a punto[48] la comida?

TIBIEZA Por extremo sazonada.

ALMA Yo me siento bien cansada
y con gana de dormir.[49]

TIBIEZA Yo te lo quise decir;
acaba con Oración
y no escuches sus razones.

ALMA En gran confusión me pones,
y no sé cómo dejarla.

TIBIEZA Pues yo no puedo aguardarla,
que el hambre me da fatiga.

ALMA (*Aparte*) (No sé cómo se lo diga;
ea, quiérome atrever.)
Un poco tengo que hacer,
con tu licencia querría,
y también tu bendición.

---

45. Jesús, que se representa en la obra como el Amor Divino.
46. *Alma can't get to God because she is lax* (tibia) *in her prayers.*
47. desmaya, adelgaza
48. **a**... lista
49. *Because Alma has become lax in her prayers, she has become preoccupied with her physical needs.*

ORACIÓN  Si fueran de perfección
las acciones a que vas,
contigo fuera; y pues vas
por sólo relajación
y por quererlo Tibieza...

TIBIEZA  Si le duele la cabeza,
¿será pecado acostarse
y con eso repararse
para volver a penar?

ORACIÓN  (*Aparte*)(En fin, ello ha de pasar,
que está muy determinada.
Mas no me tiene dejada
tan del todo que no pueda
quedarme alguna esperanza
y mucha perseverancia.
Mi amiga me ha de ayudar.)
Alma, ¿quiéresme llevar
y estaré a tu cabecera?

TIBIEZA  Aqueso, cuando se muera
que, por ahora, yo sobro.

ORACIÓN  ¡Oh quién te pusiera en cobro,[50]
Tibieza, en una galera
y allí te hiciera remar!

TIBIEZA  Bien te puedes acostar,
que todo está prevenido.

ALMA  En mi vida no he tenido
tal cansancio y pesadumbre.

ORACIÓN  Aquesta negra costumbre
de conversar esta dama
hasta ponerte en la cama,
pienso que no ha de parar.

ALMA  No me puedo desviar
tan del todo como piensas.[51]

ORACIÓN  Estas todas son ofensas
que se hacen en mi cara.

ALMA  En que nos mira repara,
y no te me llegues mucho.

ORACIÓN  (*Aparte*) (Con la caridad escucho

---

50. **te...** *put you in a safe place (that is, get you out of the way)*
51. **No...** *I can't be as completely off track as you think.*

<br>

            del Alma las liviandades,
            y para entrar con verdades
            espero tiempo y sazón.)

TIBIEZA      ¡Que no nos deje Oración!
            ¿Hay tan cansada mujer?[52]

ORACIÓN     ¿Cuándo te tengo de ver,
            Alma, sin Tibieza al lado?

ALMA         Como ella, en fin, me ha crïado[53]
            y me tiene tanto amor,
            no puedo hallar ocasión
            tan grande que la despida.
            Ella procura mi vida,
            mi contento y mi salud;
            también trata de virtud
            aunque es mujer de buen gusto.

ORACIÓN     Para atormentar al justo
            tiene gracia singular.

ALMA         Yo no la puedo dejar,
            que me entretiene y regala,
            y me quiere con exceso.

ORACIÓN     Muy bien pasarás con eso
            y a tu esposo agradarás.
            No llegarás tú jamás
            a espíritu verdadero
            si no sacudes primero
            la Tibieza, a quien alabas.
            Y cuando más me tratabas,
            ¿nunca tuviste regalo,[54]
            nunca estuviste contenta?

ALMA         Pides tan estrecha cuenta
            de acciones y pensamientos,
            que das notables tormentos
            a potencias y sentidos;
            siempre que están divertidos
            te parece, y yo me aflijo;
            y no sé quién te lo dijo
            que luego lo sabes todo.
            Tienes tan terrible modo

---

52. **Hay...** *Have you ever seen such a tiresome woman?*
53. La diéresis indica que la «i» y la «a» no forman diptongo.
54. bienestar

                    que te digo, en conclusión,
                    que no me siento con fuerzas
                    para tanta perfección.
TIBIEZA         Dios te dé su bendición.
(*Aparte*)       (¡Con qué donaire lo dice!
                    ¡Cómo no la contradice
                    mi señora la Oración!
                    ¡Qué triste y fría ha quedado!
                    No sé cómo no le ha dado
                    algún mal de corazón.)
                    ¿Hase asustado mi reina,
                    quiere un poquito de agua?
ALMA            Gran discurso piensa y fragua[55]
                    tanta disimulación;
                    ¿Si se ha arrobado Oración?
TIBIEZA         Antes pienso que se ha muerto.
ALMA            Vida tiene, yo lo siento,
                    que aún la tengo algún amor.
ORACIÓN (*Aparte*)(¿Hay tan extraño rigor,
                    hay tal ceguedad y engaño?
                    El remedio de este daño
                    sólo puede ser Amor.
                    Llamar quiero a mi Señor
                    y darle cuenta de todo.)
ALMA            Muy bien podré de ese modo,
                    Tibieza, ya descansar.
TIBIEZA         Bien te puedes acostar,
                    que hay calentura y no poca.
ORACIÓN (*Aparte*)(¿Que se deje de una loca
                    gobernar el Alma así?
                    No hay más que aguardar aquí;
                    quiérome ya declarar.)
                    Al Amor quiero llamar.
                    Alma, por Dios, no te escondas,
                    y mira que le respondas
                    con más agrado que a mí.
ALMA            Como yo le vea aquí,
                    ten por cierto que soy tuya.
ORACIÓN     Procuro que seas suya,

55. crea

que yo soy medio[56] no más.
Él es el fin donde vas;
no te pares en los medios
y acertarás el camino.

ALMA     ¿Cómo contigo no vino
el Amor, pues le deseo?

ORACIÓN     Para disponer, primero,
es fuerza, toda la casa[57]
esté adornada[58] y compuesta,
limpia y desembarazada
como conviene a posada
de tan gran Rey y Señor.

ALMA     ¡Ay, mi querida Oración,
quién le viera ya en su pecho,
que de contrición deshecho
lágrimas distila[59] y vierte!

ORACIÓN     En viéndote de esa suerte
lo daré todo por hecho.
Es tan piadoso señor
el Amor dulce y süave,[60]
que no hay cosa que no acabe
con él un solo suspiro.

ALMA     ¡Ay mi amor, ay mi querido,
qué ingrata he sido y qué fiera!

ORACIÓN     ¿Cómo es posible que quiera
dejarte de perdonar
viéndote por Él llorar
y afligir de tal manera?

ALMA     Él permita que me muera
si le tornare[61] a ofender.

(Sale el Divino Amor)

AMOR     Vivirás, Alma, y tendré
la gloria de ser tú mía
y de que ganes victorias.

ALMA     A ti se deben las glorias,

56. intermediario, agente (La oración es el medio por el cual el alma llega a Dios.)
57. Como vimos en las obras de santa Teresa y Cecilia del Nacimiento, para que el alma alcance la unión con Dios,
la «casa» (sentidos, facultades) tiene que estar sosegada y «desembarazada» (vacía, limpia).
58. aseada, preparada
59. destila, extrae
60. La diéresis rompe el diptongo, haciendo que la «u» se pronuncie como una sílaba separada.
61. Futuro del subjuntivo; hoy diríamos tornara.

dulce dueño de mi vida.
Muy engañada vivía;
la Tibieza lo causó.

AMOR    Pues por eso vine yo
a desterrar a Tibieza.
Vete, necia porfiada.

TIBIEZA    No dejo de ir bien medrada.[62]
¡Ay, desdichada de mí!

(*Aparte*)    (Quiérome ir presto de aquí,
que es poderoso señor
aqueste Divino Amor
y tiemblo donde él está,
que con sólo que me mire,
presumo me matará.)

(*Váse la Tibieza*)

AMOR    ¿Fuése la astuta Tibieza?

ORACIÓN    Sí, señor, y va corrida.[63]

AMOR    Si no se pone en huida,
le hago cortar la cabeza.

ORACIÓN    En tu presencia, Señor,
no pueden estar los vicios.
Y así son ciertos indicios
de que vives en el Alma,
cuando ella lleva la palma[64]
y triunfa de su enemigo.

AMOR    Si me tiene por amigo,
no habrá bien que no posea.

ALMA    ¿Cómo habrá, Señor, quien pueda
ofender tanta bondad?
Mas púdolo mi maldad,
que hace punta[65] a tu grandeza.

AMOR    Por eso yo, con destreza,
sé vencer tus desvaríos.

ALMA    Muy grandes fueron los míos,
yo lo confieso, Señor,
pero, por eso, de amor
son tus obras y tu nombre.

62. madurada (es decir, habiendo aprendido una lección)
63. avergonzada
64. victoria
65. ápice (Es decir, mi maldad representa el otro extremo y, por lo tanto, acentúa tu grandeza.)

Y por eso a nadie asombre
ver que me perdones tanto.

ORACIÓN   Cierto que yo no me espanto,
antes cierto una admirara
si el Amor no perdonara,
aunque el Alma mal mirada
hubiera errado otro tanto.
¿Queréis, Amor sacrosanto,
que le diga al Alma yo
las riquezas y los dones
que están ya con prevención[66]
dispuestos en vuestra casa
para su gusto y honor?

AMOR   Bien puedes manifestarle,
que atenta escucha, Oración,
lo que a tanta costa mía
quiero darle en posesión.

ORACIÓN   Tiene tu Esposo querido,
Alma dichosa, un palacio
digno de su majestad
con soberano aparato.[67]
Las puertas son de cristal,
margaritas y topacios
las guarnecen y hermosean
con artificios muy raros.
De miel corren dulces fuentes
en los jardines y prados,
cuyas olorosas flores
en sus matices tan varios,
a los ojos que las miran,
parece están convidando.
Pues las sazonadas frutas,
jamás su beldad dejando,
inmortales no padecen
corrupción, que reservando
su belleza y su sabor,
alegres se están mostrando.
No hay en esta casa luz,

66. **con**... preparados
67. pompa

que el cordero[68] soberano
es la antorcha que la da.
En este imperial palacio,
los moradores que tiene,
no hay decir cuán encumbrados
están, y cuán satisfechos
de gustos tan soberanos.
A Dios ven, con Dios están
unidos y transformados.
Con esto, ponte a creer
cuántos gustos han pensado,
cuántos deleites tenido,
cuántos bienes deseado
todos los hombres que hay,
los por venir y pasados,
y haz cuenta que todo es nada,
es una coma, aun no rasgo
de lo que gozan felices
estos bienaventurados.
Del solio[69] excelso de Dios,
donde asiste sacrosanto,
no podré hablar, aunque sea
de los querubines altos,
los que le asisten y sirven
serafines abrasados;
que de las tres jerarquías[70]
los espíritus alados,
los ángeles, los arcángeles,
los tronos tan realzados,
las dominaciones fuertes,
todos asisten temblando,
que a Su Majestad tremenda,
reverentes y humillados,
cantan y alaban a un tiempo

68. Cristo
69. trono
70. *"The order of the celestial hierarchy is given in slightly different forms in various early Christian sources. . . .
However, it was Denys (also known as Dionysius) the Areopagite (d. ca. 500) who has given what is closest to a
definitive list in his* Celestial Hierarchy, *where the nine choirs of celestial beings are ranked in three hierarchies, each
containing three choirs." These are I* 1. Seraphim 2. Cherubim 3. Thrones; II *4. Denominations 5. Virtues 6. Powers;
III 7. Principalities 8. Archangels 9. Angels." Joseph Blenkinsopp.* "Angeles," Encyclopedia of Catholicism *47.*

           entonando: «santo, santo»,[71]
           que, repetido tres veces,
           lo trino[72] manifestando,
           dan al Alma más aprecio
           de este misterio sagrado.[73]

ALMA      No digas más, Oración,
           que me tienes admirada,
           y casi ya transportada
           tan gustosa relación.
           Pero de mi condición,
           quiero que adviertas agora,[74]
           que todo cuanto atesora
           mi Esposo en su gran palacio,
           aunque lo estimo y venero
           por ser suyo, que es razón,
           no me da más afición
           ni mueve mis pensamientos,
           que otros más altos intentos
           viven en mi corazón.
           Al Amor desnudo y fuerte
           anhelo con tanto afecto,
           que he de alcanzarle, en efecto.
           Confío en mi amado Esposo;
           no busco el dulce y sabroso
           sino el desinteresado,
           que aqueste fin he mirado
           para fundarme mejor.
           Que afectar al tierno amor
           por lo dulce y lo gustoso,
           tiene más de sospechoso
           que de fineza y verdad.

AMOR     ¡Oh con cuánta voluntad,
           Alma, escucho tus favores!
           Manifiestan tus ardores
           lo aprovechada[75] que estás.

71. *The "Sanctus" is the acclamation sung following the preface of the Eucharistic Prayer at Mass. It begins "Holy, Holy, Holy, Lord. . . " That is,* "santo, santo. . . repetido tres veces." Encyclopedia of Catholicism 1162.

72. **lo**... la Trinidad

73. El misterio de la Trinidad. Sor Marcela era Trinitaria.

74. ahora

75. rendida

Agora conocerás  
cuántos daños te causaba  
la engañadora Tibieza.

ALMA   Yo le debo a tu grandeza  
que se apartase de mí,  
y si vuelve más aquí,  
contigo me libraré.

AMOR   Si ella lo intentare,[76] haré  
castigar su libertad.

ALMA   Deseo andar en verdad  
delante de ti y de todos.

ORACIÓN   Muchos caminos y modos  
tiene Dios para llevar  
al eminente lugar  
de la heroica perfección.  
Mas entre todos escoge,  
Alma, el de la desnudez[77];  
aquesto, una y otra vez,  
te aconsejo y persuado  
por ser el cierto y siguro.[78]

ALMA   Decirme mejor no pudo  
tu afecto lo que me importa.

AMOR   Ya de descansos acorta,  
y entrará Contemplación,  
vecina de la Oración,  
y muy querida de mí.  
Y advierte que, desde aquí,  
has de ser muy conversable,  
muy urbana y agradable  
con las virtudes más bellas,  
que son las grandes doncellas  
cuya comunicación,  
y su amiga la Oración,  
te hará perfecta y dichosa,  
noble, rica[79] y muy hermosa,

76. Futuro del subjuntivo. Hoy día diríamos «intentara».
77. privación (Se trata no sólo de la privación de cosas materiales que caracteriza la vida de las monjas de las órdenes reformadas, sino también de la privación de estímulos intelectuales y sensoriales que se asocia con la contemplación y que conduce a la unión con Dios. Véase las Introducciones a los capítulos sobre santa Teresa de Jesús y Cecilia del Nacimiento.)
78. seguro
79. Es decir, rica en bienes espirituales.

y a mis ojos agradable.
No quiero ya que te hable;
tente de otra suerte o porte,
y lo que aquesto te importe,
Alma, presto lo sabrás
y luego conocerás
mi amor y tu obligación.

ALMA    Ayuda, amiga Oración,
he menester para dar,
de este favor singular,
gracias al Amor Divino.

ORACIÓN  Él es tan tierno y tan fino
que se da por satisfecho
de que guardes en tu pecho,
con afecto agradecido,
cuanto hubieres recibido
de su mano liberal.

ALMA    Yo no tengo otro caudal
para pagar beneficios
más de unos cortos indicios
de que deseo acertar,
para buscar en mis obras
su agradable voluntad.

ORACIÓN  Con eso yo te asiguro
que no dejes de acertar,
porque la recta intención
da la perfección a todo.

ALMA    Deseo saber el modo
cómo poder agradarte.

AMOR    La mayor ciencia y el arte
más breve y de más primor,
es ejercitar a Amor
en palabras y en acciones,
el sufrir persecuciones,
el abrazar las virtudes
todas y, en particular,
las que son de más estima.
Esta es la cumbre y la cima
del monte de perfección;
subirás con la Oración,
compañera inseparable,

y llevarás por tu guía
a la emperatriz María
que es de las virtudes reina,
que, si te rige y gobierna,
llegarás a conseguir
el fin de tus esperanzas
fundadas en tal aurora.

ORACIÓN   Esta celestial señora
desea que te dispongas
para hacerte mil favores.

ALMA   Todos mis vanos temores
pierdo con su protección.

ORACIÓN   Pues logra bien la ocasión,
y pídela que te ayude.

AMOR   Como madre, siempre acude
a quien la llama de veras.

ORACIÓN   Para que obligarla puedas,
imítala en sus virtudes
y, muy en particular,
pon siempre en la caridad,
reina de todas, tu mira.

AMOR   Y verás cómo te anima
a procurar las demás
para no desfallecer,
porque es grande su poder
y no hay cosa que no venza.
Será tu amparo y defensa
mi enamorada Humildad,[80]
dama, aunque pobre en la tierra,
que grandes bienes encierra
y atesora para el cielo.
Que no estimas bien, recelo,
a su hermana la Pobreza,[81]
señora de la grandeza

80. Humility is a Christian virtue, considered a moral virtue by Saint Thomas Aquinas. Humility "avoids inflation of one's worth or talents on the one hand, and avoids excessive devaluation of oneself on the other. Humility requires a dispassionate and honest appreciation of the self in relationship to others and to God." Encyclopedia of Catholicism 644.

81. "Involuntary poverty embodies the real . . . human condition of reliance on God. Voluntary poverty freely embraces this state of dependence for the purpose of providing more generous service of others, in imitation of Jesus. Spiritual poverty is a form of voluntary physical poverty in which one acknowledges dependence on God for material and spiritual needs." Encyclopedia of Catholicism 1035.

que pregonan sus estados,
patrimonios y dictados,
que fundó la confianza
firme en Dios, que tanto alcanza,
más que los reyes del mundo
conquistando sus grandezas,
que las humanas riquezas,
como pudieron llegar
a lo que sabe Dios dar
a quien ama la pobreza.
La macilenta Abstinencia[82]
doncella de gran valor,
como hija de la Oración,
te acompañarás con ella,
y con su hermana menor
Modestia, discreta dama,
de grande nombre y gran fama,
siempre buscará tu honor.
Y de su hermano mayor,
a quien llaman el Silencio,[83]
a alabarte no comienzo
porque no podré acabar,
y es menester dar lugar[84]
a otras señoras y damas
que gusto que comuniques,
y que a las demás les quites
toda comunicación.
Y todas, en conclusión,
son a Oración muy cercanas,
como son primas y hermanas,
tías o sobrinas todas.
Si a tratarlas te acomodas,
darásme gusto notable.

82. The term "abstinence" can apply to anything, from dietary to sexual matters, and is often used in the religious context as a form of self-discipline. In religious orders, "abstinence" usually referred to the practice of not eating meat, or eating it only on certain days. Encyclopedia of Catholicism 9.

83. Recall that nuns in reformed orders were required to spend most of the day in silence. On a deeper level, silence is the quieting of one's being, necessary for prayer and contemplation. "Deep interior silence requires recollection, stilling thought, calming emotion, and acceptance of experience without judgment." Encyclopedia of Catholicism 1191.

84. tiempo

| | |
|---|---|
| ALMA | Y dime, señor amable, |
| | ¿cuándo las tengo de ver? |
| AMOR | Cuando sepas merecer, |
| | y yo te las comunique. |
| ORACIÓN | Disponte y no habrá tardanza. |
| AMOR | La noble Perseverancia, |
| | con su grave ancianidad, |
| | dará lustre a tus acciones, |
| | y si a tu lado la pones, |
| | todo lo conseguirás. |
| | A Resignación harás |
| | que te asista y no se aparte |
| | de tu presencia un instante, |
| | que al punto[85] en mil confusiones |
| | te pondrán las ocasiones, |
| | y luego serás perdida. |
| | Regálala,[86] por tu vida, |
| | que es menester gran cuidado; |
| | no se te quite del lado, |
| | vuelvo a encargarte mil veces. |
| | Y mira que no tropieces[87] |
| | con Resignación en nada, |
| | que es mujer muy delicada |
| | y te importa su amistad. |
| | Tenla siempre con verdad, |
| | que es dama de grande porte[88]; |
| | cuánto agradaría te importe, |
| | muchas veces lo has oído. |
| | Basta que por enemigo |
| | me doy de quien no la tiene; |
| | tanto observarla conviene, |
| | tanto me ofende su ofensa, |
| | que me ofrezco a su defensa |
| | con mi poder soberano. |
| | Traerás siempre de la mano |
| | al buen viejo, no dar quejas, |

85. inmediatamente
86. Atiéndela
87. yerres, te equivoques
88. presencia, importancia

porque si de ti le alejas
enojarás a Silencio,
a Modestia y las demás,
y luego exprimentarás[89]
mil molestias y fatigas.
Lo que pasares no digas,
Alma, sino a Dios nomás,
y tantos bienes verás
en ti que te maravilles.
Ya te lo dije otra vez:
a la hermosa Desnudez
quiero que estimes y honres
porque mi esposa te nombres,
que no lo serás si a ella
no la quieres de manera
que la prefieras a todas
que se te darán licencia.
No me olvido de Obediencia,[90]
señora tan principal
que todo cuanto caudal
tuvieres, Alma, adquirido,
si con ella no has vivido,
haz cuenta que todo es nada;
ella tus faltas repara
y a tus bienes da valor.

ORACIÓN  Parece ya, gran señor,
que os esperan con la fiesta.[91]

ALMA  Ya tengo yo manifiesta
de vuestra inmensa bondad
tanta merced, que caudal
quisiera para poder
sabéroslo agradecer
como pide el beneficio.

ORACIÓN  Ese es, Alma, el propio oficio
que me toca; yo lo haré.

89. experimentarás
90. *All religious men and women take a vow of obedience, in imitation of Christ crucified. Obedience is understood as submission to the will of God and to God's human representative (priests, superiors, etc.). As we saw in the chapter on Ana de San Bartolomé, there was disagreement among the religious with regard to the exact meaning of the vow of obedience.*
91. Eucaristía

| | |
|---|---|
| AMOR | Ven, Alma mía, y haré |
| | que descanses en mis brazos. |
| ALMA | ¡Oh felicísimos pasos |
| | que en tu servicio he de dar! |
| AMOR | Ea, ven a descansar. |
| | Llévala presto, Oración, |
| | pues que con agrado acudes. |
| ORACIÓN | Aquí, mis madres, se acaba |
| | el coloquio de virtudes.[92] |
| ALMA | Recibid la voluntad. |
| AMOR | Y perdonad nuestras faltas, |
| | que Amor, que nos hizo hacerlas, |
| | también puede perdonarlas. |

A gloria y honra de Dios.

## Otra loa: A una profesión[93]

Discretísimo senado,[94]
   en quien religión, prudencia
   y entendimiento se igualan
por no entrar en competencia,[95]
   suplico a sus caridades,
   también a sus reverencias[96]
   (perdonen que van después
   aunque el verso da licencia[97]):
   *Loquitur carmina*
   *totius frasis sonat.*[98]
En fin, suplico a vustedes[99]
   me estén un ratico atentas,

y a un diluvio de trabajos,
   a un estanque de miserias,
a un océano de males
   presten piadosas orejas.
   Vengo, madres y señoras,
   con una muy grande pena,
con una angustia mortal
   por una inaudita ofensa;
   no habrán oído en su vida
   desgracia que lo parezca,
aflicción que así lo indique,
   ni pudrición con más lenguas.

92. Humildad, Pobreza, Abstinencia, Perseverancia, Resignación, Silencio, Modestia, Desnudez y Obediencia son virtudes.

93. ceremonia en que profesa una monja, es decir, toma sus votos

94. Se refiere al auditorio, es decir, a las monjas que están escuchando la loa. Habla el estudiante, un «licenciado poeta».

95. en... *for which religion, prudence, and understanding exist in equal parts, and therefore do not compete with each other.*

96. «Reverencias» se refiere a la Priora y a la Sub-priora, «caridades» se refiere a la otras monjas. Sor Marcela pide perdón por mencionar a éstas primero.

97. Es decir, la necesidad de hacer que los versos rimen me autoriza cometer esta falta de cortesía.

98. Cuando se habla en verso, lo más importante es que todo suene bien. (El latín del estudiante no es muy bueno. Los errores son seguramente deliberados, para poner en evidencia la pedantería absurda del pordiosero.)

99. ustedes (forma arcaica)

*Abundantiam malorum,*
*tacitum nunquam.*[100]
Bien se acordarán que soy
   un licenciado poeta,
   que por ser tan conocidas,
   no referiré mis prendas.
Ya conté de mi prosapia,
   mi linaje y descendencia,
   de mi padre y de mi madre
   dije hazañas y nobleza,
mas, olvidóseme entonces
   de contar... y es cosa cierta
   que la vi con estos ojos
   que encubaron[101] a mi agüela,[102]
mas, vuelvo a lo que decía,
   que las cosas de la tierra,
   por más que ensalcen a un hombre,
   de vanidad están llenas.
   *Vanitas humana,*
   *pessima infirmitas.*[103]
Digo, pues, que ya les dije
   una noche en cierta fiesta,
   cómo era un estudiante
   que pasaba con pobreza,
   *Necesitas magna*
   *caret lege,*[104]
Pues ésta me dio ocasión
   a que contase mis menguas[105]
   en un convento de monjas,
   mejor dijera, de fieras
en lo crüel,[106] en lo acervo[107]

más que víboras se ostentan.
No digo que lo son todas;
   con decoro y con decencia
hablaré de las demás,
   que sólo tres me atormentan:
   éstas son las provisoras,
   las mujeres más sangrientas,
monjidemonios escuadra
   y el colmo de la miseria.
   No soy hombre arrojadizo,[108]
   que no pronuncia mi lengua
palabras, que la razón
   las ministra[109] con gran fuerza,
   no deja contar el caso
   y la acción crüel y fiera
de estas de hierro mujeres,
   el enojo y la vergüenza.
   Si tienen por ahí un trago,
   me le den sus reverencias
porque tengo la garganta,
   con la cólera, muy seca.
   *Animum debilem*
   *vinum corroborat.*[110]
   Supe que, en aquel convento,
   había una grande fiesta
   a las bodas celestiales
   de un ángel que a Dios se entrega,
y, como sabía yo,
   que, en ocasiones como ésta,
   recitan las religiosas,
   a lo devoto, comedias,

---

100. A la abundancia de males, uno nunca puede callarse.
101. incubaron
102. abuela
103. La vanidad humana es la peor enfermedad.
104. La gran necesidad carece de ley.
105. necesidades
106. La diéresis rompe el diptongo; cada vocal se pronuncia separadamente.
107. conjunta; todas juntas
108. *easily thrown off, easily embarrassed*
109. administra, da
110. El vino fortalece al ánimo débil.

digo, coloquios divinos,
    que útilmente las divierta,
    parecióme que podría
    con mi ingenio y con mis letras,
haciéndoles una loa,
    salir de tanta miseria
    y, por lo menos, comer
    un par de días siquiera.
Y luego se me ofreció
    que el secretario Carencia,[111]
    liberal en tal acción,
    la casa tendría llena.
Parto al convento en dos saltos,
    mas, ay, que topé a la puerta
    un león, un tigre hircano,[112]
    en fin, con una Marcela.
Lleguéme por un ladito
    y díjele con modestia:
    «Madre mía, tengo a dicha[113]
topar con su reverencia
    porque la traigo una cosa
    que habrá menester por fuerza.
    Aunque me ve capirroto,[114]
    tengo un jirón de poeta
y me precio de discípulo
    de aquella fecunda Vega[115]
    de cuyo ingenio los partos[116]
    dieron a España nobleza.

Hele compuesto una loa
    para acompañar la fiesta,
    y quisiera fuera tal
    que a todas gusto las diera».
«¿Adónde[117] tiene la loa?»
    me respondió boquisesga,[118]
    boquiseca, boquiabrojos,[119]
    boquiespinas y asperezas.
«Madre, en el seno la traigo;
    vela aquí su reverencia».
    «Muestre, amigo; Dios le guarde
    que me voy a rezar tercia».[120]
«Madre mía», repliqué,
    «hágame su reverencia
    caridad de darme algo,
    que es muy grande mi pobreza».
«Jesús, amigo, Jesús,
    mucho mayor es la nuestra:
    a cuarenta y dos personas
    este convento sustenta
con cien mil obligaciones
    y con poquísima renta,
    y no cobramos un real[121]
    y tenemos muchas deudas.
«Yo lo creo cierto así»,
    le dije, «madre, mas vea
    que mi pobreza y mi hambre
    con muy poco se remedia:

---

111. *That is, the "secretary" or overseer of the convent is Poverty, but the student-poet who narrates thought that because they were celebrating a profession, she would be more generous.*
112. De Hircania, en Asia. Se trata de un animal conocido por su ferocidad.
113. gusto, contento
114. con la capa rota, es decir, muy pobre
115. Juego de palabras. «Vega» significa «huerta» o «terreno fértil», pero también se refiere a Lope de Vega.
116. productos
117. Dónde
118. boca torcida; malhablada
119. boca con espinas, pesada
120. parte del Oficio monástico que se reza en la hora tercera, es decir, a las nueve de la mañana
121. Antigua moneda española de plata, equivalente a treinta y cuatro maravedíes.

con que me dé una escudilla
de berzas[122] o de lantejas[123]
habrá cumplido conmigo
y hecho una obra muy buena».
«En verdad que está eso bueno,
un real cuesta cada berza,
cada escarola seis cuartos,
cada hanega[124] de lantejas
puestas aquí, y de subirlas,
bien llegarán a cincuenta;
y luego los mozos piden
ya de beber, ya merienda.
¿No es esto verdad, Mariana?[125]
Y como todo nos cuesta
más que vale, sabe Dios
que quisiera no comieran
las monjas». Esto decía
una de sus compañeras,
y parecían hermanas
en lo mísero y la flema.[126]
Mas la otra monjirripio,[127]
la segunda compañera,
más piadosa aunque muy poco,
aqueste caso modera:
«Mariana, tráele a este pobre,

que dejé en la cobertera
dos puerros y un güebo casi,
que sólo falta la yema».[128]
«Eso tengo para mí,
con que ahorraré la cena;
no lo dé su caridad,[129]
voy a cerrar la despensa.
Bien se ve cuán poco sabe
su caridad lo que cuestan
las cosas pues tan sin tiento,[130]
manirrota,[131] las franquea».[132]
Esto dijo aquella sierpe,
aquella áspera Marcela.
Yo, un poco más atrevido,
que la razón da licencia,
le dije: «Pues, madre mía,
en una fiesta como ésta,
¿no ha sobrado alguna cosa?
¿Es posible que una pera,
un poquito de pescado,
un poco de pan no tengan?»
«Si me ha sobrado pescado,
si fruta o cosas como éstas,
¿no ve, hermano, que me falta
casi toda la Cuaresma?[133]

122. *cabbage*
123. lentejas
124. fanega, medida antigua
125. Se dirige Marcela a la otra provisora. Véase el romance que sigue.
126. *Note the wordplay: They were like sisters in the sense they were typical nuns, but also, in the sense they were the same in their miserliness and parsimony.*
127. Monja ripiosa (decrépita, miserable). Probablemente Escolástica, la tercera provisora. Véase el romance que sigue.
128. Escolástica, más piadosa que las otras, le dice a Mariana que le dé al estudiante dos puerros (*leeks*) y parte de un huevo.
129. Nótese la ironía. Las monjas se dirigen las unas a otras como «su caridad» pero son todo menos caritativas. Aquí «caridad» tiene dos sentidos: «usted» y «compasión».
130. mesura
131. derrochadora, gastadora
132. suelta, regala
133. *Lent, the forty days (not including Sundays) of fasting and prayer before Easter when Catholics abstain from meat, eating instead fish, vegetables, and fruit.*

En ella: la Encarnación,[134]
san Josef,[135] que es la primera,
　　Jueves Santo, que es forzoso
　　dar una comida buena,
　　Resurrección, cien apóstoles
　　que entre Pascuas se celebran,
la Cruz de Mayo,[136] santa Ana,
　　primero la Magdalena... »
　　Y si yo no la atajara,
　　el calendario leyera
sin dejar santo ni santa
　　en el cielo ni en la tierra
　　a quien esta mujer dura
　　en sus fiestas no metiera.
Digo en su ponderación,
　　que en refitorio[137] no entran
　　si no es en el Flosantorum[138]
　　o en otra sacra leyenda.
«¿Es posible», repliqué,
　　«que un poco de pan les falta?»
　　«Y cómo si falta, amigo»,
　　respondió la muy pelada,[139]
«ya ve cuán caro es el pan,
　　y siete hanegas no bastan
　　para el gasto del Convento
　　para una sola semana,
y estamos, si no lo sabe,
　　muy por extremo alcalzadas».[140]

No alcancéis, plegue a san Bruno,
　　a tener un poco de agua,
mujeres las más crüeles,
　　las más míseras y malas
　　que han contado las historias
　　ni que han fingido las fábulas.
Dios os dé hambre canina[141]
　　y no podáis apagarla,
　　y siempre el pan que comáis
　　no os pase de la garganta.
Toda la demás comida
　　se os vuelva amarga o salada,
　　en el caldo halléis mil moscas,
　　en los güevos, garrapatas,[142]
los higos despidan tierra
　　y mil gusanos las pasas;
　　en la cabeza os dé tiña,
　　en las manos os dé sarna[143];
veáis en vuestras despensas
　　ratones en abundancia.
　　Y en este discurso largo
　　que de vuestro oficio os falta,
no quede muela ni diente
　　que a las monjas no se caiga;
　　déles grandes desconciertos,
　　todas vomiten sin tasa,[144]
males de madre[145] sin cuenta,
　　lombrices, dolor de ijada.[146]

---

134. La fiesta de la Encarnación del Verbo en el Seno de María, 25 de marzo, cae siempre durante la Cuaresma.
135. el 19 de marzo
136. El 3 de mayo. La Iglesia enseña que durante el año 326, santa Elena, madre del Emperador Constantino I El Grande, descubrió en esa fecha la verdadera cruz en donde fue crucificado el Hijo de Dios.
137. refectorio
138. una antología popular de las vidas de los santos
139. persona pobre y harapienta
140. alcanzadas, endeudadas
141. horrible, feroz
142. *ticks*
143. La tiña y la sarna son enfermedades de la piel.
144. **sin**... desmedidamente, sin parar
145. útero
146. vientre

Gastéis a arroba el vino,[147]
a todas ofenda el agua,
no pueda comer ninguna
aceitunas ni ensalada[148];
destiérrese todo aquello
con que sois más aliviadas,
sólo gastéis lectuario,[149]

bizcochos, nueces moscadas,
y todas digan a voces
que habéis querido matarlas.
Y a no ser yo tan paciente,
más maldiciones echara,
que el justo enojo me obliga
a demostración tamaña.[150]

## Otro[151] a la miseria de las provisoras[152]

Mirando está, con gran lástima,
a cierto convento párvulo[153]
un ingenio, aunque poético
con punta de enesiático.[154]
Y por huir de lo crítico
dio con estilo mecánico
al dicho convento pésames
de su desastrado cálamo.[155]
¡Oh monjas desdichadísimas,
Dios consuele vuestros ánimos
pues os ha puesto el Santísimo

en tanta copia de tártagos![156]
Bien sé estaréis melancólicas
por ver que tantos preámbulos
gastasteis con el Altísimo
pidiendo sujetos máximos[157]
que para vuestra bucólica[158]
no fuesen de tanto obstáculo,
que es aflicción muy sin término[159]
tener las bocas cual[160] páramos.[161]
Dio provisoras tan pésimas,
que yo[162] estoy considerándolo

147. **Gastéis...** *You'll use up gallons of wine. (Wine was considered a cure for many ills.)*

148. cosas que pueden causar el mal de estómago

149. electuario, un tipo de laxante hecho de miel o de azúcar

150. tan grande

151. Otro romance en esdrújulos. Este poema se encuentra en una colección de romances de este tipo. (*An* esdrújulo *is a word in which the third from last syllable is stressed. The* romance *is a ballad [narrative poem], usually in eight-syllable verses, in which every other line shows assonance. In this poem, odd-numbered lines all end in a word in which the third-from-last syllable is a stressed* **a:** pár*vulo,* ene*siático,* me*cánico,* cá*lamo, etc. In verses ending in esdrújulos,* the final syllable is disregarded. Thus, words like lás*tima and* pár*vulo count as two syllables.*)

152. *In a convent, the cellaress or steward, whose job it is to obtain and distribute supplies. Here Sister Marcela complains of the miserliness of these kitchen managers [herself, Sister Mariana and Sister Escolástica], who never provide enough to eat. The extreme poverty in which the nuns lived is a frequent theme in Sister Marcela's work.*

153. pequeño

154. **con...** un poco farandulero o tramposo

155. pluma (El «ingenio» [sor Marcela misma], viendo lo pobre que es la vida de la monjas, escribe sus condolencias.)

156. desgracias, desdichas

157. **sujetos...** personajes importantes (es decir, provisoras)

158. boca. Sor Marcela crea un efecto burlesco al hacer la palabra esdrújula.

159. fin

160. como

161. *empty plains*

162. Habla el «ingenio», el supuesto autor del romance.

que les bastaba lo mísero
sin añadir lo flemático.[163]
Disponer a lo marcélico[164]
repartir a lo mariánico,
no lo aguardará un cernícalo,[165]
no lo sufriría un galápago[166]
aunque tienen a Escolástica,
que es viva como un relámpago,
y guarda muy velocísima
aunque sea un triste rábano.
Marcela, por lo paupérrimo,
y Mariana, por lo tácito,
darán al mundo mil tósigos,[167]
y con su miseria, escándalos.
Por lo sutil, Escolástica,
por lo brioso y lo práctico,
con una maña pestífera[168]
hará cien partes de un tábano.[169]
Todas tres están unánimes,
y juran en su habitáculo,[170]
serán siempre apocadísimas[171]
como lo verán, mirándolo.
También dicen, muy científicas,
aunque en medio de su tráfago,

muy a lo docto y científico,
lo mesurado y lo trágico:
«Ensangosten[172] los estómagos,
que es consejo jerárquico,
y volarán ligerísimas
a los celestiales tálamos.[173]
En ser templadas[174] las vírgenes
muestran esfuerzo magnánimo,
y para ser como ángeles,
aun no les faltan dos átomos;
comer poco es salutífero,[175]
esto se ofrece pensándolo,
que si comieran sin límite,
anduvieran hechas guáncharos.[176]
Así nos enseña el Génesis
el lastimoso espectáculo
de aquella gula mortífera
que nos hizo a todos lánguidos».[177]
Y Mariana, sonriéndose,
mostrando su rostro plácido
lo que no dijo, retórica,
manifestólo en obrándolo
porque se fue al horno lúgubre
que es su esfera y tabernáculo,

---

163. les... *It's bad enough that they're miserly, without their being heartless, too.*
164. Otra vez, la autora crea un efecto burlesco al convertir los nombres Marcela y Mariana en palabras esdrújulas.
165. tipo de ave carnívora semejante al halcón; la palabra también significa «ignorante, tonto»
166. tipo de tortuga grande
167. venenos
168. repugnante
169. tipo de insecto. (*Escolástica is so frugal that she would divide a horsefly into a hundred parts in order to make it feed everyone.*)
170. hábito
171. *really stingy*
172. *hold in*
173. *marriage bed (Not only are nuns married to God, but the perfect spiritual union between God and the soul is often referred to as a mystical marriage. Sister Marcela plays on this idea by implying that the nuns eat so little, they will soon become light enough to float up to the celestial bed.)*
174. *Temperance is a virtue, but these nuns eat so little that they're close to becoming angels (that is, dying).*
175. saludable
176. posiblemente «guácharo», persona enfermiza; también significa «pollo»
177. Se refiere a la gula que hizo a Adán y a Eva comer la manzana prohibida en el jardín de Edén, debilitando así a la raza humana y haciendo a los seres humanos «lánguidos».

y trazó,[178] liberalísima,[179]
dar a seis monjas, un pájaro.[180]
Cierto que es cosa ridícula,

pero aquí da fin el cántico,
que son caros los esdrújulos,
y así abreviemos el párrafo.

## Temario

1. El aspecto pedagógico del coloquio «De Virtudes»
2. Las múltiples funciones de la alegoría en el coloquio «De Virtudes»
3. El triángulo Tibieza-Alma-Oración
4. El papel del Amor
5. El tema de la pobreza en la loa y el romance
6. El tema de Lope de Vega en la obra de sor Marcela de San Félix
7. El desdoblamiento en la «Otra loa: A una profesión»
8. El lenguaje de sor Marcela
9. El humor en la obra de sor Marcela
10. Marcela de San Félix: una dramaturga consciente de su propio talento

178. se dispuso a
179. generosísima
180. Seguramente una paloma, ave cuya carne era muy apreciada durante este período.

# Ángela de Azevedo: *Espectros y sombras*   ❧

ÁNGELA DE AZEVEDO nació en Lisboa a principios del siglo XVII, cuando el reino lusitano estaba bajo el dominio español. En 1580, después de la muerte de Sebastián de Portugal (1554–1578), Felipe II se convirtió en rey del país vecino, el cual formó parte del imperio español hasta la sublevación de 1640. No fue sino hasta el año 1668 cuando se firmó el tratado de Lisboa, por el cual se reconoció la independencia de Portugal. Esta situación política se refleja en la comedia de Azevedo, *El muerto disimulado,* en la cual varios personajes han participado en la Armada de Saboya, cuando fuerzas españolas y portuguesas combatieron contra el Ducado de Saboya en el norte de Italia.

Durante los siglos XVI y XVII muchas de las grandes familias portuguesas eran bilingües. Escritores como Gil Vicente y Jorge de Montemayor, cuyas obras eran destinadas a la aristocracia, escribían tanto en portugués como en español. Por tanto no es sorprendente que las dos escritoras laicas portuguesas del siglo XVII de las cuales nos han llegado obras —Ángela de Azevedo y Leonor de Meneses, ambas de familias nobles— escribieran en español. La procedencia de Azevedo se manifiesta en su uso de ciertas expresiones portuguesas, como, por ejemplo, «saudoso», «saudade» (melancólico, melancolía) [*El muerto disimulado,* I, 354, 356]. El hecho de que situara sus tres obras existentes en Portugal a pesar de vivir muchos años en la corte española es un testimonio del cariño que siempre sintió por su país natal.

Doña Ángela era hija de Juan de Azevedo Pereira y su segunda esposa, Isabel de Oliveira. Su padre era «hidalgo de la Casa Real» y, por lo tanto, pudo darle una amplia educación. Cuando la familia se trasladó a Madrid, doña Ángela sirvió como dama de compañía de la reina Isabel de Borbón, esposa de Felipe IV. Teresa Soufas conjetura que en palacio Azevedo debió conocer a las luminarias de las artes y las letras de la época. Señala que las tres comedias de Azevedo que nos han llegado requieren innumerables accesorios y tramoyas, por lo cual

*Historia del Traje,* segundo tercio del siglo XVI. La gorguera (el volante) estaba de moda para damas y caballeros. Siguiendo el ejemplo del rey Felipe II, los caballeros solían vestir de negro.

concluye que la dramaturga seguramente gozó del apoyo de la corona para la representación de sus obras. Aunque no existe documentación acerca de cuándo y dónde se montaron, Soufas cree que la autora compuso todas sus obras durante el período de su servicio a Isabel de Borbón, quien reinó de 1621 a 1644, y que probablemente constituyeran el público cortesanos y miembros de la familia real (*Woman's Acts* 1). Azevedo se casó con un caballero de su misma clase y, después de la muerte de éste, entró en un convento benedictino.

Las tres comedias conocidas de Azevedo son *Dicha y desdicha del juego y devoción de la Virgen, La margarita del Tajo que dio nombre a Santarén* y *El muerto disimulado.* La autora sitúa la primera en la ciudad de Oporto, en el norte de Portugal. El argumento gira alrededor de un hermano y una hermana, Felisardo y María, que no pueden casarse con sus respectivos amados a causa de su pobreza. Aunque Felisardo casi se entrega al demonio para conseguir los fondos que necesita, al final la Virgen interviene y resuelve el problema. La obra es particularmente interesante por su uso de efectos escénicos. Por ejemplo, en cierto momento el demonio coge a Felisardo y los dos vuelan por el aire.[1]

*La margarita del Tajo* tiene lugar en el sur de Portugal. Dramatiza la leyenda de santa Irene (santa Iria), quien ocupa un lugar importante en los romances y hagiografías de Portugal.

---

1. Para una descripción de las tramoyas y apariencias que se empleaban en las comedias religiosas, véase Elma Dassbach, *La comedia hagiográfica del Siglo de Oro español* y «Representación de lo sobrenatural en las comedias hagiográficas».

Britaldo, recién casado con Rosimunda, se enamora de la monja Irene, quien lo rechaza. También la galantea el monje Remigio, quien debería ser su protector. Dios, su Esposo celestial, se pone celoso y manda a un ángel a expresar sus sentimientos. Irene lucha por hacer que los hombres entiendan la profundidad de su devoción al Señor, pero la obra termina con el martirio de la monja debido a la traición de Remigio. Como *Dicha y desdicha*, esta obra requiere el manejo de máquinas para hacer que el Ángel vuele por el aire o que baje del cielo.

*El muerto disimulado* es una comedia construida sobre temas convencionales: la oposición del padre a las inclinaciones amorosas de su hija; los amantes separados por las circunstancias y sus esfuerzos por encontrarse; los equívocos de identidad. Don Rodrigo, padre de Jacinta, se empeña en que su hija se case con Álvaro, pero ella está enamorada de Clarindo. Álvaro está convencido de que ha matado a Clarindo en Saboya, pero se equivoca; el que ha muerto es otro del mismo nombre. Lisarda, hermana de Clarindo, aparece en la corte portuguesa vestida de hombre con la intención de vengar a su hermano. Poco después llega Clarindo, pero no revela su identidad inmediatamente porque quiere poner a prueba la fidelidad de Jacinta, quien ha prometido amarlo hasta después de la muerte. Observa la conducta de su amada, primero haciéndose pasar por fantasma, luego por vendedora ambulante y finalmente, por mesera.

Beatriz, hermana de Álvaro y amiga de Jacinta, desea casarse con su primo Alberto. Don Rodrigo aprueba este plan porque cree que si resulta, Jacinta se animará a casarse con Álvaro. Éste, en cambio, se opone al matrimonio de Beatriz y Alberto porque el pretendiente es pobre. Considera la presencia de Alberto en su casa una afrenta a su honor y riñe con él. Lisarda, aún vestida de hombre, ayuda a Álvaro en su duelo contra Alberto y se enamora de él, a pesar de creer que es el asesino de su hermano.

Clarindo, por fin convencido de la constancia de Jacinta, revela su identidad. Como es obvio que Álvaro no lo ha matado, Lisarda también revela su identidad y declara su amor por él. La comedia termina con múltiples casorios: Clarindo con Jacinta; Lisarda con Álvaro, Beatriz con Alberto; el criado Papagayo con la criada Hipólita.

En *El muerto disimulado*, Azevedo retrata una sociedad caracterizada por la inestabilidad y la confusión. Aunque falta el elemento sobrenatural que se encuentra en sus dos otras comedias, complica esta obra el complejo juego de apariencias que crea un sentido de desequilibrio. Las ambigüedades que resultan de los diversos nombres y disfraces de algunos de los personajes y de la existencia de dos personajes con el mismo nombre producen una confusión quintaesencialmente barroca.

Anita Stoll, partiendo de las teorías de Víctor Turner, ha señalado la «liminalidad», o estado intermedio, en la cual Azevedo mantiene no sólo a los personajes sino también a los espectadores. Stoll explica que el mismo título de la pieza, *El muerto disimulado*, capta esta «liminalidad», ya que Clarindo no está ni muerto ni vivo. Es decir, no está realmente muerto, pero desde la perspectiva social, tampoco está plenamente vivo, ya que todos lo creen difunto y reaccionan como si lo estuviera (151). Clarindo mismo, haciéndose pasar por fantasma, se identifica como un alma del Purgatorio, estado intermedio que no es el Paraíso y, sin embargo, tampoco es el Infierno. El olvido es otra condición indeterminada evocada por Clarindo. La persona olvidada está y no está. Es decir, existe o existió, pero no está presente en la mente de los otros; por lo tanto, es como si no existiera.

Al borrar fronteras entre el ser y el no ser y al crear un sentido de «liminalidad» en su obra, Azevedo lleva al extremo la noción barroca de la inaccesibilidad de la Verdad mediante las facultades sensoriales e intelectivas. La crisis escéptica del siglo XVII pone en duda la posibilidad misma de percibir la realidad objetiva.[2] Siguiendo los argumentos de Sextus Empiricus, pensadores como Montaigne y Francisco Sanches explican que los sentidos y la razón, siendo nuestros mediadores entre los mundos externo e interno, nos proveen de información que nosotros filtramos necesariamente a través de nuestros deseos, emociones e ideas preconcebidas.[3] Somos incapaces de percibir la verdad objetiva en su estado más puro puesto que nuestras facultades son defectuosas. Juzgamos por las apariencias, distorsionando la información comunicada imperfectamente por nuestros sentidos y elaborada por nuestro entendimiento de acuerdo con nuestros prejuicios, manías y fantasías. Vislumbramos las cosas a medias, sin distinguir completamente la realidad de la apariencia. La imagen del espejo, muy usada por los escritores barrocos y empleada por Azevedo en el parlamento de Clarindo / Clara, capta la noción de que vivimos un engaño; sólo nos desengañamos al «quitarnos las máscaras» y al mirarnos la cara directamente: «De cristal claros espejos, / tan verdaderos que avivan / a las feas desengaños, / si a las hermosas animan». El *topos* del espejo como utensilio revelador e instructivo, el cual ayuda al individuo a distinguir la Verdad en un mundo de apariencias, tiene su origen en la antigüedad[4] y se emplea en diversas culturas literarias en la temprana modernidad. Por ejemplo, en *Richard II,* de Shakespeare, el rey «lee» sus pecados en el espejo y en *El gran mercado del mundo,* de Calderón, el espejo se define como instrumento del desengaño. Pero para el espectador del siglo XVII el espejo era símbolo del engaño tanto como del desengaño. Sugiere la noción de reflejos de reflejos, es decir, de múltiples reflejos que crean laberintos en los cuales los personajes se pierden.[5]

Los numerosos casos de travestismo en *El muerto disimulado* contribuyen al sentido de confusión general. Aquí vemos no sólo a la mujer vestida de hombre, sino también al hombre vestido de mujer, lo cual es mucho menos común en este período. Para complicar las cosas aún más, Clarindo se disfraza de «Clara» y, en este papel, cuenta cómo se ha vestido de hombre para vengarse de su ficticio amante, creando así una especie de doble travestismo.

Varios críticos (Stroud, Donnell, Soufas) han sugerido que en el teatro del siglo XVII los papeles sexuales son fluidos. Apartándose del sistema freudiano, el cual hace hincapié en la sexualidad para explicar las motivaciones y conducta del individuo, la crítica moderna tiende

---

2. Véase Antonio Regalado, *Los orígenes de la modernidad en la España del Siglo de Oro.*

3. Sobre el escepticismo en España véanse Maureen Ihrie, *Skepticism in Cervantes* y Bárbara Mujica, "Skepticism and Mysticism in Golden Age Spain."

4. *For a discussion of biblical and classical uses of the mirror topos, see Curtius 336.*

5. *The early modern spectator would have been familiar with Paul's words in I Corinthians: "Now we see only reflections in a mirror, mere riddles." The deceptive nature of the image in the mirror harks back to classical and biblical Antiquity and permeates early modern writing. (See Curtius 336.) In La Galatea Cervantes describes reality as a broken mirror in which we see only deceptive reflections of fragments. For a fuller discussion of mirror imagery, see Campbell, "Narcissus."*

a ver el género, a diferencia del sexo, como una clasificación social en vez de ontológica. Según esta teoría, el individuo es capaz de escoger un comportamiento asociado con el sexo opuesto cuando le conviene. Hay que notar, sin embargo, que en *El muerto disimulado,* el disfraz no logra siempre encubrir o amortiguar por completo las inclinaciones de la naturaleza. Aunque varias obras de dramaturgos tanto como de dramaturgas ofrecen ejemplos en que los disfraces son tan convincentes que ocasionan enamoramientos de personajes del mismo sexo, en *El muerto disimulado,* Azevedo subvierte el disfraz al hacer que Jacinta perciba intuitivamente el sexo de «Clara»: «no sé, que en su rostro miran / mis memorias, pues parece / de Clarindo copia viva» (II, 1694–96). Además, aunque Lisarda no sólo se viste de hombre sino que adopta el lenguaje y los ademanes masculinos, se enamora perdidamente de Álvaro. Las repetidas alusiones a la «realidad» detrás del disfraz terminan socavando el artificio. Es decir, de la misma manera que la distinción entre vivo y muerto no es, en esta obra, una mera construcción social, tampoco lo es la distinción entre los géneros —por lo menos, no totalmente. En los dos casos Azevedo crea una zona «liminal» para sugerir la naturaleza engañosa de las apariencias, pero no insinúa jamás que no exista una realidad detrás de la imagen.

No obstante, el travestismo en Azevedo no es un simple recurso escénico para afirmar una posición ideológica, ni tampoco es una imitación ciega de tendencias teatrales existentes. Es, como sugiere Teresa Soufas, una «estrategia transgresiva» que le permite a la dramaturga enfrentarse a problemas relacionados con la injusticia, en particular, la subyugación de la mujer por el hombre (*Dramas of Distinction* 107). Soufas señala que el travestismo se asocia con el Carnaval, período en el cual se permite que el individuo haga un papel diferente del suyo. En este ambiente en que el pícaro se viste de rey y el ama de llaves de caballero, se puede desafiar a la jerarquía social sin destruir permanentemente el *status quo* (Bullough). El travestismo teatral, como el travestismo carnavalesco, le permite al individuo imaginar un mundo diferente al que conoce y cuestionar los papeles tradicionales sin correr riesgos, ya que sabe que al final del entretenimiento las cosas volverán a su estado normal. En *Feminism and Theater,* su estudio sobre el teatro inglés de la temprana modernidad, Sue-Ellen Case propone que las dramaturgas, a diferencia de los dramaturgos hombres, se sirven del travestismo para expresar una frustración, incluso una desesperación, ante una sociedad patriarcal que priva a la mujer de todo poder (39). En una escena sumamente irónica «Clara» describe cómo ha sido seducida y abandonada por su amante. Es decir, es Clarindo, en su papel de mujer, el que articula la desdicha de la mujer ofendida. Nos podemos imaginar a las mujeres del público de Azevedo, dobladas de la risa, escuchando al actor llorando las maldades de los de su propio sexo.

Como en el Carnaval, en el teatro se puede experimentar con el género precisamente porque se trata de una recreación temporal. Las mujeres que asumen papeles masculinos en el teatro normalmente vuelven a asumir el rol apropiado a su sexo de buena gana al final de la obra, después de haber encontrado a su pareja y de haber «jugado» a ocupar una posición dominante en la sociedad (Bullough). Para algunos críticos, el travestismo teatral termina por reforzar las normas sociales. Por ejemplo, Jonathan Dollimore, en su artículo, "Subjectivity, Sexuality and Transgression," afirma que al vestirse de hombre, la mujer revalida el *status quo,* ya que al adoptar los códigos de conducta masculinos en vez de disolverlos, demuestra que sólo el varón tiene poder. Sin embargo, el hecho de que Lisarda lleve armas, intente vengar a su hermano y, al mismo tiempo, se enamore de un hombre demuestra que una mujer —aun siendo toda una mujer— puede traspasar el estereotipo femenino al mostrarse fuerte, perseverante, fiel y capaz.

La comicidad en el teatro es a menudo subversiva. En la farsa, la estructura social puede ser invertida para que los arquetipos del poder —el noble, el rico, el marido— se conviertan en los tontos de la comedia y los hazmerreíres del público. En el género cómico, en el que se incluye la comedia de enredos, la de capa y espada y sobre todo el entremés (la forma principal de la farsa en la temprana modernidad española), la mujer casi siempre le lleva ventaja al hombre, convirtiéndose, como señala Javier Huerta Calvo, «en verdadero demiurgo burlador» (263).[6] Azevedo aprovecha los rasgos del género para insistir en la superioridad moral de la mujer, ilustrada por la constancia de Jacinta, y para censurar ciertas injusticias perpetradas por los hombres, por ejemplo, el abuso de la mujer pobre (articulado con gran humor por Clarindo en su papel de «Clara»), el materialismo (personificado por Álvaro en su actitud hacia Alberto) y el voluntarismo despótico (encarnado por don Rodrigo).

En el mundo patriarcal recreado por Azevedo, los hombres intentan casi siempre en vano imponer su voluntad. Don Rodrigo, padre de Jacinta y por lo tanto símbolo de la autoridad, toma decisiones importantes respecto a la vida de su hija sin consultarla. Se vale de la doctrina jurídica y teológica de la *patria potestas* —poder del padre— según la cual el patriarca, siendo representante de Dios en la familia, tiene el derecho de mandar sobre aquéllos que dependen de él. «Que en esto, Jacinta, son / los padres de Dios figura, / cuando el buen hijo procura / ir tras su disposición. / Quien no sabe conformarse / con la voluntad de Dios, / aunque lo sea en la voz, / cristiano no ha de llamarse» (I, 61–68). Don Rodrigo intenta obligar a Jacinta a casarse con Álvaro y hasta amenaza con matarla a cuchilladas si no le obedece. Pero se olvida de otra creencia fundamental al dogma católico: la del libre albedrío. Jacinta resiste los esfuerzos de su padre por doblegarla, manteniéndose fiel a Clarindo y creando una especie de revuelta carnavalesca en la jerarquía tradicional. A través de la obra, Azevedo intercala comentarios que sirven de contrapunto a los de don Rodrigo. Si el patriarca protesta que el hijo que no obedezca a su padre es un mal cristiano, la criada Dorotea insinúa que el padre que obligue a su hija a casarse contra su voluntad también es mal cristiano porque la condena a la muerte o, por lo menos, a una vida de desdichas: «Cuando no es el casamiento / al gusto de la mujer, no hay duda que viene a ser / el casar grande tormento» (I, 153–56). Este contrapunto termina socavando la autoridad moral del padre despótico.

Con respecto a la *patria potestas*, Azevedo también logra producir un espacio «liminal». Don Rodrigo es y no es la suprema autoridad. Si desde la perspectiva de la moralidad cristiana articulada en los códigos legales de la época don Rodrigo tiene el derecho de imponer su vo-

---

6. El teatro breve de Cervantes provee varios ejemplos de mujeres que ridiculizan a sus maridos, entre ellos las protagonistas de *El viejo celoso* y *La cueva de Salamanca*.

luntad en su hija, los cánones eclesiásticos también limitan el poder del padre al especificar que el matrimonio requiere el consentimiento de los novios.[7] Al final de la obra Rodrigo lucha por mantener su potestad al casar a Beatriz y Alberto («tomando / he por mi cuenta este empeño, / y vos habéis de otorgarlo; / este casamiento es mío» [III, 3782–85]), mientras que se ve obligado a reconocer el fracaso de sus esfuerzos por casar a su propia hija con la pareja que él ha escogido.

El lenguaje mismo es una fuente de confusión en *El muerto disimulado*. No sólo hay un personaje con dos identidades (Clara / Clarindo), sino que existen dos personajes que llevan el mismo nombre (Clarindo) y un personaje sin ningún nombre (el supuesto seductor de «Clara»). Este ramillete de identidades engendra varios juegos lingüísticos, por ejemplo, el comentario de «Clara» sobre el «poco tiempo / [que] aqueste oficio ejercita» (II, 1755–76). Además, Azevedo juega con el doble sentido (II, 1755), el lenguaje simbólico (II, 1785) y el lenguaje neoplatónico (II, 1875). Los numerosos ejemplos del conceptismo y del culteranismo, tan típicos del Barroco, demuestran que una palabra o un pasaje puede admitir diversas interpretaciones como, por ejemplo, en el parlamento de «Clara» incluido abajo. Stoll asevera que mediante el juego lingüístico Azevedo borra las fronteras del significado, dejándonos ver la fluidez del lenguaje (152).

Asimismo, la metateatralidad de *El muerto disimulado* borra las fronteras entre «teatro» y «realidad» al romper la «cuarta pared» que separa la escena del público.[8] Por ejemplo, Dorotea comenta: «Yo apuesto que en hora y media / nadie (según lo imagino) / ha de dar en el camino / que lleva aquesta comedia» (I, 541–44). Más tarde, Papagayo dice: «no hay poeta, vive Dios, / que mienta como yo miento» (II, 1320–21); y después: «¿qué diablo de poeta / maquinó estos delirios?» (III, 3128–30). Estas observaciones sirven para subrayar la artificialidad del teatro y crear una especie de colusión entre espectador y actor. Al mismo tiempo, despistan al espectador al sacarlo de la «suspensión de incredulidad» y recordarle que todo es engaño.

El efecto de la creación de un espacio escénico «liminal» es la desorientación del público. Los personajes intensifican el sentido de confusión del espectador al aludir repetidamente a su propio azoramiento. «¿Ésta es realidad o sueño?» se pregunta Lisarda (I, 1047). «¡Es sueño / esto, cielos soberanos!», (III, 3598–99) comenta Jacinta. «¡Esto es cierto o estoy soñando!» (III, 3609) insiste Álvaro. Azevedo, igual que sus contemporáneos masculinos, escribe en un período de gran inseguridad en el que las fortunas políticas cambian rápida y repentinamente.

---

7. *Canons and Decrees of the Council of Trent, "Decree Concerning the Reform of Matrimony," Ch. 1, specified that marriage required the consent of the bride and groom. However, in practice, the issue was complicated. The Jesuit Tomás Sánchez, whose treatise on matrimony was influential in Spain until the eighteenth century, celebrated the right of the individual to make his or her own choice of a partner, while at the same time noting the need to maintain social order. The Castilian law of 1505 allowed only for disinheriting a child who refused to yield to his or her father's will in matters of matrimony, but Sánchez is not clear about what sanctions, if any, could be taken against disobedient children. The Dominican theologian Pedro de Ledesma cautions parents about harboring grudges against wayward offspring, and in the eighteenth century, the Jesuit Matías Sánchez argued that parental oppression was displeasing to God. See Casey 208–9.*

8. *The term "fourth wall" is used in theater to refer to the invisible wall that separates the audience from the stage, which is delimited typically by three material walls.*

Sus obras, como las de ellos, reflejan esta incertidumbre. La mudanza es un tema que se recalca a través de la obra, a menudo en pasajes en que los personajes se quejan de la inconstancia de los amigos y de los amantes. Papagayo lleva el tema al extremo al afirmar que ni siquiera hay que confiar los secretos a los difuntos (II, 1298–99). Pero frente al sentido de inestabilidad que impregna la obra y seguramente la psiquis colectiva del público, Azevedo ofrece un ejemplo de constancia: el de Jacinta, la mujer enamorada.

## El muerto disimulado

*Jornada segunda (fragmento)*

*(Sale Papagayo con unas maletas como huyendo de Clarindo, que le va siguiendo.)*

PAP  Sombra, fantasma o ilusión,
no me persigas, supuesto
que tengo el ánimo flaco
para semejantes duelos;
¿que siempre quien es cobarde
tope de aquestos encuentros?
Parece que aquestas cosas
suele deparar el miedo.
¡Jesús! ¿Qué santo abogado[9]
se hallará contra los muertos?
Si eres sombra de Clarindo,
como en tu presencia veo,
y vienes a pedir misas,
déjame, que te prometo
de buscar un sacerdote
en la materia más diestro
que el mismo Amaro da Lago,[10]
que por tu ánima luego
se ponga a decir mañana
media docena a lo menos.
CLAR  Harás como buen cristiano,
Papagayo, que con eso
saldré de mi purgatorio,
que le tengo en este puesto.
PAP  ¿Purgatorio? Poco has dicho;
mejor dijeras infierno,
porque es desesperación

9. protector
10. No he podido encontrar información acerca de este personaje.

un mesón[11] de los dineros;
¿mas por qué en este lugar
penando estás?

CLAR                En él peno
de cuentas[12] por un engaño.

PAP     ¿Engañaste al mesonero?

CLAR    Engañé.

PAP            ¡Quién tal pensara!
¡Lo que son juicios del cielo!
Desde niño me arrullaron
con aquel vulgar proverbio,
que quien esta gente engaña
al cielo se va derecho.[13]

CLAR    Pero entre mis penas, ¿sabes
cuál es mi mayor tormento?

PAP     ¿Cuál es?

CLAR                El olvido, amigo,
de mis amigos y deudos,[14]
que con sufragios[15] de mí
no se acuerdan..

PAP                Mal es viejo
que se hace un hombre olvidado
en poniendo tierra en medio.[16]

CLAR    Sin duda no me han tenido
con certidumbre por muerto.

PAP     ¿Cómo no? Todos lo saben
también como yo lo creo,
pues han corrido noticias
de que en la armada te han muerto.

CLAR    ¿Y el homicida se sabe?

PAP     No es posible, aunque se han hecho
diligencias[17] en el caso.

CLAR    *(Aparte)* (Él quedará descubierto

11. venta, hostería, posada *(The idea is, inns can make you crazy when it comes to money.)*
12. *That is, I'm suffering in Purgatory in payment for a sham.*
13. *Innkeepers were notorious for their dishonesty. Papagayo is surprised Clarindo is in Purgatory because an old proverb says that anyone who scams an innkeeper goes right to heaven.*
14. parientes
15. obra buena que se aplica por las almas en el Purgatorio. (Clarindo dice que tiene miedo de que sus amigos se olviden de rezar por él.)
16. *by being put six feet under.* Sobre este verso véase el artículo de Anita Stoll.
17. investigaciones

a manos de mi venganza;
en tanto disimulemos
celos, hasta averiguaros,
que aunque dicen que primero
son que celos los agravios,
primero ahora son celos.)
¿Y qué se ha hecho mi padre?

PAP     Tomó las de Villadiego[18]
su vida con este enojo.

CLAR     ¿Murió?

PAP         De una vez[19] el viejo;
¿no le has por allí encontrado
por el final hemisferio?[20]

CLAR     ¿Y mi hermana?

PAP     *(Aparte)*     (Aquí está el punto[21]
pues si la verdad le cuento,
aunque por su causa hizo
Lisarda tan grande exceso,
será la pena doblarle,
sabiendo su arrojo fiero;
viva, pues, el secretillo,
y quédese en el silencio,
que ni aun de los difuntos
se ha de fiar un secreto.
Mas no sé qué he de decirle,
que no puedo hablar de miedo.)
Tu hermana se metió fraile.

CLAR     ¿Fraile?

PAP         Monja decir quiero,
que esto de frailes y monjas
todo viene a ser lo mesmo,
pues tienen hábitos todos
y viven en monasterios.

CLAR     Y tú dime.

PAP         Quita allá,
¿no puedes hablar de lejos?

CLAR     ¿Quién te ha traído a la Corte?

18. desapareció repentinamente
19. **De**... de golpe, de repente
20. **en**... en el otro mundo
21. asunto, secreto

PAP    Yo sirvo a un vecino nuestro,
treinta casas más arriba,
y a la Corte con él vengo
a proveernos de bulas,[22]
para venderlas al pueblo;
y la mala vecindad
de chinches[23] de este aposento
me hace mudar a otra parte
aquestos trastes que llevo;
*(Aparte)* (no hay poeta, vive Dios,
que mienta como yo miento... )[24]

*(Sale Clarindo en hábito de mujer con una canastilla en la cabeza.)*

CLAR    Dios guarde a Vuesas Mercedes.
*(Aparte)* (¡Qué bella es la compañía
que aquí con Jacinta está,
bien que si a la luz se mira
de sus hermosos luceros,[25]
toda belleza se eclipsa!)

BEA    ¡Qué hermosa que es la muchacha!

HIP    De pascoa[26] es una carita.

JAC    *(Aparte)* (Válgate Dios por mozuela[27];
no sé, que en su rostro miran
mis memorias, pues parece
de Clarindo copia viva.)

CLAR    *(Aparte)* (Ya Jacinta cuidadosa
en mí repara; amor rija
bien mis disimulaciones,
a que en tal traje me anima
mi edad, que aun le faltan señas
por do[28] el hombre se divisa.)

DOR    Veamos pues lo que aquí trae,
ponga usted la canastilla.

22. documento por el cual se le concedía al difunto ciertas indulgencias o dispensaciones, permitiéndole así pasar menos tiempo en el Purgatorio. Uno de los abusos de los clérigos de los cuales se quejaban los reformadores de la Iglesia era la venta de bulas.

23. **la**... *the fact that the place is infested with bugs*

24. *Recall that* poeta *means both "poet" and "playwright." Note the metatheatricality of Papagayo's remark.*

25. esplendores, ojos

26. **De pascoa (pascua)**... Hermosa (Es decir, como las flores de la Primavera. La retórica neoplatónica se vale de numerosas metáforas que comparan a la mujer bella con flores: mejillas como rosas, labios como claveles, piel como lirios, etc.)

27. **Válgate**... *What a girl!*

28. donde

JAC      ¿Y cómo se llama?

CLAR                        Clara;
*(Aparte)*  (aqueste nombre me sirva
          de disfraz.)

JAC      *(Aparte)*      (¡Aun semejanzas
     [¡ay tristes memorias mías!]
     tiene en parte de aquel nombre
     por quien el alma suspira!)

BEA      Bien es, que clara se llame
     quien con tal donaire[29] brilla.

CLAR     No se burle, mi señora,
     porque tengo de entendida[30]
     solamente el conocerme.

HIP      Descubra usted sus droguitas.[31]
     *(Va enseñando.)*

CLAR     Aquí tengo ricos guantes,
     obra en verdad peregrina
     de Milán, que dan de mano
     a los de mayor estima.
     De cristal claros espejos,[32]
     tan verdaderos que avivan
     a las feas desengaños,
     si a las hermosas animan.
     De piedras inestimables
     traigo aquí raras sortijas,
     que no hay que poner el dedo
     en más noble gallardía.
     Medias de precio estimadas,
     con quien las medias más finas
     se llevan el lustre a medias,[33]
     que en éstas es sin medida.
     Abanicos primorosos
     que por su gala excesiva

---

29. garbo, elegancia
30. sabia, docta (*"Know thyself" was inscribed on the temple of Apollo at Delphi. Plato ascribes the saying to the Seven Wise Men. Self-knowledge was considered the greatest kind of wisdom. Clarindo insists that he is not wise except in that he "knows himself"—that is, he knows he is really a man.*)
31. pociones, cosméticos y adornos de poco valor
32. *In the Early Modern period the mirror often symbolizes human beings' inability to see things as they really are. The idea is that everything we perceive is only a reflection, or distortion, of reality.*
33. **a... imperfectamente.** *Note the wordplay between* medias (stockings) *and* a medias. *The sense is: "stockings of such value that even the finest stockings pale in comparison."*

del aire de su donaire,
aire el mismo aire mendiga.[34]
Bolsillos de tanto precio
que cada dobla[35] metida
en ellos, dobla el valor
en más corriente valía.[36]
Al fin, cintas, tan hermosa
traza[37] del arte que afirma
que jamás hasta aquí se puso
para parto igual en cinta.[38]

| | |
|---|---|
| JAC | Bien sabe vender sus cosas. |
| BEA | Cierto que es encarecida. |
| HIP | Maña[39] tiene su lisonja. |
| DOR | El vender todo es mentira. |
| HIP | Una docena de varas[40]; |

¿cuánto de estas cintas, diga,
me ha de costar?

| | |
|---|---|
| CLAR | Mil reales,[41] |

que las vendo baratillas.[42]

| | |
|---|---|
| HIP | ¿No más? ¿Vióse tal barato? |
| CLAR | Soy una mujer perdida; |

bien muestro que ha poco tiempo
aqueste oficio ejercita
quien tan mal sabe vender.

| | |
|---|---|
| HIP | ¿Cuánto tiene de esta vida? |
| CLAR | Algunos piensan que es muerte; |

no tengo un mes todavía.

| | |
|---|---|
| JAC | Digame, ¿cuál es su patria? |
| CLAR | Hay de aquí allá muchas millas. |
| JAC | ¿Cuál es? |

---

34. **Abanicos**... *Lovely fans, so breathtaking that they make the air itself gasp for breath. (Note the wordplay.)*
35. moneda de oro
36. **en**... *in a currency of greater worth*
37. diseño
38. *Note the wordplay.* Parto *means both "handiwork" and "birth";* en cinta *means both "in a piece of ribbon" and "pregnant"* (encinta).
39. arte, habilidad
40. antigua medida que valía 0,8 metros en España
41. antiguamente, una moneda de plata. El real sólo equivale a veinticinco céntimos de peseta desde el siglo XIX.
42. *Note the wordplay. The sentence means both "I'm selling them cheap" and "I'm selling you junk." This kind of linguistic game reinforces the* engaño/desengaño *motif.*

| | |
|---|---|
| CLAR | Yo soy saboyana, |
| | nací en la ciudad de Nisa. |
| JAC | ¿Qué le ha traído a Lisboa? |
| CLAR | Palabras de hombres fingidas |
| | que engañan a las mujeres; |
| | pues en la ocasión lucida |
| | de la armada, en que Lisboa |
| | dejó la tierra turina[43] |
| | de admiración de su gala |
| | tan llena que aun hoy le admira. |
| JAC | *(Aparte)* (Verdugo es esa memoria |
| | para un alma tan sentida.) |
| CLAR | Cierto galán de esta corte, |
| | por amistad que tenía |
| | con mi padre, tuvo entrada |
| | (confianza mal permitida) |
| | en su casa, y tantas veces |
| | me habló que la cortesía |
| | se hizo amor, que estas dos cosas |
| | siempre fueron muy vecinas. |
| | Con promesa al fin de esposo |
| | (¡oh promesa fementida![44]) |
| | me robó amante la joya[45] |
| | que en el mundo más se estima. |
| | Con la armada en fin partióse, |
| | diciendo a la despedida |
| | que iba a disponer sus cosas, |
| | y que entonces volvería |
| | para ponerse en efecto |
| | la palabra prometida. |
| | Viendo pues que de la vuelta |
| | el plazo pasado había |
| | que me dio, por engañada |
| | me di luego en su malicia; |
| | y hurtando a mi padre joyas |
| | y dineros, ofendida |
| | y mujer (dos circunstancias, |

43. de Turín (Italia), antigua capital de los estados de la casa de Saboya
44. traidora
45. es decir, la virginidad

que un arrojo facilitan),
de hombre el hábito tomando
y alquilando a toda prisa
una mula, que ligera
de Belerofonte[46] hacía
olvidado el bruto alado,[47]
conmigo en la corte villa
di, y con igual brevedad
en aquesta esclarecida
ciudad y por este ingrato
haciendo varias pesquisas,
no he sabido parte de él,
con que pienso fue mentira
y que me supuso el nombre,[48]
pues por él no hallo noticias.
Y viendo que una mujer
de aqueste trato tenía
libertad para correr
las calles y de esta guisa[49]
entrarse en cualquiera casa,
me ha animado a que le siga
por si topo su persona
ingrata y desconocida.

JAC   ¡Caso extraño! De esta suerte
también puede ser fingida
su patria y no ser Lisboa.

CLAR   Tal mi desgracia sería;
pero como aquesta Corte
es una feria continua
a que acude tanta gente,
no será gran maravilla
toparle...

*Tercera Jornada ( fragmento)*

*[Lisarda, vestida de hombre, llega a Lisboa buscando al asesino de su hermano. Se entera de que es Álvaro, de quien está enamorada.]*

46. en la mitología, dueño del caballo alado Pegaso
47. Es decir, la mula corría tan rápido que Pegaso, el caballo alado mitológico, ni se comparaba.
48. es decir, me dio un nombre falso
49. manera

LIS  Accidentes[50] tan notables,
      sucesos tan peregrinos[51]
      como los que me suceden,
      ¿a quién habrán sucedido?
      ¡Que venga yo tras mi agravio,
      y topando a mi enemigo,[52]
      me embargue el amor que tome
      satisfacción del delito!
      ¡Y que a pesar de mis celos,
      le tengo yo prometido
      de hacerme misma el culpado
      porque él logre sus designios!
      ¡Que en paga de esta fineza,
      por mostrarse grato amigo
      de mi persona, y por odio
      que tiene a Alberto su primo,
      que de mi esposa la mano
      don Álvaro haya querido
      me dé su hermana, pensando
      que soy yo el que me finjo!
      ¿Viéronse lances más raros?
      ¿En qué comedia se han visto
      más extrañas novedades
      ni enredos más excesivos?
      El amor quiera sacarme
      ya de aqueste laberinto de confusiones,
      que aquesto hace perder los sentidos.

## Temario

1. Papagayo y «el muerto disimulado»
2. El humor de Ángela de Azevedo
3. Sexo, género y travestismo en *El muerto disimulado*
4. Los juegos lingüísticos de Azevedo
5. La comedia como vehículo para la crítica social
6. La metateatralidad
7. La creación de un ambiente de confusión: su propósito y sus efectos
8. Elementos carnavalescos en *El muerto disimulado*

---

50. sucesos, aventuras
51. extraños
52. Se refiere a Álvaro, a quien cree asesino de su hermano.

# Leonor de la Cueva: «No hay cosa como hablar» ❧

NACIDA EN MEDINA del Campo a principios del siglo XVII —no sabemos la fecha exacta— Leonor de la Cueva y Silva escribió poesía y teatro, y es posible que participara en las tertulias literarias que estaban tan de moda entre los intelectuales de su época.[1] Sólo nos queda una obra de la autora, *La firmeza en la ausencia,* pero carecemos de documentación sobre su representación. No se ha podido determinar la fecha del autógrafo, el cual se encuentra en la Biblioteca Nacional de Madrid. Cuevas sitúa la acción de su obra a principios del siglo XVI, en el momento en que los españoles derrotaron a los franceses en Nápoles. Teresa Soufas sugiere que escribió la obra a mediados del siglo XVII, cuando España, entonces muy debilitada, volvió a enfrentarse con Francia en tierras italianas (*Woman's Acts* 196). Existe un autógrafo de la poesía de Cuevas, junto con poemas de otros escritores de la época (Lope, Góngora, etc.), constituyendo el conjunto tal vez una antología personal de la autora.[2] Un soneto de Leonor de la Cueva escrito cuando murió María Luisa de Borbón, esposa de Carlos II, indica que la poeta vivió por lo menos hasta 1689.

Cueva sitúa *La firmeza en la ausencia* en la corte del rey ficticio Filiberto de Nápoles durante la invasión francesa de 1495 e inmediatamente después. Se trata de una recreación del prototipo bíblico de David y Betsabé. Armesinda y Juan se aman casta y discretamente durante seis años, pero su idilio se destruye cuando Filiberto, locamente enamorado de Armesinda, decide deshacerse de su rival al enviarlo a la guerra. Don Juan le pide a su amigo Carlos que vigile a Armesinda mientras está lejos de la Corte. Todos, incluso Juan mismo, creen que en su ausencia Armesinda cederá ante los requiebros del rey, puesto que es cosa sabida que la mujer

---

1. Véase Olivares y Boyce, 48.
2. Véase González Santamera y Doménech.

*Corral del Principe*, plano de reconstrucción, de John Jay Allen. La "cazuela" es el sitio reservado para las mujeres.

es incapaz de la constancia. Sin embargo, la dama refuta la opinión colectiva al mantenerse firme. Para romper la voluntad de Armesinda, Filiberto le manda decir con Carlos primero que don Juan se ha casado con otra y, cuando esta noticia no logra debilitar su resistencia, que don Juan está muerto. Sin embargo, la determinación de Armesinda no enflaquece. La creciente frustración del rey lo lleva casi al punto de violar a la dama, pero aun ante esta amenaza, Armesinda se mantiene firme. Incapaz de satisfacer su deseo, Filiberto termina ofreciendo casarse con ella a pesar de que no es de sangre real. La insistencia del rey provoca una crisis emocional en Armesinda, quien después de considerar la posibilidad del suicidio, pide terminar sus días en un convento. Al final, don Juan vuelve de las guerras y el rey, reconociendo el valor de su súbdito y la constancia extraordinaria de Armesinda, les premia permitiendo que se casen.

Desde tiempos bíblicos la inconstancia de la mujer ha sido un *topos* literario. La seducción de Eva por el demonio establece el modelo de la mujer voluble que influye en la literatura occidental hasta nuestros tiempos. En la antigüedad, el mito de Pandora refuerza la imagen de la mujer como autora del mal. Asimismo las épicas homéricas subrayan la inconstancia de la mujer (aunque también ofrecen excepciones, siendo Penélope un modelo de la fidelidad conyugal). Aristóteles, en su *De Generatione Animalium*, describe a la mujer como falsa y engañosa por naturaleza. En la temprana modernidad se ensalzaba a la mujer, comparándola con la Virgen, o se la censuraba, representándola como la hija de Eva. Por un lado, se elogiaba la firmeza de la mujer, citando ejemplos de griegas y romanas de la antigüedad —Lucrecia, Penélope, Artemisa, Julia y Porcia siendo modelos de la probidad femenina. Por otro, se inculpaba a la mujer de mudable y oportunista, alegando que si bien existían mujeres fieles, éstas eran excepciones a la regla.

Como vimos en la introducción a este libro, los moralizadores de la época vituperaban contra la inconstancia de la mujer, exhortando a los maridos a vigilar bien a sus esposas. Juan Luis Vives aconseja a los maridos que mantengan a sus esposas ocupadas hilando o leyendo li-

bros devotos porque la mujer, siendo frágil e inestable, fácilmente se extravía. Fray Luis de
León les advierte a los hombres que aunque la esposa buena es un tesoro, para que una mujer
pueda llegar a ser «la perfecta casada», el marido debe velarla y reglamentar su conducta —sus
visitas, su ropa, sus lecturas, etc. (Conviene señalar que en *Lágrimas por la nobleza*, un tratado
moral escrito por una mujer, Luisa de Padilla, durante el reinado de Felipe IV, se refuta con vehemencia esta noción. En sus comentarios sobre el adulterio, Padilla censura a los hombres
por su inconstancia, imprudencia e irresponsabilidad.[3])

El arte del período también refleja esta polarización. Los maestros de la temprana modernidad pintaron numerosos cuadros basados en las historias de mujeres virtuosas, aunque
curiosamente, a veces subvertían su moraleja al representarlas de una manera sumamente
erótica, casi pornográfica. Por ejemplo, Lucrecia, emblema de la esposa constante, y Susana,
icono de la virginidad inocente, a menudo eran representadas como desnudas voluptuosas o,
como en el caso de *La muerte de Lucrecia* (1511–12) de Marcantonio Raimondi, con un exqui-
sito seno expuesto. El *Tarquino y Lucrecia* (1539) de Heinrich Aldegrever muestra una escena
particularmente violenta: Tarquino, desnudo y con una daga en la mano, fuerza a Lucrecia,
desnuda y sentada en la cama con las piernas abiertas. La *Susana* (1590/95) de Annibale Ca-
rracci muestra una joven desnuda extremadamente sensual que mira con ojos seductivos a los
ancianos que la espían. Escribe Bernardine Barnes: «La mayoría de estas imágenes fueron hechas por hombres, para un público que estaba compuesto de hombres —hombres que tenían
más en común con el *voyeur* que con la víctima» (32). De hecho, la reputación por la castidad
de mujeres como Lucrecia y Susana aumentaba el atractivo erótico de estas imágenes, las
cuales terminaban por reforzar la noción de que por virtuosa que la creamos, en esencia la
mujer es liviana.

Jugando con la noción de la mutabilidad femenina, los artistas representaban la fortuna
como una mujer en equilibrio encima de una rueda que giraba constantemente, enalteciendo
a unos y bajando a otros. La temprana modernidad, a diferencia de la Edad Media, concebía la
fortuna como una fuerza que los hombres, gracias a su libre albedrío y perspicacia, podían
controlar, por lo menos hasta cierto punto. Según Maquiavelo, mediante la *virtù* (hombría) el
individuo podía contrarrestar el poder de la fortuna, que él caracteriza como una mujer a la
que hay que «agarrar por el cabello». Rembrandt representa la fortuna como una mujer
parada en un velero controlado por los hombres que lo ocupan. En otras imágenes de la época,
la figura masculina coge con fuerza a la femenina (Russell 205). Los artistas transmitían la noción de la «feminidad» de la fortuna al enfatizar la voluptuosidad de la figura alegórica. Como
en el caso de los iconos de la virtud, la representación de la fortuna como una mujer que el
hombre tiene que dominar reiteraba conceptos difundidos por los predicadores. La figura
alegórica de la Prudencia, virtud cardinal y antídoto de las permutas de la Fortuna, también
era femenina, pero aquí también se le daba una creciente importancia a lo sensual (Russell

---

3. Darcy Donahue sacó a luz las ideas de Padilla en «Tears for the Nobility», una ponencia pronunciada en la
reunión anual de la South Atlantic Modern Language Association, el 10 de noviembre de 2001, en Atlanta,
Georgia.

223). El propósito del juego entre la desnudez y la virtud era supuestamente ayudar al espectador a superar lo material, pero el efecto era el de socavar el ideal de la honestidad femenina.

Los dramaturgos españoles de la temprana modernidad crearon personajes que ejemplificaban los dos polos de la conducta femenina. Casilda y Laurencia, protagonistas respectivas de las comedias lopescas *Peribáñez* y *Fuenteovejuna*, son modelos de la constancia que rechazan las galanterías de hombres poderosos, manteniéndose fieles a su marido o prometido. Tal vez la heroína lopesca que ofrece la mejor comparación con Armesinda sea doña Sol, objeto de las pasiones del rey Alfonso VIII, en *La corona merecida*, comedia que puede haber servido de modelo para *La firmeza en la ausencia* (Voros, «Cueva Rewrites Lope» 192). El teatro áureo también ofrece numerosos ejemplos de la infidelidad femenina, entre ellos el de Casandra, en *El castigo sin venganza*, de Lope, y Leonor, en *A secreto agravio, secreta venganza*, de Calderón, aunque en ambos casos los dramaturgos disminuyen la culpabilidad de la mujer al crear contextos en los cuales su comportamiento se entiende. Conviene señalar que, a pesar de que la mutabilidad de la mujer era un tema que se recalcaba *ad nauseam* en la cultura popular, los dramaturgos de la época frecuentemente adoptaban una posición más bien feminista.[4]

En cuanto a la perspectiva ideológica de Leonor de la Cueva, no puede haber duda, puesto que construye el argumento de *La firmeza en la ausencia* sobre la noción de la constancia femenina. Los personajes masculinos expresan repetidamente su convicción de que la mujer es incapaz de la firmeza. El Rey articula esta noción al principio del segundo acto: «que de mujer la mudanza / nunca desechada ha sido» (II, 837–38).[5] De hecho, don Juan confía más en su criado Tristán que en su amada. Le encarga a su amigo Carlos que vigile a Armesinda en su ausencia porque está convencido de que ante los requiebros de un rey, se olvidará pronto de él: «se rendirá a sus halagos / pues nunca menos se vio / en una mujer ausente / que apetece lo mejor» (I, 289–92). Como Christine de Pizan en su *Cité des dames*,[6] Cueva responde a estos prejuicios contra la mujer de una manera directa e inequívoca. Armesinda no consiente en casarse con Filiberto aun cuando las normas sociales, religiosas y legales le permitirían hacerlo.[7] Se mantiene constante aun si Juan no lo ha sido. Se resiste no sólo a las galanterías del Rey sino también a las censuras de la infanta Celidaura y su propia criada, Leonor, quienes la animan a abandonar a don Juan. Pero va más lejos aún. No sólo demuestra que la mujer es capaz de la firmeza, sino que se queja de la inconstancia de los hombres. Cueva añade una nota ligeramente burlona a su argumento al hacer que al final de la obra Filiberto acepte casarse con Blanca de Francia sin vacilar un momento, demostrando así que son los hombres y no las mujeres los que son oportunistas y mudables.

4. Mientras que Juan Luis Vives afirma que en la mujer no se puede esperar prudencia o dones políticos (véase la introducción), en *La prudencia en la mujer*, de Tirso de Molina, la protagonista se destaca precisamente por estas cualidades. Asimismo, en *La gran Cenobia* Calderón crea una protagonista que no sólo es políticamente astuta sino que también sobresale por sus habilidades intelectuales. Sobre la actitud de los dramaturgos de la temprana modernidad hacia la mujer, véase Melveena McKendrick, *La mujer varonil*.

5. Edición de Teresa Scott Soufas.

6. Véase la introducción a este libro.

7. Sobre la cuestión legal, véase Voros, «Leonor de la Cueva Rewrites Lope de Vega».

Teresa Soufas ha visto *La firmeza en la ausencia* como una expresión de resistencia a la autoridad androcéntrica intrínseca al concepto monárquico de la sociedad áurea. Aunque Isabel I había sido una de los grandes monarcas de la temprana modernidad, los teóricos políticos de la época seguían concibiendo al monarca como una figura patriarcal, bajo la cual estaban ordenados los súbditos en forma de pirámide. Refiriéndose a estudios de Katheleen Jones, Soufas afirma que la noción androcéntrica de la autoridad es primordialmente vertical. En cambio, el modelo femenino hace hincapié en las conexiones entre los miembros del grupo —es decir, en la interacción entre iguales— y es, por lo tanto, esencialmente horizontal. Soufas señala que «el drama de Cuevas revela que el modelo emotivo horizontal de conexiones autoritativas es suficientemente fuerte para aguantar la presión del sistema patriarcal dominado por reglas, aunque el primero no reemplaza necesariamente el segundo» (*Dramas of Distinction* 42). Al final de la obra, Armesinda se casa con don Juan, integrándose así al sistema dominante y aceptando el papel tradicional de esposa y subordinada. Sin embargo, la obra logra exponer «el desorden social y moral —privado y público— causado por la ineptitud de los hombres para desarrollar las así llamadas virtudes masculinas (la razón, la valentía)» (*Dramas of Distinction* 42).

En realidad, esta ineptitud caracteriza sólo al Rey, ya que don Juan prueba su valentía al combatir contra los franceses y su constancia al mantenerse fiel a Armesinda. De hecho, en don Juan Leonor de la Cueva crea a un galán que, a pesar de hacer eco de los prejuicios acostumbrados contra la mujer, se aparta del paradigma masculino convencional. Siendo súbdito de Filiberto, don Juan es, como Armesinda, vulnerable a las manipulaciones del monarca y es aún menos capacitado que ella para resistirlas, puesto que está ausente durante una gran parte de la obra. Aunque no le queda otra alternativa que partir para combatir contra los franceses, al expresar su aversión a la vida militar —con su jerarquía estricta y su rigurosa reglamentación— don Juan se distingue del arquetipo heroico que aprecia la guerra como un modo de ganar la gloria. Mientras que Tristán representa la perspectiva corriente («jineta de capitán / tendrá mi brazo robusto» I, 193–94), don Juan rehúsa glorificar la guerra («No me trates / de guerra ni de soldados» I, 189–90). Otra diferencia notable entre don Juan y otros protagonistas de comedia es su relativo desinterés en la honra. Mientras que, como se verá más abajo, el triángulo amoroso suele suscitar largos soliloquios sobre las exigencias de «la ley injusta», don Juan parece más preocupado por las posibles fluctuaciones emotivas de Armesinda que por su propia fama. Es decir, en la estructura escénica creada por Cueva, aun el protagonista masculino ofrece cierta resistencia al «verticalismo» androcéntrico.

El Rey, en cambio, es emblema del cuerpo político que encabeza. Encarna el sistema vertical y patriarcal de la monarquía. El fracaso personal de Filiberto, por lo tanto, es un indicio de una falla en el sistema. Al desatender a los asuntos del estado por su obsesión con Armesinda, el Rey pone su régimen a riesgo. Como señala Soufas, el tener que recurrir a mentiras y ardides es una prueba de la impotencia del Rey frente a la resistencia de Armesinda. Voros muestra que la conducta impropia del monarca lo conduce inevitablemente a estrellarse contra los límites de su autoridad: «Ni siquiera los reyes tienen poder absoluto sobre sus súbditas» («Leonor de la Cueva» 205). Armesinda triunfa porque se mantiene casta, precisamente lo que le exige la sociedad patriarcal que encabeza el Rey.[8] Al final de la obra, cuando el silencio que ha mantenido Armesinda con respecto a las inoportunas indiscreciones del Rey se quebranta en la arena pública, explica Voros, Filiberto no tiene otra alternativa que reconocer los límites legales de su poder y aceptar casarse con una mujer de su propio rango, haciendo alarde de su «generosidad» hacia don Juan y Armesinda.

Esta interpretación de *La firmeza en la ausencia* coincide con la noción de críticos como Hélène Cixous y Luce Irigaray de una *écriture féminine* que socava lo jerárquico o metódico. (Véase la introducción a este libro.) Como señala Linda L. Elman, Cueva desafía el sistema patriarcal (es decir, la sociedad «lógicamente ordenada») al privilegiar la subjetividad femenina (169). Numerosas comedias áureas giran alrededor de la rivalidad entre un noble y su súbdito por las atenciones de una mujer, pero en manos de un Lope o un Calderón, la competencia entre hombres conduce siempre a la violencia, excepto en las comedias de capa y espada, en las cuales un matrimonio imprevisto evita el derrame de sangre.[9] En estas obras la honra, con su lógica interna que proviene del concepto jerárquico de la sociedad, es la fuerza motivadora. La honra es, ante todo, un sistema, un código de conducta cuyos procedimientos establecidos obvian el libre albedrío al obligar al caballero a aniquilar el elemento impuro (es decir, la mujer) que mancha su reputación. Los dramas de honor privilegian al caballero, quien articula su lucha interior (entre el amor y las exigencias del honor) en largos soliloquios. Así, Calderón se vale del monólogo en *El médico de su honra* para exponer la lógica tortuosa de don Gutierre, quien, basándose en la evidencia circunstancial, concluye que no tiene otra alternativa que desangrar a su esposa Mencía. En cambio, ella, a pesar de su inocencia, tiene poco que decir sobre el asunto.

En *La firmeza en la ausencia,* la fuerza motivadora no es la honra sino el amor. La comedia de Cueva privilegia a la mujer, «premiándola con control del lenguaje» (Elman 169). Esto le permite subvertir «el patrón lingüístico de la comedia, dominado por hombres, para enfrentarse a la perspectiva masculina sobre la constancia» (Elman 170). Armesinda, en ocho parlamentos extensos, articula su propia lucha interior en la cual vencen, no las normas sociales, como en los dramas de honor, sino su devoción a don Juan y también su integridad. Los monólogos de Armesinda revelan su estado emotivo, su confusión y su decisión de «amar hasta morir» (450); nunca degeneran en el tipo de lógica torcida que caracteriza los soliloquios de los caballeros de honor.

Si en *La firmeza en la ausencia* se privilegia, como en el modelo propuesto por Cixous e Irigaray, lo emotivo sobre lo estrictamente lógico y sistemático, esto no significa que Cueva

8. Voros, basándose en los siguientes versos, sugiere que Armesinda ha entregado su virginidad a don Juan. Sin embargo, estos versos son, a mi parecer, algo ambiguos: «que nunca ofendí mi nombre; / y a haberme don Juan gozado, / disculpa alguna tenía» (1799–81). Es posible interpretar los dos últimos versos como una suposición o hipótesis: si don Juan me hubiera gozado, disculpa alguna tendría. En otras ocasiones, Armesinda parece insistir en su virginidad: «mi limpio honor guardé sin ser manchado / para ser de don Juan esposa cara» (1586–87). De todos modos, la castidad no requiere la virginidad sino tan sólo la fidelidad sexual.

9. Véase Bruce Wardropper, "Calderón's Comedy and His Serious Sense of Life" y "El problema de la responsabilidad en la comedia de capa y espada de Calderón." Véase también Mujica, "Honor from a Comic Perspective" y *Calderón's Characters: An Existential Point of View* 93–133.

rechace el concepto del honor y la preocupación por el decoro que éste exige. Armesinda funciona dentro del mismo molde patriarcal que las damas de las comedias de Lope y de Calderón. De hecho, es tan consciente de su reputación que se niega a confiar sus sentimientos al papel y don Juan, respetuoso de su discreción, sigue su ejemplo. Sin embargo, Cueva socava el sistema hábilmente al subvertir el silencio.

El honor requiere el silencio. En la comedia convencional el honor siempre se trata en secreto. El galán que sospecha de su esposa o hermana nunca le interroga acerca de su conducta, sino que procede calladamente hasta convencerse de la necesidad de vengarse. Si comparte sus recelos con un amigo, emplea indirectas, alusiones oblicuas o ejemplos ambiguos. Y la mujer, consciente de los celos de su marido, también se hunde en el silencio. En el drama de honor, las emociones se expresan en monólogos, no en diálogos. De hecho, la incomunicación entre marido y mujer es precisamente lo que conduce a la tragedia.[10] El marido construye un juicio contra su mujer sin decir su ofensa y sin darle la oportunidad de defenderse. Sólo el criado o la criada, que funciona como alter-ego del galán o la dama, oye a veces sus quejas. En *No hay cosa como callar,* de Calderón, que gira enteramente alrededor del tema del silencio, la protagonista, quien ha sido violada, tiene que resolver su dilema sin recurrir a la ley y sin revelar su secreto a nadie.[11]

Pero en *La firmeza en la ausencia,* Cueva cambia ligeramente las reglas. A pesar de su insistencia en el decoro, don Juan y Armesinda se hablan. Don Juan no sólo expresa a su criado y a su amigo el temor de que Armesinda ceda ante los avances amorosos del Rey, sino que le expone estos sentimientos a ella. El escuchar a su amante articular sus inquietudes hace a Armesinda consciente del estado emotivo de él y fortalece su propia firmeza. Aunque los sentimientos no se articulan —no pueden articularse— en la arena pública, se expresan claramente entre amantes y amigos. Al eliminar la carga de silencio que acongoja a los protagonistas de la comedia convencional, Cueva establece una relación entre sus personajes, si no de iguales, por los menos de aliados, reforzando así el «horizontalismo» de la estructura interna de su obra.

## La firmeza en la ausencia

### Primer Acto ( fragmento)

| | |
|---|---|
| TRISTÁN | Señor. |
| JUAN | Da este papel a Leonor, *(Dale el papel.)* que me importa. |
| TRISTÁN | Así lo haré. *(Vase.)* |
| JUAN | Ya estamos solos. ¡Ay, Carlos! Si pudiese mi dolor manifestaros la pena y terrible confusión |

10. Véase Mujica, *Calderón's Characters,* 135–77.
11. Véase Mujica, "The Rapist and His Victim."

que pasa un pecho abrasado
en dulces llamas de amor,
donde el alma es mariposa
que, deslumbrada al candor
de los ojos de Armesinda,[12]
tan ciega ¡ay Dios! se llegó
a sus rayos soberanos,
sin recelar el rigor,
con que el más helado pecho
vuelven en fuego, que estoy
tan preso en sus dulces lazos
y en su amorosa prisión
que como el imán al hierro
y como a la rosa el sol
atraen, así, de este modo,
sigo su hermosura yo.
Mas dejando de contaros
adónde llega mi amor,
que es un principio sin fin,
porque quiero con pasión,
ya os acordaréis que os dije
en la relación de hoy
cómo el rey quiere a Armesinda
y pretende su favor,
y que una banda y diamante
que de su mano la dio
mis despojos hizo, efectos
de un rendido corazón[13];
pues en este mismo día,
sin encubrirlas, mostró
las señales de su pena,
de sus iras el furor,
y por vengar su desprecio
me ausenta, con la ocasión
de la guerra del de Francia,
dando tan buena color,[14]
que su general me hace,

---

12. *That is, his soul is like a moth drawn inexorably to the light of the purity of Armesinda's eyes.*
13. *That is, by giving her this gift (a diamond necklace) he tore my heart to shreds.*
14. El sustantivo «color» puede ser masculino o femenino.

con que mi esperanza en flor[15]
se ha de marchitar sin tiempo,[16]
perdiendo su galardón
mi fe, tan bien merecido,
porque viendo que me voy
Armesinda, y que la quiere
un rey de tanto valor,
se rendirá a sus halagos,
pues nunca menos se vio
en una mujer ausente
que apetecer lo mejor.
Yo me voy, Carlos amigo,
a morir de mi dolor,
sin alma; mirad si tengo
para sentirlo razón.
Mas entre tantos pesares,
que veneno al alma son,
un consuelo me ha quedado,
fundado, Carlos, en vos:
el amigo sois mas caro;
yo os dejo por otro yo
para que, Argos[17] vigilante,
con más ojos que el pavón
guardéis la prenda que adoro
de este tirano rigor,
que hasta su cielo divino
más soberbio que Nembrot[18]
con la escala del poder,
donde no hay oposición
pretende subir ufano,
arrojando de él mi amor.
Esto os ruego, Carlos mío,
por Dios, por mí, por quien sois;
que si tal merced alcanzo,
tendréis en mí desde hoy,

15. **en**... anticipadamente
16. **sin**... *before its time*
17. Argos era un príncipe mitológico que tenía cien ojos, la mitad de los cuales permanecían abiertos cuando dormía. Después de que lo mató Hermes, Hera sembró sus ojos en la cola del pavo real (el pavón del próximo verso). (El pavo real parece tener un ojo dibujado en cada pluma.)
18. Nemrod, personaje legendaria de la Biblia; valiente cazador ante el Eterno

no digo un amigo grande,
sino un esclavo, el menor,
que a vuestros pies humillado,
para mí el lugar mejor,
podréis ponerme al instante
con el hierro vengador
la señal de servidumbre[19]
que tal amistad granjeó.[20]
Así partiré contento,
ya que sin recelos no,
en fin, más asegurado
de mi cobarde temor,
que aunque de mi dueño hermoso
tengo gran satisfacción,
no os espantéis de que tema,
que es mujer, y amante soy.
*(De rodillas.)*

CARLOS    Levanta, don Juan, del suelo,
pues menos ponderación
bastaba a mover mi pecho
a ser mi amistad menor;
mas pues sabes que conservo
de siempre tuyo el blasón,
antes faltará a los cielos
de Admeto[21] el rubio pastor,[22]
al mundo azul las estrellas
y de Cintia[23] el resplandor,
al prado su primavera,
al árbol la fruta y flor,
al mar los peces, y al día

---

19. *Slaves were branded with the letter "S" by placing a hot iron on their skin.*
20. consiguió
21. En la mitología, el padre de Alcestes juró que sólo casaría a su hija con un hombre que fuera capaz de manejar un carro tirado por bestias de diferentes especies. Admeto, rey de Feras en Tesalia, le pidió a Apolo que le ayudara a domesticar un león y un jabalí. Con estos animales montó el carro de Alcestes, quien consintió en casarse con él. Más tarde, Admeto se enfermó y Alcestes se sacrificó para que su esposo se sanara. Pero Admeto sufría tanto por la muerte de su esposa que Heracles bajó a los infiernos y la recató. Entonces, Alcestes regresó junto a su marido.
22. El «rubio pastor» es Apolo, boyero y amigo fiel de Admeto, que le ayuda a domesticar los animales que necesita para ganar la mano de Alcestes. Es rubio porque es el Sol.
23. Artemis, también llamada Cintia porque nació en el monte Cinto, era la hermana gemela de Apolo. Amaba los prados y el bosque y era diestra en el arte de la caza. Corresponde a la diosa romana Diana.

bella esposa de Titón,[24]
que yo falte en tu servicio,
y no es exageración,
pues diera por ti mi vida,
cuanto valgo y cuanto soy.
Vete, don Juan, sin cuidado,
cumple con tu pundonor,
porque[25] se acabe la guerra
y del rey la indignación;
que en tu lugar quedaré
por guarda de aquésta yo,
sin que me engañe Mercurio,[26]
y esta palabra te doy.

JUAN        Mil veces besar quisiera
            tus pies, Carlos.

CARLOS                    Eso no,
            que están los brazos más cerca.
            (Abrázanse.)

JUAN        Sólo ellos mi amparo son.

CARLOS      ¿Sabe tu ausencia Armesinda?

JUAN        En un papel la llevó Tristán
            la dura sentencia
            de mi triste muerte, ¡ay Dios!
            y sin eso, la he de ver
            esta noche.

CARLOS                    Pues ya el sol quita
            el freno de diamantes
            a Ecto, Flegón y Piroys,[27]
            no te detengas, don Juan,
            que se acaba el día.

JUAN                              Voy,
            y veré primero al rey;
            entremos juntos los dos.

CARLOS      Otro Pílades[28] seré.

---

24. En la mitología, Aurora (la personificación del [principio del] día) era esposa de Titón.

25. para que

26. En la mitología, Mercurio era el mensajero de Júpiter y también protector de los caminos y las encrucijadas. Carlos, como Mercurio, será un guarda fiel que protegerá el «territorio» de Juan.

27. tres de los cuatro caballos de Helios, el Sol. Según el mito griego, Helios cruza el cielo todos los días en un carro tirado por estos cuatro caballos. Al llegar al Océano, deja al mundo en la oscuridad mientras los caballos descansan.

28. en la mitología griega, amigo de Orestes; arquetipo del amigo fiel

| | |
|---|---|
| JUAN | Y como otro Orestes[29] yo. |
| | *(Vanse, y salen Armesinda, dama, y Leonor, criada, con un papel.)* |
| LEONOR | Este papel para ti<br>me acaba de dar Tristán. |
| ARMES | Muestra; mas si es de don Juan,<br>¿qué puede escribirme aquí?<br>A novedad lo he tenido,<br>pues en seis años de amor<br>es el primero, Leonor,<br>que a mis manos ha venido;<br>jamás confié a la pluma<br>mis secretos; que en querer<br>nunca en papel quise hacer<br>de mis amores la suma,<br>que suelen ser de una dama,<br>por un descuido, la puerta<br>que la deja siempre abierta<br>para perder honra y fama.<br>Don Juan, siguiendo mi gusto,<br>tan de esta opinión ha sido,<br>que jamás ha pretendido<br>salir de lo que es tan justo.<br>¡Y al cabo de tantos años<br>escribirme! ¡Extraña cosa!<br>El alma está temerosa. |
| LEONOR | Deja esos locos engaños;<br>veamos qué escribe el papel. |
| ARMES | Abro temblando el papel.<br>¿Si viene mi muerte en él? |
| LEONOR | Abre, acaba. |
| ARMES | Escucha. |
| LEONOR | Di. |
| | *(Lea.)* |
| ARMES | «El rey, celoso de mí<br>y enamorado y perdido,<br>para vengarse, ha querido<br>que yo me ausente de aquí;<br>de su reino a la frontera<br>me envía por capitán; |

---

29. Orestes, hermano de Electra, mató a su madre y al amante de ella para vengar a su padre.

fuerte sentencia me dan,
pues amor manda que muera.
De celos será forzoso
que me mate el rigor fiero,
pues en tu ausencia no espero
tener fin más venturoso.
Esta noche pienso verte
y despedirme de ti,
que es bien que celebre así
las vísperas de mi muerte.
¡Guárdente, mi bien, los cielos,
que yo he de ser en amar
firme, cual roca en el mar,
entre tormentas de celos!»
No puedo pasar de aquí;
¿Hay tal desdicha, Leonor?
¿Hay tal tragedia de amor
como comienza por mí?
¡Oh papel, quiero romperte,
pues el alma me has herido, *(Rásgale.)*
y en tanto dolor has sido
mensajero de mi muerte!
¡Don Juan ausentarse, cielos!
¡El rey me ausente a don Juan!
Mas celos, ¿qué no podrán?
No eran vanos mis recelos.
Pero pierda la esperanza,
porque antes verá acabado
todo ese cielo estrellado
que en mi amor haya mudanza.
No piense que ha de poder
de ausencia el fiero rigor
contrastar tanto valor,
porque al contrario ha de ser.
Y bien puede estar seguro
de que no soy nieve al sol,
sino cual oro en crisol
que sale más limpio y puro.
Esta ausencia lo ha de ser
y he de amar hasta morir,

porque se pueda decir
que hay firme alguna mujer.

*Acto Segundo ( fragmento)*

*[Para hacer que Armesinda se olvide de don Juan, el Rey decide recurrir a un engaño: le encarga a Car-
los de decirle a Armesinda que don Juan se ha casado con otra. Carlos acaba de llevarle la noticia del
matrimonio de don Juan y Clavela, una dama francesa.]*

ARMES    Mal ha dicho quien ha dicho
          que la mudanza se engendra
          solamente en las mujeres,
          por su femenil flaqueza;
          pues cuando alguna se rinde
          a amar y querer de veras
          no hay amor, no, que se oponga
          con el suyo en competencia.
          Díganlo Artemisa y Julia,
          Annia romana, y Pantea,
          Lecostene, Porzia y Aria,
          Isicratea y Valeria[30];
          y bien puedo yo contarme
          por más constante que éstas,
          pues amo, mas sin tener
          las obligaciones que ellas...
INFANTA    ¿Es posible que no puedes,
          tan ofendida, olvidar?
ARMES    Nada me ha de contrastar.
INFANTA    A toda mujer excedes
          en quien suele la venganza
          que esperan de sus enojos
          cerrar a todo los ojos
          hasta que mejor la alcanza.
          Filiberto adora en ti,
          y con tan grande pasión,
          que aquesta loca afición
          le tiene fuera de sí.
          Su mujer te quiere hacer,
          siendo supremo señor;

30. ejemplos de mujeres de la antigüedad famosas por su constancia

no estimar tanto favor,
dime ¿en quién puede caber?
Don Juan te ha pagado mal,
si bien no te debe cosa
más de tu constancia honrosa,
y quererle como a igual.
Deja esa fineza[31] vana,
que ya pica en grosería.

LEONOR    ¡Acaba, por vida mía!

ARMES    ¿Hay suerte más inhumana?
Perdona, por Dios, señora,
que no puedo consolarme.

INFANTA    Haz esto por agradarme.

ARMES    No lo he pensado hasta agora.[32]

LEONOR    El rey viene; ten cordura,
y respóndele más bien.
*(Salen el rey y don Carlos.)*

REY    ¿Ha templado ya el desdén,
Armesinda, tu hermosura?

ARMES    No se canse, Vuestra Alteza.

REY    Yo descanso con cansarme.

ARMES    En fin, ¿no quiere dejarme?

REY    En venciendo esa aspereza.

ARMES    Pues imposible ha de ser.

REY    El tiempo todo lo muda.

ARMES    En mí esa regla es en duda.

REY    No lo es siendo tú mujer.

ARMES    Pensad en que soy diamante.[33]

REY    Yo lo sabré bien labrar.

ARMES    Nadie a tanto ha de bastar.

REY    Puede mucho un rey amante,
y como tal, mostrará
ya que tan cruel estás,
cuál de los dos puede más.

CARLOS    *(Aparte)* (Innoble en su intento está.
¡Bravamente se defiende!)

ARMES    *(Aparte)* (¡Válgame Dios, qué tormento!)

31. escrupulosidad
32. ahora
33. es decir, dura, rigurosa, inflexible. (El rey cree que Armesinda cambiará con el tiempo, pero ella insiste en que no es así.)

| | |
|---|---|
| REY | Determínate al momento, |
| | que ya esa altivez me ofende, |
| | a quererme, que si no |
| | a don Juan he de matar. |
| ARMES | *(Aparte)* (¿Quién en las olas del mar |
| | más combatida se vio |
| | que yo? ¡Rigurosa suerte! |
| | Mas si don Juan me ha olvidado |
| | y con otra se ha casado, |
| | ¿qué importa que le den muerte? |
| | Pero ¿cómo he de vivir |
| | teniendo la vida en él? |
| | Que aunque me ha sido infiel, |
| | no me puedo dividir |
| | de su amor. ¡Confusión brava!) |
| REY | La palabra me has de dar. |
| ARMES | Primero lo he de pensar. |
| LEONOR | Señora. |
| ARMES | Déjame. |
| LEONOR | Acaba. |
| REY | Que si no, ¡viven los cielos, |
| | cruel, ingrata, homicida, |
| | que he de quitarle la vida |
| | porque cesen mis desvelos! |
| ARMES | Pues, ¿tiene de mi rigor |
| | para que pague por mí |
| | culpa en algo don Juan? |
| REY | Sí. |
| ARMES | No le teniendo yo amor, |
| | dime ¿cómo puede ser? |
| REY | Porque le estimas, padezco. |
| ARMES | Antes, señor, le aborrezco, |
| | y me lo puedes creer. |
| *(Aparte)* | (¡Ay, don Juan, y cómo miento!) |
| REY | Pues ¿por qué dudas ahora? |
| ARMES | Por no ser merecedora |
| | de tan alto casamiento. |
| REY | Si yo te quiero igualar |
| | a mí, y ponerte en la alteza |
| | que merece tu nobleza, |
| | ¿qué disculpa puedes dar? |

ARMES    Déjame mirarlo un poco.

CARLOS   ¡Tan gran firmeza no he visto!

REY      En vano mi amor resisto;
         mira que me tienes loco,
         y como tal, ¡vive Dios!
         que si no me das el sí,
         le he de dar muerte, y así
         me vengaré de los dos.

ARMES    ¡Señor!

REY                No hay que replicar;
         ya se acabó la piedad.

ARMES    Advierta, Tu Majestad.

REY      ¡Yo le tengo de matar!
         (*Vanse el rey y don Carlos.*)

INFANTA  Y será muy justa cosa.
         Pues tanto un rey se desprecia.

ARMES    ¡Mi señora!

INFANTA             Eres muy necia.
         y así, para mí, enfadosa.
         (*Vase la infanta y Leonor tras ella.*)

ARMES    No sé si muero, cielos, o si vivo,
         enajenada en mi dolor esquivo,
         sola entre tanta pena,
         que estoy de alivio y de consuelo ajena.
         Don Juan, traidor, casado;
         el rey de mis desdenes enojado;
         la infanta desabrida;
         y yo de todos aborrecida...
         ¡Válgame Dios! ¡Qué extrañas sinrazones
         padezco entre tan grandes confusiones!
         Pues si aquí me desquito,
         y a Filiberto por vengarme admito,
         en venturoso empleo
         a mi enemigo con Clavela veo.
         ¿Cómo tendré alegría
         cuando no la halla la desdicha mía?
         Que, aunque desobligada
         para con él de la palabra dada
         estoy, no habrá sin gusto
         ninguna cosa que me venga al justo.
         Si no me caso con el rey, es cierto

que don Juan será muerto,
con que pierdo la vida,
que está pendiente y de la suya asida,
porque tenerla en ella
al punto que le quise fue mi estrella.[34]
Si el honor me debiera,
ya la homicida de mí misma fuera.
Mas ni una sola mano
pudo alcanzar ufano;
que a mi recato honesto[35]
el tiempo de seis años se hizo presto
para que sus amores
alcanzasen de mí tales favores;
que es muy necia la que antes de himeneo[36]
cumple al hombre su antojo o su deseo,
porque después, en posesión de esposo,
de su lealtad viene a vivir dudoso,
presumiendo muy loco y arrogante
que los que a él se le hicieron siendo amante,
gozará otro en dulcísimos despojos,
con que siempre es un Argos de sus ojos.
Y por eso advertida,
cuanto a querer rendida
en tiempo dilatado,
mi limpio honor guardé sin ser manchado
para ser de don Juan esposa cara,
pero mi suerte avara
impedir quiso el bien de amor tan cierto,
poniéndome en los ojos Filiberto...
¿Qué haré? Que estoy dudosa,
sin que pueda cuadrarme alguna cosa
que traiga mi remedio;
pues poner tierra en medio
no es a mi estado honesto conveniente,
ni tampoco que intente,
que es bárbara locura,
el darme con mis manos muerte dura.
Mas, pues falta del cielo

---

34. *fate*
35. decente, casto. (Armesinda insiste repetidamente en que sus relaciones con don Juan siempre han sido castas.)
36. matrimonio

remedio, al tribunal de amor apelo;
él me le dé, pues es mi resistencia
la más rara firmeza en el ausencia. *(Vase.)*

*Tercer Acto ( fragmento)*

*[El rey recibe una carta de don Juan que dice que la guerra con Francia ha terminado y que vuelve a Nápoles. Entonces, le manda a Carlos decirle a Armesinda que su amado está muerto.]*

| | |
|---|---|
| ARMES | Carlos, ¿qué es esto? |
| CARLOS | ¡Ay, fiera enemiga Parca![37] |
| ARMES | Dime, por Dios, lo que tienes, que se me alborota el alma. |
| CARLOS | No me mandes que lo diga, pues será doblar mis ansias y a ti quitarte la vida. |
| ARMES | Con eso lo has dicho. Basta; ya es muerto don Juan, sin duda. |
| CARLOS | ¡Qué confusión tan extraña! |
| ARMES | ¡El corazón se me parte! |
| CARLOS | *(Aparte)* (¡Oh, quién la desengañara! Mas el rey está a la mira, escuchando lo que pasa.) |
| ARMES | ¿Para qué, sin don Juan, quiero vida tan triste y amarga? |
| CARLOS | Y yo, ¿para qué la estimo sin quien a mí me la daba? |
| ARMES | ¿Es cierto, Carlos, es cierto que aquella furia tirana del rey ha podido tanto, que le dio la muerte? ¡Ay, ansias! |
| CARLOS | No le mató el rey, señora. |
| ARMES | ¡A muy buen tiempo me engañas![38] ¿Pues quién se la pudo dar? |
| CARLOS | Dispararonle una bala los enemigos franceses en la postrera batalla. |
| ARMES | Si eso es cierto, ya no más.[39] |

37. destino. (En la mitología latina, las Parcas eran las divinidades del destino.)
38. **A**... *This isn't the time to try to fool me.*
39. **ya**... no hay más que decir

Aquí para mí se acaba
todo gusto. Adiós, don Carlos;
adiós, mundo, que me llama
mejor vida en mis desdichas.
(*Vase a entrar, y sálenle al paso el rey, la infanta y Leonor, que la detienen.*)

REY    Detente.

ARMES    ¡Eso me faltaba![40]

INFANTA    Dime, ¿estás loca, Armesinda?

ARMES    Oye, bellísima infanta,
y tú, señor soberano,
mi intento en breves palabras.
Ya sabéis los dos quién soy,[41]
la nobleza de mi casa
que con el cielo compite
y el lustre que la acompaña.
Desde mis primeros años,
de padres desamparada,
vine, señor, a palacio
para servir a tu hermana.
Aficionóse don Juan
de mí con fineza tanta
que, creyendo sus engaños,
rendida, a su amor di entrada.
Es don Juan del de Gayazo
el hijo heredero, y basta
para amarle su nobleza,
que a los cielos se levanta.
Seis años le quise firme,
siendo igualmente pagada,
sin que este amor se extendiese
a más que honestas palabras,
hasta que un necio favor,
de todas mis males causa,
te movió a que le ausentases
a la guerra del de Francia.
Fuese; y como es en el hombre
tan natural la mudanza

40. **Eso...** *That's all I needed.*
41. «Sabéis quién soy» o «soy quien soy» son fórmulas que se usan en la comedia para expresar la obligación que siente el individuo de actuar de acuerdo con sus principios.

se casó, y en breves días
me olvidó. ¡Quién tal pensara!
Propuse en mí desde entonces,
del mundo desengañada,
no admitir segundo empleo
y olvidar sus pompas vanas;
mas tú, señor, no cansado
de mi resistencia honrada,
amante me lo impediste
con mil ruegos y amenazas;
vime de ti combatida,
de don Juan desobligada;
por una parte tu amor,
y por otra mi venganza
venció aquél como constante.
¿A quién no admira y espanta
que luego no la tomase,
y más viéndome agraviada?
Que es amor tan poderoso
cuando al principio se arraiga
en el pecho, que ninguna
ofensa a matarle basta.
Procuré animarme en vano
a dar lugar en el alma,
por vengarme, a tu grandeza;
mas como el gusto faltaba,
ni promesas de ser reina,
ni ruegos de Celidaura,
ni razones de don Carlos,
ni ofensas tan declaradas,
ni el hallarme aborrecida
y tan sola y desdichada,
bastó a mi constante pecho
para que hiciese mudanza.
Y esto, no porque creyese,
pues fuera necia esperanza,
que don Juan estimaría
tanto amor, firmeza tanta,
sino que no pude más
con mi presunción gallarda,

rendida al que fue primero.
Mas ya que la dura Parca
ha querido que don Juan
muera, ¡aquí el alma se arranca!,
y yo quedé con la vida,
señor, a tus pies postrada
humildemente te pido
perdones el serte ingrata,
(De rodillas.)
y des licencia que pueda,
de la Corte retirada,
acabar en un convento
las penas que aquí me acaban.
No me lo niegues, te ruego,
pues quedaré así obligada
para encomendar al cielo
los aumentos de tu casa.
Muévante, señor invicto,
las lágrimas que derraman
mis ojos, que, vueltos fuentes,
a formar un mar bastarán,
pues cesarán de esta suerte
los enojos, penas y ansias,
las memorias, los agravios,
las desdichas, las desgracias,
la ingratitud, las ofensas,
que me atormentan y matan
por puntos; mas ya la voz
el dolor intenso ataja,
sin dejarme proseguir,
con un nudo a la garganta
que los crueles ahogos
impiden a mis palabras.
¡O has de hacer lo que te pido,
o matarme con tu espada!
(Levántase con el lienzo a los ojos.)
REY (Aparte)        (¿Hay semejante mujer?
Callen griegas y romanas.)[42]

42. Es decir, no se puede comparar a griegas y romanas como Lucrecia y Porcia con ella.

| | |
|---|---|
| INFANTA | *(Aparte)* (Por demás es porfiar.) |
| CARLOS | *(Aparte)* (¡Qué firmeza tan extraña! |
| | ¡ Dichoso don Juan mil veces!) |
| LEONOR | Todos, admirados, callan. |
| ARMES | Hazme esta merced tan grande. |
| REY | *(Aparte)* ¿Qué haré en confusiones tantas? |
| | Pues, más amante y perdido, |
| | ninguna cosa me cuadra |
| | sino proseguir mi intento. |
| ARMES | ¿No respondes? ¿En qué tardas? |
| REY | Mis brazos son la respuesta. |
| | *(Llégase a ella.)* |
| | Mi esposa has de ser. |
| ARMES | Aparta, |
| | señor; mira que es injuria |
| | de tu grandeza bizarra.[43] |
| INFANTA | Deja, hermano, de cansarte, |
| | pues ya lo pasado basta. |
| ARMES | *(Aparte)* (¡Qué lance[44] tan apretado!) |
| REY | Dame aquesa mano, acaba, |
| | o tomaréla por fuerza. |
| ARMES | Daréme mil puñaladas |
| | antes que este intento mude. |
| CARLOS | Escucha, que suenan cajas.[45] |
| | *(Suenan cajas, y sale Leonelo corriendo.)* |
| LEONELO | ¡Albricias, señor! |
| REY | Leonelo, |
| | ¿de qué? |
| LEONELO | De que agora acaba |
| | de entrar don Juan victorioso. |
| REY | *(Aparte)* (¡Qué nuevas, cielos, tan malas!) |
| ARMES | ¡Don Juan! ¿Cómo puede ser? |
| LEONELO | Ya entra, bizarro, en la sala. |

*(Tornen a tocar un clarín, y salgan los más soldados que puedan, muy galanes, y Tristán; y detrás don Juan con su bastón, muy bizarro, llegue al Rey e hínquese de rodillas.)*

---

43. **es...** *[Your conduct] is an insult to your lofty position.*
44. suceso, hecho
45. tambores

| | |
|---|---|
| ARMES | ¿Qué es esto que ven mis ojos? |
| | ¿Es visión imaginaria?[46] |
| JUAN | Deme los pies Vuestra Alteza. |
| REY | Levanta, don Juan, levanta, |
| | que bien mereces mis brazos. |
| | ¿Vienes bueno? |
| JUAN | Lo que basta |
| | para servirte, señor, |
| | como siempre. |
| REY | Habla a mi hermana |

*(A ella.)*

| | |
|---|---|
| JUAN | Aquí tenéis vuestro esclavo, |
| | bellísima Celidaura. |
| INFANTA | La gloria de tus victorias |
| | hasta los cielos te ensalza. |
| ARMES | ¿Hay tal confusión, Leonor? |
| LEONOR | Disimula, sufre y calla. |
| JUAN | Escucha, invicto señor, |
| | sabrás todo lo que pasa |
| | y lo que dejo asentado. |
| REY | Será conforme esperaba |
| | de tu valor. *(Aparte)* (¡Que viniese |
| | a tal punto! ¡Suerte airada!) |
| JUAN | Generoso Filiberto, |
| | rey de Nápoles heroico, |
| | a quien el cielo prospere |
| | largos siglos y dichosos; |
| | por mandato de Tu Alteza, |
| | contra el francés orgulloso |
| | salí a reprimir la furia |
| | con que, rindiéndolo todo, |
| | casi por fuerza quería |
| | gozar el supremo solio[47] |
| | del reino que, dignamente, |
| | en ti tiene el mejor logro. |

*[Juan describe su triunfo sobre los franceses. Al verse derrotado, el rey francés pide la paz, ofreciendo casarse con Celidaura y dándole a Filiberto su hermana, Blanca.]*

46. es decir, una visión acompañada de una imagen que se puede ver con los ojos. Véase María de San José, nota 65.
47. trono

| | |
|---|---|
| REY | Otra vez te doy mis brazos, *(Abrázale.)* |
| | ¡oh capitán valeroso! |
| JUAN | Ellos son mi mayor premio. |
| REY | Pide mercedes, que pongo |
| | a los cielos por testigos |
| | que si gozara el tesoro |
| | de Midas,[48] te le rindiera. |
| JUAN | Los mayores antepongo |
| | porque me des a Armesinda, |
| | en cuya beldad adoro. |
| REY | *(Aparte)* Hoy aumento mis victorias |
| | con ganar la de mí propio, |
| | que esto es ser rey y cumplir |
| | con el título que gozo, |
| | y por premiar un vasallo, |
| | matar mi fuego amoroso, |
| | pues la hermosura de Blanca |
| | tan presto me ha vuelto en otro |
| | del que antes era. Armesinda, |
| | da a don Juan la mano. |
| ARMES | ¿Cómo, |
| | señor, viniendo casado? |
| | Es a Clavela alevoso. |
| JUAN | ¿Yo casado, prenda mía? |
| CARLOS | Cesen ya tantos enojos |
| | y penas, bella Armesinda, |
| | con saber que ha sido todo |
| | probar la rara firmeza |
| | de quien ejemplo glorioso |
| | ha sido. Perdón te pido. |
| ARMES | Con mil gustos te perdono, |
| | y doy a don Juan la mano. |
| JUAN | Tu esclavo soy y tu esposo. *(Danse las manos... )* |
| | Y aquí se acaba, senado, |
| | perdonad mi estilo tosco, |
| | *La firmeza en la ausencia,* |
| | cuyos yerros son notorios. |

48. Según la leyenda, Dionisio le concedió a Midas el poder de convertir en oro todo lo que tocara.

*Temario*

1. La firmeza de Armesinda
2. Los temores de don Juan con respecto a Armesinda
3. La amistad de don Juan y don Carlos
4. El Rey como jefe de estado y hombre de carne y hueso
5. El convento como refugio
6. El contraste entre la imagen tradicional de la mujer y la que presenta Leonor de la Cueva
7. El silencio y la comunicación
8. La inconstancia del hombre
9. El papel del monólogo en *La firmeza en la ausencia*
10. *La firmeza en la ausencia* y el modelo bíblico de David y Betsabé

# Catalina Clara Ramírez de Guzmán: «Si te he dicho que soy hermosa...» ❧

CATALINA CLARA RAMÍREZ DE GUZMÁN (1611–después de 1663) dejó dos manuscritos con ciento dieciocho poemas que se encuentran en la Biblioteca Nacional en Madrid, además de un libro titulado *El extremeño*, tal vez de índole pastoril, que se ha perdido. Poco se sabe de su vida excepto los nombres de sus padres, hermanas y algunos otros familiares. Era de estirpe noble, siendo su padre militar, oficial de la Inquisición de Llerena y gobernador de las Cinco Villas del Mando General.

La poesía burlesca de Ramírez de Guzmán manifiesta muchas de las mismas características que la de Francisco de Quevedo (1580–1645), por ejemplo el uso del sarcasmo, la ironía y la sátira. Como Quevedo, se vale del concepto literario,[1] cargando sus versos de dobles o triples sentidos. Y como él, se burla de la hipocresía y superficialidad de la sociedad española, incluso de los clérigos.

A principios del siglo XVII la metáfora petrarquista —cabello como oro, labios como rubíes— ya se había convertido en lugar común y ciertos poetas, imbuidos del pesimismo barroco, comenzaban a adoptar una actitud cínica hacia el ideal neoplatónico de la belleza femenina. El enfoque de la poesía erótica renacentista siempre había sido el hombre: su lucha por la perfección (representada por la dama), su angustia al no alcanzar su meta, los altibajos psicológicos que resultaban de sus accesos de voluntarismo y de desesperanza. En poetas como Garcilaso, la dama apenas está presente, salvo como emblema de la Verdad o la Belleza.

Aunque Quevedo, igual que los poetas de la generación anterior, escribe poesía amatoria en la cual la amada representa un bien anhelado pero inalcanzable, domina en sus versos un sentido de intensa desilusión. Sus imágenes de la mujer tienden a ser estáticas y deshumani-

---

1. Véase «Teresa de Jesús», notas 9 y 160.

zadas. A menudo, en vez de representar a la dama misma, describe un retrato inerte que no es más que una proyección del artista (o poeta) frustrado. En su poesía burlesca, desmantela la imagen de la mujer perfecta, dándole un significado literal al lenguaje poético tradicional. En «Sol os llamó mi lengua pecadora», por ejemplo, convierte el oro y las perlas que componen la imagen idealizada de la amada en objetos vendibles, exponiendo así el paradigma neo-platónico de la belleza femenina por lo que es: una construcción lingüística. Al quitarle sus atributos a la amada, la convierte en una figura grotesca, calva y sin dientes:

Sol os llamó mi lengua pecadora,
y desmintióme a boca llena el cielo:
luz os dije que dábades al suelo,
y opúsose un candil, que alumbra y llora.

Tan creído tuvistes ser aurora,
que amanecer quisistes con desvelo;
en vos llamé rubí lo que mi abuelo

llamara labio y jeta[2] comedora.
Codicia os puse de vender los dientes,
diciendo que eran perlas; por ser bellos,
llamé los rizos minas de oro ardientes.

Pero si fueran oro los cabellos,
calvo su casco fuera, y, diligentes,
mis dedos los pelara por vendellos.

Como Quevedo, Ramírez de Guzmán destruye la imagen de la mujer perfecta. Jugando con el doble sentido de «retratar» (que significa «retractar» tanto como «pintar»), la poeta, al «retratarse», «retracta» o anula cada lugar común de la poesía erótica petrarquista. Su cabello, en vez de largo y rubio, es «vello». Su cuello, en vez de ser el «luciente cristal» del soneto gon-gorino, es corto y ancho. Su nariz es roma y sus dientes están ennegrecidos. Mientras que Quevedo utiliza la poesía burlesca para expresar un sentido general de desengaño, Ramírez se burla específicamente de los hombres que poetizan a la mujer, convirtiéndola en objeto de contemplación.

En «Sol os llamó» Quevedo se coloca en una posición de superioridad al ridiculizar a la mujer presumida que cree las palabras engañosas del poeta, quien ahora se desenmascara y revela su cinismo. La imagen de perfección femenina no ha sido nunca más que una invención de su «lengua pecadora»; la puede destruir tan fácilmente como la construyó. Es decir, trátese de la poesía erótica o burlesca, el hombre es el agente activo mientras que la mujer es pasiva. Hélène Cixous cree que toda la cultura occidental está organizada de una manera dualista y jerárquica en la cual la oposición entre hombre/mujer significa necesariamente superior/inferior, activo/pasivo. Al convertir a la mujer en un ser misterioso e inalcanzable, según Cixous, la cultura (el hombre) la hunde en el silencio («Castration or Decapitation»). La dama idealizada por el poeta renacentista no habla. A veces está muerta, como en el caso de la Laura de los poemas tardíos de Petrarca o de la Elisa de la Égloga I de Garcilaso; a veces es sólo un re-trato —es decir, la imagen externa y superficial de la mujer.

Para Cixous, se trata de una decapitación de la mujer, un proceso por el cual el hombre la

2. *snout*

priva de voz al apoderarse de su educación y, por tanto, de sus ideas y sus palabras. Es decir, le quita metafóricamente la cabeza. De hecho, el poeta renacentista no sólo se apropia de los pensamientos de la mujer, sino también de cada aspecto de su fisonomía. Se concentra no en su cuerpo, sino en su cabeza —su pelo, su frente, sus ojos y labios— para inventar un icono de la Belleza, un ídolo sin voz. Los labios de la bella dama despiden hielo o fuego, pero no expresan ideas. Aun cuando destruye su invención, el poeta-hombre se mantiene en una posición de superioridad; el «yo poético» del soneto burlesco de Quevedo amenaza con hurtarle los dientes-perlas a la dama no para devolverle la palabra, sino para quedarse con las ganancias. Pero Ramírez invierte la relación hombre/mujer. Le devuelve al ídolo su voz.

Al dirigirse al galán que le ha encargado el retrato («Un retrato me has pedido») y al negarle la imagen de perfección que él espera, aparentando al mismo tiempo ceder a su demanda («por lograrte agradecido / me retrato»), se coloca a sí misma en una posición de autoridad. Ella, como poeta, retratará a la dama, no según las normas tradicionales, sino según sus propios criterios. Ramírez de Guzmán no sólo rechaza la imagen idealizada de la mujer, sino que también subvierte la primacía del hombre, ya que rehúsa ser el objeto de su contemplación. A diferencia de Zayas, quien deconstruye el ideal femenino para reconstruirlo después, Ramírez de Guzmán se niega a acreditar el icono decapitado de la poesía erótica tradicional. En su soneto «A un retrato de una dama» se burla del *topos* literario del retrato, subrayando su artificiosidad. En «A una dama enferma» ridiculiza la tendencia de los poetas de ensalzar la blancura de la piel de la dama, insinuando que la mujer excesivamente blanca parece desangrada.

En otros poemas ridiculiza despiadadamente al hombre. Por ejemplo, «A un galán que negaba el galanteo que hacía a una pastelera» y «A un hombre pequeño» reduce al varón a un ser absurdo e insignificante. No sólo le quita su autoridad, sino que lo borra completamente, «picándolo» en pedacitos en el primer poema y, en el segundo, haciéndolo tan pequeñito que llega a ser invisible. Ni siquiera deja bien a los sacerdotes, siendo la religión depositaria de la autoridad masculina. Y en sus seguidillas «A san Francisco», acusa a los frailes de hipócritas, lujuriosos y derrochadores.

Ramírez de Guzmán demuestra una tremenda agudeza, además de excelentes conocimientos de la métrica y de la temática literaria de su época. Si los investigadores han sido debidamente ambivalentes sobre el feminismo de las escritoras españolas más estudiadas de la temprana modernidad como, por ejemplo, Teresa de Jesús y María de Zayas, no lo pueden ser sobre el de Ramírez de Guzmán. La poeta utiliza las mismas armas retóricas que un Quevedo, no, como él, para decapitar a la mujer, sino para devolverle su voz y su cabeza.

# Poesía

## Coplas[3]: *"Retrato de la autora, habiéndosele pedido un galán suyo"*

Un retrato me has pedido,
y aunque es alhaja costosa[4]
a mi recato,[5]
 por lograrte agradecido,
si he dicho que soy hermosa,
me retrato.[6]

 El carecer de belleza
con paciencia lo he llevado,
mas repara
 en que ya a cansarme empieza;
y aunque lo niegue mi agrado,
me da en cara.[7]

 Pero, pues precepto[8] ha sido,
va a un retrato reducida
mi figura;
 y porque[9] sea parecido,
ha de ser cosa perdida
la pintura.

 No siendo largo ni rizo,
a todos parece bien
mi cabello,
 porque tiene tal hechizo
que dicen cuantos lo ven
que es rebello.[10]

 Si es de azucena o de rosa[11]
mi frente, no comprendo
ni el color;
 y será dificultosa
de imitar, pues no le entiendo
yo la flor.[12]

 Y aunque las cejas en frente
viven de quien las murmura
sin recelo,
 andan en traje indecente,
pues siempre está su hermosura
de mal pelo.[13]

 Los ojos se me han hundido,
y callar sus maravillas
me da enojos;
 pero tengo dos neguillas[14]
cuyo agrado me ha servido
muy de ojos.

 Mis mejillas desmayadas
nunca se ve su candor,
y esto ha sido
 porque están tan espantadas
las tales que hasta el color
han perdido.

---

3. Las «coplas de pie quebrado» constan de dos versos de ocho sílabas seguidos de un verso de cuatro sílabas.

4. Nótese la sinalefa: la «a» final de «costosa» se une a la primera palabra del próximo verso.

5. **aunque**... *although it causes me to forfeit my modesty*

6. juego de palabras: «me retrato» también significa «me retracto». Véase la Introducción a este capítulo.

7. **me**... me molesta, me ofende

8. mandato

9. para que

10. Juego de palabras. «Re-bello» significa «muy bello», pero la autora juega con «vello», que se refiere al pelo de un animal o al pelo humano más corto que el de la cabeza o al de la barba. Olivares y Boyce señalan que en el Ms. 3917 de la Biblioteca Nacional dice «bello» (185).

11. burla de los lugares comunes de la poesía petrarquista, en la cual se comparan la piel y las mejillas de la amada a azucenas y rosas

12. Es decir, no entiendo esos piropos. «Flor» significa «piropo» además de *flower*.

13. «De mal pelo» significa «descompuestas», pero «andar de mal pelo» también significa «estar enojado».

14. enfermedad que causa que los dientes se pongan negros

De mi nariz he pensado
que algún azar ha tenido,
o son antojos[15];

pero a ello me persuado
porque siempre la he traído
entre los ojos.

Viéndola siempre a caballo
mi malicia me previene
que lo doma;

y en buena razón lo hallo
pues aunque lengua no tiene
se va a Roma.[16]

No hallaré falta a mi boca,
aunque molesto el desdén
me lo mande,

porque el creerlo me toca
y dicen cuantos la ven:
«¡Cosa es grande!»[17]

Pero aunque es tan acabada
confieso que le hace agravio
un azar;

pues al que mejor le agrada
dicen que tiene en el labio
un lunar.[18]

Mi garganta es pasadera,[19]
y aunque no es larga, no estoy
disgustada;

pues en viéndome cualquiera,
ha de confesar que soy
descollada.[20]

Tiene el que llega a mi mano,
aunque ella misma lo niega,
gran ventura;

pues llegue tarde o temprano,
a sus dedos siempre llega
a coyuntura.[21]

Con todo tan poco valen,
aunque alegan con querellas[22]
no ser mancas,[23]

que cuando mejores salen,
nunca hallo quien sobre ellas
dé dos blancas.[24]

Porque nada desperdicia,
dicen que es corto mi talle[25];
y he observado

que no es talle de codicia,
pues nadie puede negalle[26]
que es delgado.

Que el mundo le viene estrecho[27]
su vanidad ha llegado
a presumir;

y viendo su mal deshecho,
más de cuatro le han cortado
de vestir.[28]

---

15. caprichos, pero también, «anteojos»
16. Juego de palabras. Una «nariz roma» es una aplastada, sin punta. La nariz de la poeta está «siempre a caballo» porque vaga por toda su cara.
17. Juega con los dos significados de «grande», *big* y *great*.
18. «Lunar» significa *beauty mark*, pero también «vicio». Es decir, todos dicen que la dama es mal hablada.
19. «tolerable», pero también «puente» o «viaducto». Es decir, tiene la garganta corta y ancha. (Véase el próximo verso.)
20. «distinguida», pero también «sin cuello»
21. **a**... en ocasión oportuna
22. «Querellas» significa «quererlas», pero también, «disputas».
23. mutiladas, lisiadas
24. es decir, dos manos blancas. La «blanca» también era una moneda de poco valor. El verso se puede traducir, *No one returns her love* o *No one will give two cents for them (her hands)*.
25. «cintura», pero también «disposición»
26. negarle
27. «poco ancho», pero también, «severo», «tacaño», «mezquino»
28. «Cortar de vestir» significa «murmurar del ausente» (Quevedo, *Sueños*, 94; *Estebanillo González* II, 439, ambos en Clásicos Castalia).

Pues no merece mi brío
quedarse para después;
ni el donaire
    no encarezco por ser mío;
sólo digo que no es
cosa de aire.[29]

    A ser célebres sospecho
que caminan mis pinceles[30]
cuando copio[31];
    pues el retrato que he hecho
sé que no le hiciera Apeles[32]
tan al propio.

    Sin haberte obedecido,
el trabajo a mi despecho
ha sido vano;
    pues tú cabal[33] lo has pedido
y todo el retrato he hecho
de mi mano;

y que tiene, es infalible
algún misterio escondido.
Y yo peno
    por saber cómo es posible
que, estando tan parecido
no esté bueno.

    Tal cual allá va esa copia
y si me deseas ver,
yo bien creo,
    según ha salido propia,
que te ha de hacer perder
el deseo.

    Y si aqueste efecto hace,
temo que pareceré
confïada[34];
    que aunque no me satisface
mi trabajo, quedaré
muy pagada.

*Redondilla[35]: "A una dama que se puso unos antojos"*

Los cristales que en bosquejos
copian luces de tus ojos,
¿son de su donaire antojos
o de sus niñas[36] espejos?

    Cuando te los vi poner,
tu discreción advertí,
pues si ellas se ven así,
no les queda más que ver.

    Si ya no quieren, severas
tus estrellas peregrinas,

que imágenes tan divinas
se miren por vidrieras,
    en serlo de tus faroles
logran dichosas fortunas,
que hacen vanidad[37] sus lunas[38]
de ser sombras de tus soles.[39]

    Mas si tan bellos están
que amor les rinde despojos,
bien es que tengan antojos
unos ojos que los dan.

---

29. **cosa**… nada
30. *paintbrushes*, pero también «astas», «cuernos», «lanzas»
31. «pinto», pero también «mato»
32. pintor griego famoso por su retrato de Alejandro Magno
33. íntegro, completo
34. La diéresis significa que el diptongo se divide en dos sílabas.
35. combinación de cuatro versos de ocho sílabas; riman el primero con el último y el segundo con el tercero: abba.
36. pupila (del ojo). Nótese el doble sentido aquí y más abajo.
37. Los anteojos estaban muy de moda en este período y se convirtieron en símbolo de vanidad.
38. vidrios (de los anteojos). Nótese que Ramírez de Guzmán juega con los lugares comunes de la poesía erótica tradicional en la que se compara a la mujer con el sol y la luna.
39. Es decir, sus ojos. Las lunas (vidrios) de los anteojos son sombras (reflejos) de sus soles (ojos). En la poesía petrarquista a menudo se comparan los ojos de la amada con soles.

*Four Figures on a Step* [Cuatro figuras en un escalón], de Bartolomé Esteban Murillo. Este cuadro encierra una problemática de carácter moral, puesto que se ha sugerido que la vieja es una Celestina que vende los servicios sexuales del niño. Ella lleva, según la moda de la época, unos grandes anteojos que enfatizan su mirada desafiante.

Luzcan sus rayos serenos
y los antojos depón,
pues que de enfermo no son
antojos de ojos tan buenos.
    No está la opinión segura
de niñas tan antojadas,

pero no son de preñadas,[40]
que no hay falta en su hermosura.
    Y así, si en traerlos das,
será por favorecellos,
pues tu no ves más con ellos
y ellos en ti ven lo más.

### Soneto: *"A un retrato de una dama"*

Retrato, si eres sombra[41] ¿cómo imitas
al sol de más lucientes resplandores?
Muerto,[42] ¿cómo están vivos tus colores?
Sin vida, ¿cómo tantas vidas quitas?[43]

Sin cuerpo muchas almas acreditas;
sin alma, ¿dónde forjas los rigores?
Si Clori[44] es sin segunda[45] en los primores,
¿cómo darle segunda solicitas?

40. «encinta», pero también «cubierta»
41. Un retrato es sólo una «sombra» de la realidad. «Sombra» también significa pintura de color oscura o fondo de un cuandro.
42. Un retrato es un objeto muerto.
43. La belleza del retrato hace que los hombres «se mueran» del amor.
44. nombre autorreferencial de Ramírez de Guzmán (Olivares y Boyce 153)
45. igual

Eres una apariencia que recrea
(gozada de los ojos solamente),
una ilusión alegre de la idea,

un engaño que finge en lo aparente,
una ficción que el gusto lisonjea,
mentira, al fin, que a la verdad desmiente.

*Décima[46]: "A una dama enferma que de una sangría
quedó muy quebrada de color y le parecía bien"*

Con el quebrado[47] color,
¡qué entera está tu hermosura!
Con razón Venus murmura
que traes inquieto al amor.[48]
Y aunque parezca el rigor

tan mal empleado en quien
hace a Cupido desdén,
si verdad he de decir,
no me acomodo a sentir
el mal que te está tan bien.

*Décima: "A un galán que negaba el galanteo que hacia a una pastelera"*

Lauro, tu recato es justo,
pero ¿a él cuál más te llama,
el crédito de tu dama
o el crédito de tu gusto?
Mal con tu elección me ajusto,

pero, pues determinado
estás, anda con cuidado,
porque tu düeño crüel[49]
no te eche en algún pastel,[50]
pues te tiene tan picado.[51]

*Seguidilla[52]: "A san Francisco"*

Yo no ignoro, Francisco,
que sois gran santo,
mas tenéis muchos hijos[53]
sin ser casado.

Ni aseguro que os sirvan
como proponen,
mas no faltan terceros[54]
a vuestra Orden.

Ni examino el achaque,
mas sé que es cierto
que en la zarza[55] sentisteis
grande provecho.

Buen ejemplo a los frailes
dais con las monjas,
pues en cada convento
tenéis devotas.[56]

---

46. combinación de diez versos de ocho sílabas que consisten en dos redondillas conectadas por una copla: abba ac cddc. La décima se emplea comúnmente para quejas o lamentos.

47. Nótese el juego entre quebrado (roto) y entero (intacto).

48. Venus, diosa del amor y de la belleza, es madre de Amor (Cupido).

49. La diéresis indica que el diptongo se divide en dos sílabas.

50. Los pasteleros tenían fama de rellenar sus pasteles de carne humana, a veces de criminales, o de animales no comestibles.

51. «Picado» significa «enojado» y también «cortado en pedacitos».

52. estrofa que consiste en dos versos de siete sílabas y dos versos de cinco sílabas, con rima asonante en los pares.

53. San Francisco tiene muchos hijos espirituales que son los franciscanos. Al mismo tiempo, la poeta se burla de los sacerdotes que engendran a muchos hijos naturales a pesar de su voto de castidad.

54. Terceros *means tertiary or secular Franciscans, lay people who were associated with the order. It also means "go-betweens." The Franciscans were famous for their moral laxity.*

55. *brambles. (In other words, behind the bushes.)*

56. *In other words, they carry on with the nuns, who are "devoted" to them.*

Muchas indulgencias[57]
tiene esa manga,[58]
pues que dándolas siempre,
nunca se acaban.

Profesáis pobreza
mas no me admiro,
que quien es manirroto,[59]
nunca está rico.

Antes es forzoso,
sin ser milagro,

que si todos os quieren,
no estéis sobrado.[60]

Pero, santo glorioso,
dejad que note
que con tantas casas
estáis muy pobre.

Y sabed que he sabido
de un religioso
que, si no tenéis juros,[61]
no os faltan votos.[62]

### Soneto: "A un hombre pequeño, don Francisco de Arévalo"

Mirando con antojos tu estatura,
con antojos[63] de verla me he quedado;
y por verte, Felicio, levantado,
saber quisiera levantar figura.[64]

Lástima tengo al alma que en clausura
la trae penando cuerpo tan menguado.
Átomo racional, polvo animado,

instante humano, breve abreviatura:
¡di si eres voz!, pues nadie determina
dónde a la vista estás tan escondido
(que la más perspicaz no te termina)
o cómo te concedes al oído.
En tanto que la duda te examina,
un sentido desmiente a otro sentido.

## Temario

1. El retrato de la dama en la poesía de Ramírez de Guzmán
2. La ridiculización del hombre
3. La crítica social
4. La imagen del franciscano
5. El conceptismo de Ramírez de Guzmán
6. El uso de la poeta de los lugares comunes de la poesía erótica tradicional
7. El humor en la poesía de Ramírez de Guzmán

57. *Priests granted "indulgences," or remissions of temporal punishment due for sin, sometimes for a price. However, Ramírez is also referring to priests' "indulgence" or tolerance of sin.*

58. *De manga means "for a bribe." The idea is that Franciscans are always willing to grant an indulgence for money.*

59. gastador. (Es decir, no me sorprende que sean pobres, puesto que gastan mucho dinero.)

60. licencioso

61. propiedades, pensiones

62. «oraciones», pero también «peticiones» o «promesas»

63. La poeta juega con los dos significados de «antojos». El sentido es, «aun cuando te miro con anteojos, (eres tan pequeño que) quedo con antojos (ganas) de verte».

64. **levantar**... trazar horóscopos (Es decir, tendría que levantarlo literalmente para verlo y además, ser astróloga para adivinar dónde está. «Figura» también significa «hombre ridículo».)

# Mariana de Carvajal: Voz femenina de la «pseudoburguesía» ☙

ECLIPSADA DURANTE MUCHO tiempo por su casi coetánea María de Zayas, Mariana de Carvajal (1620–1664) comienza ahora a despertar más interés crítico. Aun así, en comparación con la bibliografía de Zayas, la de Carvajal es minúscula. Serrano y Sanz la incluye en su antología, suministrando en su introducción la mayoría de los datos bibliográficos citados por críticos más modernos.

Uno de los primeros estudios de su obra fue publicado en 1925 por Caroline B. Bourland, quien vio a Carvajal como una fuente de información sobre la vida doméstica en el siglo XVII. En 1974 Julio Jiménez publicó una tesis sobre Carvajal con una edición de sus obras. Dos tesis más recientes, la de Lourdes Jiménez (1990) y la de Shifra Armon (1993), y artículos de investigadores como Nancy Cushing-Daniels, Enrique García Santo-Tomás, Noël Valis y Maria Grazia Profeti han ampliado nuestros conocimientos de su obra. Katharina Wilson y Frank J. Warnke la incluyen en su antología de escritoras europeas del siglo XVII, lo cual ha ayudado a situar a Carvajal en el contexto de la escritura femenina europea. Está representada también en dos importantes antologías de la novela femenina española de la temprana modernidad, la de Evangelina Rodríguez Cuadros y María Haro Cortés (1999), y la de Judith A. Whitenack y Gwyn E. Campbell (2000).

Los pocos datos que tenemos sobre la vida de Carvajal ayudan a entender la constante preocupación con el dinero que se aprecia en su obra. La autora nació en Jaén, probablemente alrededor de 1620, y fue a vivir en Granada cuando aún era pequeña.[1] Como en la temprana modernidad se consideraba la vida intelectual incompatible con el matrimonio, especial-

---

1. Fecha propuesta por Whitenack y Campbell basada en el matrimonio de Carvajal en 1635 y en el hecho de que tuvo nueve hijos antes de 1656 (293).

mente para una mujer, se ha postulado que escritoras como Caro y Zayas nunca se casaron.[2] Sin embargo, doña Mariana no siguió ese modelo. En 1635 contrajo nupcias con don Baltasar Velásquez y unos cinco años más tarde tuvo a su primer hijo. Al ser don Baltasar nombrado para un puesto en el Consejo de Hacienda, la familia se trasladó a Madrid, donde nacieron ocho hijos más. Con la muerte de su marido en 1656, Carvajal quedó a cargo de una gran familia a la cual apenas lograba mantener.

La situación de la viuda que lucha por sobrevivir, tema reiterado en sus relatos, era así una realidad que la autora conocía de primera mano. Parientes y amigos de la familia le brindaron alguna ayuda, y doña Mariana consiguió que el rey Felipe IV le otorgara a uno de sus hijos el hábito de Santiago y a otro una pensión eclesiástica, pero aun con estos beneficios, la vida tuvo que haber sido muy difícil para Carvajal. A diferencia de María de Zayas, parece no haber participado en academias literarias, posiblemente, según Jiménez, por falta de tiempo (209). Entre 1656 y su muerte alrededor de 1664,[3] se dedicó a conseguir ayuda financiera del Rey y de otras personas influyentes. Estas circunstancias se reflejan en su obra, en la cual la necesidad económica y la bondad de los familiares son temas predominantes. Como aristócrata de recursos limitados, Carvajal formaba parte de una clase cuya presencia se hacía sentir cada vez más en la sociedad y que se retrata con frecuencia en la ficción del período: la nobleza venida a menos.

Carvajal no sitúa sus relatos en lugares exóticos sino que retrata el mundo íntimo y cerrado de la casa. Además, no caracteriza a sus personajes femeninos la independencia sexual que distingue a algunas de las protagonistas de Zayas. Varios críticos (Pfandl, Jiménez) han hecho hincapié en el recato de los personajes de doña Mariana y la importancia que la autora da a los valores tradicionales. Las mujeres de Carvajal son fuertes y avispadas, pero su objetivo es que el amor virtuoso termine en el matrimonio con un joven de buen linaje y sólida fortuna.

La producción literaria de Carvajal consta de ocho novelas cortas que fueron publicadas por primera vez en Madrid, en 1663, con el título de *Navidades de Madrid y noches entretenidas*. Serrano y Sanz menciona una segunda edición publicada en 1668, pero ésta no se ha encontrado. En 1728 se publicó una edición con el nombre *Novelas entretenidas,* la que contenía dos relatos más.

Como Zayas, Carvajal sigue el modelo de Boccaccio al enlazar sus novelas mediante un marco construido sobre una serie de saraos, o reuniones, en casa de doña Lucrecia de Haro, a quien algunos críticos han visto como el *alter ego* de la autora (Rodríguez y Haro 103). Doña Lucrecia, recién enviudada, vive en una casa grande cerca del Prado con sus inquilinos — damas y caballeros de la aristocracia. Entre ellos se encuentran una viuda y su hija, además de varios otros jóvenes de ambos sexos, todos solteros. Para distraer a doña Lucrecia de sus tristezas, los inquilinos deciden pasar los ocho días antes de la Pascua en casa. Ni siquiera tendrán que salir para cumplir sus obligaciones religiosas, puesto que la residencia tiene tribuna, es decir, una ventana que da a la iglesia y permite que los habitantes oigan misa sin desplazarse. Para

2. Sobre la incompatibilidad del matrimonio con la vida intelectual, véase la introducción a «María de San Alberto».

3. Whitenack y Campbell sitúan la muerte de Carvajal entre 1664 y 1670.

pasar el tiempo, cada noche uno de ellos contará una historia. Este encierro voluntario crea un ambiente de intimidad y confianza que conduce, al final de los saraos, a tres matrimonios.

«La industria vence desdenes», séptima novela de las *Navidades de Madrid*, ilustra algunas de las características más sobresalientes de la narrativa de Carvajal. Don Fernando de Medrano, caballero que dispone de poca hacienda, tiene dos hijos, Pedro y Jacinta, a los cuales educa de acuerdo con los requisitos de su clase y linaje. Como no tiene dinero para darle una buena dote a su hija, se dispone a ponerla en un convento. Pero Pedro decide ingresar en la Iglesia y, al morir don Fernando, renuncia a su herencia, destinándosela a su hermana para que ella pueda casarse. Entonces, parte para Roma, donde vive con el Cardenal don Jerónimo Zapata. Gracias a su talento artístico y su astucia financiera, Pedro comienza a acumular una pequeña fortuna. Mientras tanto, Jacinta, ya casada, da a luz a un hermoso niño llamado Jacinto.

Cuando el Cardenal se traslada a Toledo, lleva a Pedro con él. Allí Pedro conoce a la viuda doña Guiomar de Meneses, quien vive con su hija, doña Beatriz, en una casa vecina. El marido de doña Guiomar perdió su fortuna en el juego, por lo cual la viuda y su hija están obligadas a bordar casullas[4] para sustentarse de una manera honrada. El esposo de Jacinta también ha perdido su fortuna en el juego, por lo que ésta entonces manda a Jacinto, ahora un joven guapo y gallardo, a Toledo para criarse al lado de su tío. Pronto Jacinto se enamora de Beatriz, pero como ella carece de dote, rechaza sus galanteos. Agrava la situación la llegada de doña Leonor, una viuda rica y licenciosa, que pone los ojos en Jacinto y hace lo posible para que se fije en ella. Después de un complicado juego de celos y venganzas, don Pedro interviene, concertando con doña Guiomar la boda de Jacinto y Beatriz y haciéndose el protector de la joven pareja.

Críticos como Peter Dunn han encontrado frívolo este tipo de literatura por su gran preocupación por bailes y fiestas, pero novelas como «La industria vence desdenes» contienen datos significativos sobre la sociedad del siglo XVII y, especialmente, sobre la mujer noble pero menesterosa. Carvajal nos presenta una sociedad en la cual las consideraciones económicas son centrales y la suerte de una joven depende en gran parte de su competitividad en la arena financiera. Esto explica la gran preocupación —casi se podría decir obsesión— de sus personajes con la dote.

Durante la temprana modernidad acrecentó en toda Europa la importancia de la conservación del patrimonio en la línea masculina. Como la hacienda normalmente quedaba en manos del hijo mayor, había que casar bien a una hija para asegurar su futuro, aunque hay que subrayar que en España la dote era considerada parte de la herencia de la mujer (Casey 200). Como ya se ha visto en nuestra discusión de la vida conventual, las mujeres que no podían contar con una dote eran a menudo destinadas a la vida religiosa. La importancia de la dote aumentó con el crecimiento de las ciudades, donde el dinero abundaba más que la tierra y facilitaba la movilidad social. La competencia por los hombres era feroz, puesto que muchos iban a la guerra o al Nuevo Mundo. Para unir a una hija con un esposo deseable, un padre a veces juntaba sus bienes para casar a la mayor, dejando a las demás sin recursos. Para asegurarse de que más mujeres tuvieran la oportunidad de casarse, en 1530, 1574 y 1623 se promulgaron

---

4. túnica que usa un cura por encima de su vestimenta al decir misa

*The Needlewoman* [Mujer bordando], de Diego Velázquez. Las mujeres de toda clase y condición aprendían a coser y a hilar. La noble venida a menos a menudo sostenía a su familia con la aguja.

leyes limitando las dotes según los ingresos de los padres, obligándolos así a dejar una porción de sus bienes también a las hijas menores (Casey 29). Sin embargo, estas leyes fracasaron debido a la escasez de varones y a la avidez con la cual los padres perseguían a los pocos hombres casaderos disponibles. A veces tomaban medidas extraordinarias para obtener un esposo para sus hijas. Había casos en que le ofrecían vivienda y empleo a un futuro yerno, a veces, incluso, mandando a sus propios hijos a vivir y trabajar en otra parte (Casey 200). Las muchachas que no tenían un padre capaz de proveer una dote a menudo tenían que renunciar al matrimonio a menos que tuvieran algún protector, como es el caso de Jacinta y Beatriz con don Pedro.

Jacinta resume la situación de las mujeres de su clase y condición cuando, al principio del relato, pone su futuro en manos de su hermano, diciéndole: «No tengo voluntad». Estos personajes femeninos se encuentran a disposición de sus parientes masculinos y de las oscilaciones de la fortuna. No es que carezcan de albedrío, sino de la libertad económica y social para tomar las riendas de su propio destino. El caso que describe Carvajal no es mera invención literaria. Casey cita incidentes históricos en que mujeres jóvenes articulan los mismos sentimientos que Jacinta (201).

María Grazia Profeti señala que mientras que en la narrativa de Zayas el padre es a menudo una figura despótica que casa a su hija contra su voluntad con un hombre cruel o

*An Old Woman Cooking Eggs* [Vieja friendo huevos], de Diego Velázquez. Se ha relacionado este cuadro con el pasaje en la novela picaresca *Guzmán de Alfarache*, de Mateo Alemán, en que se describe a una vieja friendo huevos para un muchacho.

grosero, en la de Carvajal el progenitor está a menudo ausente. Esto no los libra de culpa, sin embargo; en «La industria vence desdenes» tanto el marido de Jacinta como el de doña Guiomar han perdido su fortuna en el juego, dejando a sus familias en la penuria. Noël Valis sugiere que aunque Carvajal no se rebela contra la autoridad masculina, socava indirectamente la estructura patriarcal, al mostrar cómo la irresponsabilidad del padre convierte a su viuda e hijos en víctimas (260). La falta de poder masculino en sus relatos es precisamente lo que causa su ruina económica y social. Lo que solicitan los personajes femeninos es la restitución de la autoridad del hombre en la forma de marido o protector. Sin embargo, «la dependencia femenina en la eficacia y el poder del hombre... se pone seriamente a prueba por las repetidas traiciones masculinas. Así, mientras la norma tradicional de la liberación realizada mediante la intervención del hombre no se cuestiona, la base de poder subyacente, cuando ésta resulta ser impotente o corrupta, se subvierte» (Valis 252).

Las solteras y viudas que pueblan los relatos de Carvajal se ven obligadas a mantenerse, pero debido a su sexo y posición social, la gama de labores a las cuales se pueden dedicar es muy limitada. En la temprana modernidad la mujer principal tenía menos libertad que la de clase baja, puesto que ésta podía desempeñar numerosos trabajos (lavandera, herbolaria, partera, zapatera, etc.) mientras que su hermana aristocrática tenía pocas opciones. Una joven de orígenes humildes a veces trabajaba durante años para proveerse de dote (King 74). En cambio, Beatriz, como Jacinta, sólo puede salvarse del convento con la intervención de un protector. Viudas como doña Guiomar viven de la aguja, siendo el bordado una de las pocas actividades aceptables para una aristócrata.

La ausencia de un padre capaz de proveer de una dote y las normas sociales que restringen las actividades de la mujer de alcurnia contribuyen a la importancia del «parentesco ficticio», señalado por Profeti, en el cual un personaje asume el papel de tutor o protector de otro. En «La industria vence desdenes», don Pedro les brinda ayuda no sólo a su sobrino (pariente verdadero), sino también a sus vecinas, quienes llegan a ser parientes «por afinidad» (Profeti 243). Esta solución no es sólo una ficción inventada por Carvajal para asegurar el desenlace feliz del relato, pues en la temprana modernidad se consideraba un acto de caridad muy digno el proveer de dote a una muchacha sin recursos (King 28).

En este mundo cerrado las actividades de hombres tanto como mujeres se rigen por un código de conducta férreo. No sería admisible, por ejemplo, que un joven buscara esposa fuera de su propio círculo aristocrático. En las *Navidades* se trata siempre de la unión matrimonial de familias de alcurnia. En este medio social la urbanidad se convierte en una especie de capital que prueba el valor del individuo aun cuando éste no tiene dinero —aunque sin compensar del todo, por supuesto, la falta de patrimonio. Carvajal, observa Shifra Armon, premia con el matrimonio a las parejas que han probado que se corresponden no sólo social sino también moralmente. La «etiqueta», entendida en el sentido de conducta aristocrática, se manifiesta mediante la «etiqueta», entendida como buena educación o protocolo. «El campo de acción en el cual uno se prueba», escribe Armon, «es el de la cortesía», concebida ésta como una señal del valor moral de la persona (242).

Esto se ve claramente en la rivalidad entre doña Leonor y Beatriz por las atenciones de Jacinto. La desfachatez de la ignominiosa viuda doña Leonor es comprensible cuando tomamos en cuenta que se encuentra en una situación desesperada. Aunque heredó dinero de su marido, tiene que cuidar de su suegra vieja y enferma, y para cumplir con ese compromiso y recobrar su posición social, es esencial que vuelva a casarse. Sin embargo, la inferioridad de la viuda se manifiesta en su conducta. «Leonor, cuya fortuna excede considerablemente la de Beatriz, no la iguala en alcurnia. La diferencia de rango se hace evidente en el contraste en el dominio de las normas de la cortesía» (245). La falta de elegancia de Leonor, su torpeza para cantar y bailar y el descaro con el cual persigue a Jacinto la convierten en una figura ridícula y aseguran su fracaso en la arena matrimonial a pesar de su dinero.

En España, como en el resto de Europa, la temprana modernidad fue un período de transición del feudalismo al mercantilismo en el cual la actitud hacia la riqueza empezó a cambiar. A principios del siglo XVII España estaba en una crisis económica y la Corona encargó a los llamados «arbitristas» la invención de proyectos que acrecentaran la hacienda pública. Aunque los moralistas denunciaban el exceso de lujo y la gran disparidad entre la opulencia de la Corte y la pobreza del mendigo y del campesino, la actitud hacia el mercantilismo era muy positiva. Predicadores y administradores de la época opinaban que el desarrollo del mercantilismo era esencial para la salud económica del país (Casey 71). De hecho, algunos clérigos defendían la riqueza en términos morales —entre ellos, el padre Sancho de Moncada, quien escribió en 1619 que la pobreza y la holgazanería eran dañinas para el alma (Casey 71). No debe sorprendernos, por lo tanto, que personajes como don Pedro y los clérigos que frecuenta muestren tanto interés por la riqueza.

La nueva movilidad económica se manifiesta en las actividades del prelado, quien, empleando sus talentos artísticos durante sus días estudiantiles, gana tanto que sus padres no necesitan enviarle dinero. Aunque doña Guiomar y Beatriz disponen de limitadas posibilidades para realizar un trabajo remunerado, don Pedro, como hombre, puede aprovechar las oportunidades propiciadas por la nueva economía. Nobles menesterosos como él se ven obligados a adoptar principios «pseudoburgueses» para sobrevivir, y don Pedro se beneficia de la costumbre de usar la pintura como decoración en las casas y los espacios públicos. Es decir, no cultiva «el arte por el arte», sino que usa el arte con el fin nítido y práctico de ganar dinero. La educación se convierte así no sólo en un instrumento de edificación, sino también en un arma contra la miseria; Don Fernando hace que Jacinta aprenda música para facilitar su entrada en un convento y propicia que Pedro aprenda pintura para darle un oficio que le permita aumentar su patrimonio. Según Rodríguez y Haro, con la publicación de *Navidades de Madrid,* «La cultura o el ejercicio de un arte liberal se convierten por vez primera en la novela española, de la pluma de una mujer, en un modo consciente de ascenso, de recuperación de un protagonismo social» (103).

Don Pedro resulta ser no sólo un buen pintor sino también una persona afable y cortés, un excelente predicador y un hombre de negocios astuto, talentos que le sirven para subsistir en un mundo cada vez más materialista. Pronto se gana la voluntad del cardenal don Jerónimo Zapata, quien termina siendo su protector y le da un buen salario. Más tarde, Zapata le consigue el puesto de prelado en Toledo, puesto con rentas eclesiásticas. Antes de partir, don Pedro habla a unos mercaderes de lonja y trata «con ellos hacer un empleo de telas de Milán, rasos de la China y Florencia sin otras muchas y ricas alhajas que había comprado en las muchas almonedas, seguro de su ganancia por estar en uso en España el vestirse todos de tela, con muchos golpes los hombres en las ropillas abotonados y las damas ropas de levantar con alamares de oro». A través del relato Carvajal especifica las cantidades de sueldos, beneficios y ganancias, dándonos a entender la gran importancia del dinero en la sociedad. También hace hincapié en la importancia de tejer una red de amistades que puedan abrir puertas. Un hombre como don Pedro no podría salir adelante sin el apoyo y la protección de un benefactor poderoso.

Consciente no sólo del poder del dinero sino también de la importancia de la ostentación, don Pedro provee a Jacinto de las galas necesarias para que el joven llame la atención en la sociedad, ya que piensa buscarle esposa entre sus hijas de confesión. Le pide a su hermana que lo mande a Toledo veladamente y «sin vestidos» para que él pueda «adornarle a su gusto». Entonces, le manda pasearse porque, en este ambiente sumamente materialista, en el cual rigen las apariencias, es esencial ver y ser visto. No basta ser rico, sino que hay también que parecerlo. De hecho, aun si uno no es rico, es esencial parecerlo.

Mucho se ha escrito sobre el aspecto realista de los relatos de Carvajal. Julio Jiménez llama a la autora «una fiel exponente de las costumbres contemporáneas». Sin embargo, precisa que «Doña Mariana tiene una visión limitada de la vida del hogar de su tiempo, pues sólo se refiere a casas de alto linaje y aun cuando presenta familias económicamente afectadas, siempre son gente de alcurnia que guarda todas las reglas y costumbres del círculo al que ella misma pertenecía» (20). Otros críticos han subrayado, no obstante, que la novela cortesana emplea fórmulas narrativas heredadas y, por lo tanto, es peligroso asumir que estos relatos retraten de una manera cabal y exacta los usos de la aristocracia de la época.

Si procedemos con cautela, sin embargo, es posible encontrar en estas narraciones valiosos datos sobre la vida doméstica en el siglo XVII. Los teóricos de la época afirmaban que el arte debía ser una imitación fiel de la naturaleza, y Carvajal parece haber tratado de recrear de una manera más o menos objetiva su propio medio social. Puntualiza sus actividades —las visitas, las fiestas, los chismes, las escenas observadas desde el balcón o la ventana. Nos regala con detalladas descripciones de trajes, joyas, peinados, casas y mobiliario. Incluso describe las prácticas médicas —pociones, hierbas, sangrías y otros procedimientos sanadores. También nos da una idea de las prácticas comerciales y de los valores de las cosas— ya sea el objeto de arte, el mueble o el matrimonio. Valis subraya que Carvajal, quien había sido ejecutora del testamento de su marido, tenía amplios conocimientos del sistema legal, lo cual se evidencia en su trabajo (253).

Varios críticos han notado la falta de tono moralizador en la obra de Carvajal. Con la excepción de sus comentarios sobre el juego, plaga que afecta a tantas familias de todas las clases en aquella época,[5] la autora rara vez censura la sociedad sino que sólo la describe— y con gran lujo de detalles. La supervivencia y no los males del materialismo es el tema de sus relatos.

La perspectiva de Carvajal difiere de la de sus contemporáneos masculinos en que la mujer es central en su obra. Si los escritores hombres de la época suelen idealizar o ridiculizar a la mujer, Carvajal recrea de una manera realista a mujeres de diversos tipos y describe minuciosamente sus vidas y sus preocupaciones. De particular interés es doña Guiomar. Aunque hay excepciones, en la ficción y el drama de la época la madre desempeña por lo general un papel secundario. Sin embargo, en «La industria vence desdenes», doña Guiomar es central, ya que es ella la que dirige la vida de su hija y la que trama con don Pedro el matrimonio de ésta y Jacinto.

Otro detalle importante es la presencia de la esclava Antonia, personaje simpático, atractivo y espontáneo. El esclavo negro era común en la España del siglo XVII, especialmente en Andalucía. Tradicionalmente, los esclavos habían sido musulmanes, y el número de ellos aumentó dramáticamente después de la conquista de Granada y las campañas de Carlos V en el norte de África. Tras el descubrimiento de América, el negocio negrero se extendió a otras partes de África. Ya en 1565 un 7.4 por ciento de la población de Sevilla eran esclavos, en su mayor parte negros. En Andalucía, según un extranjero que viajaba por España en 1655, se veían pocos sirvientes que no fueran esclavos (Kamen 130). Un viajero castellano que visitaba Andalucía tuvo la impresión (errónea) de que la mitad de la población era negra (Defourneaux 84). Así, Antonia refleja una realidad social de la época.

En cuanto al valor literario de la obra de Carvajal, la crítica ha sido bastante negativa.

---

5. Cervantes comenta sobre los peligros del juego en *Don Quijote* II, 49.

Aunque se ha alabado su lenguaje directo, sencillo y fluido, casi desprovisto de cultismos, también se ha censurado sus frases excesivamente largas, las cuales a veces dificultan la comprensión. Serrano y Sanz encuentra su obra inferior a la de Zayas, y González de Amezúa la tacha de «insípida» (331). Pfandl comparte estas opiniones negativas, pero exalta el recato de Carvajal, en contraste con la lascivia y lubricidad de Zayas. Pfandl también aprecia los dones de observación de doña Mariana. Bourland encuentra a Carvajal menos original que Zayas, pero elogia su espontaneidad y, como Pfandl, el realismo con el cual retrata los detalles de la vida diaria. Valis y Profeti han visto rasgos de un incipiente feminismo en su obra. Así, Valis mantiene que Carvajal subvierte indirectamente la base patriarcal mediante sus alusiones a padres que arruinan a sus familias. Por otro lado, Profeti califica la visión de Zayas de «arcaica» porque en sus relatos «a la mujer no se le deja ningún espacio de autogestión y de negociación», mientras que Carvajal describe «una sociedad en pleno cambio, y que se transforma, incluso, porque a la familia patriarcal natural le sustituye un proyecto cultural que permite a la mujer una nueva posibilidad de negociación parental» (246). Es decir, para Profeti, Carvajal libera a la mujer de la rígida estructura patriarcal al permitir que adopte soluciones diversas, incluso la de los parentescos ficticios, para sus problemas económicos.

Margaret King demuestra, además, que entre los siglos XIV y XVII la mujer de alcurnia se retira cada vez más de la vida pública (79). Mujeres como Beatriz constituían un elemento prácticamente «invisible» en la sociedad, ya que su destino era ocupar un espacio social muy limitado o desaparecer detrás de las paredes de un convento. En *The Madwoman in the Attic*, estudio sobre la literatura femenina del siglo XIX, Gilbert y Gubar señalan que si tradicionalmente «autoría» equivalía a «autoridad» y era considerada una prerrogativa masculina, la mujer, al tomar la pluma, adquiere la autoridad que la sociedad no le concede. A pesar de su adhesión al estricto clasismo que caracteriza su época y de su tradicionalismo moral, Carvajal abre nuevos horizontes al darle voz a la mujer de su clase y condición. Será, como dice Valis, «la voz reservada de la sumisión femenina» (251), pero es una voz que conviene escuchar porque representa, mucho más que las rebeldes aventureras de Tirso, Cervantes o Zayas, las auténticas preocupaciones de incontables mujeres de alcurnia del siglo XVII.

## La industria vence desdenes

En la ciudad de Úbeda[6] vivía un caballero llamado don Fernando de Medrano; gozaba un corto[7] mayorazgo[8] que llamaban vínculo.[9] Casóse con una dama igual a su calidad, tan hermosa que la sirvió de dote su belleza. A poco tiempo de casados se reconoció preñada, y llegando el tiempo parió dos criaturas, varón y hembra. Al niño le pusieron Pedro por su abuelo

6. ciudad de Andalucía, en la provincia de Jaén
7. pequeño
8. *The laws of* mayorazgo, *or primogeniture, established that the firstborn son would inherit all the family's land so that the estate would not be divided. Don Fernando, an eldest son, has received a small inheritance* (un corto mayorazgo).
9. Vínculo *establishes that a family's lands must remain in its possession in perpetuity and cannot be sold.*

de parte de padre y a la niña Jacinta. Criáronse estas dos criaturas creciendo en ellos el amor al paso de la edad y llegóse el tiempo de aprender las urbanidades[10] que deben saber las personas principales: les dieron maestros suficientes y pareciéndole a don Fernando que no tenía dote igual a su calidad para casar a su hija la enseñó todo el arte de la música para que, a título de corista,[11] que gozara en un convento las conveniencias acostumbradas.

Don Pedro, con el uso de la razón,[12] dio a entender a sus padres se inclinaba a ser de la Iglesia y pasados los primeros estudios le envió don Fernando a Salamanca a pasar los cursos y estudiar la Teología para que por las letras[13] se opusiera a las cátedras[14] y ocupara los púlpitos. Luego que llegó a Salamanca cobró muchos amigos, porque de su natural era muy entretenido y afable y entre los demás profesó estrecha amistad con un caballero italiano a quien su padre tenía en aquellas Escuelas sólo a fin de aprender el idioma de la lengua española. Era eminente en la pintura, imitando las cosas tan vivas que era un remedo de la naturaleza. Respecto de vivir los dos en una posada le ganó don Pedro la voluntad, con deseo de aprender la eminente facultad,[15] y las horas que faltaban de sus estudios se entretenían en su gustoso ejercicio. Salió tan diestro que ya su maestro le envidiaba. Y por estar en uso el hacerse diferentes bordaduras de vestidos, camas y otras cosas, hacían galantes dibujos, con que don Pedro empezó a manejar dineros, y remitiendo a su madre algunas pinturas y a la querida hermana algunas galas les envió a decir no se empeñaran en remitirle socorro, dando a entender en qué divertía los ratos ociosos.

Pasados cuatro años volvió a su casa tan lucido de galas que todos envidiaban a don Fernando la dicha de tener dos hijos tan dignos de ser estimados. Tenía un primo de los más bizarros[16] mozos de Úbeda tan enamorado de la prima que trató de echar intercesores para que su tío se la diera. Cerró don Fernando la puerta con decir se inclinaba a ser religiosa. Sentíalo doña Jacinta, aunque no lo daba a entender, porque honestamente amaba a su primo. Luego que don Pedro vino compró libros para estudiar hasta que se llegara el tiempo de ordenarse. Atajóle la fiera parca[17] el intento, por darle a su padre un peligroso tabardillo,[18] y comò su esposa estaba a su cabecera cuidando de su regalo y medicamentos, la alcanzó mucha parte del contagio; tanto que la obligó a rendirse a las fatigas de cama. Murió don Fernando, llevándole a su esposa tan poca ventaja que en poco más de un mes tuvo don Pedro dos entierros, cumpliendo con el debido sentimiento y funerales con tan generales alabanzas que no se trataba en Úbeda de otra cosa. Había conocido el poco gusto que la hermosa tenía de ser monja, que pasados algunos días de muerte de sus padres le dijo una noche:

—Amada Jacinta, ya sabes el mucho amor que me debes, correspondencia debida a tu

10. *manners, etiquette*
11. persona que canta en el coro de la iglesia durante el Oficio divino; monja
12. **con**... *when he was old enough*
13. *learning*
14. **se**... *compete in the exams (called* oposiciones*) for a position*
15. es decir, la pintura
16. gallardos, elegantes, valientes
17. destino (En la mitología romana, las Parcas eran las divinidades del Destino. Se representaban como hilanderas que tejían la vida de cada persona.)
18. enfermedad peligrosa que tiene como uno de sus síntomas una fiebre muy alta

mucha voluntad. Y para que entiendas que te pago, te quiero decir mi pensamiento. Yo he conocido que no te inclinaste a la religión. Quiero partirme a Roma: ya sabes que el Cardenal don Jerónimo Zapata está en el Colegio Apostólico; fue amigo de nuestro abuelo y no hay duda de que me ampare sabiendo quién soy. Llevaré cartas de doña Juana Zapata, su hermana, y de otros señores. Llevarte conmigo es imposible. Nuestro primo don Alonso te quiere; dime la verdad y no te ocupe la vergüenza. Si gustas de que te case con él, esto ha de ser luego. Yo renunciaré en ti todo el derecho que tengo a la herencia de nuestro padre. Con eso y con la poca hacienda de don Alonso para una ciudad corta lo pasarás, si no como yo deseo, por lo menos con algún lucimiento.

Respondióle:

—Yo no tengo voluntad. Haga vuestra merced lo que fuere servido, pues no le quiero negar que estimo a mi primo.

Con esto se trató de la dispensación[19] que, por ser el parentesco en cuarto grado, la consiguió un curial[20] con facilidad. A tres semanas de su casamiento se partió a la Corte a recabar[21] las cartas y despachar muchas y curiosas láminas para juntar dinero y hacer su viaje. No despachó tan presto que no pasaron cuatro meses, en los cuales supo por cartas que su hermana estaba preñada y, aunque le rogaron cuando volvió a Úbeda esperase el parto, no lo aceptó por estar el tiempo a boca[22] de invierno, pidiendo a don Alonso que si se lograba el deseado fruto le pusiera el nombre de su hermana y se le enviara retratado para tener algún consuelo. Prometió don Alonso darle gusto y, pasada su derrota,[23] llegado a Roma, fue al Palacio Sacro y, sabida la casa del Cardenal, llegado a su presencia, le dio las cartas y besó la mano. Y leídas, mirándole con amoroso cariño, le dijo:

—Yo no he menester cartas de favor para intimaros. Basta saber que sois nieto de don Pedro. Fuimos grandes amigos y pasamos los estudios y la mocedad juntos. Y si correspondéis a hijo de vuestro padre, no dudéis de mí. Yo tengo deseo de ir a España. Su Santidad sabe mi voluntad. Servid ahora que a su tiempo yo veré lo que conviene.

Con esto mandó el mayordomo que se le aderezara un cuarto decente y veinte reales de ración mandándole a don Pedro le asistiera a comidas y cenas, dándole desde luego un plato de la mesa. Pasados quince días, pareciéndole habría descansado, le hizo Sumiller de Cortina,[24] diciéndole:

—Por daros lugar a que estudiéis no quiero ocuparos por ahora en otra cosa.

Daba el Cardenal todas las Pascuas aguinaldos[25] a todos sus criados, aventajándose en estimar a don Pedro tanto que, a no tenerlos gratos con su mucha cortesía, pudieran levantarse

---

19. permiso que descarga a un individuo de una obligación impuesta por una ley. En este caso, Jacinta necesita permiso para casarse con su enamorado porque se trata de un pariente.

20. es decir, una persona que pudiera despachar el negocio

21. conseguir

22. principios

23. viaje por mar

24. empleo honorífico que consiste en correr la cortina del camón donde tienen los reyes sus sillas cuando éstos entran y salen, o cuando se hace alguna ceremonia

25. regalos de Navidad

contra su fortuna las envidias que siempre la derriban. Tenía el Cardenal en la sala de recibimiento una pared que hacía testera[26] a propósito para ocuparla con un lienzo al tope del ámbito.[27] Y como era tan eminente en la pintura, tomando la medida, se determinó a copiar el glorioso san Jerónimo.[28] Pintó a una parte jaspeados y peñascosos montes y a otro hermosos y pintados cuadros de silvestres florecillas; árboles cubiertos de silvestres frutas; arroyos que por la verde y menuda hierba parecían enroscadas culebras de rizada plata; muchas aves y diversos frutos, y a la boca de una espinosa gruta el glorioso santo de rodillas sobre una peña, salpicada de la sangre que le caía del herido pecho al golpe de la pizarra, con que infundía a un mismo tiempo temor y admiración. Y aunque se guardó de que nadie le viera, por ser preciso tomar las medidas del marco, un pajecillo que le vido[29] fue con el chisme a su dueño y, contento con la nueva, le asaltó de repente. No le pesó a don Pedro, aunque se mostró turbado, dándole a entender el fin a que le había hecho. Estimóle el cuidado y llevando la pintura y otras láminas que le parecieron bien, después de haberlas puesto en su sitio, abriendo un escritorio, le dio en un papel cien doblones de a ocho,[30] diciéndole:

—Razón es pagar al pintor.

Con esta medra[31] y otras que había conseguido vivía gustoso por haberle enviado a decir por cartas había parido su hermana un hijo, y refiriéndole las gracias de la media lengua, le refirió su hermana: «Sólo lo que tiene de malo es parecerse a mí», cosa que don Pedro estimó en sumo grado. Porque doña Jacinta era rubia, blanca y de perfectísima hermosura.

Llegado el tiempo de cantar misa, echó el Cardenal el resto sirviéndole de padrino, y como era estimado de todos, por lisonjear al padrino, pasó la ofrenda del misacantano[32] de cuatro mil ducados,[33] y haciéndole su capellán le aventajó el salario. Celebraba el Cardenal todos los años una suntuosa fiesta al glorioso santo. Satisfecho de que don Pedro era grande estudiante, por haberle experimentado muchas veces por haber argumentado con él,[34] por darlo a conocer generalmente le mandó prevenir para hacer el sermón. Ocurrió[35] a la fama lo mejor de Roma, y aunque le pudiera servir el concurso de turbación, hizo espuela del aplauso para correr su derrota,[36] predicando con tanto realce que sombró[37] a todos por verle tan mozo. Con esto ocupó los confesionarios con tan feliz prosperidad que no daría lo adquirido por veinte mil ducados, pareciéndole todo poco para el nuevo sobrino, por habérsele enviado re-

26. frente, fachada
27. espacio
28. *Saint Jerome occupied an important place in Baroque iconography. He is often depicted in a cave, in craggy mountains, or among rocks that he uses to strike himself in penance.*
29. vio
30. El «doblón de a ocho» es una moneda de oro que vale ocho escudos de oro.
31. mejora, prosperidad
32. sacerdote
33. El «ducado» es una moneda cuyo valor variaba.
34. **haberle**... *having tested him many times in debate. (A cleric could gain great fame for his oratorical skills. The Cardinal uses the occasion to show off Pedro's talent in this area.)*
35. acudió, vino
36. **aunque**... *Although the crowd might have made him nervous, instead it served as a stimulus to get him going.*
37. asombró

tratado de edad de seis años a lo soldado,[38] con un vestido de tela de nácar con una carta en la mano, refiriendo su madre en la suya tantas gracias que le volvían loco.

Diecisiete años estuvo en Roma. A este tiempo murió el Cardenal de Toledo y, llegado a noticia de Su Santidad, mandó llamar al Cardenal diciéndole:

—Ya estáis viejo, razón es que os vais a descansar. El Arzobispado de Toledo está sin prelado.[39] Disponed vuestro viaje e iréis a ocupar la plaza.

Besóle el pie estimándole la merced y de camino le pidió para don Pedro le concediera algunas rentas[40] eclesiásticas dándole a entender su calidad y pobreza. Tenía noticia de la mucha fama que le daban y, en el partido de Toledo, en pensiones y beneficios simples le dio mil quinientos ducados de renta y al Cardenal veinte mil de principal para la costa del viaje. Con esto y muchas indulgencias y reliquias que le dio echó a todos su bendición por el riesgo de la vida en los peligros de la mar. No quiso don Pedro escribir nada por no tener a su hermana cuidadosa. Mientras se dispuso el viaje, hablando a unos mercaderes de lonja, trató con ellos hacer un empleo de telas de Milán, rasos de China y Florencia[41] sin otras muchas y ricas alhajas que había comprado en las muchas almonedas,[42] seguro de su ganancia por estar en uso en España el vestirse todos de tela, con muchos golpes[43] los hombres en las ropillas abotonados, y las damas ropas de levantar con alamares[44] de oro. Por esta causa empleó una gran cantidad aparte de lo que había comprado para el adorno y homenaje de su casa.

Luego que llegaron a Sevilla, por detenerse el Cardenal algunos días, le pareció avisar de su venida y despachando un propio[45] remitió a su hermana algunas piezas de tela, lienzos y otras cosas, que estimaron en mucho por enviarles una libranza[46] de doscientos escudos, con que se remediaron muchas cosas que se padecían de puertas adentro por no descaecer de la pública ostentación[47] y por estar don Alonso con unas peligrosas tercianas,[48] e enviándole a decir su enfermedad, por la cual no iba a verle y que, si gustaba le enviase al sobrino, lo haría. Respondióle que de ninguna manera hasta llegar a Toledo no trataran de nada; y renovando los regalos le encargó mirara por su salud. Llegados a Toledo, le hizo el Cardenal su limosnero.[49] Y como a la fama del nuevo prelado acudieron tantos pobres vergonzantes y mendigos y como don Pedro era generoso y socorría francamente sus necesidades, se hizo en pocos días tan amable.[50]

38. **pareciéndole**... *to him nothing seemed good enough for his new nephew; they had sent him a picture of the child at six, dressed as a soldier*

39. oficial superior de la Iglesia

40. pensión, capitales, beneficios *(Don Pedro ha dado su pequeña herencia a su hermana y, por lo tanto, no tiene dinero.)*

41. Se trata de los brocados de Milán, de las sedas de China y del paño de Florencia, telas muy apreciadas en la época.

42. *auctions*

43. adornos que se usaban en la ropa de los caballeros que servían para cubrir los bolsillos

44. broches o botones

45. mensajero

46. orden de que se le pague cierta cantidad de dinero a una persona

47. **que**... *that they suffered behind closed doors so that their dreadful financial state wouldn't be obvious in public*

48. enfermedad caracterizada por una calentura intermitente que se repite al tercer día

49. en la casa del rey o de un oficial de la Iglesia, persona encargada de distribuir limosnas

50. amado

*Las Hilanderas*, de Diego Velázquez. Aunque esta escena está basada en la fábula griega de Aracne, muestra un taller de tapices de la época del pintor.

Y como ocupaba los confesionarios se le llegaron muchos hijos de penitencia, así hombres como mujeres, entre los cuales fueron dos señoras, madre e hija, de lo más lucido de aquella ciudad. Luego que las comenzó a comunicar, le parecieron tan bien que estrechó con ellas particular amistad. Vendíanse unas posesiones, y la una era una casa principal, pared en medio de estas señoras; y la otra una casa de placer,[51] casi a la vista de Toledo, con un jardín y ducientos marjales[52] de viña, y juntamente dos esclavas: la una etíope, que por haberse criado en un convento era ladina[53] y de muchas habilidades; y la otra berberisca, y la causa de venderse todo fue que el difunto dueño no tenía heredero forzoso, y dejando a muchos parientes pobres, dejó a todos iguales mandas.[54] Avisaron estas señoras a don Pedro y trató de comprarlo todo con tan próspera fortuna que a seis meses de estar en Toledo vacó una canonjía en la Santa Iglesia. Y aunque hubo pretendiente se la dio el Cardenal de mano poderosa. Trató de que las esclavas asearan la casa, y adornándola de las costosas y ricas alhajas, asombró a todos los que le dieron el parabién. Mandó se le buscara un mayordomo, dos pajes de hábito largo, dos lacayos (el uno grande que sirviera la despensa y otro pequeño) y despachando un propio envió a decir le enviasen la deseada prenda, advirtiendo que no le hicieran vestidos y que entrara de noche, porque no gustaba que supieran su venida hasta adornarle a su gusto.

Llegada la carta dio don Jacinto[55] tanta prisa que el segundo día le despachó su padre

51. casa de campo con grandes jardines
52. *marsh, bog*
53. lista, astuta
54. donaciones
55. El hijo de Jacinta, hermana de don Pedro. Cuando Jacinta quedó preñada, éste le pidió a su cuñado que, cuando naciera el niño, «le pusiera el nombre de su hermana».

acompañado de un criado de quien tenía segura confianza. Llegado a Toledo observó la orden de su tío y entrando a dos horas de la noche preguntando por la casa del Canónigo[56] Medrano, un ciudadano a quien había hecho muchas limosnas se ofreció de llevarles a ella. Apeáronse por excusar el estruendo de las mulas, dando orden al mozo las llevase a la posada y llegados a su casa dijo el ciudadano que le avisaba de que le buscaban dos forasteros. Y como estaban con el cuidado mandó que subieran, despachó al honrado pobre dándole un socorro diciéndole no se cortara en lo que se le ofreciera y, quedando solo, mandó a los criados que si le buscaban respondieran no estaba en casa. Era la causa que un Racionero[57] y dos Canónigos venían a entretenerle las más de las noches: eran entretenidos y como don Pedro gustaba de la chanza[58] profesaba con ellos estrecha amistad, en particular con el Racionero que las veces que le parecía quedaba a dormir en su casa, y para este fin tenía más adentro de su alcoba una sala aderezada. Y llamando a la morena le mandó hiciera la cama y aderezase lo necesario, y llegándose a un bufete[59] adonde estaba un velón de plata le dijo:

—Llegaos a la luz que tengo deseo de veros.

Besóle la mano diciéndole:

—Déme vuesa[60] merced su bendición para que todo me suceda bien.

Abrazóle contento de verle obediente, y, tomando sillas, mirándole con alguna suspensión, le dijo:

—El deseo me has quitado de ver a tu madre: no he visto cosa más parecida.

Respondióle:

—Prometo a vuesa merced que no la conociera de flaca,[61] aunque se ha mejorado después que tuvimos aquel socorro, porque mi padre juega[62] tanto que estaba la casa rematada y apenas se alcanzaba para una triste olla y la noche un guisado y muchas veces faltaba.

Díjole don Pedro:

—Bien se os echa de ver, que parece que estáis encañijado.[63]

Preciábase don Jacinto de la chanza y como sabía el buen humor de su tío le respondió:

—No se espante vuesa merced, que como la olla era poca me ataba mi padre al pie de la mesa porque no alcanzaba[64] al plato.

Celebrólo con mucha risa diciéndole:

—Pues tratad de comer y engordar que, gracias a Dios, no faltan cuatro reales.[65] Yo vengo de una tierra a donde se come bien y se bebe mejor.

---

56. oficial de la Iglesia que tiene una canonjía, o beneficio, que produce rentas
57. magistral o suministrador; sacerdote que recibe una ración, o porcentaje, de un beneficio
58. broma
59. mesa portátil
60. vuestra
61. **no**... *she was so thin you wouldn't have recognized her*
62. *gambles*
63. encanijado, flaco, enfermizo
64. **porque**... para que no alcanzara
65. El «real» era una moneda de mucho valor.

Habíale enviado a decir su hermana que el sobrino era gran músico. Teníale prevenido arpa y vihuela[66] de lo más primoroso. Preguntóle:

—¿Cómo os va de música que vuestra madre me ha enviado a decir grandes cosas?

Respondióle:

—Siempre las madres hablan apasionadas. Mas ya saldrá un hombre del empeño si se ofreciere.

En esto salió Antonia a decir que ya estaba prevenido lo que le había mandado. Le dijo que se entrara en la sala y que en estando acostado se trataría de cenar.[67] Y hallándola tan adornada quedó admirado de la riqueza de su tío. Teníale prevenido un baño en una tina, con tan curiosa invención que por la parte de abajo tenía un tornillo con que se desaguaba. Estaba cubierta de un pabellón[68] y Antonia le dijo:

—Éntrese vuesa merced en el baño y siéntese para que le bañe el medio cuerpo.

Hízolo así, y como vivía contenta con la buena condición de su dueño luego que le empezó a bañar, le dijo:

—¡Hi de puta qué blanco es el mocico! Parece la mano de la negra mosca en leche.

Con esto empezó don Jacinto a decir tantos donaires,[69] y la negra a responderle que no se podían tener todos de risa. Teníanle la cama de verano,[70] por ser a los postreros de mayo, y, quitado el baño, avisaron a don Pedro. Abrió un baúl y sacando una almilla[71] de gasa de oro y un capotillo[72] franjeado de galones[73] y alamares, le mandó se le pusiera porque no se resfriase. Hízole tomar un poco de agua de azahar con piedra bezal[74] y mandó se pusiese la mesa. Acudieron cada uno a su obligación: pusieron sobre un bufete grande una vajilla[75] a modo de aparador[76] y un bufetillo de plata junto a la cama, sirviéndoles cuatro platos sin los postres y principios y, dándoles aguamanos,[77] les mandó don Pedro se fuesen a cenar. Quedóse por un rato de conversación y levantándose le dijo:

—Quedaos con Dios, que yo me voy a ver unas señoras que viven pared en medio. Son madre y hija: estímolas tanto que no me hallo la noche que no las veo. Son de lo más ilustre de esta ciudad. La madre, señora de valor, prudente y bien entendida; la muchacha será de vuestra edad, grande música y de las más lindas damas que hay en esta ciudad. Saben que habéis de venir y no hay duda que se alegrarán. Preguntóle al descuido:

66. instrumento parecido a la guitarra
67. Era costumbre de la gente acomodada cenar en cama.
68. colgadura, cortina
69. chistes, gracias
70. **de**... *with summer (lightweight) linens*
71. una prenda de ropa interior usada tanto por hombres como por mujeres
72. tipo de capa corta
73. un tejido de seda, con hilos de oro o de plata
74. piedra que se produce dentro de las entrañas de cierto tipo de cabra. Se le atribuye a la piedra bezal propiedades curativas.
75. plato grande de porcelana
76. estante, repisa
77. plato con agua para lavarse las manos

*Kitchen Scene* [Escena en la cocina], de Diego Velázquez. También conocido como *La Mulata*. El esclavo negro era un elemento cotidiano en la Sevilla de los siglos XVI y XVII. Robert Waller Memorial Fund, 1935.380. The Art Institute of Chicago.

—¿Y cómo se llaman esas señoras?

Respondióle:

—La madre se llama doña Guiomar de Meneses. La muchacha doña Beatriz de Almeida. Fue hija de un Caballero del hábito,[78] de lo más noble de Portugal. Jugaba tanto como vuestro padre y las dejó tan pobres que no pasa el dote de mil ducados. Bordan casullas y otras cosas, y con eso sustentan una honrada familia. Y lo mejor que tienen es el recato porque doña Beatriz es tan esquiva que tiene fama de mal acondicionada.[79]

Con esto se fue a su visita dejando al forastero tan repentinamente enamorado que le pareció no viviría sin ver a la que ya tenía por dueño de su albedrío.

Volvió don Pedro de su visita y hallándole despierto le dijo:

—Mucho se han alegrado esas señoras y doña Guiomar quería pasar a veros y la detuve con decir estabais acostado. Mañana será preciso llevaros conmigo.

Con la buena nueva pasó lo restante de la noche en amorosos desvelos. El día siguiente le sacó su tío un vestido de tela de nácar diciéndole:

—Esta gala hice a vuestra contemplación como os enviaron retratado de este color.

Y llamado el lacayuelo, le mandó llamase al sastre para ajustarlo, sacando un ferreruelo[80] de dos felpas,[81] un sombrero de castor y un cintillo[82] de diamantes. Mandó a la negra le cosiera en él, cogiendo la falda[83] con una brocha[84] de lo mismo. Con esto se fue a la iglesia y, venido el sastre, no fue menester más de ajustarlo por ser don Pedro más grueso a cuando

---

78. es decir, de una orden militar
79. es decir, de poco dispuesta o de poco apta para la vida social
80. capa medianamente larga con cuello
81. terciopelos
82. cordoncillo que se usa en el sombrero
83. ala del sombrero
84. broche

volvió. Como le halló vestido le mandó que se paseara, llegó hasta la puerta y cuando volvió hacia él le hizo una airosa y despejada cortesía diciéndole:

—Conozca vuesa merced este Maese de Campo[85] que tiene para servirle.

Respondióle:

—Otro lo representara menos. Mas no os quiero en la guerra porque os estimo más de lo que pensáis. No os desnudéis porque he dicho a unos amigos en la iglesia que habéis venido y no hay duda que vendrán a veros.

Entró un criado a decir que venían dos Canónigos y un Racionero y le dijo:

—Bajad presto que son personas de mucha importancia. Pasó la escalera tan de vuelo[86] que, contentos de ver su bizarría, se detuvieron a verle, y como el Racionero era chancero le dijo a don Pedro:

—Lindo ruido[87] nos habéis traído con este mocito. Los caballeretes se han de arrinconar.[88]

Estimóle el favor diciéndole:

—Si vuesa merced me dice esos requiebros ¿qué dejará para una dama? Adviértole que soy muy hombre y me precio de serlo para servirle.

Subieron arriba y como eran tan de casa les preguntó don Pedro si habían comido. Respondiéronle que no. Y mientras se previno algo más de lo que estaba aderezado le pidieron hiciera alarde de sus habilidades. Sacaron la vihuela, y después de haber cantado algunas letras,[89] alabó el uno de los Canónigos, por ser gran músico, la mucha destreza. Y dijo el Racionero:

—Pues no ha de quedar en eso, que quien sabe tan buenos pasos de garganta no hay duda que los hará buenos en la mudanza.[90]

Rehusólo diciendo tenía poco de mudable y, porfiándole, danzó un canario[91] con tan sazonadas y curiosas mudanzas que les pesó de que entraran a poner la mesa, encareciendo la mucha razón que don Pedro tenía de estimar prenda de tantos méritos. Después de haber comido se entretuvieron en jugar hasta hora de Vísperas[92] y preguntándole si le habían de llevar consigo:

—Antes le he de tener preso hasta el día de San Juan[93] (pues viene cerca), que todo será menester para cortarle galas y recibir visitas.

Con esto se fueron y se entretuvo lo restante de la tarde en que Antonia le enseñara toda la casa y riquezas de su tío. Luego que volvió de la iglesia se puso de corto[94] diciéndole:

—Vamos antes de cenar a ver estas señoras.

Pasaron a su casa y doña Guiomar le recibió con los brazos diciéndole:

85. jefe de cierto grado de la milicia
86. **de**... rápido
87. novedad
88. **Los**... *He'll put the local boys to shame.*
89. *lyrics (of a song)*
90. *dance steps*
91. tipo de baile caracterizado por los movimientos bruscos y cortos
92. en la liturgia católica, hora del Oficio divino que se reza al atardecer
93. el 24 de junio. El día de San Juan inicia el verano y, como se verá más tarde, es tiempo de fiestas y de galanteos.
94. de capa corta

—Venid acá hijo mío, abrazadme. Que prometo no sabré encarecer el gusto que he tenido de ver al señor don Pedro tan contento.

Abrazóla diciéndola:

—Yo venía a ofrecerme por esclavo y cumplir parte de las muchas obligaciones que me corren según mi tío dice. Y pues vuesa merced me da nombre de hijo no quiero perder el derecho a tanta dicha.

—Juráralo yo —respondió doña Guiomar—, que un sobrino de don Pedro no había de saber responder a lo que se le dice.

Con esto besó la mano a su nuevo dueño y doña Beatriz le dio la bienvenida con pocas razones y mucha mesura. Mandó doña Guiomar traer un instrumento diciéndole:

—En verdad que tengo de lograr el deseo.

Cantó una letra nueva y, pareciéndole bien a doña Beatriz, le pidió se la diera escrita y apuntada. Ofreció el hacerlo recabando que ella cantara otra después de haber hablado algún rato; aunque se mostró tan esquiva que fue menester que su madre se enfadara para conseguirlo. Despidiéronse con mucho pesar de su amante corazón.

Otro día por la mañana, mientras su tío volvía de la iglesia, se entretuvo en escribir la letra y apuntarla, y en medio pliego cifró parte de su amorosa y encendida llama, doblándolo de suerte que no se echara de ver al darlo. Por la tarde tuvo algunas visitas como se supo de su venida, entre las cuales fue un caballero llamado don Rodrigo, tan vecino que no había más de la casa de doña Guiomar en medio. Y como vieron instrumento, dos hermanos casi de su edad, preciados de músicos, le tomaron y con esto dio motivo a que don Jacinto, a petición de todos, cantara algunas jácaras[95] sazonadas[96] y como todos eran muchachos entretuvieron la tarde en cantar y jugar las armas,[97] tan aficionados al cortés andaluz que se le ofrecieron por íntimos amigos. Despidiéronse, y como don Rodrigo estaba tan cerca se entró en su casa. Estaba casado con una señora llamada doña Ana. Era placentera y como suelen decir vulgarmente a la buena fin.[98] Tenía una hermana viuda de veinte y cuatro años; vivía de asiento en la Corte[99] en compañía de su suegra por haberla dejado su marido por heredera de toda la hacienda, con calidad de que no desamparase a su madre por ser anciana. Y enfadada de perpetua suegra, se iba todos los veranos a Toledo a gozar del fresco del Tajo.[100] Como doña Ana era a su propósito porque doña Leonor, como era moza, era más desenfadada de lo que era razón, y como su hermano vino tan temprano, extrañando la venida, le preguntaron la causa y respondióles:

—Vengo de casa de don Pedro de ver un sobrino suyo que ha venido.

Con esto les refirió las muchas partes[101] del forastero diciendo:

—Es famoso: no he visto en mi vida más sazonado[102] muchacho.

95. canción cuya letra relata asuntos del hampa, es decir, de los delincuentes; canción escabrosa
96. *spicy*
97. manejar las armas
98. **vulgarmente**... comúnmente, con buenas intenciones
99. **vivía**... *Her permanent home was in Madrid.* (Corte = Madrid)
100. río que pasa por la Meseta española y llega a Portugal
101. buenas calidades
102. refinado, perfeccionado

Encareciólo tanto que hizo en el corazón de la hermana la operación que don Pedro había hecho en el de don Jacinto alabando a doña Beatriz. Y como era tan desahogada,[103] le dijo:

—No nos le alabe, que nos da deseo de verle.

Respondióle lejos de sospecha:

—Fácil será: idos a casa de doña Guiomar y le veréis.

Con esto no esperó más, diciendo a la cuñada:

—Vamos luego porque estemos allá antes que vengan.

Con esto pasaron a verlas, por ser tan amigas, diciéndoles:

—No agradezcan esta visita porque venimos a ver al sobrino del Canónigo, porque mi hermano nos ha dicho tantas cosas que nos trae el deseo.

Respondiólas doña Guiomar:

—Por mucho que diga quedará corto.[104]

Hablóse de otras cosas y, venidos a verlas, les recibieron las cuñadas con tan grandes alabanzas que le pudieran desvanecer a no ser tan entendido y, después de los corteses parabienes, le pidieron que cantase algo, diciéndole doña Leonor lo mucho que su hermano le había encarecido. Estimó el favor y, tomando el instrumento, como que se la había olvidado, sacó el papel y dándosele a doña Beatriz, le dijo:

—Aquí tiene vuesa merced la letra que me mandó escribir.

Tomóla con la debida cortesía, y cantando don Jacinto algunas letras alargó el instrumento para dárselo. Excusólo diciendo tenía el pecho apretado. Mirando a doña Leonor, le dijo:

—Canta por mí, que no estoy buena.

Tomóle deseosa de parecerle bien al que ya la tenía sin sosiego, aunque no le sucedió como pensaba por cantar unas coplillas algo licenciosas, porque a don Jacinto le pareció tan mal cuanto no se puede encarecer porque de su natural era callado y vergonzoso, aunque no por esto dejó de celebrar la música. Y como su tío las halló de visita, por no estorbar la conversación, se despidió. Y quedando solas, como doña Ana era entretenida, dijo:

—¡Ay amiga, y qué buen casamiento era éste para doña Beatriz!

Respondió doña Guiomar:

—No amiga, que don Pedro es rico y no puedo yo competir, porque mi hija es pobre. Si su tío tratara de casarle, mejor era para doña Leonor que tiene dote suficiente.

Respondióle:

—Ojalá fuera yo tan dichosa, que me ha llevado los ojos y he de hablar a mi hermano acerca de esto.

—Todavía es temprano —dijo doña Ana— que aún no ha pisado las calles.

Razones fueron éstas para el corazón de doña Beatriz de mucho sentimiento,[105] no por estar inclinada sino sólo por verse pobre, y fue menester su cordura para resistir el repentino pesar. Despidiéronse y para dar lugar a la pena le dijo a su madre:

103. desvergonzada
104. **Por...** *No matter how much he told you, he didn't do him justice. (That is, he's even better than he sounds.)*
105. dolor

—Acuéstese vuesa merced que yo quiero estudiar esa letra para ver si la acierto.

Mandando a las criadas se fuesen, se entró en su cuarto y sentándose en un estrado[106] en que se tocaba, derramando copiosas lágrimas, dijo:

—Dios se lo perdone a mi padre que tanto mal me hizo pues me falta la ventura. Cuando doña Leonor se atreve a competir porque tiene dinero, teniendo menos calidad que yo.

Con estos penosos discursos pagó el común tributo a su sentimiento pues no tiene más remedio que el llanto. Y por divertirse en algo quiso ver la letra, llegando una bujía al bufetillo, y mirando el papel que venía dentro se turbó diciendo:

—Ya es mayor mi desdicha si este hombre me quiere, pues no tengo esperanza de mejor fortuna.

Y movida de la curiosidad leyó las siguientes razones:

«Mi señora: sin culpar mi atrevimiento le suplico no desestime la fe que le consagro, pues antes de verla le rendí el alma por la noticia que tuve de mi tío, corta para tanto empeño pues no tiene su belleza humana explicación ponderando objetos divinos. Dejarla de adorar no es posible, ni vivir sin verla. Y pues la vecindad es a propósito para excusar la nota y el calor es tanto le suplico se sirva de llegar a la ventana, asegurando mi temor, pues le tendré hasta saber no encuentre alguna criada este papel. Y mándeme en cosas de su gusto».

Leído el papel creció la confusión diciendo:

—¿Qué puedo hacer en esto? Don Jacinto es bizarro, yo desgraciada. Si le respondo le doy a entender que estimo su cuidado. Si no respondo dejo la puerta abierta a mayores atrevimientos. Pues muera yo a manos de mi dolor y no mueran en mí mis obligaciones.

Con esta valiente aunque necia resolución, abrió la ventana y, visto la esperaba, llamándole en tono bajo, llegó a celebrar su dicha y sin responderle, rompiendo el papel, se le tiró diciendo:

—A semejantes atrevimientos respondo de esta suerte.

Y cerrando la ventana le dejó tan loco que faltó poco para perder el sentido. Alzando los pedazos se reportó considerando que una dama de tantas prendas no le había de favorecer tan presto. Y determinado a pasar adelante con su pretensión y desvelado en varios pensamientos, escribió una letra para darle a entender su firmeza. Otro día, llegada la hora deseada, pasó con su tío a verla. No se descuidaron las cuñadas en ganarle la entrada, y después de las acostumbradas cortesías, le pidieron cantase algo. Aceptólo, por lograr su intento. Y traído el instrumento cantó la siguiente letra:

Si Faetón[107] por atrevido              he de seguir a Faetón.
llegó a la región del Sol,              Si os preciáis de ser cruel,
aunque muera despeñado                   advertid que es el rigor

---

106. tarima o plataforma cubierta de alfombra

107. En la mitología griega, Faetón es el hijo del Sol. Le pidió a su padre permiso para conducir su carro y, subiendo y bajando de una manera descabellada, provocó el enojo de los astros. Entonces, Zeus lo fulminó y Faetón se precipitó en el río Erídano. En la poesía barroca, Faetón se convierte en símbolo de las esperanzas frustradas y del atrevimiento del amante.

muy impropio a una deidad
pues merece adoración.
La culpa de ser tan linda
disculpa mi pretensión
que nadie puede miraros
sin quedar loco de amor.
Perdido estoy y contento

de ver, señora, que son
esos rayos que me abrasan
causa de mi perdición.
Culpa fuera no serviros,
pues ya nacimos los dos
vos para ser dueño mío
y para adoraros yo.

Acabada la letra le pidieron que danzara y por decirlo doña Guiomar fue preciso el hacerlo. Danzó una gallarda[108] y pareciéndole que, por estar en público, no excusaría doña Beatriz el salir, la sacó, aunque no consiguió su deseo. Y como sabía su condición no la porfió, aunque el pesar fue tan grande que la severa dama lo conoció satisfecha de que la letra se había cantado al desprecio del papel rasgado. Y luego que llegó a su casa, por desahogar el corazón, le dijo a su tío:

—Terrible es mi señora doña Beatriz.

Respondióle:

—Pues ahora ya se ha enmendado. Al principio que las visité se escondía de mí y me costó el enojarme muchas veces el que no se quitara de la sala. Y me espanto[109] asista en ella estas noches. A doña Ana se lo podéis agradecer, que a no estar allí fuera posible el no salir con esta mala nueva.

Creció el fuego de la pretensión y al mismo paso crecieron los desprecios. Conociendo en el pecho que la picaba el cuidado de su amiga y se vengaba en sí misma con los pesares que le daba a su rendido amante. En esto llegó el día de San Juan, y cuatro días antes les dijo don Pedro que tenía intento de que se fueran a la cacería todo el día, advirtiendo a doña Ana que convidara de su parte a doña Inés, su prima, y a su esposo, quedando de concierto a que todos los hombres se juntaran en la iglesia y que las señoras se fueran de por sí por excusar el calor. Con esto se despidieron y, quedando solas, dijo doña Leonor:

—Madruguemos para oír misa de rebozo y veremos este mocito, que tengo deseo de ver si es tan galán en la calle como lo es en la sala.

No quiso doña Beatriz contradecirlo por estar ya tan picada que le parecía que todas lo echaban de ver. Luego que don Pedro llegó a su casa dio orden a las esclavas se fuesen luego a prevenir una suntuosa comida dándoles por memoria los platos que se habían de aderezar. Y llegado el día siguiente estrenó don Jacinto una gala digna de un príncipe. Era el vestido de tela rica noguerada,[110] gala de soldado, con mucha botonadura de diamantes, cabos blancos, bordadas las mangas, tahalí[111] y pretina[112] de medias cuentas[113] de plata con guantes bordados

108. danza cortesana española
109. sorprendo
110. pardo oscuro
111. *strip of suede or leather that crosses the chest and the back from the right shoulder to the left side of the waist, where the two ends come together and hold the sword*
112. *waistband*
113. *half-beads*

de lo mismo. Entró acompañado de algunos amigos y criados, tan galán que se llevó los ojos de cuantos le miraban. Estaban las encubiertas damas en una capilla por no ser conocidas, y como estaba descuidado oyó la misa con tanta devoción que a su celosa dama la sirvió de alivio el poco reparo que hizo en las muchas damas que había en la iglesia. Y vueltas a su casa le preguntó a la viuda al descuido:

—¿Qué te ha parecido el forastero en la calle?

Respondióle:

—Tan bien que no tendré sosiego hasta que mi hermano trate este casamiento.

Quedó tan abrasada, aunque vivía sin esperanza, que se vistió a toda gala. Era el pelo de vara[114] y media y de color castaño claro, rizándolo de menudos rizos; dejando a la parte del rostro lo bastante para copete[115] y guedejas,[116] dejó lo restante caído a la espalda. Púsose un apretador[117] de esmeraldas y algunas rosas de grueso aljófar[118] con otras muchas rosas y sortijas, con un vestido de color de perla con franjas de oro sobre vivos leonados[119] y muchos alamares en la ropa guarnecida de los mismos vivos. Y aunque todas se adornaron de cuidado las oscureció con la mucha gala. Detenidas en los costosos aliños, tardaron tanto que llegaron primero los hombres. Iban los Canónigos y Racioneros con don Álvaro y don Rodrigo. Porque don Álvaro y doña Inés no le habían visto respecto de que ella estaba malparida[120] y él ausente cuando llegó a Toledo. Tenía la morena debajo de una enramada que cubría una fuente que estaba en el jardín, cercada de macetas, puestas unas alfombras con almohadas y taburetes en que descansaran y en una sala de tres que había, por estar cerca de la fuente, sobre unas tarimas puso en que sestearan[121] las damas. En la otra frontera hizo lo mismo para los hombres. En la otra, por tener adentro un patio que servía de cocina se pusieron aparadores y mesas, tan bien dispuesto todo, así en la comida como en lo demás que don Pedro le estimó el cuidado y, abrazándola, como se preciara de la chanza, le dijo:

—Paréceme que la negra quiere estrenar el día de mi santo chinelitas[122] de gatatumba,[123] coralitos y toquita[124] de puntas.[125] En yendo a casa daré para todo.

En esto entró un paje a decir que ya venían, y saliendo todos a recibirlas, don Pedro se llegó a doña Guiomar para servirla de bracero. Hizo el sobrino lo mismo llegándose a su esquivo dueño y a doña Leonor que venían juntas diciéndolas:

—Si vuesas mercedes quieren un gentilhombre, aquí le tienen.

Asióle doña Leonor respondiéndole:

114. antigua medida que valía 0,8 metros. El cabello de doña Beatriz mide unas 27.6 pulgadas.
115. mechón o porción de pelo cerca de la frente
116. porción de pelo que cae a las sienes
117. cinta con adornos que servía para recoger el pelo
118. perla
119. **vivos**... bordes de color rojizo o rubio oscuro
120. es decir, acababa de abortar
121. durmieran la siesta
122. zapatillas
123. lujo
124. adorno para la cabeza (*coif*)
125. encaje

—Claro está que queremos servirnos del gentilhombre porque es muy bizarro mozo.

Enfadóse tanto doña Beatriz de verla tan desahogada que tropezó de unas chinelillas que traía. Acudieron todos a detenerla y el más dichoso fue el que lo deseaba. Y en achaque de detenerla mientras la criada llegó a ponerla, la asió las hermosas manos y apretándolas significó[126] con los ojos lo que no explicaba la lengua. Retirólas con tanto cuidado que le dijo:

—Qué gentil demasía.[127]

Como era el primer amor que don Jacinto había tenido sentía tanto estos rigores que ya se le conocía en lo pálido del semblante. Y llegados a la fuente, de verla tan enojada, sin poderse reportar,[128] le dio un congojoso sudor, y reparando su tío en él, preguntándole que qué tenía, respondió que como aquel vestido era pesado le había fatigado por el mucho calor. Llegóse doña Guiomar a limpiarle el rostro con un lienzo, diciéndole a su tío:

—Excusada estaba[129] esta gala para el campo.

Penada la cruel dama de ver qué era la causa sacó otro lienzo y dándosele a su madre la dijo:

—Éste viene ruciado[130] y el buen olor le sosegará.

Alargó la mano el afligido mancebo y limpiándose el rostro con él, para reconocer si era favor, sacó el que traía en el bolsillo, diciéndola:

—Paréceme descortesía volverle a vuesa merced su lienzo habiéndome limpiado el sudor con él.

Tomóle sin responderle y echóle en la manga, cosa que le bastó para volver en sí y entretenerlos con algunas letras mientras se llegaba la comida. Y avisando que esperaban las mesas se fueron a comer, regalándolos don Pedro con muchos y costosos platos aunque no era nuevo en él. Retiráronse acabada la comida a sestear y don Jacinto se quedó en el estrado de la fuente en achaque de poner cuerdas al instrumento. Púsose dona Beatriz en parte donde le pudo ver entre una cortina, sin dar nota, y como a doña Leonor le pareció que se habían dormido salió en achaque de cortar algunas flores de las macetas. Hízola don Jacinto la cortesía y pareciéndole que el no decir nada sería respeto, se llegó a él diciéndole:

—¿Quiere vuesa merced claveles?

Respondióle:

—No, mi señora. Que están muy bien empleados.

—Para todos hay —dijo doña Leonor.

Tomóle uno diciendo:

—Para hallarme favorecido éste basta.

Y pareciéndole a la dama era bastante ocasión que le daba, se despidió y entrándose en la sala se recostó donde estaban las demás. Estaba doña Beatriz tan rabiosa de ver la desenvoltura

126. expresó
127. **Qué...** *What a fortunate misfortune.*
128. detenerse, controlarse
129. no era necesaria
130. con aroma

*Kitchen Scene with Christ in the House of Mary and Martha* [María y Marta], de Diego
Velázquez. También conocido por *Cristo en Casa de María y Marta*. La composición juega
con la idea de la vida contemplativa en oposición a la vida de servicio. A pesar de ser una
escena bíblica, los trajes de las mujeres son del Siglo XVII.

de su enemiga (que este nombre le podemos dar), que reportando poco la encubierta cólera
despertó a su madre diciéndola:

—Vamos a pedir agua que con el mucho dulce me abraso de sed.[131]

Salieron las dos y el contento amante las preguntó si mandaban algo. Pidió doña Guiomar
que la trajeran agua y mandando a la esclava les trujera una tembladera,[132] mientras su madre
bebía, le puso don Jacinto el clavel en los rizos de la espalda. Volvió la mano y, quitándole, le
hizo pedazos y le arrojó. Quiso doña Guiomar ver el patio en que se guisaba por los muchos
aseos de Antonia y como entró delante la dijo don Jacinto como al vuelo:

—Crueles son las damas de Toledo.

Respondióle:

—Y los andaluces muy atrevidos.

Y sin esperar a más siguió a su madre. Quedó tan corrido,[133] que no quiso esperar a que
salieran, y entrándose en la sala adonde reposaban los hombres se dejó caer sobre una silla con
tan profunda melancolía que pasó plaza de dormido.[134] Levantóse el Racionero diciendo a los
demás:

—Aquí venimos a tener un rato de gusto: levántense que en casa dormirán.

Levantáronse y entrando en la sala de las damas salió don Jacinto tan disgustado que casi
lo echaron de ver, aunque los divirtió con tomar el instrumento preguntando:

—¿A cuál de estas señoras sacaré a bailar?

131. **con**... me muero de sed por haber comido tantos dulces
132. **trujera**... trajera un vaso
133. molesto, humillado
134. **que**... *that it looked like he was sleeping*

Respondió el Racionero:

—A todas.

Y como doña Ana sabía el cuidado de su cuñada le dijo:

—Saque vuesa merced a mi hermana, que baila por extremo.[135]

Dio algunos paseos y, sacándola, le tomó a su hermano el sombrero diciendo:

—Toque vuesa merced la capona.[136]

Tocó el referido son[137] y, bailando los dos, fueron tantos los ademanes[138] de la viuda que le pareció mucho peor que en las pasadas coplillas. Acabado el baile volvió solo al puesto y temiendo no le hiciera en público algún desprecio no se atrevió a sacar a su ingrato dueño. Puso la mira en doña Inés y pidiéndole tocara una gallarda a los primeros pasos se la quitó don Álvaro. Retiróse sin dejar el son diciendo:

—No hay dicha como tener imperio en las cosas.

Danzaron los dos contentos casados, con mucho aplauso de todos y, abrazándola, la volvió al estrado. Mandóle su tío sacara a doña Beatriz y por no parecer demasiada salió diciendo:

—Toque vuesa merced la capona, que pues mi amiga gusta de este baile quiero galantearla.

Y siguiendo las mismas mudanzas que doña Leonor había hecho le bailó con tanto donaire y gravedad que todos le dieron generales aplausos. Y como doña Ana sabía poco y no habían celebrado su cuñada, les dijo:

—Donde mi señora doña Beatriz está nadie luce. Todas quedan a oscuras.

Atajóla el discreto andaluz diciendo:

—No tenga vuesa merced pena que yo traeré el Sol de Guinea para que nos alumbre.

Y llamando a Antonia, le mandó trajese su adufe,[139] diciéndole:

—Señora morena, los dos hemos de bailar un baile mandingo[140] a lo negro con todas sus circunstancias.[141]

Respondióle la despejada negra:

—No quedará por mí, si vuesa merced la sabe bailar.

Y traído el adufe lo bailaron con tantos gestos y ademanes que hizo el mancebo remedando a su negra que ya les dolían los cuerpos de risa. Y pareciéndoles que era tarde se trató de merendar y se volvieron a la fuente. Y entre las muchas frutas se sacaron unas peras bergamotas[142] y por ser una de ellas digna de darla a su dueño la guardó don Jacinto. Con esto volvieron a Toledo y por el camino fue cantando jácaras y haciendo tantas diabluras que al llegar a casa de doña Guiomar, como ya era de noche, le dio doña Leonor un pellizco diciéndole:

---

135. muy bien
136. baile andaluz de movimientos rápidos
137. canción, ritmo
138. gesticulaciones
139. tipo de tamboril
140. de los africanos del Sudán occidental
141. **con...** *with all the trimmings*
142. tipo de pera muy delicada que procede de Bérgamo, en Italia

—Malhaya él y quien acá le trujo.

Detúvole la mano diciendo:

—Bravo favor si no tuviera tanto de cruel.

Apartóse la viuda porque su hermano no entendiera nada, y mientras se despedían se llegó don Jacinto y, sin decirle nada, le echó la pera en la manga. Como había oído lo que había pasado, presumiendo que doña Leonor se la había dado, la sacó y tiró a la calle y sin esperar se entró en su casa diciendo:

—Adiós, que vengo cansada.[143]

Otro día, mientras su tío estuvo en la iglesia, se entretuvo en escribir una letra para dar a entender lo mucho que sentía los desprecios. Y llegada la hora de su visita le preguntaron las cuñadas si había llegado cansado. Respondióles:

—No poco, porque me siento indispuesto.

Respondióle doña Leonor:

—Pésame mucho, que no estará para cantarnos algo.

Cayóle la palabra a medida de su deseo y pidiendo el instrumento le tomó diciendo:

—No me puedo yo cansar de servir a vuesas mercedes.

Con esta capa[144] cantó la siguiente letra:

De los desdenes de Celia
llorando estaba Jacinto,
el verse tan despreciado
mirándose tan rendido.

   Aumenta del claro Tajo
los cristales fugitivos,
corrido de que murmuren
sus lágrimas y suspiros.

    ¿Cómo es posible que un ángel
—diz el pastor a los riscos—
imite vuestra dureza
mostrándose tan esquivo?

De que abrase con la nieve
no me espanto ni me admiro,
pues es propio de los hielos
convertir en fuego el frío.

   Sólo me espanto de ver
que es hermoso un basilisco,[145]
y que maten con la vista ojos
que son tan divinos.

   Muera yo, pues gusta Celia
de matarme, y sólo estimo
la vida, para perderla
al rigor de su castigo.

Cantó la referida letra con tan tristes acentos que le costaron a la cruel dama el derramar algunas disimuladas lágrimas, aunque no por eso desistió de su primer intento, antes creció más su resistencia, pues otro día por la tarde, entrándose en un pequeño y aseado patio que le servía de jardín por tener una fuentecilla y muchas macetas, renovando sus disimuladas penas, estaba tan divertida que parecía ninfa de cándido[146] alabastro. Viola su rendido amante

---

143. Beatriz piensa que Leonor le dio la pera a Jacinto y por eso la tira a la calle.

144. es decir, pretexto

145. serpiente mítica tan venenosa que mata con la vista

146. blanco, puro

desde un corredor y resuelto a decirla a boca algo de su mucho sentimiento, entróse tan de repente por no perder la ocasión que, asustada de verle y temerosa de que no la viese llorando, le dijo indignada:

—Brava grosería tienen los andaluces y no sé en qué funda vuesa merced tantas demasías. Váyase con Dios y no le suceda otra vez entrarse de esta suerte.[147]

Encolerizóse para decirle esto y, viendo su enojo, de tal suerte se turbó don Jacinto que sin responderla se volvió a su casa, quebrando el coraje en tan recia calentura que apriesa[148] le desnudaron, y venido su tío se alborotó con la nueva.[149] Llamaron al médico y avisaron a doña Guiomar del nuevo accidente[150]; pasó a ver al enfermo a tiempo que ya estaba el doctor de visita y estaba diciendo:

—Juráralo yo que la fiesta del cigarral[151] había de parar en esto.

Y mandó a toda prisa le cargaran de ventosas[152] y se le dieran friegas de brazos y piernas y que, pasada una hora, se le diera una bebida que ordenó por asegurar el resfriado diciendo:

—La calentura es maliciosa y estamos a pique[153] de un tabardillo.[154] Si de aquí a mañana no se templa será menester sangrarle.[155] Y no importa que esta noche no cene. Yo estaré aquí a la primera salida.[156]

Estuvo doña Guiomar presente a todo, y por su mano le dio las friegas y, vuelta a su casa, hallando a las cuñadas les contó lo sucedido. Sintiólo doña Leonor con tal extremo que pasó de raya[157] pidiendo a doña Guiomar que otro día las avisara para ir con ella a verle. Duró la calentura al paso del fuego que estaba en el pecho, y dándole cuenta al doctor que había estado desvariando, mandó que al punto[158] le sangraran. Pasaron las causadoras de su mal a casa de doña Guiomar para ir con ella y diciéndola a su hija que se vistiera la respondió:

—Yo no quiero ir, que a una doncella no le toca esta visita.

Díjola su madre:

—¿Pues no vas conmigo y van estas señoras?

Replicóle:

—No importa, que vuesa merced puede ir y estas señoras, que una es viuda y otra casada.

Como su madre la conocía la dejó por no enfadarse. Y llegadas a casa de don Pedro significó la enamorada viuda su sentimiento con tan encarecidas palabras que pudieran dar

147. manera
148. aprisa
149. noticia
150. suceso, incidente
151. casa de campo
152. *cupping glass (a bulb that was applied to the skin to suck out toxins)*
153. a riesgo
154. infección, tifus
155. Una forma de tratamiento médico muy común en la época era abrirle una vena al paciente para que eliminara las toxinas de la sangre.
156. **a**... muy temprano por la mañana
157. los límites de lo correcto
158. inmediatamente

cuidado a otro que no estuviera tan divertido.[159] Preguntó don Pedro cómo iba doña Beatriz. Y respondió su madre:

—No me la nombre vuesa merced, que cierto que he menester quererla tanto para sufrirla.

Y con esto refirió lo que había pasado diciéndole no habían podido recabar[160] que fuera con ellas, cosa que apasionó tanto al enfermo que sin poderse reportar dio un suspiro tan congojoso que pareció le faltaba la vida. Entró el médico y hallando el pulso tan alborotado mandó le volvieran a sangrar. Pasado el medicamento, volvieron todos a su casa de doña Guiomar y doña Leonor quiso entrar con la pena que llevaba. Y llegada a la sala le preguntó doña Beatriz:

—¿Cómo está el enfermo?

Respondióle con el enfado que tenía.

—¿Cómo ha de estar? Cargado de ventosas y de sangrías. Y si Dios no lo remedia a pique de morirse. Y sois tan terrible que debiéndole a don Pedro lo que le debemos os preciáis siempre de ser tan necia.

Con esta palabra tomó ocasión para derramar parte del susto en copioso llanto diciendo:

—Ya no falta más de que vuesa merced me trate de esa suerte.

Con esto se entró en su cuarto llorando tan de veras que empeñó a su madre en darla la satisfacción pensando lo hacia por lo que le había dicho. Otro día enviaron a saber cómo lo había pasado y respondieron que toda la noche había estado desvariando. Y llegada la tarde, con la mucha pena que tenía, le dijo a su madre:

—Ya es obligación el ir a ver a don Jacinto.

Enviaron a llamar a las cuñadas y, por tener una visita de cumplimiento,[161] respondieron que se fueran y que allá se juntarían, cosa que doña Beatriz estimó por declararse con su rendido enfermo. Logrósele el intento porque, al tiempo que entraron, salía don Pedro acompañando a unos caballeros. Estaba el uno casado con una sobrina de doña Guiomar y deteniéndose a saber de su salud pasó doña Beatriz adelante, y llegando a la cama le dijo:

—¿Qué es esto, señor? ¿Así trata vuesa merced de matarnos?

Quedó tan elevado[162] con semejante razón,[163] que presumió la dama estaba con algún desmayo, y arrodillándose delante de la cama, en fe de la mucha amistad que tenían, le preguntó:

—A ver ¿es mucha la calentura?

Y sin sacar el brazo le alargó el pulso diciendo:

—Sí, mi señora.

Al tiempo que le tocó, asiéndole la otra mano con la que tenía dentro, estampó en ella los ardientes labios y sintiendo que se le bañaba con ardientes lágrimas, no se atrevió a resistirle,

159. distraído (enamorado)
160. conseguir
161. respeto, obligación
162. exaltado
163. frase, comentario

segura de que no podía causar sospecha. Y por disimular, porque ya entraban su madre y don Pedro, preguntándole si le dolía mucho la cabeza, respondióle:

—Se me parte.[164] Mas lo fresco de esa mano basta para darme vida.

—Alégrome de ser de provecho —le respondió doña Beatriz algo risueña de verle tan enamorado. Y visto que no cesaba de besarle la mano que le tenía asida y que duraba el llanto, en achaque de taparle las espaldas, le dijo:

—Quedo, basta ya por vida mía, no me mate con ese sentimiento.

Entró el médico y levantándose la que le daba la salud, y tocándole el pulso, como le halló tan trocado, les dijo:

—Gracias a Dios que ya se reconoce la mejoría. Está como de muerto a vivo. Mucho han importado las sangrías. Dénle una pechuga de ave y un poco de conserva.

—¿Y cómo lo recabaremos —dijo don Pedro— que no podemos hacer que traspase bocado?[165]

Respondióle:

—Pues anímese. Que, aunque es muchacho, le hace falta la sangre.

Con esto se fue y la contenta dama, conociendo que la mejoría había nacido de sus favores, pasó adelante, y sentándose en un taburete dijo:

—Sangrado y no comer, en verdad que no me contenta. Mande vuesa merced que traigan la cena porque, de no alentarse, no seremos amigos.

Trújose todo con brevedad y, partiéndole la pechuga de ave, tomó una presa y se la dio diciéndole:

—Mire vuesa merced qué lindo bocado. Cómale por vida mía.

Comiólo diciéndole:

—El juramento basta para darme la que ya me falta.

Contento su tío de verle tan alentado, le dijo a doña Beatriz:

—Canta algo niña para que este muchacho se divierta, porque se muere de melancolía.

Sabía un sainete[166] de que don Pedro gustaba a propósito de lo que le estaba pasando. Y respondió:

—Pues vuesa merced gusta de Carrillejo, se le tengo de cantar al señor don Jacinto a ver qué le parece. Y con esta capa cantó el siguiente romance:

Carrillejo de verte llorar
Belilla se muere.
¡Ay Pascual, que me engañas!
No hay tal, que yo sé que te quiere.

Si te quejas de un rigor
muy poco sabes de amar,
pues servir y no esperar

son quilates de tu amor.
    Templa Carrillo el dolor
pues Belilla se muere.
¡Ay Pascual que me engañas!
No hay tal...
    El otro día en el prado
reparé en que te miraba

164. *It's splitting. (I have a splitting headache.)*
165. **no**... *We can't get him to take a bite of food.*
166. obra corta de tipo popular; aquí, canción placentera

y aunque lo disimulaba
yo conocí su cuidado.

No vivas desconfiado,
pues Belilla se muere.
¡Ay Pascual que me engañas!
No hay tal...

Dile, Carrillo, tu amor

y no la culpes de ingrata,
que aunque ves que te maltrata
en el alma está el favor.

Vive contento Pastor,
pues Belilla se muere.
¡Ay Pascual que me engañas!
No hay tal...

Al tiempo que acabó el último verso, entraron de visita el Racionero y otros caballeros, con que no pudo el contento amante celebrar su dicha, y a poco después las cuñadas y don Rodrigo. Y después de haber preguntado cómo se sentía, por ver el instrumento, le pidieron a doña Beatriz volviese a cantar. Disculpóse con que la dolía la cabeza y alargándole a doña Leonor el instrumento, le pidió que supliera la falta. Tomóle y cantó la siguiente letra o ya que la compusiese de intento o ya que la supo acaso:

Tan triste vive Leonida
de ver su pastor doliente
que aumenta del claro Tajo
las fugitivas corrientes.

¡Ay! —dice— ¿cómo es posible
que vivo, pues ya me tienen
los achaques de Lisardo
en los brazos de la muerte?

En el rigor de los males
es el mayor el que siente

quien ama y pena callando
sin decir lo que padece.

A ser posible en amor
trocarse los accidentes,
yo le pagara los males
a peso de muchos bienes.

Tuviéramos los dos
a un mismo tiempo
mi Lisardo el descanso
y yo el tormento.

Como don Jacinto no pudo significar su gusto por haber entrado las visitas, lejos de prevenir su daño, quiso valerse de la referida letra diciéndole:

—Mi señora doña Leonor, dichoso Lisardo pues merece que su pastora sienta sus males.

Respondióle:

—Prometo a vuesa merced que todos sentimos tanto los suyos que el mismo sentimiento me ha obligado a referirla.

No fue menester más para que doña Beatriz se mesurara,[167] tan corrida cuanto arrepentida de haberse declarado pareciéndole no estimaba su favor. Necedad conocida de los celos, pues por lo que tienen de envidia se precian de ser villanos.[168] Aunque su enfermo reconoció su disgusto atribuyéndolo a su dicha, por entender era pena de su achaque, se halló tan aliviado que le mandó el médico que se vistiera y, deseoso de celebrar el favor recibido, el día que se levantó, luego que su tío se fue a vísperas, pasó a ver a su adorado dueño. Hallóla sola en la

167. moderara
168. **Necedad...** *Jealousy is known to be senseless, and because it's part envy, it's considered vile.*

sala de verano, en su bastidor,[169] por estar su madre en el patio ajustando unas cuentas. Y seguro de la llaneza con que se trataban, sentándose en la tarima del estrado, la dijo:

—¿Cómo será posible, señora mía, significar mi contento ni pagar tantos favores?

Atajóle con decir:

—No hago favores a nadie: esto ha sido por cumplir con lo que debemos al señor don Pedro. Levántese vuesa merced, no le vea mi madre tan cerca.

Respondióle:

—¿Pues qué importa que me vea cuando recibo la merced que me hace?

Levantóse doña Beatriz diciendo:

—Cierto que estas cosas me han de obligar a dejar mi casa y meterme en un convento.

Detúvola con decirla:

—No deje vuesa merced su estrado que yo me iré.

Y para disimular con su madre le dio a entender que no se atrevía a detenerse por estar tan recién levantado. Entróse en su casa y como volvió a reinar el fuego del pecho, volvió el de la calentura y venido su tío, hallándole con tanto crecimiento, preguntando si había comido algo que le hiciera mal, le respondió Antonia como había salido y que el aire lo había causado. Y como le quería tanto le dijo enfadado con la pena de verle así:

—Cierto que sois terrible y si entendiera que me habíais de dar estos pesares no hubiera enviado por vos.

Con esto creció el pesar con tanto extremo que se cubrió de un sudor helado, ahogándose el corazón de suerte que le dejó sin sentido. Enviaron a llamar el médico y como se alborotó el asa se asomó doña Guiomar a la ventana preguntando qué había sucedido. Y como le supieron, sin esperar a las vecinas, pasaron a verle a tiempo que ya había cobrado el sentido. Salían don Pedro y el doctor, y como doña Guiomar se detuvo a preguntar el suceso, pasó doña Beatriz adelante, y llegando a la cama, tan turbada de la pena, arrebatada con el mucho pesar, le dijo:

—¿Qué es esto? ¿Cada día hemos de tener estos sucesos?

Indignado de oírla, incorporándose en la cama, le dijo:

—Mujer tirana ¿qué me quieres? ¿Por qué te precias de atormentarme? Si adorarte es delito, mátame de una vez.

Con esto se dejó caer volviéndose a la pared. No se atrevió a responderle porque ya venían su madre y don Pedro. Llegó doña Guiomar diciéndole:

—Hijo mío, volveos acá, mirad que está aquí doña Beatriz.

Volvió por la cortesía, y como ya estaba enojado, para darlo a entender, la respondió:

—Estoy de suerte, que no estoy para verme a mí ni a nadie.

Y aunque se sentó frontero por desenojarle, cerró los ojos dando a entender que le dolía la cabeza. Y pareciéndoles sería mejor dar lugar a que reposara se despidieron pasándolo doña Beatriz aquella noche que no le quedó a deber nada en las penosas ansias.

Otro día, como las cuñadas supieron el repentino achaque, pasaron a su casa para que se

---

169. estrado, pequeña plataforma donde se sientan las mujeres a coser o a leer

fueran juntas. Fue a tiempo que estaban acabando unas imágenes para unas casullas y estaba esperando el que las había de llevar. Díjoles doña Guiomar que ya quedaba poco, que se fueran y las esperasen allá. Hiciéronlo así, llegando a tiempo que el enfermo le estaba diciendo al médico mandase le dieran agua porque se abrasaba. Mandó le diesen un poco de agua de nieve[170] con un poco de azúcar. Enfrióse la bebida y trayéndola Antonia, le tomó doña Leonor el vaso para tenerle; sentóse sobre la cama a tiempo que entraba doña Beatriz y, visto el agasajo, colmó el pecho con los rabiosos celos, tanto que brotó el veneno y, al tiempo que se habían de ir, se detuvo de intento y quedándose la postrera, en achaque de despedirse, le dijo:

—Ya no se quejará de mis rigores, pues el favor de mi señora doña Leonor basta para darle salud. Yo tengo la culpa de venir a recibir estos enfados y le juro de no volver a esta casa.

Con esto le volvió las espaldas, dejándole tan alborotado que en lugar de pena le sirvieron de alivio las referidas palabras, diciendo:

—¿Podré creer que doña Beatriz va celosa? No hay duda, según lo que me ha dicho. Celos sin amor no pueden ser. Yo he de darle celos declarados y averiguar mi sospecha, y si no lo siente, aunque aventure el perder a mi tío, me he de ir a donde no se sepa de mí.

Fue tan poderosa esta consideración, aunque no volvió a verle, atribuyéndolo a que estaba enojada. Cobró tal mejoría que le mandó el médico se vistiera con que no saliera de casa. Vistióse, y llegando a la ventana para ver los umbrales que deseaba pisar, asomóse a tiempo que salían las cuñadas para entrarse en la casa de doña Guiomar y doña Leonor, alborotada, le dijo:

—Norabuena le vea yo, que no sabré encarecerle el contento que tengo de su mejoría.

Respondióle (seguro de que, por estar en el patio doña Beatriz, lo podía escuchar):

—No quiero yo el parabién desde la calle. Si tiene tanto gusto de verme, hágame una visita, que ya se la feriaré.[171]

Contentas en verle de su parte entraron al patio, bajó a recibirlas y como doña Beatriz lo oyó, llamando una criada, le mandó le llevase un recado de parte de su madre:

—Y mira quien son esas mujeres que entraron allá.

Fue a dar el recado y le respondió:

—Di a mi señora doña Guiomar que estimo el cuidado y que hallándome tan favorecido de estas señoras no dudo de tener la salud que deseo.

Volvió la criada a decirlo, y poco después entraron ellas, mostrando doña Leonor tanto contento que refirió todo lo que había pasado diciendo:

—Quiero llegar a la ventana para ver si está en la puerta, porque no se atrevió a entrar acá por amor de su tío.

Llegó doña Beatriz con ella, celebrando falsamente el verla tan gustosa. Contento de ver que había llegado a la ventana, se llegó diciendo:

—Mi señora doña Leonor, bien merecido le tengo el favor, pues viene a ver si cumplo mi palabra de esperarla, y me pesara sea curiosidad y no cuidado.

Díjole doña Beatriz demudado el color:

---

170. **de...** muy fría. Se guardaba nieve del invierno anterior en depósitos para hacer agua de nieve en el verano.

171. compensaré

—Entre vuesa merced si gusta de sentarse.

Respondióle:

—No me atrevo a disgustar a mi tío. Bástame el favor de mi señora doña Leonor por ahora.

Y quitándose el sombrero, como de paso le dijo:

—Adiós mi señora doña Beatriz.

Y muy risueño le dijo a la viuda:

—Mándeme muchas cosas de su gusto.

Con esto se entró en su casa y las enemigas se fueron a la suya. Aquella noche, después de acostada su madre, escribió un papel, y otro día por la mañana, dándosele a la criada, la dijo:

—Vete a casa de don Pedro, sin que nadie te vea. Dale este papel a su sobrino y di que doña Leonor me le dejó para que se lo enviara encargándome le ganara la respuesta.

Fue la criada a dárselo, aunque le pesó creyendo era suyo; le mandó esperase la respuesta, y retirándose a ver lo que contenía, leyó las siguientes razones: «Nunca di crédito a las cautelas de vuesa merced, que de un hombre tan mudable y falso nunca esperé más atenciones. Y pues me obliga a declarar el enfado que tengo le advierto que doña Leonor tiene casa en que galantearla y las ventanas de la mía no están acostumbradas a semejantes devaneos.[172] Excuse la demasía[173] si no quiere que yo la haga tan grande que se pierda todo». Quedó tan loco de haber conseguido su empresa que, dando mil besos al papel, se determinó de apretar la cuerda para que saltara de una vez y respondió las siguientes razones: «Yo no sé por cuál razón vuesa merced me culpa de mudable cuando los rigores de su condición me han tenido a pique de perder la vida. Negarla que adoraba su hermosura sería mentir. Dejarme morir será necedad. Doña Leonor es mi igual y me estima, y si trato de casarme con ella culpe su condición[174] y no mi mudanza. Y pues tiene la culpa de sus celos quédese con ellos, que celos vengan desprecios».

Cerró el papel y dándosele a la criada la dijo:

—Di a mi señora doña Beatriz que le estimo mucho el cuidado y que me sea buena intercesora pues doña Leonor, como amiga, le ha fiado este secreto.

Volvió la criada a decirlo y estimó el engaño, pareciéndole había seguido su rumbo por no darle sospecha. Y confiada de que la enviaría muchas finezas y mayores satisfacciones leyó el papel y fue tanta su cólera que haciéndole menudos pedazos se le ahogó el corazón como no pudo llorar, cayéndose en el estrado tan mortal que al entrar su madre, hallándola así, la tomó en los brazos dando voces como loca. Salió la criada a llamar a las cuñadas diciéndoles:

—Vengan vuesas mercedes, que se ha muerto mi señora doña Beatriz.

Y como estaba cuidadoso esperando el efecto de su diligencia, oyendo las voces, pasó a ver lo que había sucedido, quedando tan muerto que le faltó poco para acompañarla. Reportóse diciendo:

—Córtenle el cordón y las cintas de los vestidos y la llevaré arriba.

172. disparates, absurdidades
173. **Excuse...** *Stop this excess.*
174. **su...** *your coldness*

Como doña Guiomar estaba con tanta pena, sin reparar en la cortesía lo permitido, sompesóla[175] el turbado amante, dando lugar a que la desnudaran y quedando en un guardapiés,[176] la tomó en los brazos para llevarla a la cama derramando sobre el nevado rostro tantas lágrimas que pudieran volverla en su acuerdo. Y dejándola sobre la cama les dijo:

—Desnúdenla mientras llaman al doctor y viene mi tío. Con esto entró en su casa diciendo al primero que encontró llamasen al médico, tan ciego con la pena que no vio al tío que venía ya de la iglesia. Y llegando a la sala se dejó caer sobre una silla diciendo:

—Bien empleada es mi muerte, pues yo mismo me maté con mis manos. Maldita sea doña Leonor que tantos pesares me cuesta.

Como don Pedro era tan prudente, pareciéndole que iba con pesadumbre, se detuvo en la puerta para escucharle. Entró en la sala diciendo:

—¿Qué tenéis? No me neguéis la verdad que ya escuché parte de lo que estáis diciendo. Doña Leonor, aunque es rica, no es a mi propósito y me pesará de que la tengáis voluntad.[177] Respondióle:

—No me la nombre vuesa merced que la aborrezco con todos mis cinco sentidos.

Sentóse el prudente canónigo diciéndole:

—Advertid que me enojaré si no me decís lo que tenéis, y si nace de amor, os doy la palabra de daros gusto.

Alentado, se determinó a pedir remedio, contándole todo lo referido. Y enseñándole el papel de doña Beatriz, pasó adelante refiriendo lo que le había respondido para obligarla a que se declarara diciéndole:

—Y soy tan desdichado que el pesar que la di la privó del sentido. Vaya vuesa merced a verla si estima mi vida.

Sintiólo don Pedro diciéndole:

—Habéis andado necio en hacer tal disparate. Hubiéraisme dicho vuestro amor que yo lo hubiera remediado.

Con esto pasó a verla a tiempo que ya había vuelto en sí por haberla dado unas ligaduras apretadas y una bebida cordial que mandó el médico y consolando a doña Guiomar por hallarla tan apenada, se sentó sobre la cama, y tomándola las manos, la dijo:

—¿Qué es esto, señora rapaza?[178] ¿Ahora que trato de casarla está de esa manera? Por Dios que tenemos gentil desposada.

Y como se preciara de la chanza, presumiendo lo decía por entretenerla:

—Váyase vuesa merced con Dios, en verdad que estoy propia para esas gracias.[179]

Respondióle con mucha risa como sabía de qué procedía el achaque:

—¿Os parecen muy malas? Pues yo os juro que algún día habéis de querer comprármelas y no os las he de vender.

---

175. la levantó
176. vestido o falda que se ata por la cintura y baja hasta los pies
177. **me**... *I'd be sorry if you loved her.*
178. muchacha, mozuela
179. **en**... *I'm really not up to those jokes.*

Entretúvolas un rato y cuidadoso del enfermo que dejaba en casa, se levantó diciéndole a una criada:

—Vente conmigo y le traerás a esta niña una piedra bezal y una uña para que se la ponga sobre el corazón.[180]

Salió don Jacinto a recibirlo tan ciego que no vio a la criada y, preguntándole, como estaba él respondió que ya estaba buena:

—Cuidad de vos y no cuidéis de más.

Con esto abrió un escritorio y sacando una piedra a modo de poma[181] engarzada en oro asida a una bandilla se la envió con otros regalos. Pasó la criada a darlo a su señora diciendo:

—Mucho ha sentido el señor don Jacinto el mal de mi señora, que salió como un loco a preguntar cómo estaba.

Envidiaron las cuñadas el presente aunque doña Leonor no presumió llegaría a casamiento. A la tarde vino doña Inés y otras amigas a verla y don Jacinto, mientras su tío vino de vísperas, se entretuvo en hacer una letra burlesca tanto por divertirla como por satisfacción. Venido su tío pasaron a ver su enferma. Recibióle doña Inés dándole el parabién de la mejoría por no haberle visto respeto de estar malparida...

Al tiempo de despedirse dijo doña Inés que quería ir por estar su marido indispuesto. Despidiéronse todos, al quererlos acompañar don Jacinto, le detuvo su tío diciendo:

—Quedaos que ya saben estos señores que estáis malos. Con tanto pesar de doña Leonor que casi lo dio a entender. Contento de habérsele ofrecido la ocasión que deseaba, se llegó a la cama diciéndole:

—¿Qué es esto? ¿Así trata vuesa merced de matarnos? Como fueron palabras que ella le había dicho rabiosa de oírle, teniéndolo a modo de fisga[182] le respondió:

—Váyase vuestra merced con Dios, que para venganza basta lo sucedido.

—Esto sí —dijo el contento mancebo— pruebe vuesa merced parte del acíbar[183] que nos da a beber.

Respondióle:

—Ojalá fuera veneno.

Tomóle una mano, aunque con alguna violencia, diciéndole:

—¿Y para qué puede ser bueno que vuesa merced me mate? ¿No ve que no[184] nos casaremos? Ya mi tío sabe que adoro su hermosura y me ha dado palabra de hacerme dichoso.

Retiróse porque sintió que venía su madre, y don Pedro no quiso sentarse diciéndole a doña Guiomar:

—Váyase vuesa merced mañana a la iglesia que tengo un negocio que tratemos los dos.

Con esto fueron y alborotada con el nuevo cuidado le dijo a la hija:

—Ay Beatriz, no sé qué diga de ver a don Pedro tan cariñoso contigo. ¡Si yo fuera tan di-

180. remedios que se usaban en aquella época para sanar a los enfermos. Se trata de un caballo o de una vaca.
181. manzana
182. burla
183. amargura, aflicción
184. *The word* no *has no meaning in this sentence.*

chosa que te viera tan bien empleada! Respondióle, satisfecha de que su madre conocía su condición.

—Bien sé yo que don Jacinto me quiere y pues vuesa merced sabe mi recato no quiero negarle lo que me ha pasado.

Con esto le dio cuenta de todo con que doña Guiomar enterró la sospecha. Por la mañana se fue a la iglesia y entrándose los dos en una capilla, le refirió lo que ya sabía y le dijo:

—Paréceme que la perfecta cura de los enfermos será casarlos, si vuesa merced me quiere dar a su hija.

Tomóle las manos, con demostración de quererlas besar diciendo:

—Sólo me pesa de no tener un millón que darle, pues Beatriz será la dichosa.

Respondióle:

—No he menester riqueza, bástame su calidad y virtud.

Y quedando determinados de que don Pedro hiciera todo lo que fuera importante, trató luego de sacar joyas y galas, enviándole cosas tan ricas que las dejó admiradas.[185] Despachó un propio, enviando a decir a don Alonso y a su hermana se vinieran a Toledo, dándoles cuenta de que le tenía casado. Corriéronse las publicaciones con tan general contento de todos como pesar de la viuda, pues no fue posible que su hermano y cuñada le pudieran detener. Fuese a despedir dando a entender se iba a la Corte por estar su suegra a lo último. Con esta capa disimuló su envidia, dándole la contenta desposada algunas curiosidades, mintiéndole pena por su ausencia. Y venidos sus padres, se celebró el desposorio con nuevas y repetidas fiestas. Vivió casada largo tiempo con su amante esposo, tan gustosa cuanto prevenida de no darle ocasión a que renovara los pasados celos.

## Temario

1. La importancia de la dote en «La industria vence desdenes»
2. La posición de la mujer noble venida a menos
3. El materialismo en la sociedad española del siglo XVII
4. El arte como medio de ganar dinero
5. El poder masculino en «La industria vence desdenes»
6. La descripción de la vida doméstica
7. La casa: espacio cerrado e íntimo
8. La «industria» en «La industria vence desdenes»
9. Descripción e importancia de la ropa y de los muebles
10. La práctica de la medicina
11. La esclava Antonia
12. Bailes, fiestas y otras actividades sociales
13. Relaciones entre hombres y mujeres
14. La riqueza y la Iglesia
15. El mercantilismo

185. asombradas, muy sorprendidas

16. La urbanidad como reflejo del valor moral del individuo
17. La importancia de las amistades y contactos sociales
18. La imagen de la mujer en Carvajal y Zayas
19. El erotismo en Carvajal y Zayas
20. El feminismo de Mariana de Carvajal

# Leonor de Meneses: La desmitificación del amor ☙

PRÁCTICAMENTE DESCONOCIDA hasta mediados de los años 1990, Leonor de Meneses recién ahora comienza a atraer la atención crítica, gracias a las investigaciones destacadas de Judith A. Whitenack y Gwyn E. Campbell. Su edición de *El desdeñado más firme*, publicada en 1994, hizo asequible al público moderno por primera vez la única novela que poseemos de la autora. En 1999 *El desdeñado más firme* se volvió a publicar en *Entre la rueca y la pluma*, antología compilada por Evangelina Rodríguez Cuadros y María Haro Cortés. Whitenack y Campbell incluyen una versión modernizada en *Zayas and Her Sisters* (2000).

Las investigadoras norteamericanas han reunido unos datos esenciales acerca de Meneses, cuya vida queda ignorada en sus detalles.[1] Nació en Lisboa alrededor de 1620, hija única y heredera de Fernando de Meneses, un comendador portugués, y de su esposa Jerónima de Toledo. Parece haber recibido una excelente educación. La documentación indica que estudió poesía, historia, filosofía, matemáticas, dibujo y lenguas. En su catálogo de mujeres ilustres, citado por Whitenack y Campbell, Froes Perym señala que dominaba el latín, el francés y el castellano antes de cumplir los diez años.

Doña Leonor se casó dos veces, la primera con Fernando Mascareñas, conde de Serêm y quinto o sexto hijo de Jorge Mascareñas. Fernando había acompañado a su padre al Nuevo Mundo cuando la Corona española lo nombró virrey de Brasil (1639–41). Después de la restauración de la monarquía portuguesa, Fernando volvió a su país natal, donde el rey le concedió el título de conde. Es probable que se casara con Leonor poco después.

---

1. Los datos biográficos incluidos aquí están tomados de la introducción a la edición de Whitenack y Campbell de *El desdichado más firme* (1994) y de la introducción de la novela de Meneses que aparece en *Zayas and Her Sisters* (2000).

*La infanta Margarita,* de Diego Velázquez. En este retrato de la infanta
Margarita, el pintor se detiene en la elaboración del vestido y en realzar
los detalles del peinado, posiblemente siguiendo las tendencias en el
vestir y la belleza de la época.

A Meneses le tocó vivir durante los últimos años del dominio español de Portugal (véase la
introducción a Ángela de Azevedo). Tuvo un hijo con Fernando, pero éste murió poco después
de su padre, en 1649. Whitenack y Campbell creen que, como muchas familias de la aristocracia,
los Meneses estaban divididos entre los que apoyaban a la Corona española y los que querían
que se le devolviera el poder a la monarquía portuguesa. Sugieren que posiblemente el hijo de
Fernando y Leonor fuera asesinado por razones políticas, ya que el faccionismo a menudo conducía a enfrentamientos sangrientos en aquel período (*Zayas and Her Sisters* 247).

Unos doce años más tarde Leonor se casó con Jerónimo de Ataide, sexto conde de Atou-
guia, y con él tuvo cuatro hijos. Escritor e intelectual, don Jerónimo seguramente circulaba entre la gente más culta de la Corte. Como vimos en el capítulo sobre Azevedo, la aristocracia
portuguesa era casi siempre bilingüe y aun antes del dominio español había escritores por-
tugueses que escribían en castellano. Meneses no sólo dominaba la lengua española sino que
su pericia en el manejo de los artificios del Barroco y sus excelentes conocimientos del género

cortesano demuestran, como señalan Whitenack y Campbell, que estaba muy familiarizada con la literatura española de su época. Aunque sitúa *El desdeñado más firme* en Madrid, no sabemos con certeza que viviera en esta ciudad, ya que los sitios que menciona están descritos en muchas obras de la época. Termina su dedicatoria con las palabras «París, 30 de mayo de 1655», pero tampoco se ha podido confirmar su residencia en la capital francesa. Leonor de Meneses murió de sobreparto en 1664 a aproximadamente los cuarenta años.

No se sabe cuántas novelas escribió doña Leonor, siendo *El desdeñado más firme* la única que sobrevive. Meneses termina su obra con la promesa de una continuación, pero ésta no se ha encontrado. *El desdeñado más firme* se imprimió en 1655. La edición que se encuentra en la Biblioteca Nacional no lleva colofón.[2] Esto hace conjeturar a Whitenack y a Campbell que el libro no fuera aprobado por las autoridades. El hecho de que Meneses haya firmado su novela con un pseudónimo, Laura Mauricia, podría sugerir que pensaba que necesitaba protegerse de los censores castellanos por algún motivo ("Introducción," Meneses 11). No es sorprendente que se la dedicara a otra mujer, doña Luisa María de Meneses, Marquesa de Govea, puesto que era corriente que las damas letradas se escribieran, intercambiaran obras o que se dedicaran libros. Por ejemplo, Margarita de Navarra mantuvo correspondencia con varias intelectuales italianas y circulaba la poesía de sus amigas.

Narrado en cuatro «discursos», con poesías intercaladas, el argumento de *El desdeñado más firme* lleva el intrincado argumento barroco al extremo. La novela gira alrededor de los esfuerzos de don Felipe por casar a su hija y a su sobrina, cada una de las cuales se llama Lisis. Como Ángela de Azevedo, Meneses emplea el artificio de darles el mismo nombre a dos personajes, pero mientras que uno de los Clarindos de Azevedo nunca aparece en escena, en la novela de Meneses las dos Lisis ocupan un lugar importante en el relato. Las primas representan dos actitudes diferentes hacia el matrimonio. La hija de don Felipe, identificada como Lisis de Madrid, está enamorada de don Jacinto y desea casarse con él, mientras que su sobrina, identificada como Lisis de Toledo, es una «mujer esquiva», es decir, no tiene interés en desposarse.[3] Don Felipe trama los matrimonios de las jóvenes sin consultarlas, lo cual conduce a una complicación tras otra.

El galán principal, don César, se enamora de una de las dos Lisis sin saber su identidad en el parque del Prado, donde las primas se pasean en coche tapadas, acompañadas de dos criadas también tapadas.[4] Cuando César le confía sus penas a Jacinto, su mejor amigo, éste le anuncia

2. advertencia que se imprime al final de un libro con la fecha y el lugar de publicación, además del imprimátur del censor
3. La «mujer esquiva» es un arquetipo que aparece en la comedia tanto como en la novela. Se trata de una mujer que desdeña el matrimonio, no por tener tendencias lesbianas, sino porque no le interesa ocupar la posición tradicional de ama de casa. Las mujeres esquivas de obras como *La dama boba* y *La vengadora de las mujeres*, de Lope, o *El desdén con el desdén*, de Moreto, prefieren la vida intelectual a la doméstica, «mal» del cual se «curan» al enamorarse del hombre apropiado. Sobre la mujer esquiva en la comedia, véase el estudio de Melveena McKendrick, *Woman and Society*.
4. La «tapada» era otro arquetipo del teatro y de la novela del siglo XVII, pero tenía su base en la realidad. Marcelin Defourneaux cita testimonios de viajeros a Madrid a principios del siglo XVII, quienes comentan sobre la libertad y la desfachatez de las mujeres madrileñas, que se paseaban en coche, tapadas (es decir, con una mantilla o velo que les cubría la cara), por las calles de Madrid (145–46). Los moralizadores se pronunciaron

que está enamorado de Lisis y que ella le corresponde, noticia que deja a César acongojado porque se imagina que la amada de su amigo es la misma mujer que ha captado su voluntad. Cuando Jacinto le pide la mano de Lisis a Don Felipe, el padre de la joven lo rechaza por interés; piensa que su hija puede hacer un matrimonio más económicamente ventajoso. Don Felipe le propone a César que se case con Lisis, pero César se niega porque sabe que ella y Jacinto se aman.

César recibe una nota firmada por «Lisis», citándolo en su casa. El galán, quien cree que la nota es de su amada, sigue a una criada hasta llegar al jardín, pero cuando finalmente se encuentra con Lisis, resulta no ser la mujer que adora. Al levantarse esta mujer, queda presa en su basquiña y se cae al suelo, despertando a toda la casa. Llega corriendo don Felipe, descubre a César y lo acusa de deshonrar su casa, lo cual es especialmente ofensivo dado el hecho de que don Felipe le había ofrecido la mano de su hija. Pero César le jura a don Felipe que es la primera vez que ve a la mujer del jardín, quien es, por supuesto, la prima de la que ama. Al final del Discurso II se aclaran las cosas: La que escribió la nota es Lisis de Madrid, hija de don Felipe, mientras que la amada de César es Lisis de Toledo, su prima.

César le explica a Don Felipe que no puede casarse con su hija porque la quiere Jacinto. Sin embargo, el patriarca, quien cree que «en esto de casamientos, no se ha de seguir otro norte más que la comodidad», concierta el matrimonio de su hija con un marqués, de mayor categoría social y más recursos que Jacinto. En esto llega a Madrid Luis, sobrino de don Felipe y hermano de Lisis de Toledo, quien se enamora perdidamente de su prima, Lisis de Madrid. Puesto de que ésta sigue prefiriendo a Jacinto, el marqués galantea a Lisis de Toledo, lo cual pone fuera de sí a César. Cuando César ve a Luis rondando la casa, lo toma por el marqués y le hiere sin darse cuenta de que su víctima no es su rival sino el hermano de su amada.

En este ambiente de confusión y de celos, es inevitable que se produzca una catástrofe. Luis se enfurece con Jacinto porque compite con él por las atenciones de Lisis de Madrid. Al enterarse de que su dama va a casarse con otro, Jacinto la acusa de inconstante. César trata de calmar a su amigo explicándole todo lo que ha pasado y, por fin, Jacinto logra hacer que Lisis de Madrid escuche sus disculpas y le perdone. Al intentar Jacinto visitar a su amada una noche, Luis, consumido por los celos, lo mata. César intenta llevarle a la dama unos recuerdos del galán muerto, pero al entrar en la casa se encuentra en los aposentos de Lisis de Toledo, quien lo ataca, dejándolo inconsciente. Luego, con una criada tira su cuerpo por la ventana. César recobra el conocimiento y parte para Flandes, donde combatirá en las guerras —una empresa posiblemente menos peligrosa que galantear a la sobrina de don Felipe.

*El desdeñado más firme* comparte muchos elementos temáticos y argumentales con la novela y la comedia de enredos, siendo una trama sumamente trillada las maniobras de la joven por desafiar a su padre, quien intenta casarla contra su voluntad. En estas obras suele triunfar el amor: la dama termina casándose con su galán o, en el caso de la mujer esquiva, termina reintegrándose a la estructura social al adoptar una actitud más «normal» hacia el ma-

repetidamente contra la mantilla, una prenda heredada de los árabes, la cual a menudo servía para ocultarle la identidad a la dama en vez de proteger su modestia. El tapado fue prohibido en 1590 por Felipe II, pero las mujeres siguieron usándolo a pesar de ésta y varias prohibiciones posteriores. (Elliott 305, Defourneaux 159).

trimonio y aceptar casarse con uno de sus pretendientes. Meneses se aparta de este modelo. No respalda la norma social y literaria al no casar a ninguna de las dos Lisis, ni tampoco las destina a un convento. De hecho, el relato termina «en el aire». Lisis de Madrid se desmaya en los brazos de Luis al enterarse de la muerte de Jacinto y, al volver en sí, sigue llorando la cruel suerte de su amado. Pero, aunque Luis ve «inciertas sus pretensiones» a la mano de su prima, parece que siguen vigentes los planes de don Felipe de casar a Lisis de Toledo con el marqués. Así que ninguno de los personajes queda satisfecho.

Para acercarnos a esta novela tan enrevesada, es esencial hacer frente primero al problema que presenta la falta de una conclusión. Al no saber si Meneses realmente pensaba continuar su relato, ¿cómo analizar el desenlace? En una segunda parte, ¿habría hecho que César volviera de Flandes y se casara con Lisis de Toledo? ¿Se habría enamorado Lisis de Madrid de Luis? ¿del marqués? Por un lado, la frecuencia con la cual los autores áureos prometían una continuación sin producirla puede inclinar al lector a pensar que Meneses dejó el texto exactamente como lo quería. En muchos casos estas promesas no eran más que adorno. Por otro, la interrupción abrupta de la narrativa sugiere que Meneses sí pensaba atar cabos.

Segundo, conviene recordar que a mediados del siglo XVII la novela no era una forma fija, sino un género en plena evolución. Cervantes se jacta de ser el primero que ha «novelado en lengua castellana» en el Prólogo de sus *Novelas ejemplares* (1613), pero los investigadores han trazado los orígenes españoles de la novela corta desde don Juan Manuel y Juan de Timoneda y los italianos desde Boccaccio y Bandello. El subgénero llamado «novela cortesana» —aunque pinta la vida urbana y va dirigido a lectores de diversas clases y ambientes— refleja los cánones de la literatura amorosa de siglos anteriores. Al mismo tiempo, como vimos en la introducción a Zayas, evidencia los valores de un público de consumo que compra libros para entretenerse tanto como para edificarse.

Los escritores del siglo XVII heredaron las convenciones de las tradiciones del amor cortés y del Neoplatonismo. La exaltación de la mujer, la noción de que la belleza femenina es un reflejo de la divina, la retórica petrarquista que compara la piel y las facciones de la dama con el marfil, con zafiros, rosas, rubíes y perlas abundan en la novela cortesana. En la literatura heroico-erótica de los siglos XV y XVI la constancia es la mayor virtud y el morir por la dama es el mejor fin al que un caballero puede aspirar. Con el nuevo prestigio que cobra el matrimonio con el advenimiento del humanismo, la felicidad conyugal se convierte, en la literatura, en una expresión de la armonía utópica ideada por el Neoplatonismo. En la novela pastoril, por ejemplo, después de que el amante se ha purificado sufriendo largamente por la amada, algún mago o sabia produce una poción por cuyos efectos el enamorado alcanza el favor de su dama. El emparejamiento de pastores con pastoras que ocurre en las novelas pastoriles más populares del siglo XVI, *Los siete libros de la Diana*, de Montemayor, y *Diana enamorada*, de Gil Polo, representa una restauración de la armonía primitiva que se interrumpe cuando las pasiones humanas alteran el orden natural.[5]

Pero a fines del siglo XVI el idealismo heroico y neoplatónico ya se disipa. En el XVII aun

5. Para una discusión de la evolución del mago en la novela pastoril, véase Mujica, *Iberian Pastoral Characters*.

las novelas pastoriles —siendo las más conocidas *La Galatea,* de Cervantes, y *La Arcadia,* de Lope— abandonan la solución artificial de la magia e introducen elementos sociales (el dinero, la clase, el honor) que estorban la creación de un paraíso bucólico. El Barroco introduce una ruptura entre lo intelectual y lo sensible que destruye la visión de armonía y perfectibilidad. Si en las primeras novelas pastoriles la magia amortigua las rivalidades y arrebatos de celos, en *La Galatea* la erupción de pasiones deja el prado salpicado de sangre.[6] Cervantes le da el golpe mortal a la idealización del amante constante en el episodio de Marcela y Grisóstomo en *El Quijote,* el cual termina con el suicidio del pastor desesperado. La farsa y la poesía burlesca —mencionemos *El rufián viudo* de Cervantes y el soneto *Sol os llamó mi lengua pecadora* de Quevedo, aunque hay incontables ejemplos— derrumban la ilusión de la perfección femenina. «Los seguros caminos de la teoría, los tranquilizadores signos escritos de una cultura platónica o la arqueología de gestos amorosos recibidos muestran las grietas de una crisis en la mentalidad que se verifica en la extensión de esta forma de ser humano», comenta Evangelina Rodríguez Cuadros (*Novela* 33–34). Los ideales del siglo anterior se convierten, en el siglo XVII, en artificios que los escritores manipulan, desfiguran y transforman en algo nuevo, a menudo en vehículos para expresar el cinismo y la desilusión.

Aunque la crítica ha subrayado la naturaleza subversiva de la novela cortesana escrita por mujeres, conviene señalar que el género en sí es subversivo en el sentido de que socava las normas de la visión utópica. Hay, en la novela cortesana, una constante tensión entre la retórica idealizada heredada de otros géneros novelísticos y la actuación de los personajes, vinculados en el mundo social contemporáneo. Así que en *Los hermanos amantes,* de Luis de Guevara, don Fernando, prendado de la belleza de su hermana Elisa, la describe con todos los excesos que ofrece la retórica petrarquista. Sin embargo, el narrador comenta sardónicamente: «No digo que fuera tan hermosa Elisa, pero pareciósele a don Fernando, que hay mucha diferencia —y más en el amor— de ser a parecer». Este contrapunto entre la imagen que fabrica el amante y la que ofrece el cáustico narrador termina por subvertir el idealismo erótico, el cual se desploma cuando la pasión de Fernando lo lleva a cometer incesto y el interés lo conduce a buscar una prebenda.

En *El desdeñado más firme,* Meneses se demuestra maestra de este tipo de polifonía narrativa. Muy conocedora de las teorías del amor y de las convenciones literarias neoplatónicas, Meneses manipula con destreza las fórmulas heredadas al mismo tiempo que pinta una sociedad en declive en la cual imperan el interés y el egoísmo. A primera vista, la autora parece seguir los modelos del canon erótico: Lisis tiene la piel tan blanca que no pueden competir «la nieve de los Alpes y todos los cristales del mundo». Sus dientes son «muchas perlas». Es, además, «de tal cielo serafín; tan brillante bizarría cegara la vista del sol». En los versos intercalados, no incluidos aquí por límites de espacio, Meneses se vale de todos los lugares comunes de la poesía erótica: El amor es una prisión; el amante entrega su "voluntad rendida / al dominio de [la] ley" de la amada. La dama es un ser divino cuyo amor hiere al amante, convirtiendo su corazón «en Etna». En la novela del siglo XVI, cuando la poesía se consideraba supe-

---

6. Véase el capítulo sobre Cervantes en Mujica, *Iberian Pastoral Characters.*

rior a la prosa, los versos a menudo servían para hacer ostentación de las habilidades poéticas del autor.[7] Pero en *El desdeñado más firme* tienen otra función.

Los repetidos saltos entre los cánones heredados —sean articulados en prosa o en los interludios poéticos— y las confabulaciones de personajes interesados y egoístas crean una tensión entre el idealismo amatorio y la nueva visión de las pasiones producto de la mentalidad postridentina. La yuxtaposición de lo ideal y lo cotidiano termina por desinflar el idealismo erótico, creando una visión antiutópica no tan distante de la de Cervantes, en cuya obra maestra el paradigma caballeresco contrasta constantemente con la realidad objetiva. Así, Meneses nos obliga a contrastar la nobleza de las teorías del amor con el materialismo, el narcisismo y la enajenación que caracterizan una sociedad en decadencia.

Esta tensión se hace evidente al principio del Discurso Primero, cuando don César, quien va persiguiendo a otra dama sentada «al pie de los álamos», de repente cambia de idea cuando se cruza en su camino un coche con cuatro tapadas, una de las cuales juzga «objeto perfectísimamente digno de todo amor». Esta mudanza repentina reduce a César a un amante bufonesco cuya devoción a la dama desaparece en el instante en que aparece otra más atrayente. Expone la vacuidad del ideal neoplatónico, que, en el siglo XVII, se ha trasformado en una especie de religión sin núcleo espiritual, una religión de la cual sólo queda la forma (los ritos ejecutados maquinalmente) sin sustancia.[8] ¿Cómo puede ser esta dama digna de «todo amor» cuando el galán ni siquiera le ha visto la cara entera? ¿Y no andaba tras otra que, presumiblemente, también había juzgado digna de «todo amor» antes de que apareciera ésta?

Este incidente, que Meneses coloca astutamente al principio del relato, expone la ironía del título. César no es el «amante más firme», sino el «desdeñado más firme». Su papel no es amar —empresa ennoblecedora— sino ser desdeñado, es decir, desempeñar un papel determinado y arquetípico en la comedia erótica. Y, de hecho, desde el principio de la novela hasta el final, César es desdeñado por las dos Lisis. Gwyn Campbell señala que para César, Lisis de Toledo no es más que un objeto pasivo de su deseo. En su paseo por el Prado, comenta Campbell, César buscar alguna cosa (*some «thing»*), una imagen que refleje, como en un espejo, su sentido de su propio valor. Su objetivo —«el no parecer mal a las damas»— sugiere Campbell, revela «la naturaleza superficial y egocéntrica de su deseo, además de trivializar su intento amoroso» («Narcissus» 178). Al definir su fin como el de «parecer», es decir, «representar», César reduce su designio a una farsa.

Para César, afirma Campbell, Lisis de Toledo no es más que una sombra, una imagen vaga e informe. Lo mismo se podría decir, claro, de cualquier poeta-amante de la literatura erótica. El «yo» poético —pensemos en los sonetos de Petrarca o de Garcilaso— es siempre el sujeto

---

7. El pastoralista italiano Jacopo Sannazaro veía el texto de su novela *L'Arcadia* más bien como un «tejido» para enlazar las piezas poéticas. Véase el capítulo sobre Sannazaro en Mujica, *Iberian Pastoral Characters*.

8. No nos olvidemos de que una de las críticas que los moralizadores le hacían al amor cortés era que se hubiera convertido en una religión de la cual el dios era la dama. En *La Celestina*, cuando Sempronio le pregunta a Calisto, «¿Tú no eres cristiano?», éste contesta, «¿Yo? Melibeo soy...» El Neoplatonismo representa un intento de conciliar el amor cortés y el cristianismo al convertir la contemplación de la mujer en una empresa espiritual que conduce al amante a Dios.

que reacciona ante la belleza de la dama objetivada, quien lo inspira y lo dignifica, pero quien no tiene voz propia. En aquellos ejemplos, sin embargo, el amor por la dama lleva al auto-análisis, a la penetración sicológica, de parte del amante. Es precisamente lo inasequible de la dama lo que le da su poder regenerativo; el amante, reconociendo su incapacidad de moldear la voluntad de ella y, por lo tanto, los límites de su propio poder, se adentra, se examina y se afina. Pero César, como señala Campbell, está dominado por el deseo narcisista que sofoca el autoconocimiento. Al declarar, dirigiéndose a Lisis, que «supo adivinar vuestro gusto antes de conocerlo», César presume poder poseer y manipular la voluntad de la dama de acuerdo con sus propios deseos («Narcissus» 181). Esta actitud no conduce a la introspección, sino al abismo.

La tensión entre lo ideal y lo real sigue a través de la novela. Al principio del Discurso Cuarto, cuando Luis está consumido de celos de Jacinto, su hermana lo alecciona en la ciencia del amor:

> No le parecía a Lisis que las vidas de los hombres se podían hacer gloriosas, sino sólo perdiéndose por alguna hermosura, y que como para esto no sirviesen, que no im-portaba que faltasen. Aunque tenía razón, pues ella [la hermosura] es un don que sólo parece dádiva sobrenatural y una copia de lo divino, que siempre hace elevación al deseo, conque se disculpa el alma de sublimar ésta por mayor empresa.

A primera vista este pasaje parece ser una sencilla síntesis de la doctrina neoplatónica, según la cual la belleza femenina es un reflejo de la divina y, por lo tanto, el instrumento que le permite al caballero, quien la contempla, purificarse y elevarse. Sin embargo, Lisis demuestra un cinis-mo magistral al reducir al hombre a un autómata cuya única función es adular a la mujer: «como para esto no sirviesen, que no importaba que faltasen». Además, Meneses coloca este pasaje, en que comenta sobre el poder de la belleza de ennoblecer al amante, justo antes de otro en que reduce al amante a una figura ridícula. Relata cómo Alejandro Magno, teniendo un lau-rel (símbolo de la victoria) en la cabeza, «se le quitó viendo a su dama, tomándola su zapato y haciendo dél corona», ilustrando así que el simple calzado de ella lo realzaba más que el galardón. A pesar de la elegancia de su explicación del incidente, la imagen de Alejandro Magno con una chancleta en la cabeza no puede haber dejado de hacer reír al lector, subvir-tiendo por completo la noción del poder purificador del amor.

Varios críticos han visto en los personajes de Meneses una sátira de los arquetipos hereda-dos. Shifra Armon nota que la autora apropia al padre dominador, al amante obsequioso y a la doncella desdeñosa, mostrándolos todos bajo una luz poco favorable («Women and the no-vela» 152). Asimismo Judith Whitenack ve los celos de Jacinto como una subversión irónica de la tradición caballeresca («A Lost Seventeenth-Century Voice» 32–34). De hecho, la muerte de Jacinto y el atentado contra la vida de César, quienes exaltan el privilegio de perecer por el amor habiendo sido heridos bajo circunstancias absurdas, parodian las grandes escenas de heroísmo de la novela de caballerías. El humor y el sarcasmo son dos de las armas más poderosas de Meneses. El episodio en que César entrega su daga cortésmente a Lisis de Toledo, quien lo ataca y tira su cuerpo sin ceremonia por el balcón, tiene que haber provocado carca-jadas en sus lectoras. Y si César es una especie de parodia del amante fiel, Lisis de Madrid de-muele rematadamente la imagen de la *belle dame sans merci* al caerse de bruces delante del pre-tendiente de su prima, rompiendo unos vidrios con tal estrépito que despierta a toda la casa.

Aunque menos torpe que su prima, Lisis de Toledo tampoco es un modelo de perfección. No la motiva ni el amor ni el idealismo, sino la venganza: está furiosa de que Lisis de Madrid haya despreciado a Luis, quien, en lugar de sufrir en silencio, va maquinando la eliminación de su rival. Cegada por la rabia, Lisis de Toledo no es más sagaz que la impetuosa Lisis de Madrid. Mediante el uso del pasado del subjuntivo Meneses hace claro cuán lejos está Lisis de Toledo de entender la situación de Luis: «En él hablando en sus venganzas, las apoyaba *como si fueran bien fundadas* o *como si tuviera ciertas* las caricias de su prima en muriendo don Jacinto...» Mientras que se supone que el amor, en el contexto neoplatónico, conduce al amante a la Ver-dad, aquí el amor es sólo un pretexto para satisfacer las exigencias del ego.

Todos los personajes de Meneses viven quimeras de su propia invención. Van adentrán-dose cada vez más en su red de intrigas, un laberinto que constituye una «confusa prisión» de la que nadie logra salvarse por completo. La casa misma de don Felipe es un laberinto donde, como señala Ellen Anderson, los personajes «vagan confundidos por las galerías laberínticas... deambulan por los oscuros rincones de sus jardines» (159). Los innúmeros escondites, los aposentos redundantes, las incontables puertas idénticas, los múltiples reflejos de los espejos y la repetición de nombres terminan desorientando por completo a los personajes masculi-nos, mientras que al centro del laberinto las dos primas conversan, traman y revelan sus deseos y disgustos. Meneses, como señala Anderson, teje y desteje un tapiz enrevesado, que ella y sus personajes femeninos, «actuando como Ariadne en el mito, descubren gradualmente como un diseño alternativo del laberinto mitológico del heroísmo» (160). Los personajes masculi-nos, inconstantes y turbados, van buscando el centro del laberinto, habitado por mujeres cal-culadoras que aparecen y desaparecen como fantasmas.

El laberinto es símbolo de las numerosas opciones que ofrece la vida,[9] y las Lisis encarnan dos actitudes diferentes hacia el matrimonio. Los hombres, sin embargo, no captan nunca que estas dos mujeres son *distintas,* que tienen preferencias contrarias. Irónicamente, como indica Anderson, los hombres «se revelan a los lectores como intercambiables, prácticamente idénti-cos unos a otros, cifras» (169). De hecho, don Felipe intercambia a los pretendientes como si fueran objetos, pasando el Marqués de Lisis de Madrid a Lisis de Toledo sin pensarlo dos veces. Según la mentalidad mercantil que representa el patriarca, el matrimonio es un negocio en que un pretendiente no representa ni más ni menos que su valor económico. Pero el laberinto, como señala Penélope Reed Doob, también es símbolo del orden artificial (citado por Ander-son 159). El orden impuesto por el patriarca, quien hace y deshace los matrimonios según su gusto, es sumamente espurio, ya que enmascara un desbarajuste completo en que las jóvenes van descomponiendo los arreglos de don Felipe tan rápido como él los compone.

Sin embargo, a pesar de encontrarse en el núcleo del laberinto, los personajes femeninos

9. Véase Jack Tresidder, *Dictionary of Symbols.*

tampoco están a salvo. No ven claramente los tortuosos caminos. No vislumbran las salidas. La caída de Lisis de Madrid no sirve sólo para hacernos reír, sino también para demostrar la impetuosidad de una mujer que actúa antes de pensar. La nota ambigua que la hija de don Felipe le manda a César conduce a incontables confusiones y catástrofes. La ofuscación de Lisis de Toledo con respecto a las relaciones de su hermano con Lisis de Madrid también produce consecuencias inesperadas. Mientras que en el mito clásico la mujer guía al héroe al camino seguro que le permite salir del laberinto, en el relato de Meneses tanto hombres como mujeres terminan mal. Al final de la novela, la armonía no reina. La firmeza —atributo tan apreciado en la literatura erótica de generaciones anteriores— no se premia. Las damas quedan subyugadas a la voluntad de don Felipe, atrapadas en el laberinto de su casa. No es raro en la literatura del siglo XVII que un personaje femenino desempeñe el papel de Ariadne, tirando de los hilos para guiar al caballero de la oscura confusión a la luz del entendimiento, como lo hace, por ejemplo, Ángela en *La dama duende,* de Calderón. Lo que es raro es que lo encamine a la muerte ( Jacinto), al exilio (César) o a la incertidumbre (Luis).

Mucho se ha escrito sobre la «ejemplaridad» de la novela cortesana, cuyas raíces se extienden al *exemplum* medieval. Para Rodríguez Cuadros y Haro Cortés, esta ejemplaridad se encuentra precisamente en el escepticismo barroco de novelas como *El desdeñado más firme:* «la búsqueda de un objeto de deseo fantasmático, basado en el equívoco de la duplicidad de personas bajo el mismo nombre. César comienza su aventura amorosa con un recorrido nocturno que le pone frente a una forma ajena a la deseada; acaba encontrando la forma primera que buscaba... cuando ya es demasiado tarde. El nihilismo barroco alcanza así su máxima expresión en la parábola novelesca: la solución escéptica adquiere la solidez ejemplar que no es posible encontrar en el género cortesano cuando es cultivado, curiosamente, por escritores masculinos» (95–96).

Se considera a Meneses una escritora barroca por excelencia. Maneja el conceptismo de una manera deslumbrante. Desde las primeras palabras de su Dedicatoria, nos damos cuenta de su facilidad para la metáfora:

Las faltas de la pluma, excelentísima señora, enmienda el acierto de la Dedicatoria, y aunque el discurso no admire por grande, respetos de grande adquiere con la protección de Vuestra Excelencia, a quien suplico sea el patrocinio.[10] Que aunque el valor se busca para mayores empeños, advierto que siendo la última parte de la tarde la menor del día, el sol (sin desechar asumpto[11] tan pequeño) no le desprecia, antes se inclina a él.

Aquí doña Leonor se vale del *topos* habitual de la *mediocritas,* insistiendo que aunque su texto es insignificante («no es grande»), adquiere grandeza al ser patrocinado por la condensa.

10. *patronage*
11. **sin desechar**... *The idea is: just as the sun doesn't hold the late afternoon in contempt, even though it's such a short, insignificant part of the day, but rather, favors it (with bright, beautiful sunsets), I'm hoping that you won't distain my work. (Note that Meneses uses Neoplatonic rhetoric, comparing Doña Luisa María to the sun.)*

Compara su obra con «la última parte de la tarde», la cual adquiere valor al ser favorecida por el sol. Estas líneas, las primeras de la novela, anuncian un texto vertiginosamente retorcido, lleno de dobles sentidos, hipérboles y trucos retóricos. «La blancura de la cara» de Lisis de Toledo, como ya hemos visto, «abatía la nieve de los Alpes y todos los cristales del mundo». Sus ojos son verdes, pero el color es «desmentido» o engañador, porque en el vocabulario simbólico de la época, el verde significa esperanza, pero la mirada de Lisis no ofrece ninguna. El enamoradísimo y confundido don Luis le pide consejos a su hermana, pero ella, «aunque muy entendida en lo político, poco estadista de amor para aconsejar y trazar el móvil de una monarquía a que él era tributario». Es decir, Lisis de Toledo, aunque inteligente y astuta, no entiende el amor bastante bien como para aconsejar a uno que es vasallo o esclavo (tributario) de Cupido.

Pero el barroquismo de Meneses no se manifiesta sólo en sus maniobras estilísticas, sino también en su postura profundamente pesimista, especialmente con respecto a las posibilidades de la mujer. Meneses retrata una sociedad desprovista de idealismo, una sociedad en que reinan el materialismo y la ambición. Gwyn Campbell ha visto en *El desdeñado más firme* una censura del matrimonio, que se representa en la novela como una institución defectuosa usada por los hombres para lograr sus propios intereses. Así, para Campbell, la novela constituye «una crítica implícita de los papeles limitados que la sociedad patriarcal les impone a las mujeres» («Voices of Commentary» 516). Aunque Lisis de Madrid comparte con Meneses el don de escribir, es Lisis de Toledo, según Campbell, quien representa la esencia ideológica del relato por su desdén del matrimonio («Voices of Commentary» 517). Es difícil saber si la autora intenta criticar conscientemente a su sociedad o si su fin es esencialmente entretener. Sin embargo, la obsesión de don Felipe con el dinero y el prestigio social, su práctica de arreglar bodas sin consultar a las futuras novias y su tendencia de ver a los hombres como piezas intercambiables en el ajedrez del matrimonio reflejan, bajo una luz negativa, actitudes que prevalecían en la Europa del siglo XVII.

Si el lenguaje rebuscado de Meneses es difícil para el lector moderno, algunas de sus técnicas narrativas son sorprendentemente semejantes a las que se asocian con el *nouveau roman*, o novela nueva. Por ejemplo, en el coloquio al principio del relato, no se especifica nunca cuál de las cuatro mujeres está hablando. Como Manuel Puig en *Boquitas pintadas*, Meneses obliga al lector a desempeñar un papel activo en la creación de la novela, leyendo entre las líneas y adivinando la identidad de las locutoras. Un análisis cuidadoso revela que las hablantes tienen personalidades distintas —por ejemplo, una es extrovertida y juguetona mientras que otra es esquiva— pero el lector no se dará cuenta de cuál es cuál hasta intentar la reconstrucción activa de la escena. Como Borges, Meneses construye laberintos literarios que confunden no sólo a los personajes sino también a los lectores, quienes se ven obligados a integrarse al texto y rehacer los diversos caminos para buscar la salida. Si el uso de más de un personaje con el mismo nombre nos recuerda a García Márquez, la conclusión abierta (*open-ended conclusión*) nos hace pensar en relatos modernos como «Sur» de Borges o novelas como *Rayuela* de Cortázar.

# El desdeñado más firme

## *Discurso Primero*

En Madrid, por antonomasia[12] Corte la más célebre, donde compite lo perfecto de la naturaleza con el arte de sus hijos,[13] sin averiguar la ventaja superioridades al aplauso, por no ofender el trofeo los predicamentos que le ilustran,[14] siguió uno de ellos[15] o la costumbre o a su fortuna. Saliendo una tarde de aquéllas que cada cual cifran[16] toda la primavera al Prado,[17] que por frecuentado de caballeros y damas es recreación de los ojos como común aplauso de mil plumas de voladoras águilas,[18] hallóse, pues, don César, que así llamaré[19] al héroe de mi historia, sin más cuidado que de no parecer mal a las damas que andaban en el paseo, donde algunas, rebozadas de medio ojo,[20] pretendían dar a entender que era el sol uno, tapando el otro.

Vio de la otra parte, al pie de los álamos, sentada entre las otras, una dama, que lo airoso[21] del talle le obligó a apearse para poder llegar a hablarla, si bien al ponerlo en ejecución se le atravesó delante un coche con cuatro damas, una de ellas de tal airosa bizarría[22] que haciéndole olvidar el primer intento, le llevó la suspensión[23] y los ojos a aquella parte que había respetado por cielo, juzgándole objeto perfectísimamente digno de todo amor.

Cobróse el suspendido caballero, y entre cortés y temeroso (que era muy discreto César), llegó a ofrecerse para escudero, a que respondió una de las compañeras de la causa de su elevación[24]:

---

12. **por**... por excelencia. «Sólo Madrid es Corte» *(There is no Court but Madrid.)* era un refrán popular a principios del siglo XVII.
13. es decir, los madrileños
14. **sin**... sin que en esa competencia sea tan importante quién gane, la naturaleza o los hombres (es decir, no es lo principal [superior] aplaudir al que obtenga ventaja); lo que importa es reconocer la grandeza de Madrid (el trofeo) y no ofenderlo con elogios (predicamentos) que se empleen para ilustrarlo, pero que no enaltezcan lo suficiente sus méritos. Muchas obras de la época comenzaban con un panegírico a Madrid o a otra ciudad. Éste es excepcionalmente retorcido y difícil de interpretar.
15. es decir, uno de sus hijos
16. *stand for, represent. (That is, this one spring morning could epitomize or symbolize all of spring.)*
17. El Paseo del Prado era un parque público con numerosas fuentes donde la gente se paseaba en coche o a pie. Elaborado en el siglo XVI, el Paseo del Prado era un lugar de encuentro que figura en muchas comedias y novelas de la época.
18. Las plumas que se empleaban para escribir eran por lo general de gansos o de cisnes, pero Meneses intensifica la hipérbole al referirse a «plumas de águilas voladoras».
19. Nótese cómo la narradora introduce su voz en el relato.
20. *Defourneaux quotes an observer of the period: "To veil oneself* (taparse) *is to hide one's face de medio ojo, by folding and refolding the cloak so as to reveal only one of the eyes (which is always the left eye), the rest of the face seeming more hidden and disguised than if it were entirely covered up. . . . It is bad to veil only half one's face, for this is a lascivious thing, under the guise of propriety; it is a stratagem for women who wish to appear ladylike." Defourneaux notes that the author concludes that the* tapado de medio ojo *should be forbidden* (159–60).
21. elegante
22. gala, arrojo
23. detención
24. éxtasis

—No nos autorizaréis por anciano,[25] ni nuestro recato permite que aceptemos tal ofrecimiento, que sois ocasionado,[26] lo que basta para que se repare en vos. Tomad vuestro caballo o coche, y no nos sigáis.

Bien quisiera César obedecer por no parecer cansado,[27] pero no pudo acabarlo consigo, que había poco que amaba, y en los principios, amor es mal enseñado a términos,[28] y donde no hay experiencias de semejantes riesgos, indetermínase[29] más el ánimo. Replicó:

—Vuestras Mercedes van tan bien tapadas y yo soy tan poco conocido que la más sutil malicia,[30] aunque sea muy astróloga, no podrá comprender la calidad de esos astros.[31] Ni perderán ellos su veneración aunque vaya siguiendo su resplandor, que es el interés a que aspiro para dilatar los alientos de vivir más tiempo, que me prometo si a la vista de una de las cuatro fuere sirviendo mi galanteo.

—A que —dijo otra—, ¿cuántos meses os parece duraréis, permitiéndoos que vais[32] y cuántos si no, que conforme a eso os diferiremos?

—No se alargará mi vida a meses —dijo César— que mi mal no es enfermedad: ocasiónale un incendio. Ved vos el término de una llama, que pocos instantes podrá sustentarme, si bien, dejándome hoy favorecido, resistiré a lo penoso, y me eternizaré en lo sensitivo, que para penar quiero la vida, y toda la eternidad para el tormento.

—¿A cuántas habréis dicho lo mismo hoy en aqueste Prado? —dijo la primera que habló.

—A quien —respondió la más alentada[33]— falta, para que nos deje, que tú le pidas celos; él parece que viene despacio, y sólo nos busca porque somos cuatro; el número le trae y no nuestras caras, pues no las ha mirado. Son ellas tales que me parece le despidamos descubriéndonos, que al punto[34] se volverá.

—Tan deseoso soy —respondió César— de ver si descubierta sois tan maravilla como tapada, que si me lo permitís, quedo de[35] no dar un paso para seguiros.

Perdiéndose iba César por puntos, y sin saber lo que pedía, pidió su muerte. ¡Mal advertido se negoció el peligro y buscó su ruina! Que es la belleza aljaba[36] de fortísimos arpones, piélago tan bien inmenso en que el alma se anega: muerte al fin, si dulce, que despoja como sirena.[37]

---

25. Los escuderos solían ser ancianos que no representaban ningún peligro para las doncellas. La dama rechaza la oferta de César porque no es anciano.
26. molestoso
27. *tiresome, bothersome*
28. **es**… no sabe aceptar límites
29. vacila, duda
30. astucia, ingenio
31. es decir, esos ojos. La idea es: aun si su astucia fuera astróloga, no podría adivinar la calidad de esos astros (ojos).
32. vayáis
33. animosa
34. **al**… inmediatamente
35. quedo en, prometo
36. envoltorio, caja
37. Ser mitológico —medio pez y medio mujer— que con su dulce voz atrae a los navegantes y hace que naufraguen contra las rocas.

—No quisisteis, señor galán —dijo una de las otras—, que fuésemos ignorando cuál os pareció mejor. Pues ella se descubra, que no queremos quedar tan feas a vuestros ojos como lo estamos en vuestra imaginación.

—Si no hay más remedio —dijo la más hermosa—, hagamos una muestra general.

Levantaron las mantas, y vio César que aquella en quien tenía puesta la atención mostraba un portento.[38] El cabello era bien acomodado: tanto, y de color tan perfecta,[39] que bastara solo a rendir. La blancura de la cara abatía[40] la nieve de los Alpes y todos los cristales del mundo, las cejas guedejosas[41] y negras, los ojos verdes, pero tan desmentida en ellos la esperanza como vivos los resplandores, la nariz, admirable consonancia de las otras facciones, los labios poco rosicler y los dientes muchas perlas, mentidos y muy iguales, el cuello terso y gallardo. Finalmente, esta dama se ostentó de tal cielo serafín; tan brillante bizarría cegara la vista del sol.

Ved,[42] pues, qué deslumbrado quedaría César, registrando de tan cerca en una esfera tantos soles. Fue una estatua, quiso hablar y no supo, que la admiración enmudece los sentidos. Quiso irse y no pudo, que enlaza los pasos una representación divina. Tributó la cortesía el común decoro,[43] y quedóse sin libertad, sin alma, y sin acciones, que le faltó determinación hasta para seguir con los ojos el objeto de su gusto...

### Discurso Segundo

Trató don Jacinto luego de pedir a don Felipe su hija, mas en este mismo tiempo estaba él con intento de emplearla en[44] César, y esta intención le llevó, después de las ordinarias cortesías, a hablar de esta manera:

—Tenéis tan largas noticias de mi calidad y de mi hacienda, que no os puede parecer ambición mía querer emparentar con vos,[45] demás que tenéis de uno y otro la amistad antigua que profeso en vuestra casa, y por las muchas partes vuestras, tomárase duplicase lo uno con lo deudo,[46] y que mi casa y Lisis agradeciese a mi elección, la escoja de vuestra persona.[47]

A la nobleza de don Felipe respondió César con agradecimientos conformes y que en otra parte trataba casarse, pero que avisaría a la persona que lo negociaba suspendiese con las diligencias, que ser eternamente su esclavo deseaba más que ser del mundo señor. Decir César que estaba para casar en otra parte fue por tener con qué disculparse sin culpar a Lisis, si no quisiese casar con él, que no se contentaba su amor con deberle menores finezas. Dejándole don Felipe, escribió a Lisis así:

38. una maravilla (de belleza)
39. El sustantivo «color» puede ser masculino o femenino.
40. vencía
41. peludas
42. La narradora se dirige tal vez a la marquesa doña Luisa María o tal vez al lector.
43. Es decir, la cortesía dominó su decoro; se portó cortésmente.
44. casarla con
45. es decir, no pienso agrandar mi fortuna emparentándome con vos; no me motiva el interés
46. es decir, de la amistad tanto como del parentesco
47. Don Felipe y el padre de César habían combatido juntos en Flandes.

Vino a honrarme el señor don Felipe con el ofrecimiento de vuestra mano, mas yo, que no me obligué a ser dichoso, y tengo por ley sólo vuestro gusto, olvidando mis conveniencias os aviso, por que[48] obre en este caso por orden de vuestra voluntad mi obediencia.

Determinóse César a enviar a don Antonio[49] en hábito mudado con este papel a Lisis, una noche que se recogiese sin su padre, que acontecía algunas veces ser con deudas suyas.[50] Acechó con recato aquel día don Antonio si salía Lisis fuera, y como supo lo hacía, siguió de lejos el coche, dejándola segura en un convento de monjas. Mudó de vestido y compostura, poniéndose otro muy diferente, y apeándose Lisis, dio la carta a un criado en la puerta, diciendo era de Toledo, adonde sabía César tenía ella una prima hermana y otras parientas. No tardó la respuesta, aunque juzgase mil siglos César aquella noche. Amaneció en su casa al otro día un pajecillo, diciendo llevaba para César un recado de su señor. Mandóle entrar con mil sobresaltos, y rompiendo la nema,[51] leyó estos renglones:

Agradecida me tiene vuestra cortesía. Para conferir con ella cosas que a entrambos importan, os hablaré esta noche en el jardín. Venid a la una. Hallaréis quien os abra y guíe. Dios os guarde.

LISIS

Confuso quedó César que si el papel de Lisis daba al gusto asunto.[52] La misma dicha dictaba perturbaciones al mérito,[53] que como la fortuna no suele rodar veloz a los amantes y Lisis le prestó alas en su favor, dudaba la seguridad y temía como imposible el logro. Al compás de los instantes crecían las dudas, y entre dudoso y cobarde, temía sin ocasión. Todo lo veía llano,[54] y todo lo juzgaba sueño. No era temeridad de la desconfianza, que una ocasión que el amor dispone hasta el suceso es como embeleso,[55] y aún gozado es como tregua que convida la guerra, que por más que se acredite firme, siempre se juzga inconstante. Consideraba otra vez las palabras de Lisis: hallábalas dulces el deseo, y tanto, que con suspiros pedía al tiempo volase viento,[56] a traer apriesa[57] la hora de sus esperanzas. «Detente, no corras»,[58] le decía otras veces, porque le parecía mengua[59] de la imaginación el suspiro de la vista. Volvían los an-

---

48. para que
49. el sirviente de César
50. **que**... que se retirara en alguna parte sin su padre, como solía hacerlo algunas veces con unas parientas suyas
51. sello
52. **daba**... le daba una razón por alegrarse
53. **La**... el mismo optimismo que sentía le hacía dudar que tuviera una razón de alegrarse
54. fácil, sencillo
55. éxtasis
56. **volase**... que volase rápido como el viento
57. a prisa
58. Le dirige estas palabras al tiempo.
59. ignorancia, carencia

helos a quererla presente, porque entendía que en la dilación del tiempo le consumirían como Troya[60] las esperanzas.

En este laberinto estaba César, y como los cuidados impedían al discurso ser Teseo,[61] valiéndose de lo que le escribió Lisis como del ovillo de Ariadna,[62] para sacarle de tan confusa prisión, no sosegaba el pecho, temiendo las contingencias más en su daño que en su favor.

Llegó la noche, y cuanto abominara el día, en doblo pagó a su llegada en cariños,[63] y César al jardín con cuidadosa y lucida gala, prevenido de escogidas razones y estudiadas sutilezas (trabajo que a todos desvela, sin escrúpulo de ser mayor su perdición, estudio que ya más se logra diligencia, para enmudecer ocasionada y para hablar disparates lo que se prometían consonancias). Fue sentido de una criada de Lisis que era centinela de la puerta, que luego le abrió guiándole por una calle de jazmines y mosquetas[64] tan olorosas que el alma acudía al olfato, dejando a los demás sentidos con envidia. Anduvieron espacio[65] por diferentes partes, no sin trabajo, por ser aquella noche poco clara de luna, decreto[66] de su luz, pues de otra venía César a ser idólatra.[67]

Llegó a una reja baja de una pieza bien aderezada, los cuadros tan perfectos que lo que era parto del arte parecía de la naturaleza, los escritorios costosos y tanto, que cada uno pudiera ser del Oriente dádiva a toda la majestad. Espejos de cristal había en que se pudieran ver las ninfas sin buscar al Tajo su beldad.[68] Sobre dos bufetes[69] estaban cuatro bujías[70] que mostraban a César una mujer diferente de lo que él se prometía y tanto de Lisis su adorada, que era una sombra suya.[71] Como sintió que él venía, levantóse la dama de la silla, que presa en la basquiña,[72] fue al suelo con un golpe tal, que hizo caer algunos vidrios, despertando el estruendo a un criado de don Felipe, que empezó a dar voces, imaginando eran ladrones. Acudió a ellas don Felipe y otro criado, asustóse Lisis; desmayóse la criada, y César determinóse en no huir al riesgo, dejando en él aquella mujer, que aunque no la conocía, bastaba serlo[73] para que (cuando no enamorado[74])

60. Referencia a las guerras legendarias entre griegos y troyanos. En un incidente famoso, los griegos, valiéndose de un ardid, logran entrar en Troya y destruir a la ciudad.
61. Héroe mitológico griego que llega a Creta para matar al Minotauro que habita en el centro del Laberinto. Logra salir del Laberinto con la ayuda de Ariadna. Véanse el artículo de Ellen Anderson que se menciona en la Introducción.
62. personaje mitológico que proporcionó a Teseo, quien había llegado a Creta para combatir contra el Minotauro, el hilo que le permitió salir del Laberinto después de matar al monstruo.
63. **en**... *as much as he hated the day, that's how much he welcomed the night*
64. rosales
65. despacio
66. a provisión
67. Es decir, César era idólatra de otra luz (Lisis), y no de la Luna. («Luz» y «Sol» son términos que emplean en la literatura neoplatónica para referirse a la amada.)
68. En la Tercera Égloga de Garcilaso las ninfas admiran su reflejo en las aguas cristalinas del río Tajo.
69. mesas portátiles
70. velas blancas
71. Es decir, se le parecía pero no era ella.
72. falda ancha con muchos pliegues
73. ser mujer
74. **cuando**... aunque no estaba enamorado de ella

de su ser la defendiese. Apartóse lo que bastó para no ser visto, de donde registró lo que pasaba dentro. Lo primero que vio fue a don Felipe medio vestido, con la espada desnuda, preguntando a Lisis qué ocasión había para estar a aquellas horas vestida y en cuarto tan distante del suyo, a que respondió la turbada dama que el calor daba causa al exceso que veía y el jardín la convidaba con el fresco. En este mismo tiempo los criados de don Felipe, engañados con la presunción de ladrones, miraban el jardín con luces.

Encaminó la desgracia de César uno por la parte en que poco distante de la reja se había valido de una figura de murta.[75] El primero que le vio dio voces que allí se ocultaba un emboscado. Acudió a la reja don Felipe, y luego como percibió el caso, bajó al jardín, hallando la criada de Lisis en el suelo desmayada. Llevado estuvo mil veces César a sacar la espada y hacerse paso con ella por que no le conociesen, pero ni sabía los del jardín ni quería alborotar más una casa como aquélla, y demás a más, el peligro de la mujer le ataba pies y manos para defenderse, con lo que ella podía peligrar. Resolvió en descubrirse a don Felipe, que le tenía ya cerca, fingiendo le trajera allí el temor de la justicia que le siguiera algunas calles por hallarle en una pendencia de que resultara un muerto sin él dar causa, mas que quisiera pasar tan descortés por una calle en que él hacía espaldas a otro amigo que fuera preciso todo arrojo. Mal satisfizo César a don Felipe, que le respondió:

—No soy tan simple, señor César, que crea vuestra disculpa, hallando aquí una infame criada que os contradice con su desmayo y dejando en aquella cuadra[76] una traidora hija que publica con lo que calla mi afrenta a voces. Ofrecíos su mano y mi casa: pagáis bien por cierto mi amor y mi honrado intento. En mi casa a estas horas entráis a manchar los resplandores de su siempre bizarra[77] reputación. ¿Qué más podéis pretender, que lo que ya tenéis seguro? Grande parte sois ya hoy en su fama, y por que corra más temprano por cuenta vuestra, mañana daréis a Lisis la mano con juramentos.

Aseguró César a don Felipe era aquélla la primera vez que había visto a Lisis, dejando para el otro día el satisfacerle mejor. El desmayo de la criada, dijo, sería de ver a tan desusada hora gente en aquel sitio, y lo confirmó ella volviendo en sí, confesando lo mismo, que lo tenía escuchado todo.

Salió César del jardín, dejando a don Felipe neutral[78] en lo que creería. Siempre había experimentado a Lisis discreta y prudente, no haciéndole falta su madre[79] en su crianza ni sus consejos a su modestia. Poco sosegado, don Felipe fuése a su estancia, César a su casa sin sentido, y Lisis a su cuarto, poco más alentada. Aguardábale en él su prima, la otra Lisis del Prado, la Circe[80] de César, el reparo de todo hombre de buen gusto, el crédito de las toledanas, y la envidia de las más bellas...

75. *myrtle. (Because its leaves are always green, the myrtle became a symbol of undying erotic love. Its use here is ironic.)*

76. sala

77. noble

78. dudoso

79. Como muchas protagonistas de comedias y novelas, Lisis es huérfana de madre, lo cual la hace particularmente vulnerable. Lisis de Toledo ha perdido a sus dos padres.

80. En la *Odisea,* Circe es la cruel maga seductora que atrae a los hombres a su isla y los convierte en animales.

## Cuarto Discurso

César, fiel al precepto del difunto amigo, avisó a Lisis tenía para darle un recado que le había dejado don Jacinto con orden de que fuese sólo a ella.[81] En los mayores intensivos de su pena hallaba Lisis los alivios, y poco atenta a riesgos, animada los despreciaba, haciendo de su discurso conquista de su desgracia. Deslumbrada[82] permitió a César verla, encargando a doña Ana la disposición de la entrada. Y sin temer dificultades, pudiendo el recato hallarlas[83] o cualquiera otra advertencia, se olvidó de este cuidado. César, que ni temía peligros ni su prudencia le aconsejaba cautelas contra el rigor de su suerte, por no desmentirse de obediente, siguió la permisión sin embarazo, que a la primera luz tenía de dicha poder llegar cerca del aposento de su dama.

Aguardaba doña Ana para llamarle (que él no faltaba de la calle), hora en que seguramente pudiese entrar. Consiguiólo al cabo de algunos días, enfermando don Felipe, o por ocasión de disgustos o por sobra de años, que uno y otro son martirios lentos de la vida. Una noche, cuya oscuridad fue pronóstico del suceso, subió César, por una escalera de cuerda (que para esto estaba prevenida) al balcón de una ventana que de una sala de aquel cuarto salía a una callejuela retirada al curso de la gente. De esta pieza entró en otra, sin más claridad que la que bastó para conocer que era una galería, donde le dejó doña Ana por avisar a Lisis, volviendo en breve a decirle que la siguiese.

No tendrían andado hasta la mitad de la galería cuando vieron que pasaba una criada con una bujía encendida (que en tales ocasiones las luces enfadan como testigos), y así no hubo lugar de volver atrás. Y como había muchas puertas, por la que halló más cerca hizo doña Ana entrar a César, y el primer objeto que halló fue un retrato entero de Lisis su adorada, mariposa de su luz.[84] Entró a buscarle, que en el lugar donde estaba no había más que la que se participaba de la de dentro.

Desacertados pasos son los de un desdichado; el mismo tino es precipicio cuando los Hados[85] se declaran enemigos. Pero ¿qué digo? si esta desgracia en César allá se tuvo no sé qué[86] de equivocación con lo feliz. Cuando César iba pensando no sólo hallar el retrato pero que la pintura desapareciese, resuelta en sombras, porque hasta en sombras Lisis fuese ingrata, halló el original. Vio a Lisis, otro cielo, tan gallardamente descompuesta[87] que el desaliño formaba un ejército de flechas,[88] si no desengaño de los ojos, nuevo engaño de los sentidos.

Sobresaltada Lisis de los pasos que sentía, volvió a mirar quién los daba, y viendo un hombre rebozado, queda encarecido el susto, pero tan desmentido en su ánimo, que lo que en otras

81. Luis, hermano de Lisis de Toledo y pretendiente de Lisis de Madrid, ha matado a Jacinto. Véase la Introducción.
82. *overwhelmed (by Jacinto's death)*
83. Es decir, si hubiera estado menos confusa, la modestia o circunspección (recato) la habrían llevado a rechazar este plan.
84. símbolo usado con frecuencia en la literatura amorosa del amante que corre a la amada. (Como señalan Whitenack y Campbell, a pesar de la sintaxis confusa, César es la mariposa que corre al retrato de Lisis [*Zayas* 288]).
85. *Fates*
86. «No sé qué» es una expresión que señala una cualidad que no se puede definir.
87. **tan**... *so beautifully disheveled*
88. como las que Cupido

fuera desmayo, en ella fue ardimiento.[89] Preguntó a César qué quería y quién era. Respondió César que lo que quería era parecer otro, ya que no podía responder a lo que le preguntaba.

—Para matarte —dijo Lisis—, bástame saber que me viste descompuesta y que quieres encubrirte.

—No me resisto a la muerte —dijo César—, que con dificultad temerá la de tus manos quien experimenta la de tus ojos.

Buscaba Lisis instrumento para quitarle la vida, y obediente a sus iras le ofreció su daga, que ella resuelta tomó, y dándole dos puñaladas, lo derribó a sus pies, no más rendido, aunque casi muerto.

¿Quién dijera, que yendo César a buscar la vida, encontrase la Parca?[90] No sé, señora mía,[91] qué juzgue de esta acción. Si miro a César, hállole fino y a su flojedad disculpada con su fineza, que la mayor fue siempre el sufrir. Si miro a Lisis, veo a su crueldad compitiendo en sus donaires. Absuélveles de cualquiera calumnia: a él su firmeza, a ella su valor, que no fue poco el que tuvo, viendo en aquel estado a César, a quien ya había conocido.

Llamó a una criada, y refiriéndole en pocas palabras el caso (que la moza escuchaba con admiración y miedo), le mandó que arrojase a César por la ventana, porque así quedaba seguro el secreto. Replicóle la criada, diciendo que era crueldad que deslucía mucho su nobleza, acabar de matar aquel caballero tan impíamente. No admitió Lisis esta piadosa advertencia, presumiendo que César entrara allí a ofenderla, picado de la desesperación de no poder alcanzarla, que basta la presunción de una culpa para que fulminen cometas las estrellas.[92] Porfió con la criada, y entrambas le arrojaron a la calle, volviendo a cerrar la ventana y guardando entre sí tan importante secreto.

Doña Ana, que vio que la otra criada no pasaba, mas que se detenía, igualando la puerta por donde había entrado César, imaginando le tenía seguro, cerró la puerta para volver a abrirle en estando la casa toda recogida. Aseguróse, y engañada primero de la turbación y después de la confusión de puertas que para diferentes aposentos había en la galería, examinó a otros desocupados, admirada de no hallar en ninguno a César, dejando de buscarle en el en que entró, viendo la puerta de Lisis, la de Toledo, cerrada, y grande quietud en su aposento, donde habría media hora que había sucedido la tragedia.

Fue a la ventana por donde entró César, que estaba abierta, y del mismo modo que ella la dejara. No sabía qué pensarse: todo era admiraciones, causándolas notables a su señora cuando le dijo que no hallaba a César en aquel cuarto, después de quedar encerrado en un aposento de él.

Dejo las primas y criadas atónitas por dar cuenta de César, el cual con el golpe de la caída despertó del desmayo en que le tenía la perdida sangre. Las heridas eran dos y peligrosas, como de enemigo tan diestro, y que acertaba hasta el lugar donde acostumbraba encaminarlas. El

89. **que**... *where another woman might have fainted, she gained resolve*

90. divinidades latinas del destino, Nona, Décima y Morta, que presidían sucesivamente el nacimiento, la vida y la muerte.

91. La narradora se dirige a Luisa María de Meneses, a quien le ha dedicado la novela.

92. es decir, para que una persona se ponga violenta con otra

joven, lastimado más de las iras de Lisis que del dolor de las puñaladas si no estaba, y vanaglo-rioso de ser tan dichosamente desdichado.[93]

Pasó acaso por la calle un caballero que se llamaba don Fernando, grande amigo de César antes que sus melancolías le hiciesen intratable. Vio el bulto de César a las luces que llevaba. Llegóse más cerca, y reconociendo ser César, que siempre advertido le pidió, que sin decir quién era, le mandase llevar a su casa, porque el secreto le importaba más que la vida. Obede-ció al ruego don Fernando, y, lastimado igualmente que cauteloso, despidió los criados, des-pués que le ayudaron a entrar a César en la carroza, sin saber ninguno quién fuese. Ordenó al cochero guiase a casa de César, que en un parasismo[94] pasó el camino. Llamóse quien le curase, con pena y pasmo de su gente, porque aquella noche había César salido solo, que fuera error querer le viese nadie entrar en aquella casa.

Con poca confianza de que viviese estuvo algunos días. Sanó al fin, y desengañado de merecer más que desengaños,[95] se partió a servir a Su Majestad a Flandes, enviando primero sus prendas y papeles, por su confesor, a la Lisis de Madrid. De los demás sucesos suyos, de los de Lisis, y otras personas, daré cuenta en la segunda parte...

## Temario

1. Aspectos barrocos de *El desdeñado más firme*
2. La subversión de Meneses de la novela convencional
3. Las estrategias narrativas de Meneses
4. La guerra entre los sexos en la novela de Meneses
5. Las dos Lisis: ¿Qué tipo de mujer es cada una? ¿Cuál es la favorita de la autora? ¿Quién es su portavoz?
6. La caracterización de los hombres: el honor, los celos, la impetuosidad, la cortesía
7. El interés y el materialismo en *El desdeñado más firme*
8. La sociedad patriarcal descrita por Meneses: ¿Qué dice la autora acerca de la España de su época?
9. El matrimonio en *El desdeñado más firme*
10. Los criados: ¿Qué papel hacen en la novela? ¿Qué les motiva?
11. El humor en *El desdeñado más firme*
12. Meneses, Azevedo, Carvajal y Zayas. ¿Qué temas y técnicas comparten?

93. Nótese el juego de palabras.
94. desmayo
95. Nótese el juego de palabras.

# Selected Bibliography ∾

## Modern Editions

Ana de San Bartolomé. *Obra completa.* Ed. Julián Urkiza. Burgos: Monte Carmelo, 1998.

———. *Obras completas de la beata Ana de San Bartolomé.* Ed. Julián Urkiza. 2 vols. Rome: Teresianum, 1981–85.

———. Texts. In Arenal and Schlau, *Untold Sisters,* 46–79.

Azevedo, Angela. *Dicha y desdicha del juego y devoción de la Virgen, La margarita del Tajo que dio nombre a Santarén,* and *El muerto disimulado.* In Soufas, *Women's Acts,* 4–132.

Caro, Ana. *El conde Partinuplés.* Ed. Lola Luna. Kassel: Reichenberger, 1993.

———. *Valor, agravio y mujer.* Ed. Lola Luna. Madrid: Castalia, 1993.

———. *Valor, agravio y mujer* y *El conde Partinuplés.* Ed. María José Delgado. New York: Peter Lang, 1998.

———. *El conde Partinuplés* and *Valor, agravio y mujer.* In Soufas, *Women's Acts,* 137–94.

Carvajal, Mariana de. *La industria vence desdenes.* In Evangelina Rodríguez Cuadros, ed., *Novelas amorosas de diversos ingenios del siglo XVII,* 235–79. Madrid: Castalia, 1986.

———. *Navidades de Madrid y noches entretenidas en ocho novelas.* Ed. Julio Jiménez. Ph.D. diss., Northwestern University, 1974.

———. *Navidades de Madrid y noches entretenidas en ocho novelas.* Ed. Antonella Prato and Maria Grazia Profeti. Milan: Franco Angeli, 1988.

———. *Navidades de Madrid y noches entretenidas en ocho novelas.* Ed. Catherine Soriano. Madrid: Comunidad de Madrid, 1993.

———. *Amar sin saber a quién.* In Whitenack and Campbell, *Zayas and Her Sisters,* 329–53.

Cecilia del Nacimiento. *Obras completas.* Ed. José M. Díaz Cerón, S.J. Madrid: Espiritualidad, 1971.

———. Texts. In Arenal and Schlau, *Untold Sisters,* 167–89.

Cueva y Silva, Leonor de la. *La firmeza en la ausencia.* In Soufas, *Women's Acts,* 198–224.

Erauso, Catalina de. *Historia de la Monja Alférez, doña Catalina de Erauso, escrita por ella misma.* Ed. Virgilio Ortega. Barcelona: Orbis, 1988.

———. *Historia de la Monja Alférez escrita por ella misma.* Ed. Jesús Munárriz. Madrid: Hiperión, 1986.

———. *Historia de la Monja Alférez, Catalina de Erauso.* Lima: Salesiana, 1988.

————. *Lieutenant Nun: Memoir of a Basque Transvestite in the New World.* Trans. Michele Stepto and Gabriel Stepto. Boston: Beacon Press, 1996.

————. *Vida i sucesos de la monja alférez: Autobiografía atribuida a doña Catalina de Erauso.* Ed. Rima de Vallbona. Tempe: Arizona State University, 1992.

Fernández de Alarcón, Cristobalina. Poesías. In Olivares and Boyce, *Tras el espejo la musa escribe.*

Marcela de San Félix. *Literatura conventual femenina: Sor Marcela de San Félix, hija de Lope de Vega—Obra completa.* Ed. Electa Arenal and Georgina Sabat de Rivers. Barcelona: Promociones y Publicaciones Universitarias, 1988.

————. Texts. In Arenal and Schlau, *Untold Sisters,* 250–81.

María de San Alberto. *Viva al siglo, muerta al mundo.* Ed. Stacey Schlau. New Orleans: University Press of the South, 1998.

————. Texts. In Arenal and Schlau, *Untold Sisters,* 152–67.

María de San José. *Book for the Hour of Recreation.* Trans. Amanda Powell. Ed. Alison Weber. Chicago: University of Chicago Press, 2002.

————. *Escritos espirituales.* Ed. Simeón de la Sagrada Familia. Rome: Postulación General, 1979.

————. Texts. In Arenal and Schlau, *Untold Sisters,* 80–117.

Meneses, Leonor de. *El desdeñado más firme.* Ed. Judith A. Whitenack and Gwyn E. Campbell. Potomac, Md.: Scripta Humanistica, 1994.

————. *El desdeñado más firme.* In Whitenack and Campbell, *Zayas and Her Sisters,* 251–91.

Ramírez de Guzmán, Catalina Clara. Poesías. In Olivares and Boyce, *Tras el espejo la musa escribe.*

Teresa de Jesús (de Ávila). *Camino de perfección.* Ed. P. Tomás de la Cruz. 2 vols. Rome: Tipografía Poliglotta Vaticana, 1965.

————. *Collected Works.* Trans. Kieran Kavanaugh, O.C.D., and Otlio Rodríguez, O.C.D. 3 vols. Washington, D.C.: Institute of Carmelite Studies, 1980–87.

————. *Collected Letters: 1546–1577.* Trans. Kieran Kavanaugh, O.C.D. Vol. 1. Washington, D.C.: Institute of Carmelite Studies, 2001.

————. *Epistolario.* Ed. Luis Rodríguez Martínez y Teófanes Egido. Madrid: Espiritualidad, 1984.

————. *Libro de las fundaciones.* Buenos Aires: Espasa-Calpe, 1951.

————. *Libro de la vida.* Ed. Dámaso Chicharro. Madrid: Cátedra, 1993.

————. *Las moradas del castillo interior.* Ed. Dámaso Chicharro. Madrid: Biblioteca Nueva, 1999.

————. *Obras completas.* Décima edición. Ed. Tomás Álvarez. Burgos: Monte Carmelo, 1998.

————. *Obras completas.* Ed. Enrique Llamas et al. Madrid: Espiritualidad, 1994.

————. *Obras completas.* Edición manual. Ed. Efrén de la Madre de Dios and Otger Steggink. Madrid: Católica, 1962.

Zayas y Sotomayor, María de. *Aventurarse perdiendo: Estragos que causa el vicio.* Ed. Ángel Valbuena Prat. Madrid: Apolo, 1940.

————. *El castigo de la miseria: Antología de la literatura española: Renacimiento y Siglo de Oro.* Ed. Bárbara Mujica. New York: John Wiley, 1991.

————. *El castigo de la miseria: La inocencia castigada.* Ed. Beno Weiss. Valencia: Albatros, 1990.

————. *Desengaños amorosos.* Ed. Alicia Yllera. Madrid: Cátedra, 1983.

————. *Desengaños amorosos: Parte segunda del Sarao y entretenimiento honesto.* Ed. Agustín González de Amezúa y Mayo. Madrid: Real Academia Española, 1950.

————. *The Disenchantment of Love.* Trans. Patsy H. Boyer. Albany: State University of New York Press, 1997.

————. *La firmeza del amor: Texto y vida—Introducción a la literatura española.* Ed. Bárbara Mujica. Fort Worth: Holt, Rinehart and Winston, 1990.

————. *El jardín engañoso: Milenio.* Ed. Bárbara Mujica. New York: John Wiley & Sons, 2002.

————. *Novelas amorosas y ejemplares.* Ed. Agustín González de Amezúa y Mayo. Madrid: Real Academia Española, 1948.

————. *Novelas amorosas y ejemplares.* Ed. Julián Olivares. Madrid: Cátedra, 2000.

————. *Novelas amorosas y ejemplares.* Ed. Eduardo Rincón. Madrid: Alianza, 1968.

————. *Novelas completas.* Ed. María Martínez del Portal. Barcelona: Bruguera, 1973.

———. *Novelas: La burlada Aminta y venganza de honor.* Ed. José Hesse. Madrid: Taurus, 1965.

———. *La traición en la amistad: Teatro de mujeres del Barroco.* Ed. Felicidad González Santamera and Fernando Doménech. Madrid: Asociación de Directores de Escena de España, 1994.

———. *La traición en la amistad / Friendship Betrayed.* Ed. Valerie Hegstrom. Trans. Catherine Larson. Lewisburg, Pa.: Bucknell University Press, 1999.

———. *Tres novelas amorosas y ejemplares y tres desengaños amorosos.* Ed. Alicia Redondo Goicoechea. Madrid: Castalia, 1989.

## Criticism and Documentation

Ahlgren, Gillian. *Teresa de Avila and the Politics of Sanctity.* Ithaca, N.Y.: Cornell University Press, 1996.

Allen, John Jay. *Don Quijote, Hero or Fool?* 2 vols. Gainesville: University Press of Florida, 1969–79.

Amt, Emilie. *Women's Lives in Medieval Europe: A Sourcebook.* New York: Routledge, 1993.

Anderson, Ellen M. "Living in the Labyrinth: Movement through Narrative Space in Leonor de Meneses's *El desdeñado más firme.*" In Campbell and Whitenack, *Zayas and Her Sisters,* 159–73.

Archibald, Brigitte Edith. "Anna Owena Hoyers: A View of Practical Living." In Wilson, *Women Writers of the Renaissance and Reformation,* 304–10.

Arenal, Electa, and Georgina Sabat-Rivers. Introduction to Marcela de San Félix, *Literatura conventual femenina: Sor Marcela de San Félix, hija de Lope de Vega—Obra completa.* Barcelona: Promociones y Publicaciones Universitarias, 1988.

Arenal, Electa, and Stacey Schlau. *Untold Sisters: Hispanic Nuns in Their Own Words.* Trans. Amanda Powell. Albuquerque: University of New Mexico Press, 1989.

Armon, Shifra. "The Romance of Courtesy: Mariana de Carvajal's *Navidades de Madrid y noches entretenidas.*" *Revista Canadiense de Estudios Hispánicos* 9, no. 2 (winter 1995): 241–57.

———. "Women and the *Novela de cortejo.*" In Campbell and Whitenack, *Zayas and Her Sisters,* 141–57.

Barahona, Renato. "Courtship, Seduction and Abandonment in Early Modern Spain: The Example of Vizcaya, 1500–1700." In Saint-Saëns, ed., *Sex and Love in Golden Age Spain,* 43–55.

Barbeito Carneiro, María Isabel. "La ingeniosa provisora sor Marcela de Vega." *Cuadernos Bibliográficos* 44 (1982): 59–70.

Barnes, Bernardine. "Heroines and Worthy Women." In H. Diane Russell and Bernardine Barnes, *Eva / Ave: Women in Renaissance and Baroque Prints,* 29–73. Washington, D.C.: National Gallery of Art and The Feminist Press of the City University of New York, 1990.

Bauschatz, Cathleen M. "To Choose Ink and Pen: French Renaissance Women's Writing." In Stephens, *A History of Women's Writing in France,* 41–63.

Beasley, Faith E. "Altering the Fabric of History: Women's Participation in the Classical Age." In Stephens, *A History of Women's Writing in France,* 64–83.

Benabu, Isaac. "Interpreting the *Comedia* in the Absence of a Performance Tradition: Gutierre in Calderón's *El medico y su honra.*" In Louise and Peter Forthgill-Payne, eds., *Prologue to Performance,* 23–35. Lewisburg, Pa.: Bucknell University Press, 1991.

Benstock, Shari. "Authorizing the Autobiographical." In Warhol and Herndl, *Feminisms,* 1138–54.

Bilinkoff, Jodi. *The Avila of Saint Teresa: Religious Reform in a Sixteenth-Century City.* Ithaca, N.Y.: Cornell University Press, 1989.

———. "Confession, Gender, Life-Writing: Some Cases (Mainly) from Spain." In Katharine Jackson Lualdi and Anne T. Thayer, eds., *Penitence in the Age of Reformations,* 169–83. Aldershot: Ashgate, 2000.

———. "Confessors, Penitents, and the Construction of Identities in Early Modern Avila." In Barbara B. Diefendorf and Carla Hesse, eds., *Culture and Identity in Early Modern Europe (1500–1800),* 83–100. Ann Arbor: University of Michigan Press, 1993.

Black, Georgina Dopico. *Perfect Wives, Other Women.* Durham, N.C.: Duke University Press, 2001.

Blamires, Alcuin, ed. *Woman Defamed and Woman Defended: An Anthology of Medieval Texts.* Oxford: Oxford University Press, 1992.

Blenkinsopp, Joseph. "Angels." In Richard P. McBrien, ed., *Encyclopedia of Catholicism.* New York: HarperCollins, 1995.

Bloom, Harold. *The Western Canon.* New York: Harcourt Brace, 1994.

Bogin, Meg. *The Women Troubadours.* New York: Norton, 1980.

Bourland, Caroline B. "Aspectos de la vida del hogar en el siglo XVII según las novelas de doña Mariana de Carvajal y Saavedra." In *Homenaje ofrecido a Menéndez Pidal: Miscelánea de estudios linguísticos, literarios e históricos,* 2:331–68. Madrid: Librería y Casa Editorial Hernando, 1925.

Boyer, H. Patsy. "Toward a Baroque Reading of 'El verdugo de su esposa.'" In Williamsen and Whitenack, *María de Zayas,* 52–71.

———. "The War between the Sexes and the Ritualization of Violence in Zayas' Disenchantments." In Saint-Saëns, *Sex and Love in Golden Age Spain,* 123–145.

Bridenthal, Renate, and Claudia Koonz, eds. *Becoming Visible: Women in European History.* Boston: Houghton Mifflin, 1977.

Bridenthal, Renate, Susan Mosher Stuard, and Merry E. Wiesner, eds. *Becoming Visible: Women in European History.* Boston: Houghton Mifflin, 1998.

Brownlee, Marina S. *The Cultural Labyrinth of María de Zayas.* Philadelphia: University of Pennsylvania Press, 2000.

Bullough, Vern, and Bonnie Bullough. *Cross-Dressing, Sex, and Gender.* Philadelphia: University of Pennsylvania Press, 1993.

Butler, Judith. *Gender Trouble: Feminism and the Subversion of Identity.* New York: Routledge, 1990.

Cammarata, Joan. "El discurso femenino de Santa Teresa de Avila, defensora de la mujer renacentista." In Asociación Internacional de Hispanistas, *Actas Irvine 92,* 58–65. Irvine: University of California at Irvine, 1994.

———. "Mystical Psychagogue, Cultural Other: St. Teresa of Avila." In Filippo María Toscano, ed., *Homenaje a Bruno Damiani,* 31–42. Lanham, Md.: University Press of America.

———, ed. *Women in the Discourse of Early Modern Spain.* Gainesville: University of Florida Press, 2003.

Campbell, Gwyn E. "Narcissus and the Shadow of Desire in Leonor de Meneses's *El desdeñado más firme.*" In Campbell and Whitenack, *Zayas and Her Sisters,* 175–87.

———. "The Voices of Commentary in Leonor de Meneses's *El desdeñado más firme.*" *Revista de Estudios Hispánicos* 34 (2000): 515–33.

———, and Judith A. Whitenack, eds. *Zayas and Her Sisters,* vol. 2, *Essays on Novelas by 17th-Century Spanish Women.* Binghamton, N.Y.: Global, 2001.

*Canons and Decrees of the Council of Trent.* Trans. H. J. Schroeder. St. Louis, Mo.: B. Herder, 1941.

Carrión, María M. *Arquitectura y cuerpo en la figura autorial de Teresa de Jesús.* Barcelona: Anthropos, 1994.

Case, Sue-Ellen. *Feminism and Theater.* New York: Methuen, 1988.

Casey, James. *Early Modern Spain: A Social History.* London and New York: Routledge, 1999.

Castro, Gabriel. "Desierto." In Pacho, *Diccionario de san Juan de la Cruz,* 391–99.

Cervantes, Miguel de. *Don Quijote de la Mancha.* Ed. John Jay Allen. 2 vols. Madrid: Cátedra, 1998.

Charnon-Deutsch, Lou. "The Sexual Economy in the Narratives of María de Zayas." In Williamsen and Whitenack, *María de Zayas,* 117–32.

Cixous, Hélène. "Castration or Decapitation?" In Robert Con Davis and Ronald Schleifer, eds., *Contemporary Literary Criticism,* 479–91. New York: Longman, 1989.

———. "The Laugh of Medusa." In Warhol and Herndl, *Feminisms,* 347–62.

Cole (Cady), Susan, Marian Ronana, and Hal Taussig. *Wisdom's Feast: Sophia in Study and Celebration.* Kansas City, Mo.: Sheed & Ward, 1996.

Connor, Catherine. "Prolegomena to the 'Popular' in Early Modern Public Theater: Contesting Power in Lope and Shakespeare." In Charles Ganelin and Howard Mancing, eds., *The Golden Age Comedia: Text, Theory, and Performance,* 262–75. West Lafayette, Ind.: Purdue University Press, 1994.

———. "The *Preceptistas* and Beyond: Spectators Making 'Meanings' in the *Corral de Comedias.*" *Hispania* 82, no. 3 (September 1999): 417–28.

Copleston, Frederick. *A History of Philosophy,* vol. 2, part I. Garden City, N.Y.: Image, 1962.

Cosman, Madeleine Pelner. *Women at Work in Medieval Europe.* New York: Facts on File, 2000.

Cruz, Anne J. "Feminism, Psychoanalysis, and the Search for the M/Other in Early Modern Spain." *Indiana Journal of Hispanic Literatures* 8 (1996): 31–54.

———. "Juana and Her Sisters: Female Sexuality and Spirituality in Early Modern Spain and the New World." In Vollendorf, *Reclaiming Spain's Feminist Tradition*, 88–102.

———, and Mary Elizabeth Perry, eds. *Culture and Control in Counter Reformation Spain*. Minneapolis: University of Minnesota Press, 1992.

Curtius, Ernst Robert. *European Literature and the Latin Middle Ages*. Trans. Willard R. Trask. New York: Harper, 1953.

Cushing-Daniels, Nancy. "Beyond Entertainment: The Story behind the Walls of Mariana de Cavajal's *Navidades de Madrid y noches entretenidas*." *Revista Monográfica* 13 (1997): 64–73.

Damiani, Bruno. *The "Diana" of Montemayor as Social and Religious Teaching*. Lexington: University Press of Kentucky, 1983.

———, and Barbara Mujica. *Et in Arcadia Ego*. Lanham, Md.: University Press of America, 1990.

Daniels, Mary Blythe. "Desenmascarando a las mujeres del teatro español del siglo XVII." In Mujica and Stoll, *El texto puesto en escena*, 14–21.

Dassbach, Elma. *La comedia hagiográfica del Siglo de Oro español: Lope de Vega, Tirso de Molina y Calderón de la Barca*. New York: Lang, 1997.

———. "Representación de lo sobrenatural en las comedias hagiográficas." In Mujica and Stoll, *El texto puesto en escena*, 33–46.

Davis, Natalie Zemon, and Arlette Farge, eds. *A History of Women in the West*. Cambridge, Mass.: Harvard University Press, 1993.

Defourneaux, Marcelin. *Daily Life in Spain in the Golden Age*. Stanford: Stanford University Press, 1979.

Delgado, María José, and Alain Saint-Saëns, eds. *Lesbianism and Homosexuality in Early Modern Spain*. New Orleans: University Press of the South, 2000.

Dhuoda of Uzès. *Liber Manualis: Handbook for William*. Trans. Carol Neel. Washington, D.C.: Catholic University of America Press, 1999.

———. *Liber Manualis: Handbook for Her Warrior Son*. Trans. Marcelle Thiébaux. New York: Cambridge University Press, 1998.

Díaz Cerón, José María. Introduction to Cecilia del Nacimiento, *Obras completas*, 7–18. Madrid: Editorial de Espiritualidad, 1971.

Dietz, Donald. "England's and Spain's Corpus Christi Theaters." In Louise and Peter Fothergill-Payne, eds., *Parallel Lives: Spanish and English National Drama, 1580–1680*, 239–51. Lewisburg, Pa.: Bucknell University Press, 1991.

———. "Liturgical and Allegorical Drama: The Uniqueness of Calderón's *Auto Sacramental*." In *Calderón de la Barca at the Tercentenary: Comparative Views. Proceedings, Comparative Literature Symposium*, 72–88. Lubbock: Texas Tech University Press, 1982.

Dinzelbacher, Peter, ed. *Diccionario de la Mística*. Trans. Constantino Ruiz-Martínez. Burgos: Monte Carmelo, 2000.

Dolan, Frances E. *Whores of Babylon: Catholicism, Gender and Seventeenth-Century Print Culture*. Ithaca, N.Y.: Cornell University Press, 1999.

Dolan, Jill. *The Feminist Spectator as Critic*. Ann Arbor: University of Michigan Press, 1991.

Dollimore, Jonathan. "Subjectivity, Sexuality, and Transgression: The Jacobean Connection." *Renaissance Drama* 17 (1986): 53–81.

Donahue, Darcy. "Writing Lives: Nuns and Confessors as Autobiographers in Early Modern Spain." *Journal of Hispanic Philology* 13, no. 3 (1989): 230–39.

———. "Tears for the Nobility: A Spanish Noblewoman Rebukes Adulterers." Paper given at the South Atlantic Modern Language Association Conference, Atlanta, 9–11 November 2001.

Donnell, Sidney. "¿Batalla de los sexos o batalla de los géneros?: El espectáculo 'transvestido' de *La púrpura de la rosa*." In Mujica and Stoll, *El texto puesto en escena*, 167–80.

Duchêne, Roger. "La lettre: Genre masculin et pratique féminine." In Planté, *L'Épistolaire*, 27–50.

Dunn, Peter. "Honour and the Christian Background in Calderón." In Bruce Wardropper, ed., *Critical Essays on the Theater of Calderón*, 24–60. New York: New York University Press, 1965.

Efrén de la Madre de Dios, O.C.D., and Otger Steggink, O.Carm. *Tiempo y vida de Santa Teresa*. Tercera edición corregida y aumentada. Madrid: Biblioteca de Autores Cristianos, 1996.

Eisenstein, Elizabeth L. *The Printing Revolution in Early Modern Europe*. Cambridge: Cambridge University Press, 1983.

Elizabeth I. *Collected Works*. Ed. Leah S. Marcus, Janel Mueller, and Mary Beth Rose. Chicago: University of Chicago Press, 2000.

Elliott, J. H. *Imperial Spain, 1469–1716*. New York: New American Library, 1963.

Elman, Linda L. "Between a Rock and a Hard Place: Armesinda Sets Her Own Parameters in *La Firmeza en la ausencia*, by Leonor de la Cueva y Silva." In Hegstrom and Williamsen, *Engendering the Early Modern Stage*, 165–85.

El Saffar, Ruth. "Literary Reflections on the 'New Man': Changes in Consciousness in Early Modern Europe." *Revista de Estudios Hispánicos* 22, no. 2 (May 1989): 1–23.

———. *Rapture Encaged*. London: Routledge, 1994.

Erasmus. *The Collected Works of Erasmus*. Trans. Craig R. Thompson. Toronto: University of Toronto Press, 1997.

———. *Erasmus on Women*. Ed. Erika Rummel. Toronto: University of Toronto Press, 1996.

Fantazzi, Charles. Introduction to Erasmus, *The Education of a Christian Woman*, 1–42. Chicago: University of Chicago Press, 2000.

Ferguson, Margaret W., Maureen Quilligan, and Nancy Vickers, eds. *Rewriting the Renaissance*. Chicago: University of Chicago Press, 1987.

Ferrante, Joan M. "The Education of Women in the Middle Ages in Theory, Fact, and Fantasy." In Labalm, *Beyond Their Sex*, 9–42.

———. *Woman as Image in Medieval Literature from the Twelfth Century to Dante*. New York: Columbia University Press, 1975.

Ferrer, Joaquín María de. Prólogo. *Historia de la Monja Alférez, doña Catalina de Erauso, escrita por ella misma*. Ed. Virgilio Ortega. Barcelona: Ediciones Orbis, 1988.

Finucci, Valeria. "Camilla Faà Gonzaga: The Italian Memorialist." In Wilson and Warnke, *Women Writers of the Seventeenth Century*, 121–28.

Flores, Ángel, and Kate Flores, eds. *The Defiant Muse: Hispanic Feminist Poems from the Middle Ages to the Present*. New York: Feminist Press, 1986.

Forte, Jeanie. "Realism, Narrative, and the Feminist Playwright—A Problem of Reception." In Helene Keyssar, ed., *Feminist Theater and Theory*, 19–34. New York: St. Martin's, 1996.

Fossier, Robert. *Enfance d'Europe*. Collection Nouvelle Clio. 2 vols. Paris: Presses Universitaires de France, 1982.

Garber, Marjorie. Foreword to Erauso, *Lieutenant Nun*, vii–xxiv.

———. *Vested Interests: Cross-Dressing and Cultural Anxiety*. New York and London: Routledge, 1992.

García de la Concha, Víctor. *El arte literario de Santa Teresa*. Barcelona: Ariel, 1978.

García-Tomás, Enrique. "*La industria vence desdenes* de Mariana de Carvajal y Saavedra: tradición y revisión del amor *hereos* en la novela corta del siglo XVII." *Revista de literatura* 58 (1996): 151–58.

Garrard, Mary D. "Artemisia's Critics, Painting with Crude Strokes." *Washington Post*, 31 March 2002.

———. *Artemisia Gentileschi*. Princeton: Princeton University Press, 1989.

Gies, Frances, and Joseph Gies. *Marriage and the Family in the Middle Ages*. New York: Harper & Row, 1987.

Gilbert, Sandra M., and Susan Gubar. *The Madwoman in the Attic: The Woman Writer and the Nineteenth-Century Literary Imagination*. New Haven: Yale University Press, 1979.

Giles, Mary. "Reflections on Suffering in a Mystical-Feminist Key." *Journal of Spiritual Formation* (May 1994): 137–46.

———. "Take Back the Night." In Mary Giles, ed., *The Feminist Mystic, and Other Essays on Women and Spirituality*, 39–70. New York: Crossroads, 1982.

———. *Women in the Inquisition*. Baltimore: Johns Hopkins University Press, 1999.

———, ed. *Book of Prayer of Sor María de Santo Domingo: A Study and Translation.* Albany: State University of New York Press, 1990.

Gómez García, María Carmen. *Mujer y clausura: Conventos cistercienses en la Málaga moderna.* Málaga: Universidad de Málaga, 1997.

González de Amezúa y Mayo, Agustín. *Cervantes: Creador de la novela corta española.* 2 vols. Madrid: Consejo Superior de Investigaciones Científicas, 1951.

———. *Formación y elementos de la novela cortesana: Discursos leídos ante la Real Academia Española.* Madrid: Tipografía de Archivos, 1929.

González Martel, Juan Manuel. *Casa Museo de Lope de Vega.* Madrid: Real Academia Española, 1993.

González Santamera, Felicidad, and Fernando Doménech, eds. *Teatro de mujeres del Barroco.* Madrid: Asociación de Directores de Escena de España, 1994.

Gorfkle, Laura. "Re-Staging Femininity in Ana Caro's *Valor, agravio y mujer.*" *Bulletin of the Comediantes* 48, no. 1 (1996): 11–26.

Goytisolo, Juan. *Disidencias.* Barcelona: Seix Barral, 1977.

Gracián, Jerónimo. *Cartas.* Ed. Juan Luis Astigárraga. Rome: Teresianum, 1989.

Green, Monica H. Introduction to *The Trotula.* Ed. and trans. Monica H. Green. Philadelphia: University of Pennsylvania Press, 2001.

Greer, Margaret Rich. *María de Zayas Tells Baroque Tales of Love and the Cruelty of Men.* University Park: Pennsylvania State University Press, 2000.

Gross, Francis L. "Teresa de Avila's Body: Symbol of Her Life." *Studia Mystica* 18 (1997): 134–43.

Harvey, L. P. *Islamic Spain, 1250 to 1500.* Chicago: University of Chicago Press, 1992.

Hegstrom, Valerie, and Amy R. Williamsen, eds. *Engendering the Early Modern Stage: Women Playwrights in the Spanish Empire.* New Orleans: University Press of the South, 1999.

Heiple, Daniel. "The Theological Context of Wife Murder in Seventeenth-Century Spain." In Saint-Saëns, *Sex and Love in Golden Age Spain,* 105–21.

Herráiz, Maximiliano. "Contemplación." In Pacho, *Diccionario de san Juan de la Cruz,* 324–40.

Hildegard of Bingen. *Scivias.* Trans. Mother Columba Hart and Jane Bishop. Mahwah, N.J.: Paulist Press, 1990.

Hopkins, Andrea. *Most Wise and Valiant Ladies: Remarkable Lives—Women of the Middle Ages.* London: Collins and Brown, 1997.

Howe, Elizabeth Teresa. *Mystical Imagery: Santa Teresa de Jesús and San Juan de la Cruz.* New York: Peter Lang, 1988.

Huarte de San Juan, Juan. *Examen de ingenios para las ciencias.* Ed. Guillermo Serés. Madrid: Cátedra, 1989.

Huerta Calvo, Javier. "El entremés o la farsa española." In M. Chiabò and F. Doglio, eds., *Teatro Comico fra Medio Evo e Rinascimento: La Farsa,* 227–66. Rome: Centro Studi sul Teatro Medioevale e Rinascimentale, 1986.

Hufton, Olwen. "Women, Work and Family." In Zemon and Farge, *A History of Women in the West,* 15–45.

Huizinga, Johan. *The Autumn of the Middle Ages.* Trans. Rodney J. Payton and Ulrich Mammitzsch. Chicago: University of Chicago Press, 1996.

Irigaray, Luce. "This Sex Which Is Not One." In Warhol and Herndl, *Feminisms,* 363–69.

Janés, Clara, ed. *Las primeras poetisas en lengua castellana.* Madrid: Ayuso, 1986.

Jehensen, Yvonne, and Marcia L. Welles. "Zayas' Wounded Women: A Semiotics of Violence." In Stoll and Smith, *Gender, Identity, and Representation in Spain's Golden Age,* 178–202.

Jiménez, Julio. "Doña Mariana de Caravajal [*sic*] y Saavedra: *Navidades de Madrid y noches entretenidas, en ocho novellas,* edición crítica y anotada." Ph.D. diss., Northwestern University, 1974.

Jones, Ann Rosalind. "City Women and Their Audiences: Louise Labé and Verónica Franco." In Ferguson, Quilligan, and Vickers, *Rewriting the Renaissance,* 299–316.

Jones, C. O. "Spanish Honour as Historical Phenomenon, Convention and Artistic Motive." *Hispanic Review* 33 (1965): 32–39.

Jones, Kathleen. "On Authority; Or, Why Women Are Not Entitled to Speak." In Elaine Showalter, ed., *The New Feminist Criticism: Essays on Women, Literature and Theory,* 361–77. New York: Pantheon, 1985.

Jordan, Constance. *Renaissance Feminism*. Ithaca, N.Y.: Cornell University Press, 1990.

Juan de la Cruz. *Obras completas*. Ed. Lucinio Ruano de la Iglesia. Madrid: Biblioteca de Autores Cristianos, 1994.

Julian of Norwich. *Showings*. Trans. Edmund Colledge, O.S.A., and James Walsh, S. J. Mahwah, N.J.: Paulist Press, 1978.

Kamen, Henry. *Spain 1469–1714: A Society of Conflict*. London and New York: Longman, 1991.

Katz, Steven T. "Mystical Speech and Mystical Meaning." In Steven T. Katz, ed., *Mysticism and Language*, 3–41. Oxford: Oxford University Press, 1992.

Kavanaugh, Kieran, O.C.D. Introduction to Teresa de Ávila, *Book of Her Life*, 15–51. Washington, D.C.: Institute of Carmelite Studies, 1987.

Kelly-Gadol, Joan. "Did Women Have a Renaissance?" In Bridenthal and Koonz, *Becoming Visible*, 137–64. Boston: Houghton Mifflin, 1977.

Kerr, Walter. *Tragedy and Comedy*. New York: Da Capo, 1985.

King, Margaret L. *Women of the Renaissance*. Chicago: University of Chicago Press, 1991.

———. "Book-Lined Cells: Women and Humanism in the Early Italian Renaissance." In Labalm, *Beyond Their Sex*, 66–90.

Klapisch-Zuber, Christiane, ed. *A History of Women at Work: Silences of the Middle Ages*. Cambridge, Mass.: Harvard University Press, 1992.

Kristeva, Julia. "Freud and Love: Treatment and Its Discontents." In Toril Moi, ed., *The Kristeva Reader*, 240–71. New York: Columbia University Press, 1986.

Krueger, Roberta L. "Female Voices in Convents, Courts and Households: The French Middle Ages." In Stephens, *A History of Women's Writing in France*, 10–40.

Labalm, Patricia H., ed. *Beyond Their Sex: Learned Women of the European Past*. New York: New York University Press, 1980.

Langle de Paz, Teresa. "En busca del paraíso ausente: 'Mujer varonil' y 'autor femenil' en una utopía feminista inédita del siglo XVII español." *Hispania* 86, no. 3 (2003).

Larrington, Carolyne. *Women and Writing in Medieval Europe*. London and New York: Routledge, 1995.

Larson, Catherine. "You Can't Always Get What You Want: Gender, Voice, and Identity in Women-Authored *Comedias*." In Stoll and Smith, *Gender, Identity, and Representation in Spain's Golden Age*, 127–41.

León, Luis de. *Obras completas castellanas*. Ed. Félix García, O.S.A. 2 vols. Madrid: Biblioteca de Autores Cristianos, 1991.

Levine, Linda Gould, Ellen Engelson Marson, and Gloria Feiman Waldman, eds. *Spanish Women Writers: A Bio-Bibliographical Source Book*. Westport, Conn.: Greenwood, 1993.

L'Hermite-Leclercq, Paulette. "The Feudal Order." In Klapisch-Zuber, *A History of Women at Work*, 202–49.

Lobanov-Rostovsky, Sergei. "Taming the Basilisk." In David Hillman and Carla Mazzio, eds., *The Body in Parts: Fantasies of Corporeality in Early Modern Europe*, 195–217. New York and London: Routledge, 1997.

Luna, Lola. "Ana Caro, una escritora 'de oficio' del Siglo de Oro." *Bulletin of Hispanic Studies* 72 (1995): 11–26.

———. Introduction to Ana Caro, *El conde Partinuplés*, 1–77. Kassel: Reichenberger, 1993.

———. Introduction to Ana Caro, *Valor, agravio y mujer*, 9–43. Madrid: Castalia, 1993.

Lundelius, Ruth. "Ana Caro: Spanish Poet and Dramatist." In Wilson and Warnke, *Women Writers of the Seventeenth Century*, 228–40.

Mariana, Juan de. *Historiae de rebus Hispaniae (Historia general de España)*. Madrid: L. Sánchez, impresor del Rey, 1608.

———. *Historia de España*. Zaragoza: Ebro, 1955.

Martínez de Toledo, Alfonso. *Corbacho*. Madrid: Edime, 1965.

Mathews, Caitlin. *Sophia: Goddess of Wisdom, Bride of God*. Wheaton, Ill.: Quest, 2001.

McBrien, Richard P., ed. *Encyclopedia of Catholicism*. New York: HarperCollins, 1995.

McCutcheon, Elizabeth. "Margaret More Roper: The Learned Woman of Tudor England." In Wilson, *Women Writers of the Renaissance and Reformation*, 449–65.

McKendrick, Melveena. *Woman and Society in the Spanish Drama of the Golden Age: A Study of the "Mujer Varonil."* Cambridge: Cambridge University Press, 1974.

Merrim, Stephanie. "Catalina de Erauso: From Anomaly to Icon." In Francisco Javier Cevallos-Candau et al., eds., *Coded Encounters: Writing, Gender, and Ethnicity in Colonial Latin America,* 177–205. Amherst: University of Massachusetts Press, 1994.

Mohr, Rudolf. "Via negationis." In Dinzelbacher, *Diccionario de la Mística,* 1002–4.

Montesa Peydró, Salvador. *Texto y contexto en la narrativa de María de Zayas.* Madrid: Dirección General de la Juventud y Promoción Sociocultural, 1981.

Moriones, Ildefonso, O.C.D. *El Carmelo teresiano y sus problemas de memoria histórica.* Vitoria: El Carmen, 1997.

———. *El P. Doria y el carisma teresiano.* Rome: Orden de los Padres Carmelitas Descalzos, 1994.

Most, William. "Sophia, Goddess?" www.ewtn.com/library/newage/sophia.txt.

Mujica, Barbara. "Beyond Image: The Apophatic-Kataphatic Dialectic in Teresa de Avila." *Hispania* 84, no. 4 (December 2001): 741–48.

———. *Calderón's Characters: An Existential Point of View.* Barcelona: Puvill, 1980

———. "Golden Age/Early Modern Theater: *Comedia* Studies at the End of the Century." *Hispania* 82, no. 3 (September 1999): 397–407.

———. "Honor from a Comic Perspective: Calderón's Comedias de Capa y Espada." *Bulletin of the Comediantes* 38, no. 1 (summer 1986): 7–24.

———. *Iberian Pastoral Characters.* Washington, D.C.: Scripta Humanistica, 1986.

———. *Milenio.* New York: John Wiley, 2002.

———. "The Rapist and His Victim: Calderón's *No hay cosa como callar.*" *Hispania* 62, no. 1 (March 1979): 30–46.

———. "Skepticism and Mysticism in Golden Age Spain: Teresa de Avila's Combative Stance." In Cammarata, *Women in the Discourse of Early Modern Spain,* 54–76.

———. "Violence in the Pastoral Novel from Sannazaro to Cervantes." *Hispano-Italic Studies* 1, no. 1 (1976): 39–55.

———. "Women Directing Women: Ana Caro's *Valor, agravio y mujer* as Performance Text." In Hegstrom and Williamsen, *Engendering the Early Modern Stage,* 19–50.

Mujica, Barbara, and Anita Stoll, eds. *El texto puesto en escena.* London: Tamesis, 2000.

Mujica, Barbara, and Sharon Voros, eds. *Looking at the Comedia in the Year of the Quincentennial.* Lanham, Md.: University Press of America, 1993.

Munárriz, Jesús. Epilogue to Catalina de Erauso, *Historia de la monja alférez escrita por ella misma,* 85–89. Madrid: Hiperión, 1986.

Myers, Kathleen A., and Amanda Powell. *A Wild Country out in the Garden: The Spiritual Journals of a Mexican Nun.* Bloomington: Indiana University Press, 1999.

Neel, Carol. Introduction to *Dhuoda, Handbook for William: A Carolingian Woman's Counsel for her Son.* Washington, D.C.: Catholic University of America Press, 1999.

Noreña, Carlos G. *Juan Luis Vives and the Emotions.* Carbondale: Southern Illinois University Press, 1989.

Ojala, Jeanne A., and William T. Ojala. "Madame de Sévigné: 'Epistolière' of the Splendid Century." In Wilson and Warnke, *Women Writers of the Seventeenth Century,* 30–47.

Olivares, Julián. Introduction to María de Zayas, *Novelas amorosas y ejemplares,* 9–135. Madrid: Cátedra, 2000.

———, and Elizabeth S. Boyce, eds. *Tras el espejo la musa escribe: Lírica femenina de los Siglos de Oro.* Mexico City and Madrid: Siglo XXI, 1993.

O'Malley, John W. *Trent and All That.* Cambridge, Mass.: Harvard University Press, 2000.

Opitz, Claudia. "Life in the Late Middle Ages." In Klapisch-Zuber, *A History of Women at Work,* 267–317.

Ordóñez, Elizabeth J. "Woman and Her Text in the Works of María de Zayas and Ana Caro." *Revista de Estudios Hispánicos* 19, no. 1 (1985): 3–13.

Pacho, Eulogio, ed. *Diccionario de san Juan de la Cruz.* Burgos: Monte Carmelo, 2000.

Parker, Alexander. *The Approach to the Spanish Drama of the Golden Age.* London: The Hispanic and Luso-Brazilian Councils, 1957.

Parr, James A. Introduction to Tirso de Molina, *El Burlador de Sevilla y convidado de piedra,* iv–xxxii. Binghamton, N.Y.: Medieval and Renaissance Texts, 1994.

———. "La época, los géneros dramáticos y el canon: Tres contextos imprescindibles." In Felipe B. Pedraza Jiménez and Rafael González Cañal, eds., *El teatro en tiempos de Felipe II: Actas de las XXI Jornadas de teatro clásico*, 119–36. Almagro: Universidad de Castilla-La Mancha, 1999.

Pastor, Reyna. "Temática de las investigaciones sobre la historia de las mujeres medievales hispanas." In Saint-Saëns, *Historia silenciada de la mujer*, 11–19.

Paun de García, Susan. "Zayas's Ideal of the Masculine: Clothes Make the Man." In Cammarata, *Women in the Discourse of Early Modern Spain*, 253–71.

Peers, Edgar Allison. "Saint Teresa's Style: A Tentative Appraisal." In *Saint Teresa de Jesus and Other Essays and Addresses*, 81–135. London: Faber and Faber, 1953.

———. *Studies of the Spanish Mystics*. London: Macmillan, 1951.

Pérez de Montalbán, Juan. *La Monja Alférez: Comedia Famosa—Spanish Comedia of the Golden Age*. New Haven: Research Publications, n.d.

Pérez Priego, Miguel Ángel. *Poesía femenina en los cancioneros*. Madrid: Castalia, Instituto de la Mujer, 1989.

Perry, Mary Elizabeth. "Beatas and the Inquisition in Early Modern Seville." In Stephen Halicer, ed., *Inquisition and Society in Early Modern Europe*, 147–168. London: Rowman & Littlefield, 1987.

———. "'La Monja Alférez': Myth, Gender, and the Manly Woman in a Spanish Renaissance Drama." In Gilbert Paolini, ed., *La Chispa '87: Selected Proceedings*, 239–48. New Orleans: Tulane University Press, 1987.

———. "'Lost Women' in Early Modern Seville: The Politics of Prostitution." In Richard M. Golden, ed., *Social History of Western Civilization*, 227–43. New York: St. Martin's, 1992.

———. "The Manly Woman: A Historical Case Study." *American Behavioral Scientist* 31, no. 1 (1987): 86–100.

Perym, Damião de Froes. *Teatro heroino, abecedario histórico, e catálago das mulheres ilustres em armas, letras, acções heroicas e artes liberais*. 2 vols. Lisbon: Lima, 1736–40.

Pfandl, Ludwig. *Historia de la literatura nacional española en el Siglo de Oro*. Barcelona: Sucesores de J. Gili, 1933.

Pizan, Christine de. *The Book of the City of Ladies*. Trans. Earl Jeffrey Richards. New York: Persea, 1998.

———. *La Cité des dames*. Trans. Éric Hicks and Thérèse Moreau. Paris: Stock, 1996.

Planté, Christine, ed. *L'Épistolaire, un genre féminin?* Paris: Honoré Champion, 1998.

Poutrin, Isabelle. *Le Voile et la plume: Autobiographie et sainteté féminine dans l'Espagne moderne*. Madrid: Bibliotèque de la Casa de Velázquez, 1995.

Prine, Jeanne. "Louise Labé: Poet of Lyon." In Wilson and Warnke, *Women Writers of the Seventeenth Century*, 132–48.

Profeti, Maria Grazia. "Los parentescos ficticios desde una perspectiva femenina: María de Zayas y Mariana de Carvajal." In Augustín Redondo, ed., *Les parentés fictives en Espagne (XVIe–XVIIe siècles), Colloque Internationale, Sorbonne, 1986*, 239–46. Paris: Publications de la Sorbonne, 1988.

Redondo Goicoechea, Alicia. Introduction to Zayas, *Tres novelas amorosas y ejemplares y tres desengaños amorosos*, 7–42.

Regalado, Antonio. *Calderón: Los orígenes de la modernidad en la España del Siglo de Oro*. 2 vols. Madrid: Destino, 1995.

Regan, Kathleen. "Los moralistas según Butler: Una perspectiva postmodernista [*sic*] sobre la identidad sexual en el teatro del Siglo de Oro." In María José Delgado and Alain Saint-Saëns, eds., *Lesbianism and Homosexuality in Early Modern Spain*, 281–303. New Orleans: University Press of the South, 2000.

Rigolot, François. "Gender vs. Sex Difference in Louise Labé's Grammar of Love." In Ferguson, Quilligan, and Vickers, *Rewriting the Renaissance*, 287–98.

Rivers, Elias. "The Vernacular Mind of Saint Teresa." *Carmelite Studies* 1984:113–29.

Rodríguez Cuadros, Evangelina. Introduction to *Novelas amorosas de diversos ingenios del siglo XVII*, 9–69. Madrid: Castalia, 1986.

———, and María Haro Cortés. Introduction to *Entre la rueca y la pluma: Novela de mujeres en el barroco*, 11–132. Madrid: Biblioteca Nueva, 1999.

Rodríguez López-Vásquez, Alfredo. "Crítica anotada a las anotaciones críticas sobre Claramonte y Tirso." *Estudios* 42, no. 153 (1986): 35–51.

———. "Los índices léxicos, métricos y estilísticos y el problema de la atribución del *Burlador de Sevilla*." *Bulletin of the Comediantes* 41, no. 1 (1989): 21–36.

———. "El estado de la cuestión en torno a Claramonte y *El Burlador de Sevilla*." *Academia Alfonso X el Sabio* 82 (1990): 5–22.

Rodríguez Martínez, Luis, and Teófanes Egido. Introduction to Teresa de Jesús, *Epistolario*, 7–60. Madrid: Espiritualidad, 1984.

Rose, Mary Beth. *Women in the Middle Ages and the Renaissance*. Syracuse, N.Y.: Syracuse University Press, 1986.

Rosenthal, Margaret F. *Veronica Franco: Citizen and Writer in Sixteenth-Century Venice*. Chicago: University of Chicago Press, 1992.

Rossi, Rosa. *Teresa de Ávila: Biografía de una escritora*. Trans. Marieta Gargatagli. Barcelona: ICARIA, 1984.

Ruano de la Iglesia, Lucinio. "Iniciación en San Juan de la Cruz." In San Juan de la Cruz, *Obras completas*, 3–66. Madrid: Biblioteca de Autores Cristianos, 1994.

Rubin, Nancy. *Isabella of Castile: The First Renaissance Queen*. New York: St. Martin's, 1991.

Rummel, Erika, ed. *Erasmus on Women*. Toronto: University of Toronto Press, 1996.

Russell, H. Diane, and Bernardine Barnes. *Eva/Ave: Women in Renaissance and Baroque Prints*. Washington, D.C.: National Gallery of Art and The Feminist Press of the City University of New York, 1990.

*The Sacred and the Profane: Josefa de Obidos of Portugal*. Washington, D.C.: National Museum of Women in the Arts, 1997.

Saint-Saëns, Alain. *Art and Faith in Tridentine Spain*. New York: Peter Lang, 1995.

———, ed. *Historia silenciada de la mujer: La mujer española desde la época medieval hasta la contemporánea*. Madrid: Complutense, 1996.

———, ed. *Sex and Love in Golden Age Spain*. New Orleans: University Press of the South, 1996.

Sampson Vera Tudela, Elisa. *Colonial Angels*. Austin: University of Texas Press, 2000.

*San José de Ávila: Rinconcito de Dios, paraíso de su deleite*. Burgos: Monte Carmelo, 1998.

Sánchez, Magdalena S., and Alain Saint-Saëns, eds. *Spanish Women in the Golden Age*. Westport, Conn.: Greenwood, 1996.

Schaup, Susanne. *Sophia: Aspects of the Divine Feminine, Past and Present*. York Beach, Maine: Nicolas-Hays, 1997.

Schlau, Stacey. Introduction to María de San Alberto, *Viva al siglo, muerta al mundo*. New Orleans: University Press of the South, 1998.

———, and Electa Arenal. "Not Only Her Father's Daughter: Sor Marcela de San Félix Stages a Nun's Profession." In Hegstrom and Williamsen, *Engendering the Early Modern Stage*, 221–38.

Serrano y Sanz, Manuel. *Apuntes para una biblioteca de escritoras españolas*. Madrid: Rivadeynera, 1903–1905; rpt. Madrid: Atlas, 1975.

Slade, Carole. *St. Teresa of Avila*. Berkeley: University of California Press, 1995.

Smith, Susan. "The Female Trinity of Sor Marcela de San Félix." In Hegstrom and Williamsen, *Engendering the Early Modern Stage*, 239–56.

———. "Notes on a Newly Discovered Play: Is Marcela de San Félix the Author?" *Bulletin of the Comediantes* 52, no. 1 (2000): 147–70.

Sobel, Dava. *Galileo's Daughter*. New York: Walker, 1999.

Soufas, Teresa. "Ana Caro's Re-evaluation of the *Mujer varonil* and Her Theatrics in *Valor, agravio y mujer*." In Stoll and Smith, *Gender, Identity, and Representation in Spain's Golden Age*, 85–106.

———. *Dramas of Distinction: Plays by Golden Age Women Writers*. Lexington: University Press of Kentucky, 1997.

———. *Melancholy and the Secular Mind in Spanish Golden Age Literature*. Columbia: University of Missouri Press, 1990.

———, ed. *Women's Acts: Plays by Women Dramatists of Spain's Golden Age*. Lexington: University Press of Kentucky, 1997.

Steggink, Otger, O.Carm. *La reforma del Carmelo español*. Rome: Institutum Carmelitanum, 1965.

Stephens, Sonya, ed. *A History of Women's Writing in France*. Cambridge: Cambridge University Press, 2000.

Stepto, Michele, and Gabriel Stepto. Introduction to Catalina Erauso, *Lieutenant Nun: Memoir of a Basque Transvestite in the New World,* xxv–xliv. Trans. Michele Stepto and Gabriel Stepto. Beacon Press: Boston, 1996.

Stoll, Anita. "'Tierra de en medio': Liminalities in Ángela de Azevedo's *El muerto disimulado.*" In Hegstrom and Williamsen, *Engendering the Early Modern Stage,* 151–64.

———, and Dawn L. Smith. *Gender, Identity, and Representation in Spain's Golden Age.* Lewisburg, Pa.: Bucknell University Press, 2000.

Stroud, Matthew. "Artistry and Irony in María de Zayas's *La inocencia castigada.*" In Campbell and Whitenack, *Zayas and Her Sisters,* 79–95.

———. *The Play in the Mirror.* Lewisburg, Pa.: Bucknell University Press, 1996.

Surtz, Ronald. *The Guitar of God: Gender, Power, and Authority in the Visionary World of Mother Juana de la Cruz (1481–1534).* Philadelphia: University of Pennsylvania Press, 1990.

———. *Writing Women in Late Medieval and Early Modern Spain.* Philadelphia: University of Pennsylvania Press, 1995.

Swietlicki (Connor), Catherine. *Spanish Christian Cabala: The Works of Luis de León, Santa Teresa de Jesús, and San Juan de la Cruz.* Columbia: University of Missouri Press, 1986.

Taggart, Mindy Nancarrow. "Art and Alienation in Early Modern Spanish Convents." *South Atlantic Review* 65, no. 1 (winter 2000): 24–40.

Tetel, Marcel. "Marguerite of Navarre: The 'Heptameron,' a Simulacrum of Love." In Wilson and Warnke, *Women Writers of the Seventeenth Century,* 99–108.

Thiébaux, Marcelle. *The Writings of Medieval Women.* New York and London: Garland, 1994.

Tresidder, Jack. *Dictionary of Symbols.* San Francisco: Chronicle, 1998.

Urkiza, Julián, ed. Introduction to Ana de San Bartolomé, *Obra completa.* Burgos: Monte Carmelo, 1998.

———. Introduction to Ana de San Bartolomé, *Obras completas de la beata Ana de San Bartolomé.* 2 vols. Rome: Teresianum, 1981–85.

Valis, Noël M. "Mariana de Carvajal: The Spanish Storyteller." In Wilson and Warnke, *Women Writers of the Seventeenth Century,* 251–82.

Vallbona, Rima de. Introduction to Catalina de Erauso, *Vida i sucesos de la monja alférez: Autobiografía atribuida a doña Catalina de Erauso.* Tempe: Arizona State University, 1992.

Vázquez Fernández, Luis. "Andrés de Claramonte (1580?–1626), La Merced, Tirso de Molina y *El Burlador de Sevilla.*" *Estudios* 41, no. 148 (1985): 397–429.

———. "Documentos toledanos y madrileños de Claramonte y reafirmación de Tirso como autor de *El Burlador de Sevilla y convidado de piedra. Estudios* 42, no. 153 (1986): 53–130.

Velasco, Sherry. *The Lieutenant Nun: Transgenderism, Lesbian Desire, and Catalina de Erauso.* Austin: University of Texas Press, 2000.

———. "Mapping Selvagia's Transmutable Sexuality in Montemayor's *Diana.*" *Revista de Estudios Hispánicos* 31 (1997): 403–17.

Vélez-Quiñones, Harry. *Monstrous Displays: Representation and Perversion in Spanish Literature.* New Orleans: University Press of the South, 1999.

Versluis, Arthur, ed. *Wisdom's Book: The Sophia Anthology.* St. Paul, Minn.: Paragon House, 2000.

Vicente, Marta V. "Images and Realities of Work: Women and Guilds in Early Modern Barcelona." In Sánchez and Saint-Saëns, *Spanish Women in the Golden Age,* 127–39.

Vidal, Hernán, ed. *Cultural and Historical Grounding for Hispanic and Luso-Brazilian Feminist Literary Criticism.* Minneapolis: Institute for the Study of Ideologies and Literatures, 1989.

Vigil, Mariló. *La vida de las mujeres en los siglos XVI y XVII.* Madrid: Siglo Veintiuno, 1986.

Vives, Juan Luis. *The Education of a Christian Woman.* Ed. Charles Fantazzi. Chicago: University of Chicago Press, 2000.

———. *The Instruction of a Christian Woman.* Eds. Virginia Walcott Beauchamp, Elizabeth H. Hageman, and Margaret Mikesell. Urbana: University of Illinois Press, 2002.

Vollendorf, Lisa. *Reclaiming the Body: María de Zayas's Early Modern Feminism.* Chapel Hill: University of North Carolina Press, 2001.

———, ed. *Recovering Spain's Feminist Tradition.* New York: Modern Language Association, 2001.

Voros, Sharon. "Calderón's Writing Women and Women Writers: The Subversion of the Exempla." In Mujica and Voros, *Looking at the Comedia in the Year of the Quincentennial,* 121–32.

———. "Leonor de la Cueva Rewrites Lope de Vega: Subverting the Silence in *La firmeza en la ausencia* and *La corona merecida.*" In Hegstrom and Williamsen, *Engendering the Early Modern Stage,* 189–209.

Walker Bynum, Caroline. *Fragmentation and Redemption: Essays on Gender and the Human Body in Medieval Religion.* New York: Zone, 1992.

———. *Jesus as Mother: Studies in the Spirituality of the High Middle Ages.* Berkeley: University of California Press, 1982.

———. Preface to Hildegard of Bingen, *Scivias,* 1–9. Trans. Mother Columba Hart and Jane Bishop. Mahwah, N.J.: Paulist Press, 1990.

Wardropper, Bruce. "Calderón's Comedy and His Serious Sense of Life." In John. E. Keller and Karl-Ludwig Selig, eds., *Hispanic Studies in Honor of Nicholson Adams,* 179–93. Chapel Hill: University of North Carolina Press, 1966.

———. "El problema de la responsabilidad en la comedia de capa y espada de Calderón." In Manuel Durán and Roberto González Echeverría, eds., *Calderón y la crítica: Historia y antología,* 715–22. Madrid: Gredos, 1976.

Warhol, Robyn R. and Diane Price Herndl, eds. *Feminisms: An Anthology of Literary Theory and Criticism.* New Brunswick, N.J.: Rutgers University Press, 1997.

Weber, Alison. "The Partial Feminism of Ana de San Bartolomé." In Vollendorf, *Recovering Spain's Feminist Tradition,* 69–87.

———. *Teresa of Avila and the Rhetoric of Femininity.* Princeton: Princeton University Press, 1990.

Weissberger, Barbara F. "The Critics and Florencia Pinar: The Problem with Assigning Feminism to a Medieval Court Poet." In Vollendorf, *Recovering Spain's Feminist Tradition,* 31–47.

Welsh, John. *Spiritual Pilgrims: Carl Jung and Teresa de Avila.* New York: Paulist Press, 1982.

Whitenack, Judith A. "'Lo que ha menester': Erotic Enchantment in 'La inocencia castigada.'" In Williamsen and Whitenack, *María de Zayas,* 170–91.

———. "A Lost Seventeenth-Century Voice: Leonor de Meneses and *El desdeñado más firme.*" *Journal of Hispanic Philology* 17 (1992): 19–42.

———, and Gwyn E. Campbell, eds. *Zayas and Her Sisters: An Anthology of* Novelas *by 17th-Century Spanish Women.* Asheville: University of North Carolina at Asheville, 2000.

———. Introduction to Leonor de Meneses, *El desdeñado más firme,* 1–53. Potomac, Md.: Scripta Humanistica, 1994.

Williamsen, Amy R. "Challenging the Code: Honor in María de Zayas." In Williamsen and Whitenack, *María de Zayas,* 133–51.

———. "Loa: Charting Our Course—Gender, the Canon and Early Modern Theater." In Hegstrom and Williamsen, *Engendering the Early Modern Stage,* 1–16.

———. "Re-writing in the Margins: Caro's *Valor, agravio y mujer* as Challenge to Dominant Discourse." *Bulletin of the Comediantes* 44 (1992): 21–30.

———, and Judith A. Whitenack, eds. *María de Zayas: The Dynamics of Discourse.* Madison, N.J.: Fairleigh Dickinson University Press, 1995.

Wilson, Christopher C. "Mother, Missionary, Martyr: St. Teresa of Ávila in Mexican Colonial Art." Ph.D. diss. George Washington University, 1998.

———. "Saint Teresa of Ávila's Martyrdom: Images of Her Transverberation in Mexican Colonial Painting." *Anales del Instituto de Investigaciones Estéticas* 74–75 (1999): 211–33.

Wilson, Katharina M., ed. *Women Writers of the Renaissance and Reformation.* Athens: University of Georgia Press, 1987.

———, and Frank J. Warnke, eds. *Women Writers of the Seventeenth Century.* Athens: University of Georgia Press, 1989.

# Index 〰

# Text and Illustration Credits

## Text Credits

María de San José: Ildefonso Moriones, O.C.D., Postulatore, Postulazione Generale dei Carmelitani Scalzi
Ana de San Bartolomé: Ediciones Espiritualidad
María de San Alberto: Stacey Schlau
Cecilia del Nacimiento: Editorial de Espiritualidad, Electa Arenal, Stacey Schlau
Cristobalina Fernández de Alarcón: Julian Olivares and Elizabeth Boyce
Marcela de San Félix: Georgina Sabat de Rivers and Electa Arenal
Ángela de Azevedo: Teresa Soufas
Leonor de la Cueva: Teresa Soufas
Catalina Clara Ramírez de Guzmán: Julian Olivares and Elizabeth Boyce
Leonor de Meneses: Judith Whitenack and Gwyn Campell

## Illustration Credits

Josefa de Óbidos, *Wisdom, Sophia*. Private Collection, Lisbon.
Juan Correa de Vivar, *La Anunciación*. Museo Nacional del Prado, Madrid.
Hans Burgkmair, *Adam and Eve*. Rosenwald Collection, Image © 2003 Board of Trustees, National Gallery of Art, Washington.
El Greco, *Adoration of the Shepards*. Museo Nacional del Prado, Madrid.
Luis de Morales, *Holy Family*. Courtesy of The Hispanic Society of America, New York.
Luis de Morales, *Piedad*. Real Academia de Bellas Artes de San Fernando, Madrid.
Josefa de Óbidos, *Still Life: Jar of Flowers*. Private Collection, Lisbon.
Alexander Bening, Flemish, c. 1444–1519. *Hours of Queen Isabella the Catholic, Queen of Spain, Folio 191v: St. Barbara*, c. 1495–1500. Ink, tempera, and gold on vellum, Codex 22.5 × 15.2 cm. © The Cleveland Museum of Art, 2003. Leonard C. Hanna, Jr., Fund, 1963.256.
Luisa Roldán, *Madonna and Child with St. John the Baptist*. Courtesy of The Martin D'Arcy Museum of Art, Loyola University Chicago.
Artemisia Gentileschi, *Giuditta e Oloferne*. Galleria degli Uffizi, Florence. Alinari/Art Resource, New York.
Anonymous, *Santa Teresa de Jésus*. From Amintore Fanfani, *Il Greco e Teresa d'Avila* (Milan: Rusconi, 1986).